Münchener Universitätsschriften · Juristische Fakultät

ABHANDLUNGEN
ZUR RECHTSWISSENSCHAFTLICHEN
GRUNDLAGENFORSCHUNG

Band 58

Herausgegeben im Auftrag der Juristischen Fakultät
von
Sten Gagnér, Arthur Kaufmann, Dieter Nörr

Blatt 1r aus *Friedrich Carl von Savigny*.
Vorlesung über *Institutionen*, Landshut 1808/1809, eigenhändige Ausarbeitung.

JOACHIM RÜCKERT

Idealismus, Jurisprudenz und Politik bei Friedrich Carl von Savigny

1984

VERLAG ROLF GREMER · EBELSBACH

Gedruckt mit Unterstützung der Deutschen Forschungsgemeinschaft

Alle Rechte, insbesondere das Recht der Vervielfältigung und Verbreitung sowie der Übersetzung, vorbehalten.
Kein Teil des Werkes darf in irgendeiner Form (durch Photokopie, Mikrofilm oder ein anderes Verfahren) ohne schriftliche Genehmigung des Verlages reproduziert oder unter Verwendung elektronischer Systeme verarbeitet, vervielfältigt oder verbreitet werden.

© 1984 by Rolf Gremer GmbH + Co. KG, 8729 Ebelsbach am Main
Printed in Germany

Satz und Druck: Rolf Gremer GmbH + Co. KG, Ebelsbach am Main
Buchbinderische Verarbeitung: H. Bille, Ochsenfurt

ISBN 3-88212-039-8

Sten Gagnér
zum
3. März 1981

INHALTSVERZEICHNIS

Vorwort XI

Erklärung der Abkürzungen, Zitierweisen und Verweise . . XIII

Einleitung 1

ERSTER TEIL
DER UNBEKANNTE SAVIGNY   9

1. Kapitel
Offenbare Lücken unserer Savigny-Kenntnis 11

1. Literaturstand und Quellenlage 11
2. Akzente der bisherigen Erforschung 22
3. Der Bereich Politik – Praxis – Ämter 33
4. Savigny als Dogmatiker 57
5. Die sog. Strafrechtsepisode 65
6. Die Landshuter Zeit 72
7. Ergebnis 117

2. Kapitel
Versteckte Unbekanntheit Savignys 119

1. Fragestellung 119
2. Methodenprobleme 119
3. Streitfragen als Indizien 122
4. Quellenbasis wichtiger Untersuchungen 125
5. Ergebnis 133

3. Kapitel
Die neuen Quellen 135

1. Hauptgruppen 135
2. Materialien zu den Druckschriften 136

3. Materialien zum „Obligationenrecht" insbesondere . . 137
4. Materialien zum „Beruf" insbesondere 139
5. Materialien zu den Vorlesungen 142

Ergebnis 145

ZWEITER TEIL
WEGE ZU SAVIGNY 147

1. Kapitel
Der Unpolitische und Unpraktische? 150

2. Kapitel
Der Antipode Thibauts? 160

1. Entfaltung der Fragestellung 160
2. Demokratie und Recht 161
3. Die Stellungnahmen zu „Einheit", „Freiheit" und wirtschaftlicher Modernisierung als Indikatoren 168
4. Ergebnisse und Folgerungen 187

3. Kapitel
Der Harmonische und Unparteiliche? 194

1. Das Problem 194
2. Persönliche und literarische Grenzmarken 201
3. Politische Grenzmarken 208
4. Ergebnisse und Folgerungen 223

4. Kapitel
Der Idealist 232

1. Entwicklung der Hypothese 232
2. Ein Muster: Savignys Wahrheitsvorstellung 237
3. Grundmodell und Kennzeichen seines metaphysischen Idealismus 240
4. Systematischer Nachweis dieser Denkhaltung . . . 241
5. Ergebnisse und Präzisierungen 287
6. „Ein Wort" oder: Terminologisches 292

DRITTER TEIL
IDEALISMUS ALS SCHLÜSSEL 301

1. Kapitel
Idealismus und Jurisprudenz 303

1. Gewohnheitsrecht 304
2. Natur des Rechts — Rechtsbegriff 309
3. Staat, Recht und Volk 312
4. Rolle der Juristen 328
5. Methode 331
6. Geschichtsstufen und Natur-Kunst-Schema des Rechts . 335
7. Rechtsverhältnis und Rechtsinstitut 342
8. Auslegung 348
9. Privatrecht und Öffentliches Recht 358
10. Recht des Besitzes 360
11. Körperschaft. Personbegriff 362
12. Recht. Sittlichkeit. Freiheit 364
13. Ergebnis 373

2. Kapitel
Idealismus und Politik 376

1. Wahrheit und Politik 377
2. Innere Notwendigkeit 381
3. Geist und Gesinnung 384
4. Elastizität als Prinzip 385
5. Willkürabwehr 388
6. Abneigung gegen Parteien 389
7. Gemeinschaft der Gesinnung. Volk und Nation . . 391
8. Abneigung gegen „leblose Formen" 394
9. Recht, Moral und Politik 396
10. Politische Metaphysik als politische Richtung . . . 400
11. Politik und Wissenschaft. Positivismus 406
12. Ergebnis 415

ZUSAMMENFASSUNG
DER WESENTLICHEN ERGEBNISSE 416

QUELLENANHANG

Anhang 1
Ausarbeitung Savignys zur Vorlesung Institutionen . . . 427

Anhang 2
Zweites Codizill Savignys 433

Anhang 3
Sog. Verzeichnis des Schrankes 434

Anhang 4
Savigny an Tydemann 440

Anhang 5
Notizen Savignys zu „Methodik" 441

VERZEICHNIS DER QUELLEN UND LITERATUR 444

   I. Ungedruckte Quellen 444
      1. Nachlässe, Briefe, Amtliches usw. 444
      2. Nachschriften zu Vorlesungen Savignys 445

  II. Gedruckte Quellen zu Savigny 446
      1. Briefe von ihm und an ihn enthaltend 446
      2. Amtliches (außer Professur) 448
      3. Wissenschaftliche Druckschriften 450

 III. Periodika mit Quellencharakter 451

 IV. Literatur 452
Nachtrag während der Drucklegung erschienener Quellen
und Literatur 473

Nachweis der Zitate an Kapitelanfängen 475

Verzeichnis der Personen, Sachen und Terminologie . . . 476

VORWORT

Auch diese Arbeit entstand aus einem besonderen Interesse an den Voraussetzungen heutiger Jurisprudenz. Die Einleitung berichtet dazu.

Die Arbeit wurde im Februar 1982 von der Juristischen Fakultät der Universität München als Habilitationsschrift angenommen, das Verfahren im Mai abgeschlossen. Seit November 1981 erschienene Quellen und Literatur wurden nach Möglichkeit noch berücksichtigt. Der Vollständigkeit und Zweckmäßigkeit halber sind diese Titel in einem Nachtrag (unten 473 f.) zusammengestellt. Ergebnisse und Beweisführung bedurften keiner Korrekturen.

Hier ist vor allem Dank auszusprechen. Dafür steht zunächst die Widmung an Prof. Dr. *Sten Gagnér*. So vieles an dieser Arbeit beruht auf seinen Anstößen, so vieles wäre ohne die freundlich-eindringliche, strenge Schulung in seinem Seminar nicht erkannt worden, so vieles wäre ohne seine humane Persönlichkeit nicht lebendig geworden, so viel Anteilnahme wurde auch ohne das formelle Assistenten-Band gegeben. Für alles dieses steht die Widmung. Ich erneuere sie so, wie sie in der ihm zum Geburtstag am 3. März 1981 überreichten ersten Fassung stand.

Prof. Dr. *Hermann Nehlsen* bildet die zweite wesentliche Stütze nicht nur beim Entstehen dieser Arbeit. Großzügig gab er dem in noch vielen Arbeitsfeldern Unerfahrenen wesentliche Impulse. Die produktiven Lernprozesse aus seiner Schule in Vorlesung, Seminar und Gespräch lassen sich aus der Entstehung dieser Arbeit gar nicht wegdenken. Er gewährte trotz der starken Beanspruchung des Lehrstuhls die erbetene Entlastung für den Abschluß der Arbeit. Er betreute vor allem auch das Habilitationsverfahren.

Für das gerade abgeschlossene Manuskript bewies Prof. Dr. *Dieter Nörr* sofort und dauerhaft eine fruchtbare Neugier in Gespräch und Korrespondenz, die etwas sehr Ermutigendes hatte. Auch an dieser Stelle danke ich ihm herzlich für diese eindrückliche Einführung in die Lebensform einer Gelehrtenrepublik.

Daß ‚Savigny' Gelegenheit erhielt, ins Zentrum meiner Arbeitskraft zu rücken, das schon andere Studien beherrschten, verdanke ich Prof. Dr. *Paolo Grossi* in Florenz. Seiner Einladung zum Savigny-Seminario im Oktober 1980 mochte ich nicht widerstehen. Der Entschluß zu einem Besuch in Marburg war die unmittelbare Folge, die vorliegende Arbeit das Ergebnis. Die zuversichtliche Anteilnahme aus Florenz war ein unvergeßlicher Ansporn.

Der Kreis derer, die zum Gelingen beitrugen, erstreckt sich schon wegen der Arbeit mit ungedruckten Quellen zu weit, um alle namentlich zu nennen. In großartiger Weise öffnete man mir in Marburg die Schatzkammern. Besonders Dr. U. Bredehorn, K. Bredehorn und H. Kadel haben dabei mit Rat und Tat außergewöhnlich günstige Forschungsbedingungen geschaffen. Der ähnlich großzügigen Unterstützung in Münster, Bonn und München gedenke ich gerne. Die Quellenerschließungsarbeit wäre ohne die tätige Hilfe und Zuverlässigkeit so vieler Korrespondenten, besonders in Archiven, Bibliotheken und Instituten, nicht möglich gewesen. Ich danke ihnen allen aufrichtig. Für besonders wichtige Hinweise danke ich Prof. Dr. *H. Thieme* in Freiburg, Prof. Dr. *W. Felgentraeger* (†) in Hamburg, Prof. Dr. *H. Hattenhauer* und Prof. Dr. *W. Schubert*, sowie Dr. *W. van Hall* in Kiel, *H. Kadel* und Dr. *H. Hammen* in Marburg. Leider läßt sich die mit so viel Unterstützung des Max-Planck-Instituts für europäische Rechtsgeschichte in Frankfurt, der Marburger UB und eines Kreises tatkräftiger Savigny-Forscher durchgeplante „große" Savigny-Edition aus finanziellen Gründen nicht realisieren.

Meine Freunde Wolfgang Friedrich, Dr. Maximiliane Kriechbaum und Dr. Harald Siems haben nicht nur durch kritisch-kollegiale Lesearbeit viel beigetragen. Dafür danke ich ihnen sehr.

Daß diese Arbeit aus einem Manuskript zu einer lesbaren Gestalt kam, verdanke ich der Geduld und dem Geschick meiner Mutter. Sie übernahm noch einmal diese unendlichen Mühen, und dafür danke ich ihr von Herzen.

Den Herausgebern der „Abhandlungen zur rechtswissenschaftlichen Grundlagenforschung" darf ich für die Aufnahme in die stattlich gewordene Reihe, der Deutschen Forschungsgemeinschaft für den Druckkostenzuschuß und dem Verlag R. Gremer für den schönen Druck herzlich danken.

Das letzte Wort widme ich meiner Frau. Sie hat auch diesmal alle Stadien mit nie versagender Gegenwart begleitet. Der Dank für dieses stete Geschenk erfordert mehr als dieses Vorwort, das ihn nur andeuten kann.

Dachau, den 2. Februar 1984   Joachim Rückert

ERKLÄRUNG DER ABKÜRZUNGEN, ZITIERWEISEN UND VERWEISE

1. Abkürzungen

Außer den folgenden Kürzungen werden für einzelne Schriften bekannter Autoren bisweilen allgemeinverständliche Abkürzungen verwendet, wie etwa KANT, MdS, für Metaphysik der Sitten.

A. oder Anm.	Anmerkung
AcP	Archiv für die civilistische Praxis, 1818 ff.
ADB	Allgemeine Deutsche Biographie, Leipzig 1875-1912.
ALR	Allgemeines Preußisches Landrecht, 1794
ArchPhilDroit	Archives de philosophie du droit, Paris 1952 ff.
ARSP	Archiv für Rechts- und Sozialphilosophie, 1933 ff.
ARWP	Archiv für Rechts- und Wirtschaftsphilosophie, Berlin 1907-1933
Bibliogr.	Bibliographie
Bln. Jbb.	Jahrbücher für wissenschaftliche Kritik, Berlin 1827-1846
B.L.Z.	(Berliner) Literarische Zeitung, Berlin 1833-1849
Civ. Mag.	Civilistisches Magazin, Berlin 1790-1837 (volle Nwe. unter Quellen III)
Crit. Archiv	Critisches Archiv der neuesten juridischen Literatur ..., Tübingen 1801-1810 (volle Nwe. unter Quellen III)
DJZ	Deutsche Juristenzeitung, Berlin 1896-1936
DZA	Deutsches Zentralarchiv (jetzt Zentrales Staatsarchiv) Merseburg
Fn.	Fußnote
fol.	Blatt
Gesch. Grundbegr.	Geschichtliche Grundbegriffe. Lexikon zur politisch-sozialen Sprache in Deutschland ..., 1972 ff. (volle Nwe. unter Literatur)
GGA	Göttinger Gelehrte Anzeigen ..., Göttingen 1753 ff.
Goldt. Arch.	(Goldtammers) Archiv für preußisches Strafrecht, Berlin 1853 ff.
Gönners Archiv	Archiv für die Gesetzgebung und Reforme (!) ..., Landshut 1808-1814 (volle Nwe. unter Quellen III)
H.A.L.Z.	(Hallische) Allgemeine Literatur-Zeitung, Jena, später Halle, 1785-1849
Hall. Jbb.	Hallische Jahrbücher für deutsche Wissenschaft und Kunst, Leipzig 1838-1843
Hdbphilos. Grundbegr.	Handbuch philosophischer Grundbegriffe, München 1974 (volle Nwe. unter Literatur)

Hd. Jbb.	Heidelbergische Jahrbücher der Literatur, Heidelberg 1808 ff.
HistWB	Historisches Wörterbuch der Philosophie, Darmstadt/Basel 1971 ff. (volle Nwe. unter Literatur)
HPZ	Historisch-politische Zeitschrift, Berlin 1832-1836
HRG	Handwörterbuch zur deutschen Rechtsgeschichte, Berlin 1964 ff.
HStA	Hauptstaatsarchiv
HZ	Historische Zeitschrift, München 1859 ff.
i. f.	im folgenden
J.A.L.Z.	Jenaische Allgemeine Literatur-Zeitung, Jena 1804-1849
Jher. Jbb.	Jahrbücher für die Dogmatik ..., Jena 1857 ff. (volle Nwe. unter Quellen III)
JuS	Juristische Schulung, München 1961 ff.
JZ	Juristenzeitung, Tübingen 1946 ff.
Kaps.	Kapsel
KG	Kammergericht Berlin
M	Mappe im Nachlaß Savigny 1977/Marburg
Mat.	Mappe „Materialien" im Nachlaß Savigny 1977/Marburg
Materiali	Materiali per una storia della cultura giuridica, hg. von G. Tarello, Bologna 1971 ff.
ND	Neudruck
NDB	Neue Deutsche Biographie, Berlin 1953 ff.
Nw., mNwn.	Nachweis, mit Nachweisen
o. O.	ohne Ort
o. J.	ohne Jahr
Quad. fior.	Quaderni fiorentini per la storia del pensiero giuridico moderno, hg. von P. Grossi, Milano 1972 ff.
r.	recto
sc.	scilicet; erscheint stets vor Einschüben in Zitaten als (sc. ...)
SD	Sonderdruck
STA	Staatsarchiv
Stud. Phil. 19. Jh.	Studien zur Philosophie und Literatur des 19. Jahrhunderts ..., Frankfurt 1968 ff. (volle Nwe. unter Literatur)
Stud. Wiss. 19. Jh.	Studien zur Wissenschaftstheorie. Neunzehntes Jahrhundert ..., Meisenheim 1968 ff. (volle Nwe. unter Literatur)
s. v.	sub verbo
TRG	Tijdschrift voor Rechtsgeschiedenis ..., Groningen 1950 ff.
UB	Universitätsbibliothek
u. d. T.	unter dem Titel
v.	verso
Verm. Schr.	Vermischte Schriften

WuK	Wissenschaft und Kodifikation des Privatrechts im 19. Jahrhundert..., Frankfurt 1974 ff. (volle Nwe. unter Literatur)
ZGO	Zeitschrift für die Geschichte des Oberrheins..., Karlsruhe 1850 ff.
ZfRgesch	Zeitschrift für Rechtsgeschichte, Weimar 1861-1878
ZgeschRw	Zeitschrift für geschichtliche Rechtswissenschaft, Berlin 1815 ff. (volle Nwe. unter Quellen III)
ZhistF	Zeitschrift für historische Forschung, Berlin 1974 ff.
ZNR	Zeitschrift für neuere Rechtsgeschichte, Wien 1979 ff.
ZSGerm	Zeitschrift der Savigny-Stiftung für Rechtsgeschichte, Germanistische Abteilung, Weimar 1880 ff.
ZSRom	dito: Romanistische Abteilung
ZStrW	Zeitschrift für die gesamten Strafrechtswissenschaften, Berlin 1881 ff.
ZWLG	Zeitschrift für württembergische Landesgeschichte, Stuttgart 1937 ff.
ZZP	Zeitschrift für Zivilprozeß, Berlin 1879 ff.

2. Zitierweisen

...	bezeichnet kurze Auslassung in Zitaten
(sc.)	scilicet, bezeichnet Einschub ins Zitat
[...]	Zwischen eckigen Klammern stehen Ergänzungen von mir bei Texten aus ungedrucktem Material, z. B. Auflösungen von Abkürzungen, Namen (vgl. dazu bei Anhang 1)

3. Verweise

oben 20, unten 20	bezeichnet Verweise auf S. 20 der Arbeit
Fn. I/20	bezeichnet Verweise auf Fußnote 20 in Teil 1
Fn. II/20	bzw. Teil 2
Fn. III/20	oder Teil 3 der Arbeit
Fn. 20	bezeichnet Verweis auf Fn. 20 im *gleichen* Teil der Arbeit wie der Verweis selbst

> Es ist wahrhaft wunderbar, wie in unserem
> Zeitalter das Bedürfnis des Objectiven sich
> allenthalben regt ...
>
> *Friedrich Schlegel* 1796/97

EINLEITUNG

Der Titel dieser rechtswissenschaftlichen Untersuchung kündigt eine Thematik an, die sich der gewohnten juristischen Sprache wenig fügt: *Idealismus* kommt als juristischer Begriff kaum vor, *Jurisprudenz* umfaßt zu viel, um etwas zu sagen, und *Politik* rechnet nur sehr bedingt zu den juristischen Gegenständen. Ohne Zweifel geht es dagegen bei *Savigny* um einen Juristen. Auch zeigt die Inhaltsübersicht, besonders zum dritten Teil über „Idealismus als Schlüssel", daß zahlreiche als spezifisch juristisch vertraute Einzelfragen aufgerollt werden. „Idealismus, Jurisprudenz und Politik bei Fr. C. von Savigny" stellt dazu ein Hauptergebnis klar: Daß Savignys juristische und politische Texte von einem Element „Idealismus" maßgebend geprägt sind und sich nur aus dieser Perspektive voll erschließen. Zugleich weist der Titel aus, daß Biographisches nicht beabsichtigt ist. So sehr Savigny Individualität bleibt, er steht hier nicht für sich, sondern für eine ganze Epoche juristischen Denkens, die zwar schon des öfteren als bewältigt bezeichnet wurde, aber noch immer aktuell ist.

Der damit so unterstrichene *Idealismus* gehört zur Sprache der Philosophen und wird dort mehr systematisch oder mehr historisch umschrieben. Die systematischen Erläuterungen fallen meist zeitloser, aber auch recht allgemein aus. Sie umfassen eine Spanne von Plato bis wenigstens Hegel[1]. Hier läßt man „wahre Wirklichkeit" nur Ideellem zukommen. Dieses wertende Grundmotiv wird dann in zahlreiche Formen von Idealismus hinein variiert. Man nennt ontologischen – theologischen – psychologischen – transzendentalen – absoluten[2], metaphysischen – objektiven – freiheit-

---

[1] So einhellig z. B. HistWB s. v. Idealismus, 4 (1976) Sp. 30-33 (H. Zeltner); Kleines philos. Wörterbuch, hg. von M. Müller u. A. Halder, Freiburg 1962 u. ö., Idealismus, S. 80; Philos. Wörterbuch, hg. von M. Apel und P. Ludz, Berlin 1958 u. ö., Idealismus, S. 134 f.; Philosophie, Fischer-Lexikon, hg. von A. Diemer, Frankfurt 1958 u. ö., s. v. Metaphysik, S. 196.

[2] So Müller/Halder, aaO.

lichen/subjektiven – erkenntnistheoretischen – transzendentalen/kritischen – ethischen[3], metaphysischen/objektiven – subjektiven/erkenntnistheoretischen – ethischen[4], rationalistischen – empiristischen – objektiven – absoluten – kritischen[5] u. a. m.[6]. In dieser Fülle würde Savigny verschwinden.

Idealismus ... bei Savigny meint dagegen eine bestimmte, historisch fixierbare, obzwar nicht schon historisch gewordene Denkweise, die im sog. *Deutschen Idealismus* von Kant bis Hegel ihren präzisen Ort hat[7]. Daß dessen genaue Deutung, Abgrenzung und Bewertung bis heute umstritten sind, ändert daran nichts. Die Zusammenfassung von bekanntlich keineswegs ganz einigen Philosophen soll den Blick freimachen für die ihnen *gemeinsamen* Annahmen metaphysischer Art. Sie sind mit dem Oberbegriff Idealismus angesprochen, werden in ihrer Einigkeit gegen Empirismus und Skeptizismus sinnfällig und wurden auch nie ganz verkannt[8]. Zugleich eröffnet diese Zusammenschau den Zugang zu einer genaueren historischen Differenzierung zwischen Kant, Fichte, Schelling und Hegel. Vor allem der *Übergang* von einem mehr *subjektiven*, dualistischen Ansatz (Idealismus der Freiheit, empirische – intelligible Welt) bei Kant und noch Fichte zu einem mehr *objektiven*, „absoluten" oder monistischen Idealismus (Identitäts-, Vereinigungsphilosophie) bei Schelling, Hegel u. a. ist zu betonen. Damit erst wird die zweifellose Schwierigkeit, mit „dem Idealismus" umzugehen, der nun einmal für das Verständnis seines Zeitgenossen Savigny konstituierend ist, in faßbare Einzelschritte zerlegt. Wie wenig selbstverständlich dieser Ausgangspunkt genannt werden kann, beweisen Standardwerke wie COING und WIEACKER. Beide nennen bei Idealismus vor allem Hegel[9], daneben auch, etwas weitgespannt, Natur- und Vernunftrecht, Herdersche Kulturphilosophie und Geschichtsmetaphysik allgemein[10], klammern aber Kant kaum zufällig

---

[3] So APEL/LUDZ, aaO.
[4] So DIEMER, aaO.
[5] So ZELTNER, aaO.
[6] Vgl. die Stichworte im HISTWB: absoluter, Deutscher, empirischer, kritischer, monistischer, morphologischer, objektiver, physikalischer, subjektiver, transzendentaler Idealismus.
[7] Dazu statt aller ZELTNER, Deutscher Idealismus, HistWB 4 (1976) Sp. 35-37. Neuerdings betont FIKENTSCHER, Methoden 3, Kap. 20 mit seiner Überschrift „Rechtsmethodik zur Zeit des deutschen Idealismus. Fr. C. von Savigny" treffend die Gleichzeitigkeit.
[8] Dazu näher unten 235 f.
[9] Vgl. COING, Grundzüge der Rechtsphilosophie[3], S. 43, 56; WIEACKER, Privatrechtsgesch., S. 440, auch 593, etwas anders 375, aber schwankend, vgl. 368.
[10] So WIEACKER, aaO., S. 352, 355, 359, 367, 368.

aus dieser offenbar als nicht restlos positiv empfundenen Kennzeichnung „idealistisch" aus[11] und suchen von hier aus dann den Weg zu Savigny.

Es wird sich erweisen, daß es weder umfänglicher und leicht fragwürdig werdender „Einfluß"-Studien[12], noch langwieriger streng philosophiehistorischer Klärungen bedarf, um mit diesen und wenigen anderen, aber klar faßbaren Instrumenten Savignys spezifische *Denkweise* zu bestimmen. Davon soll hier nichts vorweggenommen werden. Nur der unvertraute Ausdruck „Idealismus" war zu erläutern. Er benennt also ein prägendes philosophisches Element in juristischen und politischen Texten Savignys. Man könnte auch sagen, er kennzeichne Savignys *Sprache*. Denn sie muß in der Tat entschlüsselt werden, um seine Texte angemessen nachvollziehen und einordnen zu können. Nur so wird auch die Basis geschaffen, sie in ihrer immer wieder virulenten Aktualität zu bewältigen. *Jurisprudenz* und *Politik* sind die Gegenstandsbereiche, für die diesen Voraussetzungen hier nachgegangen wird. Beides ist also umfassend gemeint. Es erscheint verbunden, weil es eminent verbunden war. In welchem Sinn wird sich erweisen.

Es mag damit so aussehen, als ob die Untersuchung nur die immer schon beliebte Frage[13] nach Savignys Weltanschauung neuerlich gestellt habe. In der Tat verhielt es sich fast umgekehrt. Erst gegen gründlichste Skepsis festigte sich die Überzeugung, daß „Idealismus" in einem bestimmten Sinne wirklich eine Art Schlüssel für wesentliche Texte Savignys ausmache *und* sich hinreichend bestimmt nachweisen lasse. Wenn die Untersuchung nunmehr in drei Hauptteile zerfällt, spiegelt sich darin recht genau der Weg wider, den sie tatsächlich nahm. Eine kurze Reprise dieses Verlaufs wird Fragestellungen, Arbeitsgrundlage und Inhalt so weit umreißen, wie es nach den Klärungen zum Titel noch Aufgabe einer Einleitung ist.

Zunächst erwies sich der ganze Savigny als unerwartet „unbekannt" (1. Hauptteil). „Wege" zu ihm werden im 2. Hauptteil ausgelotet. Der Weg „Idealismus" wird im 3. Hauptteil voll ausgeschritten. Am Anfang stand nicht Savigny, sondern Untersuchungen zur Gefahrtragung in gegenseitigen Verträgen. Wie bei früheren Arbeiten[14] stellte sich aber

---

[11] Vgl. COING, aaO., S. 43 (Idealismus „im Anschluß an Kant"), S. 35 f. (zu Kant primär bei Aufklärung); bei WIEACKER, S. 352 u. ö. erscheint Kant stets nur als der Zerstörer des „unkritischen älteren Naturrechts" und Begründer einer Ethik der sittlichen Autonomie (vgl. S. 23, 272, 327, 369, 373, 375 f., 385, 432, usw.).

[12] Dazu unten 121.

[13] Dazu unten 22 ff., 31 f. bei „Akzente der bisherigen Erforschung".

[14] Vgl. das Register in RÜCKERT, Reyschers Leben und Rechtstheorie, 1974, unter Savigny, besonders zu S.-Kant, S.-Hugo, S.-Schelling, S.-Romantik-Klassik, Methodenlehre unromantisch, S.-politisch, zentrale Wertungen konstant, Metaphysik dabei,

auch hier bald die Sphinx Savigny ein. Denn seine Vorlesungen über diese Thematik wurden offenbar in einem Maße, das angesichts völlig gewandelter Verhältnisse nur schwer nachvollziehbar ist, von Bedeutung für das BGB, obgleich sie nicht über das Jahr 1842 hinausreichten und diese Teile des Schuldrechts auch nicht in seinem Torso *Obligationen-Recht* niedergeschrieben wurden. Dennoch reichen seine Stellungnahmen, besonders seine „Bereinigung" der gemeinrechtlichen Vielfalt bis zu Glück und Thibaut, ausweislich der Beratung und Konzeption des BGB[15] so weit in das geltende Recht hinein, daß deren zuverlässiges Verständnis unerläßlich schien. Dieser Erkenntnisstand führte an den „neuen", wissenschaftlichen Nachlaß Savignys, der seit 1977/78 in Marburg lagert. Außerdem veranlaßte er eine breit angelegte Umfrage bei Bibliotheken und Archiven zur Erschließung noch vorhandener Savigny-Quellen, vor allem der Vorlesungsnachschriften und hier der Pandektenvorlesungen[16].

Bei dieser Vertiefung in die Quellenlage drängte sich immer mehr die Vermutung auf, daß noch *zu viele zentrale Voraussetzungen in Savignys Denken ungeklärt* seien und daraus entstand die Frage, wie sich eigentlich der Forschungsfundus zur Quellenlage verhalte. Im ersten Hauptteil unter „Der unbekannte Savigny" findet sich daher die eingehende Vergewisserung, derer es bedurfte. Angesichts eines ziemlich verwirrenden Bildes mußte wirkliche Selbständigkeit für neue Fragen und Antworten gerade auch *durch die alten hindurch* gesichert werden. Um mit Savigny zu sprechen: Es galt, ein „sermocinari tamquam e vinculis"[17] zu vermeiden, das

---

Doppelnatur des Rechts, Verhältnis Romanisten – Germanisten; außerdem meine Projekte: „Vormärz und Rechtsgeschichte. 1815-1848. Zur Neubestimmung einer Aufbruchsepoche in Rechtswissenschaft und Rechtsgeschichte", „Gustav Hugos ungeliebte Wissenschaftslehre der Jurisprudenz"; schließlich die REZ. zu Bohnert, Puchta, in: ZSRom 93 (1976) S. 497-512; REZ. zu Rascher, Brinz, in: ZSRom 94 (1977) S. 494-497. – REZ. zu Siemann, Frankfurter Nationalversammlung 1848/49, in: ZSGerm 96 (1979) S. 365-371.

[15] Vgl. neben den inzwischen teilweise von JAKOBS und SCHUBERT herausgegebenen Materialien der Beratungen zum BGB vor allem auch die Unterlagen des bayerischen Redaktors VON SCHMITT (HStA München, Nachlaß), die einzigen noch erhaltenen direkten Aufzeichnungen aus der so wichtigen ersten Kommission und für Savigny eben die Vorlesungsnachschriften, sowie seine Ausarbeitung, vgl. unten 63 f., 142 ff.

[16] Die Gelegenheit, auch an dieser Stelle den vielen sehr herzlich zu danken, die mir halfen, Informationen zu den Savigny-Quellen zu erhalten, benutze ich gerne. Ohne diese Unterstützung wäre es unmöglich gewesen, die Zersplitterung der ungedruckten Überlieferung wenigstens einigermaßen zu überwinden und einen Überblick zu gewinnen.

[17] So eine Lieblingswendung bei SAVIGNY, Beruf 1814, S. 24, 62, 113, 125 (= STERN 85, 107, 137, 144); S. 24 mit Fundstelle, aber offenbar übernommen von HUGO, Naturrecht, 3. A. 1809, § 20/S. 21-22 u. 4. A. 1819, § 20/S. 23-25, dort mit vollem Zitat, woraus hervorgeht, daß Savigny Baco in nicht ganz zutreffender Verallgemeinerung benutzt.

bei der gegebenen Meinungsfülle und Quellenzersplitterung droht, wenn nicht schon eingetreten ist. Dieser Ausgangspunkt führte sofort in verschiedene Analysen, etwa zur Landshuter Zeit, die unmittelbar Neuland betreten. Im Wechsel von Literatur- und Quellenanalyse wird so ein Bewußtsein der Verteilung von Licht und Dunkel, Kenntnissen und Kenntnislücken entwickelt, um eigene Fragestellungen und Stellungnahmen zu fundieren. Das förderte auch „versteckte Unbekanntheit" und methodische Probleme zutage. Dieser erste Hauptteil bereitet also die Frage „Idealismus" mit vor, zielt aber nicht schon auf sie. Ein selbständiges Anliegen dabei war, zu verdeutlichen, wie unerforscht reichhaltig die Quellenlage schon war und erst recht mit dem Marburger Ankauf geworden ist. Diesem Zweck dienen die beschreibenden Teile zur Quellenlage und die, wo immer möglich, wenigstens vorläufigen Zusammenstellungen der Quellen[18].

Damit ist der *Quellenkreis der Arbeit* angesprochen: Neues und Altes von Savigny, daneben und vor allem der erforderliche zeitgenössische Kontext. Einen gewissen Schwerpunkt der Analyse bilden die Texte vor 1810. Nicht im Mittelpunkt steht die immer wieder verwendete Programmschrift *Vom Beruf*[19].

Die kritischen Überlegungen und Sichtungen im ersten Teil ermöglichten im zweiten Hauptteil die Erprobung vierer „*Wege zu Savigny*". Schon beim Vergleich von Forschungsstand und Quellenlage hatten so lückenhaft erforschte Bereiche wie Politik − Praxis − Ämter, die dogmatische Leistung, die sog. Strafrechtsepisode und vor allem die Landshuter Zeit den Einstieg in eigene Untersuchungen geboten. Vier Fragen erwiesen sich danach als besonders wichtig. Wichtig versteht sich dabei dahin, daß Forschungsstand wie Quellenlage eine Stellungnahme besonders verlangten und anboten, daß eine Frage verhältnismäßig klar lösbar schien, daß es besonders dringlich schien, wenigstens Teilerklärungen zu erreichen, daß Aussicht bestand, eine ganze Kette von Deutungsschwierigkeiten zu beheben. Es handelt sich um vier immer wieder virulente Standardprobleme mit Savigny: War er unpolitisch und unpraktisch? War er der volle Antipode Thibauts? War er der große Harmonische und Unparteiliche? War er „philosophisch", gar Idealist? Alle diese Fragen erforderten differenzierende Antworten innerhalb eines Gesamtzusammenhangs.

---

[18] Vgl. unten 11 ff. Anonyma Savignys, 15 ff. Briefeditionen, 23 Festreden zu Savigny, 36 gedruckte Erträge aus amtlichen Tätigkeiten, 39 Ungedrucktes dazu, 63 f. Vorlesungsnachschriften.
[19] Zu deren Einordnung näher unten 286.

Im Laufe dieser Untersuchungen erwies sich, daß die Forschung mit ihrer nicht gerade selbstverständlichen und gewöhnlichen Konzentration auf allgemeine, weltanschauliche, philosophische und methodische Fragen bei Savigny in bestimmter Weise zu Recht ihr Objekt so selektiv angegangen sei. Denn der Aspekt *Idealismus bei Savigny* wurde trotz der erwähnten anfänglichen Skepsis über Stellenwert und Lösbarkeit zu einem Angelpunkt. Je mehr sich diese Überzeugung festigen ließ, je mehr also mit Savigny aus „Stimmung . . . Gesinnung"[20] wurde, desto mehr lief nun alles weitere auf den dritten und letzten Hauptteil zu: Idealismus wurde zum *Schlüssel* in seiner konkreten Jurisprudenz und Politik. Auch davon soll nichts vorweggenommen werden.

Mit *objektiv-idealistisch* wird dieses Schlüsselelement näher gekennzeichnet werden. Die Wahl in diesem Punkt fiel schwer. Zu wechselvoll sind Geschichte und Wirkungsgeschichte dieser Benennung, sei es bei Schelling und Hegel selbst[21], in der hegelianischen und neuhegelianischen Philosophiegeschichtsschreibung von MICHELET bis KRONER u. a.[22] mit ihrer „notwendigen" Abfolge von „subjektiv" über „objektiv" zur Erfüllung in „absolut" oder in der Weltanschauungstypenlehre von DILTHEY bis ROTHACKER und noch COING[23]. Diese aktualisierend spekulativen Verwendungen sind hier entschieden *nicht* beabsichtigt, allen Assoziationen in diese Richtungen mag schon einleitend daher möglichst vorgebeugt sein. „*Objektiv*-idealistisch" wird in Anlehnung an Ausdrucksweisen Savignys und für ihn maßgebender Zeitgenossen wie Schlegel die gemeinsame neue Annahme bezeichnen, *im* gegebenen Wirklichen walte etwas Ideelles, Absolutes, Notwendiges, Gesetzmäßiges – und wie die fast unerschöpflichen Tautologien lauten. *Historisch beschreibend* gilt sie der erwähnten breiten Bemühung „über Kant hinaus", in deren Kontext Savigny steht und zugleich der Nuance, die bei ihm zum modischen „monistischen"

---

[20] Dazu unten 252 u. 384 f.
[21] Vgl. dazu hier nur ZELTNER, HistWB 4 (1976) s. v. Idealismus, objektiver, der freilich für Schelling nur *einen* wörtlichen, für Hegel gar keinen wörtlichen Beleg angibt und nicht klarstellt, daß beide den Ausdruck vor allem negativ, nicht als positiv-fixierende Selbstbezeichnung verwenden und im positiven mehr auf „absolut" zielen.
[22] MICHELET 1838, KRONER 1921. 1924; vgl. zunächst wieder ZELTNER, aaO., s. v. Idealismus, Deutscher. Daneben etwa LARENZ, Rechts- u. Staatsphilosophie des dt. Idealismus (1933), S. 146 (Überschrift), 186: immanente Folgerichtigkeit der Entwicklung.
[23] DILTHEY 1911, ROTHACKER 1927 u. ö., COING, Grundzüge (^{3}1976) S. 88; vgl. wieder ZELTNER, aaO., s. v. Idealismus, objektiver und RODI, aaO., s. v. Idealismus der Freiheit.

Zug[24] hinzutritt. Nach der Überprüfung der Hypothese „Idealist?" werden die Gründe für diese und gegen andere, zunächst naheliegende Kurzformeln zu entwickeln sein[25].

Die bemerkenswerte Quellenlage wirft vielleicht die Frage auf, was denn dazu berechtigte, *vor* dem Abschluß einer systematischen Sammlung und Edition des Materials bereits so weitgehende Ergebnisse zu formulieren. Darauf sind mehrere Antworten zu geben. Vor allem wurden die *vier Hypothesen* im Teil „Wege zu Savigny" so angelegt, daß es möglich schien, sie am Material — und dazu gehörte eine Durchsicht und teilweise genaue Durcharbeitung des Marburger wissenschaftlichen Nachlasses und etlicher Nachschriften — hinreichend zu bewähren. Sie haben deswegen eine eingeschränkte, jeweils genau begrenzte Reichweite. In Sachen Idealismus erwies sich das bereits voll zugängliche Quellenmaterial, also die Druckschriften und edierten Briefe, mit einigen wichtigen Ergänzungen als tragfähig genug für weitergehende Analysen. Im Lichte wesentlicher ungedruckter Stücke erhärtete sich vieles zur geschlossenen Beweiskette nach Inhalten, zeitlicher Abfolge, Kontinuitäten und Brüchen. Daß aus Gründen methodischer Klarheit „Hypothese" genannt wird, was eben stets nur Hypothese ist, impliziert nicht etwa den nicht seltenen Sinn, es handele sich nur um vage Vermutungen. Es wurde vielmehr unternommen, präzise Fragestellungen zu entwickeln und aus plausiblen Beweisführungen plausible Antworten zu gewinnen. Dies bedeutet nichts anderes, als eine Methode jenseits von Idealismus, Hermeneutik und metaphysischem Positivismus anzuwenden, die keineswegs völlig neu ist oder Anspruch darauf erhebt. Danach gilt es nicht, *die* Geschichte oder *den* Savigny zu finden, sondern eben bestimmte Antworten auf bestimmte Fragen. Die praktische Dimension auch der Geschichte ist damit nicht aufgegeben, sondern in Wahrheit erst eröffnet. Es gehört zu Savignys Größe und Glanz, daß er für die Frage, ob und inwiefern er *das* Recht gesucht habe, reichlichen Stoff bietet. Auch bezieht er die praktische Dimension von Wissenschaft in einer Weise ein, die das Entschlüsseln bis heute span-

---

[24] „Monistisch" dient heute bei führenden Kennern bisweilen als allgemeine Kennzeichnung für ein „Vereinigungsdenken", das in vielen Schattierungen von Kant wegführte, vgl. bes. KONDYLIS, Entstehung der Dialektik (1979), etwa S. 180, 232 und HENRICH, Jacob Zwillings Nachlaß, in: Dt. Idealismus 4: Homburg vor der Höhe (1981, s. Nachtrag) S. 245 ff., unter 2. Philosophische Probleme aus dem Abstoß von Fichte (S. 247 ff.), wo verschiedene Reaktionen im Rahmen eines allg. Monismus kurz durchdacht werden (poetischer, methodologischer, metaphysischer, ontologischer Monismus). Vgl. auch schon die Neukantianer, hier RADBRUCH, Rechtsphilosophie (^{3}1932), S. 16: Methodenmonismus statt Sein-Sollen-Trennung.

[25] Unten 292 ff., Abschnitt 2 IV 6.

nend bleiben ließ. Nicht zuletzt die Neugier, ihn dabei zu verstehen, hielt mein Interesse lebendig durch alle alten Fragen und Antworten wie manche spröde Sammlung und Quelle hindurch.

Neue Antworten auf alte Fragen lösen leicht eine Fülle von Anschlußfragen aus. Dazu würde vor allem der Blick nach vorn, bis heute, gehören. Wie hat sich Savignys allgemeine juristisch-weltanschauliche Denkweise und wie haben sich seine davon abhängigen Lösungen zu konkreten Grundlagenfragen und -begriffen bis heute ausgewirkt, wäre zu fragen. Fehlanzeige wäre selbst für 1984 kaum zu vermelden. Beiden Perspektiven wird hier bewußt *nicht* explizit nachgegangen. Sie verdienen und verlangen eigenständige Behandlung. Denn eine Art Wirkungsgeschichte Savignys zu schreiben, bedeutete nicht viel weniger, als die freilich fällige Fortsetzung zu großen Standardwerken der Jahrhundertwende in Angriff zu nehmen. Leser mit besagtem „Blick nach vorn" werden jedoch mindestens bei der Diskussion des Forschungsstandes, dann auch im gesamten dritten Teil einigen Anhalt finden.

ERSTER TEIL

DER UNBEKANNTE SAVIGNY

1. KAPITEL

OFFENBARE LÜCKEN UNSERER SAVIGNY-KENNTNIS

1. *Literaturstand und Quellenlage*

Offenbare Lücken erschließen sich, wenn man Forschungsstand und Quellenlage vergleicht. Der sehr reichhaltige Forschungsfundus läßt sich glücklicherweise dank der bibliographischen Zusammenstellungen bei WOLF 1963, WIEACKER 1967, JAN SCHRÖDER 1976, MARINI 1978 und zuletzt LUIG/DÖLEMEYER 1980, relativ zuverlässig überblicken[1]. Er umfaßt, nimmt man einige Ergänzungen hinzu, die imposante Zahl von über dreihundert Titeln[2].

Ungleich schwieriger gestaltet es sich, die Quellenlage ähnlich zuverlässig zu überschauen. Freilich kennt man Savignys Druckschriften, vor allem also *Besitz, Beruf, Geschichte des Römischen Rechts im Mittelalter, System des heutigen Römischen Rechts, Obligationenrecht* und *Vermischte Schriften*, auch die *Zeitschrift* von 1815. Die genaueste Liste dafür erstellte jüngst MARINI[3]. Außer diesen bekannten Druckschriften veröffentlichte Savigny aber einige kleinere Arbeiten, die nicht nur teilweise ganz unbekannt geblieben sind, sondern gerade auch in die sonst quellenarme, dunklere Zeit vor 1807/08 fallen und sie fruchtbar erhellen. Sie wurden mit oder ohne Absicht nicht in die *Vermischten Schriften* aufgenommen und gelangten in einem Fall nicht zum Druck. Sie lassen sich identifizieren, wenn man einigen versteckten Hinweisen nachgeht und moderne Hilfsmittel heranzieht[4].

---

[1] WOLF, Rechtsdenker 1963, die enggedruckte Bibliogr. S. 537-42; WIEACKER, Priv.r.-gesch. ²1967, S. 381 f. in A. 17 ff.; J. SCHRÖDER, Savigny, in: Dt. Juristen, S. 235 f.; MARINI 1978, S. 207-21, hier chronologisch; LUIG/DÖLEMEYER, S. 501-59, für die Zeit ab etwa 1950. Für 1979-81 jetzt DUFOUR, Savigniana (s. Nachtrag).

[2] Diese ungefähre Zahl soll hier genügen, da es für den Vergleich nicht auf eine genaue Zahl ankommt. Eine genaue Bibliogr. mit Repertorium der Quellen befindet sich durch H. KADEL/MARBURG und MICH in Arbeit, vgl. die Umfrage in ZNR 2 (1980) S. 226 f.; TRG 48 (1980) S. 393 f.; ZSGerm 97 (1980) S. 482; ZSGerm 98 (1981) S. 489 f.

[3] MARINI 1978, S. 201-07, verbessert gegenüber WOLF, Rechtsdenker 1963, S. 534-37.

[4] Die Hinweise finden sich im Briefwechsel und Nachlaß; unschätzbares Hilfsmittel ist K. BULLING, Die Rezensenten der J.A.L.Z. (1962-65).

Schon 1803 überließ Savigny demnach seinem englischen Bekannten Henry Crabb Robinson einen Aufsatz *Über die deutschen Universitäten* für eine Londoner Zeitschrift. Die englische Fassung wurde 1931 hier bekanntgemacht[5], ganz unbeachtet blieb jedoch offenbar, daß auch die deutsche Originalfassung seit längerem im Druck vorliegt und die wichtigen originalen Akzente Savignys erkennen läßt[6].

1804 veröffentlichte Savigny seine vermutlich erste Rezension. Er widmete seine frischen Kräfte der soeben nach den Jenaer Auseinandersetzungen unter der Führung von Goethe neubegründeten *Jenaischen Allgemeinen Literatur-Zeitung*[7]. In der Nr. 86 vom 10. April 1804 bespricht er *Tableau historique de la jurisprudence Romaine, depuis la fondation de Rome jusqu' au dixhuitième siècle... par Goujon, Paris An IX (1803), 396 S.* und zeichnet beziehungsreich mit „RdB"[8]. Klar und kritisch weist Savigny die Unbrauchbarkeit der Schrift nach.

Im gleichen Jahr folgt ebenda in Nr. 185 vom 3. August 1804 eine sehr selbstbewußte, ebenso klare Kritik an einer Monographie des traditionellen Stils. Sie gilt dem nicht eben am Rande der zeitgenössischen Jurisprudenz stehenden *Chr. Fr. Glück* mit seiner *Hermeneutisch-systematische Erörterung der Lehre von der Intestaterbfolge..., Erlangen 1803, 468 S.*, einem Buch, von dem der Rezensent bei der Konkurrenz, der H.A.L.Z., trotz aller Kritik soeben noch „mit Vergnügen" gestanden hatte, „daß er sowohl (sc. mit Glücks Methode der historischen Entwicklung), als auch im Ganzen mit der vom Verf. gewählten Anordnung der Materien völlig übereinstimmt"[9]. Savigny erwähnt seine Besprechung auch gegenüber dem ihm gleichgesinnten Heise[10] und zeichnet wieder mit „RdB". Auf

---

[5] Durch WELLEK, ZSGerm 51 (1931) S. 529-37.

[6] Durch MARQUARDT 1951 (unten Quellen II 1.), dort auch zu Robinson; mit Korrekturen zu STOLL; umfassend dann MARQUARDT 1964, dadurch überholt EITNER 1871, und insoweit auch DIARY (SADLER) und MORLEY. Unbeachtet zuletzt bei KAWAKAMI (s. Nachtrag).

[7] Über die beiden wichtigsten Rezensionsorgane der Zeit seit 1804, die leicht zu verwechseln sind, die J.A.L.Z. (1804-48) und die ALLGEMEINE LITTERATUR-ZEITUNG, später nach ihrem Umzug von Jena nach Halle „hallische" genannt (H.A.L.Z., 1785-1849), jetzt handlich und informativ HOCKS/SCHMIDT, Zeitschriften (1975), S. 16 und 30.

[8] Offenbar eine Abkürzung aus seinem „Recht des Besitzes". Mit sehr feinem Gespür notiert HUGO zu seiner Rez. der 1. A., „daß es heißen sollte: die Lehre vom Besitze", Handexemplar, Beiträge I S. 484, vgl. Enzyklopädie [8]1835, S. 7 u. 62, ebenso dann zur 5. A., in GGA 1828, S. 1843 f.

[9] Anonyme REZ. ZU GLÜCK, in: H.A.L.Z. 1803, Nr. 285 v. 12. 10., Sp. 73-77; etwas kritischer, aber bei weitem nicht so entschieden wie Savigny, die anonyme REZ. ZU GLÜCK, in: Crit. Archiv 4 (1804) S. 58-81.

[10] Im Brief bei LENEL, S. 105; allg. erwähnt sie auch schon RUDORFF 1863, in A. 65, mit der Bemerkung, sie sei versehentlich nicht in die *Verm. Schriften* Savignys aufgenommen worden.

seine sehr bewußte und gezielte Stellungnahme zur Arbeitsweise des bedeutenden Gemeinrechtlers Glück, der sich hier ebenfalls einer „historischen Entwicklung" bedient, wird zurückzukommen sein[11].

Wenige Wochen nach der Mitteilung an Heise zu Glück schreibt Savigny wieder von einer Rezension, am 13. 9. Sie sei nach Jena abgegangen, und es sei „höchst nötig, daß über solche Leute den Herren die Augen aufgetan werden"[12]. Aus Nr. 53 der J.A.L.Z. vom 4. 3. 1805 sieht man, wen Savigny damit meinte und wie deutlich er wurde. Er rezensiert dort den Heidelberger Zivilisten *F. W. Gambsjäger* und dessen Schrift vom *Testamentum in genere . . ., 1803, 76 S.* als „völlig unbrauchbar", wieder unter „RdB"[13].

In der nächsten seiner anonymen Rezensionen erweist er offenbar seinem Freund *B. W. Pfeiffer*, dem späteren Kasseler Richter und Gegner von 1815/16[14] einen berechtigten Dienst. In Nr. 53 der J.A.L.Z. vom 4. 3. 1806 stellt er lobend Pfeiffers Dissertation vor und weist den Plagiatcharakter zweier Schriften eines Herrn Nettelblatt in Rostock nach, wieder unter „RdB"[15].

Am 19. 1. 1806 spricht er gegenüber Creuzer von einem „Aufsatz"[16]. Aus den inzwischen gedruckten Gegenbriefen Creuzers geht hervor, daß es sich um *Abhandlungen über das Römische Staatsrecht* handelte, die Creuzer sich einmal kopierte. Zuerst bezieht sich Creuzer auf sie im Dezember 1805 als einen Aufsatz über die „Staatsrechtlichen Römischen Altertümer"[17]. Im sog. „Verzeichnis des Schrankes", hier im Anhang, käme dafür Nr. 89 in Frage, im Marburger Nachlaß 1977 Mat. 29 des vorläufigen Verzeichnisses. Beides paßt aber nicht direkt und wäre zu überprüfen auch anhand des Creuzernachlasses in Heidelberg und Karlsruhe. Einiges zum Thema enthält Band 2 der sog. Adversaria aus der Zeit von etwa Ende 1807[18]. Gedruckt wurden diese Manuskripte offenbar nicht[19].

---

[11] Dazu unten 59 ff.

[12] Im Brief bei Lenel, S. 106. Offenbar besteht hier ein Zusammenhang mit seinem Gutachten für die Reform der Universität Heidelberg, wo er Gambsjäger ebenfalls hart kritisierte, bei Schneider, S. 620 f., und die genannte Schrift erwähnte.

[13] In der Rez., aaO., Sp. 423.

[14] Über diesen jetzt bes. Nolte 1969, bes. auch zum Verhältnis zu Savigny.

[15] J.A.L.Z. 1806, Nr. 53 v. 4. 3., Sp. 422-424.

[16] Bei Stoll, Nr. 123 v. 19. 1. 06/I 275; Stoll erklärt ihn für nicht identifizierbar, dort in A. 2.

[17] In den Briefen bei Dahlmann, S. 237 und 173, sowie weitere Nwe. dazu ebda S. 238 in A. 4.

[18] Nachlaß 1977, in M 6, S. 245-292, von etwa Ende 1807.

[19] Einen genaueren Vergleich der Anhaltspunkte mit den kleinen Schriften Savignys vorbehalten.

Noch im gleichen Jahre 1806 steht dann eine wieder sehr kritische Rezension in der alten, jetzt Hallischen, Allgemeinen Litteratur-Zeitung[20]. Sie gilt einer juristischen Dissertation über Ciceros Topik, *Fr. G. van Lynden, Spec. Jurid. inaug. exhibens interpretationem jurisprudentiae Tullianae in Topicis expositae ..., Leovardiae-Fris. 1805. XVI und 164 S.* Savigny findet hier „Schwierigkeiten nicht nur nicht gehoben, sondern (was weit schlimmer ist) nicht einmal gefühlt" und „oberflächliche, einem Juristen unverzeihliche Art" bei der Untersuchung bekannter juristischer Definitionen Ciceros. Die ungezeichnete Rezension nennt Savigny gegenüber Creuzer[21]. Auch in seinen „Adversaria" vermerkte er sie sich mit einigen Notizen von 1809[22].

Noch einmal schließlich, 1808, verspricht er Heise zwei Rezensionen für die neuen *Jahrbücher der Literatur* in Heidelberg, denen er über seine Freunde Heise, Creuzer und Schwarz in Heidelberg nahe stand. Die zu Seidenstickers Pandekten-System erschien und steht auch in den *Vermischten Schriften*[23]. Savigny wollte aber auch eine zu „Bucher ... recht gerne übernehmen" wenn Heise nur nicht „viel davon erwarten" wolle[24]. Gemeint war *K. Fr. Bucher, Versuch einer wissenschaftlichen Darstellung des Justinianischen Privatrechts*, auch u. d. T. *System der Pandekten*, erschienen 1807 in Erlangen[25]. Bucher wurde aber weder mit dieser, noch mit einer anderen Schrift in den Heidelberger Jahrbüchern 1808/1809 besprochen. Auch die teilweise erhaltenen Briefe Heises *an* Savigny geben keinen Aufschluß[26]. Man darf hier ein Problem vermuten, das dann vielleicht der freimütige Hugo löste, als er 1811 eine herbe Kritik einer Umarbeitung, die Savigny gewidmet war, schrieb[27]. Denn Bucher war einer der weniger talentierten Schüler Savignys noch aus Marburg[28]. Jacob

---

[20] Vgl. dazu schon oben Fn 7. Die Rez. in Nr. 265 v. 12. 11., Sp. 243-245.
[21] Bei STOLL Nr. 141 v. 22. 11. 06/I 294. Dort in A. 2 nennt STOLL als Fundstelle irreführend „Hallesche Jahrbücher Nr. 165".
[22] Nachlaß 1977, in M 6 = Bd. 3, hier S. 67.
[23] VERM. SCHR. 5, S. 49-56.
[24] Bei LENEL, S. 115 v. 30. 3. 08.
[25] So nach BIBL. IUR. 1, 2. A. 1840; nach HUGO, s. sogleich Fn. 27, aber erst 1808 erschienen.
[26] UB Marburg Ms. 725/555-557; allerdings mit Lücke zwischen 1804 und 1816.
[27] HUGO in GGA 1811, St. 92, S. 923 = Beiträge 2, S. 44-46.
[28] *Karl Franz Ferdinand Bucher* lebte 1786-1854, war Sohn des Marburger Juraprofessors *Joh. Peter Bucher*, war Dozent in Marburg 1805-08, dann Prof. in Halle, seit 1818 in Erlangen, s. nur GUNDLACH Nr. 267 S. 158 und ADB 3, S. 477 f. Nachforschungen nach einem Nachlaß in Erlangen mit eventuellen Nachschriften zu Vorlesungen Savignys blieben leider trotz freundlicher Hilfe auch der Erlanger Bibliotheken und Archive, sowie meines Kollegen G. Hassold, ohne Erfolg.

Grimm schrieb etwa zur gleichen Zeit, am 26. 1. 1807, über ihn an Savigny[29]:

> „Die Marburger Universität fürchtet sich vor ihrer Auflösung. Dort liest der Dr. Bucher diesen Winter öffentlich Obligationenrecht, wahrscheinlich nach dem vor einigen Jahren bei Ihnen nachgeschriebenen Heft, mit hinzugefügten häufigen Zitaten des Donellus, der an ihm einen unaufhörlichen, aber langweiligen Lobpreiser gefunden hat."

Diese kleineren Arbeiten Savignys, bisher weitgehend unbekannt, enthalten sprechende Anwendungen seiner literarischen und damit wissenschaftlichen Maßstäbe. Zugleich geben sie Aufschluß über seine Tätigkeit, denn diejenigen in der Jenaischen Literatur-Zeitung sind auf den 24. 2., 13. 5., 17. 9. und 9. 7. 1804 datierbar[30]. Sie zeigen Savignys Neigung, das anspruchsvoll „moderne", gerade auch in der Unterstützung der nachkantianischen Modephilosophen Schelling und Hegel engagierte Blatt Goethes auch juristisch modern zu eröffnen, also *gegen* einen Glück oder gar Gambsjäger[31]. Die Neigung erkaltete jedoch wegen erheblicher Verzögerungen beim Druck schnell. So kam es zur Mitarbeit bei der Konkurrenz und schließlich seit 1807 beim Freunde Heise in Heidelberg. Ohne also dabei allzu grundsätzlich vorzugehen, plaziert Savigny doch seine Beiträge nicht völlig zufällig, sondern primär bei ihm näherstehenden Gruppen und Richtungen. Darin liegt ein erstes Indiz auch für seine eigene „Richtung".

Eine ebensowenig zu unterschätzende Quellengruppe wie die unbekannten Rezensionen bilden die unzähligen *Briefe*. Hier bekennt sich Savigny ganz als Kind seines so entschieden korrespondierenden Jahrhunderts[32]. Auch er hinterließ einen riesigen Briefwechsel. Kleinere Teile davon stehen in Editionen bereit[33]. Savigny selbst betont einmal die nicht

---

[29] Bei SCHOOF 1953, S. 27/Nr. 12. Diese Stelle bezieht KLINGELHÖFER in seiner informativen Arbeit über die Marburger Juristenfakultät im 19. Jh. irrtümlich auf den anerkannteren Bucher senior (S. 68), woraus dann konsequent Bewertungswidersprüche entstehen.

[30] Nach BULLING Bd. 1, der jeweils die Eingangsdaten mitvermerkt, zu 1804 lfd. Nr. 207 u. 435, zu 1805 Nr. 196, zu 1805 Nr. 167-69.

[31] Zu dem bekannten Zeitungsstreit der kantianischen alten L.Z. und der neuen Jenaischen näher L. GERHARDT, Ein Zeitungskampf vor hundert Jahren, in: Zs. für Bücherfreunde 10 (1906/07) S. 228-41.

[32] Einen lebhaften Eindruck dieser Fülle vermittelt ein Blick in die zweibändige unentbehrliche Bibliographie dieser Briefsammlungen von F. SCHLAWE.

[33] Vgl. für Savigny SCHLAWE, S. 471 und 1026-28; weitere Hinweise soeben bei MOTTE, Savigny. Un retour aux sources, in: Quad. fior. 9/1980 (1981) S. 555-563 und DERS., Manuscrits (1981) für franz. Briefpartner.

bloß persönliche Bedeutung dieser Quellen, wenn er 1812 an Dirksen schreibt:

> „Das Erfreulichste, was das Professorenleben bietet, ist die Gelegenheit, mit braven tüchtigen Menschen in eine Verbindung zu treten, die über das unmittelbare Verhältnis hinausreicht, in welchem sie sich erzeugt hat."[34]

Außer STOLLS grundlegender Sammlung von rund 700 Briefen Savignys[35], besitzen wir heute insbesondere *Drucke von Briefen Savignys* an Arnim, Beseler, Bluhme, Bluntschli, Capei, Carmignani, Conticini, Eichhorn, Fries, Gans, v. Gerlach, die Grimms, Heise, Jaeck, Laboulaye, Lachmann, Perthes, Ranke, Ringseis, Robinson, Rudorff, Sailer, Schwarz, Sclopis, Stahl, Story, Twesten, Unterholzner, Wächter, Weis, Wilhelm I., Zaiotti, Zimmer, abgesehen von einigen versteckten Einzelstücken und Briefen an seine persönlichen Bekannten[36].

Die folgende chronologische Zusammenstellung mit Vermerken zu den nicht seltenen Fällen von Mehrfachdrucken zeigt, wie viel bereits geleistet wurde, aber auch wie viel noch zu leisten wäre. Nur eine gewisse Vollständigkeit läßt sich dabei erhoffen, wenn man nur bedenkt, daß etwa die wichtigen Briefe mit Robinson bei MARQUARDT und BETTERIDGE offenbar seit 1951/52 unbekannt blieben und auch aus dem 19. Jahrhundert noch manches Entlegene neu auftaucht, so bei BRAUN die Briefe mit Gans von 1831. *Briefe Savignys* sind also *außer* bei STOLL gedruckt[37]:

1851   W. *Story* zu S. Fay bzw. J. Story, 1 Brief von 1841 (für diesen Hinweis danke ich sehr herzlich Herrn Y. Sakurada/Sapporo).

1852   W. v. *Bippen* zu Heise, verschiedene Fragmente im Text, erneut und vollständiger bei *Lenel* 1915.

1862   R. *Haym* zu Fr. u. L. Creuzer, 1 Brief (aus dem sog. Tagebuch) von 1799, teilweise, vollständig bei *Stoll*.

1867   E. *Henke* zu Fries, 3 Briefe von 1802.

1869   Th. *Sadler* zu Robinson, 1 Brief von 1803 in engl. Übs., danach bei *Eitner* 1871 und *Stoll* I Nr. 73, im Original dann bei *Marquardt*.

1871   K. *Eitner* zu Robinson, 1 Brief von 1803, nach *Sadler* 1869 rückübersetzt, im Original bei *Marquardt* 1951.

1879   L. *Enneccerus* zu Verschiedenen, 13 Briefe zwischen 1804 und 1850, alle erneut und vollständiger bei *Stoll* 1927 ff.

---

[34] SAVIGNY an DIRKSEN, Berlin 12. 8. 12, UB Mainz 4^0 Ms 84-20; vgl. zum Thema auch unten 196 f.: „Freundschaft" als Element der Schlegelschen Philosophie.

[35] A. STOLL, Fr. K. von Savigny. Ein Bild seines Lebens mit einer Sammlung seiner Briefe, 3 Bde., Berlin 1927. 29. 37.

[36] Die Angaben zu Briefen an Weinlig und Bismarck bei SCHLAWE betreffen den Sohn K. Fr. nicht den Vater Fr. Carl.

[37] „zu Heise" usw. heißt: Briefe an Heise; eine alphabetische Liste nach Hg. findet sich unten im Verzeichnis der Quellen II.1; eine alphabetische Erfassung der Briefe bei STOLL nach Empfängern gibt SCHLAWE, S. 1026. Einige Hinweise soeben auch bei MOTTE 1981 (Fn. 33). Zu den Briefen an Niebuhr unten Fn. 40a.

1881   *H. Loersch* zu K. Fr. Eichhorn, 1 Brief vom 21. 10. 51, erneut bei *Schulte* 1884.

1881   *O. Wächter* zu C. G. Wächter, 2 Briefe von 1851/52, erneut und vollständiger bei *Stoll* 2, Nr. 573, 539, 547.

1881   *Fr. Schulin* zu Weis, erneut und vollständiger bei *Felgentraeger* 1927.

1884   *G. Beseler* zu G. Beseler, 1 Brief von 1843, erneut bei *Stoll* als Nr. 531.

1884   *J. Schulte* zu K. Fr. Eichhorn, 16 Briefe zwischen 1815 und 1851; der Brief von 1851 erneut bei *Stoll* als Nr. 574, sonst offiziell nichts, vgl. die etwas empfindliche Anm. bei *Stoll* 2, S. 18; dennoch aber in 2, S. 369 f., Teile des berühmten Briefes von 1830.

1885   *V. Imbriani* zu G. Poerio, 3 Briefe zwischen 1827 und 1832.

1886   *E. Ringseis* zu Ringseis, 1 Briefteil von 1817, erneut und vollständig bei *Pfülf* 1904.

1889   *C. F. G. Heinrici* zu Twesten, 1 Brief vom 11. 1. 35; nicht bei *Stoll*, aber wenig ergiebig.

1890   *A. Stoll* zu Fr. und L. Creuzer, 2 Briefe voll (sog. Tagebuch) und 15 teilweise, von 1799/1800, erneut und vollständig bei *Stoll I* 1927.

1895   *L. Geiger* zu K. v. Günderrode, 13 Briefe zwischen 1803-06, ersetzt durch *Preitz* 1964.

1904   *O. Pfülf* zu Ringseis, 35 Briefe zwischen 1815 und 1859; teilweise berichtet bei *Stoll* 2, S. 345-55.

1907   *F. Nicolini* zu G. Carmignani, F. Sclopis und P. Zaiotti, 16 Briefe zwischen 1829 und 1852.

1908   *C. Varrentrapp* zu Ranke und Perthes, 2 Briefe an R. und 14 an P.; erneut und vollständiger bei *Stoll*, aber ohne die Erläuterungen von *Varrentrapp*.

1910   *O. Liebmann* zu Verschiedenen; erneut und vollständiger bei *Stoll*.

1910   *M. Lenz* zu Humboldt und Gans, je 1 Brief, 1810 bzw. 1828; letzterer erneut bei *Stoll* 3, S. 280 und *Braun* 1979.

1912   *E. Salzer* zu Stahl, 2 Briefe von 1840/1845; nicht bei *Stoll*.

1915   *A. Leitzmann* zu Lachmann; nicht bei *Stoll*, enthält sechs bloß geschäftliche Briefe.

1915   *O. Lenel* zu Heise, 40 Briefe zwischen 1801 und 1818; Bericht dazu bei *Stoll* 2, S. 49-53.

1915   *W. Oechsli* zu Bluntschli, 23 Briefe zwischen 1828 und 1840; bei *Stoll* 2, S. 355-63 nur in Bericht und Auszügen.

1921   *L. Brentano* zu Achim v. Arnim, 1 Briefteil von 1808, erneut und vollständig bei *Härtl* 1982.

1924   *H. U. Kantorowicz* zu Schwarz, 29 Briefe zwischen 1799 und 1835, im Anhang auch der berühmte Brief Creuzers von 1804 über Savigny; nur dieser und Nr. 1 auch bei *Stoll* 1, S. 52 f. und als Nr. 27.

1927   *W. Felgentraeger* zu Weis, 25 Briefe zwischen 1804 und 1807; nur Nr. 1, 2, 17 auch bei *Stoll* als Nr. 85, 86, 110.

1930   *J. Schulze* zu Wilhelm I., 1 Brief Savignys vom 18. 3. 45, politischen Inhalts.

1936   *J. Hennig* zu Zimmer, der bekannte Brief vom 4. 6. 1814 zum „Beruf".

1936   *H. v. Savigny* zu Leo v. Savigny, 1 Brief von 1836, erneut und vollständig bei *Raub-Domnick* 1970.

1938   *E. Rudorff* zu Rudorff, 3 Briefteile zwischen 1835 und 1846; erneut und vollständiger bei *Stoll* als Nr. 548, 549, ersteres nur ein Glückwunschschreiben.

1941	*A. Vahlen* zu Unterholzner, 24 Briefe zwischen 1809 und 1828.
1948	*H. Schiel* zu Sailer, 2 Briefe, 1819 und 1823; ersterer auch bei *Stoll* als Nr. 16, Bd. 3 Anhang 1.
1951	*H. Marquardt* zu Robinson, 4 Briefe von 1802/1803; der zweite bereits in Englisch bei *Sadler* und rückübersetzt bei *Eitner*, danach dann bei *Stoll* als Nr. 73.
1959	*R. Herd* zu Jaeck, 4 Briefe Savignys von 1815, 1824, 1825, 1834, zu Handschriftenfragen, außerdem 1 Entwurf Jaecks von 1815.
1960	*W. Weischedel* zu Verschiedenen, 12 Briefe nach *Stoll*.
1961	*H. Liermann* und *H. J. Schoeps* zu E. v. Gerlach, 7 Briefe zwischen 1834 und 1844.
1962	*D. Strauch* zu Fr. Bluhme, 89 Briefe zwischen 1820-1860.
1964	*M. Preitz* zu K. v. Günderrode, 15 Briefe zwischen 1803-06, ersetzt *Geiger* 1895.
1968	*H.-J. Schoeps* zu E. v. Gerlach, 1 Brief v. 16. 3. 33 zum Eherecht; nicht bei *Stoll*.
1970	*A. Raub-Domnick* zu Bettine und Leo v. Savigny, je ein Brief von 1821 bzw. 1836.
1971	*P. Legendre* zu Laboulaye, 4 kurze Briefe zwischen 1840 und 1845.
1979	*J. Braun* zu Gans, 2 Briefe von 1828 und 1831; ersterer bei *Lenz* und *Stoll*, letzterer zuerst 1840 in einer Zeitschrift.
1979	*H. Härtl* zu Bettina v. Arnim, 21 Briefe zwischen 1801 und 1808, nicht bei *Stoll*.
1980	*D. Maffei* zu Capei und Conticini, 2 bzw. 3 Briefe zwischen 1827/1840 und 1847-1851.
1981	*A. Erler* zu Bettine v. Savigny, 2 Briefe von 1820/21.
1982	*H. Härtl* zu Achim v. Arnim, 18 Briefe zwischen 1806 und 1815; nicht bei *Schoof*, einer von 1808 teilweise bei *L. Brentano* 1921, einer von 1811 auch bei *Härtl* 1980 (s. Nachtrag).
1982	*R. Polley* zu Thibaut, 2 Briefe von 1813/14, aus Abschrift, nicht bei *Stoll* (s. Nachtrag).

Hundert Jahre nach dem Erscheinen seiner *Zeitschrift für geschichtliche Rechtswissenschaft* wurde Savigny selbst also zur Quelle der Zeitschrift der Savigny-Stiftung. Die Konkordanznachweise ergeben, daß die Fülle ein wenig täuscht, da vieles von vor 1915 in STOLLS Sammlung eingegangen ist. Andererseits fehlen darin doch wieder so wichtige Briefe wie die an Fries, Stahl, Heise oder Zimmer bei HENKE, SALZER, LENEL und HENNIG.

Von den zahllosen *Briefen* berühmter und weniger berühmter Zeitgenossen *an Savigny* wurden vor allem aus dem Marburger Nachlaß geschlossene Serien ediert, so für die Gebrüder Grimm, für Friedrich Creuzer, den Philologenfreund, für den Berliner Nachfolger Puchta, für den Marburger Gast und Freund Robinson, abgesehen von den Briefen aus Verwandtschaft und mehr persönlichen Bekanntschaften. Im Falle Bluhme gelang es sogar, unabhängig von STOLLS „einseitiger" Sammlung, einen ganzen wertvollen Briefwechsel vorzulegen. Daneben liegt eine

Reihe von Briefen aus anderen Quellen vor, die nur schwer vollständig zu ermitteln sind[38]. Schon STOLL bringt abweichend von seiner Beschränkung auf Briefe Savignys auch Briefe an Savigny von Goethe (1 von 1831), Beseler (1 von 1843), Fr. Wilhelm IV. von Preußen (9 von 1815-1854), Wilhelm I. von Württemberg (1 von 1846), Ludwig I. von Bayern (1 von 1846), Wilhelm I. von Preußen (1 von 1850 und 1859), Max II. von Bayern (1 von 1860), L. E. Grimm (1 von 1859), J. W. Ritter (2 von 1801), Altenstein (1 von 1818), Fr. Creuzer (1 von 1825) und E. Gans (1 von 1828)[39]. Anderes entging auch ihm, Neues kam hinzu. *Außer* denen bei STOLL findet man folgende gedruckte Briefe *an* Savigny:

- 1884 *F. J. Schulte* zu Eichhorn, 13 Briefe zwischen 1819-45.
- 1886 *E. Ringseis* zu Ringseis, 1 Briefteil von 1811 und 1816, der Brief von 1816 jetzt vollständig bei *Kadel* 1981.
- 1892 *R. Steig* zu A. v. Arnim, 2 Entwürfe von 1814, der Brief selbst jetzt bei *Härtl* 1982, Nr. 90.
- 1915 *W. Oechsli* zu Bluntschli, 16 Briefe zwischen 1832-48.
- 1930 *J. Schulze* zu Wilhelm I. von Preußen, 1 Brief von 1845.
- 1939 *W. Schellberg/F. Fuchs* zu Clemens v. Brentano, 109 Briefe zwischen 1801-39.
- 1942 *W. Schellberg/F. Fuchs* zu Achim und Bettina v. Arnim und Meline Guaita, geb. Brentano; ca. 150 Briefe von 1801-44 und 4 von 1806/07.
- 1952 *H. Schiel* Bd. 2, zu Sailer, 36 Briefe zwischen 1810-29.
- 1952 *H. T. Betteridge* zu Robinson, 7 Briefe zwischen 1802-05.
- 1953 *W. Schoof* zu den Grimms, 205 Briefe zwischen 1805-52.
- 1958 *F. Uhlendorff* zu Eichendorff, 2 Briefe von 1817.
- 1961 *J. Müller* zu Bettina v. Arnim, 46 Briefe zwischen 1819-31; Auswahl aus *Schellberg/Fuchs* 1942.
- 1962 *D. Strauch* zu Fr. Bluhme, 99 Briefe zwischen 1820-60.
- 1964 *M. Preitz* zu K. v. Günderrode, 25 Briefe zwischen 1802-06.
- 1971 *E. Rehm* zu Joh. Wilh. Ritter, 2 Briefe von 1800 und 1801.
- 1972 *H. Dahlmann* zu Fr. Creuzer[40], 132 Briefe zwischen 1799 und 1850.
- 1975 *O. Koglin* zu F. J. Stahl, 1 Brief vom März/April 1838.
- 1979 *J. Bohnert* zu Puchta, 14 Briefe zwischen 1828-40, Auswahl aus 87 Briefen in Marburg.
- 1979 *J. Braun* zu Ed. Gans, 3 Briefe von 1819, 1828, 1931; der zweite auch schon bei *Lenz* und *Stoll* 3, Anhang 2 Nr. 18.

---

[38] Auch dazu wertvoll die alphabetische Auflistung der Briefschreiber *an* Savigny bei SCHLAWE, S. 471, hier ergänzt und fortgeführt. Die Angaben zu Briefen von Bismarck betreffen den Sohn Savignys.

[39] Der Goethebrief in Bd. 2 Nr. 457, nach dem Abdruck 1839 in „Niebuhrs Lebensnachrichten" III 367 f.; außerdem gedruckt 1905 bei PH. STEIN (Hg.), Goethe-Briefe, 1905, VIII 351 f. und Weimarer Ausgabe, Abt. 4: Briefe, Bd. 49, 1909, Nr. 88), die übrigen in Band 3.

[40] Eine wertvolle Ergänzung dazu die eingehenden Rez. von U. BREDEHORN, in: ZsfBibl.wesen 20 (Frankfurt 1973) S. 475-484 u. H. JAEGER, u. d. T.: Note savignicienne I. La pauvre philosophie face à la toute puissante histoire de droit ... (mehr noch nicht erschienen), in: ArchphilDroit 19 (1974) S. 407-424.

1981	*H. Kadel* zu Ringseis, 1 langer Brief von 1816, teilweise schon bei *E. Ringseis* 1886.
1981/82	*E. Vischer* zu Niebuhr, 54 Briefe zwischen 1816 und 1825 (s. Nachtrag)[40a]
1982	*H. Härtl* zu Achim v. Arnim, 166 Briefe bzw. Briefteile zwischen 1803 und 1830 (s. Nachtrag).
1982	*R. Polley* zu Thibaut, 35 Briefe zwischen 1803 und 1835 (s. Nachtrag).

Über diese Drucke hinaus wurden auch Editionen zu *B. W. Pfeiffer*, dem Jugendfreund[41], und *Thibaut*, dem Kontrahenten von 1814, angekündigt[42]. Etliche wichtige Gegenbriefe liegen also bereits im Druck vor. Dennoch fehlen zentrale Briefpartner und auch hinsichtlich des bereits Gedruckten blieb die Ausbeute von Interpretationen, die sich auch auf die Gegenbriefe stützen, relativ gering[43].

Obwohl Savigny also Editionstätigkeit in einem Maße zugute kam, das in der juristischen Personengeschichte einmalig ist, steht damit erst rund ein Sechstel des *ungedruckten Briefkorpus* zur Verfügung, der in Marburg, Berlin, Münster und an verschiedenen weiteren Orten verstreut ist. Zwar entfällt bei diesem „Rest" der Löwenanteil auf Briefe *an* Savigny. Aber man entbehrt auch diese sehr, wenn man bedenkt, daß eben erst mit ihnen der volle Kontext zur Verfügung steht. Ein Beispiel für die Gefahren isolierter Interpretation von Savigny-Briefen bietet der Fall Fries 1802[44]. Von diesem ungedruckten Briefkorpus lagern schon seit 1948, mit Ergänzungen bis 1966, etwa 1900 Briefe in der Marburger UB[45]. 1977 kamen ca. 1800 Stück hinzu[46]. Weiteres liegt zahlreich zwischen den wissenschaftlichen Aufzeichnungen versteckt. Die alte Deutsche Staatsbibliothek in Berlin (Ost) besitzt seit 1937 weitere rund 2100 Briefe[47]. Vor-

---

[40a] Laut VISCHER I S. 10, konnten die im März 81 an ihn gelangten 35 Briefe Savignys *an* Niebuhr nur noch für die Anmerkungen zu Bd. 2 verwendet werden.

[41] Angekündigt bei NOLTE, S. 13 in Anm. 4.

[42] Diese Edition, bearbeitet von R. POLLEY, Kiel/Marburg, wird nach freundlicher Auskunft des Bearb. demnächst erscheinen; inzwischen erschienen, s. Nachtrag. Den Briefwechsel Winckelmann bearbeitet I. SCHNACK/Marburg.

[43] Man vgl. aber etwa HATTENHAUER, Einleitung 1973, S. 25 für Bettina v. Arnim, JAEGER 1974 für Creuzer, BRAUN 1979 für Gans.

[44] Dazu näher unten 242 ff.

[45] Dazu ein kurzer Auswahlbericht bei F. ROHDE 1951 und 1950, erstere Fassung genauer. Die Briefe sind alle gut katalogisiert. Die Zahlenangaben sollen lediglich die Dimensionen greifbar werden lassen und sind daher gerundet.

[46] Über diesen Bestand existiert ein vorläufiges Verzeichnis, ein genaues wird bei der UB Marburg erstellt. Die Bemerkung über Verstecktes beruht auf einer Durchsicht fast des gesamten Nachlasses 1977, die dank des großartigen Entgegenkommens und der aktiven Hilfe von Herrn *Dr. U. Bredehorn* möglich war. Die Katalogisierung wurde inzwischen abgeschlossen. Vgl. jetzt auch MOTTE, Retour, S. 557.

[47] Vgl. den kurzen Auswahlbericht von CHRIST 1938 und in DEUTSCHE STAATSBIBLIOTHEK 1961, S. 337 f. Das Material ist voll katalogisiert, wie ich freundlichen Auskünften

wiegend persönliche Korrespondenz mit der Familie verwahrt seit 1967 die UB Münster[48]. Die Erfassung des nicht unbeträchtlichen Streubesitzes wurde jüngst in Angriff genommen[49]. Leider muß man auch mit sehr empfindlichen Verlusten rechnen, etwa dem früh, wohl von KANTOROWICZ, aufgespürten Briefwechsel Hugo-Savigny[50].

Es liegt auf der Hand, daß schon das Bewußtsein von Lücken bei der Savigny-Kenntnis davon abhängt, diese Fülle einigermaßen zu überblicken. Erst recht gilt dies für eine Verarbeitung zu Forschungsergebnissen. Diese unentbehrlichen Übersichten und Bestandsaufnahmen stecken jedoch noch völlig in den Anfängen. Für die unzähligen ungedruckten und gedruckten, teils mehrfach und teilweise abweichend gedruckten *Briefe* entbehrt man sehr eine Übersicht und Konkordanz[51]. Gleiches gilt für die teilweise schon lange lagernden *Archivalien aus den Ämtern*, teilweise wiederum gedruckt. Sie sind vor allem bei der heutigen Zersplitterung ohne ein gründliches Repertorium in Verbindung mit einer Geschichte der Nachlaßwege kaum zuverlässig zu benutzen. Für einen groben Eindruck wird im Abschnitt Politik – Praxis – Ämter einiges beigebracht werden[52]. Für die *Rezensionen* zu Savignys Druckwerken, die so viel über eine noch nicht von Projektionen verstellte zeitgenössische Lektüre sagen, gibt es

---

von Herrn *Dr. H.-E. Teitge*/Berlin STB entnehmen kann. Daraus ist auch die ungefähre Briefzahl errechnet. Die verschiedenen Editionen hieraus zu den Brentanos und Arnims soeben in der Liste nach Fn. 39 und teilweise bei SCHLAWE, S. 470.

[48] Ca. 3000 Briefe, kurzer Bericht bei R. STEFFEN 1967, S. 374 f.; dies die ausführlichste Fassung gegenüber Früherem, das WEBER, RAUB-DOMNICK und MOTTE, Retour, S. 557 noch anführen. Die Katalogisierung ist weitgehend abgeschlossen. Aus und zu diesem Bestand vor allem RAUB-DOMNICK 1970 mit umfassender Einleitung ihrer Edition zweier Dokumente von 1821 und 1836; weiter R. STEFFEN 1969/70, zu einigen Dokumenten aus der Marburger Zeit.

[49] Für das geplante Quellenrepertorium von KADEL/RÜCKERT (oben Fn. 2).

[50] Die 1919 von KANTOROWICZ in einer Diplovataccius-Edition versteckt erwähnten Briefe gingen laut W. FELGENTRAEGER, der sie zuletzt besaß, 1945 in Breslau verloren – so die freundliche Mitteilung F.s vom 16. 6. und 24. 6. 80. Noch im Nachlaßverzeichnis sind die Hugo-Briefe aufgeführt, s. Anhang Nr. 3 unter Nr. 153. Nachforschungen in Breslau blieben bisher erfolglos.

[51] Vgl. als Anfang die soeben gegebenen Zusammenstellungen, daneben wiederum SCHLAWE; ein großer Teil des ungedruckten Bestandes konnte mit Hilfe einer systematischen Umfrage und über die freundlichen Auskünfte vom Zentralkatalog deutscher Autographen/Berlin STB erfaßt werden; vgl. in Zukunft das Repertorium KADEL/RÜCKERT. Selbst weitere Großfunde sind gar nicht so unwahrscheinlich, siehe den Bericht zu Briefen an Haubold und Clossius von KREKLER 1980.

[52] Dazu unten 33 ff. mit Übersichten. Die Bestandsaufnahme für das Repertorium ist ebenfalls begonnen. Einiges dazu bisher besonders bei WEBER 1971, S. 29-31, weiter die Berichte, Nwe. oben Fn. 45 ff. Dadurch vielfach überholt das Verzeichnis bei MOMMSEN-DENECKE, Nachlässe, hier 1, S. 439 u. 2, S. 164.

nur zufällige, sehr unvollständige Hinweise[53]. Offenbar unterschätzt man deren Quellenwert eher. Ähnliches muß man von den juristisch und dogmengeschichtlich unschätzbaren *Nachschriften aus Vorlesungen* Savignys sagen. Davon fanden sich bei systematischer Suche zahlreiche Stücke, die in ihrem Zusammenhang eine einzigartige Quelle gerade in den vielen Punkten ergeben, zu denen Savigny zwar Generationen mündlich belehrte, aber schriftlich nicht mehr erreichte[54]. Ein Verzeichnis der laut Lektionskatalogen gehaltenen Vorlesungen Savignys würde die notwendige Kontrolle und Ergänzung bilden[55]. In allen diesen Punkten muß man sich derzeit mit verstreuten, teilweise sehr wertvollen, aber doch stets fragmentarischen Hinweisen und Teilsammlungen behelfen.

Das hier angestrebte Urteil über unseren Kenntnisstand auf der Basis eines Vergleichs von Forschungsstand und Quellenlage wird dadurch nicht erleichtert. Doch läßt sich das Quellengelände nach dem soeben gegebenen Bericht so weit abschätzen, daß der vergleichende Blick auf die Forschungslage gewagt werden kann. Wie werden hier die Akzente gesetzt?

2. *Akzente der bisherigen Erforschung*

Offenbar war es auch eine Art Folgerung aus dieser Quellenlage und dem Stand ihrer Überschaubarkeit, daß sich die Literatur bei näherer Betrachtung so überdeutlich in einem bestimmten Grundzug verbunden weiß: Wieder und wieder beschäftigte man sich mit den allgemeinen geistesgeschichtlichen und grundsätzlichen Fragen, mit dem „Apparat allgemeiner Ideen, den Savigny gegen seine Gegner in Bewegung zu setzen für nötig hält", wie Jhering 1861 treffend und nicht ohne Ironie zum *Beruf* vermerkt [56]. Programm, Methode, Philosophie, allgemeine Rechtslehre und ähnliche Grundsatzfragen bei Savigny werden anhaltend umkreist. Diese Tendenz fällt um so mehr auf, als sie nicht nur die zahlreichen Beiträge aus festlichem Anlaß zwischen 1861 und 1979 kennzeichnet, in denen naheliegenderweise das Bleibende und zu Verabschiedende, jedenfalls das „Wesentliche" an Savigny interessierte.

---

[53] Die Bestandsaufnahme ist begonnen (s. oben Fn. 2); ein bedeutsamer Fall ist z. B. die Rez. von Fries 1840 zum *System*.
[54] Vgl. nunmehr die Liste unten 63 f.
[55] Die Bestandsaufnahme ist begonnen (s. oben Fn. 2); vgl. unten 110 f. zu Landshut.
[56] R. JHERING in seinem Nachruf in: Jher. Jbb. 5 (1861), hier S. 364.

Die anschließende chronologische Übersicht soll einen Eindruck geben, wie viele Beiträge tatsächlich mehr oder weniger unter diesem Zweck stehen — weniger in der Regel, je ferner das Objekt rückte. Die dazugehörigen Titel finden sich zumeist in den eingangs erwähnten bibliographischen Zusammenstellungen. Genaue Angaben wird das geplante Repertorium enthalten[57]:

- 1861/62 Jhering, Heydemann, Arndts, R. Schmid, Stintzing, Capei, Rudorff, Bluntschli, Döllinger, Dilthey; aber auch noch Goldschmidt 1864, Mignet u. Wagener 1865, Bethmann-Hollweg 1866.
- 1879/80 Windscheid, Enneccerus, Bruns, J. Levy, M. Cohn (Conrat), Brinz, Czyhlarz, Puntschart, Merkel, Esmarch, Maassen, Brugi, Schulin, Bluntschli, Hölder, Fitting[58].
- 1911/12 Kantorowicz, Manigk, Heymann, Rexius, Hübner, Loening; auch noch Stern 1914, Manigk 1914.
- 1929/30 Gaudemet, Fehr, Heymann, Funk, Manigk.
- 1954/55 Wieacker, Hedemann, Schaffstein, Coing.
- 1961/62 Conrad, Gmür, Thieme, Kunkel, H. Schneider, F. Schwarz, Dickel, Fischli, Boyé, Calasso, Kuttner.
- 1979/80 Coing, Gedenkfeier Marburg (Ernst Wolf, E. Kaufmann, Kiefner) und Trages, Ius Commune 8, Sammelband Valparaiso und Granada, H. Schröder, J. Braun, Kaltenbrunner, Luig/Dölemeyer, D. Nörr (Augsburger Rechtshistorikertag), Seminario Firenze (Quad. fiorentini).

Die *Suche nach dem Grundsätzlichen* beherrscht nicht nur fast alle diese Autoren, sondern auch die Monographien und die monographieähnlichen Kapitel der größeren Arbeiten, von BERGBOHM 1892 bis WIEACKER 1967. Offenbar trug sie auch bei zu der Seltenheit monographischer Untersuchungen von Einzelfragen. Im Sinne der eingangs begründeten Notwendigkeit, sich gerade dieses zentralen Teils des Forschungsfundus genau zu vergewissern, werden im nächsten Abschnitt die einschlägigen Arbeiten in chronologischer Folge herangezogen. Die zeitliche Folge empfiehlt sich wegen der thematischen und sachlichen Abhängigkeit der Arbeiten untereinander und vom jeweiligen Zeitgeist, in dem, mit dem oder gegen den sie niedergeschrieben wurden.

---

[57] Oben Fn. 2; vgl. für die Zeit bis etwa 1960 auch die Bemerkungen bei STRAUCH, 1960, S. 105-15. Einiges über den Hintergrund der 1861/62 erschienenen Nachrufe nach Personen und Anlässen findet sich bei STOLL 3, S. 109-112, dort auch Teile aus einer Rede C. G. WÄCHTERS in Berlin. Zur jüngsten Festliteratur 1979-81 jetzt Nachweise und Bspr. bei DUFOUR, Savigniana 1982 (s. Nachtrag).

[58] MANIGK 1914, S. 86, hebt diese Arbeit als von VOLKMANN lobend hervor (S. 86 Fn. 183, auch 10 Fn. 2, 23 Fn. 31, 83 Fn. 177). Nähere Nachforschung zu dem sonst nicht erwähnten Titel ergab, daß es sich um eine Rede FITTINGS handelt, die er unter dem Rektorat von R. VOLKMANN in Halle 1879 hielt. Auf ganzen 14 Seiten wird hier nichts vorgetragen, das etwa über RUDORFF und HOLLWEG hinaus bedeutsam wäre.

Monographisches Niveau erreicht in bewußt abwägender, vornehmer Distanz fast schon BETHMANN-HOLLWEG 1866 mit seinem kaum zufällig verspäteten Nachruf; doch gibt er fast keine Belege an und bleibt daher für „Outsider" und gar spätere Nicht-mehr-Zeitgenossen eine unsichere Auskunft[59]. Abgesehen von diesem Vorspiel und der weniger zitierten intensiven, kritischen Behandlung bei BERGBOHM[60], langt man dann schon bei dem ersten großen Fixpunkt, der *Geschichte der deutschen Rechtswissenschaft* von 1910 an.

ERNST LANDSBERG schrieb darin eine immer noch grundlegende, verhältnismäßig ausführliche Analyse speziell zu Savigny. Er gibt hier die Ergebnisse selbständigeren Vorgehens anhand der Quellen und ihres Kontextes. Zugleich zieht er damit die abgewogene, aber doch entschiedene Summe zu den bis dahin aufgetretenen Einordnungsproblemen mit Savigny[61], etwa gegenüber Kant und Schelling. Den Schwerpunkt seiner vier Abschnitte zu Savigny[62] bilden schon rein quantitativ Ausführungen zu den allgemeinen Fragen um den historischen Topos „Historische Schule"[63]. Aber auch die anderen Passagen sind klar beherrscht von der Fragestellung, inwieweit auch der Savigny dieser Perioden und Werke dem von LANDSBERG zuvor ermittelten Programm und „Wesen" entspricht. So drängt sich ihm zum *System* vor allem „die Frage auf, in welchem Verhältnisse das System des römischen Rechts zu den Grundsätzen

---

[59] BETHMANN-HOLLWEG, M. A. v., Erinnerung an Fr. C. v. Savigny als Rechtslehrer, Staatsmann und Christ, (von Herrn Staatsminister a. D. ...), in: ZfRG 5 (Weimar 1866) S. 42-81. Bethmann war bekanntlich einer der engsten Kollegen und Freunde Savignys, schon nach hessischer Herkunft, Hochadel und Alter (16 J. jünger, 1795-1877), aber auch nach Breite seiner Tätigkeit in Wissenschaft, Politik und Religion. Der ebenso enge, noch jüngere Freund RUDORFF (1803-73) versteht sich dagegen in seinem Nachruf 1863 wesentlich als Apologet. Auf Rudorff fußt i. w. W. GUTHRIE, Memoir of Friedrich Carl von Savigny, als Appendix V, S. 517-549 in: SAVIGNY, A Treatise on the Conflict of Laws..., transl. with notes by W. G., 2. A. Edinburgh/London 1880.

[60] K. BERGBOHM, Jurisprudenz und Rechtsphilosophie. Kritische Abhandlungen. Erster Band [und einziger]: Einleitung. 1. Abh.: Das Naturrecht der Gegenwart, Leipzig 1892, hier S. 480-553: Revision der historischen Rechtstheorie.

[61] LANDSBERG, Geschichte (1910), hier S. 186-253 im Textband (T.) und S. 94-110 im Notenband (N.). LANDSBERG verfaßte auch schon den Art. Savigny in der repräsentativen ADB, Bd. 30 (1890) S. 425-452. Wichtig für sein Erkenntnisinteresse auch sein späteres, offenes Bekenntnis zu einer „eigenen selbständig und apriorisch gegebenen Bedeutung" des Rechts (S. 370 in der Anm.), zur „Wiedereinsetzung der Metaphysik" (S. 373) in: Zur ewigen Wiederkehr des Naturrechts, ARWP 18 (1924/25) S. 347-76.

[62] Vgl. die Gliederung in T. 186: I. Savigny bis 1814 (S. 186-199), II. Savigny als Gründer der historischen Schule (S. 199-226), III. Savigny 1840-1861 (S. 226-241), IV. Savignys Stellung und Bedeutung für die Geschichte der Rechtswissenschaft (S. 241-253).

[63] Dazu explizit Abschnitt II und IV, allein 39 Seiten der zusammen 67 Seiten.

und Grundanschauungen steht, die für die Gründung der historischen Schule maßgebend gewesen waren"[64].

Kurz darauf setzen zum 50-Jahr-Gedächtnis die „Was ist uns ..."-Kämpfe heftig ein mit KANTOROWICZ' bekanntem Angriff auf das Denkmal „geschichtliche Rechtswissenschaft"[65], dessen abschließend gedachter Wiedereinsetzung das umfängliche Buch von MANIGK 1914 gilt[66]. Dieses enthält eine völlig dem um 1914 aktuellen Streit juristischer Weltanschauungen untergeordnete „Nachprüfung der Grundlehren der historischen Schule" (S. 20), die auch nur aus diesen Kontexten heraus voll zu würdigen ist. MANIGKS Apologie versteht sich ganz offen als Beitrag zu den methodischen und „parallel laufenden politischen" Bekenntnissen der Modernisten KANTOROWICZ, RADBRUCH, FUCHS, EHRLICH u. a. im „juristischen Kulturkampf" (S. 8). Savigny erweist sich ihm als der wahre ‚Modernist'[67].

Die Chronologie führt schon hier auf den Namen SOLARI. Der Reichtum seiner schon 1915/16 niedergeschriebenen Studie über *Storicismo e diritto privato* gelangte leider erst 1940 zum Druck. Und die Schwierigkeiten, heute das Buch zu erhalten, sind zugleich Ausdruck seiner minimalen Verarbeitung in der späteren Forschung[67a]. Dieses Schicksal des Buches ist bedauerlich und umso schwerer verständlich, als es für die gesamte Diskussion bis 1915 nicht nur die beste Verarbeitung leistet, sondern in vielen Punkten und gerade für die beliebten Grundsatzfragen wesentliche Fortführungen, so für die Frage Savigny-Schelling, in der genauen Erkenntnis „romantischer" Bezüge und Kontexte gerade in der Philosophie des *Beruf*, für kantisches im Einzelnen, aber nicht im Ganzen, für zwei Schichten im Recht, für Recht-Moral u. a. m.[67b]. Seine konsequente Deutung der Theorien Savignys entspringt sicherem Umgang mit dem philoso-

---

[64] T. 229 f.

[65] Was ist uns Savigny?, in: Recht und Wirtschaft, Jg. 1, Berlin 1912, S. 47-54 und 76-79 (erschien insoweit bereits 1911, dann auch separat 1912); das damit begangene Sakrileg führte fast zu hochpolitischen Protesten (KANTOROWICZ 1937, S. 327) und förderte gewiß die Karriere des 1908 in Freiburg habilitierten K. nicht. Erst 1929 wurde er nach Kiel berufen. Bemerkenswert etwa, wie LANDSBERG in seiner Rez. (Jurist. Literaturblatt 24, Berlin 1912, S. 54 f.) meint, „der Titel sollte lauten: „Was ist mir Savignys Rechtsentstehungslehre und Schulprogramm?", die Arbeit sei „gar zu einseitig".

[66] Savigny und der Modernismus im Recht, Berlin 1914, 247 S. Nwe. über den Fortgang des Streits seit 1911 dort S. 85 in der Anm.

[67] MANIGK, S. 43, 92 und eigentlich durchweg.

[67a] Erschienen Turin 1940, als Bd. 2 seiner „Filosofia del diritto privato". So spät ich das Buch vorliegen hatte, so knapp müssen daher leider die Hinweise in den Anmerkungen bleiben. Zu Recht hat MARINI immer wieder darauf verwiesen.

[67b] Vgl. aaO., S. 119; 132, 152 ff. u. 196; 88, 156 u. 261; 184 ff.; 190 f.

phischen, literarischen und politischen Kontext und entbehrte lediglich des seitdem ungleich reicheren Quellenmaterials.

Eine Spezialfrage untersucht 1923 ganz selbständig GUTZWILLER. Er stellt den immer wieder aufgegriffenen „Einfluß Savignys auf die Entwicklung des Internationalprivatrechts" grundlegend dar[68]. Erst neueste Vorstöße verschoben hier die Perspektiven[69].

FELGENTRAEGER schreibt 1927 eine in Themenwahl, Quellengrundlage und Ergebnis ebenso unabhängige wie ausgezeichnete Arbeit[70]. Savignys großer *Einfluß auf die Übereignungslehre* gilt seitdem als gesichert. Der Nachweis gelang FELGENTRAEGER vor allem deswegen, weil er als erster eine Reihe von Vorlesungsnachschriften heranzog und zum Sprechen brachte.

Bescheideneren Erfolg bei diesen „Einfluß"-Studien hatte W. CLASS[71]. Er beschränkt seine Fragestellung unglücklich eng auf das Thema „persönlicher Einfluß Savignys". Immerhin schrieb er dabei doch eine der wenigen ganz quellenmäßigen Spezialuntersuchungen anhand von ungedrucktem Material.

ZWILGMEYER wagt es dann, auf der Basis des gerade erschienenen, bis 1810 reichenden ersten Bandes von STOLLS Briefedition[72], „Savignys Rechtslehre systematisch darzustellen und als Ganzes in größere geistesgeschichtliche Zusammenhänge und Entwicklungen einzugliedern" (Vorwort). Daraus entstand eine manchmal merkwürdige Mischung von sorgfältigen Analysen und etwas apodiktischen Zuordnungen. Ein beachtlicher Fortschritt deutet sich an in der keineswegs zufälligen, gehäuften Verwendung von „geistesgeschichtlich", im Titel, Vorwort und sonst[73].

---

[68] Freiburg (Schweiz) 1923, VIII/168 S., S. 3-49 zu Savigny selbst; vgl. für Savigny dabei nur etwa WIEACKER, Privatrechtsgeschichte, S. 84 „bahnbrechend"; KUNKEL, Savigny, S. 463; jüngst STURM, Savigny und das internationale Privatrecht seiner Zeit, in: Ius Commune 8 (1980) S. 92-109 mit zahlreichen Nwn.

[69] Siehe JAYME, Mancini, S. 1 f.; daneben SANDMANN 1979, S. 215-235: Wächter und Savigny; eingehend soeben NEUHAUS, Abschied von Savigny? (s. Nachtrag) und SAKURADA, Zur IPR-Theorie von Savigny (1983, s. Nachtrag) – mir leider der Sprache halber nur im Editionsteil zugänglich.

[70] F. C. v. Savignys Einfluß auf die Übereignungslehre. Leipzig 1927, 52 S. (= Diss. iur. Göttingen).

[71] Der Einfluß des Ministeriums v. Savigny auf das preußische Strafgesetzbuch von 1851, Diss. iur. Göttingen 1926, 79 S. (gekürzter Druck); vgl. dazu schon die ausführliche Anmerk. bei STOLL 3, S. 18 Anm. 46; S. 49-76 druckt CLASS Voten u. ä. von Savignys Hand ab.

[72] STOLL 2 (1929) ist nach einigen Anmerkungen zu schließen noch teilweise eingearbeitet.

[73] ZWILGMEYER, Die Rechtslehre Savignys. Eine rechtsphilosophische und geistesgeschichtliche Untersuchung. Leipzig 1929, XII/64 S. (= Leipz. rechtswiss. Studien, H. 37).

1929 gab man damit ein Zeichen für seine Methode. In der Tat bewegt sich ZWILGMEYER ganz im neuen Untersuchungsstil der „Geistesgeschichte", und er fußt wesentlich auf den neuen Ergebnissen von Kennern der Philosophie- und Literaturgeschichte wie TROELTSCH, ROTHACKER, ELKUSS, FIESLER u. a. Obwohl seine Studie stark apologetischen Charakter trägt, kommt er dadurch zu wesentlich differenzierteren Aussagen über Savignys Kontexte. Konsequent findet man bei ihm immer noch die exakteste Zusammenstellung zu allen möglichen „Einwirkungen auf Savigny und seine Rechtslehre"[74]. Als eine Art Fazit unterstreicht er mit TROELTSCH und ROTHACKER, Savigny habe „die Organologie in die Rechtslehre eingeführt"[75].

WOLFF, WERRES und LÖHLEIN beziehen 1937 bzw. 1942 mehr oder weniger zeitgemäß Stellung[76]. WOLFF stark aktualisierend und apologetisch[77], WERRES zu seinem Zentralthema recht gründlich, meist differenziert in seiner Kritik, aber auch nicht ohne störendes NS-Gedankengut[78], LÖHLEIN traditioneller geistesgeschichtlich, vertiefend und differenzierend in einigen Punkten[79]. Verarbeitet wurden diese Beiträge so gut wie gar nicht.

1939 erscheint erstmals ERIK WOLFS liebevolles monographieähnliches Lebensbild. Damals setzte er Savigny quantitativ noch Pufendorf, Thomasius und Jhering nach[80]. 1963, in der vierten Auflage, rückt Savigny an die

---

[74] S. 44-59, nach Personen geordnet.

[75] Für ROTHACKER vor allem dessen: Einleitung in die Geisteswissenschaften (1920, 2. A. 1930) und Logik und Systematik der Geisteswissenschaften (1927), beide auf weite Strecken zur Hist. Schule und ihrem gesamten Umkreis. Für TROELTSCH vor allem dessen: Die Organologie der deutschen historischen Schule (1922), vgl. im übrigen die Nachweise zu beider Schriften bei RÜCKERT, Reyscher, S. LIX u. LIII.

[76] K. A. WOLFF, Kritik der Volksgeistlehre von Savignys (Diss. iur. Bonn 1937), Würzburg 1937, X/54 S. (bei A. von Dohna). – J. WERRES, Die Rechtsquellenlehre der historischen Schule, insbesondere die Lehre vom Juristenrecht (Diss. iur. Köln), Krefeld 1937, XII/74 S. (bei H. Planitz). – G. LÖHLEIN, Die Volksanschauung F. C. v. Savignys, Diss. masch. phil., Heidelberg 1942, 114 S. (bei E. Krieck).

[77] Der Titel führt etwas irre. WOLFF bemüht sich auch um genauere Deutung und Abgrenzung (S. 5, 38), teilweise mit Erfolg (vgl. zu Montesquieu, Hegel, Herder, Organismus/Integral). Schlußsatz: „Es kann somit festgestellt werden, daß die Volksgeistlehre Savignys den angestellten Nachprüfungen standgehalten hat und so, wie sie gedeutet wurde, wohl als richtig angesprochen werden kann." Mit alledem vermischt er aber auch viel unklares NS-Gedankengut.

[78] Gliederung: A: Einleitung (S. 1), B: Die Rechtsquellen (S. 13), C: Das Juristenrecht (S. 58). Die Einleitung erörtert u. a. Naturrecht und Romantik kurz.

[79] Gliederung: Einleitung (S. 1), Volk (S. 20), Geschichte (S. 61), Persönlichkeit (S. 81), Schluß (S. 103). „Persönlichkeit" ist nicht biographisch, sondern als Ideal bei Savigny gemeint.

[80] ERIK WOLF, Große Rechtsdenker der deutschen Geistesgeschichte. Ein Entwicklungsbild unserer Rechtsanschauung (1939), hier S. 361-408. Für erstere je 58, für Jhering 50, für Savigny und Feuerbach je 48 Seiten.

Spitze[81]. Bei seiner einfühlsam anschaulichen Schilderung verfährt WOLF erklärtermaßen selektiv und appellativ, da er „Große Rechtsdenker" vorstellt und diese nicht als „beliebige Leute", sondern als Zeugen von „Sinn", als diejenigen, in denen bestimmtes Höheres, Allgemeines oder Absolutes zur Erscheinung komme[82]. Diesem Erkenntnisinteresse sind auch im Falle Savigny die große Anschaulichkeit und reichhaltige Einbettung untergeordnet. Es macht daher WOLFS spezifischen Akzent aus.

Wenige Jahre später widmet SCHÖNFELD aus eigenwilliger Warte Savigny und der historischen Schule ein längeres, recht kritisches Kapitel seiner *Geschichte der Rechtswissenschaft im Spiegel der Metaphysik*[83]. Er mißt Savigny an neuhegelianischen Maßstäben. „Idealismus" wird hier anerkannt und positiv verbucht. Unter den prägnanten Abschnittstiteln „Die Rechtswissenschaft des historischen Idealismus" und „Der absolute Idealismus Hegels"[84] läßt SCHÖNFELD das für ihn Gemeinsame und den Vorsprung Hegels darin zum Ausdruck kommen. Der Beitrag akzentuiert das Allgemeine und Weltanschauliche überdeutlich, beweist darin aber besondere Selbständigkeit und Sachkunde, die nicht ohne Wirkung blieben, etwa bei WIEACKER.

Nach dem Krieg wendet sich das Interesse zunächst vor allem der 1951 von WESENBERG im Druck herausgegebenen Methodenvorlesung Savignys von 1802/03 zu, obgleich freilich die ungedruckte Dissertation von TEGETHOFF 1952 noch ohne diese Quelle *Kant und Savigny. Der Einfluß des deutschen Idealismus, insbes. Kants auf Friedrich Carl von Savigny* behandelt[84a]. Tegethoff betont 1952 bewußt zeitgemäß, aber nicht ohne Recht das „Philosophische" an Savigny (S. II). Punkt für Punkt geht er dann *Beruf, Besitz, System* und *Obligationenrecht* durch auf Kantianisches. Das Ergebnis ist für *Beruf* negativ, für *Besitz* zweifelhaft, für *System* und *Obligationenrecht* gemischt, wenn auch eher positiv[84b]; Diskussion anderer Zwischenglieder fehlt. Einzelne Parallelisierungen überzeugen

---

[81] ERIK WOLF, Große Rechtsdenker der deutschen Geistesgeschichte [ohne den Untertitel der 1. A.], 4. A. 1963, hier S. 467–542. Für Savigny 75 Seiten, Pufendorf 60, Grotius 58, Feuerbach 48, Jhering und Thomasius je 47.

[82] Siehe das Vorwort zur 1. A. und die Entstehung aus ebenso angelegten Vorlesungen.

[83] Stuttgart 1943 (2. insoweit nicht veränderte Auflage 1951), hier S. 431–467, weiter S. 491–496 zu S.-Hegel u. S.-Schelling.

[84] AaO., S. 467–491.

[84a] WILH. TEGETHOFF, Kant und Savigny..., Diss. iur. Frankfurt 1952 (bei Coing), VI u. 92 S. plus Anhang; mir erst nachträglich zugänglich, in einem Exemplar ohne Gliederung.

[84b] Vgl. S. 22 u. 27 zu Beruf; 35 u. abschwächend 45, 47 zu Besitz; 47 ff. zu System; 82 ff. zum Obligationenrecht.

nicht[84c], und Tegethoff vermerkt mehrfach die durchaus verschiedene Fundierung von Staat und Recht im „Volk" statt freien Bürgern, „grundverschiedene Ausgangspunkte"[84d]. Das damit gestellte Problem ‚Einzelfrageneinfluß bei grundsätzlicher Ablehnung' streift er aber nur, um sich am Ende salvatorisch auf Savignys letztlich „ureigensten Geist" zurückzuziehen[84e]. Die Ergebnisse bleiben daher gewissermaßen ohne abschließendes Ergebnis.

Schon 1954 bemüht sich SCHULTE, offenbar auf Anregung von LARENZ, um „Die juristische Methodenlehre des jungen Savigny"[85]. Gemäß dem Untertitel dominiert auch hier die weltanschauliche, global interessierte Frage nach der „Entwicklung des historischen Denkens von ... 1802/03 zur Methodologie des ‚Systems ...'". SCHULTE gelingt es aber, seine These von der Organologie bei Savigny, mit der er die Linie ROTHACKER, TROELTSCH, ZWILGMEYER fortführt, mit bemerkenswerter interpretatorischer Energie zu konkretisieren. So entstand eine sehr selbständige Vertiefung dieser Leistungen, die trotz einzelner Fehldeutungen entschiedener Aufnahme und Diskussion sehr würdig gewesen wäre. Punkt für Punkt geht er *Methodologie, Beruf* und *System* durch, eine recht gründliche Auswertung von STOLL I weist die allgemeine Richtung. Die ungedruckte Arbeit schlummert jedoch friedlich in ihrer unzugänglichen Form[86] und lag vielleicht auch etwas quer in der beginnenden Konjunktur der „kantianischen" Savigny-Deutungen (TEGETHOFF, COING, WIEACKER).

Nicht weniger selbständig untersuchte LORENZ 1957 den Einfluß Savignys auf die preußische Strafgesetzgebung erneut (nach CLASS und SCHMARJE)[87]. Die Arbeit beruht auf einer überzeugenden Auswertung ungedruckter Archivalien und bietet in vielem sehr konkrete Anhalts-

---

[84c] Etwa zu Staat und Recht, S. 51 f.
[84d] So S. 47; ähnlich S. 49 f., 61, 85 ff. zum Strafrecht.
[84e] So S. 91; gestreift wird das Problem S. 16: Einzelfragenablehnung bedeute keine Gesamtablehnung – und umgekehrt? Die starke Kritik bei HOLLERBACH, Schelling, S. 310 in Anm. 101 geht dagegen mehr auf Details.
[85] ERICH SCHULTE, Die juristische Methodenlehre des jungen Savigny ..., Diss. iur. masch. Kiel 1954, VIII/110 S. (bei K. Larenz).
[86] Gewisse Parallelen mit SCHULTE ergeben sich zu dem Kapitel über Savignys Methodenlehre bei LARENZ, Meth.lehre (1960) und in den weiteren Auflagen, obwohl LARENZ die Hauptthese nicht herausstellt, vielmehr Gegenläufiges betont. Ein kurzer Hinweis zwar nicht bei LARENZ, aber jetzt bei LUIG/DÖLEMEYER; der Titel auch bei MARINI 1978.
[87] LORENZ, Fr. C. v. Savigny und die preußische Strafgesetzgebung, Diss. iur. Münster 1957, XV/193 S., nur maschinenschriftlich (bei A. Wegner). Die Arbeit von M. L. SCHMARJE, Savigny und das Strafrecht, Diss. iur. masch. Hamburg 1948, VII/90 S., arbeitet bloß mit den gedruckten Quellen und bleibt ganz unselbständig; zu CLASS oben bei Fn. 71. Ein Hinweis GMÜRS, Savigny (1962), S. 45 zu Lorenz, blieb folgenlos.

punkte für ein verläßliches Savignybild. Doch teilte sie das Schicksal der fast unbenutzten Arbeit SCHULTES vollkommen.

Wenigstens die dritte sehr selbständige Studie aus diesem Zeitraum wurde gedruckt. WILHELM legte 1958 sein luzides Buch vor, in dem die genauen Savigny-Analysen einen überragenden Platz einnehmen[88].

Wiederum in einer Dissertation unternimmt 1960 der Kölner REHFELDT-Schüler STRAUCH den ersten Versuch einer Gesamtdarstellung der Lehren von *Recht, Gesetz und Staat bei F. C. v. Savigny*, der auch eine sonst seltene Zweitauflage erlebte[89]. Schon der Titel macht hier den Akzent klar: Grundfragen werden behandelt.

Das sehr klare Buch MARINIS, *Savigny e il metodo della scienza giuridica*[90], macht aus der allzu radikalen Einteilung Savignys nach Zeitabschnitten, die STRAUCH durchführt[91], eine Tugend: Im Rückgriff vor allem auf die erwähnte, 1951 edierte sog. Methodenlehre Savignys von 1802/03 erprobt MARINI mit Recht die Überzeugung „che l'esame della riflessione giovanile di Savigny possa condurre ad una più adeguata valutazione della sua intera opera, di cui potrà meglio apparire l'ispirazione unitaria ..." (Vorwort). Daß auch hier allgemeine Fragen im Zentrum stehen, spricht schon der Titel aus.

In der zweiten Auflage seiner *Privatrechtsgeschichte der Neuzeit* entwirft dann WIEACKER auf der Basis dieses und anderer neuer Anstöße[92] ein entschiedenes und umfassendes Gesamtbild von wiederum nahezu monographischem Umfang zu Voraussetzungen[93] und „eigentlichstem Wesen der historischen Schule" (S. 367). Die Ausdeutung der Hauptwerke und Einzelphasen Savignys steht unter der erklärten Regel eines programmatischen Zusammenhangs, der sich freilich nicht alle Quellen ohne weiteres fügen[94].

---

[88] WILHELM, Zur juristischen Methodenlehre im 19. Jahrhundert. Die Herkunft der Methode P. Labands aus der Privatrechtswissenschaft, Frankfurt 1958, 159 S. (aus seiner Diss. bei COING von 1955 entstanden), zu Savigny S. 17-70. Im Januar 1955 trug COING in Bern in vielem parallele Ansichten zu Savigny vor, in: Savignys rechtspolitische und methodische Anschauungen in ihrer Bedeutung für die gegenwärtige deutsche Rechtswissenschaft, in: ZdBernJurVereins, Bd. 91 (1955) S. 329-343.

[89] STRAUCH, Recht, Gesetz und Staat bei F. C. v. Savigny, Bonn 1960, 197 S. (= Diss. iur. Köln 1959); 2. A. 1963 unverändert; vgl. dazu noch grundsätzlich unten 129.

[90] MARINI, Savigny e il metodo della scienza giuridica, Milano 1966, XI/174 S.

[91] 1798-1813, 1814-35, 1836-61.

[92] Vgl. WIEACKER, Wandlungen im Bilde der historischen Rechtsschule. Vortrag v. 19. 1. 67, Karlsruhe 1967, 23 S.

[93] WIEACKER, Privatrechtsgesch., S. 381-399 direkt zu Savigny, aber einzubeziehen der Abschnitt „Die Ursprünge der historischen Rechtsschule", S. 348-377.

[94] AaO., S. 386 zur Regel; vgl. S. 394 zur Geschichte als heiligem Amt, 393 f. zum „Beruf" und zur Volksgeistlehre als Lippenbekenntnis, S. 367 f. u. ö. zu Savignys Kern

Eine der selteneren, dogmengeschichtlichen Arbeiten speziell zu Savigny legte 1970 Hütter bei Kiefner zur Geldlehre vor[95].

Marini wiederum ist es, der 1978 die bisher wohl geschlossenste Arbeit über Savigny schrieb[96]. Er faßt darin seine zahlreichen Einzel- und Parallelstudien zu einer quellennah beschreibenden, abgewogenen Darstellung zusammen. In chronologischer Folge bietet er vor allem auch eigene Abschnitte zu wichtigen Zeitgenossen wie Thibaut, Feuerbach, Hugo, Grimm, Eichhorn, Puchta, Hegel und Gans. Eine sehr nützliche Datentabelle zu Savigny, ein genaues Werkverzeichnis und die bereits erwähnte gründliche Bibliographie sind beigegeben. Unprätentiös und nüchtern legt Marini einfach den Schwerpunkt seiner Beschreibung auf die allgemeinen Seiten und Schriften Savignys und vermeidet so den sonst oft problematischen Eindruck, damit solle auch schon das „Wesen" dieses Savigny vermittelt sein. Auf die methodische Differenz, die sich darin andeutet, ist zurückzukommen[97].

Damit sind die Monographien und monographieähnlichen Abschnitte größerer Werke zu Savigny vorgestellt und im Hinblick auf die dabei vorherrschenden Akzente gekennzeichnet. Die Behauptung, ein besonderes Interesse am Allgemeinen bei Savigny präge nicht nur die Festreden- und Nachrufliteratur, kann nun zusammenfassend verdeutlicht und belegt werden. Abgesehen von den wenigen echten Spezialstudien, die genannt werden konnten, überlagert dieses Interesse die im einzelnen freilich variierenden Fragestellungen. Sinnfällig läßt sich dies an den Titeln ablesen. Bei Bergbohm ging es um die *Revision der historischen Rechtstheorie*[98]; bei Manigk um Savignys *Modernismus*, bei Zwilgmeyer um *Die Rechtslehre Savignys ... rechtsphilosophisch und geistesgeschichtlich*, bei Wolf um Savigny als *Großen Rechtsdenker*, bei Schönfeld um *Rechtswissenschaft im Spiegel der Metaphysik*, bei Schulte um *Die juristische Methodenlehre des jungen Savigny*, bei Wilhelm um seine *juristische Methodenlehre* überhaupt, bei Strauch um *Recht und Staat bei Savigny*, bei Marini 1966 um *Savigny e il metodo della scienza giuridica*. Die Einzelanalyse der Werke beweist, daß darin in der Tat spezifischer Sinn zum Vorschein kommt. Auch Wieacker sieht sich auf der Suche nach „dem eigentlichsten Wesen

---

im Gegensatz zu geschichtsmetaphysischen Seiten (auch 372, 376, 384, 390, 393), S. 398 zur Lehre vom Rechtsinstitut.

[95] Karl-Heinz Hütter, Savignys Geldlehre, Diss. iur. Münster 1970, XXXII/157 S. (bei H. Kiefner). Siehe dazu Luig/Dölemeyer mit dem Hinweis auf Kiefners neue Ergebnisse hierzu.

[96] Marini, F. C. v. Savigny, Napoli 1978, 230 S.; vgl. dazu jetzt auch die ausf. Bspr. von Dufour, Etude critique 1981 (s. Nachtrag).

[97] Vgl. dazu unten die Kritik am Beispiel Savigny – politisch, 120 f.

[98] So seine Abschnittsüberschrift, s. oben Fn. 60.

der historischen Schule"⁹⁹ und deutet im ersten Satz seines Savigny-Abschnitts die grundsätzliche Stimmung dabei mit den Worten an: „Savigny kommt im geistigen Haushalt seiner Nation ein Rang zu, der über den Rahmen dieser Darstellung hinausführen müßte"¹⁰⁰.

Diese Autoren begrenzen ihre Fragestellung selbst ganz deutlich auf die allgemeinen Fragen. So versteht BERGBOHM seine *Revision* präzise als „einen neuen Angriff von einem ganz bestimmten Gesichtspunkt auf ganz bestimmte Lehrsätze"¹⁰¹. Für die anderen wurde die analoge bewußte oder unbewußte Einschränkung nachgezeichnet. Noch mehr fällt daher ins Gewicht, daß auch die an sich breiter angelegten Untersuchungen von LANDSBERG, WIEACKER und MARINI 1978 in klarem Zugriff dem allgemeinen Kern dieses Savigny nachspüren. Im allgemeinen Kern steckt der Kern der bisherigen Erforschung Savignys. Sie galt vor allem seiner juristischen Weltanschauung.

Die Betonung dieses Ergebnisses soll nun keineswegs andeuten, dieses spezifische Interesse sei überhaupt nicht recht legitim. Bei einem Vergleich von Forschungsstand und Quellenlage war diese Eigenart aber zu vermerken. Darüberhinaus mußte sie in ihrer Breite und Tiefe gekennzeichnet werden, um jedenfalls zu vermeiden, daß ihre Folgen unterschätzt werden. Man kann sich nicht des Eindrucks erwehren, eben dies sei der Fall gewesen, wenn man bemerkt, wie stark einige wichtige Bereiche über dieser Konzentration auf Savignys juristische Weltanschauung vernachlässigt wurden. Vier Quellengruppen fordern einen genaueren Vergleich von Quellenstand und Forschungslage besonders heraus: die politisch-praktisch-amtliche Tätigkeit, die dogmatisch-juristische Leistung, die sog. Strafrechtsepisode und die Landshuter Zeit. Politik-Praxis und Ämter werden zusammengefaßt, weil dabei als Einheit in den Blick kommt, was auch eine Einheit bildete: Handeln nach außen mit unmittelbarer praktischer Folge. Die Auswahl der Bereiche erfolgt nicht ohne eine gewisse „Willkür" und stellt sich noch keiner besonderen, erkenntnisleitenden Absicht. Es geht zunächst einfach um die genauere Durchführung des Vergleichs von Forschungsstand und Quellenlage für einige auffallend vernachlässigte Quellengruppen. Freilich wird damit der Boden bereitet für ein zunehmend genaues Urteil über Kenntnis und Unkenntnis in Sachen Savigny. Je sicherer dieses Urteil wird, desto sicherer werden sich daraus Folgerungen, neue Perspektiven und neue

---

⁹⁹ WIEACKER, Privatrechtsgesch., S. 367.
¹⁰⁰ WIEACKER, aaO., S. 383.
¹⁰¹ BERGBOHM, S. 484.

Ergebnisse erarbeiten lassen, d. h. „Wege zu Savigny" (2. Teil) überhaupt erst eröffnen. Die vier Bereiche werden also nicht zuletzt auch mit Blick auf neue Wege untersucht und nicht nur streng kritisch als „Lücken" registriert werden.

3. *Der Bereich Politik – Praxis – Ämter*

Savigny entfaltete bekanntlich wenigstens seit 1810 und überwiegend zwischen 1842 und 1848 eine nicht leicht zu überblickende politisch-praktische Tätigkeit in den verschiedensten Ämtern, zunächst neben, 1842 statt seiner Professur. Im Lichte der beschriebenen Fixierung auf seine allgemeine juristische Weltanschauung mag es kein Zufall sein, daß die äußeren Daten seiner konkreten Tätigkeiten nirgends als in dem großen Steinbruch STOLLS vollständig und fehlerlos zu finden sind. LANDSBERG z. B. referiert zur Ministerzeit fast nur STÖLZELS Darstellung von 1888[102]. Die Staatsratstätigkeit fehlt ganz, ebenso anderes Hierhergehörige sowie sämtliche Schlußdaten der Ämter[103]. Die Unvollständigkeit einer „Tabelle über die wichtigsten Daten aus dem Leben Savignys" ist trotz der Einschränkung „wichtigsten" schon symptomatisch[104]. WIEACKER nennt Staatsrat, Gesetzesrevisionsberatung und Ministerium, ersteren versehentlich erst für 1829 statt 1817, anderes fehlt, ebenso Schlußdaten[105]. Auch MARINI erwähnt 1978 in seiner verdienstvollen Übersicht der Daten nur die für Staatsrat, Rektorat, Kassationshof und Ministerium, immerhin teilweise auch die Schlußdaten[106]. Am meisten bietet noch Erik WOLF, der schon in der ersten Auflage fast alle Tätigkeiten vermerkt, wenn auch sehr versteckt in den separaten Anmerkungen und ohne die Schlußdaten oder gar einen Versuch, dieser Seite Savignys eine selbständige Dimension einzuräumen[107].

Nach STOLLS ebenso ergiebigen wie schwer zugänglich verstreuten Nachweisen[108] betätigte sich Savigny während der ganzen Berliner Zeit

---

[102] LANDSBERG, T. 235-240.
[103] LANDSBERG, vgl. T. 198 f. und 235 die Lücken.
[104] WERRES, a. E. die beigegebene Tabelle.
[105] WIEACKER, Privatrechtsgesch., S. 383.
[106] MARINI 1978, S. 197-99.
[107] WOLF, Rechtsdenker[1], Anm. 6 zu S. 385 zur Landwehr, A. 1 zu S. 387 zum Staatsrat, Kassationshof u. der Gesetzrevisionskommission und zum Rektorat, zur Ministerzeit auch im Text (S. 391). Die 4. A. bringt auch das Spruchkollegium (S. 520), aber ohne einen grundsätzlichen Wandel.
[108] Hilfreich aber der in Bd. 3, S. 288 f. abgedruckte „Auszug aus der Personalliste" im preußischen Justizministerium a. d. J. 1855.

seit 1810 in den von ihm mehr oder weniger geschätzten „Geschäften": als Mitglied der Universitätsgründungskommission, des Spruchkollegiums, als Rektor, im Landwehrausschuß und als Landwehrschütze, als Staatsrat und Geheimer Oberrevisionsrat, in der Gesetzeskommission und schließlich als Minister für die Gesetzrevision. Universitätspolitische Aktivitäten beschäftigen ihn schon viel früher und immer wieder. Einzelne allgemeinpolitische Themen kommen hinzu, z. B. Selbstverwaltung und Adelsfrage.

Genauer betrachtet begann es zwar noch nicht in *Marburg*, wo er sich von der Spruchtätigkeit befreien ließ[109] und 1803 nur am Rande etwas für englische Leser „On the present State of the German Universities" verfaßte[110]. Aber schon im Oktober 1804 schrieb er auf kurfürstlichen Wunsch eine Denkschrift über die Reorganisation der Universität *Heidelberg*[111]. 1808 erbat er sich von seinem Freund Creuzer Schleiermachers Universitätsschrift zur Rezension[112]. In *Landshut* stand er den dortigen politischen und rechtspolitischen Auseinandersetzungen nicht so fern, wie es bei unserer geringen Kenntnis dieses Lebensabschnitts wirken und wie seine Befreiung von Spruchkollegium und Verwaltung nahelegen könnte[113]. An den Geschäften der Fakultät und des Senats, den vielen Dispensationen von der Studienzeit, den Doktorprüfungen, den „offiziellen" Streitereien der Professoren, der Behandlung der Klagen der Bürger über die Studenten u. ä., das die Akten der Fakultät und die Senatsprotokolle füllt, nahm er allerdings so gut wie keinen nachweisbaren Anteil[114].

In *Berlin* begann die fast ununterbrochene Kette seiner Geschäftstätigkeit schon mit seinem widerstrebenden Eintritt in die *Gründungskommission* unter Humboldt und ebenso widerstrebend mit der Ernennung, nicht Wahl, zum *Rektor* in den verfahrenen Umständen nach Fichtes Rücktritt.

---

[109] STOLL 1, S. 175 (Text); dazu auch nach den Akten genauer jetzt PÄTZOLD, Marburg, S. 56, mit Savignys Befreiungsschreiben v. 22. 5. 03, sowie KLINGELHÖFER, Marburg, S. 15 f. vgl. noch unten 50.
[110] Englische Fassung ediert und eingeleitet durch R. WELLEK (1931), dt. Originalfassung durch MARQUARDT 1951. Savigny hatte Robinson einen Artikel für diesen Zweck überlassen, vgl. oben 12.
[111] Ediert und eingeleitet durch FRANZ SCHNEIDER; vgl. weiter STOLL 1, S. 197 f. nach BREMER.
[112] Bei DAHLMANN, Briefe, S. 241, vgl. unten 152.
[113] Siehe unten 72 ff., zus.fassend 118.
[114] Ausweislich dieser Unterlagen erschien er im *Senat* nur einmal zur Vereidigung am 19. 11. 1808, und um von der Antrittsrede dispensiert zu werden, sowie zur Plenarsitzung am 19. 9. 09 (s. Protokolle); in der Fakultät zeichnete er nur ein paar Dispensgesuche mit ab (Akten Anfang 1810) und beklagte gleich (allerdings mit Recht) das unsichere Verfahren dabei (zum 23. 2. 1810) – alles Univ.archiv München.

Savigny übte das Amt nur dieses einzige bedeutende Mal aus, Dekan war er dagegen nie[115]. 1811-1826 wirkte er auch in dem angeblich sogar auf sein Betreiben eingerichteten *Spruchkollegium* der Fakultät mit[116]. Vom 21. 4. 1813 - 14. 7. 1813 gehörte er als Vertreter des Berliner Adels zum sog. *Landwehrausschuß* für die Einrichtung einer Art Volksbewaffnung, zugleich diente er selbst als *Schütze* in einer Kompanie des Landsturms und rannte als solcher laut Bettina von Arnim mit dem Glockenschlag drei in der Frühe wie besessen mit einem langen Spieß über die Straße, um erst abends sechs wieder zu Haus anzulangen[117]. Am 20. 3. 1817 ernannte der König ihn als einzigen Professor zum Mitglied des neuen *Staatsrates*[118], dessen Präsident er noch am 5. 10. 1847 wurde, bevor am 18. 3. 48 sein Abschied aus allen staatlichen Funktionen erfolgte. Als Mitglied einer Verfassungskommission, eines Justizausschusses und einer Preßgesetzkommission 1833 entzog er sich auch nicht den notwendigen Stellungnahmen und Gutachten. Der Aufsatz von 1832 über *Die preußische Städteordnung* gehört in den Zusammenhang dieses Amtes[119]. Vom 28. 4. 1819 bis zur Auflösung des Gerichts am 25. 10. 1841 saß er als Richter im *Rheinischen Revisions- und Kassationsgerichtshof*, auch dort unmittelbar mittätig[120]. Als Vertreter dieses obersten Gerichts nahm er seit 1826 einen Sitz in der sog. *Gesetzeskommission* wahr, die zur Tätigkeit des zuständigen Ministers v. Kamptz Stellung zu nehmen hatte — dies wohl bis 1832 als diese Kommission aufgelöst wurde[121]. Den Höhepunkt bildet seine Ernennung zum *Minister für Gesetzesrevision*. Er erhielt sie am 28. 2. 42 von seinem ehemaligen Schüler Fr. Wilhelm IV.[122]. Sein Lehramt gab er

---

[115] STOLL 2, S. 6 für 1810; ebd. S. 19-22 zum Rektor; Bd. 3, S. 274 die Ernennungsurkunde.
[116] STOLL 2, S. 9 ohne Belege, offenbar nach RUDORFF 1863, S. 25; STOLL 3, S. 9 heißt es, diese Relationen lägen im Archiv des Spruchkollegiums, dazu unten 39.
[117] STOLL 2, S. 24-27; das Zitat S. 23, mit einschränkendem Kommentar STOLLS.
[118] STOLL 2, S. 162-165 erzählt einiges auch außer den Daten, s. auch 3, S. 34 u. 80; alles weitere unten 38 in Fn. 135. Vgl. jetzt die Mitgliederliste vom 20. 3. 1817 bei VAN HALL, S. 245 ff. (s. Nachtrag), mit Savigny an letzter Stelle.
[119] Die Preußische Städteordnung, in: HPZ, Bd. 1 (1832) S. 389-414; zum Zusammenhang SCHLARMANN, Gemeindegesetzgebung.
[120] STOLL 2, S. 168; 3, S. 289.
[121] Unklar STOLL 3, S. 9 und 2, S. 333 A. 1; s. aber v. KAMPTZ, Aktenmäßige Darstellung der Preußischen Gesetz-Revision, S. 72 zur Kommission und den Mitgliedern, S. 88 zur Auflösung; S. 72 ist bemerkt, nicht alle Mitglieder hätten regelmäßig teilgenommen, ohne Näheres. S. 21 und 29 in der Anm. jeweils kurze Stücke aus SAVIGNYS Gutachten v. 19. 12. 25. GMÜR, Savigny (1962), S. 43 sieht mit SCHNEIDER, Staatsrat, S. 144 Savigny sogar als Anreger u. verweist auf seine generelle Empfehlung in *System* I S. 204. Näher dazu jetzt VAN HALL (Nachtrag), S. 43 u. SCHUBERT, Gesetzrevision II 1 (1981), Einleitung, S. XVII ff. mit weiteren Passagen aus Gutachten Savignys (s. Nachtrag).
[122] STOLL 3, S. 1-29, 287 die Ernennungsurkunde, vgl. auch Fn. 651 unten 142.

dafür ganz auf. Die 48er Vorgänge erzwangen den Rücktritt des ganzen preußischen *Staatsministeriums*, dem er zuletzt auch präsidiert hatte. Doch der erzwungene Rücktritt kam dem fast 70-jährigen nach vielen Schwierigkeiten im Ministeramt wohl gelegen[123].

Schon der Ertrag bereits *gedruckter Quellen* aus diesen Tätigkeiten verdient eine Zusammenstellung. Aus *Staatsrat* und Ministerium besitzen wir gedruckte Stellungnahmen zum rheinischen Recht, zur Gesetzrevision als allgemeine Aufgabe, zur Zensurgesetzgebung, zur Ehescheidungsreform, zur Zivilprozeßreform, zur Stellung nichtehelicher Kinder, zur Einführung von Staatsanwaltschaften, zu den Strafprozeßprinzipien, zur Einführung des StGB in den „Rheinlanden", zur Vermögenskonfiskation[124]:

- 1812 Entwurf der Statuten für die Universität Berlin, vom 27. 6. 1812, bei Lenz IV, Nr. 99/S. 219-223; Kap. IV-VII von Savigny.
- 1818 Votum zum zweiten Abschnitt §§ 18 ff. des Gesetzentwurfs die *Gerichtsverfassung* betr., vom 17. 6. 1818, als Staatsrat, bei Schubert, S. 164-69.
- 1818 Votum betr. das *materielle Recht in den Rheinprovinzen*, vom 21. 6. 1818, als Staatsrat, bei v. Meier, S. 318-23.
- 1825 Vorschläge zur *Gesetz-Revision*, bei v. Kamptz, S. 21, 29, jetzt erneut und weitergehend bei Schubert (wie Fn. 124).
- 1842 Vorschläge zur zweckmäßigen Einrichtung der *Gesetzrevision*, vom 8. 1. 1842, bei Stölzel 2, S. 733-750.
- 1843 Stellungnahme zu einer Gesetzgebung über die *Presse*, vom 1. 6. 1843 und vorher, bei Stoll 3, S. 44 ff.
- 1843-1847 Stellungnahmen über die Pläne zur Einführung von *Staatsanwaltschaften*, bei Otto, siehe Stoll 3, S. 17.
- 1844 Darstellung der in den preußischen Gesetzen über die *Ehescheidung* unternommenen Reform, Berlin 1844, erneut in Savigny, Verm.Schr. 5, S. 226-414.
- 1844 Votum des Justizministers v. Savigny die Revision der *Civil-Prozeß-Ordnung* betr., vom 25. 2. 1844[125].
- 1846 Prinzipienfragen in Bezug auf eine neue *Strafprozeßordnung*, Berlin 1846, 217 S.[126]
- 1847 Votum des Ministers für Gesetz-Revision die *Vermögens-Konfiskation* betr., vom 11. 1. 1847[127].
- 1847 Votum des Justizministers von Savigny die *Einführung des STGB* in die Rheinprovinzen betr., vom 13. 3. 1847[128].

[123] Vgl. STOLL 3, S. 29.
[124] Vgl. neben der folgenden chronologischen Zusammenstellung noch die nach Titeln bzw. Herausgebern im Verzeichnis der Quellen unter II 2. Zur „Gesetzrevision (1825/1848)" jetzt umfassend die Edition gleichen Titels von J. REGGE/W. SCHUBERT (Hg.), 1981 ff. (s. Nachtrag). Eine wertvolle Edition erarbeitete soeben BAUMS, Aktiengesetz 1843 (1981).
[125] Nw. in: Katalog der Bibliothek des Kammergerichts, Berlin 1913, Sp. 1481.
[126] Vgl. dazu auch STOLL 3, S. 18 in den Anm. und S. 24.
[127] Nw. im KG-Katalog (Fn. 125) Sp. 1479; vermutlich von Savigny selbst.
[128] Nw. im KG-Katalog (Fn. 125) Sp. 1479.

Diese Zusammenstellung zielt nicht auf Vollständigkeit, aber sie beweist schon, daß Savignys Anteil hier nicht peripher blieb. Demgemäß zeigen auch die beiden einzigen Archivstudien, beide der Strafrechtsreform der Ministerzeit gewidmet (CLASS, LORENZ), ein lebhaftes Bild eingehender und gründlicher Aktivität Savignys[129]. Die Lücke im Bereich Politik – Praxis – Ämter läßt ihr Gewicht schon ahnen.

Bleibt man zunächst beim Blick auf die schon gedruckt verfügbaren Materialien, so gehören hierher auch die Zeugnisse von Savignys dauerndem Engagement in universitätspolitischen Fragen – wobei ihm darin zugleich Staats- und Gesellschaftspolitik verkörpert waren. Ausschnitte aus diesem Dauerengagement bilden die drei schon erwähnten Schriften von 1803 (Aufsatz für Robinson), 1804 (über Heidelberg) und 1808 (Schleiermacher-Rez.)[130]. 1832 folgt eine Art Resümee in dem Aufsatz *Über Wesen und Werth der Universitäten*[131]. Es war lange gereift, denn schon 1826 hatte er Bang angekündigt[132]: „Vielleicht schicke ich Euch bald eine kleine Schrift über unsere deutschen Universitäten, die ich schon seit Jahren mit Liebe unter dem Herzen trage, ohne sie zur Welt bringen zu können"[133].

Ein gedrucktes Zeugnis besonderer Natur stellt schließlich das *Politische Gespräch* von 1836 dar. Ranke schloß damit seine *Historisch-politische Zeitschrift* ab, die Savigny stets besondere Sympathie und Mitarbeit wert gewesen war. In diesem Sinne bildet das *Gespräch* zwischen dem fiktiven Staatsrat „Carl" und dem stillen Gelehrten „Friedrich" nicht nur wegen dieser Namen, sondern vor allem wegen seiner sonst für Savigny kaum belegten staatspolitischen und -theoretischen Thematik eine zwar mit Vorsicht und nur im Kontext, aber doch fruchtbar zu benutzende Quelle[134].

---

[129] Anschaulich auch die bei CLASS, S. 49-76 abgedruckten Voten und ähnlichen Papiere von Savignys Hand. Vgl. jetzt auch VAN HALL (s. Nachtrag).
[130] Vgl. oben bei Fn. 6, 111, 112.
[131] In RANKES Hist.-polit. Zeitschrift, Bd. 1 (Berlin 1832) S. 569-592 (auch in Verm.-Schr. 4, S. 270-308).
[132] STOLL Nr. 411 v. 23. 4. 26/II 328.
[133] Nach RUDORFF 1863, S. 51, entstand der Universitätsaufsatz zwischen 1825 und 1827, wurde aber erst 1832 veröffentlicht, dies offenbar nach SAVIGNYS eigener Vorbemerkung in Verm.Schr. 4, S. 270 Anm. 1: „geschrieben wurde sie etwas früher, teilweise sogar schon 1827, während eines Aufenthalts in Italien." Savigny selbst schreibt Bang am 2. 1. 33, bei STOLL 2, S. 460: „Die Universitäten habe ich geschrieben halb in einer himmlisch einsamen Vigna in Castellamare, den Vesuv vor Augen, halb in Findlaters Villa in Dresden." In Castellamare war er ca. Mai bis September 1827 (STOLL II 336 ff.), ein „Findlater" existiert bei STOLL laut Register nicht.
[134] Politisches Gespräch, in: HPZ 2 (hier 1836) S. 775-807 = Sämtl. Werke 49/50, S. 314-339; einiges dazu bei ROTHACKER, Halle 1925 und MEINECKE, Berlin 1924, in ihren

Bezeugen schon diese gedruckten Erträge eine jedenfalls nicht periphere Befassung Savignys mit den verschiedensten politischen Fragen, so vollendet sich dieser Eindruck bei einem Blick auf das *ungedruckte Material*, so vorläufig dieser auch sein muß. Zu den meisten politisch-praktischen Aktivitäten Savignys existieren über die gedruckten Spuren hinaus erhebliche ungedruckte Materialien in Archiven und Bibliotheken. Deren genauer Umfang und Inhalt wurde noch kaum geklärt, ist aber jedenfalls ziemlich beachtlich. Besonders zur Staatsratstätigkeit gibt es einige genauere Hinweise auf beträchtliches Quellenmaterial[135]. Ein breiterer Eindruck des beachtlichen thematischen und teilweise inhaltlichen Umfangs läßt sich vermitteln, wenn man zu den einzelnen Tätigkeiten die Materialien anführt, so wie sie ohne Vollständigkeit mehr oder weniger genau bekannt wurden. Einen geeigneten Einstieg liefert hier ein in Münster erhaltenes, undatiertes, aber relativ frühes sog. *Verzeichnis des Schrankes*. Dieser Schrank enthielt zwar weder „alles", noch hat er sich vollständig erhalten. Das „Verzeichnis" gibt jedoch einen guten, unmittelbar quellenmäßigen Eindruck von der ursprünglichen Lage eines großen Teils von Materialien[136]. Im folgenden stelle ich die im Verzeichnis erwähnten und die mir sonst bekannt gewordenen Materialien nach den einzelnen Tätigkeiten zusammen[137]. Auch hier ist Ziel nicht Vollständigkeit, sondern, eine Kenntnislücke genauer zu erfassen und auszuloten:

---

separaten Ausgaben; weiter ENGEL-JANOSI, Savigny, S. 44 f.; ROTHACKER, Logik, S. 115, 28; BERDING, Ranke, S. 8; HARDTWIG, Forschung, S. 17.

[135] Schon bei SCHNEIDER, Der preußische Staatsrat, 1952, aber eine erweiterte Habil.-schrift von 1939, der „zahlreiche Gutachten" Savignys erwähnt; dann bei SCHUBERT 1978, der S. 159 ebenfalls von „zahlreichen Gutachten, die noch der Veröffentlichung und Auswertung harren" spricht. Eine Teilarbeit dazu leistete schon FR. SCHLARMANN, Die Einflußnahme des preußischen Staatsrats auf die Gemeindegesetzgebung im 19. Jahrhundert, Diss. iur. Göttingen 1935. Vor allem ist nun hinzuweisen auf eine in Entstehung befindliche von HATTENHAUER angeregte Arbeit durch W. VAN HALL/Kiel speziell zu Savignys Gutachtertätigkeit. Seinen großzügigen vorläufigen Auskünften schulde ich besonderen Dank und die Möglichkeit zu präzisieren; es handelt sich um etwa 70 Gutachten zu den verschiedensten Themen, zwischen 1 und über 20 Blatt Umfang. Siehe jetzt bei VAN HALL 1981 (Nachtrag), S. 249 ff. die Liste mit 76 Nummern.

[136] Das Original befindet sich in der *UB Münster* in Kapsel 1, 84. Ein Abdruck nach einer Abschrift von mir, dem zur besseren Verwendbarkeit eine laufende Numerierung beigefügt ist, findet sich unten im Anhang. Das Original ist weder datiert noch gezeichnet. Die Bestimmung der Schrift erwies sich bisher auch nach einigen Vergleichen in Münster und mit freundlicher Hilfe als noch nicht möglich.

[137] Ich zitiere das Verzeichnis nach den hier ergänzten lfd. Nummern u. mit den vollen Angaben zu jeder Nr.

Universitätsgründungskommission Berlin

Verz. Nr. 110: Materialien zu den Statuten der Berliner Universität; vgl. dazu LENZ IV, Nr. 99/S. 219-223: Savigny bearbeitete in dem gemeinsamen Entwurf von Schleiermacher, Savigny, Rudolphi, Böckh die Kap. IV-VII: Gerichtsbarkeit, Unterbeamte, Studierende, Institutionen und Sammlungen.

Spruchkollegium Berlin

Verz. Nr. 102: Spruchkollegiumsangelegenheit bezüglich der Abdication des Ordinarius Mackeldey.
Verz. Nr. 146: Facultätsrelationen[138].

Landwehrausschuß und Landsturm

Verz. Nr. 162: Landwehr und Landsturm betreffend.

Staatsrat

DZA Merseburg, Rep. 80 I, ca. 70 Gutachten und Voten unterschiedlichen Umfangs (freundliche Auskunft W. VAN HALL; allgemeine Auskunft des DZA v. 9. 6. 80)[138a].
DZA Merseburg, weiteres in verschiedenen Aktenbereichen (vgl. etwa SCHUBERT 1978 für Rep. 84a).
Geh. STA Berlin-Dahlem, Teile der Staatsratsakten.

Staatsministerium

Verz. Nr. 140: Landtag 1847, Material zu eigenen Vorträgen und die Vorträge selbst...
DZA Merseburg, allg. Auskunft v. 9. 6. 80; freundliche Auskunft W. SCHUBERT. Nach LORENZ besonders Rep. 90a.

Ministerium für Gesetz-Revision

Verz. Nr. 117: Amtliche Verhandlungen über das Eherecht.
Verz. Nr. 123: Papiere betr. das Ausscheiden des seligen Vaters von der Universität und Antritt des Ministeriums.
Verz. Nr. 126: Mehrere Bogen Abschriften und Schriften des Ministeriums der Justiz und die Universität betr.
Verz. Nr. 127: Der Vaters amtliche Tätigkeit von 1842 an betr. und einige Amte acta (!).
DZA Merseburg[139], bes. Rep. 84 allg. Akten, Rep. 92 Amtlicher Nachlaß Savigny (siehe LORENZ, freundliche Auskunft W. SCHUBERT, allg. Auskunft DZA v. 9. 6. 80).

Revisionshof

DZA Merseburg, Rep. 97 Allg. Akten dazu.

---

[138] Grundlegend dazu E. SECKEL, Geschichte der Berliner juristischen Fakultät als Spruchkollegium. Eine Skizze nach den Akten, in: M. LENZ, Geschichte, Bd. 3, S. 449-479; fehlt bei STOLL, WOLF u. a., die sich meist beziehen auf RUDORFF 1863, S. 25, der 138 Relationen von Savignys Hand erwähnt; vgl. danach STOLL 2, S. 9 und 3, S. 9; LANDSBERG T. 198. SECKEL nennt keine Zahl, sondern spricht von drei Folianten von Savignys Hand (S. 466); weiteres sogleich im Text bei Fn. 147 ff.
[138a] Siehe dazu inzwischen VAN HALL 1981 (s. Nachtrag).
[139] Vgl. allg. schon MOMMSEN/DENECKE, Nachlässe, I S. 439.

Zu allen diesen Punkten lagen oder liegen also konkrete Zeugnisse vor für praktisch-politische Tätigkeit. Der Marburger Nachlaß enthält zu diesen Fragen wenig Direktes, ein Entwurf in Sachen Universitäten findet sich[140].

Noch ganz unberechenbar sind aber die Ergebnisse auch zu politischen Problemen, die aus den *Briefen* gewonnen werden könnten. Schon bisher verwendete man gedruckte Briefe gerade hier mit großem Gewinn[141]. Der Ertrag einer systematischen Auswertung dürfte nicht enttäuschen.

Dieser Überblick zu den wichtigsten Quellen für Savignys Politica spricht für sich, was den Vergleich mit dem Forschungsstand angeht. Es besteht eine empfindliche Lücke[142]. Man bedauert sie um so mehr, als sie nicht so sehr vom lange verschlossenen Familiennachlaß abhängt, sondern von zugänglichen Archivalien, die nunmehr stark zersplittert und nicht leicht zugänglich aufbewahrt werden. Vermutlich wird diese Lücke recht allgemein empfunden, und es mag daher unnötig erscheinen, sie noch weiter auszuloten. Dies empfiehlt sich aber aus mehreren Gründen. Die Lücke wird zu wenig berücksichtigt; vieles erscheint sicherer begründet als es ist; der Anfang zu Fortschritten liegt hier neben der Bearbeitung der Quellen in einem kritischen Gang durch die ungefüge Masse der Literatur, die den Gedanken an das Quellenfundament fast zu verdrängen droht; erst ein genaueres Ausloten schafft die Basis für zielbewußte Weiterarbeit. Diese Behauptungen sind im folgenden auszuführen.

Zuerst bearbeitet wurden *Archivalien zur Ministerzeit*. Doch erwies sich dies als gewissermaßen zu früh. Denn der Autor STÖLZEL schrieb 1888 als Mitglied des preußischen Justizministeriums und scheint dem Savignygegner FRIEDBERG besonders verbunden gewesen zu sein[143]. Einige Spezial-

---

[140] In der Mappe „Politik und Neuere Legislationen", als Teil des Materials zum *Beruf*, das diese Mappe jedenfalls teilweise enthält. Siehe dazu unten 139 ff.

[141] Vgl. statt aller jüngst COING 1979, der neben den erwähnten beiden Aufsätzen in RANKES Hist.-polit. Zeitschrift (oben Fn. 119 u. 131) vor allem auf den Briefwechsel mit Bluntschli und etliche wichtige Stellen bei STOLL hinweist, ebd. Anm. 13-15, und HATTENHAUER 1973.

[142] Vgl. auch schon MEINE Stellungnahme in Reyscher, S. 130 f. Anm. 319, zu Strauch, H. Schneider, Wilhelm, Böckenförde, H. Schröder, F. Schnabel, Hattenhauer, Wolf und einigen Älteren, näher sogleich im Text.

[143] STÖLZEL, Brandenburg-Preußens Rechtsverwaltung und Rechtsverfassung dargestellt im Wirken seiner Landesfürsten und oberen Justizbeamten, 1888, II S. 527-628, mit der entschiedenen Kritik seiner Ergebnisse bei LANDSBERG unten 43 und STOLL unten 47; ganz wie STÖLZEL noch THIESING 1938; zu Stölzel-Savigny-Friedberg STOLL 3, S. 24 f. nach BREMER; das vernichtende Urteil Friedbergs ist überliefert durch JHERING, vgl. jetzt klärend LOSANO (unten Fn. 166); überzeugende Berichtigung aus den Akten bei LORENZ, der Savignys Anteil höher und positiver vorfand, vgl. dort S. 186 f. Vgl. jetzt auch REGGE, Gesetzrevision I 1, S. L f. (s. Nachtrag).

studien folgten¹⁴⁴. Merkwürdigerweise suchte man dreimal nach einem besonderen Anteil Savignys am späteren preußischen Strafgesetzbuch¹⁴⁵. Ein ungedruckter Brief Savignys an Mittermaier bezeugt ausdrücklich Savignys jedenfalls zunächst geringen Anteil. Er versichert am 27. 3. 1843 in einem Begleitschreiben zur Übersendung des preußischen Entwurfs eines Strafgesetzbuches eigens in einer Nachbemerkung: „Um möglichen Mißverständnissen vorzubeugen bemerke ich, daß der Gesetzentwurf von einer aus Mitgliedern des Staatsrats zusammengesetzten Kommission abgefaßt, und dann im Plenum beraten und definitiv festgestellt worden ist. Ich habe vor meiner Ernennung zum Minister bloß an jenen Plenarberatungen Teil genommen"¹⁴⁶. LORENZ' Arbeit von 1957 brachte hier einmal die mögliche, solide quellenmäßige Klärung, die zugleich STÖLZEL in vielem berichtigt.

Für andere Bereiche wurde Savignys Rolle zwar vielfach bemerkt, aber nicht für sich untersucht. Für den *Staatsrat* kam dies bereits zur Sprache¹⁴⁷. Es gilt auch für das *Spruchkollegium*. SECKELS grundlegende Aktenstudie berichtet von Ergänzungen Savignys und Schmalz' zu Bieners erstem Statutenentwurf vom 20. 6. 1811¹⁴⁸, von der Verschonung allein Savignys bei der Verteilung der ersten zehn Arbeiten¹⁴⁹, von Savignys Bemühungen um die Statuten im Jahre 1813¹⁵⁰ und seinem im Vergleich recht hohen Anteil von drei Foliobänden an der Sammlung der Gutachten nach Verfassern¹⁵¹. Aber auch der insgesamt sehr bescheidene Umfang der Berliner Gutachtenpraxis wird deutlich¹⁵². Danach entbehrt jedenfalls STOLLS Behauptung, Savigny sei der treibende Teil bei der Einrichtung des

---

¹⁴⁴ OTTO 1889, zur Staatsanwaltschaft; CLASS, 1926, SCHMARJE 1948 und LORENZ 1957 zum Strafrecht; jüngst BUCHHOLZ zum Eherecht.
¹⁴⁵ CLASS, SCHMARJE, LORENZ, s. vorige Anmerkung.
¹⁴⁶ An MITTERMAIER, Berlin den 27. 3. 1843, UB Heidelberg Ms. 2746.
¹⁴⁷ Vgl. oben 38 Fn. 135. Dazu jetzt VAN HALL 1981 (s. Nachtrag).
¹⁴⁸ SECKEL, S. 450 Anm. 9.
¹⁴⁹ SECKEL, aaO., S. 452.
¹⁵⁰ SECKEL, aaO., 454: Sav. ging es danach vor allem um die Festlegung, jeder zukünftige ordentliche Professor, der beitreten wolle, habe die Statuten zu akzeptieren.
¹⁵¹ SECKEL, aaO., S. 466. Nur für Schmalz, Rudorff u. Heffter liegen 4 Bände vor, bei längerer Mitgliedschaft.
¹⁵² SECKEL, aaO., S. 465, mit genauen Zahlen und S. 450 mit Vergleich zu der Gutachtenhochburg Leipzig: Berlin 1811-1830 885 Sachen, Leipzig 1811-12 *je* über 4500 Sachen. Die Auffassung bei v. HALL 1981 (s. Nachtrag), S. 41, die Relationen seien „sehr aufwendig" gewesen, mag für einzelne Stücke zutreffen (über die freilich weder bei SECKEL noch ENNECCERUS, auf die er sich bezieht, etwas gesagt ist), gilt aber im Vergleich zu anderen Fakultäten eindeutig nicht. Den Vergleich unterlassen trotz SECKEL alle, die die Relationen erwähnen, vgl. STOLL 2, S. 9, KOSCHAKER, S. 257 in A. 2, GMÜR, S. 42, BENÖHR, S. 682, MOHNHAUPT, S. 252, ENNECCERUS, S. 19, u. a.

Spruchkollegiums gewesen[153], der Quellengrundlage. Offenbar tradierte STOLL eine Version RUDORFFS von 1863[154], den seine apologetische Tendenz hier in die Irre führte. Darauf deuten auch zwei Briefzeugnisse Savignys[155].

Die *kleinen politischen Druckschriften* zu Universitäten und Adel fanden jüngst Aufmerksamkeit[156], noch nicht dagegen die zentral politische Schrift über die preußische Städteordnung von 1831, dieses Reststück der stolzen Selbstverwaltungsanfänge von 1808[157].

Obwohl Spezialstudien also weitgehend fehlen, fehlt es keineswegs an teilweise entschiedenen politischen Charakteristiken Savignys. Man fragt sich natürlich, wie diese dann begründet wurden.

Auch hier steckte LANDSBERG schon 1910 grundlegend den Rahmen ab, nach Quellenbasis und Gesamturteil folgenreich bis heute, weniger beachtet in seinen Einschränkungen. Stolls große Briefedition stand ihm noch ebensowenig zur Verfügung wie die Briefe an Bluntschli und andere wichtige Quellen. Seine Charakteristik Savignys als Vertreter einer weder reaktionären noch liberalen „Mittellinie"[158] beruht auf einigen anschaulichen, nicht näher untersuchten Belegen[159]. LANDSBERG verzichtet darauf,

---

[153] STOLL 2, S. 9.
[154] RUDORFF, S. 25.
[155] Dazu und zur ganzen Frage von Savignys „Widerstreben" unten 150 ff.
[156] H. SCHRÖDER, Über die Stellung und die Auffassungen F. C. v. Savignys zum Wesen und zu den Aufgaben der Universitäten seiner Zeit, in: Wiss.Zs. d. Humboldt Univ. Berlin, Ges. u. sprachwiss. Reihe, Jg. 17 (1968), S. 413-430, eine gründliche Studie anhand von Briefen (STOLL), Savignys Aufsätzen von 1804, 1808 und 1832, dem 3. Bd. der *Geschichte* von 1823, sowie zeitgenössischem Kontext. Es fehlt nur der Beitrag von 1803. – Zum Adelsthema jüngst eingehend A. WOLF, Savignys ‚Beitrag zur Rechtsgeschichte des Adels im neueren Europa', in: Ius Commune 8 (1980) S. 120-147, mit literargeschichtlicher und politischer Einordnung.
[157] Die Preußische Städteordnung..., HPZ 1 (1832). Eine genaue Analyse muß einer späteren Studie vorbehalten bleiben, vgl. zunächst den Abschnitt „Politische Grenzmarken" unten 208 ff. Unentbehrlich hier z. B. Arbeiten wie SCHLARMANN; KOSELLECK, Preußen; HEFFTER, Selbstverwaltung; CHR. ENGELI u. W. HAUS, Gemeindeverfassungsrecht (Texte, Einführung und Lit.). Daraus deutet viel auf eine mäßigende, aber auch nicht weitergehend liberale Rolle Savignys bei dem Versuch, die Ordnung von 1808 konservativ umzubilden.
[158] LANDSBERG, T. 242 f., S. 243 das Resümee „Mittellinie".
[159] Siehe T. 242 f. mit N. 108 f.: L. v. Gerlachs Bonmot vom „heftigen Moderado" (11. 3. 42), Savignys starker Anteil an der gemäßigten Zeitschrift Rankes, einige aufgeschlossene Sätze aus „Universitäten" und „Städteordnung" 1832 (dazu auch N. 106 Anm. 9), briefl. Äußerungen an J. Grimm 1819 gegen Demagogenhetze (nach Stengel), der damals noch ungedruckte Brief über Unruhen u. a. auf seinem böhmischen Gut an Eichhorn (22. 12. 30).

die kleinen politischen Schriften voll auszuwerten[160], die Ministerzeit selbständig zu bearbeiten und sein Urteil „Mittellinie" zu konkretisieren. Dazu heißt es nur markant: „Unsere Aufgabe ist hier nicht, die Geschichte dieses Savignyschen Ministeriums zu schreiben"[161]. Die dennoch recht ausführliche Darstellung folgt ausdrücklich dem Leitfaden von STÖLZELS Savigny-kritischer Arbeit; ihr eigentliches Anliegen sind Vorbehalte gegen Stölzels kritische Ergebnisse[162]. Seinen eigenen Hinweis auf „staatlich streng konservative Gesinnung" Savignys in *Stimmen* 1816[163] nimmt LANDSBERG bei der Gesamtcharakteristik „Mittellinie" nicht wieder auf. Savignys scharfe Ablehnung von Zivilehe, Judenemanzipation und Bodenmobilisierung noch vor den restaurativeren Tagen von 1819 lagen demnach noch in der „Mittellinie". LANDSBERG durchbrach mit diesen Passagen seinen sonst gezeigten dégoût an Politischem[164] und sorgte für die Festigung eines Bildes vom Mann der Mitte, so kursorisch dies gewonnen sein mochte.

LANDSBERGS vermittelndes Urteil entstand sicher auch unter dem Eindruck prominenter früher Kritiker wie JHERING[165]. Es wurde auch alsbald wieder verworfen, besonders von KANTOROWICZ, doch auf insoweit kaum veränderter Quellenbasis[166].

---

[160] T. 242 bringt er eine Auswahl einiger Sätze aus „Universitäten" als Beleg für nichtreaktionär. Ebd. und Anm. 9/N. 106 zu „Städteordnung".

[161] T. 235.

[162] Zur Ministerzeit T. 235-240. Die Anlehnung an STÖLZEL und zur Kontrolle an OTTO in Anm. 14/N. 107: STÖLZEL habe Materialien ausführlich, „aber nicht in einem Maße, das volle Einsicht gestattete", gegeben. Ebd. Anm. 17 kritisch zu STÖLZELS Ergebnissen (vgl. soeben bei Fn. 143).

[163] Der Hinweis steht in Anm. 45/N. 100.

[164] Dazu kritisch schon H. BRANDT, Landständische Repräsentation, S. 146 Anm. 86, 196 Anm. 130, 235 Anm. 32; an weiteren Beispielen auch RÜCKERT, Reyscher, S. 5-7.

[165] Vgl. zu JHERINGS recht scharfem politischen Urteil zur historischen Schule und Savigny von 1861 und mehr noch 1886 bzw. 1892/93 Zitat und Kontext in RÜCKERT, Reyscher S. 130 Anm. 317, zus.fassend 339. Es ist die linkshegelianische (etwa Gans, Ruge, Marx) und teilweise linksliberale (etwa Reyscher, Mittermaier, tw. Bluntschli) Linie, die hier durchscheint. Zu ergänzen L. GOLDSCHMIDT, Savigny, in: Staatswörterbuch, hg. von Bluntschli/Brater, Bd. 9 (1865), hier S. 107 f.; H. ZÖPFL, Brief v. 6. 1. wohl 1843 (bei LEGENDRE 1970, S. 105 f.), kritisiert dagegen nur aus nationaler Sicht. Vgl. zu Jhering Savigny-Urteilen jetzt eingehend LOSANO, Savigny en la correspondencia de Jhering y Gerber (1978/79), über den Titel hinaus, u. DERS. 1981, s. Fn. 166.

[166] Bes. durch H. KANTOROWICZ, siehe dessen Beiträge von 1911 und 1937: 1911, S. 77 („politisch reactionäre Spitze" im *Beruf*); ebd. S. 78 f. u. ö., der Bezug auf Jhering; schwächer 1937, S. 328 („hated the revolution, without being reactionary"), ebd. S. 327 wieder der Bezug auf Jherings Savigny-Zeugnisse. Zu diesen umstrittenen Quellen und ihrem merkwürdigen Schicksal jetzt LOSANO, Bismarck parla di Savigny con Jhering, in: Quad. fior. 9/1980 (1981) S. 523-39 und die Nwe. zur Rezeption dort in Anm. 39.

Die vergleichsweise entschiedene Politisierung der *Zeit zwischen den Weltkriegen* prägte auch das Savigny-Interesse um. Die politische Seite wurde ein Hauptthema, vor allem gegen Ende des Zeitraums. Beiträge von E. WOLF, H. BRANDT, MANIGK, P. ZAUNERT, STOLL JR., K. GELBERT, LÖHLEIN und H. THIEME belegen dies[167]. Schon früh begann man dabei konservativ-nationale Züge gegen liberale zu betonen und das Bekannte in diesem Lichte neu und positiv zu bewerten. Besonders die Beiträge von MANIGK[168] verkörpern diese Linie einer Reinigung des Savigny-Bilds von Verzerrungen aus dem „Bereiche jüdischer und liberaler Anschauungen"[169]. Andere sprachen noch 1942 gerade ihrer Zeit eine Berufung für Savigny zu[170]. Mit zunehmender Verstrickung der „Politik" sahen einige 1942 im Denkmal Savigny dann wieder mehr den Unpolitischen[171]. Auch hier bleibt die Quellengrundlage der selbständigeren Beiträge fast unverändert[171a].

[167] Vgl. WOLF, Rechtsdenker 1939, S. 384-387; dezidiert für diese Optik dann HANS BRANDT in seiner Rez. zu WOLF: Rechtsgedanke und politische Wirklichkeit in der Geschichte der deutschen Rechtsanschauung (1939), hier 124 f.: „Sollte man nicht einmal bedenken, daß die Parole der historischen Schule auch ihre sehr reale politische Seite gehabt hat." – „Es ist m. E. kaum möglich, die historische Schule und ihre Bedeutung zutreffend zu erfassen, wenn man sie nur vom Bildungstrieb und Literarischen her betrachtet", S. 126: letztlich „unpolitische und im echten Sinn ungeschichtliche Einstellung"; 1941 betont dann MANIFK in seiner Rez. zu Stoll III durchgehend aktualisierend das Politische an „Savignys Rechtslehre, die, nicht philosophisch, sondern nationalpolitisch erwachsen, so auch allein deutbar ist" (S. 189). Symptomatisch auch P. ZAUNERT, Savigny und seine Zeit, in: Z. f. dt. Geisteswissenschaft 4. Jg. (Jena 1942) S. 275-290 (zugleich Rez. zu STOLL 1-3); STOLL jr. in seinem Vorwort zu STOLL 3, 1939; GELBERT, Savigny, in: Dt. Gemein- u. Wirtschaftsrecht (hg. v. R. Freisler), 5 (1939) S. 33-40; zu LÖHLEIN und THIEME 1942 sogleich in Fn. 171.

[168] Siehe MANIGK 1912 und 1914, dann 1941.

[169] MANIGK 1941, S. 187 gegen den hier einflußreichen „Schöpfer der Freirechtsbewegung", d. h. KANTOROWICZ, damals bereits im Exil. In der Tendenz ähnlich GELBERT 1938. Savignys Gestalt war nach ihm „manchem in der Verfallszeit (sc. vor 1933) ein Mahner zum Glauben an das Deutsche Recht, daß es uns doch bleibe" (S. 33) – gemeint ist ein nicht liberales oder marxistisches, nicht rationales, irgendwie organisches, lebensgesetzliches, völkisches, ganzheitliches Recht.

[170] ZAUNERT, S. 289: „Erst die Gegenwart aber kann einer Erscheinung wie gerade Savigny wieder gerecht werden. Den liberalistischen Tendenzen des vergangenen Jahrhunderts, die noch in das unsrige fortwirkten, war das nicht möglich. Und Stolls Bemühungen um ein unverfälschtes klares Bild der Persönlichkeit Savignys konnten, da sie mit ihren ersten beiden Bänden noch in die Systemzeit fielen, auch nur langsam durchdringen. Hier ist etwas nachzuholen." Deutliche Tendenz dieser Art auch bei STOLL JUNIOR im Vorwort zu Bd. 3 von 1939.

[171] LÖHLEIN, S. 5: politikfern, reiner Wissenschaftler. Die Frage nach dem Politischen an Savigny verfolgt auch THIEME 1942, mit negativem Ergebnis (dazu näher unten bei Fn. 205) und allerdings mit dem Schluß, als derart Unpolitischer habe Savigny uns „heute nichts mehr zu sagen" (S. 64, Schlußsatz), 1942.

[171a] Autoren wie F. BEYERLE, Der andere Zugang zum Naturrecht, in: Dt. Rechts-

ERIK WOLF benutzt 1939 die kleinen politischen Schriften noch weniger als LANDSBERG[172], anderes belegt er gemäß seiner mehr didaktisch-populären Absicht nicht. Nur durch einige Hinweise veranschaulicht er seine politische Charakteristik Savignys. Sie lautet: „angeborener konservativer Sinn"[173], Ablehnung des naturrechtlichen Rationalismus des 18. Jahrhunderts[174] und des „rechtsstaatlichen Liberalismus": „Fremd blieb ihm die liberale Ideologie des Schutzstaates"[175]. Savigny war demnach kein „Fortschrittlicher", wie es nicht ohne pejorative Note heißt[176], sondern ein patriarchaler Klassizist wie Möser und Goethe[177], politisch zurückhaltend, aber doch wieder kein „Staatsverächter" oder „unpolitisch" – jedenfalls nicht in einem tieferen, „uns heute (sc. 1939) wieder verständlich gewordenen Sinn des Politischen"[178]. Diese sicher etwas disparaten Elemente vereinigt WOLF ohne weitere Erklärungen zu der abschließenden Kennzeichnung Savignys als überparteilich[179].

In der letzten *Auflage, 1963*, fügt WOLF weitere, „liberale" Belege an[180]. Das Gesamtbild läßt er im Ergebnis unverändert: Savigny diente überpar-

---

wiss. 4 (Hamburg 1939) S. 3-24, lehnen Savigny dagegen ganz ab als undeutsch, da er „mit dem romantischen Gedanken echter Keimkraft aus der eigenen Wesensart nicht ernst macht" (S. 13).

[172] Vgl. zum Thema Politik WOLF, S. 384-387, speziell zu „Universitäten" Anm. 3 zu S. 387 der 1. A., S. 511 der 4. A. – jeweils das freiheitliche daran hervorhebend. Zu „Städteordnung" u. a. nichts.

[173] WOLF 1939, S. 395, zu verbinden mit der biographischen Charakteristik S. 365 f.

[174] WOLF 1939, S. 386.

[175] S. 386, obwohl WOLF dann für Einzelheiten doch Parallelen festhält, siehe Anm. 2 zu 386: für Rechtssicherheit und Gemeinschaft der Nation.

[176] Vielleicht eine Anspielung auf den linksliberalen „Fortschritt".

[177] WOLF 1939, S. 387.

[178] Alles S. 387.

[179] Siehe den Schlußabsatz des Abschnitts S. 384-87: „Trotzdem möchten wir in einem tieferen uns heute wieder verständlich gewordenen Sinn des Politischen Savignys Denken nicht einfach als unpolitisch kennzeichnen. Es nährte sich vom Bild einer im Geist erschauten Ganzheit und Einheit des Volksgedankens. Diese aber mußte sowohl bei den Vertretern der damals miteinander ringenden politischen Grundlehren wie auch bei den praktischen Partikularisten und ständischen Interessenvertretern Anstoß erregen, weil sie keinem der Parteistandpunkte etwas gab, wohl aber allen etwas nahm: die Anmaßung, allein zur Volks- und Rechtsführung berufen zu sein. Wie so vielen schöpferischen Denkern ist auch Savigny deshalb der zeitgenössische Vorwurf politischer Unfähigkeit und Gleichgültigkeit oder gar Staatsgefährlichkeit nicht erspart geblieben." (S. 387) – Hier also ein starker Anklang an STOLLS Urteil (3, S. 184); vgl. auch, obgleich ungeschminkter, ZAUNERT, soeben Fn. 170. Offensichtlich urteilt WOLF aus einem spezifischen Politik- und Parteibegriff, dazu näher unten 406 ff.

[180] S. 511 f.: die Stellungnahme zu den Göttinger Sieben 1837 ff., die Ablehnung Hallers und Müllers, das Eintreten für de Wette (1819); aber auch S. 508: die Ablehnung der Maßregeln gegen Fichte 1799, S. 509: die Ablehnung der Judenemanzipation 1816.

teilich der „von Reaktion wie Fortschrittsglauben gleich weit entfernten Bildungsidee"[181]. Unberührt blieb das Geamtbild vor allem von der einzigen sachlich einschneidenden Korrektur gegenüber der ersten Auflage, der nunmehr entschieden bejahten Übereinstimmung mit W. v. Humboldts Bildungs- und Rechtsstaatsidee[182]. An diesen Retouchen seines Savigny-Bildes in Richtung rechtsstaatlich-humanitär versus gesetzesstaatlich-parlamentarisch-grundrechtlich[183] interessiert hier nun weniger die Frage ihrer Widerspruchsfreiheit oder inhaltlichen Richtigkeit, sondern ihre Begründung. WOLF gibt nämlich keinen Hinweis auf Quellen oder Literatur zur neuen Auffassung; nur der Name SCHAFFSTEIN taucht im Text auf. SCHAFFSTEIN hatte 1954 zu Savigny-Humboldt geschrieben[185]. Aber diese gedruckte Antrittsvorlesung enthält nichts über Rechtsstaat und/oder Gesetzesstaat bei Humboldt oder Savigny. SCHAFFSTEIN will nur

---

[181] S. 508; zu „überparteilich" jetzt S. 512. Der Text ist insgesamt gegenüber der 1. A. ergänzt und gestreckt.

[182] S. 509: „fremd blieb ihm *der neue liberale Gedanke des ‚Gesetzes'staats*. Sein Rechtsbewußtsein ist zwar immer scharf privatrechtlich ausgeprägt gewesen; *er war ein unbeirrbarer Vertreter des Humboldtschen Ideals eines Rechts*staates, der vom *humanistischen* Bild der Persönlichkeit bestimmt ist. Seine Privatrechtsanschauung zeigt sich deshalb bald mehr patriarchalisch im Sinn Mösers, bald mehr klassizistisch im Sinn Goethes. Im Mittelpunkt des Privatrechts stand für ihn das Bild des altrömischen pater familias". (Kursives ist neu in der 4. A.). Vgl. dagegen den entsprechenden Passus in der 1. A. S. 386 f.: „fremd blieb ihm die *neue liberale Ideologie des Schutzstaates*. Sein Rechtsbewußtsein ist zwar immer scharf privatrechtlich ausgeprägt gewesen. *Aber es erscheint in besonderer Weise* vom Bild der Persönlichkeit her bestimmt. Seine Privatrechtsanschauung zeigt sich deshalb bald mehr patriarchalisch im Sinne Mösers, bald mehr klassizistisch im Sinne Goethes getönt. Im Mittelpunkt des Rechts stand für ihn *nicht der staatliche Gesetzgeber und erst recht nicht das mit Grundrechten ausgestattete politisierende Individuum, sondern* der altrömische pater familias." (Weglassungen und Änderungen kursiv).

[183] Sie werden noch unterstützt durch die Abschwächung einiger pejorativer Sätze über westeuropäische Aufklärung, vgl. schon die vorige Fn. den Passus zum „politisierenden Individuum", weiter die 1. A. S. 363 mit 4. A. S. 468 über die Erhebung des Naturrechtsgedankens „aus der Sphäre des bourgeoisen Utilitarismus ... in die reine Höhe philosophischer und künstlerischer (sc. deutscher) Anschauung" – abgeschwächt in der 4. A.; – – – 1. A. 386 mit 4. A. 506 über die Konzessionslosigkeit „an die fremde und feindliche Gedankenwelt des Westens" – fehlt in der 4. A.; – – – 1. A. 393 f. mit 4. A. 532 über die Zurückdrängung der „naturrechtlichen wild wuchernden Allgemeinbegriffe ... auf ein gebührliches Maß" – fehlt in der 4. A.; ebda. das Lob für Savignys „entschlossene Loslösung der Jurisprudenz von der Aufklärungsphilosophie (sc., die) ihre verlorengegangene wissenschaftliche Selbständigkeit wiederhergestellt und damit den Blick des Juristen auf seinen eigentlichen Gegenstand zurückgelenkt" habe – gestrichen in der 4. A.

[184] Entfällt.

[185] WOLF, S. 508 im Text. Vgl. F. SCHAFFSTEIN: F. C. v. Savigny und Wilhelm von Humboldt, in: ZSGerm 72 (1955) S. 154-176, Abdruck einer Antrittsvorlesung von 1954 in Göttingen.

zur Einordnung Savignys „in den allgemeinen geistesgeschichtlichen Zusammenhang seiner Epoche ... durch einen Vergleich Savignys mit seinem großen Zeitgenossen Wilhelm von Humboldt einen Beitrag ... liefern"[186]. Dieser Fragestellung folgt er auch. Er präzisiert vergleichend Savignys Stellung zwischen Klassik, Romantik und Neuhumanismus. Auch aus seinem Humboldtbuch, einem vorsichtigen Versuch, das Bekannte für einen breiteren Leserkreis auszuwerten[187], gehen keine deutlicheren Begründungen für Rechtsstaat und Gesetzesstaat bei Humboldt hervor[188]. Angesichts des Standes der für Humboldt kaum klarer als für Savigny ausdiskutierten politischen Einordnung[189] überraschen diese Unschärfen nicht. Dieser *allgemein*-vergleichende Weg erweist sich für genaueres Fragen als Sackgasse. WOLF sprach mit seiner nun erheblich „liberaleren" Savigny-Deutung parallel zu Humboldt möglicherweise eine wichtige Differenzierung aus — doch fehlt es an der notwendigen Begründung dieser Schlußfolgerung aus Savignys konkreter Politik. Die Verankerung in den Quellen bleibt undeutlich. Andererseits leuchtet nun ein, daß das Fazit „überparteilich" als solches nicht verändert zu werden brauchte — es konnte auch diese Nuance ohnehin umfassen.

Eine Analyse der kleineren politischen Schriften Savignys oder seiner Politica lag bei STOLLS Lebensbild außer dem Plan. STOLL schildert aber die Ministerzeit doch vergleichsweise ausführlich. Wie LANDSBERG lehnt er sich dabei kritisch an STÖLZEL an[190]. Im Anschluß an BREMER[191] betont

---

[186] Ebd. eingangs, S. 154.

[187] So das Nachwort in F. SCHAFFSTEIN, Wilhelm von Humboldt. Ein Lebensbild, Frankfurt 1952, S. 357, dort weiter zur Konzeption: ohne Anspruch auf eine neue wissenschaftliche Darstellung, daher auch ohne Apparat; auch S. 353 ff. die Zurückhaltung bei genauerer Einordnung Humboldts.

[188] Vgl. ebd. S. 73 ff. den Abschnitt „Der Junge Staatsdenker" mit seinen sehr tastenden politischen Kategorien, wie überhaupt die große Zurückhaltung und schildernde Textnähe. Weder von Rechtsstaat noch Gesetzesstaat ist eigens die Rede, dagegen vom „positiven Freiheitsbegriff" (S. 79), von der Abwehr demokratischer Repräsentation 1792 (S. 81) — etwas anders bekanntlich später — und absolutistischer Staatsauffassung (S. 75, 78 f.), schließlich für die Schrift „Ideen" 1792 von „klassische Schrift des deutschen Frühliberalismus" (S. 85, auch 83); zum Standort 1816 ff. ebd. S. 279 ff.: H. sei für die Verfassungspläne, aber gegen das Schema des zeitgenössischen Liberalismus (S. 281, auch 295 f.).

[189] Vgl. dazu den Überblick von M. HENNIGSEN, W. v. Humboldt, in: Die Revolution des Geistes (= Geschichte des politischen Denkens), hg. von J. GEBHARDT, München 1968, S. 131-153, hier S. 131 f.: Kontroversen nicht abgeschlossen, Verhältnis zur politischen Wirklichkeit von der Forschung vernachlässigt.

[190] STOLL 3, S. 7-30, dies erweist sich etwas unvermutet erst auf S. 24: „Das Vorstehende beruht auf Stölzel".

[191] *Prof. Bremer/Bonn* hatte für eine Savigny-Biographie reiches Material systematisch gesammelt, das nach seinem Tode Stoll benutzte. *Bremers* Nachlaß liegt laut MOMMSEN-DENECKE im DZA Merseburg.

er mit Blick auf STÖLZEL, aber doch mit allgemeinerem Recht, die Grenzen der bisherigen Erkenntnisse: „Ein endgültiges Urteil über diese Zeit, in der viele Fäden sich kreuzen, kann nur von einem Rechtshistoriker nach sorgfältiger Durchforschung aller, nicht bloß der Akten des Justizministeriums gefällt werden"[192].

Bei der Prüfung der Lücken zu Savignys politischer Seite an WIEACKERS Beiträgen vorbeizugehen, hieße, erneut eine empfindliche Lücke zu lassen. Ein Blick auf seine Darstellungen dieses Bereichs lohnt auch schon deswegen, weil man eine aufschlußreiche Metamorphose bemerkt. Der 1967 prononciert ausgesprochene Standpunkt, „ein volles Verständnis seiner (sc. d. h. Savignys) Absichten ist ... ohne die Kenntnis seiner politischen Grundhaltung in den Wirren und Strebungen seiner Zeit nicht möglich", „Savignys geistige Konflikte mit den Zeitgenossen und die meisten Auseinandersetzungen ... (sc. sind) erst aus diesen politischen Vorentscheidungen ganz zu verstehen"[193], entwickelte sich in mehreren Etappen. 1952 erscheint der Kodifikationsstreit mit Thibaut in der wesentlich knapperen Darstellung der 1. Auflage als zentraler Vorgang[194], aber noch nicht derart als Schlüssel zum ganzen Savigny. 1954 rechnet er es, THIEME folgend, schon zu den wesentlichen Korrekturen am herkömmlichen Savigny-Bild, daß Savignys „sozialer Raum uns wichtig sein" müsse[195]. Er erklärt jetzt prägnant, „Savigny ist mit Entschiedenheit Konservativer"[196]. Einen Anstoß zu der erneuten Zuspitzung 1967 wird man dann in WILHELMS Arbeit von 1958 vermuten dürfen, da WIEACKER gerade der dort vertretenen Rückbeziehung der „Diskussion Thibaut-Savigny auf die politische Formel Frühliberalismus – Restauration" und auch ihrer Kontinuität bis 1848 zugestimmt hatte[197].

Auch hier ist zunächst weniger die Frage zu stellen, wie adäquat diese Formel sei, als die, wie diese immerhin erhebliche Zuspitzung begründet wurde. Dazu führt WIEACKER aus: „Savigny war durch Abkunft und soziale Stellung Politiker, und seine Erneuerung der Rechtswissenschaft

---

[192] STOLL 3, S. 26.
[193] WIEACKER, Privatr.gesch., 2. A., S. 385, ähnlich auch S. 382 f.
[194] WIEACKER, Privatr.gesch. 1952, dort S. 232-238 zu Savigny.
[195] WIEACKER, Fr. K. v. Savigny (Vortrag 1954, zitiert nach GuB), S. 119 der allg. Hinweis im Text auf Thieme. Gemeint ist offenbar THIEMES Vortrag von 1941, Der junge Savigny, in: DRW 7, 1942, vgl. dort S. 55 das Zitat WIEACKERS. THIEME allerdings zog daraus die umgekehrte Folgerung, Savigny sei im Grunde „unpolitisch" (ebd. S. 63, zu THIEME sogleich im Text bei Fn. 203).
[196] WIEACKER, Savigny 1954 (hier nach GuB), S. 120.
[197] Siehe seine Rezension, ZSRom 76 (1959) S. 645-647, hier S. 645, anders zur Weiterführung für die Pandektistik *nach* 1848; weiter Privatr.gesch., 2. A., S. 383 Anm. 21 der Bezug auf WILHELM; für diesen Methodenlehre, S. 72 f.

auch als justizpolitischer Akt gemeint"[198]. Man erhält also ein biographisches und ein werkgeschichtliches Argument. Die Bedeutung des Politischen an Savigny wird nicht aus seinen tatsächlichen konkreten Politica genommen, sondern aus deren Voraussetzungen und Folgen. WIEACKER schränkt in diesem Sinne auch ein: „Für die Zwecke einer Privatrechtsgeschichte kann aber nur von dem Ausschnitt seines Wirkens näher die Rede sein, welcher der Erneuerung der Rechtswissenschaft gewidmet war"[199]. Das „volle Verständnis" liegt also auf einer externen Ebene. Der politische Faktor wird als maßgeblich hervorgehoben, ein Beweis dafür aber nicht eigens geführt. Man darf ihn nach WIEACKERS Hinweisen vor allem bei THIEME und WILHELM vermuten[200]. Für WIEACKERS Hauptzweck einer volleren Deutung des *Beruf* und der ausgehaltenen Spannungen im Werk Savignys[201] genügte es dann, das traditionelle Resumee vom „gemäßigt konservativen" Savigny mit leichten Nuancen — nicht reaktionär, nicht liberal, im Alter starrer — zugrunde zu legen[202] und dies mit eigenen konkreten Beispielen zu veranschaulichen[203].

THIEME hatte dagegen 1941/42 betont, Savignys „gemäßigt konservative Haltung" sei gerade im Kodifikationsstreit als hochgradig unpolitisch zu bezeichnen, da er Thibaut aus dem Standpunkt voraussetzungsloser Wissenschaftlichkeit gegenübertrete[204] und darin eine Grundhaltung betätige, sein „Ethos der reinen Erkenntnis"[205]. Offenbar schwingt hier ähnlich wie bei WOLF ein besonderes Verständnis von „wissenschaftlich/politisch/unpolitisch" mit, da THIEME andererseits gerade Savignys soziale geburts- und standesbedingte Nähe zur Politik betont hatte[206]. Kategorien wie „Recht als Wissenschaft" versus „Recht als Weltanschauung" prägen die

---

[198] Privatr.gesch. 2. A., S. 385, unmittelbar vor dem oben bei Fn. 193 zitierten Passus „ein volles Verständnis" und darin dann durch „daher" als Begründung in Bezug genommen.
[199] Privatr.gesch. 2. A., S. 384.
[200] Vgl. WIEACKERS Hinweis aaO., S. 383 Anm. 21; für THIEME oben Fn. 195.
[201] Vgl. aaO., S. 385.
[202] So aaO., S. 383 f. mit Anm. 21.
[203] Ebd. der Hinweis auf den Bruch mit J. Grimm nach 1837, eine fast theokratische Haltung zur Eherechtsreform (1844) und (über den Verweis auf GuB, S. 120 f.) die wirtschaftliche Einstellung als Grundherr, den Verdruß 1830 bei der Verweigerung von Weideservituten (Brief an Eichhorn), die Ablehnung von Staatsvertragslehre und Volkssouveränität, die Sicht des Fürsten als Gesetzgebungsorgan auch in der konstitutionellen Monarchie, das Eintreten für Zensur (wenn auch gemäßigte), den Rücktritt 1848, die Ablehnung der liberalen Schillerverehrung 1859, *aber auch*: die Ablehnung v. Hallers und der Demagogenverfolgungen 1819, die Stellungnahme pro Fichte 1799.
[204] THIEME 1942, S. 63. Ebda. nennt er ihn „gemäßigt Konservativer etwa der Rankeschen Richtung". Das sagt ähnlich wenig wie WOLFS Verweis auf Humboldt, s. Fn. 189.
[205] Ebd. und S. 56 (hier das Zitat).
[206] AaO., S. 55, aufgenommen von WIEACKER, siehe soeben bei Fn. 195.

Darstellung und die konsequent negative Bewertung der rein wissenschaftlichen Zurückhaltung, die THIEME bei Savigny sieht[207]. THIEMES sehr fruchtbarer biographischer Ansatz läßt intensive Beschäftigung mit den Quellen, vor allem wohl STOLLS Sammlung, spüren – wegen der Beibehaltung der Vortragsform kann man aber auch dem Druck Genaueres dazu nicht entnehmen. Zwei Punkte sind hier für THIEME festzuhalten: Der Quellenkreis des „älteren", sicher nicht minder politischen Savigny[208], blieb bei ihm erklärtermaßen offen. WIEACKERS Verwendung von THIEME geht also eigenständig über diese Grenze hinaus. Ihm ist zudem hochpolitisch, was bei Thieme als „unpolitisch" erscheint. Auf die Frage unpolitisch/rein wissenschaftlich ist zurückzukommen[209].

Eine direkte Untersuchung der politischen Seite Savignys gibt schließlich auch WILHELM nicht. Er führte den politischen Faktor mit großer Entschiedenheit ein und wählte seine Thesen und Belege zu konkreter Politischem mit besonderer Prägnanz. Konkret führt er an: aus *Stimmen* (1816) Savignys deutliche Worte gegen trostlose Aufklärerei und unglückselige Verwirrung politischer Begriffe, die scharfe Ablehnung von Zivilehe, Judengleichstellung und Bodenmobilisierung, die gegenüber Eichhorn 1830 geäußerte nationale Beschämung wegen der Unruhen in Deutschland, die frankophoben Worte gegen die Revolutionsideen, aber auch den Abstand zum reaktionären „Politischen Wochenblatt" Jarckes[210]. In der Hauptsache ging WILHELM aber anders vor. Er zäumte auf scharfsinnige Weise die Frage gewissermaßen vom Ende her auf und spürte die Politik gerade in den hochabstrakten Ausführungen zu Methode, System und Rechtsinstitut auf[211]. Darin lag ein fruchtbarer Angriff auf das Modell vom wenigstens hier ganz unpolitischen, rein wissenschaftlichen Savigny. Das negative Echo auf den politischen Aspekt seiner Studie ergab einen starken Kontrast zum allgemeinen Gefallen an den rein methodengeschicht-

---

[207] THIEME, aaO., S. 54, 63, 64 (insofern habe Savigny uns „nichts mehr zu sagen"). Es sind übrigens durchaus die gleichen Kategorien, die THIEME 1980 leiten, wenn er Entpolitisierung und letztlich Positivismus als negative Folge der Hist. Schule vermerkt (S. 278 f.).

[208] Vgl. THIEME, aaO., S. 54, wo er allerdings zugespitzt meint, ab 1814 handle es sich nur noch um „Verbreitung und Auswirkung" des Erreichten, dies aber mehr, um Rückschlüsse aus 1840 mit Recht abzuweisen, weniger in der Meinung, der spätere Savigny interessiere nicht, vgl. THIEME selbst dort zu „System" u. anderem.

[209] Vgl. unten 406 ff.

[210] WILHELM, Methodenlehre (1958), alles S. 39 f. mit Anm. 92.

[211] Einen ähnlichen Ansatz vertiefte auch G. DILCHER, Positivismus, in: ARSP 61 (1975) S. 497-528, Vortrag von 1973.

lichen Ergebnissen[212]. Weniger zur Sprache kam, daß die konkrete Politik eher vor als nach der abstrakten[213] und am besten mit ihr zusammen zu untersuchen gewesen wäre — WILHELM selbst scheint dies empfunden zu haben[214].

Einen neuen Akzent setzte 1973 HATTENHAUER. In seiner bedeutsamen, nur schlicht „Einleitung" überschriebenen Abhandlung im Rahmen der Neuedition *Thibaut und Savigny. Ihre programmatischen Schriften*[215], stellt er Savigny ganz auf die konservative Seite. Schon bei dem 20-jährigen finde sich ein „konservatives Glaubensbekenntnis"[216], im *Beruf* artikuliere sich die Thibaut, „dem Volks- und Vaterlandsfreund entgegengesetzte politische Konzeption der Restauration"[217]. Savigny erscheint danach als „alles andere als ein politischer Dilettant oder gar ein unpolitischer Kopf. Er war vielmehr der einzige, der um diese Zeit die geistige Kraft hatte, das politische Bekenntnis des Konservatismus geistvoll zu formulieren"[218]. Der neue Akzent betrifft auch HATTENHAUERS Quellenfundament. Er wird nämlich mit einer wesentlich verbreiterten Belegbasis aus Briefen bei STOLL und einigen anderen begründet[219]. Zur Politik speziell verwendet er vor allem den frühen Brief gegen „gewaltsame Revolutionen"[220], die Differenz zu dem fortschrittlicheren Jakob Grimm[221], ver-

---

[212] Man beachte die wenig freundliche Aufnahme der auf das Politische bezogenen Thesen WILHELMS bei den Rezensenten gegenüber der Zustimmung zum methodengeschichtlichen: WIEACKER (ZSRom 76, S. 645), KAUFMANN (HZ 188, S. 236), HOLLERBACH (ZSGerm 77, S. 354), LANGEMEIJER (TRG 28, S. 113), BÖCKENFÖRDE (ARSP 48, S. 249); auch P. CARONI, Savigny u. die Kodifikation, ZSGerm 86 (1969), hier S. 148; aufgeschlossener neuestens MAZZACANE (Quad. fior. 3/4 (1974/75) S. 753-762 zur it. Übs.), DILCHER 1975 (vorige Anm.) durchweg.

[213] Bei Savigny erweist sich dies als besonders notwendig, da seine Grundanschauungen konsequent diffus waren in ihrer Spannung von Ideal und Realität und ihre wirkliche politische Richtung erst in der konkreten Anwendung enthüllen, dazu mit näherer Begründung und Belegen RÜCKERT, Reyscher S. 141 mit Anm. 367, S. 130 mit Anm. 319, u. ö. (s. das Register zu Savigny) in vergleichender Prüfung im vormärzlichen Kontext. Weiter jetzt unten 208 ff., 400 ff.

[214] Ein Indiz dafür ist, daß er S. 40 Anm. 92 eine eigene Untersuchung wenigstens versprach. Einen Versuch vollerer paralleler Durchführung an einem „liberalen" Fall stellt MEINE Arbeit zu Reyscher dar: A. L. Reyschers Leben und Rechtstheorie, Berlin 1974.

[215] S. 9-58 der Neuausgabe.

[216] AaO., S. 24 mit STOLL Nr. 9/I 69 f., also der bekannte Brief gegen den „Geist der gewaltsamen Revolutionen", freilich zugleich für „langsame, aber sichere" ... „stille Reform".

[217] AaO., S. 46.

[218] Ebd.; parallel S. 23 f.

[219] Siehe die bes. zahlreichen Anmerkungen, die auf Briefe bei STOLL verweisen.

[220] AaO., S. 24, STOLL Nr. 9 an Neurath/I 69 f., vgl. soeben Fn. 216.

[221] AaO., S. 25 mit zahlreichen Briefbelegen; dabei ist wohl in Anm. 28 nicht Brief Nr. 360, sondern 359 gemeint.

schiedene Ausfälle gegen „Liberalismus"[222] und den politisch motivierten Haß gegen das Organisieren „auf französischen Fuß"[223]. Welche Linien HATTENHAUER dann unterstreicht, muß im Zusammenhang mit der Zielsetzung seiner ‚Einleitung' verstanden werden. Er will darin den ganzen Kodifikationsstreit über ein vertieftes persönliches „Verständnis der beiden Kontrahenten" zugänglich machen[224]. Die politische Seite Savignys in allen ihren Konkretionen und Entwicklungen zu verfolgen, lag außerhalb seiner Absichten. Über dem deutlichen Gegensatz Thibaut-Savigny in Sachen Gesetzbuch konnte die Frage zurücktreten, *an welcher Stelle* des sicher nicht nur zweispurigen frühmärzlichen politischen Spektrums beide über den Gegensatz konservativ-liberal hinaus einzuordnen wären[225]. Den üblichen Zusatz „nicht reaktionär" für Savigny diskutiert HATTENHAUER demgemäß ebensowenig wie die Frage „demokratisch" für Thibaut. Auf diese Fragen werde ich im zweiten Hauptteil zurückkommen[226]. Hier beim Vergleich von Forschung und Quellenlage ist festzuhalten, daß HATTENHAUER die persönlichen Quellen für die Wurzeln des Kodifikationsstreits eingehender auswertet, als dies bisher geschehen war. Er entwirft dabei eine prononcierte Deutung von Savignys politischer Seite. Ob sie für den „ganzen Savigny" trägt, wird zu verifizieren sein[227].

Bereits vor fünf Jahren erschien schließlich eine erklärtermaßen kritische Untersuchung der politischen Dimension des Thibaut-Savigny Streits durch H. WROBEL: *Die Kontroverse Thibaut-Savigny im Jahre 1814 und ihre Deutung in der Gegenwart*[228]. Offenbar machten erstmals LUIG/DÖLE-

---

[222] AaO., S. 32 (STOLL Nr. 467), S. 48 (STOLL Nr. 443).

[223] AaO., S. 35 (STOLL Nr. 134).

[224] AaO., S. 9.

[225] Man vergleiche hier nur die klassische Studie von VALJAVEC, Polit. Strömungen (1951), mit ihrer klaren Trennung nach „Fortschritt" und „Reaktion", aber auch der Differenzierung *beider* Seiten nach gemäßigt/liberal, radikal/demokratisch/sozialistisch, sowie ständisch, absolutistisch und national, vgl. die ganze Gliederung und erläuternd S. 10-12 u. ö. Für eine neueste Handbuchdarstellung jetzt FABER, Restauration (1979), S. 54-67: „Politische u. gesellschaftliche Theorien und ihre Träger." FABER unterscheidet konservative (romantisch-organisch-historisch, rationalistisch, altständisch, pragmatisch-staatlich), liberale (bürokratisch, ständisch, südwestdeutsch-konstitutionell, rheinisch, norddeutsch-historisch) und quer dazu nationale Elemente. Für die Frage nach den „richtigen" Einteilungen dabei Näheres unten 171 f.

[226] Siehe unten 160 ff.

[227] Eine längere Kritik daran aus der Perspektive des eigenen „richtigen" Erkenntnisinteresses findet sich bereits bei WROBEL 1975 (dazu sogleich im Text) S. 200-207, der an sich HATTENHAUERS Ergebnisse billigt. Für eine Unterscheidung von politisch-konservativ, privatrechtlich-liberal und eine entsprechende Einschränkung der Thesen HATTENHAUERS jetzt H. KIEFNER, Geld und Geldschuld, S. 38 Anm. 54; dazu näher unten 184 f., auch 116, vgl. auch schon RÜCKERT, Reyscher, S. 330 u. ö.

[228] Diss. iur. Bremen 1975, V/307 S. (bei Schminck-Gustavus).

MEYER darauf aufmerksam²²⁹. Der Überblick zu den Monographien und monographieähnlichen Studien über Savigny²³⁰ ergibt bereits, daß WROBELS Arbeit schon wegen ihrer Fragestellung eine bedeutsame Ergänzung bildet. Dies gilt auch für die Durchführung, wie sofort zu erläutern ist. Zur Beurteilung der Arbeit empfiehlt es sich zu unterscheiden: Sie präsentiert weite bloß interpretierende, quellenerschließende Teile zur Diskussion um 1814, aber auch einiges zu der vor 1848, sowie zur Wiedergabe der Thematik in der Literatur; zweitens enthält sie eine Vielzahl von eingestreuten Bewertungen; schließlich werden verallgemeinernde Schlüsse gezogen über den Klassencharakter der Auseinandersetzung (im 1. Teil) und über die reduzierende Abtrennung bis Ausblendung des politischen Faktors in der neueren, rechtshistorischen Literatur (im 2. Teil)²³¹. Die Frage, welche Erklärungshypothese *maßgebend* sei, die „reduzierte" oder seine materialistische, beantwortet WROBEL offenbar mit Bedacht nicht positiv, sondern bloß kritisch: Er unterstreicht und beweist, daß die Reduzierung jedenfalls zu Fehlurteilen führt, genauer: zu halben Wahrheiten²³². Allerdings behauptet er einen Klassencharakter der Kontroverse und legt damit die Vorstellung nahe, darin bestehe das eigenliche agens auch der Rechtsgeschichte als Teils der Geschichte. Er legt dies aber nur nahe, denn seinen Klassenbegriff erläutert er nicht explizit²³³. Trotz vielfacher brillierender Zuspitzungen²³⁴ vermeidet er eine deutliche Erklärung zur „ganzen" Wahrheit der Geschichte²³⁵. Die Zusammenhänge von Rechtspolitik und Ökonomie expliziert er ausdrücklich nicht für sich²³⁶. Er begnügt sich hier wie so viele mit der Evidenz von bloßen Parallelen²³⁷. Seine wahre Quellenbasis sind politisch-ideelle-juristische *Schriften* — und diese Ebene überwindet er auch in seiner Beweisführung prinzipiell nicht.

---

²²⁹ Verzeichnis, S. 558 f. Angesichts der besonders engagierten Thesen und Rezeption der Arbeit mag es nicht überflüssig sein klarzustellen, daß ich erst durch LUIG/DÖLEMEYER vom Druck der Arbeit erfuhr. Meine unten vorgelegten Analysen zu Savignys Politik und zu Thibaut-Savigny waren daher ebenso schon formuliert wie das Obige zur Erforschung dieser Seite.
²³⁰ Oben 22 ff.
²³¹ Vgl. die Zusammenfassungen S. 148 und 198 f.
²³² AaO., S. 207 ff.
²³³ Vgl. aaO., S. 65 ff. zu Thibaut und S. 107 f.: „reflektieren Interessen", „Konfrontation von Klasseninteressen".
²³⁴ Am meisten noch, wie so oft, in der Einleitung, S. 4: „letztlich nichts Anderes...";
vgl. auch S. 107 „Erst in diesem Rahmen deutbar und verstehbar".
²³⁵ Vgl. über die Schwierigkeiten dabei MEINE Abhandlung, Zur Erkenntnisproblematik materialistischer Positionen in der rechtshistorischen Methodendiskussion, in: ZhistF 5 (1978) S. 257-292.
²³⁶ So ausdrücklich in Anm. 29a zu S. 12.
²³⁷ Vgl. dazu RÜCKERT, Erkenntnisproblematik, S. 275 f.

WROBEL beachtet erstmals entschieden das politisch-rechtspolitische *Umfeld* der Kontrahenten Thibaut und Savigny, d. h. andere zeitgenössische Schriften zum Problem. Dabei erschließt er etliche bisher völlig unbeachtete Quellen. Obwohl er dabei keineswegs erschöpfend vorgeht, ermöglicht ihm dieser Ansatz, traditionelle Einordnungen Thibauts als „demokratisch" oder „nationaldemokratisch"[238] klar abzulehnen und Thibauts Position als „bürgerlich" zu präzisieren[239]. Die Fruchtbarkeit dieses schlicht historischen Vorgehens erweist sich schon daran, daß er durch diese Erweiterung des Quellenkreises sich für Thibaut und die allgemeinhistorische Literatur erstaunlich beschränken kann[240], ohne *dieser* Erkenntnis zu schaden. Auch zu Savigny benutzt WROBEL nur die bekanntesten Quellen. Der interpretierende Teil ergibt hier vor allem Zuspitzungen schon bekannter Einsichten: Abwehr ändernder Gesetzgebung als die eigentliche Spitze des *Beruf*[241], Volksgeist ohne Volk[242], geschichtliche Rechtswissenschaft als Vertröstung energischer Rechtspolitik[243], antiaufklärerisches Programm[244]. Am wenigsten überzeugt die ganz unkritische Übernahme der späteren Kritik aus der Zeit vor 1848 als zusätzliches Deutungsmodell für den Savigny von 1814 – diese Quellen wären zu prüfen gewesen. Ihre politischen Kategorien übernimmt WROBEL ganz unbesehen.

Bei aller Kritik kündigt WROBEL doch in einem Punkt die Traditionen nicht auf. Denn auch er stellt trotz der neuen Quellen Thibaut und Savigny *antithetisch gegenüber*, wenn sie auch jetzt als Repräsentanten ganzer Klassen erscheinen, als „bürgerlich" versus „konservativ-reaktionär" – so seine stehenden Wendungen für die Parteien[245]. „Liberal" nennt er erst

---

[238] Dazu S. 171, 203, mit Kritik an HATTENHAUER und WIEACKER.

[239] Dazu eigentlich der ganze Thibaut-Teil, S. 44-68. Vgl. meine insoweit i. E. parallele Analyse unten 160 ff., aber auch schon RÜCKERT, Reyscher (1974), S. 294 f. und 373-75.

[240] Siehe das Literaturverzeichnis zu THIBAUT, das lediglich vier (bekannte) Titel aufweist, verglichen mit meinen Nachweisen unten 167 in Fn 94. Zur allgemeinen Literatur siehe MEINE Nachweise unten 171 in Fn. 114 ff.: WROBEL benutzt davon so gut wie nichts, dafür einige marxistische und halbmarxistische Synthesen mit Geschick.

[241] WROBEL, aaO., S. 88 f.; vgl. etwa CARONI 1969, S. 143 f., RÜCKERT, Reyscher, S. 204.

[242] WROBEL, aaO., S. 89 ff.; vgl. etwa RÜCKERT, Reyscher, S. 225, 227, 337 f., 141 Anm. 366 mit Nachweisen für WIEACKER, WOLF, SCHNABEL, BÖCKENFÖRDE, HATTENHAUER.

[243] WROBEL, aaO., S. 95 ff.; vgl. etwa RÜCKERT, S. 223 ff. mit Nachweisen.

[244] WROBEL, aaO., S. 99 ff.; vgl. WILHELM, Methodenlehre, S. 39 f., COING 1955, S. 332, RÜCKERT, Reyscher, S. 274 ff., 277.

[245] Vgl. für THIBAUT bes. aaO., S. 3, 6, 46, 65 f., 107 f., 130, 148, für SAVIGNY bes. S. 3, 68 ff. (s. die Überschriften), 107 f., 130, 148.

die Kritiker der 30er und 40er Jahre[246]. Es dominieren also soziale Kriterien, weniger die sonst beliebten politischen Richtungsbezeichnungen. Aus weiträumigen sozialen Kriterien bezieht WROBEL ohne weitere Diskussion seine Kategorien. Auf diese Weise kommt er dazu, die zukunftsweisenden Übereinstimmungen bei Thibaut und Savigny zu übersehen bzw. als „rein verbal" aufzufassen[247]. Auch hätte bei „sozialen" Kriterien auffallen können, daß Savigny als adeliger *Professor* gerade keine typische Adelsfigur darstellte und seine Rechtsquellentheorie wie Methodik nicht eben den aktiv-bürgerlichen Schichten juristische Kompetenz zuschrieb. Die zivilrechtsdogmatische und methodische Ebene klammert WROBEL völlig aus. Auf diese inhaltlichen Probleme komme ich zurück[248].

Im zweiten Teil überprüft WROBEL neuere Darstellungen des Streits von 1814/15. Er beobachtet etwas, das auch hier schon festgehalten wurde: Es gibt teilweise sehr entschiedene Einordnungen, aber zugleich große weiße Flecken auf der Landkarte der bisherigen Kenntnis dieser Seiten des frühen 19. Jahrhunderts und sogar der beiden uns zu alleinigen Wortführern gewordenen Thibaut und Savigny[249].

Den wohl jüngsten Versuch, „Die politischen Ansichten" Savignys darzustellen, unternahm STÜHLER 1978[250]. Er geht dabei über eine Zusammenstellung der in der Literatur bekannten Quellenstellen nicht hinaus und vermittelt so anschaulich den Umfang des bisherigen Kanons. Nur einige ausgewählte Stellen aus dem Universitätsaufsatz von 1832 und aus Städteordnung 1832 kamen dazu. Die Kategorien bleiben unreflektiert: Savigny erscheint als „gemäßigt liberal", zugleich von „konservativem politischem Glaubensbekenntnis", mal auch „illiberal" und gegen „die Ideen des Liberalismus". Einige methodische Probleme im Umgang mit diesen Quellen treten hier überdeutlich zutage[251]. Erweitert wurde die Basis nicht.

---

[246] Siehe aaO., S. 130 ff., S. 134 für Beseler, S. 135 für Reyscher, S. 139 ff. für Geib, S. 145 dann eine Gleichsetzung von „Liberalismus und Bürgertum", anders aus sozialer Sicht S. 107 f.
[247] S. 97; vgl. dagegen hier 167 ff., 187 ff.
[248] Unten 148 ff.
[249] Dazu näher hier 160 ff.
[250] H.-U. STÜHLER, Die Diskussion um die Erneuerung der Rechtswissenschaft von 1780-1815 (1978), hier S. 56-59.
[251] Dazu unten 121. STÜHLERS Arbeit trägt an diesem Nebenpunkt nur deutlicher den etwas kompilatorischen Charakter wie in der Hauptsache. Siehe für eine souveränen, milde berichtigenden Beitrag zum Thema jetzt die als Rezension erschienene Abhandlung von J. SCHRÖDER, Die juristische Methodendiskussion an der Wende zum 19. Jahrh., in: JuS 20 (1980) S. 617-620.

Paralleles gilt für HAVERKATE. In äußerst weiträumigen, suggestiven Thesen wird dort „die politische Funktion der juristischen Methode" ermittelt[252]. Das Quellenfundament entspricht dem nicht[253]. Savigny verkörpert schlicht die „restaurative Gegenbewegung" im zweiteiligen Schema[254].

Eine wesentlich differenziertere Sicht haben dagegen KUCZYNSKI und KLENNER aus marxistischem Interesse an einer Bestimmung „eines so harten Brockens, wie es der ‚Savigny' nun einmal ist"[254a], für die Geschichte der Gesellschaftswissenschaft entwickelt. Sie finden Savigny nicht einfach im direkt feudalen Lager[254b], sondern im „bürgerlichen" und insofern progressiv, freilich auf reaktionäre Weise[254c], „mehr getrieben als treibend und schärfer jedenfalls gegen die bürgerlichen Demokraten als die antibürgerlichen Feudalen"[254d]. Sein Privatrechtsliberalismus paßt ausgezeichnet in diese Interpretationslinie[254e]. Das Quellenfundament dieser produktiven Thesen, die den Gesamtrahmen der Vorgänge seit 1789 beachten, bleibt noch tastend, und ein „letztes Wort" will man damit noch nicht gesprochen haben[254f]. Der Vorstoß allein ist jedoch bemerkenswert.

---

[252] So der Untertitel bei HAVERKATE, Gewißheitsverluste im juristischen Denken, 1977. Vgl. für „Savigny 1814" (Abschnitt S. 55-79) die knappen Verweise auf Politica S. 56 f. in den Anm.

[253] HAVERKATE scheint dies selbst zu empfinden, da er eine salvatorische Klausel einfügt, wonach er Savigny nicht etwa „nach zufällig-privaten politischen Meinungsäußerungen" zu beurteilen suche, sondern nach seinen objektiven Wirkungen (S. 57 Anm. 13). Er öffnet damit weit die Tür zu dem, was er für „objektiv" hält.

[254] AaO., S. 56.

[254a] KLENNER, Anmerkungen zu „Savigny" (1977), S. 158; den Anstoß gab KUCZYNSKI, Savigny – glanzvolle Jugend eines reaktionären Gelehrten von einstigem Weltruf, in DERS.: Studien zu einer Geschichte der Gesellschaftswissenschaften, Bd. 6: Gelehrtenbiographien, Berlin (Ost) 1977, S. 125-157; ebda S. 158-173 auch KLENNERS Aufsatz. In der gleichen Linie jetzt HÄRTL 1979 und 1982 in seinen Einleitungen zu den Briefen; und KLENNER in: Savigny y la ciencia juridica (1979). Eine kritische Diskussion dieser Interpretationen gibt jetzt KIEFNER, Thibaut und Savigny (s. Nachtrag), unter IV. Vgl. hier unten 183 f.

[254b] KLENNER, aaO., S. 168; KUCZYNSKI, aaO., S. 152, 144 u. ö.

[254c] So einschränkend KLENNER, aaO., S. 173 u. ö., im Hinblick auf Savignys verschleiernde „historische" Methode, die die Vernunft, bzw. die „objektiven Gesetzmäßigkeiten gesellschaftlicher Vorwärtsentwicklung" ausklammere. Er spricht auch von „denkbar vorsichtigster Reformstrategie" (S. 169).

[254d] KLENNER, aaO., S. 173, im Schluß.

[254e] Sehr betont von KLENNER, aaO., S. 170 f., für den allg. kapitalistischen Charakter des Römischen Rechts, insofern progressiv gegenüber dem Partikularrecht, für die Lehre von der juristischen Person, die Auslegungstheorie, den abstrakt-dinglichen Vertrag und das IPR.

[254f] KLENNER, aaO., S. 158. In einer mehr oder weniger kursorischen Durchsicht werden bekannte „progressive" Zeugnisse betont, bei KUCZYNSKI die Berufung durch Humboldt 1810, eine Erinnerung von Arndt, eine Notiz von Varnhagen 1819 und Gentz 1819,

Wir haben also zahlreiche, mehr oder weniger entschieden interessierte und divergierende politische Einordnungen Savignys. Bei genauerer Betrachtung tragen sie die Natur von teils bewußt begrenzten, teils allgemeiner-unpräzisen, teils wenig bewährten kühn-präzisen Hypothesen – wenig bewährt, da eine breitere, selbständige und vergleichende Untersuchung, Differenzierung und Einbettung seiner zahlreichen konkreten Politica nur ansatzweise unternommen wurde. Das oft ausgesprochene prononcierte Interesse an Savignys politischer Haltung reduziert sich auf etwas wie die „Grundhaltung" und besonders die von 1814. Die wichtigsten und naheliegendsten konkret-politischen Schlüssel benutzte man paradoxerweise nur versuchshalber.

Der Vergleich zwischen Forschungsstand und Quellenlage im Bereich Politik-Praxis-Ämter ergibt, daß trotz der zahlreichen Äußerungen zum Thema eine deutliche Forschungslücke besteht und auch methodische Schwierigkeiten nicht fehlen.

4. *Savigny als Dogmatiker*

Eine Lücke weisen auch unsere Kenntnisse über Savignys Dogmatik des römischen und „heutigen Römischen Rechts" auf, obgleich KUNKEL schon 1962 betonte: „Seine eigentliche Stärke war die juristische Dogmatik"[255]. Damit soll nicht das Verdienst einzelner Vorstöße in dieses genuin rechtshistorische Feld gemindert oder gar manche versteckte Analyse zum großen Zusammenhang der „Abgründe der Dogmengeschichte" übergangen sein – im Gegenteil. Zwei Studien möchte ich hervorheben, da sie den vollen Kontext Savignys in Form von Kollegnachschriften benutzen[255a]. Trotzdem besteht aber zu Recht das Bewußtsein, wie es jüngst COING formulierte, daß „einmal die Hinwendung zu einem bestimmten Teil der römischen Quellen ... in ihren Grundlagen noch nicht vollständig geklärt" sei und ebenso „das Verhältnis von Savignys Lehren zur Rechtswissenschaft der unmittelbar vorhergehenden Epoche ... noch der Klärung" bedürfe[256]. Dieses Urteil läßt sich kaum bestärken, doch eine Zuspitzung möchte ich wagen: Savigny spielt vermutlich eine doppelte Schlüsselrolle:

---

der Einsatz für de Wette, ein Grundsatzbrief an die Grimms (STOLL Nr. 353 v. 8. 8. 19); KLENNER belegt mehr die Grenzen.
[255] KUNKEL 1962, S. 457.
[255a] Siehe FELGENTRAEGER, Übereignungslehre (1927) und WOLLSCHLÄGER, Unmöglichkeitslehre (1970). Jetzt auch HAMMEN (s. Nachtrag).
[256] COING 1979, in Anm. 18 und 19.

als Wegbereiter des Abschieds von der gemeinrechtlichen Tradition und der Vorbereitung des heute kodifizierten Privatrechts. Diese Rolle geht weiter als die gedruckten Torsi seines *System* und *Obligationenrecht* vermuten lassen. Sie ist auch im Rahmen des jüngsten lebhaften Interesses an einzelnen Lehren Savignys nicht voll aufgedeckt, da man sich meist in der einen oder anderen Richtung beschränkt[257].

Zur Bedeutung des dogmatischen Bereichs bei Savigny genügt es, daran zu erinnern, daß er eben 33 Jahre lang, von 1808 bis 1841/42, an zentralen Positionen als gefeierter Pandektist wirkte. Man kann hinzunehmen, daß seine ersten Schriften ganz der dogmatischen Seite galten[258], wie auch die Mehrzahl seiner ersten Vorlesungen[259], daß die vielbeachtete Methodologie bald als „Einleitung" in der Pandektenvorlesung verschwand[260]. Ein Blick auf und in seine Vorlesungsausarbeitungen beweist, daß er nirgends mehr Energie und Sorgfalt investierte, als bei den *Pandecten*, die schon an Umfang alles andere weit übertreffen[261]. Der Rang dieses Feldes gründet schließlich darin, daß Dogmatik in Savignys Gesamtkonzept eine besondere Rolle spielen *mußte*: Wenn das zeitgemäße Hauptziel „Rechtssicherheit" für ihn durch wahre Rechtswissenschaft, nicht durch Gesetzgebung

---

[257] Siehe jüngst die Sammlung in Ius COMMUNE 8 (1979) zu Irrtumslehre (LUIG), Stellvertretung (MOHNHAUPT), Intertemporales Privatrecht (COING), IPR (STURM), Aktionenrecht (K. NÖRR), Ehe- und Familienrecht (BUCHHOLZ); weiter die bei LUIG/DÖLEMEYER, Verzeichnis 1980, jeweils vollständig genannten Titel von BUSS, Geteiltes Eigentum (1966), FLUME, Jur. Person (1978), GAUL, Rechtskraftlehre (1978), HÜTTER, Geldlehre (1970), KIEFNER, Jur. Person (1974), KIEFNER, Geld (1979), LENZE, actio (1971), MIKAT, Scheidungsrecht (1976), NÖRR, Aktionenrecht (1978, 1977 (nicht 1976)), RANIERI, Übereignung u. ö. (1977), SCHIKORSKI, Körperschaftsbegriff (1978), J. WILHELM, Bereicherung (1973); außerdem etwa PETERS, Vertrag u. Einigung (1967) und etliche versteckte Abschnitte in Längsschnitten wie bei GIGER, Erbrecht (1973), WEGMANN, Erbrecht (1969), SCHRÖDER, Erbrecht (1981), HENKEL, Jur. Person (1972), SIMSHÄUSER, Mater. Recht/Prozeßrecht (1965), SCHEUERMANN, Einflüsse (1972), SANDMANN, IPR (1979), DÖRNER, Familienrecht (1974) − − siehe jetzt auch LUIG, Bemerkungen 1981, mit einigen knappen, aber sehr konzentriert-ertragreichen Auswertungen und DERS., Neuerscheinungen zur europäischen Rechtsgeschichte, in: ZhistF 7 (1980) S. 423-31, sowie in: Handbuch der Quellen und Literatur der europ. Privatrechtsgeschichte II 1 (1977), S. 583-614, mit wichtigen Zusammenstellungen zur dogmengesch. Literatur. − Breiterer Ansatz jetzt bei HAMMEN; zu Jur. Peron zuletzt DIESSELHORST, s. Nachtrag.

[258] Vgl. die Dissertation von 1799 und 1803 das „Recht des Besitzes".

[259] Vgl. dazu in Zukunft das oben 11 Fn. 2 erwähnte Repertorium, vorl. unten 142.

[260] Siehe UB-Marburg Nachlaß 1977 M 14, Mappe „Methodologie", 2. Versuch Sommer 1809 „als Einleitung der Pandecten".

[261] Marburg, Nachlaß 1977: M 8, 19, 7e, 7d, 7f gehören, wie ich feststellte, in *dieser* Reihenfolge zusammen. Die Vorlesung ist damit komplett erhalten, auf über 2000 Seiten. Umfangsvergleiche sind wegen des stets fast gleichen Formats einigermaßen verläßlich möglich; weiteres jetzt unten 142 ff.

systematischen Bestrebungen des *usus modernus* können für diese dauernde Bemühung ebenso genannt werden[271] wie die *Göttinger Linie*, nach Pütters Vorgang arbeitsteilig „ganze Einheiten einheitlicher Quellen im Recht" zu bearbeiten, bei Hofacker, Hufeland, Hugo und anderen[272], die strafrechtlichen Präzisierungsversuche Feuerbachs und anderer und nicht zuletzt die rechtspolitischen Anstrengungen der „Gesetzbuchfabrikanten". Eine weitere Frage stellt freilich der Wandel des Konzepts bei gleichbleibendem Interesse am rechtspolitischen Ziel. Was einem Glück noch System war, war Savigny oft nur „Aggregat"[273].

Über die Quellenlage im dogmatischen Bereich ließ sich eigentlich auch vor 1977 nicht klagen, als die Marburger Schätze noch nicht zugänglich waren. Es existiert nämlich eine beachtliche Serie von *Vorlesungsnachschriften*. Allerdings wurden diese „Hefte", wie sie die Zeitgenossen nannten, bisher nicht systematisch gesammelt. Obwohl daher mit hohen Verlustraten zu rechnen ist[274] und diese Quellen wegen ihrer unterschiedlichen Qualität und Datierung nicht isoliert benutzt werden können, lohnt es sich, sie heranzuziehen[275]. Viele Fragestellungen lassen sich ohne sie kaum lösen, die meisten bleiben ohne sie unvollständig gelöst. Dies gilt übrigens nicht nur für die Dogmengeschichte. Wenn auch Savignys eigene Ausarbeitungen Priorität haben, werden sie doch glücklich ergänzt durch die zeitlich gestreuten und sachlich weiterreichenden Nachschriften. Da diese gut datierbar sind, Savignys Manuskripte aber oft nur schwer, können sich daraus entscheidende Erkenntnisse zur Entwicklung ergeben.

Scheins", als Voraussetzung benennt, daß diese Gesetze „gänzlich unser eigen Werk" sind. „Wie aber Gegenstände an sich selbst, wie die Natur der Dinge unter Prinzipien stehe und nach bloßen Begriffen bestimmt werden solle, ist, wo nicht etwas Unmögliches, wenigstens doch sehr Widersinniches in seiner Forderung"; über die damit entstehende Distanz zu Savigny in diesem Punkt RÜCKERT, Reyscher, S. 302 mit weiteren Belegen.

[271] Ich denke an die tabellarische Verarbeitung des positiven Rechts in vielen Kompendien bis um 1800, anschaulich zu verfolgen etwa bei WOLLSCHLÄGER, Unmöglichkeitslehre.

[272] Vgl. dazu LUIG, Nationales Privatrechtssystem, S. 221 f., und RÜCKERT, Reyscher, S. 44 f., 97 f., 388 und weiterführend Bohnert-Rez., S. 502 ff.

[273] Vgl. zu „System – Aggregat", auch als Ausdruck eines sich wandelnden Wissenschaftsbegriffs RÜCKERT, Reyscher, S. 90, 237 ff. (m. Nwn. für STEIN und RITSCHL), 241 f., 253; DERS., Bohnert-Rez., S. 502 ff., 505 (m. Nwn. für DIEMER und BUMANN); näher zur wichtigen strafrechtlichen Diskussion um 1800 jetzt GAGNÉR, Ørsted, S. 386 ff.

[274] Vgl. die Vermerke sogleich in der Liste.

[275] Den unschätzbaren Wert dieser Quellen bewiesen wie erwähnt vor allem FELGENTRAEGER und WOLLSCHLÄGER (oben Fn. 255). Besonders betont hat ihn schon KUNKEL 1962, S. 458. Ich kann ihn bestätigen für die Frage der Gefahrtragung und viele andere Bereiche von Schuldrecht und Allgemeinem Teil. Vgl. jetzt auch die Arbeit von HAMMEN, s. Nachtrag, der diese Quellen bewußt verwendet.

Die Reduktion der gemeinrechtlichen Vielfalt auf Regeln und Prinzipien läßt sich an den Nachschriften eher besser ablesen. Hier erscheint sie geradezu als das Signum Savignys[276]. Sein Lehrerfolg läßt sich hier je nach Geschmack nacherlebend oder vergleichend nüchtern, jedenfalls aber überzeugend nachvollziehen. Sie geben schließlich Vergleichsobjekte zu zeitgenössischen Pandektenkompendien an die Hand, die anders als das umfängliche *System* und *Obligationenrecht* wirklich vergleichbar sind, da die Zwecke viel paralleler sind.

Eine erste Zusammenstellung von Vorlesungsnachschriften zu Savigny, die mir zunächst aus der Literatur, dann vor allem im Laufe einer fast abgeschlossenen systematischen Umfrage bekannt wurden, findet sich im Anschluß. Die derzeit greifbaren Exemplare sind dabei kursiv, undatierte in Klammern gesetzt. Die Rubrikentitel werden nicht jeweils neu aufgenommen, nur Abweichungen innerhalb der Rubrik. Im übrigen erscheinen nur die Namen der Schreiber oder die Fundorte, wenn Schreibernachweise fehlen. Die Vorlesungen Rechtsgeschichte und Institutionen las Savigny seit Berlin stets zusammen als „Institutionen und Altertümer". Die für die Zeit seit 1810 angegebenen Exemplare dürften also jeweils *beides* enthalten. Überprüfen ließ sich dies noch nicht für alle[277]:

---

[276] In ähnliche Richtung vorsichtig COING, Savigny 1980, S. 17, 21; einen passenden Beleg eines Hörers von 1818 zitiert THIEME 1936, Sp. 157.

[277] An dieser Stelle danke ich noch einmal für die vielen freundlichen Auskünfte, deren Bearbeiter hier nicht alle genannt werden können. Lediglich Herrn *Prof. H. Thieme* meine ich trotzdem nennen zu dürfen, da er in der Anfangsphase großzügig die meisten Hinweise beisteuerte und auch fortwährend Neues anfügte; siehe auch seine Wiedergaben 1935 in: Savigny/ALR und 1937 in: Preuß. Kodifikation, S. 411, 1936 aus der Grimm'schen Methodologie in: Zwischen Naturrecht und Positivismus und 1960 aus Institutionen Greifswald und Instit. Rothschild in: Savigny/dt. Recht, Anm. 54. Eine Nachschrift von 1819 benutzte auch E. EHRLICH, Grundlegung der Soziologie des Rechts (1913), hier nach dem unveränderten ND München/Leipzig 1929, S. 360 f. und gab ein kurzes Zitat, aber alles ohne Nachweise. Ein paar Hinweise jetzt auch bei MOTTE, Retour (1981), S. 559 f.

Jahr	Methodologie u. Verschiedenes	Pandekten und Teile davon	Rechtsgeschichte u. Institutionen	Allgemeines Landrecht
Marburg				
1800/01				
1801				
1801/02				
1802				
1802/03	J. u. W. Grimm[k]	Erbrecht: J. u. W. Grimm[k]		
1803			RG: J. Grimm	
1803/04		Oblig.R: J. u. W. Grimm	Inst.: J. u. W. Grimm	
Landshut				
1808/09			RG: München UB	
1809				
1809/10				
Berlin				
1810/11				
1811				
1811/12			Reinert[n]	
1812				
1812/13				
1813				
1813/14				
1814	1814-17: Auf-	(*Berlin STB*)[j]	Homeyer. Gerhard.	
1814/15	zeichnungen des	Eichmann[a]. *Ho-*	Greifswald[b].	
1815	preuß. Kronprin-	*meyer*	(*Berlin STB*[j])	
1815/16	zen über Savignys	Burchardi[a]		
1816	Privatvorträge		Ribbentrop	
1816/17		Rostock		
1817				
1817/18				
1818				
1818/19		Blume. Zschüschen		
1819				
1819/20	Gaius: Blume u.			Kleist. Zschüschen
1820	Ribbentrop u.	EheR: Kraut		
1820/21	Haenel	Leithen	Kraut. Karlsruhe[m]	
1821		OGH DDR[g]. Bassewitz[e].		Leithen
1821/22		Fontenay		
1822		ErbR: Bassewitz		
1822/23		Roenne. Deiters		
1823			Deiters. Roenne.	
1823/24		Rudorffabschrift[c]	Kehler	
1824		ErbR: Roenne		Deiters[i]. Roenne.
1824/25		Potthoff. Bonn		Jaehnigen[h].
1825			Garnn	Greifswald[b]
1825/26				
1826				
1826/27		Göttingen		
1827				
1827/28		(Goeriz[d])		
1828			Berlin	

Jahr	Methodologie u. Verschiedenes	Pandekten und Teile davon	Rechtsgeschichte u. Institutionen	Allgemeines Landrecht
1828/29			Seyer[o]	
1829				Hinschius[q]
1829/30				
1830			Thile	
1830/31		Thile		
1831				
1831/32				
1832				Thile. Hinschius[q]
1832/33				
1833				
1833/34		Roth	(Roth[l])	(Roth[l])
1834				
1834/35				
1835				
1835/36				
1836			(Rothschild I[e])	
1836/37		Wunderlich		
1837				
1837/38		Rothschild I.		
1838		Reichsgericht[p]	Rothschild II	
1838/39		Rothschild II[f]		
1839				
1839/40				
1840			Gröning. Dirksen	
1840/41		Kuckuck. Gröning		
1841			Pohle	
1841/42				

Anmerkungen zur Nachschriftentabelle:
Eingerückte Einträge gehören zur vorhergehenden Zeile.

[a] Diese Exemplare besaß FELGENTRAEGER 1927, laut seiner Auskunft vermutlich 1945 in Breslau vernichtet. — [b] Von THIEME vor dem Krieg benutzt, Verbleib noch ungewiß. — [c] Dazu K. W. NÖRR, ZSRom 96 (1979) S. 316. — [d] Undatiert, im Besitz von ZWILGMEYER/ Braunschweig. — [e] Undatiert, aber etwa aus dieser Zeit. — [f] Fragment. — [g] Siehe WOLLSCHLÄGER 1970, Quellen. — [h] Bei ISHIBE/Osaka. — [i] Dazu die bisher einzige Detailstudie zu einer Nachschrift, von STRAUCH, Landrechtsvorlesung (1965). Allerdings war diese Vorlesung von 1824 wesentlich knapper als die von 1819/20. — [j] Undatiert, aber nach 1810. — [k] Bei W. Grimm bloß Abschrift und Ausarbeitung. — [l] Undatiert, aber etwa aus dieser Zeit nach den parallelen Pandekten. — [m] Im Besitz von THÜMMEL/Karlsruhe. — [n] Aufgefunden im Maximilianeum von U. DUBIELZIG/München. — [o] Laut frdl. Auskunft von H. HAMMEN und Univ.archiv Berlin hörte F. J. L. Seyer die Pandekten 1828/29 und 1829/30. — [p] K. F. SCHULZ (Hg.), Katalog der Bibliothek des Reichsgerichts, Bd. 2, 1890, Sp. 94, ohne Vermerk zum Nachschreiber. — [q] Erwähnt bei SECKEL, Dernburg (1908), S. 10 mit A. 29 als „treffliche Nachschrift". Laut dankenswerter Auskunft der Profs. *Coing, Thieme* u. *Ishibe* mit dem Nachlaß *Genzmer* sehr wahrscheinlich verbrannt.

So unvollständig die Liste sicher noch ist, für den dogmatischen Teil erschließt sie eine besonders reichhaltige Quellenlage. Weite Strecken des Obligationenrechts, das Sachenrecht, Familienrecht und Erbrecht können hier über Savignys Druckschriften hinaus geklärt werden. Auch um die Zuverlässigkeit der Nachschriften ist es nicht schlecht bestellt. Freilich erlauben ihre Ausführlichkeit bzw. Lücken keine sicheren Rückschlüsse, ob z. B. etwas wirklich ganz fehlte. So läßt sich jedenfalls mein Eindruck aus der Arbeit mit etlichen Exemplaren zusammenfassen, die die Bereiche Obligationenrecht und Pandekteneinleitung umfaßte und an Savignys eigener Ausarbeitung kontrolliert wurde. In diesen Fällen enthielt seine eigene Ausarbeitung stets die ausführlichste Fassung. Anders liegt es aber z. B. für die sog. Methodenlehre von 1802, denn die Ausarbeitungen der Grimms liefern *mehr* als Savignys Konzept[278]. Ein Glücksfall der Überlieferung, zusammen mit Savignys überall erkennbarer persönlicher Sorgfalt und Ordnungsliebe, erlaubt sogar, anhand seiner Stundenübersichten zu den Vorlesungen den möglichen Wert der Nachschriften nach Kürze und Länge abstrakt zu bestimmen[279].

Ohne weiteres ergibt ein Vergleich dieser Quellenlage mit ihrer Erforschung eine recht drastische Lücke in Sachen Dogmatik.

5. *Die sog. Strafrechtsepisode*

Unter dieser Bezeichnung ruht Savignys früheste Periode wissenschaftlicher Energie — sehr wahrscheinlich zu Unrecht. In Wirklichkeit handelt es sich um einen weißen Fleck auf der Savigny-Karte. Die Einstufung als bloße Episode muß auf Grund einiger Indizien in Frage gestellt werden. Die Einstufung stammt von LANDSBERG[280] und wurde nie kritisch über-

---

[278] Vgl. die Edition WESENBERGS mit dem Original SAVIGNYS, Nachlaß Marburg 1977, in M 14: „Methodologie Winter 1802", 16 Doppelblatt, ca. 4°; vgl. zu den Ausarbeitungen jetzt KADEL und MAZZACANE in Quad. fior. 9/1980 (1981).
[279] Nachlaß Marburg 1977, Tabellen Savignys bei M 8, Mat. 31 und M 11, sowie im übrigen die Stundenvermerke am Rande der Ausarbeitungen.
[280] LANDSBERG, T. 188 f., auch N. 95 in Anm. 10, wo er „äußere Rücksichten", d. h. strafrechtlichen Lehrbedarf in Marburg, zur Erklärung heranzieht.

prüft, obwohl die Fundamente der Behauptung schmal waren[281]. LANDS-
BERG bildete sein Urteil anhand der Dissertation von 1799, einige Briefstellen dienten als Stütze. An der Dissertation schien ihm so die in die Zukunft weisende zivilrechtliche Seite bedeutsamer. Sie fügte sich in eine Deutungslinie, in der sie für sich genommen eben nur Episode war.

Man übersah dabei einige Fakten, die durch neue Quellen bestätigt werden. Zunächst war es hochwahrscheinlich, daß sich ein philosophisch besonders interessierter junger Jurist wie Savigny dem damals hochphilosophischen Kriminalrecht nicht nur zufällig zuwenden mußte[282]. Savigny selbst gibt in einem Brief an die Brüder Creuzer vom 3. 1. 1800, der auch LANDSBERG vorlag[283], Auskunft darüber:

> „Ich arbeite jetzt an meinen Vorlesungen über das Criminalrecht; außer manchen subjectiven Gründen habe ich auch den objectiven, daß es sehr zweckmäßig ist, in einem Fach, das ohnehin jeder des lieben Brodes wegen mit Fleiß treiben muß, das Interesse an Befriedigung geistiger Bedürfnisse zu wecken und dadurch auf das Studium des Naturrechts vorzubereiten... Zu jenem Zweck nun scheint mir das Criminalrecht vorzüglich tüchtig, unter anderem auch deswegen, weil es jetzt mit mehr Eifer bearbeitet wird als irgend ein Teil unserer Wissenschaft."[284]

Dieses Zeugnis beweist zumindest für „subjective" *und* „objective" Gründe, wobei die „objektiven" durchaus plausibel belegt sind[285]. Auch wird man Savignys anschließende, knappe Urteile zu Grolmann, Bauer

---

[281] Weder bei CLASS und SCHMARJE, aber auch nicht bei dem sonst sehr selbständigen LORENZ, offenbar weil nicht direkt zu seinem Thema gehörig; vgl. im übrigen zuletzt CARONI 1969, S. 107, MARINI 1966, S. 28-33, auch S. 28 „episodio"; ebenso DERS. 1978, S. 48. Dazu jetzt auch REGGE, Gesetzrevision I 1, S. L f. (s. Nachtrag).

[282] Wertvolle Vorstöße zur zu wenig erforschten Strafrechtswissenschaft dieser Zeit vor allem von NAUCKE, Einfluß Kants (1969), dort auch Nw. seines Feuerbach-Buches von 1962; wichtig weiter DERS. 1975 zu Feuerbach und 1979: Die Dogmatisierung von Rechtsproblemen bei Kant, in: ZNR 1 (Wien 1979) S. 3-20. Daneben bedeutsam immer noch die materialreiche Darstellung bei LOENING, Über geschichtliche und ungeschichtliche Behandlung des deutschen Strafrechts, in: ZStrW 3 (1883) S. 219-373, dort zur allg. Meinung vom philos. Charakter des Strafrechts viele Belege (vgl. S. 278 ff.); neuestens GAGNÉR, Ørsteds vetenskap, de tyska kriminalisterna och naturrättsläran (1980), bes. zu Feuerbach, Tittmann, Stephani, Garve. Eine aufschlußreiche Quelle an abgelegener Stelle in CRIT. ARCHIV V 1 (1805) S. 50-104: Versuch einer neuen Begründung des Strafrechts aus dem Organismus des Universums durch den Staat. Von L. W. in L. (vielleicht Ludwig Wirschinger, Landshut).

[283] Vgl. LANDSBERG, N. 95 in Anm. 10.

[284] STOLL Nr. 41/I 144, v. 3. 1. 1800 an beide Creuzer. Savignys Schlußurteil traf ohne Zweifel zu, Vgl. LOENING (vorletzte Fn.) oder auch die entsprechenden Jahrgänge der H.A.L.Z. und J.A.L.Z.

[285] LANDSBERG, aaO., sieht dagegen nur die ‚subjektiven', ebenso WOLF, Rechtsdenker, 4. A. S. 482; abgewogener MARINI 1966, S. 29-31.

und Feuerbach nicht einfach als oberflächlich auffassen dürfen[286], da sie ebensogut entschieden formulierte kurze Ergebnisse eigener Urteilsbildung sein können, zumal unter in der Sache vertrauten Freunden wie hier. Darauf deutet auch die Wiederholung zu Feuerbach gegenüber Fries 1802[287]. Man übersah weiter die doch sehr intensive Wiederaufnahme strafrechtlicher Fragen in der Ministerzeit[288]. Unbekannt war LANDSBERG offenbar[289] ein Zeugnis des Savigny-Lehrers *Weis*, das Hugo in seiner Randnotiz zu einer ersten Rezension über Savigny handschriftlich überliefert[290]:

> „Weis sagte 1808, es sei ihm zweifelhaft, ob Savigny beim Römischen Recht bleiben würde. Für das Criminalrecht sei er sehr eifrig gewesen und habe es aufgegeben."

Einen weiteren Hinweis gab RUDORFF 1863[291]. Savignys Bestimmung des Verhältnisses von Recht und Sittlichkeit leuchte besonders „vom Standpuncte des Strafrechts ein"[292]. In der Tat dürften die Wurzeln einiger Grundlehren Savignys im kriminalistischen Bereich stark unterschätzt sein. Sein etwas starrer Gesetzesbegriff in der sog. Methodologie[293], sein Streben nach Rechtssicherheit durch begrifflich-systematische Präzision[294], seine strenge Interpretationslehre[295], der Ruf nach genauer Klärung des Verhältnisses von Recht, Politik und Philosophie[296] und weitere ähnliche Punkte[297] — all dies deutet auf die philosophisch-politisch brisanten Strafrechtsdiskussionen der Wende zum 19. Jahrhundert, die gerade

---

[286] So aber LANDSBERG, N. 95 in Anm. 10.
[287] Bei HENKE, Fries, S. 294.
[288] Dazu eingehend LORENZ, vgl. auch oben 36 die Zusammenstellung. Vgl. jetzt REGGE, Gesetzrevision, Abt. 1, Bd. 1 (s. Nachtrag).
[289] Allerdings kannte LANDSBERG den sog. Hugo-Schrank in Göttingen bereits und benutzte auch einzelnes, s. LANDSBERG, N. 10 in Anm. 48.
[290] HUGO, Beiträge I, S. 484 im Handexemplar UB Göttingen.
[291] RUDORFF, Savigny, S. 43.
[292] RUDORFF bezieht sich auf die bekannten Stellen in „System" I, S. 53 f., 332 und erklärt die Anwendung aufs Strafrecht. Auf die §§ 82 im „Obligationenrecht" geht er dagegen nicht ein; dazu bes. TEGETHOFF, S. 83 ff.
[293] Vgl. dazu vorerst die Zusammenstellung in RÜCKERT, Reyscher, S. 212 Anm. 147, 242.
[294] Dazu schon oben 60 nach Fn. 267.
[295] SAVIGNY, Anleitung 1802/03, S. 40 u. ö., zusammengestellt in RÜCKERT, Reyscher, S. 211 f. Anm. 147.
[296] SAVIGNY, Anleitung, S. 49 und brieflich an Fries, bei HENKE, S. 295. Näher dazu unten 266 ff.
[297] Vgl. die Nwe. in Fn. 293.

in diesen Punkten bis heute von Interesse sind[298]. In der sog. Methodologie finden sich demgemäß weite und zentrale strafrechtliche Partien[299].

Ohne Zweifel hat sich Savigny bald darauf ganz einer zivilrechtlichen Perspektive zugewendet. Und vielleicht kommt darin zugleich ein Übergang zu etwas anderen Grundlagenauffassungen zum Ausdruck, etwa der Volksgeistlehre, während doch die alten Elemente bewahrt werden und später wieder stärker hervortreten. Auch so gesehen wäre die Strafrechtsperiode *keineswegs Episode*, sondern ein wichtiges Stadium und ein maßgebender Faktor bei der Ausbildung seiner Grundauffassungen. Darauf deutet auch die Tatsache, daß die Debatten um Zivilgesetzgebung in vielem das wiederaufnehmen, was schon zum Strafrecht diskutiert worden war. Es wäre darum umso dringender, z. B. Savignys sog. Methodenlehre in *diesen* Zusammenhängen vergleichend zu untersuchen, eine Forderung, die auch schon für seine Dissertation und den Übergang zum Zivilrecht gelten müßte, aber überall uneingelöst ist. Bemerkenswerterweise hat STÜHLER jüngst sehr die Rolle Feuerbachs betont, dabei aber dessen strafrechtliche, grundlegende Schriften nicht benutzt[300] — diese Verbindungslinie schien a priori auszuscheiden. Schließlich nahm man auch wenig ernst, daß Savigny die erwähnte Vorlesung auch gehalten hat und zwar im Winter 1800 nach Meisters *Principia* ³1798[301]. Er hatte sie also gründlich, wenigstens seit Januar, vorbereitet[302]. Seine Kant-Beiträge in den Briefen dieses Zeitraums stehen ebenfalls in *diesem* Rahmen[303]. Noch 1801 berichtet er gar an Neurath, er sitze „in einer eigenen Art von Wohl-

---

[298] Dazu NAUCKE, Feuerbach (1975) und jetzt bes. GAGNÉR, Ørsteds vetenskap (1980).

[299] SAVIGNY, Anleitung, S. 33 f., 39 f., 42, 45 ff., 64 ff.; der strafrechtliche Kontext dieser Teile blieb merkwürdig unbeachtet, vgl. KANTOROWICZ, Methodenlehre, ZSRom 53 (1933) S. 465-471; THIEME 1936; STRAUCH, Savigny, S. 16-33; CARONI 1969, S. 107; WOLF, Rechtsdenker, S. 483 f.; MARINI 1978, S. 52-71; LARENZ, Methodenlehre, S. 11-19; und selbst bei LORENZ.

[300] STÜHLER 1978, vgl. sein Literaturverzeichnis und die S. 196 ff. zu Feuerbach.

[301] Dazu vor allem SAVIGNY selbst in Verm.Schr. 4, S. 74, vor dem Neudruck seiner Dissertation; weiter STOLL 1, S. 172, RUDORFF, Savigny, S. 16 f. und KLINGELHÖFER, Marburg, S. 66 mit Wiedergabe der Ankündigung: „Herr Doctor von Savigny trägt das CriminalRecht öffentlich vor nach Meisters Princip. Jur.Crim. (edit. 3. Götting. 1799). Nach Endigung dieser Vorlesung erklärt er wöchentlich zweymahl den CriminalProzeß". Nach STINTZING-LANDSBERG III 1, N. 273 erschien die 3. A. 1798.

[302] Vgl. die Nachricht oben bei Fn. 283 vom JANUAR 1800; weiter die Anspielung bei STOLL 1, S. 151 unten; den Dank für Literatur bei STOLL 1, S. 156.

[303] Dies ergibt wichtige Hinweise auf den Kontext und damit die Grenzen seiner Kant-Verarbeitung; vgl. unten 196 Fn. 229 für die Beiträge und das Register s. v. Kant.

leben, stets schreibend an der Fortsetzung meiner Dissertation"![304]. Für den Winter 1801 zeigte er nochmals Kriminalrecht an[305], las es aber nach eigener Erinnerung nicht mehr[306]. Bemerkungen bei STOLL über Ankündigung und Schluß einer Vorlesung im Sommer 1801 beziehen sich schon auf „Pandecten, Buch 41-46" nach Böhmer[307].

Der Marburger Nachlaß 1977 eröffnet nun konkretere Beweise, daß Savigny tatsächlich, um mit Weis zu sprechen, für das Kriminalrecht „sehr eifrig" war. Zunächst erhielt sich eine recht umfangreiche Ausarbeitung mit dem Titel *Criminalrecht*. Sie ist undatiert, gehört aber nach Schrift und Anlage in die früheste Zeit. Eine genauere Titelei, Schlußvermerke oder ähnliche eindeutige Anhaltspunkte fehlen. Die Hoffnung, damit liege die Ausarbeitung seiner eigenen Vorlesung vom Winter 1801 vor, hält jedoch genauerer Überprüfung nicht stand[308]. Denn es kann sich nicht nur um seine eigene Ausarbeitung handeln, sondern auch um die bei Meister in Göttingen 1796/97 angefertigte Nachschrift[308a]. Die weitgehende inhaltliche Übereinstimmung mit Meisters *Principia iuris criminalis*[308b] würde zwar noch nichts entscheiden, weil Savigny selbst wiederum nach Meister las[308c]. Aber die Quelle ähnelt zunächst im äußeren Erscheinungsbild den anderen erhaltenen Nachschriften dieser Zeit[308d]. Sie ist geheftet wie diese, während Savignys übrige eigene Ausarbeitungen lose in Umschlägen liegen. Sie hat anders als diese Kolumnentitel und nicht wie diese regelmäßige Stundenvermerke und eine größere Freispalte linksseitig für Nachträge. Schließlich reichen die Literaturangaben gerade bis 1796 und nicht bis 1799/1800, wie es bei einer Ausarbeitung Savignys für den Winter

---

[304] STOLL Nr. 58 v. 1. 4. 01/I 203. Unklar ist dabei, ob es sich um den im Oktober zur Promotion nicht schon abgelieferten 2. Teil, §§ 13-21, handelt (vgl. SAVIGNY, VS 4, S. 74 f. und STOLL I 204 Anm. 1) oder weiteres, was unvollendet und/oder ungedruckt blieb. Die volle Diss. mit 124 u. 2 S. erschien nämlich bereits 1800, wenn auch noch nicht zum 31. 10., dem Tag der Promotion (s. RUDORFF, Savigny, in Anm. 21 und Exemplar der UB München).

[305] KLINGELHÖFER, Marburg, S. 66.

[306] SAVIGNY, Verm.Schr. 4, S. 74: nur ein Mal gelesen; ebenso KLINGELHÖFER, ebda.

[307] STOLL 1, S. 204 (v. 21. 4. 01) und 208 (v. 30. 9. 01), verglichen mit dem Schlußvermerk der Ausarbeitung dazu in Marburg, Nachlaß 1977, M 10: 26. 9. 01.

[308] Nachlaß 1977, M 7c, paginiert, 142 S. An dieser Stelle gilt mein besonderer Dank Frau K. BREDEHORN, deren Einwände zur Annahme „Ausarbeitung" eine erneute Überprüfung veranlaßten, sowie auch Herrn H. KADEL für seine Teilnahme an diesen Überlegungen.

[308a] Vgl. Savignys vita bei STOLL 3, S. 264 (Promotionsgesuch).

[308b] Mir war nur ein Vergleich mit der 5. A. 1811 möglich, der aber bereits dies Ergebnis zeigt.

[308c] Vgl. seine Ankündigung, zitiert oben in Fn. 301.

[308d] Dazu unten 135 Fn. 639b.

1800 zu erwarten wäre. Alle diese Gründe sprechen für einen Nachschriftcharakter. Immerhin bezeugt diese Nachschrift aber, daß Savigny schon als Student eine besondere Bedeutung des Kriminalrechts vermittelt bekam: Es sei besonders „philosophisch" und ein „Lieblingsgegenstand des Zeitalters" heißt es in der Einleitung[308e]. „Philosophisch" heißt dabei noch ganz traditionell soviel wie „gesunde Vernunft". Denn eingangs zählt die Nachschrift unter die besonderen Bestimmungen und Eigenschaften des „J.[iuris] C.[riminalis]" unter Punkt 2:

> „das C.[riminal] R.[echt] ist besonders *philosophisch*, d. i.: Die Vernunft hat weiten Spielraum dabei; denn:
> a) die Grundlehren (von der Imputation u. dem Zweck der Strafen) sind ganz auf gesunde Vernunft gegründet.
> b) in einzelnen Fällen kommt es mehr auf arbitrium iudicis an, als in andern Rechtsteilen. – Teils wegen der mangelhaften Legislation, teils wegen der unendlichen Modification der Fälle in Ansehung der Imputation und Indizien. *Entwurf* eines Gesetzbuchs in C[riminal] Sachen (v. Dalberg) p. 116. Auch kann hier der Einzelne weniger der Regel des Gesetzes aufgeopfert werden wegen der größeren Wichtigkeit des Gegenstands." (fol. 1)

Der Text fährt fort,

> „4. das C.R. gehört unter die Lieblings-Gegenstände des Zeitalters
> 5. es ist:
>   a) in der Theorie angenehm.
>   b) in Praxi ist es:
>   a) für den Defensor angenehm.
>   b) für den Richter nicht mehr so unangenehm als sonst."

Es muß der Zukunft überlassen bleiben, diese Quelle auszuschöpfen. Für den hier wichtigen Zusammenhang ergibt sie, daß Savigny als Student intensiv im Strafrecht gearbeitet hat, daß dabei der Spielraum der „gesunden Vernunft" besonders betont wurde, daß viel Sorgfalt auf die Grundbegriffe verwendet wurde und daß gerade die „Theorie" daran gefiel. 1804 betonte Savigny dann in der Heidelberg-Denkschrift zum Strafrecht, hier bedürfe es „philosophischen Blicks, ohne welchen das Criminalrecht nicht gelehrt werden kann"[309]. Ein zentrales Strafrechtslehrstück, die Imputationslehre, bezieht er dann auch in Landshut im Obligationenrecht der *Pandecten* für die Grundlegung der Haftung, für ihn der „Grundsätze der unerlaubten Handlungen", selbstverständlich mit ein[310].

Daß es auch ein *eigenes Strafrechtsheft* Savignys gegeben hat, läßt sich erschließen. Savigny verweist nämlich darauf in den Notizen, die er sich für die Kriminalrechtsvorträge vor dem preußischen Kronprinzen 1816/17

[308e] Sie ist in dieser Form in MEISTERS Buch (s. Fn. 308b) nicht enthalten.
[309] Bei F. SCHNEIDER, S. 621.
[310] Nachlaß Marburg 1977, M 19, fol. 268 ff.

zusammenstellte[310a]. Nach einer ausführlichen, ausformulierten Grundlegung zu Zweck, Rechtsgrund und Theorie der Strafe überhaupt auf acht beidseitig beschriebenen Blättern und einer Erläuterung der Grundbegriffe und des ALR dazu auf drei weiteren, gibt er dann zum „speciellen Theil" (fol. 12 f.) nur noch eine Übersicht der Abschnitte mit Verweisen auf das dabei zu benutzende Material, darunter überwiegend eine „Vorlesung über das Criminalrecht". In Bezug genommen werden deren „p. 61"-„p. 128". Das zeigt zugleich, daß davor sechzig Seiten Ausarbeitung vorhanden gewesen sein dürften, die sich überwiegend Grundfragen gewidmet haben dürften. Die Verweise passen nicht auf das soeben erörterte „Criminalrecht" nach Meister. Eine schon dem Umfang nach recht gründliche eigene Strafrechtsausarbeitung muß danach vorgelegen haben. Die überaus spannende, selbständig souveräne Diskussion der herrschenden Strafrechtstheorien, die Savigny 1816 für den Kronprinzen notierte, legt zudem die Vermutung nahe, daß er tatsächlich nicht nur gründlich, sondern auch eindringlich „für das Criminalrecht sehr eifrig gewesen" (Weis) war. Auch hier muß es der Zukunft überlassen bleiben, diese bemerkenswerte Quelle in ihren Kontexten auszuschöpfen. Anzudeuten und zu betonen bleibt im Zusammenhang „Episode" lediglich, daß Savignys Notizen keineswegs den Eindruck einer lästigen Pflichtübung gegenüber dem Kronprinzen machen. Sie dauerte immerhin 53 Stunden und der ausformulierte erste Teil gibt eine sehr grundsätzliche, durchdachte Diskussion der sog. Strafrechtstheorien und ihrer Konsequenzen. In der Sache plädiert Savigny für eine eigenwillige Theorie (fol. 2r-3v) der „Rechtsvergeltung"[310b]. Die Strafe ist ihm „Heilung" des zerstörten rechtlichen Zustandes. Sie ist notwendig und erlaubt, weil dieser sonst unmöglich würde. Wenigstens ein Philosophenname fällt — *Fichte*.

Die These, es bestehe auch hier gegenüber der Quellenlage eine empfindliche Forschungslücke, wird nach diesen Belegen einleuchten. Die „Episode" war keineswegs nur Episode.

[310a] Vgl. den Hinweis bei K. Bredehorn (s. Nachtrag), ebenfalls in Nachlaß 1977 M 7c. Eine nähere Untersuchung bereitet H. Kadel/Marburg vor, dem ich auch hier für seine Gesprächsbereitschaft danke.
[310b] Vgl. dazu Obligationenrecht, § 83/S. 301 ff.

6. Die Landshuter Zeit

Auch hier könnte die äußerlich kurze Dauer von Savignys Professorentätigkeit in den drei Semestern zwischen September 1808 bis April 1810[311] dazu verführen, diese Phase gering zu schätzen. Von jeher blieb man hier aber vorsichtiger und sprach nicht etwa positiv von „Episode". Andererseits spürt man in den meist recht blassen Schilderungen der rechtshistorischen Literatur zwar einiges vom Landshuter Milieu, besonders um den Theologen *Sailer*[312], und die Brentanos[313]. Selbst Andeutungen für entscheidende Entwicklungen in Savignys Jurisprudenz fehlen jedoch durchweg. Immerhin war er erst jetzt voll ins zivilrechtliche Lehramt eingetreten[314]. Doch vermittelt LANDSBERG auch ein gewisses Unbehagen über Quellenmangel[315] und betont wie andere vor ihm[316] und nach ihm[317] die Bedeutung der Periode für die rechtspolitischen Kontroversen mit Gönner, da in Bayern damals „der alles vergiftende und erstickende Einfluß der Fremdherrschaft" zu empfinden gewesen sei[318]. Es gibt auch frühe Hinweise THIEMES, die eigentlich hätten alarmieren müssen, wenn man bedenkt, wie intensiv sich nach der obigen Durchsicht[319] die For-

---

[311] Genau zwischen 26. 9. 1808 und 2. 5. 1810 (STOLL I 341 ff.). Das Angebot hatte er am 8. 4. 08 erhalten, am 23. 4. mit Bedingungen beantwortet (STOLL I 322), am 13. 5. zugesagt bekommen (STOLL III 272); am 19. 11. wurde er im Senat vereidigt (Protokolle), am 18. 3. 10 beantragte er Entlassung (STOLL I 407), mit Reskript vom 17. 4. erhielt er sie, am 1. 5. ging die Entlassung durch den Senat (Protokolle); dies alles nach STOLL, aaO., ergänzt durch die Originalakten HStA München, M. Inn. Nr. 23510 „v. Savigny..." und Univ. Archiv München.

[312] Schon RUDORFF, Savigny, S. 21 f.; mehr bei BETHMANN-HOLLWEG, Savigny, S. 77 f.; LANDSBERG T. 197 f.; STOLL 1, S. 341-356 (Text), hier 349 f.; WOLF, Rechtsdenker, S. 490 f.; THIEME 1942, S. 61; MARINI 1978, S. 81 f.; STÜHLER 1978 behandelt zwar Gönner u. a., abstrahiert aber auch hier von allen diesen Zusammenhängen; bes. knapp WIEAKKER, Priv.r.gesch., S. 387; COING, Savigny (1979), S. 87; HATTENHAUER, Einleitung, S. 27; FIKENTSCHER, Methoden 3, S. 48.

[313] Von den vorigen bes. WOLF, STOLL, MARINI, daneben und vor allem aber WOHLHAUPTER, Dichterjuristen 1 (1953), S. 3-96, zu Sav.-Brentano, S. 40-65 zu Landshut (insoweit zuerst 1944).

[314] Er las 1808/09 Institutionen und Rechtsgeschichte (Brief an die Grimms, STOLL Nr. 189/I 376), dann ab Sommer Pandekten, s. ebda. und den Brief an Heise v. 13. 4. 10 (bei LENEL Nr. 17, S. 116) „Pandecten ein ganzes Jahr hindurch (doch nur in 300 Stunden) nach Ihrem Entwurf".

[315] LANDSBERG, T. 197 f. mit N. 98 Anm. 33, wo er beklagt, nur im allgemeinen durch Prof. Bremer unterrichtet zu sein.

[316] LANDSBERG, aaO.; vgl. nur RUDORFF, Savigny, S. 21 f.

[317] Vgl. STOLL 1, S. 354; WOLF, Rechtsdenker, S. 505, 507; SCHULER, Grimm und Savigny (1960), S. 235-38, WOHLHAUPTER, S. 52 f.

[318] LANDSBERG, T. 197 f. in etwas projizierender Übertreibung.

[319] Oben 22 ff., zusammenfassend 31 f.

schung für Savignys allgemeine Anschauungen und deren Entstehung interessierte. Danach sprach nämlich Gönner „schon 1807 von der ‚neu aufstrebenden historischen Schule'"[320]. Kündigte sich der 1814/15 verkündete Gegensatz also bereits viel früher an? Wenn auch THIEME diese Stelle nicht nachweist, vermerkt er doch daneben die wichtige Studie Gönners von 1806 über gemeines deutsches Recht und seine Bearbeitung[321], in der Savigny bereits als Repräsentant einer bloß gelehrten Richtung kritisch beleuchtet wird[322]. Der enge Zusammenhang mit Diskussionsbeiträgen von Hugo 1789 ff., Feuerbach 1804, Thibaut 1798/1808, Hufeland 1796/1808 und vielen anderen liegt zu Tage[323].

1812 widmet der Landshuter Savigny-Schüler *Unterholzner* seine *Allgemeine Einleitung in das juristische Studium* „den großen Führern der historisch-juristischen Schule Herrn Professor Ritter Hugo und Herrn Professor von Savigny in Berlin seinen Lehrern und Freunden zum Beweise seiner Hochachtung und Liebe"[324] und führte damit das Stichwort „Schule" weithin sichtbar in der Titelei. Er konnte sich dazu berechtigt fühlen, denn schon 1810 hatte ihm Savigny von Hugo als dem „Stifter der historischen Schule in Deutschland" geschrieben[325]. Savigny nahm denn auch die öffentliche Widmung und Formation zur Schule gerne an, „mit Dank und

---

[320] THIEME, Spätes Naturrecht (1936), S. 218 Anm. 4; ähnlich, aber recht allgemein 1942, s. Junger Savigny, S. 61.

[321] Ebda.; siehe GÖNNER, Über die Notwendigkeit einer gründlichen Reform in Bearbeitung des in Deutschland geltenden Privatrechts, als Nachwort bei: F. L. WIRSCHINGER, Versuch einer neuen Theorie über das Juramentum in Litem..., Landshut 1806, S. 161-188; dazu und zum Kontext LUIG, Nation. Privatrechtssystem, S. 226 f. und RÜKKERT, Reyscher, S. 45.

[322] GÖNNER, aaO., S. 181; außerdem zu beachten ebda. die kaum verkappte Kritik, S. 173 in Anm. a), am „Recht des Besitzes" als für die Gegenwart ungenügend; ähnlich 1815 DERS., Gesetzgebung, S. 148 f.: unbrauchbar für Legislation, im Detail bleibe „der Leser in einiger Ungewißheit..."

[323] GÖNNER stellt ihn in „Notwendigkeit" und anderwärts auch her; vgl. für HUGO, Gibbonvorrede (1789), Rechtsgesch. (1790), Civ. Mag. Einleitung (1790), Enzyklopädie (1792), Naturrecht (1798); für FEUERBACH, Rez. Naturrechte (1798), Revision I (1799), Lehrbuch I (1801), Philosophie u. Empirie (1804); für THIBAUT, Enzyklopädie (1797), Einfluß d. Philosophie (1798), Studium d. röm. Rechtsgeschichte (1808), Pandekten I (1803); für HUFELAND, Naturrecht (1785, 1790, 1795), Privatrecht (1796), Wissenschaftskunde (1797), Civilrecht (1808). Siehe zu alledem jetzt nützlich m. Nwn. STÜHLER, Erneuerung (1978), aber auch die Rez. dazu von J. SCHRÖDER, s. oben Fn. 251.

[324] K. A. D. UNTERHOLZNER, Landshut 1812. Über ihn die Einleitung bei VAHLEN, Briefe, S. 3-12. Hinweis auf diese Widmung schon bei LANDSBERG N. 122, dann bei STERN 1914, S. 14, bei STOLL 1, S. 395 Anm. 2, dann bei THIEME 1936 in Anm. 1. Zuletzt dazu und zum Kontext GAGNÉR, Codex Maximilianeus (1974), S. 42 f.; bemerkenswert die differenzierende, freundliche Rez. zu Unterholzner von WELCKER, Hd. Jbb. 1813 II, S. 897-912.

[325] Bei VAHLEN, Nr. 2 v. 15. 11. 10/S. 14.

Freude"[326]. Im April 1811 hatte Savigny in einem längeren Brief an Tydemann in Leiden[327] die Prinzipien seines „civilistischen Cursus" beschrieben und geschlossen: „Haec est scholae meae ratio". Den nicht wenigen Eingeweihten erscheinen daher die Gedanken im *Beruf* von 1814 als keineswegs neu bei Savigny[328]. Insbesondere *Hugo* gibt von sich kund: „Wie freute er sich als er nun das Buch las und ganz Savigny darin fand!"[329]. Er hatte schon vorher mitgeteilt bekommen, daß Savigny

> „trotz seiner Beschäftigung mit den gelehrtesten Untersuchungen über die Geschichte des Römischen Rechts im Mittelalter, doch in einer eigenen Schrift die Wissenschaft gegen die Gesetzbücher retten wolle!"[330]

1824 nimmt Hugo die Gelegenheit wahr, die Datierung der Auseinandersetzung auf 1815 und den Einleitungsaufsatz Savignys zur Zeitschrift, wo er die Formel von den „zwei Schulen" aussprach, energisch zu verwerfen: Es handele sich doch um einen Aufsatz,

> „von dem man bei aller Vorliebe für diese Anstalt, doch gestehen muß, es sei keine einzige Entdeckung darin, denn die Tatsachen über die angekündigte Zeitschrift ausgenommen, stand gewiß kein Gedanke in diesen sieben Blättern, welcher die Freunde von Savigny gewundert hätte."[331]

Bei aller aufkeimenden Empfindlichkeit über Savignys Erfolg mit Parolen, deren tragende Substanz er sich selbst nicht minder zuschrieb, bei aller Kritik an der Polarisierung zur „‚geschichtlichen Schule' wie sie nun leider heißt"[332], bezeugt Hugo, und als Fachmann, klar eine frühere Entstehung der 1814 verkündeten allgemeinen Ideen. Leider scheint sein umfangreicher Briefwechsel mit Savigny 1945 verloren gegangen zu sein[333].

---

[326] Bei VAHLEN, Nr. 5 v. 5. 11. 1811/S. 22; sie war also von Savigny vorher genehmigt. Briefe Unterholzners an Hugo oder an ihn von Hugo sind bisher nicht bekannt.
[327] StB München, Autographen Savigny, Brief: Berlin, 13. 4. 1811. *Tydemann* war Prof. des Röm. Rechts in Franeker, seit 1811 Leiden, lebte 1778-1863 (STOLL I 366 A. 3). Die wesentlichen Teile des Briefes finden sich unten im Anhang als Nr. 4.
[328] Siehe schon THIEME 1936, in Anm. 1 für J. Grimm (nach STOLL II 124 Anm. 4 aus einem Brief an W. Grimm), für Bang STOLL 1, S. 38, ohne Nachweis.
[329] HUGO, Beruf-Rezension 1814, in: Beiträge II S. 212; dieser Hinweis auch schon bei CARONI 1969, S. 129.
[330] HUGO, ebda.
[331] HUGO, Martin-Rezension 1824, in: Beiträge II S. 633; vgl. über den Kodifikationsstreit nach 1815 RÜCKERT, Reyscher, S. 191 Anm. 6 und 191 ff.
[332] HUGO, ZgeschRw-Rezension 1815, in: Beiträge II S. 255; bekräftigt 1818, aaO., S. 335. Distanz und Gemeinsamkeit mit Hugo wären zu klären, vgl. MEINE Andeutungen: Reyscher, S. 310 und Bohnert-Rez., S. 507.
[333] Dazu oben 21 bei Fn. 50.

Diese Hinweise lassen sich ergänzen durch die Briefe aus der und über die Landshuter Zeit bei LENEL, KANTOROWICZ, STOLL, SCHELLBERG-FUCHS, SCHOOF, DAHLMANN[334]. So berichtet Savigny schon 1807, „Ich habe in der letzten Zeit viel in Herders Schriften gelesen und mich daran erfreut"[335]. Und im März 1809 fordert ihn Jacob Grimm auf:

> „In Almendingens neuem Journal ist ja nun einmal ein herber Aufsatz über das französische Recht, am Schluß wird aber doch wieder eingelenkt ... Warum gehen Sie nicht einmal mit Ihrer Arbeit hervor, ich wünsche es mit heimlicher Freude, Arnim sagte, daß Sie keine äußerliche Bedenklichkeiten mehr dabei hätten. Wollen Sie das hiesige Gesetzbulletin?"[336].

Auch hier setzte also ein vertraut Informierter bereits *Arbeiten* Savignys zu Gesetzgebung und Grundsatzfragen voraus, sowie vermutlich eine Abwendung von mehr integrativen Besserungsversuchen im Landshuter Milieu, die noch Rücksicht geboten hätten[337]. Daß STOLL noch 1929 in glatter petitio principii die Meinung verwarf, die Volksgeistlehre wurzele in dieser Zeit nach 1808[338], beweist, wie sehr man gewohnt war, erst Berlin

---

[334] Vgl. bei LENEL Nr. 17 für Heise, bei KANTOROWICZ Nr. 23-25 für Savigny an Schwarz, bei STOLL I Nr. 174-217, bei SCHELLBERG/FUCHS 1939, Nr. 171-191 für Clemens Brentano, DIESS., 1943, Nr. 42-121 für Bettina Brentano, bei SCHOOF Nr. 25-44 für die Grimms, bei DAHLMANN Nr. 87-108 für F. Creuzer; zu VAHLEN für Savigny an Unterholzner schon soeben im Text. Siehe jetzt außerdem bei HÄRTL 1982 (Nachtrag) Nr. 16-30 und Anhang I Nr. 5 für A. v. Arnim und POLLEY 1982 (Nachtrag) Nr. 150 f., 154 f., 157 f., 160, 164 für Thibaut.

[335] STOLL Nr. 148 v. 14. 7. 07/I 304, an F. Creuzer; dazu und zu weiterem dabei RÜCKERT, Reyscher, S. 219 Anm. 193; übrigens auch schon ZWILGMEYER, S. 47 f., aber zu kursorisch mit den Daten seiner Belege (hier 1807, sonst 1810). Deutlicher jetzt für die damit gemeinte Stimmung der parallele Beleg im Brief an Bettina v. Arnim v. 14. 7. 07 (gleicher Tag), bei HÄRTL 1979, Nr. 19/S. 119. Er begeistert sich für Herders „Cid" und findet „wahre Inspiration" in anderen Schriften.

[336] Auch zu ALMENDINGEN jetzt eingehend SCHUBERT, Französisches Recht, S. 326-334; Grimm bezieht sich demnach auf die „Allgemeine Bibliothek für Staatskunst, Rechtswissenschaft und Critik", Bd. 1.2., Gießen/Wetzlar 1808/09, in der mehrere Artikel in Frage kommen, s. SCHUBERT, aaO. und Lit.verzeichn.; Grimms Brief bei SCHOOF 1953, Nr. 34 v. 15. 3. 09/S. 65 f. Savigny hält in seiner Antwort (STOLL Nr. 196) die Zeit nicht für reif, dazu unten 91 bei Fn. 440, 92.

[337] Vgl. Savignys Klage schon im Februar 1809 über das Münchener „Partei- und Protectionswesen" und den desolaten Zustand der Universität, bei STOLL Nr. 189 v. 28. 2. 09/I 375 f.; am 1. 3. 09 erwägt er schon gegenüber Arnim den Vorschlag, nach Berlin zu gehen (STOLL Nr. 190/I 377); Interesse schon früher nach STOLL I 349. Auch persönliche Vorsicht wegen seines Besitzes in Hessen könnte mitspielen, vgl. seine Erkundigung wegen Aufhebung der Fideikommisse, auf die Grimm im gleichen Brief bei SCHOOF (vorige Anm.) eingeht. Eine erste Anfrage Arnims ergibt jetzt sein Brief v. 15. 1. 09, bei HÄRTL (Nachtrag) Nr. 17/S. 41, die ernsthafte Anfrage im Auftrag Humboldts ebda. v. 2. 3. 09, Nr. 18/S. 42.

[338] STOLL 1, S. 354 gegen TREITSCHKE; zweifelnd mit Recht SCHULER, S. 236. Ähnlich wie STOLL jüngst etwa POLLEY 1982 (Nachtrag), S. 184, 190. Vgl. näher unten 186.

als prägend anzusehen. Dabei stellt sich gerade die Frage, ob Savigny mehr dort im Kreise eher Gleichgesinnter oder an den Landshuter Fronten geformt wurde. Ein Blick in empfindliche Barometer wie die juristischen Zeitschriften der Zeit erweist vollends, daß die Debatte schon längst lief, daß also 1814/15 schon lange Bedachtes zugespitzt und entschieden wurde. Die *Heidelbergischen Jahrbücher*, Almendingens *Allgemeine Bibliothek*, Gönners *Archiv für die Gesetzgebung und Reforme (!) des juristischen Studiums*, alle seit 1808, geben eine Fülle von Beispielen[339], ebenso Hugos *Civilistisches Magazin*[340], an dem auch *Savigny* mitschrieb[341], und Tafingers *Critisches Archiv*[342]. Auch die *Hallische* und *Jenaische Literatur-Zeitung* bieten sehr ergiebige Rezensionsabhandlungen, die hier nur erwähnt werden können[343]. Dieser Formationscharakter der Zeit *vor* 1810 gilt nicht nur für die Gesetzgebungsfrage[344], sondern vor

---

[339] Chronologische Nachweise der Titel bei KIRCHNER, Bibliographie der Zeitschriften, Bd. 1, S. 140 ff.: Juristische; auch verschiedene in den anderen Abschnitten.

[340] Wichtig für die Gegenseite, vgl. darin für rechtspolitische Fragen bes. HAGEMEISTER, Über die Redaction eines allgemeinen Gesetzbuchs für einzelne deutsche Reichsländer, in: Civ. Mag., Bd. III 3 (1805) S. 312-40 (dagegen), dann HUGO selbst in Bd. IV 1 (1812) S. 89-134: Die Gesetze sind nicht die einzige Quelle der juristischen Wahrheiten; zuvor DERS. sehr grundsätzlich in Bd. III 4 (1812) S. 462-84: Über Herrn von Hallers Handbuch der allgemeinen Staatenkunde, im Verhältnisse zu der Philosophie des positiven Rechts. Die Beiträge von 1812 sind nützlich für vorsichtige Interpretation seines Schweigens zwischen 1805-12.

[341] SAVIGNY schrieb vier kleine historische Beiträge in Bd. III 3 (1805), eine Rez. zu Jupille, Droit de la possession, in III 4 (1812) und noch einen historischen Beitrag in IV 3 (1813). HUGOS Aufsatz über „Die Gesetze" von 1812 fand er bekanntlich verdienstvoll genug, um ihn im *Beruf*, S. 14 (= STERN 80) lobend zu erwähnen. Er hatte darin auch gegenüber DIRKSEN im Brief v. 12. 8. 12 gleich „manche in der Tat sehr gute Bemerkungen" gefunden (UB Mainz 4° Ms 84-20), obgleich das keineswegs bedeutete, beider Rechtsquellenlehre sei gleich, dazu RÜCKERT, Reyscher, S. 385, auch schon NEGRI, S. 370, 372 anhand seines Naturrechts und darin des Volksbegriffs, sowie sehr deutlich REXIUS, S. 508 ff.

[342] Hg. von TAFINGER, DANZ, CHR. GMELIN, seit 1804 auch GÖNNER, Bd. 1-6, Tübingen 1801-10 (genaue Angaben zum Erscheinen im Quellenverzeichnis unter III, zu den Art. im Lit.verz.); vgl. darin etwa I 166-75 zu Reitemeier; II 255-72 zu Schmalz; die Vorrede in IV gegen bloßen Empirismus, ebda. 1-19 ausf. zur philos. Rechtslehre, 150-55 polemisch gegen Hugo, wieder 218 ff.; IV 397-419 positiv zu Savignys Besitz; V 50-104 ausf. zu Strafrechtsgrundfragen; V Vorrede und VI 145-296 über „Rechtswissenschaft" in der neuesten Zeit, wieder mehrfach gegen Hugo.

[343] Einiges daraus jetzt bei SCHUBERT, Franz. Recht, vgl. sein Literaturverz. zu Almendingen, zu Seidensticker. Hervorzuheben außerdem z. B. H.A.L.Z. 1806, Nr. 1 ff., Sp. 1-31 zu Reitemeier; J.A.L.Z. 1805, Nr. 4 ff., Sp. 25-48 zu Reitemeier (SEIDENSTICKER); ebda. 1806, Nr. 208 ff. u. 217 ff., Sp. 433-53 u. 505-60 zum Preußischen Recht (SEIDENSTICKER).

[344] Informativ dazu aus der Sicht der Code civil-Diskussion SCHUBERT, Franz. Recht, Kap. 4 und 5, daneben DÖLEMEYER, Einflüsse von ALR, Code civil und ABGB ..., in:

allem auch für die Diskussionen über Rechtsquellen und Rechtswissenschaft, von denen die Frage Gesetzgebung abhing[345].

Diese Indizien erhärten alle die Vermutung, daß gerade hier in Landshut, in der Konfrontation mit Köpfen wie Feuerbach und Gönner, mit einer hocheffektiven, tatkräftigen Innenpolitik unter Graf Montgelas, mit französisch beeinflußtem Reformieren des Rechts auf allen Gebieten[346], daß hier der Aristokrat, Professor und Römischrechtler Savigny *besonders gefordert* war. Ihn selbst hatte ja an Landhut die Chance gereizt, bildend einzugreifen. L. Creuzer begründete er am 31. 5. 1808 den Entschluß für Landshut so: „Es ist ein Versuch in einem Lande, das jetzt so viel für und so viel gegen sich hat, und in welchem wenigstens das rege Leben eine erfreuliche Umgebung bereitet."[347]. Sehr viel sprach also schon bisher dafür, daß sich hier in Landshut die in Berlin nach 1810 in so vielen Bereichen spürbare Tatkraft und Entschiedenheit ausbildete und festigte, wenn nicht sogar erst begründete. Man hat solche Zusammenhänge unter dem Stichwort „Gelegenheitsschrift oder nicht" für den *Beruf* beachtet, indem man die Kontinuität von Savignys wissenschaftlichen Plänen belegte, vor allem mit Briefen an Bang 1810, an Zimmer 1814 und seitens Creuzer 1804[348]. Man verfolgte aber diese Indizien nicht systematisch und vergleichend anhand zeitgenössischer Quellen, wie z. B. der erwähnten Zeitschriften, sondern ließ eine Forschungslücke, mehr oder weniger bewußt[349]. Die allgemein-historischen Studien zur sog. *Landshuter Romantik* schlossen genau diese Lücke ebenfalls nicht[350], geben aber

---

Ius Commune 7 (1979) S. 179-88 zur Zeit vor 1814. Vgl. im übrigen das in den vorigen Anm. Genannte.

[345] Siehe für diese manchmal nicht hinreichend beachteten Voraussetzungen die klaren Modelle, ermittelt bei GAGNÉR, Gesetzgebung (1960), S. 47 f.

[346] Überblick bei E. WEIS, in: Hdb. der bayerischen Geschichte, Bd. IV 1 (1974) S. 49-55.

[347] STOLL Nr. 166/I 329.

[348] STOLL Nr. 215 v. 13. 4. 1810 an Bang/I 415 f.; der Brief an Zimmer v. 4. 6. 1814 bei HENNIG 1936; der Brief CREUZERS an die Günderrode über feste Pläne Savignys schon 1804 im Auszug bei STOLL I 52 (im Text, nach ROHDE 1896), voll bei KANTOROWICZ 1925 am Ende als Anhang, außerdem bei PREISENDANZ 1912, S. 33-37; zur Kontinuität statt aller jüngst CARONI 1969, S. 129 f. mit Nachweisen zu THIEME, WIEACKER, STRAUCH, SCHULER u. a.; zu ergänzen ZWILGMEYER, S. 47 f.

[349] Vgl. jüngst aber die Vorstöße zum Landshuter Milieu bei GAGNÉR, Codex Maximil., S. 16 f., 42-49, auch 104 für Savignys „System"; zu Recht, aber nur recht allgemein, betont diese Zeit auch schon SCHULER, S. 238. WOHLHAUPTER 1944/1953 legt den Akzent mehr auf eine Art allg. Lagebeschreibung.

[350] Siehe PH. FUNK, Von der Aufklärung zur Romantik. Studien zur Vorgeschichte der Münchner Romantik (1925); darauf beruhend DERS., Der geistesgeschichtliche Ort Fr. K. v. Savignys, in: Hist. Jb. 50 (1930) S. 189-204, eigentlich eine Rezension zu STOLL I

einen ebenso unentbehrlichen Deutungsrahmen wie die verschiedenen neueren Studien zu dieser Epoche[351].

Vor allem die ‚*Gönner-Spur*' verspricht einigen Aufschluß. Den „geistigen Kampf um die Universität Landshut" beschrieb vor allem FUNK[352]. Er fand sehr plastisch in *Gönner* „sozusagen einen Stabschef des Aufklärungslagers", übermäßig streitbar, aber nicht unbedeutend[353]. Um ihn und Sailer/Savigny auf der Gegenseite konzentrierten sich nach FUNK die Hauptlager Aufklärung und Romantik, beide allerdings in spezifisch bayerischer Brechung[354]. Savigny selbst hielt zu Gönner tunlichst Abstand:

---

und II; in dieser Linie auch RAUB-DOMNICK 1971, S. 156 f.; kritisch zu FUNK, aber hier nicht entscheidend, H. GRASSL, Das neue Bild der Münchner Romantik, in: Lit.wiss. Jb. 2, 1961 (1962) S. 55-68; wesentlich für die Ordungsversuche auch H. KUNISCH, J. A. Schmellers geistesgeschichtliche Stellung (1942/43), in DERS., Kleine Schriften, Berlin 1968, S. 205-239. Ein neuerer knapper Überblick bei WEIS, in: Handbuch IV 2 (1975) S. 1036 ff., 1044 f. u. bei PÖRNBACHER, ebda. S. 1090-92; weiter SCHNABEL, Dt. Geschichte, Bd. 4 (1955) S. 50 ff., 56 f. auch zu Savigny dabei — immer noch sehr wertvoll; wichtige Quellen außerdem bei SCHIEL, Sailer und zahlreiche Hinweise bei SCHELLBERG/FUCHS 1939 u. 1943 in den Verbindungstexten ihrer Editionen, sowie bei v. STEINSDORFF 1972, aus der Sicht Bettina — v. Freyberg und jetzt bei KADEL, Ringseis.

[351] Vgl. den ausgezeichneten Überblick und die Nachweise bei WEIS, Die deutsche Reformzeit, in: BOSL/WEIS, Gesellschaft, Bd. 1 (1976) S. 237-257, daraus besonders S. 282-84 die Hinweise auf KOSELLECK (1973 zu Preußen), BERDING (1973 zu Westfalen), FEHRENBACH (1974 zum Code Napoleon), auch F. KNEMEYER (1970 über Verwaltungsreformen) und jetzt, wie erwähnt, bahnbrechend für die Privatrechtsgeschichte SCHUBERT, Franz. Recht; zum Beamtentum B. WUNDER (1978) und MEINE ausf. Kritik dazu (Quad. fior. 10 (1981) S. 383-401); zum Strafrecht R.-E. WALTER, Die Kriminalpolitik König Jérômes im Königreich Westfalen 1807-13, Diss. iur. Marburg 1971; allg. J. BRAND, Geschichte der ehemaligen Stifter Essen und Werden... 1806-1813 unter bes. Berücks. der großherzoglich-bergischen Justiz u. Verwaltung, in: Beiträge zur Gesch. von Stadt u. Stift Essen, 86 (1971) S. 5-155 (auch sep., zugleich Diss. iur., Kiel); ein Überblick mit klaren Akzenten schon bei HATTENHAUER, Grundlagen (1974), S. 57 ff. Jüngst nun das Heft „Napoleonische Herrschaft und Modernisierung", hg. von H. BERDING (1980), zugleich H. 4 von Gesch. u. Gesellschaft 6 (1980). Als anschaulich-prägnante Einführung in die politischen Rhythmen am Leitfaden der sensiblen politischen Lyrik immer noch sehr lehrreich R. F. ARNOLD, Einführung zu: Politische Dichtung, Bd. 2: Fremdherrschaft und Befreiung, 1795-1815, Leipzig 1932 (Nd. Darmstadt 1973).

[352] FUNK 1925: Überschrift zum Kap. 1, S. 1-41.

[353] FUNK 1925, S. 11; vgl. zu Gönner sonst den Artikel im HRG, Bd. 1 (1971) Sp. 1752-54 von H. HOLZHAUER mit Lit.; außerdem BOMSDORF, Prozeßmaximen (1971); GAGNÉR, Codex Maxim., S. 16, 23, 26 ff., 33; eine unkritische und unvollständige Zusammenstellung gibt BECKENBAUER, Landshuter Universitätsprofessoren (1970).

[354] FUNK 1925, S. 40 f. allgemein, S. 109 zum gesellschaftlichen Leben, S. 140 ff. zum Savigny-Kreis, auch 163; ebenso KUNISCH 1942/43, S. 211 f.; WOHLHAUPTER, S. 52 f.; ähnlich WEIS, Handbuch IV 2, S. 1039.

> „Gönner mag mir sehr abgeneigt sein, aber ich denke außer meinem heutigen Antrittsbesuch in keine Berührung mit ihm zu kommen" schreibt er am 16. 11. 08[355]. So verlief es auch: „Gönner sehe ich fast gar nicht, und wir stehen eben darum auf dem besten und höflichsten Fuße von der Welt."[356] Savigny wohnte später ohnehin „zum Glück auf dem Lande": Ich „komme nur zu den Vorlesungen in die Stadt und sehe und höre also nicht viel mehr als was mir lieb ist"[357].

In eigener Sache blieb er unbeirrt, vor allem in seinen Vorlesungen, die er mit besonderem Erfolg hielt[358]. So entstand ein „stetes Schreyen und Toben dagegen" von Seiten Gönners[359]. Als Savigny dann 1811 dem wieder an Landshut interessierten Hufeland seine Erfahrungen zusammenfaßt, lautet sein Urteil für Gönner:

> „Gönner hat sich auch in diesen Zeiten benommen seiner Seele würdig, d. h. völlig charakterlos, ohne Wahrheit und Ehre, obgleich nicht ohne Verstand. Vor dem Krieg lobte er im Archiv nach der Reihe bis zur Unverschämtheit die Französische, Russische, Österreichische Gesetzgebung, ungewiß, von welcher Uniform wir Einquartierung bekommen würden. Noch während des Krieges sprach er sehr zweideutig, und nur erst als die Schlachten verloren waren, nahm er entschieden Partei"[360].

Es gab bei Gönner menschliche Probleme, die auch schon immer gesehen wurden[361]. Vor allem Feuerbach, dann Hufeland hatten seine Unleidlichkeit schmerzvoll erfahren[362]. Doch verkörperte Gönner zugleich den verständigen Vertreter von Auffassungen, die *in der Sache* von denen eines Savigny stark abwichen. Das deutet schon seine versteckte Kritik von 1806 an[363]. Savigny bestätigt es, wenn er in ihm weniger einen „politischen" Gegner, als das Haupt einer „literarischen" Gegenpartei findet, das er nur als Person ignoriert habe[364].

---

[355] An Creuzer, bei STOLL, Nr. 180/I 362 f.

[356] An Schwarz am 5. 4. 09 bei KANTOROWICZ, Nr. 23/S. 100; auch an Hufeland am 26. 1. 09, bei STOLL Nr. 186/I 372.

[357] An L. Creuzer v. 3. 8. 09 (STOLL Nr. 194/I 382) und an Arnim 10. 8. 09 (STOLL Nr. 195/I 386); vgl. zur ersten Wohnung STOLL I 344.

[358] So gleichlautend an Hufeland 26. 1. 09 (STOLL Nr. 186/I 372); an Creuzer 16. 11. 08 (STOLL Nr. 180/I 363); an Schwarz 5. 4. 09 (wie Fn. 356); an Grimm 12. 4. 10 (STOLL Nr. 213/I 411 f.); an Heise 13. 4. 10 (LENEL Nr. 17/S. 117); an Bang 13. 4. 10 (STOLL Nr. 215/I 415 f.).

[359] SAVIGNY an Heise, ebda.

[360] An Hufeland v. 9. 4. 1811 (STOLL Nr. 234/II 71); Savignys Urteil zu *Gönners Archiv* ist nicht sehr übertrieben, man beachte nur die bombastischen, wechselnden Widmungen dort.

[361] Vgl. nur FUNK 1925, S. 11 f., 107 f.; LANDSBERG, T. 154 f.; nicht zu unterschätzen ist dabei wohl die verständliche Erschütterung durch den Zusammenbruch seiner Staatsrechtserfolge, vgl. DERS., T. 153.

[362] Vgl. für Feuerbach statt vieler FUNK 1925, S. 106, HOLZHAUER, Gönner; für Hufeland dessen Briefe an Savigny, UB Marburg Nachlaß 1977, bes. der Brief v. 25. 12. 06.

[363] Oben bei und in Fn. 322. LANDSBERG, N. 77 in Anm. 26 übergeht die Kritik darin, noch mehr STOLL I 339 in Anm. 4.

[364] An Bang v. 13. 4. 10, bei STOLL Nr. 215/I 415 f.

Man kann daher die literarischen Äußerungen Gönners während der Rheinbundzeit als signifikante Zeugnisse für gekonnte Ausformulierungen der Gegenpositionen zu offenen Konkurrenten wie Hugo und schweigenden wie Savigny heranziehen. Hier wurden die zeitweise vorherrschenden und seit 1814/15 mehr und mehr vergessenen Gegenbilder formuliert. Nicht erst seit LANDSBERGS Mißfallen an diesen allerdings oft sehr polemischen Quellen[365] wurden sie mißachtet. Ein Blick in sie lohnt aber aus den erwähnten Gründen. Die Kenntnis dieser Fronten und ihrer Folgen wird sich als Voraussetzung für viele Fragen zu Savigny erweisen.

In der Tat wendet sich der Ton des *Critischen Archivs*[366] gleich nach Gönners Eintritt 1804 kritisch gegen „bloßen Empirismus, der in nichts als concreten Einzelheiten lebt und webt" (das geht auf *Hugo*) und zugleich gegen „gehaltsleeres Spiel mit Formeln, das eine zeitlang für critische Philosophie ausgegeben wurde"[367]. Eine überlegene Position, abseits von Quellenpositivismus und bloß abstraktem Spekulieren über Recht, wird beansprucht. Ihre gemäße Quelle mußte nach Lage der Dinge moderne Gesetzgebung sein. Wenig später werden auch politische Register gezogen. Hugo mit seinem traurigen „Amalgama des Kantianismus mit allerley empirischen Begriffen" erscheint als philosophisch-empirischer Haarspalter, der die „Sache der absoluten Herrschergewalt" verteidige[368]. Im Nachruf auf Danz wird die erwähnte Zwischenposition erneut propagiert[369]. Ein langer Aufsatz über „Die drey Perioden der Cultur der positiven Rechtslehre zur Wissenschaft, als Grundlage zu einer künftigen Litterargeschichte derselben" kleidet dies in eine riesige Geschichtskonstruktion[370]. Sie mündet in eine lebhafte Klage über die zersplitterte „Composition von Gesetzgebungen" in der Gegenwart, also in das bekannte Problem eines aktuellen Gemeinen Rechts. Abzuhelfen sei „durch historischgenaue Erforschung und Zusammenstellung der Tatsachen", aber

> „ohne die Regeln, die sie als Zwecke der vorhandenen Rechtsinstitute abstrahirt, zu absoluten Rechtsprincipien erheben zu wollen, wodurch öfters, besonders bey

---

[365] Insofern unterschätzt LANDSBERG, T. 154, als historische Quelle sowohl „Critisches Archiv" als Gönners „Archiv", wenn er bloß das Breite und Selbstgefällige, später das Liebedienerische daran hervorhebt.

[366] Dazu oben Fn. 342.

[367] CRIT. ARCHIV 4 (1804), Vorrede vom Dezember 1804 (also ein Rückblick) S. VI. GÖNNER war nach Danz' Tod am 14. 12. 03 eingetreten (aaO., S. 159 f.).

[368] CRIT. ARCHIV 4 (1804): Der Unterschied zwischen materialer und formaler Willkür, ein Geschenk der neueren Philosophie, hier S. 155, 150.

[369] CRIT. ARCHIV 4 (1804) S. 155-160. Der ganze Text geht gleichermaßen gegen „trüben Speculationsgeist" wie „historische Rechtsphilosophie" (S. 156).

[370] CRIT. ARCHIV 4 (1804) S. 193-247.

Schriftstellern, die sich aus einzelnen, in der Geschwindigkeit zusammengerafften, Daten ihre Geschichte selber machen, eine Zwittergeburt von sogenannter Philosophie des positiven Rechts entsteht, die in der wirklichen Welt ihr Substratum nirgends findet, und für welche die Welt der Ideen gleichmäßig verschlossen ist"[371].

Diese Polemik gegen Hugo trifft zwar sachlich keineswegs ins Schwarze, aber sie offenbart Gespür für juristische Weltanschauungen, wobei dann die Einzelheiten etwas verschwimmen dürfen. Man erkennt und benennt hier in Hugos skeptischer Methode die geschickte, schwer zu greifende Abwehr dessen, was man selbst als Lösung ersehnt — moderne Gesetzgebung. Denn, so heißt es hier schon 1804:

„vielleicht steht der Gesezgebung unserer teutschen Staaten (oder unseres teutschen Vaterlandes) im Ganzen eine glücklichere Veränderung, die von oben herab bewirkt wird, bevor"[372].

Der Anonymus setzt hier, obwohl die französischen Erfolge immer unübersehbarer wurden, noch vorsichtig auf die Nachahmung des „rühmlichen Beispiels, das ... die Preußische Gesetzgebung darbietet" — aber, wie Savigny später sarkastisch zu Gönner aussprach[373]: Es kam weniger auf das konkrete Vorbild an, als auf *den gemeinsamen Nenner: Moderne* Gesetzgebung. Gesetzgebung löst ihm auch wissenschaftliche Mühsal:

„Und dann löste sich die große schwierige Aufgabe, eine Theorie des teutschen Privatrechts auf dem oben angezeigten Wege zu begründen, dadurch zuverlässig am besten, daß sie überflüssig würde!"[374]

Klar und vollständig präsentiert sich diese sehr ernstzunehmende Position contra Hugo, später Savigny. Man verkennt die Aufgaben der Theorie durchaus nicht, will sie aber nicht durch die Wissenschaft lösen, sondern durch Gesetzgebung. Ganz konsequent kann man daher gute juristische Monographien als Beitrag immerhin zum wissenschaftlichen Weg begrüßen, so gerade auch Savignys *Recht des Besitzes*[375]. Erst später, einseitiger geworden, erkennt man hier den gefährlichsten Gegner, der dabei ist, den Gegenbeweis anzutreten, der beweist, daß Gesetzgebung gar nicht so nötig sei, daß das Heilmittel ‚Wissenschaft' durchaus verfange. Aus diesen Voraussetzungen muß man Gönners etwas schwankendes Urteil zu Savigny von 1805/06 verstehen und erklären[376]. Im gleichen Kontext steht seine spätere, viel schärfere Kritik an Löhrs *Theorie der Culpa* (1809), „einer Schrift, welche ganz den Geist und das Gewand der modernen

---

[371] AaO., 218 f.
[372] AaO., S. 219; ebenso Bd. 5 (hier von 1806) Vorrede X, XL.
[373] Zitiert oben 79 bei Fn. 360.
[374] Wie Fn. 372.
[375] Crit. Archiv 4 (1804) S. 397-419: Rez. dazu.
[376] Siehe oben bei Fn. 322; vgl. dagegen Landsberg, N. 7 Anm. 26.

historischen civilistischen Schule an sich trägt"[377]. In diesem Sinne anerkannte man anfangs sogar noch positive Seiten an Hugo: So wenn Gönner „eine in *Hugos* genialischem[378] Geiste bearbeitete innere Geschichte nicht bloß des römischen, sondern auch des teutschen und römisch-teutschen Rechts" fordert, obwohl er zugleich Hugos Beschränkung dabei andeutet und selbst ein konträres Ziel ansteuert[379]; so auch, wenn 1807 Hugos *Civilistisches Magazin* immerhin erwähnt wird als „schätzbares Magazin". Hier fällt dann auch, vielleicht erstmals, jedenfalls recht früh, ein klingendes Stichwort in der erklärenden Bemerkung: „dessen Herausgeber (sc. Hugo) eine neue civilistische Schule bildete"[380]. Ein Etikett war gefunden, die Zuspitzung „*historische Schule*" folgte alsbald. Sie brachte die polemische Variante. Die kurze Stellungnahme zu Hugos Magazin liefert erneut die Einschränkung mit. *Hagemeisters* Aufsatz gegen Gesetzgebung[381] wird hier nämlich abgewiesen, klar in der Sache, selbstbewußt zuversichtlich, daher milde im Ton: Hagemeister habe nur suggestiv-einseitig die

> „Hindernisse *des* Falles vergrößert, wenn die Gesetzgebung ganz reformirt, und nach den Forderungen des Rechts und der Klugheit neu gebohren werden sollte. Spräche aus der ganzen Gesetzgebung der hohe Geist der fesselfreyen Vernunft, so dürften wohl die statutarischen Rechte der Vergessenheit übergeben werden!"[382].

Das war 1807, die Diktion nach den preußischen Niederlagen von Jena und Auerstädt, das französische Vorbild übernimmt die Führung.

Mit Beginn seines eigenen *Archivs für die Gesetzgebung und Reforme (!) des juristischen Studiums*[383] tritt Gönner dann in diesen Fragen offen

---

[377] GÖNNERS ARCHIV III 1 (1809) S. 164-166 unter „Miscellen, 2."; ähnlich später in der Streitschrift von 1815, dazu unten 180 bei Fn. 158.

[378] GÖNNER, Notwendigkeit (1806), S. 186; „genialisch" spielt vermutlich auf SAVIGNYS Schluß „genialisches Werk" in seiner anonymen Hugo-Rez., Hd. Jbb. 1806 (= Verm. Schr. 5, S. 36) an.

[379] Vgl. dazu LUIG und RÜCKERT (wie Fn. 321); übrigens argumentiert schon in gleichen Sinne, mit Posse und gegen Hufeland, CRIT. ARCHIV V 2 (1805) S. 233 in einer Rez. zu Posse, davor IV (1804) S. 453 f. „gg. Feuerbach", mit Verweis auf IV (1804) S. 217 f. in „Die drey Perioden . . ." (vgl. Fn. 370).

[380] CRIT. ARCHIV VI 1 (1807) S. 54, in der Rez. zu Civ. Mag. III 2 u. 3.

[381] CIV. MAGAZIN III 3 (1805) S. 321-340: Über die Redaction eines allg. dt. Gesetzbuches für einzelne deutsche Reichsländer; HAGEMEISTER (1764-1819) war ebenfalls Pütterschüler und Freund und Altersgenosse Hugos, vgl. LANDSBERG III 1, N. 209; ohne Schonung dann gegen Hagemeister GÖNNER in seinem ARCHIV I 2 (1808): „Über die Einführung des Code Napoleon . . .", hier S. 186 in der Anm.: „Das Maximum einer übertriebenen deutschen Ängstlichkeit finde ich bei Hagemeister . . .".

[382] CRIT. ARCHIV, VI 1, S. 60 f.

[383] 4 Bände, Landshut 1808-14, erschienen Band I Heft 1-3. 1808; II 1-2. 1808, 3. 1809; III 1-2. 1809, 3. 1810; IV 1. 1811, 2. 1812, 3. 1814 – schon diese Daten ein Gradmesser des Niedergangs seiner Hoffnungen.

unter seinem Namen auf. Schon der Titel vereinigt sein Programm: *Gesetzgebung* als maßgebende Rechtsquelle, das *Studium* hat sich anzuschließen. Gönners Kopfaufsatz von 1808 erläutert das auch negativ, das hieß: gegen die „Zurückgezogenheit der Civilisten auf das historische Studium des römischen Rechts". Die Zeit schien reif:

> „Scheint es doch, als wolle es in unserem neuesten Zeitalter wieder Mode werden, im Civilrechte nur auf dem *historischen* Wege stehen zu bleiben... mit Verzicht auf jede Philosophie... und... Fortschritte"[384].

Savignys Ausweichen vom Strafrecht ins Zivilrecht half nicht mehr. Die Gesetzgebungspolitik holte ihn ein, Gönner gab ihr die Worte. Noch im gleichen ersten Heft ergreift Gönner 1808 das Wort gegen Versuche, dem römischen Recht wenigstens subsidiäre Kraft zu sichern. Er benennt den Feind hier in einer Weise direkt, die volle Wiedergabe verdient, auch wegen des Pathos, zu dem ihn die günstige politische Konjunktur verführt:

> „Dadurch daß unsere *neuesten* Civilisten — berühmt unter dem Namen der *historischen Schule* — das Philosophieren über Rechtsgegenstände zur Sünde anrechnen, daß sie die Philosophie (*die Vernunft*) zur untertänigen Dienerin der römischen Gesetze herabwürdigen, daß sie mit Umgebung der Vernunft dieses *ewigen* Kanons sich in *antiquarischen, grammatischen, historischen* Untersuchungen herumtreiben, um die Welt mit lebloser Gelehrsamkeit zu blenden, die Aussprüche der Vernunft über das, was gelten soll, in demjenigen, was bei *Jusitinian* galt, zu ersticken, und die Menschheit auf nicht weniger, als *dreizehnhundert Jahre zurück* zu versetzen, *dadurch spannen diese neueren Civilisten ihren Bogen so, daß er brechen muß, denn noch Niemand hat sich ungestraft gegen die Herrschaft der Vernunft empört!"*[385].

Selbst und gerade in ihrer Maßlosigkeit gibt diese Attacke vielfachen Aufschluß. Savignys Berufung nach Landshut war damals vermutlich bereits entschieden[386], zum Empfang gab sich hier Gönner die Rüstung. Negativ fand er das nun pejorativ gemeinte Etikett *historische Schule*[387]. Dimension und Tiefe der Gegensätze waren damit abgesteckt. Was Gönner dann immer wieder zum Thema vorträgt, läßt sich als Wiederholung und Verhärtung charakterisieren. So wenn er verschärft,

---

[384] GÖNNERS ARCHIV I 1 (1808) S. 16-32: Rettung des Civilrechts gegen die Vorliebe für die Strafgesetzgebung. Offenbar auch gegen Feuerbach und für seine eigene Beteiligung an bayrischen Zivilrechtsplänen geschrieben; vgl. auch schon in der Ankündigung v. 1. 11. 07 die Kritik am „Eigennutz" der Zivilisten, die verleugneten, daß „gänzliche Reform" notwendig sei.
[385] GÖNNERS ARCHIV I 1 (1808) S. 130-148: Unparteiische Beantwortung der Frage: Hat das römisch-justinianische Recht im Code Napoleon subsidiäre Kraft; gegen *Schömann*/Jena zunächst gerichtet. Hervorhebungen alle im Original.
[386] Vgl. oben 72 Fn. 311; danach kam das Angebot schon im April, Gönners Kenntnis erscheint wahrscheinlich.
[387] Damit soll nicht gesagt sein, er habe es „erfunden" oder als erster ausgesprochen, worauf hier nichts ankommt.

"die historische (sc. Schule), aber richtiger die legistische ... die die Rechtswissenschaft in bloße Gesetzkunde" umwandele[388], so wenn er 1809 zwar sagt, „Teutschland lag unter dem Kampfe zweier Schulen, der *philosophischen* und *historischen*, die, im *Vereine* das schöne Zeitalter der Antonine herbeiführen konnten, *getrennt* aber eine große Verwirrung des Rechts hervorbrachten",

aber zur Ablehnung des praktisch klärenden usus modernus bei den „Historischen" fortführt:

„*Hier* ist der Punkt, wo es die *historische* Schule übertreibt, *hier* die Quelle des schwankenden Zustands des Civilrechts in Teutschland, desto schädlicher, da sie gerade von *jener* Schule herstammt, die sich als *Bewahrer des Gesetzes* ankündiget, und den *Schein* für sich hat. ... Welche unnatürliche Herrschaft der Doctrin über das Gesetz!! ..."[389].

Und so fort[390].

Was ergibt also die Gönnersche Spur für Savignys Landshuter Zeit? Gönners Attacken erweisen sich in ihrem Auf und Ab, in ihren Inhalten und ihrem Ton als genauer Gradmesser der Stärke und Position der Gegner. Gerade weil er so opportunistisch-verständig schrieb, läßt sich hier exakt verfolgen, wie sich die Frontlinie ausbildet. Seine Übertreibungen und Verzeichnungen liegen auf der Hand. Wesentlich bleibt sein Versuch, sich *zwischen* die bloßen „Philosophen" (Feuerbach) und die bloßen „Historiker" (Hugo und Savigny) zu plazieren und damit als überlegene Lösung zu empfehlen. Später sollte daraus eine „praktische Richtung" werden[391]. Schon 1808 hatte es Gönner mit dem „Leben" versucht, ebenfalls ein später beliebtes Programmwort, indem er *Goethe* zum Motto nahm: „Glaube dem Leben! Es lehrt besser als Redner und Buch"[392] — die Frage war nur, was es lehrte.

---

[388] Vgl. GÖNNERS ARCHIV I 2 (1808) S. 181 f., in: Über die Einführung des Code Napoleon.

[389] GÖNNERS ARCHIV II 2 (1809) S. 247 f. in: Über das vorige und das zukünftige Verhältnis der Doctrin zur Legislation; dies ein deutlicher Aufsatz, um die Grenzen der Rechtsquellenkandidaten „fest abzustecken" (S. 251).

[390] Vgl. GÖNNER, aaO.: II 1, S. 107; II 2, S. 253 Anm. zu Hugo, „dem Vater der modernen civilistischen Schule"; II 2, S. 260, 262; III 1, S 62 ff., 73: über die künftige Behandlung des römischen Rechts ...; III 2, S. 341 mit Seidensticker gegen „historische Schule"; IV 2, S. 248 spöttisch gg. HS; im übrigen zieht er sich 1811-14 im 4. Bd. fast ganz zurück und läßt andere schreiben, weniger polemisch.

[391] Dazu bes. GAGNÉR, Codex Max., S. 33 f.; für Reyscher und andere RÜCKERT, Reyscher, S. 42 ff. (Reyscher u. Wächter), 244 ff., 374 f. (Thibaut), 113 f. (Bornemann), 117/377 (Beseler), 232 (Mühlenbruch, Wächter); für die Zeit nach 1850 GAGNÉR, Paul Roth, S. 402 ff., 416, 423 ff., 428 ff., 441 ff. mit eingehender Analyse der verschiedenen Lösungsversuche.

[392] GÖNNERS ARCHIV I 1 (1808), auf der Titelseite; auch III 2 (1809) S. 212. Vgl. zur Ambivalenz dieser alten und neuen Programmvokabel ausführlich RÜCKERT, Reyscher, S. 247 ff.

Die Stellungnahmen Gönners, so breit, liebedienerisch und unwissenschaftlich sie nach LANDSBERG sein mögen[393], belegen, daß sich die *Gegensätze parallel zur Gesetzgebungspolitik* ausbildeten, verschärften und verkehrten, bis zuletzt das ehemalige Schimpfwort „historische Schule" nach 1815 zur Empfehlung avanciert war. In der sprachlichen Metamorphose von der „civilistischen" über die „historisch-civilistische" zur „historischen" Schule liegt ein sprechendes Profil dieser Vorgänge. Die Stellungnahmen klären, daß gerade in Landshut nach 1808 mit der allgemeinen und bayerischen Wende der Gesetzgebungspolitik zum Zivilrecht[394] heiße Diskussionen geführt werden, wenn auch nicht persönlich[395]. Sie zeigen, daß zunächst *Hugo* im Visier lag, dann mehr und mehr eine Gruppe, „Schule". *Savigny* und *Löhr* z. B. zählte man dazu. Gönners Angriffe zeigen weiter, daß Savignys Aufgabe darin liegen mußte, gegen diese Positionen eine plausible Begründung für den Wert des römischen Zivilrechts und der Wissenschaft davon, ja für Rechtswissenschaft überhaupt zu vermitteln. Einen neuen *dogmatischen* Weg hatte er schon mit Erfolg eingeschlagen. In der *Glück-Rezension* hatte er ihn auf schlagende Maßstäbe gebracht[396]. Der „allgemeine Apparat von Ideen" (Jhering) dazu, die philosophisch-rechtspolitische Mischung juristischer Weltanschauung, die diese Einstellungen befestigte und abrundete, wurden nun sichtlich herausgefordert, wenn sie denn schon vorbereitet waren. Herausforderer war nicht „die Aufklärung" schlechthin, sondern die konkrete bayerisch-rheinbündische etatistische Ausprägung. Von hier aus erscheint Savignys Rezept dem der preußischen Reformer von 1807 verwandt, von denen man oft sagte, sie verwendeten die Ideen der Gegner gegen diese. Savigny setzte kühn auf moderne Positivwerte: „Volk", „Leben", „System", „Freiheit" (gegen „Willkür"), „Einheit" des Rechts, „sicheres Recht"[397]. Sein Genie wäre dann, diese positiv besetzten Schlagworte zu einer plausiblen allgemeinen Theorie geformt zu haben, die *seinen* Absichten gemäße konkrete Ergebnisse lieferte.

---

[393] LANDSBERG, T. 154.
[394] Vgl. dafür jetzt aus der hier zentralen Perspektive des Code civil SCHUBERT, Franz. Recht, S. 32-55 über beginnendes Interesse nach 1805, näheres Engagement seit 1807, (S. 36 f.); weiter zu den Einzelstaaten allg. (S. 41 ff.), für die Publizistik pro Code c. (S. 49 ff.), für Bayern speziell (S. 162 ff.). Ein treffender Hinweis auf die treibende Rolle des Code schon bei SCHNABEL, Dt. Geschichte 3, S. 51.
[395] Vgl. oben 79 bei Fn. 355 zu Savignys diesbezüglicher Zurückhaltung.
[396] Vgl. dazu neben *Recht des Besitzes* seine oben 59 f. anhand der *Glück-Rezension* von 1804 gezeigten Maßstäbe.
[397] Alles z. B. im *Beruf* 1814 positive Stichworte, wie schon längst bei vielen anderen. Selbst „organisch" war längst, z. B. in GÖNNERS Staatslehre, positives Schlagwort in Anlehnung an Schelling (vgl. nur LANDSBERG, T. 151 f.).

Von Gönners Seite her bestätigt sich also die Bedeutung der Landshuter Zeit vollauf. Dieser Befund läßt sich durch einen Blick nach *Heidelberg* absichern und vertiefen. Dort stand ein junges, ehrgeiziges Zentrum deutscher Jurisprudenz in frischer Blüte. Zu den *Heidelbergischen Jahrbüchern*, 1808 neu gegründet, verfügte Savigny über beste Beziehungen. Sie lagen in der Person seiner ausgezeichneten Freunde *Heise* und *Creuzer*. Hier wird denn auch gleich im ersten Jahrgang 1808 Gönners Archiv beurteilt[398]. Man verteidigt sofort die „gelehrten Civilisten"[399] gegen Gönners „unsanfte Kritik"[400]. *Thibaut* schrieb also gleich 1808, im ersten Jahrgang, nicht zufällig für *Das Studium der Rechtsgeschichte*[401], wenn auch, wie sich später erst deutlich erwies[402], in anderem Sinne als Savigny. Gegenüber Gönner und der von ihm verkörperten hochaktuellen Position mußte diese Differenz zurücktreten. Das verdeutlichen weitere Kritiken zu *Gönners Archiv*. 1810 mißfällt dann bereits die Einteilung „in sogenannte Schulen" zutiefst, als ob man bereits die Schwierigkeiten vorausahnte, nach 1814 eine Mittelposition zu behaupten. Noch preist man Savigny als „klassischen Juristen" zu Lasten der bloß

> „philosophischen", die „als Dogmatiker reine Schwätzer waren, welche entweder nur notdürftig a priori construierten, was ihnen zufällig a posteriori zugekommen war, oder auf gut Glück in den Tag hineinsprachen, oder am Ende nichts wußten, und die wahren Tiefen des Civilrechts sich selbst überließen."[403]

Im gleichen Jahr will man hier auch keinen Gegensatz Feuerbachs zur „historischen Schule" anerkennen[404]. Gönner nimmt diese weitere Fehde sehr empfindlich an[405].

---

[398] HD. JBB. 1 (1808) S. 267-275, zu GÖNNERS ARCHIV I 1 und 2.

[399] Zu ersterem aaO., S. 271 gg. GÖNNERS oben Fn. 385 zitierten Aufsatz; aaO., S. 268 auch sehr lebhaft gegen den oben Fn. 384 zitierten Aufsatz GÖNNERS.

[400] HD. JBB. 2 (1809) S. 79-91, zu Gönners ARCHIV I 3, hier S. 86, auch durchweg ein sehr kritischer Ton.

[401] HD. JBB. 1 (1808) S. 3-16: Über das Studium der Römischen Rechtsgeschichte.

[402] Dazu vor allem H. KIEFNER, A. F. J. Thibaut, in: ZSRom 77 (1960) S. 304-344; auch RÜCKERT, Reyscher, S. 136, 281; vgl. auch schon Savignys sofortiges Unbehagen zu dem Aufsatz im Brief v. 29. 1. 08 an Heise, bei LENEL, Nr. 15/S. 113: „Mit Thibauts Abhandlung bin ich in dem Hauptgedanken ziemlich einig, aber ich weiß nicht, warum mir die Ausführung nicht recht gefallen will ...".

[403] HD. JBB. 3 (1810) S. 65 ff., zu Gönners ARCHIV II 2.3 und III 1; alles hier S. 71, zu GÖNNERS, oben Fn. 389 zitiertem Aufsatz.

[404] HD. JBB. 3 (1810) S. 143, zu UNTERHOLZNERS „Juristische Abhandlungen" mit der Vorrede von Feuerbach.

[405] In seinem ARCHIV IV 2 (1812) findet sich bei der Inhaltsangabe ein empfindlicher Absatz, gez. v. 1. 3. 1812. GÖNNER spricht dort von „arroganter Ignoranz" der HD. JBB. und will nicht weiter „antworten".

Auch von diesem zweiten Zentrum deutscher Rechtswissenschaft um 1808 aus erweist sich die Zeit um und nach 1808 als *Schlüssel*. Sie muß als *entscheidende Inkubationsphase* derjenigen Positionen begriffen und beachtet werden, die sonst weniger schnell schreibende Gelehrte und „Civilisten" 1814 geradezu blitzartig in Flugschriften aussprechen. Ein Blick in diese Quellen bietet zugleich den Vorteil, eine Art Probe für den politischen Ernst der nach 1814 auftretenden Differenzen vornehmen zu können. Denn die politischen Kontexte wechseln nur zu deutlich. Man sieht das gleiche Karussell von Meinungen unter verschiedenen Bedingungen, die tragenden und bleibenden Differenzen lassen sich um so besser herauskristallisieren. Zugleich verdeutlicht sich der Zusammenhang aller dieser Grundlagendebatten mit bestimmten mehr oder weniger fixen politischen Interessenfeldern. In Teil 2, „Wege zu Savigny", wird dies weitergeführt werden. Die Debatten vor 1808 beweisen jedenfalls, daß die Lage bereits *mehrpolig* war und keineswegs nur „zwei Schulen" (Savigny) umfaßte. Für beide Ebenen, Politik und Jurisprudenz, gilt die Feststellung, daß verbreitete dualistische Vereinfachungen dieser Lage, etwa aus der Sicht Savigny-Thibaut und Kodifikation, die Sache verfehlen. Sie reichen letztlich die Legende einzelner Kontrahenten weiter[406]. Wesentliche und zukunftsweisende Gemeinsamkeiten etwa in Sachen Dogmatik, aber auch in Sachen „Volk", „System", gehen dabei verloren. Diese Perspektiven gewinnen noch an Bedeutung, wenn man hinzunimmt, daß sehr wahrscheinlich *Thibaut* selbst diese Verteidigungen der „Civilisten" schrieb. Äußere, aber auch innere Indizien machen dies so gut wie sicher[407].

Von zwei Seiten her läßt sich also eine *zentrale Bedeutung der Landshuter Zeit* Savignys fassen. Für den „schweigenden" Savigny kann man nun einige Hinweise geben, worin sie für ihn genauer liegt. Dies ermöglichen teils schon die gedruckten Briefe, teilweise aber erst der „neue" Nachlaß.

Eine erste Frage läßt sich vor allem aus den Briefen klären: Was hat Savigny in Landshut hauptsächlich gearbeitet? Die zweite Frage beant-

---

[406] Dazu näher unten 192 f. Die Weiterführung, bes. zu Thibaut-Savigny unten 160 ff.

[407] Hauptrezensenten der HD. JBB. für Jurisprudenz waren Heise, Zachariae und Thibaut. HEISES Rezensionen lassen sich mit Hilfe von v. BIPPEN bestimmen. Er schrieb danach diese hier nicht. THIBAUT bekannte 1814, von ihm stammten „alle mannigfaltigen Äußerungen und Andeutungen gegen den Code in diesem Jbb" (aaO., S. 5); das paßt gerade auch auf GÖNNERS ARCHIV. Außerdem stimmen hier Stil und Inhalt vorzüglich auf Thibaut, viel besser als zu ZACHARIAE (vgl. Jbb., aaO.). Zachariae verstand sich zudem nicht primär als Zivilist, trotz seines großen Werkes „Franz. Civilrecht". Gerade letztere Aktivität paßt auch schon inhaltlich wieder nicht in eine antifranzösische Linie. Positive Bestätigung für Thibaut jetzt bei POLLEY (Nachtrag), S. 281, 167 u. Brief Nr. 155 v. 8. 1. 09.

wortet sich mehr aus den neuen Quellen: Hat Savigny die methodisch-rechtspolitische Herausforderung angenommen, die der oben vorgeführten Polemik zu Grunde lag? Die Antworten lauten in Kürze:
1. Savigny änderte für Landshut seine bisherigen Arbeitspläne gründlich und stellte vor allem seine Pandekten auf neue, zum großen Teil erste Grundlagen. Die Ergebnisse wurden dann in Berlin dauerhaft vollzogen.
2. Savigny nahm die gemischte, methodisch-weltanschaulich-politische Herausforderung voll an und entwickelte seine Lösung, getreu dem gerade im September 1808 erläuterten Grundsatz:

> „Die einzige Art (sc. das Schlechte) zu besiegen und zu vernichten, ist die Darstellung des entgegengesetzten Rechten, in Wort und Tat, vor welchem dann jenes von selbst in seine Nichtigkeit zusammenfällt"[408].

Beides ist zu begründen. Es wird sich zeigen, wie sehr die Antwort auf die schlicht-historische Frage, woran Savigny eigentlich arbeitete, die klare Lösung „größerer" Fragen bestimmt.

Savignys *Arbeitspensum* erreichte in Landshut rein quantitativ einen Höhepunkt. Im Januar/Februar 1809 ist er sehr verwickelt „in eigene sehr weitschichtige Arbeit"[409], ebenso im August[410]. Im April 1810 bemerkt er rückblickend, daß er „in diesem Winter gearbeitet habe, wie in vielen Jahren nicht, meist tief in die Nacht ..."[411].

Er gibt auch eindeutig Auskunft, *woran* er so eifrig arbeitete. Im August 1808 erklärt er, er habe noch zu arbeiten für Landshut[412], am 9. 11. will er in 14 Tagen lesen[413]. Vorgetragen wurden dann im Winter 1808/09 *Institutionen* und *Rechtsgeschichte*[414]. Die regelmäßige Professorentätigkeit dafür, schreibt er Schwarz im Frühjahr, nahm „diesen Winter über meine ganze Zeit in Besitz"[415]. Erst ab Sommer 1809 las er dann *Pandecten*[416] und dies mit zwei Besonderheiten: Es war seine erste volle Pandektenvorle-

---

[408] An F. Creuzer vom 12. 9. 08, also noch aus Trages, unmittelbar vor der Abreise nach Landshut (STOLL Nr. 173/I 337).

[409] An F. Creuzer v. 19. 2. 09 (STOLL Nr. 187/I 373), vgl. schon am 26. 1. 09 an Hufeland ähnlich (STOLL Nr. 186/I 372).

[410] An L. Creuzer v. 3. 8. 09 (STOLL Nr. 194/I 384). Er kann daher aus Weis' Nachlaß keine Arbeiten übernehmen.

[411] An F. Creuzer v. 10. 4. 10 (STOLL Nr. 211/I 409).

[412] An Schwarz v. 6. 6. 08 (KANTOROWICZ Nr. 20/S. 98); auch schon ebd., S. 95 für den 17. Mai.

[413] An L. Creuzer v. 9. 11. 08 (STOLL Nr. 177/I 360).

[414] An J. Grimm v. 28. 2. 09 rückblickend (STOLL Nr. 189/I 376).

[415] Vom 5. 4. 09 (KANTOROWICZ Nr. 23/S. 108).

[416] An J. Grimm, wie vorletzte Fn., erneut am 14. 8. 09 (STOLL Nr. 196/I 386); vgl. an Heise v. 13. 4. 10 (LENEL Nr. 17/S. 116) im Rückblick.

sung⁴¹⁷, er las sie ein ganzes Jahr hindurch⁴¹⁸, also bis zu seinem Abgang nach Berlin. Es waren diese Pandektenvorlesungen, für die er bis in die Nacht gearbeitet hatte. Sie haben ihm „so viel zu tun gegeben, daß ich außer Ihnen an nichts Bedeutendes denken konnte"⁴¹⁹. Sie beanspruchten ihn so, da er sie erstmals in dieser Ausdehnung las, mehr noch aber wegen seiner Maßstäbe dafür. Um sie zu erfüllen, erklärte er Grimm, sei er

> „willens, mein unmittelbares Quellenstudium neben diesen Vorlesungen zu beenden, da ich vorher nur etwa die Hälfte bearbeitet hatte..."⁴²⁰

Dieser Anspruch eigenen, vollständigen unmittelbaren Quellenstudiums als Basis führte offenbar auch zu der ungewöhnlichen Ausdehnung dieser ersten Pandektenvorlesung über ein ganzes Jahr, denn auf diese Weise ließen sich Lehren und „Lernen" vereinbaren. Am Ende kann er dann im April 1810 berichten:

> „Hier in Landshut hat bei Gelegenheit des Pandectencollegiums mein eigenes Quellenstudium einen großen Schritt vorwärts getan, so daß nun hierin bei weitem das meiste getan oder doch gründlich vorbereitet ist." Damit habe er denn „die meisten Materialien beysammen"⁴²¹.

Etwas vorsichtiger schreibt er am gleichen Tag an den Fachmann Heise:

> „Die Materialiensammlung zu einem künftigen ausführlichen System ist ... damit beträchtlich fortgeschritten"⁴²².

Und er benennt auch schon das damit entscheidend vorangebrachte „Projekt" genauer: „ein ausführliches *System des Römischen Rechts* mit seiner Geschichte verbunden und aus den Quellen geschöpft"⁴²³. Aus Berlin hört man dann wenig später:

> „Ich studiere diesen Winter aus den Quellen das Familienrecht, wenn das geschehen und noch einige Nachlese hinzugekommen, bin ich mit dem, was ich den *ersten Cursus* im eigenen Studium des Privatrechts nennen möchte, fertig"⁴²⁴.

Seit spätestens Januar/Februar 1809 bildete also dieses Pandektenstudium Savignys nahezu einzige ernsthafte wissenschaftliche Beschäftigung⁴²⁵. Der Anfangstermin wird nicht viel früher liegen, da er auch einer

---

⁴¹⁷ An Heise 30. 3. 08 (bei LENEL Nr. 16/S. 115): „niemals Pandekten gelesen". Dies trifft zu, da er bis dahin nur Teile vorgetragen hatte, vgl. dazu unten 142.
⁴¹⁸ An Heise und Grimm, wie vorletzte Fn.
⁴¹⁹ An Heise, im Brief v. 13. 4. 10 (LENEL Nr. 17/S. 117).
⁴²⁰ Im Brief vom 14. 8. 09 (STOLL Nr. 196/I 386).
⁴²¹ An Bang am 13. 4. 10 (STOLL Nr. 215/ I 415 f.).
⁴²² An Heise am gleichen Tag, 13. 4. 10 (LENEL Nr. 17/S. 117).
⁴²³ An Bang, wie vorletzte Fn.
⁴²⁴ An Unterholzner v. 15. 11. 10 bei VAHLEN Nr. 2/S. 15; vgl. ebda. Nr. 3 v. 13. 3. 11/ „bin aber mit der Ehe allein fertiggeworden" (S. 17).
⁴²⁵ Vgl. nochmals die Bemerkungen über „weitschichtige Arbeit" soeben bei Fn. 409 f., die sich auf die Pandekten beziehen; die eindeutige Äußerung an Hufeland (Fn.

plausiblen Vorbereitungszeit für den Vorlesungsbeginn im Sommer entspricht und die Vorlesungen über „Institutionen" und „Rechtsgeschichte" ihn wie erwähnt im Winter 08/09 ganz ausgefüllt hatten[426]. Es war eingetreten, was er Hufeland angedeutet hatte[427].

Vor dieser Zeit, also noch 1808, wurden *Institutionen* und *Rechtsgeschichte* für die Vorlesungen bearbeitet. Denn die „Literärgeschichte" war auch schon dafür suspendiert. Die Begründung an Heise, als er am 30. 3. 08 eine sehr erbetene Abhandlung für die Heidelbergischen Jahrbücher[428] ablehnte, könnte den Zeitpunkt ergeben, zu dem er frühestens die Literärgeschichte beiseite legte. Savigny spricht dort noch von dem

> „Plan eines Werks, das mich jetzt sehr ernstlich beschäftigt, und das ich unmöglich durch eine Zwischenarbeit unterbrechen kann"[429].

Es wird sich hier kaum schon um das bereits erläuterte „System" handeln, das er ein Jahr später ansteuert, andererseits auch nicht um die *Institutionen* oder *Rechtsgeschichte*. Für diese hatte er nach unserer Kenntnis[430] keinen „Plan" dieser Dimension und im März 1808 lag das Angebot für Landshut noch nicht vor[431]. So bleibt die „Literärgeschichte", wie er selbst meist sagt, also die spätere *Geschichte des Römischen Rechts im Mittelalter*. Hierfür hatte er seit einigen Jahren planmäßig gesammelt[431a]. Die Literatur gibt keine genaueren Daten dazu[432]. Die Briefe an Weis seit dem 20. 3. 04 setzen offenbar das Projekt schon voraus[433]. Ein Antwortbrief Hufelands vom 15. 3. 1804[434] ergibt jetzt, daß Savigny wenig zuvor[435]

---

409) und die an L. Creuzer nach dem Kontext; zur Frage „Literaturgeschichte" sogleich im Text.

[426] So gegenüber Schwarz, zitiert bei Fn. 415.

[427] An Hufeland (wie Fn. 409): „Es kann sein, daß die Literargeschichte durch eine andere, sehr weitläufige Arbeit zurückgesetzt wird ...".

[428] Es geht um einen der dort eingeführten größeren Kopfaufsätze, vgl. etwa den von THIBAUT 1808, genannt in Fn. 401.

[429] An Heise v. 30. 3. 08, bei LENEL Nr. 16/S. 115; das „Werk" ist nicht eigens benannt.

[430] Vgl. vor allem den Überblicksbrief mit den 3 Projekten, an Bang v. 13. 4. 10 (wie Fn. 421). Auch der Nachlaß ergibt nichts anderes.

[431] Dazu oben Fn. 311 die Daten. Er kam am 8. 4. 08.

[431a] Laut Creuzer (bei STOLL I 187 A. 7) hatte er Ende 1803 „schon lange eine Idee der Art", sowie den Plan einer „großen Reise ... im nächsten Sommer"; ebenso Savigny selbst an Bang, undatiert, aber aus der gleichen Zeit (STOLL I 215/Nr. 72/5), wo er es „erst nach mehreren Decennien schreiben wollte".

[432] Vgl. LANDSBERG, T. 218: Gedanke schon aus Studienzeit, Vorarbeiten seit 1804/05 – Reisen; ähnlich T. 196, 187; WIEACKER, Privr.gesch., S. 387 Anm. 37 und die dort weiter angegebenen Nachweise; MARINI 1978, S. 130 ff.; unergiebig auch STOLL.

[433] Bei FELGENTRAEGER, Briefe, dort S. 115 f. auch ein guter Überblick der äußeren Daten 1804: 3. 3. Vorlesungsschluß, 17. 4. Heirat, Sommer in Trages, 10. 8. nach Heidelberg, 18. 9. - 4. 10. in Süddeutschland, 23. 10. nach Paris.

[434] UB Marburg Nachlaß 1977, noch ohne Nummer.

[435] Ebda. der letzte Brief davor, vom 29. 10. 03.

einen „großen Entschluß" gefaßt hatte, der die Literärgeschichte betraf[436]. Dieses Projekt beschäftigte ihn also gerade intensiv, als der Landshuter Ruf sich realisierte[437]. Im Winter 08/09 hatte er mit den Vorlesungen vollauf zu tun[438] und Ende Januar 1809 kam die zu erwartende Mitteilung, es könne sein,

> „daß die Literärgeschichte durch eine andere sehr weitläufige Arbeit zurückgesetzt wird, von der sie hören sollen, sobald etwas darüber entschieden ist"[439].

Im August 1809 war die Entscheidung längst gefallen: Wegen des Pandektenstudiums fährt er an Grimm fort, werde

> „alles Andere suspendiert, und so ist es auch gut. Denn für diese Arbeit (sc. an den Pandecten) habe ich mir die Methode so zu eigen gemacht, daß die Ausführung selbst Freude genug erzeugt, um sich auch in trüben Zeiten aufrecht zu erhalten; andere Arbeiten, wozu wieder neue frische, lebendige Kraft gehört, mögen darum auf frohere Tage warten"[440].

Grimm stimmt diesem Rückzug auf die Pandekten und weg von der Literärgeschichte und aktuelleren Arbeiten über Gesetzgebung und Methode, zu denen er Savigny noch aufgefordert hatte, ganz zu[441]. 1810 will Savigny die Geschichte sogleich wieder aufnehmen: „Sobald ich etwas freye Hand bekomme, gebe ich wenigstens die ersten Teile der Literärgeschichte heraus, worauf ich mich sehr freue"[442]. Es sollte noch bis 1815 dauern, trotz steten Vorsatzes[443]. Immerhin wuchsen die Materialien sehr an, „ja sie sind nahe am Schlusse, und ich werde dann sogleich die Ausarbeitung anfangen" – so Februar 1813. Er begann sie endlich im November 1813: „Die Literärgeschichte ist angefangen"[444].

---

[436] Ebda.; HUFELAND begrüßt Savignys „großen Entschluß" für eine quellenmäßige Bearbeitung des antejustinianeischen Rechts, *„wie es auf uns gekommen ist"* und schlägt für den Reiseplan bes. auch Spanien und Sizilien vor. Auch in der späteren Äußerung an Hufeland (zitiert Fn. 427) wird die Lit.gesch. als Arbeit vorausgesetzt. Paralleler Anhalt jetzt auch in einem Brief Thibauts v. 26. 12. 03, der von Savignys „bevorstehender Reise" spricht, bei POLLEY (Nachtrag) Nr. 77/S. 120.

[437] Vgl. die Äußerung an Heise (oben Fn. 429) v. 30. 3. 08. Der Ruf ging in München am 8. 4. hinaus, Savigny nahm am 28. 4. an (siehe Fn. 311). Unklar ist aber, was davor geschehen war. Savigny berichtet Grimm erst am 13. 5., Fr. Creuzer am 14. 5., L. Creuzer am 31. 5., nur an Bang schon am 30. 3.; dies läßt an der Zuverlässigkeit des letzteren Datums zweifeln, vgl. STOLL Nr. 161, 162, 166, 152/6.

[438] Siehe den Brief v. 5. 4. 09, zitiert soeben 88 bei Fn. 415.

[439] An Hufeland am 26. 1. 09 (wie Fn. 409).

[440] Forts. zum Brief v. 14. 8. 09 (zitiert bei Fn. 420).

[441] Bei SCHOOF Nr. 39/S. 75, vom 31. 8. 09; die Aufforderung zit. oben 75 bei Fn. 336.

[442] An Heise vom 13. 4. 10 (wie Fn. 416).

[443] Vgl. an Unterhölzner v. 15. 11. 10 (wie Fn. 424): „Hoffentlich kann ich auch noch diesen Winter an der Literaturgeschichte anfangen" (S. 15).

[444] Vgl. an Unterholzner v. 28. 2. 13 und 22. 11. 13, bei VAHLEN Nr. 10/S. 27, Nr. 12/S. 30.

Damit ist aus den Briefen nachgezeichnet, wie sich Savignys Arbeitsleben konkret entwickelte und ein sicherer Bezugsrahmen geschaffen. Wie der berühmte Brief an *Bang* vom 13. 4. 1810 bekundet[445], bewegten Savigny am *Schluß* der Landshuter Zeit *drei Projekte*: Literärgeschichte, System und Gesetzgebungsschrift. Nur das mittlere hatte er also in Landshut intensiv bearbeitet, das erste war seit der Wendung zu den Pandekten suspendiert. Vom dritten hört man in den Briefen erst 1810 so deutlich, aber schon in Grimms Aufforderung vom März 1809 war die Bereitschaft dazu vorausgesetzt. Auch dieses Projekt fiel unter „alles andere" und war suspendiert[446].

Suspendierung setzt voraus, daß etwas vorlag. Der äußere Rahmen seines Arbeitens wurde geklärt, teilweise auch schon die Inhalte. Für alles weitere kann man nun Savignys eigene Ausarbeitungen in Marburg heranziehen. Sie lassen sich jetzt einordnen.

Der Nachlaß enthält in der Tat eine sehr gründliche Ausarbeitung der *Pandecten*. Ihr Umfang und ihre Intensität lassen ganz die geschilderte Arbeitsweise erkennen und einige der erwähnten „Nachtstunden" ahnen. Im Zusammenhang ‚Landshut' muß nur noch erwähnt werden, daß die Hauptmasse in gleichmäßiger früher Schrift gehalten ist, insbesondere die Einleitung und die ersten drei Bücher, also Allgemeine Lehren, Sachenrecht, Obligationenrecht. Das paßt gut zur Erwähnung des familienrechtlichen Quellenstudiums noch in Berlin[446a]. Trotz etlicher Überarbeitungen diente diese erste Ausarbeitung im Prinzip – Einzelaussagen über Kontinuität sind damit nicht verbunden – bis 1842 als Unterlage. Am Schluß findet sich denn auch die damalige Ansprache zum Abschied vom Lehramt[447].

Auf dem ersten Blatt der Pandekten findet sich neben der sprechenden Notiz „Einladen in die Bibliothek" eine weitere für den Zusammenhang seiner Vorlesungen sehr wichtige Bemerkung über *Methodologie*:

„NB: vorher 14 Stunden Methodologie   NB: vgl. andere Einleitung zu Pandekten in dem Faszikel: Methodologie".

In der Tat erhielt sich ein Faszikel: „Methodologie. Zweyter Versuch. Sommer 1809 (als Einleitung der Pandekten)"[448]. Auf 25 Blatt für 14 Stunden steht dort eine

---

[445] STOLL Nr. 215/I 415 f., vgl. schon oben 89 bei Fn. 421.
[446] Vgl. noch einmal den Brief an J. Grimm v. 14. 8. 09 (STOLL Nr. 196/I 386), mit dem er auch Grimms diesbezügliche Aufforderung vom 15. 3. 09 ablehnte (oben 75 bei Fn. 336).
[446a] Zitiert oben 89 bei Fn. 424, 15. 11. 1810.
[447] Vgl. im übrigen zu dieser Ausarbeitung näher die Beschreibung, unten 142 f.
[448] Nachlaß Marburg 1977 bei M 14: Aufschrift des Umschlages, von Savigny.

„Methodologie, zweyte Ausarbeitung, vorgetragen als Einleitung der Pandekten, Landshut im Sommer 1809, angefangen 15. May" −

so der Titel auf Blatt 1. Die vereinzelte Annahme, Savigny habe die Methodologie nur einmal gelesen, ist damit zu revidieren[449]. Später übernahm er sie als „Einleitung" in die Pandekten und wiederholte sie in dieser Form immer wieder[450], wenn auch wesentlich knapper.

Es stellt eine eigene reizvolle und schwierige Aufgabe dar, diese ganze Entwicklung inhaltlich zu analysieren[451]. Der Abschnitt Marburg-Landshut bildet die Grundlage und wird daher im folgenden untersucht. Dabei bestätigt sich der Eindruck, die bisherigen Deutungen der sog. Methodenlehre von 1802/03 seien in wesentlichen Punkten zu revidieren.

Savignys „zweyter Versuch" einer Methodologie zerfällt wie der erste von 1802 in die drei Teile *absolute, literarische* und *akademische* Methodik[452] mit einer kurzen allgemeinen Einführung. Aber Savigny verzichtet nun auf die recht eingehende Ableitung der „absoluten Methodik" aus einem „Ideal" von Wissenschaft, aus der Vorstellung des Staates mit den gesetzgebenden Funktionen Kriminalrecht und Privatrecht und dem Ausschluß des Staatsrechts, aus der Notwendigkeit des Staates und Gesetzes, sowie auf die *abstrakte* Ableitung der Systemforderung und ihrer Verbindung mit dem Historischen[453]. Viel nüchterner setzt er gleich im „Ersten Abschnitt. Absolute Methodik" einfach voraus:

> „Aufgabe: es ist gegeben das Gesetzbuch (hier: das Justinianische Recht) und nichts weiter. Wie ist dies zu behandeln? Wie ist die Entwicklung und Darstellung unserer Wissenschaft aus ihm möglich?"

---

[449] THIEME 1936, Sp. 154; WESENBERG, Methodenlehre, S. 7, deutet Wiederaufnahme im „System" an.

[450] Nachlaß Marburg 1977, bei M 14 zu erkennen, vgl. die Blätter „Nachträge". Es handelt sich hier um einen offenbar separat verwendbar gehaltenen Teil ohne ganz absolut festen Ort in Savignys Vorlesungssystem. Vgl. jetzt KADEL und MAZZACANE in Quad. fior. 9, 1980 (1981).

[451] Dies unternehmen ansatzweise KADEL und MAZZACANE aaO. KADEL nimmt drei Phasen an, MAZZACANE (S. 229) neigt mehr zu Kontinuität im Sinne des bekannten „Formalismus" (WILHELM, NEGRI, VICÉN, WIEACKER). Bei KADEL wichtige Erwägungen zu der Frage, in welcher Art genau Savigny die Methodologien innerhalb der Pandekten fortführte. MAZZACANE neigt auch hier leichter zu Kontinuität. Leider konnten bisher aus der Zeit von 1803-14 keine Pandektennachschriften o. ä. ermittelt werden (vgl. die Tabelle oben 63 f.), die dabei konkreteren Anhalt gäben. Meine eigene Analyse wird eher Kontinuität ergeben, aber nicht im Sinne MAZZACANES, vgl. den folgenden Text und die Weiterführungen in dieser ganzen Arbeit.

[452] Siehe SAVIGNY, Anleitung 02/03 (WESENBERG), S. 12 und die Gliederung, verglichen mit *2. Versuch*, fol. 2v und dem Ergebnis einer Durchsicht. − − Die Paginierung Savignys in fol. aus *2. Versuch* erscheint im folg. Absatz im Text.

[453] Vgl. SAVIGNY, Anleitung 02/03 (Wesenberg), S. 11, 13, 14, 15 f., 16 f. (in der Reihenfolge der Bezugnahmen im Text).

und er antwortet ohne weitere Begründung:

> „Die vollendete Darstellung unserer Wissenschaft beruht auf 3 Operationen, nach drei verschiedenen Ansichten der Gesetzgebung:
> 1. Philologische Ansicht — die Gesetze im einzelnen und als einzelne betrachtet — *Interpretation*.
> 2. Systematische Ansicht — der Inhalt der Gesetze als ein gleichzeitiges Ganze betrachtet, nach dem inneren Zusammenhang der Begriffe und der Grundsätze — *System*.
> 3. Historische Ansicht — der Inhalt der Gesetze als ein successives Ganze betrachtet, nach dem Gesetz der historischen Entwicklung, also nach dem notwendigen Zusammenhang verschiedener Zeiten desselben Volkes. — *Innere Rechtsgeschichte*.
>
> Keine dieser 3 Operationen kann für sich bestehen (Erklärung durch Beispiele). Jede ist nur *Ein Element* der ganzen vollendeten Wissenschaft — diese ist selbst nichts anderes als das *System* in seiner historischen *Entwicklung* und aus unmittelbarer, vollständiger *Anschauung der Quellen* geschöpft." (Alles fol. 2r/2v)[454].

Diese wenigen Sätze wirken bestechend prägnant, nicht zuletzt dank einer gewissen Apodiktik. Verglichen mit dem parallelen Abschnitt von 1802[455] zeigen sie große Zurückhaltung, das Bekenntnis zu vertiefen und zu begründen. Dafür vermittelt Savigny sie wesentlich klarer, sozusagen ohne explizite philosophische Belastungen. Etwas im Vorbeigehen nur hatte er den eigentlichen Anspruch angemerkt[456]:

> „NB: das alles geht zunächst auf das Römische Recht, das meiste paßt aber auf jede Gesetzgebung überhaupt."

Dieses Minus an offener „Philosophie" im Vergleich zu 1802 läßt sich aber noch nicht dahin verallgemeinern, Savigny habe diese Aspekte gänzlich aufgegeben. Vor allem ist ja über ihre Fortführung an anderer Stelle damit nichts gesagt. Und davon abgesehen[457], hilft diese prima-facie-Feststellung „weniger philosophisch" weniger weit, als es scheint. Denn angesichts der erheblichen, wenn auch nicht immer ganz deutlich ausgewiesenen, Unsicherheiten über die Deutung der Methodologie von 1802[458],

---

[454] Kleinere Abkürzungen wurden aufgelöst. Der Text jetzt auch bei MAZZACANE, Metodologia, S. 135 f. (mit kleinen Abweichungen vom Original bei Unterstreichungen u. ä.).

[455] *Anleitung*, S. 13-17 des Drucks und Bogen 1-9 der Ausarbeitung (= 32 Seiten beschrieben), UB Marburg bei M 14.

[456] *2. Versuch*, fol. 2, an der Stelle der Unterbrechung soeben im ersten Zitatteil.

[457] Vgl. aber jetzt die unverhoffte Bestätigung der hier unternommenen Gesamtdeutung aus der Landshuter Institutionen-Vorlesung, auf die hier nicht vorgegriffen, aber wenigstens schon hingewiesen werden soll, unten 111 ff.

[458] Es mag genügen, außer der Unruhe zwischen den Zeilen vieler Beiträge folgende Indizien zu nennen: WIEACKERS Schwenk mit „Wandlungen" 1967; LARENZ' Nichterwähnung und implizite Teildistanzierung zu SCHULTE 1954, die Nichtbeachtung dieser Arbeit überhaupt (vgl. oben bei Fn. 85); KIEFNERS oft übersehene Vorsicht zum Kant-

kommt man in die wenig erfreuliche Lage, das Verhältnis zweier Größen zu bestimmen, bevor man sie selbst bestimmt hat. Es muß also doch zunächst versucht werden, die entsprechenden vieldiskutierten Aussagen von 1802 zu erfassen.

Für den Wissenschaftsbegriff Savignys in der Methodologie von 1802/03 hat jüngst J. SCHRÖDER das Verhältnis zu Kant präzise bestimmt als partiellen, aber doch entscheidenden Schritt über Kant hinaus, da nach Savigny schon der „Stoff" seiner Wissenschaft „Notwendigkeit" mit sich führe[459]. SCHIKORSKI zeigte treffend, daß Savignys Fundierung des Rechtsbegriffs von Kant abweicht[460]. Im *Beruf* bietet Savigny eine Metaphysik des Positiven, also weder eine klassische, noch eine kantianische. Er befolgt damit nicht nur politische Überzeugungen, sondern auch Tendenzen eines neuen, objektiven Idealismus[461] um und nach 1800, der wiederum bestimmte Elemente bei Kant aufnahm[462]. Dabei bedarf es hier keiner philosophiehistorischen Präzisierung dieser Abläufe. Lediglich die Tatsache und Tendenz dieses Wandels sind als Deutungsrahmen festzuhalten. Das „Positive" wird idealisiert, durchgeistigt, belebt, und wie die Stichworte lauten. Mit der ihnen eigenen Suggestion formulieren dies ein *Schelling* 1799: „Der Empirismus zur Unbedingtheit erweitert, ist ja Naturphilosophie"[463], oder *Novalis* 1798/99:

Einfluß (Einfluß, S. 7, 13, 23 „nicht den ganzen Savigny") und seine „neue Interpretation" in: Junger Savigny (1979), vgl. S. 21.

[459] SCHRÖDER, Wiss.theorie (1979), S. 161-67, auch 118. Vgl. auch schon MEINE im Ergebnis parallelen Bemerkungen in: Reyscher (1974), S. 302 und S. 241 ff. zum Systemideal.

[460] SCHIKORSKI, Körperschaftsbegriff (1978), S. 46-50; vgl. auch MEINE Bemerkungen in: Reyscher (1974), S. 330, über den begrenzenden Kontext der oft zu isoliert zitierten Rechtsdefinition aus „System" I 331 f.; die typische Unklarheit zuletzt bei STÜHLER, Erneuerung, S. 38-42 mit dem Ergebnis: echt kantisch, aber doch kein Kantianer.

[461] Vgl. dazu die Explikationen in der Einleitung bei Fn. 20. Für den *juristischen* Kontext der Wende des Idealismus etwa um 1800 vorerst die eingehenden Analysen bei NEGRI, Formalismo (1962), der sich gerade der Zeit „tra il 1789 e il 1802" (Untertitel) zuwendet; weiter MEINE Bemerkungen in Reyscher, S. 297 ff., 306 ff. sub specie „kantianisch"; S. 211 f., 241 f. für Savigny 1802 und in Bohnert-Rez., S. 499 ff., 507 (Hugo-S.); für die staatsrechtl. Seite sehr ergiebig HÄFELIN, Rechtspersönlichkeit, S. 47 ff., 60 ff., 90 ff. u. ö., sowie in knappen Linien REXIUS.

[462] Vgl. dazu philosophiegeschichtlich bes. COPLESTON 7 (1963), S. 1 ff. (ausführlich beschreibend), auch die Artt. zu Idealismus, hier oben 1 in Fn. 1 und ROTHACKER, Einleitung, S. 67 ff.; weiter GAGNÉR, Öff. Recht, S. 30 mit Hinweis auf WEDBERGS Philosophiegeschichte. Aus der Geschichte d. Rechtsphilos. informativ und besonders eingehend FASSÒ, Storia 3, S. 53-119.

[463] SCHELLING, Erster Entwurf eines Systems der Naturphilosophie (1799), Werke 1799 ff., S. 24 (= SW I 3, 24), wo der Kontext lautet: „Die Naturphilosophie hat nichts weiter zu thun, als daß sie das unbedingt-Empirische in diesen Aktionen anerkennt. Denn der Empirismus...". Freilich konnte dies auch als nichtidealistisch mißverstanden

„die Welt muß romantisiert werden. So findet man den ursprünglichen Sinn wieder. Romantisieren ist nichts als eine qualitative Potenzierung. Das niedere Selbst wird mit einem besseren Selbst in dieser Operation identifiziert. So wie wir selbst eine solche qualitative Potenzenreihe sind ... Indem ich dem Gemeinen einen hohen Sinn, dem Gewöhnlichen ein geheimnisvolles Ansehn, dem Bekannten die Würde des Unbekannten, dem Endlichen einen unendlichen Schein gebe, so romantisiere ich es ..."[464].

Und Novalis zieht einprägsam-treffend die Summe „*Romantische Philosophie. Lingua romana*" — eine neue Sprache für eine andere „Welt"[465].

Savigny soll damit nicht etwa schon in Schellingschen oder „romantischen" Bahnen verortet sein. Aber die *Tendenz zur Aufwertung des Gegebenen und Positiven*, die hier repräsentativ formuliert wurde, findet sich auch bei ihm. So konnte er sich vor solchem Hintergrund mit der immer wieder aufgefallenen, „naiven" Ableitung des Rechtsbegriffs in der ersten Methodologie begnügen[466] oder gleichzeitig gegenüber Fries eine schlicht „natürliche" Grundlegung des Rechts[467] propagieren. Diese Kontexte sollen in ihrem vollen Ertrag erst später entfaltet werden, wenn es darauf ankommt, Savignys Idealismus grundsätzlich und sicher zu erfassen[468].

Für die „Methodologien" läßt sich konkreter ansetzen, indem man im Bewußtsein der beschriebenen Lage dem Zusammenhang und der Verwendung von *philosophisch* und *historisch* nachgeht. Dabei muß für 1802

---

werden, so bei Eschenmayer, dagegen dann wieder SCHELLING, Über den wahren Begriff (1801), aaO., S. 638 (= SW I 4, 82). Prägnant dann in DERS., Propädeutik (1804), SW I 6, 74: „Ich nenne nun jede Philosophie, die innerhalb dieser Sphäre (sc. des Endlichen) bleibt, ... Empirismus", so bis jetzt „aller Kantianismus" (S. 122). Dagegen kann ein „erweiterter und geläuterter Empirismus" ihm wieder den Punkt bilden, in dem eine „in der Luft schwebende ... Metaphysik und eine unfruchtbare ... Psychologie ... zusammenfließen" zur vollendeten Philosophie, so DERS., Sog. Münchener Vorlesungen zur Geschichte der neueren Philos. (1827 ff. = SW I 10, 198), im Schlußsatz. „Erweiterung" und „Läuterung" verdecken freilich die entschiedenen Gegensätze harmonisierend — auch dies noch eine bewußte Haltung.

[464] NOVALIS, Neue Fragmente Nr. 86 (= Werke, S. 424).

[465] NOVALIS, ebda. am Ende des Fragments. Wenigstens das Hauptwerk, „Heinrich von Ofterdingen" (1802) schätzte Savigny sehr, an Cl. Brentano (STOLL Nr. 70/I 213) v. 12. 12. 02; Parallelen wären zu überprüfen, s. nur aus NOVALIS, Neue Fragmente, etwa Nr. 45 (Wissenschaft-Gegebenes), Nr. 56 (Vollkommenes — natürlich), Nr. 77 (Ideen finden als Ziel), Nr. 287 f. (zu Goethe, für W. Meister, gegen Lehrjahre), Nr. 309 (kein wahrer Unterschied zwischen Theorie u. Praxis), Nr. 487 ff. (für Historie in der Staats- u. Menschenlehre), Nr. 496 (Seid Menschen, so werden Euch die Menschenrechte von selbst zufallen ...); vgl. zu „Geist des Volkes" (1798) unten 186 Fn. 186.

[466] SAVIGNY, Anleitung 02/03, S. 14; sie wird daher gerne moniert, vgl. KIEFNER, Junger Savigny, S. 31 f.; WIEACKER, Savigny (1954), S. 139 in der Anm.; ähnlich LARENZ, Meth.lehre, S. 12: „vorausgesetzte (!) immanente Einheit"; und treffend schon BERGBOHM 1892, S. 503.

[467] Brieflich, bei HENKE, S. 298.

[468] Siehe unten 232 ff.

vor allem gesehen werden, daß Savigny beides doppelt verwendet: *philosophisch* als kritisch und systematisch[469], *historisch* als schlicht historisch und „eigentlich-historisch"[470], das hieß, sukzessiven und simultanen Zusammenhang konstituierend[471]. Die betonten Abgrenzungen und Umschreibungen des „Eigentlichen" bezeugen gewisse Schwierigkeiten Savignys, sein Anliegen klarzulegen. Offenbar ging es nicht bloß um die Vermittlung leicht verständlichen Traditionsgutes. In der Tat nimmt Savigny mit seinen Definitionen teil an den allgemeinen Bemühungen seiner Zeit um eine Neubestimmung des Geschichtsbegriffs[472], die wiederum eng mit dem Wissenschaftsbegriff und einer Umwertung der Wirklichkeit verknüpft waren. Um Savignys Ansatz und Richtung in diesen Diskussionen zu fassen, müssen daher neben seinen Begriffsverwendungen seine Bewertungen dabei beachtet werden. Es verwundert nicht, daß Savigny bereits philosophisch-systematisch und eigentlich-historisch, die beide auf „Einheit" zielen, *höher bewertet*[473].

Diese wesentliche Feststellung läßt sich nun bekräftigen und akzentuieren anhand Savignys eigener Ausarbeitung. Nach längeren Erklärungen zu den methodischen Grundsätzen „historisch" und „philosophisch" (fol. 1a und 1b, c) und deren Verbindung (fol. 1d) folgt hier als Apotheose:

---

[469] Dazu genaue Nwe. bei RÜCKERT, Reyscher, S. 241 Anm. 344; nur die Bedeutung philosophisch-systematisch erfassen z. B. LARENZ, Meth.lehre, S. 11 f.; WILHELM, Methodenlehre, S. 124 f.; WIEACKER, Privatr.gesch., S. 370, 384 (letzterer mit nicht zufällig apodiktischer Rhetorik). Jüngst auch HAMMEN (s. Nachtrag), S. 33.

[470] SAVIGNY, Anleitung (WESENBERG), S. 14, 16, 17 in der Klammer, 19, 31 f., 47 (bloß historisch und zufällig); nur die Variante historisch-zufällig beachten z. B. WIEACKER, Privatr.gesch., S. 370, 384; WESENBERG, Privatr.gesch., S. 157; KIEFNER, Junger Savigny, S. 19 ff.; BLÜHDORN, Kantianer, S. 370, 372; FASSO, Storia 3, S. 70; zu den Folgen sogleich im Text. Recht deutliche Erklärungen zur verschiedenen Verwendung übrigens bei SCHELLING, Vorlesungen (1803), Werke 1801 ff., S. 540 ff., eingangs der 10. Vorlesung. Wie vorige jüngst auch HAMMEN, (Nachtrag), S. 33.

[471] *Anleitung* 02/03 (WESENBERG), S. 17 „System als stets fortschreitend...", ebenso S. 33.

[472] Geschichte wird zu einem „erhabenen Wort" (A. Müller), dazu vor allem, m. Nwn. und Belegen zu anderen, HISTWB., Art. Geschichte, Sp. 366 (G. SCHOLTZ); weiter GELDSETZER, Philos.gesch., S. 125 ff., 221 ff. mit sprechenden Quellen; früher schon prononciert CASSIRER, Erkenntnispr. 4, S. 225 ff., (Herder: Kopernikus d. Geschichte). Außerdem die Nwe. hier in Fn. 484 und 499. Siehe für Einzelanalysen z. B. KONDYLIS, Dialektik, S. 95 f., 220 zu Schelling; 280 f. u. 350 f. zu Hölderlin; 468 f. u. 496 f. zu Hegel; HAYM, Romant. Schule, S. 557 f., 575 u. 641 zu Schelling; 187 f., 847 u. 881 f. zu Fr. Schlegel. Auch WELZEL, Naturrecht (1962), S. 173 f. zum „Beruf" u. zu Hegel.

[473] Siehe seine Abwehr zu philosophisch-kritisch in: *Anleitung*, S. 37, 47 u. ö. (vgl. RÜCKERT, Reyscher, S. 212 A. 147) und für „eigentlich"-historisch bes.: *Anleitung*, S. 16 f., 33.

> „Neue Ansicht für die Wissenschaft:historische Behandlung im eigentlichen Sinn, d. h. Betrachtung der Gesetzgebung als sich fortbildend in einer gegebenen Zeit. – Zusammenhang unserer Wissenschaft mit der Geschichte des Staates und des Volks. – Das *System selbst* muß als fortschreitend gedacht werden – Erläuterung durch Beispiele – in dieser Rücksicht setzt diese Operation die beiden ersten voraus und tritt erst hinzu – ... die practische Wichtigkeit dieses Teils der Jurisprudenz hängt von den Umständen ab, im *Römischen Recht* ist sie am größten"[474].

Die philosophischen und historischen Operationen sind also zu vereinigen unter dem Ziel einer „eigentlich"-historischen Arbeit. Darin liegt in der Tat eine *„neue Ansicht für die Wissenschaft"*. Der alte Dualismus von philosophisch und historisch lebt weiter, aber er erlebt eine grundlegende Metamorphose in einer neuen Gesamtrichtung – eben dies entspricht dem Weg der Philosophie vom Kantschen Dualismus zur Schelling/Hegelschen Vereinigungsphilosophie[475]. Auf verwirrende Weise werden die Elemente bewahrt, bedeuten aber doch etwas Neues.

1809, in der zweiten Methodologie, konzentriert Savigny sich dann charakteristisch auf philosophisch-„systematisch" und betont als Merkmal „vollendeter Wissenschaft" noch zugespitzter das sukzessive System, das System in der Geschichte:

> „Wissenschaft ... ist selbst nichts anderes als das *System* in seiner historischen Entwicklung ..."[476].

Unter diesen Voraussetzungen bedarf es freilich klassischer, Zusammenhang erst stiftender „Philosophie" nicht. Die gesuchte Einheit ergibt sich aus einer diffusen Verbindung der konkreten Erwägungen zu Text und Kontext gemäß der „Idee eines Ganzen", in einem quasi natürlichen Zusammenspiel[477]. Das war vielleicht weniger „unhistorisch" als ein bloß „philosophisches" Verbinden der Fakten auf ältere Weise, aber keineswegs eine weniger willkürliche, ,objektivere' Methode. Wesentlich war die Umwertung, die neue Aura, in der nun das Positive und seine Einheit erschien. Unter verschiedenen Aspekten dominiert die „Idee eines Ganzen", wie sie auch in der *Glück-Rezension* von 1804 als dogmatisches Ideal maßgebend aufgetreten war[478].

---

[474] UB Marburg, in M 14, fol. 2a; entspricht S. 16 f. bei Grimm (WESENBERG).

[475] Vgl. dazu jetzt außer den in Fn. 462 Genannten ebenso erschöpfend wie insgesamt überzeugend KONDYLIS, Die Entstehung der Dialektik. Eine Analyse der geistigen Entwicklung von Hölderlin, Schelling und Hegel bis 1802, 1979.

[476] Voll zitiert oben 94 bei Fn. 454.

[477] Dazu für 1809 das Zitat oben 94 bei Fn. 454 am Ende; für 1802: S. 16 f. (WESENBERG) und fol. 1d der Ausarbeitung (Marburg M 14). Die Interpretation zu 1802/03 bei HERBERGER, Dogmatik, S. 383-87 fällt einseitig aus, weil er nur die Seite philos.-systematisch beachtet, beides sich aber nicht lösen läßt von „historisch".

[478] Dazu oben 59. Das Einheitsstreben betont jetzt auch zu Recht MAZZACANE, Metodologia, S. 236 ff., aber ohne Folgerungen.

Auf der Grundlage dieser zeitgemäß „neuen Ansicht" Savignys ergeben sich einige Folgerungen für andere Topoi. So erscheint nun das kantische *Stoff-Form-Modell*, das man 1802 sehen will[479], endgültig als Opfer der gleichen Metamorphose der Sprache, die die sachliche Kontinuität zu Kant abschneidet, während sie die begriffliche bewußt erhält. Wie Savigny etwas zugleich als einzeln und als Teil eines Ganzen sehen zu wollen, um dabei seine Einheit zu bewahren, das unterscheidet sich vom kantisch-dualistischen Form-Stoff-Modell eminent und charakterisiert gerade eine weitere Ausprägung eines vereinigenden, objektiv-idealistischen Ansatzes[480]. Treffend bemerkte schon *Bethmann-Hollweg* zu späteren Mißdeutungen des *System*: „Die Abstraction wonach man beide (sc. Natur und Recht) als Stoff und Form unterscheidet, führt zu schiefen Auffassungen"[481].

Vor allem rückt auf der Grundlage dieser Einsichten eine Eigenart der schon erwähnten, „naiven" *Rechtsableitung* der ersten Methodologie von 1802 in folgenreiches Licht. Als zukunftsträchtig und kennzeichnend muß

---

[479] Bes. WIEACKER, Wandlungen (1967), S. 13 und Priv.r.gesch., S. 370 mit weittragenden Folgerungen. Kaum zufällig verwendet er als Beleg seiner Gegenthese ein sehr zusammenkonstruiertes Zitat aus Anleitung (WESENBERG), S. 16, 37 und 48, und zitiert statt „logische Bedingung" unrichtig „Behandlung", sowie statt „als Ganzes *gedacht*", „erkannt" (Letzteres korrigiert in PRG, aaO.). WIEACKER selbst gab noch 1954 die gleichen Stellen wesentlich tastender wieder (GuB, S. 139 f.); etwas anders akzentuiert WILHELM, Überpos. Systematik, S. 125, indem er die Natur des Stoffs offen läßt und nicht schon als zufällig begreift; mehr eine Trennung Form-Stoff mit zufälligem Charakter des Stoffs nimmt nun wieder HERBERGER, Dogmatik, S. 381, 388, 393 an und folgert daraus einen Bruch bzw. eine Wende bis 1840 in Richtung „Real-System" (d. h. ein nicht zufälliges). Man übersieht, daß mit einer Trennung von Form-Stoff durchaus ein gleichzeitiges Vereinigen unter einem Dritten vereinbar ist, also Trennung allein noch nicht ausschlaggebend ist. Im Rahmen des bisherigen auch neuestens HAMMEN (Nachtrag), S. 31 f. SCHIAVONE, La nascita, S. 165 ff., kommt jetzt für seine weittragenden Thesen zu Savignys „Formalismus" mit zwei flüchtigen Belegen aus Savignys Texten aus, liefert also allg. Thesen über „Formalismus" um 1800 u. überhaupt, aber keine Analyse Savignys.

[480] Vgl. MEINE Zweifel: Reyscher, S. 241; anders auch schon LARENZ, Meth.lehre, S. 12, aber iVm einer problematischen Betonung als „gesetzespositivistisch", dazu unten 108 bei Fn. 521, bei L. immerhin distanzierend in Anführungszeichen gesetzt. Jüngst hält KIEFNER, Junger Sav., S. 38 mindestens den Satz vom „logischen Medium" für rein kantisch. Diese Sicht scheint mir zu isoliert. Die behauptete Übereinstimmung mit Kant ist weder hier, noch bei KANTOROWICZ, Meth.lehre (1933), S. 468, von dem sie herrührt, näher erklärt und belegt; auch nicht jetzt bei MAZZACANE, Metodologia, S. 233, HERBERGER, Dogmatik, S. 386; vorsichtiger wieder WILHELM, Überpos. Systematik, S. 125 (mit Kantzitat aus der Logik), und BLÜHDORN, Kantianer, der bei Savignys Methodologie gar nicht von Form/Stoff spricht, sondern zu Recht erst bei Feuerbach 1804 (S. 377 f.). Vgl. auch den Briefbeleg unten 238 bei Fn. 420. NEGRI (1962), der ausf. zum Thema Form schreibt, verwendet die Methodologie Savignys nicht.

[481] BETHMANN-HOLLWEG, Savigny, S. 65.

man daran mit Savignys eigener Akzentuierung die Ableitung des Rechts als vollkommen objektiv, aber doch gegeben, hervorheben:

> „etwas völlig Objektives, ganz Unabhängiges, von aller individuellen Überzeugung Entferntes ... – das Gesetz"[482].

Hier wurde diejenige „natürliche Rechtsphilosophie" formuliert, die theoretisch so bestrickend „einfach" wie politisch passend Karriere machen sollte, eine Metaphysik des positiven Rechts. Denn ein von aller individuellen Überzeugung Entferntes, völlig Objektives, das zielte auf eine andere Staatsbegründung als eine rationalistische aus der Freiheit der einzelnen[483]. Stutzt man hier angesichts der absoluten Ausdrucksweise Savignys, besonders bei der Doppelung „völlig objektiv", so gerät auch eine versteckte Nuancierung Savignys bei „historisch" ins Blickfeld und zeigt, daß sich schon 1802 Savignys gesamter Begriff von *historisch* nur der Formel nach deckt mit dem klassischen, der einfach jedes gegebene und stets zufällige Faktum meint[484]. Denn Savigny verwendet die alten Worte vom „Gegebenen", um etwas ihm *nicht bloß Zufälliges* zu bezeichnen: zunächst „die Notwendigkeit des Staates" und das ebenso notwendige, daraus abgeleitete, überindividuell-objektive „Gesetz". Mit dieser Ableitung hatte Savigny nach eigener Angabe einen „allgemeinen Inhalt, (sc. eine) allgemeine Aufgabe für die Rechtswissenschaft" angegeben, „die nichts Zufälligem unterworfen" seien[485]. Dann für die Art des Wissens davon: Vom Wissen von einem *derart* objektiv Gegebenen zu sagen,

> „Alles Wissen von einem objektiv Gegebenen nennt man historisches Wissen, folglich muß der ganze Charakter der Gesetzgebungswissenschaft historisch sein"[486] –

– dies war nach klassischer Terminologie gerade nicht möglich. Die Differenz liegt in „objektiv". Man hat diesen Zusatz bisher nicht beachtet[487]

---

[482] SAVIGNY, Anleitung 02/03 (WESENBERG), S. 14; auf fol. 1v der Ausarbeitung heißt es ähnlich, eine „rein logische (sc. Behandlung des Gesetzes) ... für den Juristen ... eben so wesentlich, als der Staat selbst und sein Gesetz notwendig ist." (Marburg, in M 14). Es ist sicher kein Zufall, daß es in *System* 1, § 9/S. 24 dann heißt: „Denn hier (sc. im Staate) allein kann dem Einzelnen die Rechtsregel als ein Aeußeres und *Objectives* gegenüberstehen" (Hervorh. von mir).

[483] Dazu näher noch unten 312 ff., 367 ff.

[484] Vgl. zum klassischen Verständnis die sprechenden Belege bei SCHRÖDER, Wissenschaftstheorie, S. 165 Anm. 156; jetzt auch KIEFNER, Junger Sav., S. 21 ff.; ausf. dazu dann KAMBARTEL, „System" und „Begründung", S. 99-114; weiter jetzt die hervorragenden Artt. Geschichte, in: HISTWB 3 (1974) Sp. 355 ff., 362 f. (SCHOLTZ) und in: GESCH. GRUNDBEGRIFFE, 2 (1975), S. 635 ff., 657 ff., 665 (GÜNTHER, KOSELLECK), sowie der Abschnitt „Der Begriff der Geschichte" bei GELDSETZER, Philos.gesch., S. 125-37.

[485] Anleitung 02/03 (WESENBERG), S. 16, rückbeziehend.

[486] Ebda. S. 14.

[487] Vgl. zuletzt zum fraglichen Satz etwa KIEFNER, Junger Sav., S. 21 ff.; J. SCHRÖDER,

und *historisch* daher teils als schlichten, herkömmlichen Gegensatz zu *philosophisch* gedeutet[488], oder wenigstens nur allgemein oder an anderen Stellen einen neuen Sinn gefunden[489] oder eine Deutung als insgesamt „formal" vorgezogen und damit diese Frage offen gelassen[490]. Denn das Netz des „Formalismus" ist weit, man kann beide Auslegungen von „historisch" und auch „philosophisch" darunter fassen. Und selbst wenn man schon eine „entscheidende Differenz" zu Kants Wissenschaftsbegriff ausmachte und eine Richtung auf „‚objektive', in der Sache selbst liegende Größen" andeutete, hielt man doch als Fazit daran fest, Savigny sei hier „exemplarisch als Vertreter eines empirisch-historisch ausgerichteten Rechtsgelehrten"[491].

Der harmlos wirkende Zusatz „objektiv" signalisiert in Wahrheit den Einfluß einer neuen Sprache — wenn nicht schon *Novalis'* „Lingua romana", so doch die des sich zu dieser Zeit festigenden objektiven Idealismus von Hölderlin, Schelling, Hegel, auch Fr. Schlegel und ihrer Sprache der Erscheinung. Denn daß ohnehin Gegebenes zusätzlich als „objektiv" gegeben klassifiziert wurde und mit dieser Betonung, konnte nur auf eine besondere, nicht selbstverständliche Qualität des Gegebenen zielen. *Objektiv* als Qualität wie *notwendig* und gegen *zufällig* zu verstehen, indiziert aber eben den Gesamtrahmen eines „objektiven" Idealismus. Nach diesem Denken zerfällt in der Tat bloße Wirklichkeit in verschiedene Qualitäten.

Wiss.schaftstheorie, S. 165 A. 156; MAZZACANE, Metodologia; HERBERGER, Dogmatik, S. 375-98 (allerdings ohnehin mehr zur Seite „systematisch"); FIKENTSCHER, Methoden 3, S. 54 f.; früher etwa WIEACKER, Priv.r.gesch., S. 370, 384; WIETHÖLTER, S. 72. Jüngst wieder HAMMEN (Nachtrag), S. 52 f. und POLLEY (Nachtrag), S. 177 (beide zum 1. Zitat, bei Fn. 482); KIEFNER, Savigny (Nachtrag), S. 240, zum 2. Zitat.

[488] So etwa KIEFNER, SCHRÖDER, FIKENTSCHER, WIEACKER, ebda.; daraus ergibt sich jeweils eine Diskrepanz entweder zum späteren Savigny, oder wie bei SCHRÖDER zur treffenden Erklärung des Systemideals (S. 118 f.) oder die Frage bleibt quasi offen in der Kennzeichnung als „Formalismus" (dazu Fn. 489), der sich philosophisch und in beiderlei Sinn historisch denken läßt. Weiter WIEACKER, Diskussion, Stud. Phil. 19. Jh. 3 (1969) S. 143; ähnlich COING, ebda. S. 138; SCHNEIDER (1972), durchweg; KAWAKAMI (Nachtrag).

[489] So etwa SCHULTE, S. 43 f., der seine richtige allgemeine Interpretation, 1802 leite bereits ein metaphysischer Organismusgedanke, dahin einschränkt, diese Voraussetzung sei unausgesprochen (S. 49). MARINI 1966, S. 106 f. findet allg. doch schon „storicità"; ähnlich FIORAVANTI, Giuristi, S. 28 f. Beide heben allerdings den idealistisch-metaphysischen Aspekt dabei weniger hervor. Vgl. jüngst auch KIEFNER, Ideal, S. 572: Entwicklungsgeschichtliche Spekulation fehle 1802 „so gut wie ganz" — also doch nicht ganz.

[490] VICÉN, Formalismo, S. 64; MAZZACANE, Metodologia, S. 226 u. ö.; vgl. auch WIEACKER, Priv.r.gesch., S. 352 f., 368, 372.

[491] BLÜHDORN, Kantianer, S. 372 in A. 36, das Fazit S. 373.

Schelling hatte wenig zuvor in seinem *System des transcendentalen Idealismus* (1800) neben einer knappen objektivistischen Rechtsdeduktion[492] gerade auch einen neuen „Begriff der Geschichte" formuliert, in dem ebenfalls der „Begriff einer Notwendigkeit" entgegen der Tradition gewahrt sein sollte. *Objekt* und *objektiv* spielen hier eine neue Rolle, die kennzeichnende Sprache der Erscheinung herrscht überall vor[493]. Diese Sprache wird für sich im Zusammenhang ihrer Entfaltung bei Savigny zu untersuchen sein. Für den Kontext von „objektiv" und „historisch" interessieren noch Schellings *Vorlesungen über die Methode des akademischen Studiums* von 1802. Dort sprach er, wie bereits bemerkt wurde[494], von der Geschichte schon emphatisch-aufwertend. Es gebe

> „selbst unter dem Heiligsten nichts, das heiliger wäre als die Geschichte, dieser große Spiegel des Weltgeistes, dieses ewige Gedicht des göttlichen Verstandes: nichts das weniger die Berührung unreiner Hände ertrüge"[495].

Völlig passend kommen Geschichte und Fakten ebenfalls zur Würde des *Objektiven*. Geschichte müsse, fährt Schelling fort, die

> „Identität der Freiheit und Notwendigkeit (sc. um die es ja auch der Philosophie gehe) in dem Sinne darstellen..., wie sie vom Gesichtspunkt der Wirklichkeit aus erscheint, den sie auf keine Weise verlassen soll. Von diesem aus ist sie aber nur als unbegriffene und ganz *objektive* Identität erkennbar, als Schicksal. Die Meinung ist nicht, daß der Geschichtsschreiber das Schicksal im Munde führe, sondern daß es durch die *Objektivität* seiner Darstellung von selbst und ohne sein Zutun erscheine"[496].

Es kann noch dahinstehen, wie zwingend in diesen Texten zugleich die typische Doppelung, die Berufung dabei (unreine Hände) und die Nähe zur Dichtung auftreten[497]. Auch bleibt Savignys Tonlage zweifellos einiges

---

[492] SCHELLING, Werke 1799 ff., S. 593 f. (= SW I 3, 593 f.).

[493] SCHELLING, Werke 1799 ff., S. 587 f. (= SW I 3, 587 f.): „Ob nicht schon im bloßen *Begriff der Geschichte* schon auch der Begriff einer Notwendigkeit liege ... Nicht alles, was geschieht, ist darum ein Objekt der Geschichte" — hier doppelt sich also der Objektbegriff in eine wertvolle und zufällige Variante, typisch objektiv-idealistisch. Ersteres war neu. Geschichte ist dann „da, wo ein Ideal unter unendlich vielen Abweichungen so realisiert wird, daß zwar nicht das Einzelne, wohl aber das Ganze mit ihm congruiert" (S. 588) und den Namen der Geschichte verdient nur die vermittelnde Auffassung, „daß nur Freiheit und Gesetzmäßigkeit in Vereinigung, oder das allmähliche Realisiren eines nie völlig verlorenen Ideals durch eine ganze Gattung von Wesen das Eigenthümliche der Geschichte constituiere" (S. 590). AaO., S. 596 ff. mündet dies dann in eine Sicht der Welt als *„objektiv"*. Wieso BEHLER, Schlegel, KA I 8, S. LXXIV darin bloß die alte Verwendung findet, bleibt mir unverständlich, vgl. Fn. 499a.

[494] GAGNÉR, Gesetzgebung, S. 37. Vgl. dazu nun für Savigny näher unten 331 ff.

[495] SCHELLING, Werke 1801 ff., S. 543 (= SW I 5, 309), 12. Abs. der 10. Vorlesung: Über das Studium der Historie und der Jurisprudenz. Vgl. die gleiche Hände-Metapher bei SAVIGNY, Beruf, S. 43 (= STERN 96).

[496] SCHELLING, aaO., S. 545 (SW 311). Hervorhebung von mir.

[497] Dazu unten im Zusammenhang, 335 ff.

nüchterner. Er sprach schließlich als Jurist zu Juristen. Die Briefe beweisen, daß er vergleichbare Register ziehen konnte und zog[498]. Jedenfalls formuliert Schelling systematisch-emphatisch Grundgedanken, die auch Savigny aufnimmt – nicht unbedingt von Schelling selbst, denn sie lagen in der Luft, Schelling dient hier nur als Anhaltspunkt[499]. *Friedrich Schlegel* vor allem wäre mit noch früheren Beiträgen heranzuziehen, in denen seit 1795/96 „der große Zweck eines philosophischen Studiums der Geschichte", gar ein „historisches System", verfolgt und propagiert wird, auf den Spuren *Herders* und *Winckelmanns*[499a]. Savigny formuliert sozusagen, von philosophischen Feinheiten absehend, das „Schicksal" des Römischen Rechts, ja *des* Rechts. Er nimmt positives Recht mit der Würde der objektiven Identität von Freiheit und Notwendigkeit und geht damit weiter als die Kantianer, die nur den Rechtszustand als solchen als peremtorisch postuliert hatten[500].

Wie neu Savigny in der Tat die Grundsätze „philosophisch" und „historisch" verwendete, demonstriert auch ein vergleichender Blick in die sehr genaue *Wissenschaftskunde ... der Rechtsgelehrsamkeit* des von ihm bewunderten *Hufeland*[501] von 1797. Dort enthält „Philosophie die Gründe alles Rechts", die „Geschichte (Historia) gibt Nachricht von Veränderungen, die mit Menschen vorgegangen sind". Hufeland repräsentiert damit die beste Form der Tradition zum Thema. Bei einem *Feuerbach* sollte

---

[498] Dazu im Zusammenhang unten 232 ff., 237 ff.

[499] Wie bereits bemerkt, soll es hier nicht auf die Zuordnung zu einzelnen Autoren ankommen, die nicht ohne eigene Untersuchung möglich wäre, sondern auf die zu den Grundgedanken einer *Gruppe* „objektiver" Idealismus, bei der Fragmente von Kant, Stücke von Fichte, Zentrales von Hölderlin, Schelling, Hegel, aber auch Fr. Schlegel und Novalis mitspielen, vgl. noch unten 287 f. und bereits bei Fn. 472 und in Fn. 465. Siehe für *Hegels* Umwertung des Geschichtlichen in eben dieser Zeit immer noch sehr ergiebig die detaillierten Untersuchungen von ROSENZWEIG, Hegel (1920), I S. 80 ff., 97 f. Neuerdings eingehend zu der Entdeckung einer neuen Historischen Methode durch Schelling seit 1792/93 KONDYLIS, S. 221 f. Instruktiv zu Schellings Originalität dabei auch GELDSETZER, Philos.gesch., S. 40-43, 56-58, 131 u. ö.

[499a] Vgl. dazu BEHLER u. STRUC-OPPENBERG (1975) in ihrer informativen Einleitung zu SCHLEGEL, KA I 8, S. LXIX ff. Die Absicht, Schlegels Anteil zu betonen, verführt sie freilich dazu, Schellings Texte von 1800 als herkömmlich zu bezeichnen, was nicht zutrifft, vgl. bei und in Fn. 493; zutreffend zeigen sie aber die Distanz zu Kant, Fichte u. a., die dieser Ansatz enthält. Informativ zum Ganzen auch NAUMANN, Literaturtheorie u. Geschichtsphilosophie, S. 11 ff. (Winckelmann), 16 ff. (Herder), 29 ff. (Kant), 54 ff. (Fr. Schlegel), 94 ff. (Schelling, hier bes. S. 96) usw. Vgl. zu Schlegel-Savigny unten 194 ff.

[500] Vgl. dazu hier nur den skeptischen Kantianer HUGO, Naturrecht, ³1809, S. 128/§ 125, der dies natürlich betont, und KANT, MdS §§ 9, 15, 61 (AB 74 f., 86 f., A 227 f./B 257 f.).

[501] Vgl. unten 424.

Savigny dann 1804 das „Historische borniert" verstanden finden[502]. Seit *Hugos* Plädoyers für Geschichte in der Jurisprudenz[503] hatten sich die juristischen Methodenfronten schon wieder verschoben. Dies läßt sich an einer Göttinger Schrift von 1797 gut zeigen. *Seidensticker*[504] hatte darin den „Geist der juristischen Literatur vom Jahre 1796"[505] weit ausgreifend charakterisiert und eine klare Charakteristik des Standes der Dinge in Göttinger Sicht gegeben, die ein längeres Zitat verdient, zumal die Schrift recht selten geworden ist[506]:

> „ein *forschender treu historisch-antiquarischer Geist* weht in den wissenschaftlichen Schriften unseres Jahres selten und sparsam. *Hier* ist eine, welche in Allem bey den alt herkömmlichen Vorstellungs- und Darstellungsarten stehen geblieben, und in welcher auch nicht einmahl der gute Wille des Verfassers, etwas selbst Gedachtes und Erforschtes zu sagen, bemerklich ist. *Dort* ist eine die von einer sehr reichen Phantasie des Verfassers zeugt. Über die historischen Monumente wird darin hinweg geflogen. Desto mehr wird alles Beliebige aus der so genannten *Natur der Sache*, wie aus einem Füllhorne, heraus geschüttet, oder, wie ein Band aus dem Munde eines Taschenspielers, heraus gehaspelt, – *deduciret*. Wo sind aber diejenigen Schriften, von deren Verfassern man sagen kann, daß sie in selbst gemachten Forschungen ihren Gegenstand bis auf die Quellen zurück geführt, daß sie die coäven Ansichten desselben, so wie sie einem jeden Zeitalter eigen waren, gewonnen, daß sie ihr geistiges Ich, selbst bis auf die Sprache hinaus, verläugnet, und daß sie auf diesem Wege neue Data an das Licht gebracht, neue Combinationen gemacht, oder wohl gar neue Theorien aufgestellet haben? Wo sind die Schriften, welche den echt historisch-kritischen Charakter von P ü t t e r ' s *Werken über die Missheirathen* und *über den Unterschied der Stände* an sich tragen? Die Literatur unsers Jahres ist daran arm, sehr arm. Man *philosophiret* in unsern Tagen lieber, als daß man *historisiret*, zum offenbarsten Nachtheile der gründlichen Jurisprudenz."

Seidensticker charakterisiert dann die „philosophischen" Bestrebungen eines *C. S. Zachariae, C. H. Gros, L. H. Jacob, Kretschmann*, besonders aber *Thibauts* zuspitzend dahin, man wolle hier

> „die allgemeinen Grundsätze zur Erklärung einer positiven Legislation nicht aus dieser erst abstrahieren ..., sondern man müsse über dieselben bereits vorher in Richtigkeit gekommen sein, um sie von außen her hinzu bringen zu können"[507],

---

[502] Vgl. unten 204 f.

[503] Vgl. seine oben 73 in Fn. 323 genannten Schriften und zur Kennzeichnung vor allem MARINI, Hugo (1969), S. 29 ff., allerdings mit zu weitgehender Parallele für Savigny 1802 (S. 31 f.) u. S. 67 ff. (dort 74 differenzierend für Savigny). Zur Differenz kurz RÜCKERT, Reyscher S. 310 m. Nwn.; bes. betont hat sie 1910 schon REXIUS, S. 509.

[504] 1760-1817, vgl. kurz LANDSBERG N. 31, T. 98; kompromittiert durch seine Bemühungen um den Code Napoleon (dazu jetzt SCHUBERT, Franz. Recht, S. 334-40, mit weiteren biogr. Angaben), Göttinger Hugo-Schüler; SAVIGNY schrieb 1808 eine krit. Rez. seines Pandekten-System-Entwurfs, Verm. Schr. 5, S. 49-56.

[505] Jena 1797, anonym; Zuschreibung bei LANDSBERG, N. 31 und HUGO, Lit.gesch. ³1830, S. 60.

[506] AaO., S. 74 f.

[507] AaO., S. 76-82; für ZACHARIAE, Wissensch. Behandlung des Privatrechts, 1796;

und er schließt stellungnehmend:

> „Wir können diesen Grundsätzen unmöglich beypflichten, und fügen darüber unser Glaubensbekenntniß hinzu: Mit den Buchstaben der Gesetze kann man sich nicht begnügen. Wir müssen uns zu allgemeinen Grundsätzen erheben; aber nur zu solchen, welche aus den positiven Quellen sich abstrahieren lassen. Wir müssen uns einer *Philosophie* in die Arme werfen; aber nur einer *historischen*, das heißt einer solchen, welche die Legislation bey ihren rechtlichen Bestimmungen vor Augen hatte, welche folglich auch aus den positiven Quellen entwickelt werden muß, und welche selbst ein Theil des Positiven ist. Wir sagen mit M o n t e s q u i e u x : Das Geschichtliche kann nur aus der Geschichte erkläret werden. Die Consequenzen, welche sich hieraus ziehen lassen, setzen uns in Verlegenheit, das mag seyn; sie entbinden uns aber nicht von der Pflicht gegen die Wahrheit. Mögen wir das Mittelalter anklagen, welches uns theils mehrere, theils fremde Legislationen auf den Hals gezogen hat, und mögen wir den Fehler desselben so lange büßen, bis wir ihn auf eben dem Wege, welchen der Preußische Staat mit so gutem Erfolge gegangen ist, wieder gut machen"[508].

Als positive Beispiele nennt er schließlich noch *Hagemeister* und *Pütter*[509].

Die genaue Explikation bei Seidensticker zeigt: Savigny war über diese Problemstellung bereits hinweg. Er wollte das Allgemeine nicht von außen herantragen, aber auch nicht einfach „aus den positiven Quellen ... abstrahieren", sondern in dem Gegenstand vorfinden. Er steuerte bereits noch fernere Ufer der Geschichte an, freilich in der Meinung, die treuhistorische Linie, von der auch Seidensticker sprach, nur fortzuführen, während er sie doch einer neuen Aura und Metamorphose zuführte.

Sieht man in diesem Bewußtsein die Quellen erneut durch, so stößt man schließlich auch auf eine höchstpersönliche Erläuterung Savignys schon vom 14. 3. 1800, die die Beobachtungen zu „objektiv" vollends bestätigt: „objektives, d. h. notwendiges und wahres"[510], so umschreibt er die Bedeutung gegenüber den Creuzers. Und es geschieht gerade auch im Kontext praktisch-philosophischen Fragens und mit der Dichotomie zu „zufällig/subjektiv". Gegen eine schlicht traditionelle Verwendung von „historisch" und „philosophisch" spricht schließlich auch, daß Savigny trotz mannigfacher Anklänge die klassische Terminologie in ihren eigenen

---

GROS, de iusto philosophiae usu in tractando iure Romano, 1796 (Jenaer Antrittsprogramm); JACOB, Annalen der Philosophie, 1796; KRETSCHMANN, Lb. des positiven Rechts der Deutschen, 1793; THIBAUT, diss. de genuina iuris personarum et rerum indole veroque huius divisionis pretio, 1796.

[508] AaO., S. 82 f. Hervorhebung hier von mir.
[509] AaO., S. 83 f. Auch soeben im Zitat nach Fn. 506.
[510] An Creuzers, bei STOLL Nr. 44/I 149, und dort gerade auch zur Abgrenzung von bloß subjektiv/zufällig: „... denn *in* uns ist doch *objectives*, d. h. notwendiges und wahres, mit subjectivem auf unendlich mannichfache Weise gemischt und eben in dem Abtrennen dieser beiden Stücke voneinander liegt das Finden jenes zu Suchenden" (Hervorh. von mir).

Texten und ihren Voraussetzungen kaum völlig nachvollzogen hat. Im Januar schreibt er noch an Neurath:

> „Auch darin irrst Du, wenn Du glaubst, ich sey auf der Seite des Denkens auf feste Punkte gekommen. Ich habe erst diesen Winter angefangen, mich mit den Gegenständen recht ernstlich zu beschäftigen, die mir schon lange anlagen, aber Du glaubst nicht, wie fremd mir das noch alles ist, was man für so natürlich und anerkannt gewiß ausgibt. Ob ich auf diesem Weg zu einer beruhigenden Überzeugung kommen werde, weiß ich nicht, daß ich nicht nachbeten werde, wie die meisten sogenannten Philosophen, das weiß ich"[511].

Auch hier will er nicht „nachbeten", schon gar nicht die „sogenannten Philosophen". Unmittelbar danach setzt bereits die „Athenaeum"-Begeisterung ein, die ihn vollends in eine ganz eigene Sprache und Welt versetzt[512]. Hinzu kommt, daß sich seine philosophische Lektüre nach Ausweis der Briefe von Anfang an nicht an der Tradition, sondern an ihren Überwindern, an *Fr. Schlegel, Fichte*, erst dann auch an *Kant* (und dies aus kriminalistischer und praktisch-philosophischer Perspektive), später auch an *Schelling* und *Hegel* ausrichtete[513]. Zu dieser Richtung seines Interesses paßt schließlich, daß es seit 1803/04 weitgehend aufhört[514], also gerade zu einer Zeit, als die Grundsatzdiskussionen *gegen* kantischen „Formalismus", gegen Fichtes „Halbheiten" bei dessen Überwindung und gegen bloßen Empirismus einen gewissen Abschluß gefunden haben, wenigstens für den Kreis gebildeter Interessenten wie Savigny. Der Abschluß stand aber im Zeichen eines neuen, absoluten oder objektiven Idealismus, den Schelling und Hegel dann in verschiedener Weise systematisch ausformten.

Savignys zentraler Satz über Jurisprudenz und historisches Wissen, dem diese nähere Analyse gilt[515], enthält nicht nur mit „objektiv" einen Hin-

---

[511] Bei STOLL Nr. 3 v. 14. 1. 1798/I 62.
[512] Dazu eingehend unten 195 ff., 251 ff.
[513] Siehe im soeben zitierten Brief die Aussage „erst diesen Winter angefangen...". Vgl. dazu statt hier nicht möglicher systematischer Belege nur: für *Fichte*: Anleitung (WESENBERG), S. 49; Brief an Fries (bei HENKE, S. 394 f.); an Schwarz (bei KANTOROWICZ Nr. 2), bei STOLL Nr. 21/I 88 f.: will in Leipzig bloß Fichte studieren – für *Schlegel* unten 195 f. – für *Kant* bei STOLL Nr. 23/I 93, Nr. 44, Nr. 186, weiteres unten 196 Fn. 229 – für *Schelling* 1802 und *Hegel* im „Journal" jetzt ein Beleg im Nachlaß 77, s. Anhang Nr. 5, leider undatiert, aber früh; im übrigen die Nwe. unten 132 Fn. 626 f.
[514] Dazu STOLL Nr. 44/I 149, auch I 45 über seine Briefe an seinen ehemaligen Philosophielehrer *Weinrich*, s. jetzt die Briefe dess. in Marburg 1952, MS 725/1365-1371, die bereits 1801 berichten: „Was werden wir unseren Diskussionen für einen Grabstein setzen?" Ebenso die gedruckten Briefe an andere wie Grimms, Creuzer, Schwarz, Heise. Vgl. insgesamt auch den Abschnitt bei SCHULTE, S. 25 ff.: Der junge Savigny und das neue Lebensgefühl, und unten 232 ff. den Abschnitt „Idealist".
[515] Zitiert oben 100 bei Fn. 486.

weis auf seine neue Richtung dabei. Denn auch die weitere Behauptung, daß der *ganze Charakter* der Gesetzgebungswissenschaft „historisch" sein müsse, läßt sich nur aus seinem anderen, idealistischen Verständnis begreifen. Bei klassischer Verwendung bedeutete die Aussage über eine Wissenschaft, „ganzer Charakter" und doch bloß „historisch", einen glatten Widerspruch, da das Historische hier eben keinerlei Ganzheitsqualität besitzt. Ein Bewußtsein dieser Differenz führte denn auch Savigny die Feder bzw. das Wort gegenüber den Grimms: Er nannte dieses „historisch" nicht einfach „historisch", sondern eben „historisch im eigentlichen Sinn" und vermerkt dies auch in seiner eigenen Ausarbeitung[516]. Im *zweiten Versuch* der Methodologie von 1809 formulierte er also nur entschiedener und mit anderen Worten das gleiche, wenn es heißt:

> „Historische Ansicht ... successives Ganze ... nach dem *Gesetz* der historischen Entwicklung ... nach *notwendigem* Zusammenhang ... in seiner historischen Entwicklung"[517].

In seiner ungedruckten Beurteilung von Feuerbachs berühmter Theorieschrift von 1804 läßt Savigny dann explizit „philosophisch" in „historisch" im wahren Sinne aufgehen und fixiert damit den doppelten Sprachgebrauch von 1802 für seine eigene, neue, nichtklassische Richtung[518].

Savignys *Begriff von Recht* als völlig objektiv, nicht zufällig, sondern notwendig, blieb dabei ebenso *konstant* wie die tragenden Wertungen, die sich bereits gegen „Willkür" aller Art im Recht richteten[519]. Undiskutiert ließ er 1802 noch die Frage, wer denn Träger dieses rein objektiven Rechts sei. „Gesetz" und „Gesetzgebung" waren hier wie 1809 nicht als Bezeichnung für konkrete Gesetzgeber im modernen Sinne, sondern lediglich als Abstraktion für Norm und Normsubjekt schlechthin zu verstehen. Die Ausdrücke haben nicht den modernen technischen Sinn, bei dem man nur noch an die verfassungsmäßige Gesetzgebungsmaschinerie denkt. Derartiges wäre ja auch nie „rein objektiv". Savignys sprachliches Schwanken zwischen *„Gesetzgebungswissenschaft"* und *„Rechtswissenschaft"* bestätigt dies. Ganz allgemein ist ihm 1802 „Jurisprudenz" synonym mit „Gesichtspunkt der Gesetzgebung", weit und grundsätzlich verstanden[520].

---

[516] Anleitung 02/03 (WESENBERG), S. 14, 16 (vgl. das Zitat oben 97 Fn. 470); zur Ausarbeitung das Zitat oben 98 bei Fn. 474.
[517] Voll zitiert oben 94 bei Fn. 454. Hervorhebung jetzt von mir.
[518] Dazu unten 205 bei Fn. 272 mit Zitat. Bestätigung finde ich bei SCHULTE, S. 43 ff.; dort weitere Indizien aus dem Text von 1802/03.
[519] So thesenartig bereits RÜCKERT, Reyscher, S. 212 in A. 147 mit Nwn., weiteres dort S. 203 f., 240 ff.; zu SAVIGNY etwa Anleitung (WESENBERG), S. 14.
[520] SAVIGNY, Anleitung (WESENBERG), S. 13, 15 u. ö., 49 zu „Jurisprudenz"; vgl. auch bei Fn. 533 den Beleg von 1808.

Nach seiner Sprache von 1802 bis 1808 müßte er nicht von „Gesetzgebungswissenschaft", sondern von „Gesetzbücherwissenschaft" gesprochen haben, wenn die positivistischen Deutungen zutreffen sollten. Er geht zwar mit Hugo davon aus, Gesetz und Recht könne nur *im* Staat objektiv werden. Er sagt aber nicht, von *wem* im oder vor/über dem Staat es auszugehen habe. Sein Begriff von „Gesetz" ist zeitgemäß offen, weder erklärt gesetzesfeindlich, noch gesetzespositivistisch[521].

Ein Vergleich mit *Hugos* Sprachgebrauch und Stellungnahmen kann dies verdeutlichen. „Wissenschaft der Gesetzgebung" nennt Hugo nämlich 1798/99 seine Version eines Naturrechts, synonym mit „Philosophie des positiven Rechts" und „Politik des Privatrechts" deren Gegenstand „die verschiedenen positiven Rechte, welche einst gegolten haben oder noch gelten oder auch nur sich denken lassen" sind[521a]. Und er stellt klar[521b],

> „Daß die Jurisprudenz eine *Wissenschaft der Gesetze* sey, ist zu eng oder zu weit, wenn man das Wort *Gesetze* hier nicht gerade synonym nimmt mit Sätzen des positiven Rechts".

„Positives Recht" aber ist ihm das Recht in einem

> „rechtlichen Zustand, einem Staat, d. h. einer Verbindung vieler zur Sicherung von Rechten",

---

[521] Vgl. jetzt KIEFNER, Junger Sav., S. 35 f., auch schon RÜCKERT, Reyscher, S. 212. Die traditionelle Fehldeutung z. B. bei STÜHLER, S. 22, 38; selbst SCHULTE, S. 56, 77 bewertet „Gesetz" zu sehr aus moderner Sicht, trotz der Spannung zu seiner sonstigen Deutung; LARENZ, Meth.lehre, S. 12 stellt zwar „Gesetz" heraus, spricht aber doch von „gesetzespositivistisch" mit Recht nur in Anführungszeichen; ohne diese dann doch S. 17 (zit. unten 317 Fn. 71). Savigny sah im röm. Recht keineswegs bloß ein Gesetz im modernen Sinn. Allg. zum Sprachgebrauch etwa J. GRIMM, Dt. Wörterbuch IV (Leipzig 1897) Sp. 4071 ff., wo nach Kant z. B. „Gesetz" heißt: Regeln, sofern sie objektiv sind. Die Parallelverwendung von „Gesetzgebungswissenschaft" und „Rechtswissenschaft" bei Savigny bemerkt schon treffend MARINI 1966, S. 104. Wenn DILCHER, Positivismus, S. 502 f., hier aus einem Zusammenhang mit dem 18. Jh. und seiner Gesetzgebungswissenschaft deutet, ist zu bedenken, daß dort davon im *politischen* Sinne die Rede ist, den Savigny hier gerade vermeidet mit dem Kontext von rein objektiv, vgl. die Klärung der jeweils politischen Komponente im 18. Jh. bei DILCHER, Gesetzgebungswissenschaft und Naturrecht, JZ 24 (1969) S. 1-7. Auch wenn man keine völlige Identität der Positionen von Savigny und Stahl annimmt (s. dazu noch bei Fn. II 642 ff.) lassen sich hier die Ergebnisse bei HEINRICHS, Stahl (1967), zu „Rechtspositivismus" bei Stahl (S. 247 ff. und die Rückverweise) mit Gewinn parallel lesen; sein Fazit: metaphysischer Positivismus (bes. S. 259 f.). Für „gesetzespositivistisch" jüngst wieder BRETONE, Il „Beruf", S. 212, HAMMEN (Nachtrag), S. 52 f., GRIMM 1982 (s. Nachtrag), S. 473 f. Näher dazu noch unten 317 f., 410 f.

[521a] HUGO, Naturrecht ¹1798, § 12/S. 10, parallel ²1799, § 52/S. 58. „Politik" heißt hier mehr als bloße Klugheitslehre, nämlich Wissenschaft, so ausdrücklich Naturrecht ³1809, § 5/S. 5 und noch Enzyklopädie ⁸1835, S. 312.

[521b] Das folgende aus HUGO, Enzyklopädie ²(1799) § 7 mit 4/S. 6 f., 3 f.

und hierbei wieder die Bestimmungen darüber,

> „1. Welche Rechte seiner Glieder er schütze – nach Begriff, Entstehung und Ende derselben ...
> 2. Wie er constituiert sey, um Rechte zu schützen ...
> Der Inbegriff aller dieser Bestimmungen macht das *positive Recht* eines Staates aus ... und zwar 1. Das *Privatrecht* ... 2. Das *öffentliche Recht*, theils eigentliches Staatsrecht, theils Regierungsrecht ... CriminalRecht".

Sein Ursprung liegt nicht etwa in „Gesetzen" allein, sondern, so Hugo schon 1799,

> „Alles positive Recht kommt vom Schicksahl, dem Zufalle ... her, durch Übermacht der Stärke ... und anerkannte Überlegenheit an Einsichten, auf Seiten derer, die einen Satz desselben wollen, verbunden mit Angewöhnung und Consequenz als Grundanlagen der menschlichen Natur. Durch die Macht wird hauptsächlich das öffentliche Recht bestimmt, durch Zutrauen zur Einsicht derer, die sich damit abgeben, das Privatrecht"[521c].

Mit diesen Sätzen ist nicht nur eine naheliegende Vorlage für Savignys Ausdrucksweise wiedergegeben, sondern auch die Vorstellung eines Gesetzespositivismus als viel zu eng erwiesen. Zwar wird auf Positivität des Rechts gegenüber allem „Moralisieren", „Demonstrieren" und Zensurieren „nach falsch verstandenen Principien a priori" bestanden[521d], aber diese Positivität muß keineswegs nur Gesetzen im modernen Sinne zukommen, ja sie ließ sich sogar objektiv-idealistisch überhöhen, wie es Savigny unternimmt mit der Bestimmung des „Gesetzes" als „völlig objektiv". Zugleich zeigen diese Sätze Hugos zwar große Nähe zu Savignys Ausführungen über die „zwei Hauptteile der Jurisprudenz: Privat- und Kriminalrechtswissenschaft"[521e], aber sie belegen auch wesentliche Unterschiede: Savigny grenzt das Staatsrecht aus, und er unterscheidet anders als Hugo nicht streng zwischen Wissenschaft der Gesetzgebung und Wissenschaft eines positiven Rechts, also der philosophisch-politischen und der dogmatischen Seite des Fachs. Savigny läßt vielmehr Gesetzgebungswissenschaft und Rechtswissenschaft unklar ineinander aufgehen, Philosophie und Geschichte verbindend, statt säuberlich trennend[521f].

Die bei Savigny wie Hugo damals offen gelassene Frage nach dem Normsubjekt drängte erst etwas später auf eine deutlichere Antwort, als die Rechtsquellendiskussionen nach dem leicht überstandenen ALR durch die politischen Energien hinter dem Code Napoleon massiv in Gang

---

[521c] Eine Ausarbeitung dieser Sätze war dann Hugos Aufsatz von 1812: „Gesetze sind nicht die einzige Quelle juristischer Wahrheiten", vgl. schon oben 76 Fn. 341.
[521d] So Hugo, Enzyklopädie ²(1799) § 115/S. 86 f. zur negativen Bestimmung der Aufgabe seiner Philosophie des positiven Rechts.
[521e] Anleitung (Wesenberg), S. 13.
[521f] Zur Verbindung soeben 96 ff. Zur Trennung bei Hugo unten 399, auch 278.

kamen. Die eingangs in diesem Abschnitt nachvollzogene Polemik mit Gönner u. a. hatte dafür den Gradmesser schon abgegeben. Die Institutionenausarbeitung für 1803/4 bestätigt es. Noch ganz ‚unschuldig' stehen die Pandekten als Quelle im Zentrum[522], „lex" vielleicht, aber nicht modernes Gesetz.

Bevor auf die Frage nach dem Normsubjekt im Recht und den letzten Teil von Savignys Landshuter Tätigkeit übergegangen wird, kann als *Zwischenergebnis* fixiert werden: Die These, Savigny sei erst 1814/15 zu einem evolutionistischen Rechtsbegriff verbunden mit „innerer Notwendigkeit" und Volksgeistlehre übergegangen[523], ist einzuschränken: Zwei entscheidende Elemente und alle tragenden Wertungen liegen bereits 1802 und erneut 1809 vor: Die Aufwertung des Gegebenen zum Objektiven und sein Verständnis als sukzessives „Ganzes". Von diesem Gravitationszentrum hängen die übrigen Elemente seiner Methodik ab. Der Schritt, dieses „Ganze" als „organisch" zu bezeichnen[524], brachte nur noch eine zeitgemäße Bezeichnung für einen schon längst formulierten Gegensatz wie Aggregat/Maschine — System/Ganzes[525].

Unbegründet blieb bisher die oben vorweg gegebene zweite Antwort, die die Savignyschen Grundlagenbehauptungen betraf. Danach soll er die gemischte, methodisch-weltanschaulich-politische Herausforderung der Zeit angenommen haben[526]. Die Erklärung fällt zusammen mit der zum Normsubjekt. Die Analyse der Methodologien ergab zwar bereits eine gewisse Tendenz zu dieser Antwort, aber noch keinen positiven Beleg. Dafür muß nun das dritte Stück seiner Landshuter Aktivitäten herangezogen werden, die bereits mehrfach erwähnten Vorlesungen über *Institutionen* und *Rechtsgeschichte* von 1808/09. Sowohl in den *Pandecten* wie im zweiten Versuch der *Methodologie* hatte er, wie gezeigt, allgemeine Ableitungen nur angedeutet. Andere Vorlesungen hielt er nach dem Landshuter *Verzeichnis der Vorlesungen* und den oben verwendeten Briefen nicht. Das Vorlesungsverzeichnis kündigt an[527]:

---

[522] Nachlaß Marburg 77, in M 14, siehe die Einleitung, fol. 1-3.
[523] Dazu zuletzt mit Nachweisen, J. SCHRÖDER, Wiss.theorie, S. 165 Anm. 156; ähnlich jetzt auch KADEL, Quad. fior. 9/1980 (1981).
[524] Dazu Nachweise bei RÜCKERT, Reyscher, S. 205 für den *Beruf*; vgl. S. 20 f. der Anleitung 1802 (WESENBERG).
[525] Vgl. schon die Nwe. oben 61 in Fn. 273.
[526] Dazu oben 88 vor Fn. 408.
[527] Verzeichnis der Vorlesungen der an der königlichen Ludwig-Maximilians-Universität in Landshut im ... zu haltenden Vorlesungen, Landshut: Hier für Winter 1808/09 bis Sommer 1810.

1808/09
Hofrat von Savigny wird seine Vorlesungen über das römische Recht bei seiner Ankunft besonders anzeigen.
1809
Pandekten, nach Heises Grundriß eines Systems des gemeinen Civilrechts (Heidelberg 1807) von 9-10 und 10-11 Uhr.
1809/10
Die zweite Hälfte der Pandekten, von 9-11 Uhr.
1810
Institutionen, in noch zu bestimmenden Stunden.
Rechtsgeschichte, in noch zu bestimmenden Stunden.

Es bestätigt die aus den Briefen schon klarer entnommene Folge[528]: Pandekten Sommer 1809 - Anfang 1810, davor Institutionen und Rechtsgeschichte 1808/09, die im Sommer 1810 wiederholt werden sollten. Methodologie wurde nicht extra ausgewiesen, sondern in den Pandekten mitgenommen.

Im Nachlaß Marburg 1977 haben sich die Ausarbeitung der *Institutionen* und der *Rechtsgeschichte* von 1808, außerdem frühere, erhalten[529]. Auf diese Texte kommt es auch aus der Sicht des bisher überwiegenden, allgemeinen Savigny-Interesses sehr an. Beide Ausarbeitungen enttäuschen die Spannung nicht, mit der man nach ihnen greift[529a].

In den *Institutionen* von 1808 hat Savigny gegenüber 1803/04 die Einleitung grundlegend überarbeitet, ja ganz neu erstellt[530]. Diese ersten fünf Stunden schrieb er um, anderes wie etwa das Obligationenrecht übernahm er fast unverändert. In der wohl ersten Landshuter Stunde im Rahmen dieser Vorlesung, am 23. 11. 1808[531], stellte er die große Frage: „Was ist in unserer Wissenschaft wissenswürdig?"[532]. Die Antwort will er aus „inneren Gründen", nicht aus Tradition o. ä. geben, um die „Meinung" zu gewinnen, die „innere Überzeugung": Denn „was nicht mit Ernst und Liebe geschieht, wird immer ohne Frucht bleiben" (alles fol. 2 v). Schon damit, aber auch ausdrücklich, nahm er die seit „wenig Jahren" aufgetretene Herausforderung an:

---

[528] Dazu oben 88 f.
[529] *Institutionen Winter 1808* und *Institutionen Winter 1803*: in M 14, mit rund 20 bzw. rund 40 Blatt. Bei dem Heft von 1808 liegen nach der Paginierung offensichtlich von 1803 übernommene Teile, die, wie etwa das Obligationenrecht (fol. 17-22), dort fehlen. *Rechtsgeschichte 1801* und *1803* mit überarbeiteter Einleitung von *1808* in Mat. 31, alles zus. rund 80 Blatt.
[529a] Soweit man schon den Nachlaß 1977 verwendete, etwa KIEFNER, MAZZACANE, KADEL, HAMMEN (Nachtrag), blieben diese Texte bisher unberührt.
[530] Fol. 1-11v, vgl. 1803, fol. 1-2v. Im folgenden Abschnitt erscheinen die Blattnachweise für 1808 im Text. Die Wiedergabe ist hier modernisiert, vgl. sonst Anhang 1.
[531] Dazu oben 88 bei Fn. 413.
[532] So wörtlich in der Wiederaufnahme fol. 20, in der Sache sogleich fol. 1.

Die Frage nach dem Wissenswürdigen sei

> „in den meisten Fällen leicht und sicher zu beantworten, weil ein alter und steter Gebrauch so sicher darüber entschieden hat, daß nur selten ein Zweifel dagegen sich erhebt. Eines solchen Zustandes ruhiger Sicherheit hat auch unsere Wissenschaft noch vor wenig Jahren sich zu erfreuen gehabt. ... Jetzt ist alles anders geworden. Neue Gesetzbücher sind aller Orten entstanden, und was vordem allein für nötig und brauchbar galt, wird jetzt von vielen für unnütz und verderblich gehalten." (f. 1r und v).

Damit hatte er die Aufgabe beschrieben, *gegen* diese Vorstellungen eine innere Überzeugung vom wahrhaft Wissenwürdigen in der Jurisprudenz zu befestigen. Ganz offensichtlich bezieht er sich auf die oben beschriebene Polemik und Gesetzgebungspolitik seit 1806. Zur Lösung führt er eine allgemeine Theorie über Recht überhaupt ein, die er aus der Geschichte abstrahiert haben will:

> „Betrachten wir alle Gesetzgebungen[533] überhaupt, von welchen die Geschichte Nachricht aufbewahrt hat, so finden wir unter ihnen einen merkwürdigen Unterschied. Einige nämlich sind unmittelbar in einem Volke entstanden, ohne Zutun eines anderen Volkes oder früherer Geschichte: andere haben ihre Wurzel in der Gesetzgebung eines fremden Volkes. Jene kann man ursprüngliche [am Rand: oder nationale], diese aber fremde oder nachgebildete Rechte nennen." (f. 3).

> „Ein ursprüngliches Recht kann bestehen ohne Rechtswissenschaft, aber in einem gebildeten Zustand muß Rechtswissenschaft hinzutreten, oder das Recht selbst wird untergehen in flacher, charakterloser Unbedeutenheit (!)." (f. 4).

Diese beiden vertrauten Thesen enthalten zwei an sich selbständige, aber zu *einem* Geschichtsmodell verbundene Behauptungen: das *Ursprünglichkeitsdogma* und das *Wissenschaftsdogma*, um sie knapp zu benennen.

Savignys weitere Antwort auf die Herausforderung durch die „Gesetzbücher aller Orten" besteht nur noch darin, diese Dogmen anzuwenden: „Ich gehe zur Anwendung über" leitet er diesen Abschnitt ein. *„Ursprünglich* sind danach nur das römische und alte germanische Recht (f. 4v). Der „Anspruch" des 18. Jahrhunderts auf ‚ursprüngliches Recht' in Form von Gesetzbüchern gehe fehl. ALR und Code Civil enthielten in Wirklichkeit bloß abgeleitetes Recht, nichts Eigenständiges mit der Würde des Ursprünglichen (f. 5, 5v, 6); ebenso müsse das neue „Bairische Gesetzbuch" ausfallen (f. 6v), also das Zivilgesetzbuch nach Feuerbachs Entwürfen. Mit dem *Wissenschaftsdogma* erledigt er den Rückgriff auf „Praxis", viele spätere Berufungen darauf vorweg abweisend. Wahre Praxis, d. h.

> „Anwendung eines Gesetzes ist doch nur dem möglich, der es wahrhaft und gründlich kennt. Die gründliche Kenntnis aber eines abgeleiteten Rechts besteht in der historischen Zergliederung desselben, in der vollständigen Zurückführung auf seine

---

[533] Dafür daß dieser Ausdruck nicht technisch-modern, sondern für „Recht" zu nehmen ist, beweist der Kontext hier, aber auch das oben 108 bei Fn. 521 Gesagte.

> Quelle, und man kann ohne Übertreibung von unseren neuen Gesetzbüchern sagen, daß nur der sie recht kennt, der sie besser kennt als ihre Verfasser" (f. 7v)[534].

Auf diese Weise werde auch allein die *Freiheit und Sicherheit* gewahrt:
> „Für jeden Staat also, der wie die unsrigen ohne ursprüngliches Recht ist, gibt es kein anderes Heil, als in der lebendigen Bearbeitung der Rechtswissenschaft, und sie erhält hier eine eigentümliche Wichtigkeit, indem in ihr die einzige Rettung ist gegen die Barbarey einer völlig gesetzlosen Willkür." (f. 7v im Anschluß).

Die Prämissen zugestanden, lieferte Savigny hier eine meisterhaft klar durchgeführte Deduktion des Ergebnisses:
> „Also gründliche Kenntnis des ursprünglichen Rechts, und namentlich des römischen, kann allein lehrreich sein, jede andere ist so gut als keine." (f. 9v).

Er hatte damit das rechtstheoretisch-rechtspolitische Puzzle von 1808 in seinem Sinne brillant gelöst:
– Wahres Recht ist nur ursprüngliches; „Neues" ursprüngliches gibt es nicht; alles scheinbar Neue ist abgeleitet; ohne Kenntnis der Ableitung herrscht Barbarei, also ist heute Wissenschaft notwendig und einziger positiver Weg.
– Das „ursprüngliche" Recht entsteht „unmittelbar in einem Volke".
– Gesetzbücher sind daher bestenfalls unvollkommener Ausdruck des Rechts, nicht dieses selbst, schlimmstenfalls bloße Illusion und Irreführung.
– Wahre Praxis hat wissenschaftlich zu sein, andere ist wertlos.
– Ursprünglich sei zugleich freiheitlich (f. 4v); diese Freiheit werde weiterhin durch die wissenschaftliche Bewahrung des „Ursprünglichen" bewahrt.
– Wahre Sicherheit, also Nichtwillkür, liege nur hier.

Savigny hatte damit die Fronten erfolgreich verkehrt und die maßgebenden modernen Schlagworte der Zeit besetzt: Freiheit/Willkür, Gesetz/Gesetzbücher, Praxis/wahre Praxis, Wissenschaft/Barbarey, Sicherheit/gesetzlose Willkür. Die Positionen von 1814 waren hier ausgearbeitet. Sie lassen sich daher mit Blick auf diese Fronten besonders deutlich erfassen[535].

Savignys Landshuter Deduktion besticht durch ihren kristallklaren, suggestiven Zusammenhang. Ihre Blößen liegen in den *dogmatisierenden Prämissen*, in denen er Geschichte in politische Eindeutigkeit ausmünzt. Man braucht nur seine Allsätze mit „kann nicht", „muß", „alle", „kein anderes", „einzige", „allein", „nur" zusammenzustellen, um die springenden Punkte zu finden. Es gibt eine Menge:

> *„Alle* Gesetzgebungen überhaupt" zerfallen in ursprüngliche und abgeleitete (f. 3) – „in einem gebildeten Zustand *muß* Rechtswissenschaft hinzutreten" (f. 4) – „Außer" römischem und germanischem Recht „*nichts* Ursprüngliches" (f. 5) – *„Alle* Anwendung eines Gesetzes doch *nur* dem möglich …" (f. 7v) – Bei abgelei-

---

[534] Savigny verwendet hier bewußt oder unbewußt die berühmte hermeneutische Formel vom „besser Verstehen, als er sich selber verstand", vgl. dazu GADAMER, Wahrheit, S. 180 und zur Deutung unten 355.
[535] Vgl. dazu MEINE paralle akzentuierende Analyse u. Interpretation von „Savignys Konzeption im ‚Beruf'", in: Reyscher, S. 203-213 (für Gesetzgebung), S. 224 f. (für Wissenschaft), S. 20 ff. (für Geschichte), S. 240-245 (für „System und Willkürabwehr").

tetem Recht „*kein anderes* Heil ... *einzige* Rettung" (f. 8) – Zustand „*kann* eine Nation nicht aufheben" (f. 8) – „Geist eines Rechts *nur* aus seinen eigentümlichen Seiten ... es gibt *keinen* Mittelweg" (f. 9) – „gründliche Kenntnis des ... *allein* lehrreich, *jede* andere so gut als *keine*" (f. 9v).

Jeder einzelne dieser Sätze enthält dogmatisierte Geschichte und Gegenwart. Einem gläubigen Zeitalter antwortete Savigny mit einem verlockenden Glauben. Es ist hier nicht der Ort, diesen Glauben, seine Wirkung und andere Aspekte dabei zu bewerten[536]. Im vorliegenden Zusammenhang „Landshuter Zeit" ist entscheidend, daß er bereits 1808 vollendet formuliert werden konnte, daß es ein Glaube war, der sich des „Positiven" bediente, daß er eine kaum entwirrbare Mischung von Weltanschauung, Jurisprudenz und Geschichte präsentierte, sozusagen ganz „natürlich"[537], daß 1803/04 diese Zuspitzung noch nicht geleistet war, wenn auch Kontinuitäten aufweisbar sind[538].

Nachzutragen sind eine Abrundung und eine Merkwürdigkeit. Savignys Grundsatzpositionen von 1808 erschließt der Institutionen-Text nach meiner Kenntnis am besten. In seiner *Rechtsgeschichte* findet man Parallelen[539]. Aktuelles Engagement betätigt er auch in besorgten Erkundigungen bei Feuerbach über die kommende Zivilgesetzgebung[540]. „Eigentliche" Philosophie benötigt er zu alledem nicht. Die dynamisch-objektive Aufladung der historischen Perspektive ist hier voll ausgebildet und vor allen Dingen dogmatisiert. Die schon in der *Methodologie* im Rechtsbegriff und Wirklichkeitsbegriff („objektiv" gegeben) auftretende ‚falsche Metaphysik'[541] erscheint in aller Deutlichkeit, konkret im Ursprünglichkeits- und Wissenschaftsdogma. Savignys Stellungnahme ließ an mutiger Eindeutigkeit nichts zu wünschen übrig: Dies war seine „Darstellung des

---

[536] Vgl. dazu die Nachweise vorige Anm.; zur Bewertung ebda., bes. S. 208 f., 221, 225, 230.
[537] Dazu als Leitbild näher unten 262, 288 zusammenfassend. Vgl. auch das Register.
[538] Dazu näher soeben bei Fn. 530 f.
[539] *Rechtsgeschichte 1808* (Fn. 529), Einleitung, aber allenfalls angedeutet, vgl. fol. 1 von 1808 bei *RG 1801/1803*; deutlich dann *RG 1810* (aaO.) fol. 1-4v: „Alle Gesetzgebung nämlich doch nur unvollständiger Ausdruck des Rechts, was in einem Volk wirklich lebt und geübt wird (f. 2) ... Entstehung des Gesetzes (!): fast alles Recht ist *wirkliches* Gewohnheitsrecht ... bei höherer Bildung ... eigener Stand der Juristen ..." (f. 3v). Es handelt sich offenbar auch um die gemeinsame Einleitung zu den jetzt verbundenen Vorlesungen RG und Institutionen, also die den Institutionen von 1808 entsprechende, fortgeführte Stelle.
[540] Vgl. die Antwortbriefe *Feuerbachs* vom 3. 6. 1808 und vom 13. 1. 1809 (Nachlaß Marburg 1977 in Mat. 13 zwischen anderen Papieren). Savigny hatte ihm danach auch grundsätzlich zu Gesetzgebung geschrieben. Herr H. KADEL/Marburg bearbeitet diese u. a. Feuerbachiana.
[541] „Falsch" wegen wertender Hypostasierung des Positiven zum Idealen, vgl. näher unten 409.

entgegengesetzten Rechten in Wort und Tat, vor welchem dann jenes (sc. Schlechte) von selbst in seine Nichtigkeit zusammenfällt"[542]. Diesem Vorgehen entsprach es dann auch, wenn er sich in seinen ersten *Berliner Institutionen* im Oktober 1810 nun auch zu einer „historischen Schule" bekannte[543]. Die ‚Berliner Luft', der neue Wirkungskreis unter prominenten Gleichgesinnten, ermutigten ihn zur sonst vermiedenen Parteiung. Sie erschien jetzt wohl legitim als bloßer Ausdruck eines *allgemeinen* Interesses[544]. Vor allem den spröden Heise suchte er mit dieser Aussicht zu gewinnen:

> „Heidelberg glaube ich, wird Sie durch seine Kraft nicht weiter bringen, aber hier wollen wir eine Schule gründen, deren Reaction uns wieder geben sollte, was sie von uns empfangen hätte"[545].

Vielleicht hatte er gerade mit diesen politisierenden Tönen dem hierin scheuen Heise Berlin verdächtig gemacht[546]. Nach 1814 jedenfalls vermied Heise wiederum die erbetene Parteinahme gegen Thibaut[547]. Die Landshuter Positionen verfestigten sich dagegen bei Savigny sichtlich.

Die erwähnte Merkwürdigkeit betrifft ein zentrales Beispiel Savignys. Um die Natur eines ursprünglichen Rechts anschaulich zu machen, kann er nicht in die ferne Zeit zurückgehen, von der er selbst nichts Genaues zu wissen zugibt und „in welcher Niemand davon (sc. von Gesetzgebung) weiß noch wissen kann" (f. 8). Er wählt in dieser Verlegenheit seiner eigenen Dogmen folgendes Beispiel:

> „Die Wechselbriefe sind entstanden durch das innere Bedürfnis des Welthandels. In jeder großen Handelsstadt sind alle Verhältnisse dieser sehr künstlichen Erfindung allgemein gekannt (!). Darum gibt es in jeder Handelsstadt ein Wechselrecht, das nicht in geschriebenem Gesetz, auch nicht in den Schriften der Juristen gegründet ist, sondern in dem allgemeinen Bewußtsein aller denkenden Kaufleute. Wenn nun in einem ganzen Volke Nationalgefühl und Bürgergesinnung eben so verbreitet und eben so entwickelt wäre wie in jener Stadt die Kenntnis des Handels, so würden von dem Bewußtsein dieses Volks alle Verhältnisse des Lebens ebenso durchdrungen werden, wie dort die merkantilen Verhältnisse, und dieses Volk hätte ein ursprüngliches Recht." (f. 3v, 4).

Auch die vielberufene Volksgeistlehre ist also bereits präsent[547a].

---

[542] Gemäß seiner Empfehlung an Creuzer v. Sept. 1808, also gerade zu der hier aktuellen Zeit, zitiert oben bei Fn. 408.
[543] *Rechtsgeschichte* (und Inst.) *1810* (Marburg in M 14), Einleitung, fol. 2; zugleich brieflich an Unterholzner am 15. 11. 10, dazu bereits oben Fn. 325.
[544] Dazu näher unten 391 ff.
[545] So bereits am 19. 9. 19 an Heise, bei Lenel Nr. 19, S. 121.
[546] *Heise* ging jedenfalls 1814 nach Göttingen, dann 1817 nach Hannover in die Verwaltung, 1820 als Präsident ans OAG Lübeck.
[547] Brief an Savigny vom 3. 1. 1816, UB Marburg MS 725/556.
[547a] Vgl. zu deren Herkunft noch unten 186 Fn. 186.

Ein ähnliches Beispiel verwendet er auch 1815 gegen Gönner[548]. Es eröffnet weittragende Überlegungen, denn gerade die Verbindung von diffuser Volksgeistlehre und Privatrechtsliberalismus, die Savignys Jurisprudenz sonst zeigt, wird hier für den schillernden Volksgeist selbst vorgeführt. Der Handelsgeist als privatrechtliche pars pro toto des Volksgeistes? KIEFNER hat diese Verbindung jüngst in treffender Intuition erwogen, aber doch als abwegig verworfen[549]. Nach diesen Quellen wird man sagen müssen: Ebenso wie Savignys Rechtslehre bei Rechtsbegriff, Freiheit u. ä. im *Privat*recht ihre progressive Seite entfaltet, gibt es bei ihm eine Spielart der Volksgeistlehre, die nicht bloß „Willkür" bremst, sondern sie auch einmal als „Meinung" anerkennen kann. Hier war er quasi Jakobiner (mit Gönners Vorwurf), aber eben bloß im Handelsbereich. In dieser Grenzziehung muß man eine wesentliche Charakteristik von Savignys Rechtslehre sehen, die für ihre Einordnung große Bedeutung hat. Denn das Volk, die „eigentliche" Quelle alles Rechts, verliert sich in doppelter Repräsentation durch „Juristen" und „Handelsstand". Die Merkwürdigkeit enthüllt einen bemerkenswerten Kern.

Das *Fazit* zur Forschungs- und Quellenlage für die Landshuter Zeit lautet: Diese Forschungslücke ließ die vielleicht empfindlichsten Ungewißheiten. Aus den gedruckten Briefen und der zeitgenössischen Grundsatzdiskussion ergeben sich zahlreiche Indizien dafür. Sie verdeutlichen auch schon die Richtung der Antwort. Sie werden durch die neuen Marburger Quellen mehr als bestätigt. Eine erste Auswertung wurde daher unternommen. Sie ergab wichtige Anhaltspunkte für frühen Idealismus „objektiver" Prägung bei Savigny.

Savigny überstand seine ‚bayerische Kur' glänzend, nicht nur im persönlichen und religiösen Bereich[550]. Seinen „civilistischen Cursus", wie er ihn analog zu Hugos Lehrbuchreihe nannte[551], hatte er nun ausgeformt: mit großer Arbeitskraft vor allem im Zentrum die *Pandecten*, in der Sache ebenso bedeutend aber die allgemeine Grundlegung. Die wesentlichen Dogmen des Projekts[552] „Geist der Gesetzgebung" wurden in den *Institutionen* festgelegt. Die *Literärgeschichte* wurde aufgeschoben. Der „Cursus" stand für dauerhaften Vollzug in Berlin bereit. Der bis dahin fast nur

---

[548] *Gönner-Rezension*, Verm. Schriften 5, S. 128: „Der Cours des Geldes wird gebildet durch die Meinung des Volkes, welches hierin durch den Handelsstand auf ähnliche Weise, wie dort (sc. bei der Verfassung des Staates) durch die Juristen, repräsentiert wird, so daß die Meinung der Kaufleute meistens den Cours macht."
[549] KIEFNER, Geld, S. 40 in Anm. 57; treffend bereits SCHULTE, S. 82.
[550] Dazu die Nachweise eingangs dieses Abschnitts, oben 72 bei Fn. 312.
[551] In *Institutionen 1808* (Marburg M 14), fol. 10.
[552] Vgl. den bekannten Brief an Bang, oben 92 Fn. 445.

als gelehrt bekannte Zivilist zeigte nun auch ‚Flagge'. Er nahm die gemischte, methodisch-weltanschaulich-politische Herausforderung seiner Zeit an. Seine Lösung war *historisch*: Historie wurde ihm zu einer spekulativen Mischung von Sinn und Sein unter dem Namen ‚die Geschichte'. Ein Abstand zu nüchternen Kantianern wie etwa Hugo fixierte sich. All dies verlief parallel zur energischen Gesetzgebungspolitik seit 1806. In diesem und gegen diesen politischen Sog hat Savigny die wesentlichen Fundamente seiner Rechtslehre gelegt. Darin verkündet sich auch ihre disparate Geschichte: Die Verheißung ihres Erfolgs und ihrer immer wiederkehrenden Aktualität, aber auch das Schicksal sofortiger und nicht abreißender heftiger Anfeindung – beides gemäß den Konjunkturen der *Politik*, der sie so Wesentliches verdankte. Selbst die ganz neue Rechtsquellenlage im demokratischen Staat des 20. Jahrhunderts erwies sich für Neuauflagen nicht unempfindlich.

7. *Ergebnis*

Der Vergleich von Quellenlage und Forschungsstand ist damit so weit durchgeführt wie beabsichtigt. Als Ergebnis läßt sich festhalten:

Die Literatur ist gut erschlossen. Für die Quellen fehlt es dagegen in mehreren Richtungen selbst an ersten Bestandsaufnahmen und Übersichten (I 1). Die monographische und monographieähnliche Literatur zu Savigny widmet sich noch viel stärker als bekannt und geahnt der reizvollen Mischung von Jurisprudenz, Wissenschaft, Geschichte, Philosophie und Politik, die Savignys Grundlehren vermuten lassen. Dies gilt nicht nur für die sehr reichhaltige „Fest"-Literatur, sondern auch für die an sich breiter angelegten Darstellungen. Daraus ergibt sich eine offenbare Forschungslücke, deren Folgen allerdings eher unterschätzt werden (I 2).

Diese Kenntnislücke wurde für *vier Bereiche* näher ausgelotet. Das ergab den korrespondierenden Befund, daß hier wiederum teilweise sehr empfindliche Kenntnislücken bestehen.

Für den Bereich *Politik-Praxis-Ämter* ließ sich eine ganze Reihe von konkreten Aktivitäten ermitteln. Sie deuten alle auf sein beträchtliches Gewicht. Sie wurden bisher nicht im Zusammenhang bearbeitet und auch für spezielle Fragen nur vereinzelt untersucht. Die dazu kontrastierende Fülle der teilweise entschiedenen Stellungnahmen zu Savigny politicus läßt diese Lücken im Quellenfundament fast vergessen. Demgegenüber ergaben sich zahlreiche Anhaltspunkte für neue, differenzierende Thesen (I 3).

Zu Savignys *Dogmatik* konnten ebenfalls eine Reihe von unentbehrlichen Quellen nachgewiesen werden. Ein Vergleich mit der Forschungslage ergibt eine drastische Lücke, die wegen Savignys bekannter Autorität und sehr wahrscheinlich eminenter Wirkung ebenfalls empfindlich genannt werden muß. Sein kennzeichnendes Dogmatik-Ideal ließ sich bereits früh und bemerkenswert präzise erfassen (I 4).

Die sog. *Strafrechtsepisode* erwies sich als kaum bloß episodisch. Gedruckte und erst recht ungedruckte neue Quellen beweisen Savignys große Intensität bei diesen seinen ersten Schritten in einem hochpolitischen und hochphilosophischen Bereich der zeitgenössischen Rechtswissenschaft. Vor allem für die Genese seiner Grundbegriffe muß man sehr fruchtbare Kontexte vermuten (I 5).

Die wohl empfindlichsten Ungewißheiten blieben bisher zur *Landshuter Zeit* zwischen Herbst 1808 und Frühjahr 1810. Schon aus den hier besonders ergiebigen gedruckten Briefen und der reichhaltigen zeitgenössischen Diskussion ergeben sich zahlreiche Indizien für entscheidende Schritte auf mehreren Ebenen: in der Dogmatik (Pandekten) ebenso wie in den allgemeinen Lehren und der Politik (Institutionen) und – wie bekannt – für Religion und Person. Die neuen Quellen bestätigten diese Indizien vollauf. Eine erste Auswertung läßt die Richtung erkennen, in der sich Savignys Antworten bewegen. Er verkündet eine ‚positive', historische, klassisch gesprochen: ‚*falsche*' *Metaphysik*. Konkret erscheinen schon hier, 1808, zwei seiner entscheidenden Geschichtsdogmen: das Ursprünglichkeits- und das Wissenschaftsdogma. Er verkündet sie in der apodiktischen Form von Allsätzen und will sie doch aus ‚der' Geschichte gewonnen haben – daher die Kennzeichnung als ‚falsche' Metaphysik des Positiven. Es handelt sich dabei um *Antworten*, denn Savignys Äußerungen stehen in voller zeitlicher und inhaltlicher Abhängigkeit von der seit 1806 in Deutschland massiv einsetzenden napoleonischen Gesetzgebungspolitik im *Zivil*recht. Diese Herausforderung nahm Savigny an. Dieses Datum markiert daher den Zeitraum, von dem ab deutlichere und zusammenhängende Bekenntnisse zu den 1808 dann schon bestechend klar und umfassend vorgetragenen eigenen Dogmen sich ausbilden. Die *Berliner Zeit* erscheint daher trotz Freiheitskriegen und Kodifikationsstreit wesentlich als Vollzug bereits in der ‚bayerischen Kur' gefestigter Überzeugungen. Die damit festzustellende äußere und tief ins Gesamtbild reichende Forschungslücke entspricht übrigens nur der Lage in der allgemeinen Geschichte, in der man ebenfalls erst jüngst diese „napoleonische" Inkubationsphase von weittragenden Entscheidungen und Positionen wiederentdeckte (I 6).

Die offenbaren Lücken unserer Savigny-Kenntnis sind damit näher bestimmt, ausgelotet und teilweise bereits geschlossen. Das folgende Kapitel wendet sich noch einmal dem „bekannten Savigny" zu.

2. KAPITEL

VERSTECKTE UNBEKANNTHEIT SAVIGNYS?

1. *Fragestellung*

Die Untersuchung darüber, wie weit eigentlich unsere Kenntnis Savignys reicht und nicht reicht, hat im Vergleich von Quellenlage und Forschungsstand einige größere Lücken ergeben. Das Ergebnis legt die Frage nahe, wie weit man den vorhandenen Kenntnisstand als sicheren Schatz begreifen darf. Savigny scheint bekannt, aber in Wirklichkeit sind die Kenntnisse womöglich trügerisch. Diese Untersuchungsdimension nenne ich die der „versteckten Unbekanntheit".

2. *Methodenprobleme*

Es wäre vollends hier ganz ungerecht, die vielen wertvollen kleineren Einzelstudien in Aufsätzen und auch manchen Festreden zu übergehen. Doch kann für die jetzige Fragestellung der ohne Zweifel erforderliche, aber sehr mühsame analytische Bericht darüber noch unterbleiben[553]. Denn ein *methodisches Problem* fordert schon an der Schwelle zu dieser Analyse heraus. Es ist nämlich etwas unglücklich, wenn die Detailstudien sich auf eingestanden vorläufige, allgemeine und unvollständige Gesamtbilder stützen, diese Gesamtbilder aber umgekehrt auf eben diese Einzelstudien ebenso explizit vielfach zurückgreifen. *Der Zirkel liegt auf der Hand.* Natürlich gelingt es immer wieder, dieses Problem mehr oder weniger elegant zu umschiffen. Auch kann nicht alles auf einmal geleistet werden, und es ist schon viel gewonnen, wenn die Spezialstudien ihre allgemeinen Deutungsprämissen benennen und so Mißverständnisse verhindern. Aber das gegenseitige Sich-Stützen wird gerade bei dem unvermeidbaren Thema Savigny anhand eines Kanons von Quellen praktiziert, dessen gewaltige Defizite im vorigen Kapitel nachgewiesen wurden und den Zirkel doch etwas bedenklich werden lassen. Dabei wurde freilich hervor-

---

[553] Vgl. immerhin bereits die entsprechenden Teile bei LUIG/DÖLEMEYER, Verzeichnis.

gehoben, daß einige Studien eine wirklich begrenzte und begrenzbare Fragestellung mit ausgezeichnetem Erfolg lösen. Aber die Fülle der allgemein interessierten Studien hält gerade diese Regel nicht ein. Die auf diese Weise gewonnenen Ergebnisse können zwar kühne Treffer enthalten, aber man hat keine klaren Maßstäbe, um sie zu identifizieren. Auf diese Weise kommt es zu einer Unsicherheit, die eigentlich eine Unbekanntheit genannt werden muß.

Ein zweiter Aspekt verstärkt die methodischen Bedenken: die *Kontextunsicherheit*. Nimmt man das Beispiel der zumeist bearbeiteten allgemeinen Fragen, so besteht vermutlich darüber Einigkeit, daß ohne selbständige Kenntnis der zeitgenössischen idealistischen Philosophie *und* ihrer juristischen Gefolgsleute der andeutende und knappe, möglicherweise eklektische Savigny nicht klar verortet werden kann. Sehr viel kommt dabei auf Ton und Terminologie dieser Sprache an, die als *Fremdsprache* aufgefaßt und analysiert werden muß. Gerade wenn er vielleicht eine ganz naive, „natürliche" Rechtsphilosophie praktiziert, kann diese Naivität nur an ihrem zeitgenössischen Abstand zu weniger naiven Lösungen genauer gemessen werden. Es genügt daher nicht, „den" Idealismus aus Darstellungen zu entnehmen, ganz zu schweigen davon, daß eben das Bild dieses Objekts wegen seiner durchlaufenden Aktualität bei den selbst interessierten Neuidealisten verschiedener Schattierungen erheblich wechselt. Man paßte es immer wieder neuen Fragestellungen und Überzeugungen an. Es fehlt durchaus an streng historischen Darstellungen dieses Bereichs, die auch etwas vom Originalton vermitteln[554].

Für die *politische Seite* Savignys und deren Einordnung stellt sich dieses Problem noch schärfer. Schon bei der philosophischen wurzelt es ja gerade auch im hohen Politikgehalt des deutschen Idealismus um 1800 – dieser „Revolution des Geistes"[555]. Auch hier fehlt es weitgehend an genügenden Gesamtdarstellungen, zumal an eher berichtenden[556]. Man

---

[554] Einen großen Schritt in die hier gemeinte Richtung bedeutet jetzt aber das HISTORISCHE WÖRTERBUCH DER PHILOSOPHIE, 1971 ff. Als sehr quellennaher Überblick wertvoll COPLESTON, History of Philosophy, hier Bd. 6 und 7, 1963/1964; eine Fundgrube für die ganze Phase bietet jetzt KONDYLIS, Dialektik (1979).

[555] Einige Veranschaulichung dazu bei RÜCKERT, Reyscher, S. 297 f., 210 f. Eindringende Information und Argumente jetzt bei KONDYLIS, Dialektik, S. 14ff., 210ff. u. ö.

[556] Parallel zum „Historischen Wörterbuch der Philosophie" und ebenso wertvoll und unentbehrlich jetzt: GESCHICHTLICHE GRUNDBEGRIFFE. Historisches Lexikon zur politisch-sozialen Sprache in Deutschland, hg. von O. BRUNNER, W. CONZE, R. KOSELLECK, 1972 ff.; daneben immer noch SABINE, A History of political Theory, 1963; vgl. die Angaben eines Handbuchs wie JUST/VON RAUMER, Dt. Geschichte im 19. Jh., Bd. 3 I 1, 1980, hier S. 601 f.; im übrigen auch die zu „Liberalismus" unten 172; wertvoll daneben die neuen Quellensammlungen von BRANDT, 1814-40 (1979) und FENSKE, 1840-49 (1976).

anerkennt kaum einen begrifflichen Kanon. Der Kampf um die gleichen politischen Grundbegriffe, die einen Savigny eventuell charakterisieren sollen — reaktionär, restaurativ, konservativ, liberal, freiheitlich, demokratisch, national, sozial — wird noch ganz aktuell geführt. Er liegt daher stets auch hinter den Ausführungen sei es eines BETHMANN-HOLLWEG, JHERING, WAGENER, WINDSCHEID, LANDSBERG, GIERKE, KANTOROWICZ, MANIGK, ZWILGMEYER, WOLF, SCHÖNFELD usw. Und die Schwierigkeit, sich aus diesem Sprachspiel zu lösen, ist um so größer, weil Savigny darin in pro oder contra eine hervorragende Autorität ausmacht. Zudem drohen die Kennzeichnungen sich andererseits im allzu Konkreten zu verlieren. Es gibt aber doch für das Problem einer genaueren politischen Ortsbestimmung eine Lösung, wenn man die Ansprüche nicht zu hoch schraubt. Und diese Lösung unterscheidet sich nicht grundsätzlich von anderen Wegen des historischen oder sonstigen Charakterisierens. Nur die Temperatur der Wortfelder differiert enorm. Wenn man für den ersten Arbeitsgang darauf verzichtet, epochal — etwa für *das* 19. Jahrhundert, *die* Neuzeit, *die* historische Schule, die Genese *des* Positivismus — gültige oder gar bis heute allgemein gültige Bezeichnungen zu fordern, läßt sich durchaus klar bestimmen, *in welchem Verhältnis* die Meinungen *damals* standen und wie sich dieses weiterentwickelte. Wie man sie dann bezeichnet, ist prinzipiell sekundär, und damit liefert man sich auch nicht dem „Chaos" eines historischen Detaillismus aus, sondern man baut vielmehr mit an dem Grund, der solide Epochengebäude erst zu tragen vermag.

Beide Beispiele, also Philosophie und Politik Savignys, führen auf die Erkenntnis, daß der zeitgenössische Kontext viel zu unbenutzt geblieben ist. Der oben geschilderte Forschungsstand zu Landshut vermittelt davon einen lebhaften Eindruck. Auch die 20er und 30er Jahre des 19. Jahrhunderts bieten einen immensen Reichtum zur Einordnung Savignys[557]. Dabei muß dem möglichen Mißverständnis begegnet werden, hier werde etwas propagiert, das WIEACKER einmal beklagte als „eine leidige Gewohnheit der Geistesgeschichte (sc., Savigny) als Produkt geistiger Abhängigkeiten zu erklären" oder STRAUCH als die Gefahr, „dem Ableitungsstreben zu verfallen"[558]. Das Richtige in dieser Bestrebung wurde auch nicht verkannt, und WIEACKER selbst hat ebensowenig wie andere

---

[557] Dies ergibt sich aus der Vorstellung, worauf ein Kapitel: „Savignys literarische Tätigkeit und ihr Echo", zu bauen hätte, vgl. das entsprechende zu Reyscher bei RÜKKERT, S. 78-190.
[558] WIEACKER, Wandlungen, S. 5, ähnlich Priv.r.gesch., S. 367; ähnlich ZWILGMEYER, S. 44, STRAUCH, Savigny, S. 109 u. ö., JAEGER 1974, S. 422; CARONI 1969, S. 146, STÜHLER, S. 18.

buchstäblich danach gehandelt[559]. Denn es geht nicht nur um Abhängigkeiten, sondern um die präzisere Erfassung eines diffusen Objekts. Und diese läßt sich vor allem erreichen durch Vergleiche und Aufsuchen seiner Voraussetzungen, also indem man sein sukzessives und simultanes Verhältnis zu anderen Objekten bestimmt. In diesem Sinne *bestätigt* die Sentenz die Notwendigkeit, die Kontexte heranzuziehen und die grundlegende Forderung möglichst vollständigen Sammelns einzulösen, ehe man sichtet und prüft oder erfolgreiche Prüfungen schon hinter sich gebracht haben will.

Der beschriebene Stand der Savignyforschung erweist, daß diese Überlegungen auszusprechen nicht völlig obsolet sein kann; denn man hat sich allzu wenig an sie gehalten, so sehr sie anerkannt sein mögen.

3. *Streitfragen als Indizien*

Diese Kontextunsicherheit läßt sich nicht nur mehr theoretisch erwägen, sondern an einigen Folgen konkret zeigen. Genauer betrachtet, bieten nämlich die vorliegenden Ergebnisse zu Savigny einen erstaunlich hohen Grad von Unsicherheit und Schwanken, auch wenn man nicht jeden Einspruch gegen eine bestimmte Deutung grundsätzlich nimmt. An einigen Beispielen ist dies zu belegen. Die Literaturhinweise dabei verdeutlichen also lediglich die Existenz von Kontroversen, nicht deren Verlauf und genauen Inhalt.

---

[559] WIEACKER selbst kreiert in „Wandlungen" die These vom Neuhumanismus als charakteristisch, ZWILGMEYER betont die maßgebende Rolle Herders. STRAUCH hält sich an seine Forderung eher, aber nicht durchweg mit Erfolg für eine bessere Charakteristik; sein Unternehmen, nicht „dem Ableitungsstreben zu verfallen (und) ... Savigny so aller Originalität (zu) berauben" (109), endet in gewisser Ironie mit dem Schluß: „Savigny trägt Elemente aller (!) zu seiner Zeit wirksamen Geistesrichtungen in sich, die mit den religiösen Anschauungen zu einer neuen Einheit verbunden werden. Kennzeichnend ist also die Komplexität seines Geistes, die eine Nuancierung statt einer Einordnung geboten erscheinen läßt" (187). Ähnlich STÜHLER, der die fachphilosophische Seite einfach ausblendet und damit seinem guten Ansatz wesentliche Stützen nimmt. Das Ergebnis überzeugt daher nicht, vgl. unten 204 bei Fn. 271. JAEGER verspricht erst ein eigenes Werk zur Klärung. Vgl. jetzt die bewußten Begründungen für richtig verstandene Kontextarbeit bei KONDYLIS, S. 12 ff. (Vorwort); ähnlich für Heranziehung des „Diskussionsfelds der Epoche" jetzt D. NÖRR, Anschauung (s. Nachtrag), S. 616.

Man schwankt schon, ob Savigny überhaupt „philosophisch" zu nennen sei[560]. Im einzelnen fragt man sich, in welche Richtung er am ehesten passe. Schelling[561], Herder[562], Goethe[563], Kant[564], Fichte[565], Hegel[566] u. a. werden geboten, mit teilweise stark dissonierender Entschiedenheit[567]. Im Gegenzug schreibt man Savigny eine eigene selbständige Richtung zu[568].

---

[560] Nwe. dazu bei TEGETHOFF 1952, S. 10 u. bes. bei SCHULTE 1954, S. 27 f. (dafür) u. zu Bethmann, Hölder, Scherer, Landsberg (alle dagegen); weiter HOLLERBACH, Schelling, S. 300 f. (das philos. Interesse versiege 1802, m. Nw. zu STOLL (I 59, III 226: ähnlich), auch S. 313, 319; ZWILGMEYER, S. 53 (eher unphilos.); GAGNÉR, Gesetzgebung, S. 99 (eklektisch); LARENZ, Idealismus, S. 145 (dafür), ROTHACKER, Logik, S. 119 (dafür); viele Nwe. noch bei CARONI 1969, S. 145; daneben noch FASSÒ, Storia, S. 67 (sehr zurückhaltend, viel allg. Kulturgut); für früher bes. WARNKÖNIG 1839, S. 160.

[561] Dazu Nwe. bei MARINI 1966, S. 149 für Landsberg, E. Loening, Hollerbach, Solari, Zwilgmeyer, Kantorowicz; WIEACKER, Priv.r.gesch., S. 337 A. 33 u. a. für Ross, Gagnér 1960; RÜCKERT, Reyscher, S. 331 für Böckenförde, Schuler; außerdem sogleich im Text zu HOLLERBACH (bei Fn. 617 und 625 ff.); beachte auch STRAUCH, S. 164 und für früher BONNET 1913, S. 168 f. und RÜCKERT, aaO., je mit Nwn.

[562] Dafür bes. ZWILGMEYER, S. 47 und WÜRTENBERGER; früher EHRENBERG, Nachweise bei MARINI 1966, S. 152 in A. 186; SCHULER, S. 214; zuletzt gute Nwe. bei SCHIKORSKI, Körperschaft, S. 54 in A. 60, sowie CARONI 1969, S. 111; vgl. oben 75 Fn. 335.

[563] Dafür bes. WIEACKER, Priv.r.gesch., S. 394 mit WOLF und SCHÖNFELD; vgl. MARINI 1966, S. 152 f.; ZWILGMEYER, S. 63 in A. 3.

[564] Dazu die Nachweise bei MARINI, 1966, S. 134 in A. 145 u. S. 34 in A. 48; außerdem jetzt, jeweils differenzierend, SCHIKORSKI (Nwe. dort S. 45), SCHRÖDER (vgl. oben 95 bei Fn. 459), KIEFNER, Junger Savigny, S. 37-39; RÜCKERT, Reyscher, S. 302, 330; unklar STÜHLER, S. 38-42 (vgl. oben Fn. 460); für früher noch ZWILGMEYER, S. 39-41, 53 (dagegen), bes. LANDSBERG, N. 96 und A. 16: „von irgendwelcher Beeinflussung durch Kant kann aber keine Rede sein." Einschränkend jüngst wichtig SOURLAS, Savigny kai Kant (1980) und immer noch SOLARI.

[565] Dazu immer noch bes. ZWILGMEYER 1929, S. 53 f.: komme nicht in Frage; ebenso KANTOROWICZ, Schwarz-Briefe, Anm. 2 S. 72; differenzierend zuletzt KIEFNER, Junger Sav., S. 37 f.; vgl. weiter MARINI 1966, S. 145 ff. (auch zu Hollerbach dabei), SCHULER 1960, S. 218 (der Einfluß werde unterschätzt) und zuletzt NÖRR, Vortrag in Augsburg 1980 (eher dafür, bes. bei „Anschauung").

[566] Bes. BRIE 1908/09 für die Volksgeistlehre (m. Nwn. für Frühere); w. Nwe. bei SCHULER 1960, S. 214 und MARINI 1978, S. 116, 170; neuestens DERS. gegen SCHIAVONE, in: Quad. fior. 9/1980 (1981). Ein sehr bedenkenswertes Urteil schon 1839 bei WARNKÖNIG, Rechtsphilosophie, S. 129: „Die hegelsche Rechtsphilosophie, die nur den vollkommen Eingeweihten ganz verständlich ist, obgleich sie die Grundbegriffe des Naturrechts der Kantischen Schule in sich aufnimmt, hat aber deshalb gerade einen von diesem sehr verschiedenen Charakter, und könnte, wenn man sich richtig verstünde, vielleicht die der historischen Schule der Rechtsgelehrten werden"; auch schon ZWILGMEYER, S. 54 f., 61.

[567] Siehe ZWILGMEYER für Fichte, LANDSBERG zu Kant und Schelling, WIEACKER zu Schelling, zitiert in Fn. 564 f., 561; für Schelling näher sogleich im Text zu HOLLERBACH. Jüngst wieder nur mit KANTOROWICZ 1933, KAWAKAMI (s. Nachtrag), S. 318 für Kant.

[568] So sehr entschieden z. B. STRAUCH 1960, S. 109, 187 (vgl. das Zitat in Fn. 559); ähnlich ZWILGMEYER, S. 44 ff., aber begrenzt auf die „Rechtslehre" und SINGER 1889, S. 303 ff.; ein wenig auch schon BONNET 1913, S. 172 ff.; weiter FASSÒ, Storia, S. 67 (Sav.

Mal erscheint er bei alledem mehr romantisch, mal mehr klassisch[569], mal mehr naturrechtlich, mal mehr positivistisch[570], mal mehr metaphysisch[571]. Seine Geschichtlichkeit halten manche für evolutionistisch-organologisch, andere für darwinistisch, dritte für „ungeschichtlich"[572]. Dementsprechend nennen ihn manche konsequent, andere eben so entschieden inkonsequent[573]. Einmal verdrängt man den *Beruf* als Fremdkörper aus der Gesamtdeutung[574], dann wieder macht er den Kern aus[575]. Politisch ist Savigny den einen der Prototyp eines Konservativen, den anderen reaktionär, den dritten liberal[576]. Der Kern der Volksgeistlehre

habe allg. Kulturgut bes. deutlich ausgesprochen). Vgl. für früher WARNKÖNIG, Rechtsphilos. (1839), der in seinem ausf. geschichtl. Teil Savigny selbständig behandelt (S. 160 f.), bzw. am ehesten einer „theologisierenden" Richtung zuordnet (S. 161 f.: de Maistre, de Bonald, de la Mennais, A. Müller, Fr. Schlegel, Stahl u. a.). Jüngst schreibt JAKOBS sogar, „zur Unabhängigkeit Savignys von der zeitgenössischen Philosophie ist alles Nötige bereits gesagt von Singer" (1889) in: Wissenschaft 1983 (s. Nachtrag), S. 27 in Anm. 43, auch dies Ausdruck einer gar nicht notwendigen, aber beliebten en-passant-Erledigung wesentlicher Fragen bei Savigny.

[569] Gute Nachweise hierzu bes. bei CARONI 1969, S. 101 in A. 13; weiter WIEACKER, Priv.r.gesch., S. 359 in A. 41. Die Kennzeichnung als „romantisch" in dem großangelegten Werk von SCHOEPS, Dt. Geistesgeschichte der Neuzeit, Bd. 4. Die Formung der politischen Ideen im 19. Jh. (1979), S. 41-61 bietet keine neuen Argumente und präsentiert die alten nicht gerade optimal.

[570] Vgl. dazu oben 108 bei Fn. 521; außerdem RÜCKERT, Bohnert-Rez., S. 503; Ross, Rechtsquellen, S. 129; fruchtbare Differenzierungen hierzu bei BONNET 1913, S. 154 f. und jetzt LIPP, Die Bedeutung der Naturrechtslehre für die Ausbildung der allg. Lehren des dt. Privatrechts, 1980, hier S. 17 ff., 151.

[571] Wie vorige Anm.; weiter BOHNERT, Puchta, S. 178; GAGNÉR, Öff. Recht.

[572] So bes. BÖCKENFÖRDE 1965; Nwe. bei WIEACKER, Priv.r.gesch., S. 366 in A. 64; CARONI 1969, S. 110; vgl. früher BONNET 1913, S. 160 ff.

[573] Nachweise bei RÜCKERT, Reyscher, S. 335 f., 139 und jetzt MAZZACANE, Metodologia, S. 226.

[574] WIEACKER u. a., dazu bes. CARONI 1969, S. 100 f. mit Nachweisen, auch 131; LARENZ, Meth.lehre, S. 11 in der Anm.; diese Frage stellt sich freilich erst deutlicher seit der Edition der Anleitung von 1802 durch WESENBERG, wurde aber früher auch für das Verhältnis *Beruf – System* gesehen, vgl. BRIE, SOLARI, aber auch WIEACKERS Einschränkung in: Philos. und Rechtswissenschaft (1969), S. 144. Ähnlich CARONI 1981 für die Volksgeistlehre.

[575] Vgl. nur MARINI 1978, S. 154.

[576] Vgl. die Analyse der Literatur oben 42 ff.; daneben auch RÜCKERT, Reyscher, S. 339, 131 in A. 319 mit Nachweisen; HATTENHAUER, Einleitung; WROBEL 1975; DILCHER, Positivismus, in Anm. 9 und 52; MARINI 1978, S. 120; Ross 1929, S. 130; BENÖHR, KLENNER und KUCZYNSKI, siehe das Referat bei LUIG/DÖLEMEYER 1979. VAN HALL 1982 (Nachtrag), S. 289 meint, für konservativ bestehe inzwischen „fast einhellige Übereinstimmung". Dabei bleibt nur sehr vage, was „konservativ" sein soll. Differenzierter DERS. 1981 (Nachtrag), S. 73 f.

findet immer wieder neue Deutungen[577]. Selbst ein zentraler Punkt wie die Lehre vom Rechtsinstitut wird recht verschieden interpretiert[578].

Diese Unsicherheiten in zahlreichen Fragen muß man als Indizien dafür ansehen, daß das erwähnte zirkelhafte Vorgehen und die Vernachlässigung der zeitgenössischen Kontexte durchaus Folgen zeitigten. Das verwundert um so weniger, wenn man sich der weiteren Frage zuwendet, welcher Quellenkreis bei einigen Hauptuntersuchungen bisher eigentlich verwendet wurde. Während also bisher primär die *Fragestellungen und Ergebnisse* der Forschung betrachtet wurden, geht es jetzt um die *Quellenbasis* dabei.

4. Quellenbasis wichtiger Untersuchungen

LANDSBERG verfügte 1910 im wesentlichen über die Druckschriften Savignys und einige gedruckte Briefe[579]. Daneben hatte er Zugang zu Material der Savigny-Biographen Bremer in Bonn und Stoll in Kassel, d. h. wiederum wesentlich zu Briefen. Darüberhinaus hätte er in vermutlich sehr reichem Maße Nachschriften benutzen können. Zu den ungedruckten Briefen bemerkt er selbst:

> „Leider habe ich auch trotz mannigfacher Bemühungen und freundlicher Unterstützung mir aus Savignys handschriftlich erhaltenem Briefwechsel kein Licht verschaffen können, weder über diese (sc. beim *Besitz*) noch über andere schriftstellerisch von ihm unbeleuchtet gelassene Wendungen und Abschnitte seines Schaffens"[580].

Und im Text sagt er später resignierend, Savigny wisse mit wenigen Äußerungen über seine Werke

> „eine Verschlossenheit über seinen inneren Entwicklungsgang, über sein ganzes wissenschaftliches Innenleben zu verbinden, die die Verzweiflung des Biographen ausmacht"[581].

So gesehen, erstaunt es um so mehr, daß er keinerlei Vorlesungsnachschriften heranzieht, überhaupt die sachliche Seite der Lehrtätigkeit fast

---

[577] Vgl. früher BRIE, LOENING, BONNET, heute bes. CARONI 1969, S. 133 f., 146 A. 287; Ross, Rechtsquellen, S. 130; jüngst BOHNERT, Puchta, S. 46 ff.; HAMMEN 1983 (s. Nachtrag), S. 54 ff.
[578] Dazu bes. KIEFNER, Lex frater, WILHELM, Meth.lehre und Überpositive Systematik, aber auch DÖRNER, Familienrecht, S. 82 ff.
[579] Vgl. das bis ca. 1910 Veröffentlichte in den Aufstellungen oben 16 ff., bes. ENNECCERUS, v. SCHULTE, PFÜLF, VARRENTRAPP; außerdem JHERING 1892, STENGEL für Grimm; davon aber nicht alles benutzt bei LANDSBERG.
[580] LANDSBERG, N. 96 in A. 16.
[581] LANDSBERG, T. 244.

gar nicht erwähnt[582]. Ebenso verzichtet er darauf, die kleinen Schriften gründlich auszuwerten[583], besonders bei den politischen[584].

Die Ministerzeit beschreibt er explizit bloß nach STÖLZEL und OTTO[585]. Die intensiver untersuchte philosophisch-geistesgeschichtliche Zuordnung zu Schelling wird mit nur wenigen selektiven Hinweisen auf Primäres von Schelling begründet[586]. Mehr noch fällt ins Gewicht, daß er dabei ganz FISCHERS philosophiegeschichtlicher Schelling-Darstellung sowie HAYMS Buch über die „Romantische Schule" von 1870 folgt[587]. Zuletzt und vor allem führt er an,

> „daß wir in den letzten Jahrzehnten ja auch dieser Romantik wieder nähergetreten sind und darüber Darstellungen neuer Schriftsteller erhalten haben, die sich mit künstlerischer Feinheit in das ganze romantische Gefühlsleben so zu versenken wissen, daß sie es uns gewissermaßen, unserer Zeit angepaßt, neu gebären"[588].

Alles in allem stammt gerade hier doch sehr viel aus zweiter Hand und aus sehr begrenztem Quellenkreis. Das bleibt festzuhalten, auch wenn man die Werke FISCHERS und HAYMS mit Recht zu den besseren zählt.

Was Savignys Hauptdruckschriften betrifft, so gehen LANDSBERGS Analysen kaum einmal über die Anfangskapitel von *Geschichte des Römischen Rechts* und *System*, daneben *Beruf* hinaus. Zudem unternimmt er sie unter der schon zuvor entwickelten Frage, wie weit sie mit dem *angenommenen Programm* übereinstimmen[589]. Man erfährt also relativ wenig über die Substanz der Werke Savignys, die zweifellos über diese allgemeinen Grundlagen hinausgeht.

Ich würde mißverstanden, sähe man in diesen Ausführungen eine Schmälerung der Verdienste dieser grundlegenden und meisterhaften, ersten großen Darstellung zu Savigny. Angesichts neuer Quellen und Fragestellungen ging es mir nur darum, zu klären, wie weit LANDSBERGS Ergebnisse nach ihren Fundamenten weiterhin als sicher zu nehmen sind und wie weit nicht mehr.

---

[582] Bloß ein kurzer Hinweis in A. 76 N. 104; zu Savigny als Lehrperson allg. dagegen einiges T. 189.

[583] Vgl. dazu T. 199 und N. 98 Anm. 35, T. 223-226 und N. 72.

[584] Vgl. T. 242 f./N. 108 f. zu „Universitäten" 1832; T. 207/N. 100^{45} passim zu „Stimmen" 1816; T. 235/N 106^9 passim zu „Städteordnung", s. oben 43 bei Fn. 160.

[585] Vgl. N. 107^{14}; s. auch schon oben 43 bei Fn. 161 f.

[586] Auf SCHELLINGS „System ..." 1800: N. 103 in Anm. 61-63; auf die „Vorlesungen ..." 1803: ebda. in Anm. 68 f.; auf die Schrift über die „Weltseele ..." 1798: ebda. in A. 65.

[587] Siehe aaO., N. 102 in Anm. 57 f.

[588] AaO., T. 245 f. Er meint R. HUCHS Romantikbuch von 1900 und 1901, s. N. 109 in A. 8. Zugleich begründet er damit teilweise auch seine eigene Meinungsänderung gegenüber dem ADB-Art. von 1890.

[589] Dazu aaO., bes. T. 199-217 und 241-253. Der Programmabschnitt folgt gleich auf den rein biographischen ersten Abschnitt, s. T. 200 ff.; vgl. schon oben 24 f. bei Fn. 64.

Bei BERGBOHM läßt sich dies leichter feststellen. Er sagt selbst deutlich, er verzichte darauf zu prüfen, wie weit „der Einfluß (sc. der nach ihm naturrechtlichen Methode) sich in den dogmatischen Schriften der Begründer der Historischen Schule (d. h. hier Savignys und Puchtas) tatsächlich geltend gemacht hat". Denn dieser Nachweis sei „sehr schwer zu führen", und der Aufwand stehe in keinem vernünftigen Verhältnis zum Ertrag[590]. BERGBOHM mag damit eine weitverbreitete Meinung ausgedrückt haben, und jedenfalls blieb die Konzentration auf die direkten allgemeinen Verlautbarungen, also das mehr oder weniger Programmatische auch dem Quellenkreis nach bestehen.

ZWILGMEYER hatte dann 1929 neben einer schon sehr reichhaltigen Literatur auch den ersten und teilweise den zweiten Band der STOLLschen Sammlung vor sich, daneben eine Reihe neuer Drucke von Briefen, z. B. an Stahl, Heise, Bluntschli, Schwarz, Weis und von Niebuhr[591]. Er benutzt auch eine Nachschrift „Goeriz" der Pandekten von ca. 1830[592]. Der Teil „systematische Darstellung der Rechtslehre Savignys" (Teil B, S. 10-39) beruht auf integrierender Verarbeitung von „Beruf" und „System", dazu einiger kleiner Schriften. Bisweilen, aber selten, vergleicht er Stahl, Hegel, Puchta, auch A. Müller[593], vereinzelt benutzt er dabei STOLL u. ä.[594]. Im Abschnitt „Entstehung, Entwicklung und Würdigung der Rechtslehre Savignys" (S. 39-64) stützt er sich zunächst auf STOLL, dann auf die Literatur, die er sichtet und etwas abwägt. Er beweist dabei eine geschickte Hand – aber auch er verfährt einseitig in der primären Verwendung und dem primären Vergleich der im Ergebnis bevorzugten Einwirkungsgrößen. Zu Schlegel, Schleiermacher und besonders Herder gibt er Nachweise auf Originale, ein wenig auch zu Hugo. Dagegen lehnt er Kant, Fichte, Hegel, Schelling u. a. ab schon auf Grund einzelner Stellen bei STOLL und allgemeiner Erwägungen[595].

Wie lohnend eine Erweiterung der Quellenbasis sein konnte, bewies 1927 FELGENTRAEGER mit seiner dogmengeschichtlichen Studie zur Über-

---

[590] Alles bei BERGBOHM 1892, S. 524. Dies mindert übrigens nicht den Wert seiner bisweilen unterschätzten, eindringlichen Analysen der allgemeinen Textteile Savignys und ihrer zeitgenössischen Umgebung.

[591] Vgl. die Editionen, zusammengestellt oben 16 ff.

[592] Vgl. ZWILGMEYER S. 14 in der Anm., S. 21 in A. 6, S. 25 in A. 2; der Verf. besitzt die Nachschrift noch, siehe jetzt die oben 63 f. gegebene Übersicht zum heutigen Bestand.

[593] ZWILGMEYER, S. 14 in A. 3, 15 in A. 7, 34 in A. 4; zu Hegel S. 22 in A. 5 f., zu Puchta S. 15 in A. 5, 22 in A. 2-4, 26 in A. 2 ff., 27 in A. 4, 28 in A. 1; zu Müller S. 14 in A. 7.

[594] Z. B. aaO., S. 29 in A. 4.

[595] AaO., S. 45-53, 53 ff. zu Kant u. a.

eignungslehre. FELGENTRAEGER suchte und verarbeitete erstmals systematisch Kollegnachschriften seit 1802, insgesamt acht Stück. Er stellte sie auch hinreichend in den Zusammenhang der Literatur davor und danach und bewies damit, daß Savigny unerhört Neues weniger im einzelnen erreichte, sondern in der „Verallgemeinerung" geläufiger Lehren zum Begriff eines „spezifisch sachenrechtlichen Vertrages, des dinglichen Rechtsgeschäfts"[596]. Außerdem öffnete er die Augen dafür, daß Savignys dogmatischer Einfluß viel früher und entschiedener als mit *System* und *Obligationenrecht* tatsächlich vorlag[597]. Und er schloß aus der raschen Verbreitung und Aufnahme zu Recht, „daß in der wissenschaftlichen Welt die Blicke auf Berlin gerichtet waren und ... jedes Wort des Meisters als geprägte Münze genommen und weitergegeben wurde"[598]. Auf diesen lohnenden dogmengeschichtlichen Spuren bewegte man sich trotzdem kaum weiter. Soweit ich sehe, zog erst wieder WOLLSCHLÄGER 1970 zur Unmöglichkeitslehre einige Nachschriften heran. Auch nach seinen Ergebnissen prägte Savigny hier ein Dogma neu[599], wenn auch nicht so deutlich durchschlagend wie bei der Übereignungslehre. Das eigentlich prägende Werk schrieb nach WOLLSCHLÄGER erst 1853 Fr. Mommsen[600].

Für WOLFS schönes Lebensbild wurde bereits vermerkt, daß er dabei erklärtermaßen selektiv und appellativ verfährt[601]. Die vierte und letzte Auflage seiner „Großen Rechtsdenker" wurde in den Anmerkungen um zahlreiche Quellen, vor allem aus Briefen ergänzt, übrigens ohne Fundstellenangaben. Ein genauer Vergleich mit der ersten Auflage ergibt aber, daß diese spätere Einarbeitung am Leitfaden des bereits gegebenen Textes erfolgte. Man kann daher darin nicht eigentlich eine neue, selbständige Begründung der Ergebnisse anhand systematischer Quellenprüfung sehen. Daß die Begründung der einzigen erheblichen sachlichen Änderung sehr schmal ausfiel, wurde bereits dargelegt[602]. Auf die Frage nach der Quellenbasis muß also festgehalten werden, daß WOLF die erste Grundlage nicht systematisch quellenmäßig legte und dies auch nicht nachholte.

Ein beträchtlicher Teil von WILHELMS Erfolg gründet dann wieder darin, daß er einige große Schritte in neues Gelände tat. Er maß die Pro-

---

[596] FELGENTRAEGER, S. 34.
[597] AaO., S. 34 und 41.
[598] AaO., S. 37.
[599] WOLLSCHLÄGER, S. 121.
[600] AaO., S. 123.
[601] Oben 27 bei Fn. 80.
[602] Oben 45 ff.

grammsätze auch an der Forschungspraxis[603], argumentiert überall auf der Basis einer fundierten Vergleichung vor allem mit Stahl, Puchta, auch Thibaut u. a., stieß über die allgemeinen Sätze der Druckschriften hinaus zu einzelnen Lehren wie Rechtsinstitut, Auslegung, System vor[604] und beachtete dabei nicht zuletzt die politischen Aspekte, die, wie sich hier schon zur Landshuter Zeit gezeigt hat, bei der Genese generell so relevant waren. Bisweilen übersieht man jedoch, daß Wilhelm die politische Seite nicht eigens untersuchte und auch die philosophischen Seiten von Savignys „juristischer Methodenlehre" dem Titel gemäß nicht einbezog.

STRAUCH stellte in seinem Savigny-Buch[605] im ersten, mehr referierenden Teil nach drei Phasen getrennt alle gedruckt verfügbaren Stellen zu den allgemeinen Fragen unter einer eigenen Systematik sehr gründlich zusammen[606]. Für die zweite Phase zwischen 1814 und 1835 bezieht er durchgehend auch vier Nachschriften ein[607]. Der Quellenkreis ist damit erweitert. Fast ganz fehlen Vergleiche und Abgrenzungen im zeitgenössischen Kontext. Vergleicht man dies mit WILHELM, den STRAUCH leider nicht mehr benutzte, so fällt auf, daß sich daraus bei STRAUCH eine gewisse Sterilität der Darlegungen ergibt. Die Savigny-internen Linien werden liebevoll verfolgt[608]. Aber auch sie verschwimmen hinter der Drei-Phasen-Teilung und dann seiner eigenen Kritik bei der Zusammenfassung im „kritischen Teil"[609]. STRAUCH gibt damit ein klares Beispiel für Grenzen und Nutzen einer rein immanenten Methode. Bei der nicht allzu reichen Quellenlage pro Phase, die STRAUCH bei seiner Teilung in drei Phasen vorfindet, zeigen sich eher die Grenzen. Nicht zufällig ergibt sich ein recht vager Schluß: „Kennzeichnend ist also die Komplexität seines Geistes, die eine Nuancierung statt einer Einordnung geboten erscheinen läßt" (S. 187).

MARINI ging 1966 in seiner Untersuchung zur Methodenlehre über den gleichen Quellenkreis kaum hinaus. Doch erreicht er durch sorgfältige Auswertung von Savigny und Literatur eine sehr übersichtliche und abgewogene Darstellung mit wertvollen Differenzierungen[610], die manche strittige Frage schon dadurch klären.

---

[603] WILHELM, Meth.lehre, etwa S. 30 f. zur „Geschichte des Römischen Rechts".
[604] AaO., S. 46-69.
[605] Vgl. bereits die Kennzeichnung oben 30 bei Fn. 89.
[606] STRAUCH, S. 16-102.
[607] AaO., S. 38 ff.
[608] Vgl. die Zusammenfassung S. 186 ff.; dann S. 146 f., 148 zu Gesetzgebung; S. 157, 166 zu Wissenschaft; S. 174 für die Staatsrolle.
[609] AaO., S. 105-186.
[610] Vgl. etwa, wie MARINI im Abschnitt „La filosofia e la vita" (S. 133-157) zu den „Einflüssen" sorgfältig das Bekannte sichtet und beurteilt.

Ähnlich MARINI rückt WIEACKER schon 1954[611] die sog. Methodenlehre von 1802 in den Mittelpunkt einer dezidiert einheitlichen Interpretation, jetzt auch auf Kosten des „Beruf" und verbunden mit „System"[612]. 1967 kommt zu dieser Betonung der aus den Universitätsschriften von Schelling, Fichte, Schleiermacher, Steffens und Humboldt zwischen 1802 und 1810 gewonnene Eindruck von „Wandlungen im Bilde der historischen Rechtsschule", der dann auch in der 2. Auflage der Privatrechtsgeschichte fixiert wird[613]. Damit wurde dieser wichtige Kontext erstmals so energisch betont[614]. Die Originaltexte der idealistischen Philosophen findet man dagegen trotz der erneuten Betonung eines Kantianismus der Wissenschaftskonzeption kaum herangezogen[615]. Gerade bei diesen tragenden Punkten der Interpretation bleibt die Quellenbasis daher außerordentlich schmal. Vorlesungsnachschriften sind weder hier noch sonst zum Savigny-Bild verwendet. Zur politischen Einordnung Savignys bei Wieacker wurde oben bereits festgestellt, daß und wie die Quellenbasis begrenzt ist[616]. Das Fundament der großen Savigny-Kapitel ist also in wesentlichen Punkten erstaunlich schmal.

Probleme der Quellen- und Kontextbenutzung kristallisieren sich in besonderer Weise um die Frage des Schelling-Einflusses, die 1957 HOLLERBACH eingehend untersuchte. Die „versteckte Unbekanntheit" des Bekannten zeigt sich an diesem Beispiel einer an sich sehr eingehenden Untersuchung in ihrer am wenigsten auffallenden Gestalt. HOLLERBACH relativierte Landsbergs entschieden positives Urteil bisher am gründlichsten und mit dem Ergebnis, „unmittelbare und entscheidende Beeinflussung Savignys durch Schelling" sei für den frühen Savigny auszuschließen

---

[611] WIEACKER, F. C. v. Savigny (Vortrag 1954), in: ZSRom 72 (1955) S. 1-38, erneut in: Gründer und Bewahrer (1959) S. 107-161, danach hier zitiert.

[612] AaO., S. 123, 131; vgl. dazu oben 124 in Fn. 574 die Nachweise zu der Kontroverse darum.

[613] WIEACKER, Priv.r.gesch., S. 385 f., 368; vgl. DERS., Savigny (1954), S. 134.

[614] Bei ZWILGMEYER z. B., der sonst hier am meisten bietet, findet sich gar nichts zu Humboldt. Näher aber H. SCHRÖDER 1968. Für WIEACKERS Optik wichtig H. SCHELSKY, Einsamkeit und Freiheit. Idee und Gestalt der dt. Universität und ihrer Reformen, 1963, übrigens eine durchaus aus aktuellem Antrieb geschriebene Studie; weiter SCHAFFSTEIN 1951/52 (dazu oben bei Fn. 187). Wertvoll jetzt die konkreten Vergleiche bei BAKE, Juristenausbildung in Preußen, 1971, hier bes. S. 81 ff., 91 ff., 98 f.: völlige Übereinstimmung mit H's Bildungsidee, mit den Hinweisen auf LENZ 1910 und PAULSEN II, 3. A. 1921.

[615] WIEACKER, Wandlungen, siehe die Anmerkungen; vgl. DENS. in: Savigny, S. 122 in A. 19, S. 133, 135 und in: Priv.r.gesch., S. 352 f., 368 f., 375 f. (hier ein isolierter Satz aus Kants „Metaphysik der Sitten"), S. 397.

[616] Dazu oben 49.

und allenfalls gegeben beim späteren des „Beruf"[617]. Dieses negative Ergebnis gewann er aus einem ausführlichen Vergleich Savignyscher Texte mit Schellings „System" von 1800 und den „Vorlesungen" von 1803, sowie biographischen Argumenten. Im Zentrum der Deutung steht die sog. *Methodenlehre* Savignys. *Beruf* und besonders *System* werden knapper einbezogen. HOLLERBACH wertet auch Briefe gründlich aus, vor allem fast als erster die an Fries[618]. Er arbeitet also auf einer wesentlich erweiterten Quellenbasis. Wenn seine Ergebnisse dennoch nicht ganz überzeugen, so liegen die Bedenken weniger hier. Sie betreffen die eingangs erläuterte Kontextfrage und damit verbunden die Fragestellung. HOLLERBACH sucht primär nach einer „unmittelbaren und entscheidenden Beeinflussung Savignys durch Schelling" (S. 320). Er gerät damit in die enge genetische Perspektive, deren Probleme erwähnt wurden[619]. Die Antwort mag zutreffen, aber sie trägt zur philosophischen Einordnung Savignys wenig bei. Die Textvergleiche nehmen dabei einen stark isolierenden Charakter an und werden so ausschließlich zweipolig angelegt, daß die Unterschiede zwischen den beiden ein Übergewicht erhalten. Positiv: Nähme man Kant, Fichte, Hegel (1802/03) u. a. wie gefordert hinzu, so träten die Parallelen zu Schellings objektiv-idealistischem Ansatz hervor, zu denen z. B. die Einigkeit über die Gegner eminent gehört. Mit der streng genetischen Fragestellung Schelling-Savigny verengt sich dagegen der Horizont des Textvergleichs. Konsequent finden sich neben der Hauptlinie einige gegenläufige Andeutungen über gemeinsame „Grundtendenzen" (S. 310), „allgemeine Anregungen" bei der Geschichtsmetaphysik (S. 315) und „manche Gemeinsamkeiten" (S. 320). Wenn man dann aus der breiteren Perspektive von „Transzendentale Philosophie und Gesetzgebungsfeindlichkeit" deutliche Parallelen zu Schellings Geschichts- und Wissenschaftsbegriff angeben konnte[620], gewinnt die ‚Nebenlinie' doch mehr als ein Nebengewicht. Auch bei stärkerer Beachtung des Politischen und Ästhetischen bei Schelling mehren sich die Anzeichen[621] dafür, daß Schelling eine Philoso-

---

[617] HOLLERBACH, S. 275-321, das Zitat auf S. 320. Die Seitenzahlen aus H. im folgenden im Text.

[618] Die Untersuchung von BONNET 1913, der schon die Fries-Briefe näher heranzog, blieb in Deutschland so gut wie unbekannt.

[619] Siehe oben 121 bei Fn. 558. Ähnliche Kritik auch bei BÖCKENFÖRDE, Hist. Schule, in Anm. 39.

[620] GAGNÉR, Gesetzgebung, S. 24 ff.: Dort der mit der Überschrift zitierte Abschnitt; wichtige Fortführung bei DEMS., Öff. Recht (1966).

[621] Dazu vorläufig MEINE Bemerkungen in Reyscher, S. 213 u. 272, mit den Hinweisen auf SANDKÜHLERS hier wichtiges Buch. Auch nach den neuen Interpretationen des politischen Schelling (vgl. dazu H. ZELTNER, Schelling-Forschung seit 1954, Darmstadt 1975, S. 29 ff., bes. zu CESA) ergibt sich nichts wesentlich anderes.

phie *systematisch* entwarf, deren grundlegenden *Motiven* Savigny sehr nahe stand. Die „Lösung" kann hier offen bleiben, da es nur darum geht, den Einfluß von Fragestellung und Quellenbasis bei HOLLERBACH zu verdeutlichen[622]. Ein sehr genauer methodischer Weg, in diesen Fragen weiterzukommen, eröffnet sich vor allem durch Analysen zur Verwendung grundlegender Termini wie „historisch", „philosophisch", und zwar in Verbindung mit den Bewertungen[623]. Selbstverständlich kommt es dabei nicht auf einzelne Stellen an, sondern die Verwendung in ganzen Texten, weil oft erst der Gesamttext einer Wortverwendung ihre spezifische Farbe gibt und etwa Doppelsinniges entdeckt[624]. Auf einer derart zugleich hinreichend breiten wie hinreichend konkreten analytischen Grundlage lassen sich die großen Nachteile von Vergleichen anhand bloßer Inhaltsresumees vermeiden. Auf diese Weise läßt sich auch die verwirrende Mischung auflösen, die Savigny bietet: Grundlegendes von Schelling, wohl auch Fichte, vielleicht auch dem jungen Hegel von 1802/03, sicher auch von den „romantischen" Philosophen Schlegel und Novalis; Elemente auch von Kant, im grundsätzlichen Zusammenhang am nächsten bei einem objektiven Idealismus, wie Schelling und Hegel gleichermaßen gegen „Empirismus" wie „Formalismus" gerichtet. In diese Richtung weisen die Ergebnisse zu „historisch", „philosophisch" usw. zur Landshuter Zeit[625]. Schellings und Hegels gemeinsame Position gegen das Naturrecht noch Kants läßt sich anfügen. Sie wurde 1802/03 im *Kritischen Journal der Philosophie* formuliert[626], das auch Savigny gelesen hat[627], zeigte sich aber auch schon

---

[622] Vgl. aber zur Frage einiges oben 101 bei Fn. 491. Die genaue Zuordnung Savignys zu einer konkreten systematischen Philosophie bedarf eigener Untersuchungen, läßt sich aber, wie hier unternommen, von der nach seinem grundsätzlichen Ansatzpunkt abtrennen. Dazu unten 287 f. und im übrigen das Register (Schelling usw.).

[623] In diesem Sinne wurden oben die Texte von 1802-1809 untersucht, siehe 93 ff.

[624] Diese Selbstverständlichkeit betont treffend KONDYLIS, Dialektik, S. 12, gegen verbreitete Verkürzung der Texte in philosophiegeschichtlichen Interpretationen und erst recht Geschichtsbildern. Dies wie er „strukturelle Methode" zu nennen, scheint mir dagegen die Gefahr einer nebelhaften Hypostasierung nicht ganz zu vermeiden.

[625] Siehe oben 96 ff.

[626] Hg. von SCHELLING und HEGEL, hier Bd. 2, H. 2 und 3, erschienen Nov./Dez. 1802 und Mai/Juni 1803, der Aufsatz HEGELS, Über die wissenschaftlichen Behandlungsarten des Naturrechts, Werke 2, S. 434-533; 1908/09 bereits herangezogen von BRIE, aber unter einer zu engen Einfluß-Fragestellung. Vgl. für Schelling HOLLERBACH, S. 169-73.

[627] Dazu jetzt ein Beleg im Nachlaß 1977: Unter den losen Papieren in M 14 (Methodik) liegt ein 4-seitiger Bogen ohne Datierung mit dem Vermerk „Schelling (Methode) und Hegel (Journal)", nach einem Absatz, überschrieben „*Methodik*, Vorrede", paginiert „6c". Es handelt sich um Notizen wohl von 1803, deren Zuordnung noch unklar ist. Vgl. Text und Erläuterung im Anhang.

früher, etwa in Hegels *Differenz*-Schrift von 1801[628] und Schellings *Fernere Darstellungen* vom Anfang 1802[629]. Dies wird noch zu vertiefen sein[630].

Ein solcher Untersuchungsweg bewahrt jedenfalls vor Fehldeutungen der Methodologie von 1802/03, die um so schwerwiegender sind, wenn ihr Text den Hauptpfeiler eines Vergleichs ausmacht wie bei HOLLERBACH[631]. Bei ihm zeigt sich also trotz der breiteren Quellenbasis eine folgenreiche Kontextbegrenzung, die die Sicherheit seiner Ergebnisse stark in Frage stellt, ohne daß dies auf den ersten Blick erkennbar wäre.

5. *Ergebnis*

Diese Beispiele zum Sicherheitsgrad unserer Savigny-Kenntnisse und damit zur Frage „versteckter Unbekanntheiten" müssen genügen, um diesen Gedanken zu veranschaulichen und zu belegen. Es zeigte sich, wie schmal die Quellenbasis wesentlicher Untersuchungen zu Savigny tatsächlich ist, wie deutlich eine Erweiterung der Basis und Präzisierung der Fragestellung die Ergebnisse befördern und wie vor allem neben der Präsenz der Savigny-Texte ein nicht zu schmaler unmittelbar passender Kontext unentbehrlich ist. Eine Reihe versteckter Unbekanntheiten traten zutage.

In die gleiche Richtung wies schon die Analyse der Kenntnisse zur politischen Seite Savignys[632]. Der Quellenkanon blieb erstaunlich konstant. Seit LANDSBERG operiert man hier vorwiegend mit einigen Passagen aus „Stimmen" (1816), dem Eichhorn-Brief von 1830, allgemeinen Hinweisen zu „Städteordnung" (1832), einigen frankophoben Stellen meist aus dem

---

[628] HEGEL, Werke 2, S. 9-140; die Richtung geht gegen Kant als formal und gegen Empirismus und Tatsachenphilosophie, vgl. für einige Belege RÜCKERT, Erkenntnisproblematik, S. 259 f. Näher jetzt dazu KONDYLIS, Dialektik, S. 619 ff., 641 ff. mit Bestimmung der tw. unbenannten Angriffe bei Hegel.

[629] Diese Schrift von Anfang 1802 (Werke 1801 ff., S. 229-407 = SW I 4, S. 330-510) verdient einen bes. Hinweis. SCHELLING schreibt dort „populärer", d. h. verständlicher als sonst und kommt damit Lesern wie Savigny, die sonst seine Unverständlichkeit moniert hatten, entgegen. Vor allem aber breitet diese Schrift zahlreiche grundlegende Gedankengänge aus, die Savigny ebenfalls benutzt, z. B. über „absolute Methode" (vgl. oben bei Fn. 452), über Form/Stoff (oben bei Fn. 478), Konstruktion, Organismus, Anschauung, oft auch mit Hilfe des Dreiecksbeispiels (vgl. *Beruf*). HOLLERBACH hat sie nicht benutzt. Daß Savigny sie gelesen hat, setzt sein Freund ROBINSON voraus im Brief vom 1. und 5. 11. 02 aus Jena, Nr. 1/S. 532 bei MARQUARDT 1951.

[630] Vgl. unten 232 ff.

[631] Siehe HOLLERBACH, S. 297 ff., 306 ff.; abweichend die Deutung oben 93 ff.

[632] Siehe dazu die Analyse oben 33 ff. Das traditionelle Bild bes. anschaulich bei STÜHLER (vgl. oben 55).

„Beruf" und einigen Briefen bei STOLL (an Neurath, Haller-Urteil u. a.), schließlich mit Wiedergaben der Ministerzeit nach STÖLZEL und dem verallgemeinerten Gegensatz zu Thibaut von 1814. Erst jüngst wurde dieser Kanon durchbrochen[633]. Frühere Verdienste in diese Richtung, wie sie besonders den quellenintensiven Arbeiten von LORENZ und SCHULTE zukommen, blieben merkwürdig folgenlos.

Hält man beide Ergebnisse zusammen mit der oben festgestellten Vernachlässigung der Landshuter Zeit, der Dogmatik und des Strafrechtsstudiums, so gewinnt der Befund eine gewisse Brisanz. Man versteht in diesem Licht erst ganz die betonte Aufforderung KUNKELS zu einer „umfassenden Savignymonographie"[634] oder auch die große Zurückhaltung mit der jüngst COING seinen Savigny-Artikel 1979 schrieb. Die gesamte langjährige Debatte um die philosophisch-weltanschaulichen Grundlagen erscheint hier mit keinem Wort – offenbar auch ein Urteil über den Sicherheitsgrad der Kenntnisse. COING gibt vielmehr eine konzise Zusammenschau aus Savigny selbst, verbindet dies mit einem aufschlußreichen Lebensabriß und einem aktuellen Ausblick und betont stets auch das noch Unklare[635].

Es besteht also viel Anlaß, sich auf die Quellen zu besinnen und die grundlegende Forderung nach möglichst vollständigem Sammeln einzulösen, bevor man sichtet und zusammenfügt. Dies fällt um so leichter, als der Marburger Nachlaß nun viele sehr entbehrte Quellen bereithält. Ein Überblick zu den „neuen" Quellen soll im folgenden Abschnitt diese Forderungen einzulösen beginnen. Der Vergleich von Forschungsstand und Quellenlage wird damit zu Ende geführt, die Klärung der Voraussetzungen für fruchtbare Fragestellungen zu Savigny, insbesondere auch seinem „Idealismus", abgeschlossen.

---

[633] Bei HATTENHAUER, Einleitung (dazu oben 51) und WROBEL für den Kontext (oben 53). Jetzt auch VAN HALL 1981 (Nachtrag) mit seiner Auswertung wichtiger Staatsratsgutachten.
[634] KUNKEL, Rez. Wieacker/Wesenberg (1954), S. 539. Ebenso GAGNÉR, Gesetzgebung, S. 39 A. 2.
[635] COING, Savigny (1979), vgl. etwa seine Ausführungen zur Dogmatik in A. 18 f.

3. KAPITEL

DIE NEUEN QUELLEN

1. *Hauptgruppen*

Das „Neue" definiert sich aus dem „Alten". An einige schon behandelte Quellengruppen ist daher kurz zu erinnern. Die Lage bei Savignys namentlichen und anonymen Druckschriften und der riesigen Korrespondenz wurde[636] näher beschrieben. Im Abschnitt Politik-Praxis-Ämter wurden einschlägige gedruckte Quellen zusammengestellt[637]. Für den Bereich des ungedruckten Materials findet sich neben den bei Anonyma, Briefen und Amtstätigkeit genannten Stücken[638] eine systematische Bestandsaufnahme der Vorlesungsnachschriften[639].

Savignys eigene *wissenschaftliche* Papiere wurden erst 1977 aus dem Familienbesitz für die UB Marburg erworben. Einiges daraus wurde hier bereits genannt und verwendet, besonders zur Landshuter Zeit. Im folgenden gebe ich einen stark gerafften ersten Überblick zu diesen Materialien, die mit Recht besonderes Interesse verdienen. Er beruht auf einer eigenen Durchsicht, die dank generösen Entgegenkommens möglich war, denn die fachgerechte Katalogisierung steht noch aus[639a]. Ein vorläufiges Verzeichnis durch die Familie existiert, es ist aber in einigem klarzustellen. Weitere Funde zu ‚Verstecktem' sind nicht auszuschließen.

Dieser Marburger wissenschaftliche Nachlaß Savignys läßt sich in acht große Gruppen von Material gliedern:

— Vorlesungsnachschriften aus Savignys eigener Studienzeit[639b]
— Vorlesungsausarbeitungen Savignys für seine Kollegien

---

[636] Oben 10 ff. (Druckschriften), 16 f. (Briefe von Sav.), 19 (Briefe an Savigny).
[637] Oben 36.
[638] Oben 13, 20 und 39.
[639] Oben 63 f.
[639a] Sie wurde inzwischen abgeschlossen, vgl. den Bericht von K. BREDEHORN 1983 (Nachtrag). Ein kurzer Überblick jetzt auch bei KIEFNER, Rechtsverhältnis (Nachtrag), S. 171-175.
[639b] Aus Marburg zu Robert (Prozeß), Erxleben (Pandekten), Weis (Pandekten) u. Bauer (Jus Germanicum), aus Göttingen zu Runde (Jus feudale), Meister (Kriminalrecht) u. Spittler (Universalgeschichte).

- Sog. „Adversaria", d. h. gebundene wissenschaftliche Notizen verschiedensten Inhalts
- Vorbereitende Materialien zu den einzelnen Druckschriften
- Reinschriften und Korrekturbogen zu den einzelnen Druckschriften
- Sog. wissenschaftliche Korrespondenz
- Materialien sonstiger Art, verschiedensten Betreffs
- Eine Sammlung älterer Dissertationen

Auch wenn man verstreute Teile in Münster berücksichtigt, bestehen einige *Lücken*, so hinsichtlich der Handexemplare der Druckschriften, für die im Material erwähnte Ausarbeitung zur ALR-Vorlesung und zum Obligationenrecht von 1803/04, für einen Band „Adversaria" aus der Zeit vor Dezember 1802, eventuell auch für einen weiteren nach ca. 1809; für die Materialien zum „Obligationenrecht" fehlen Teile. Vermutlich gab es auch Hefte mit Literaturauszügen. Hier kann noch einige „kriminalistische" Arbeit geleistet werden. Einen Anhalt zur Übersicht liefern das alte *Verzeichnis des Schrankes* und der Testamentsabschnitt im Anhang.

2. *Materialien zu den Druckschriften*

Zu den Druckschriften Savignys ergibt sich folgende Lage:

Dissertation: keine Materialien.

Recht des Besitzes:
Zwei größere Mappen (Mat. 25, 26), Material zur 6. Ausgabe (Mat. 36), zur 7. Ausgabe (Mat. 37), Verlagskorrespondenz (Mat. 40).

Geschichte des Römischen Rechts im Mittelalter:
Apparate zur 1. A. (Mat. 16, 17?, 18), Quellenauszüge (Mat. 10), Manuskripte zur 1. A. (Mat. 2, M 2 u. 3), zur 2. Auflage (Mat. 1), Gesammelte Bemerkungen zur 2. A., u. a. viel von Merkel (Mat. 2i, h), Handexemplare Bd. 2-7 (?) (Mat. 1), Mat. zu Übersetzungen (Mat. 2k), Material zu weiteren Auflagen (Mat. 21).

Beruf unserer Zeit:
Unter diesem Titel nichts, aber eine Mappe: „Politik und Neuere Legislationen" (Mat. 13) mit verschiedenstem Material; kein Manuskript (näheres unten im Text).

Zeitschrift für geschichtliche Rechtswissenschaft:
Eine Mappe zur Redaktionstätigkeit mit Manuskripten und vielen Briefen (Mat. 27); Manuskripte seiner Aufsätze darin fehlen.

System des heutigen Römischen Rechts:
Vorbereitende Materialien (M 7a, Mat. 20), acht Foliobände Reinschriften für den Druck, mit späteren Zusätzen (M 4) (weiteres dazu bezgl. der Beilagen in Münster), Handexemplar Band 1 (Mat. 19), Mappe mit Literatur und zum Projekt einer kompendiarischen Bearbeitung (Mat. 21), eine Mappe zu Verhandlungen wegen Nachdrucks und Privilegien (Mat. 35).

Obligationenrecht:
Vorbereitende Manuskripte, Unterlagen und Schemata (Mat. 7), Reinschriften für den Druck ohne Zusätze (M 5) (näher dazu unten im Text)

Vermischte Schriften:
Manuskript und Korrekturbogen zu den fünf Bänden (M 1), Geschäftliches dazu (Mat. 28), Materialien zu einzelnen kleineren Schriften: über *Cujas* 1805 (Mat. 5), über *Fragmenta Vaticana* 1813 (Mat. 6), über *Authenticae* 1805 (Mat. 12), über *Gaius* 1816 (Mat. 4).

Im übrigen sind zu den Druckschriften keine Materialien erkennbar. Genauer zu prüfen bleiben aber Mat. 23 (Über Römisches Recht, einige Blatt), Mat. 29 (Über Schultz, Staatswissenschaft der Römer, 1833).

An zwei Beispielen kann ich das Aussehen dieses Materials näher erläutern: für das *Obligationenrecht* und den *Beruf*.

3. *Materialien zum Obligationenrecht*

Die Reinschrift enthält nach Stichproben in der Tat nur die Druckfassung ohne Zusätze, Vorstufen o. ä. Die Materialien in Mat. 7 bieten unter einem Umschlag mit Savignys Aufschrift[640] „Vorläufiges Schema zu Obl.R. 1.2" Verlagskorrespondenz, eine Versendungsliste, Kalkulationen, Druckereikorrespondenz, spätere Vermerke aus der Literatur dazu, handschriftliche Bemerkungen von Rudorff, dann eine kleine Mappe „aufzubewahrende Materialien" zu Obl.R. 1, darin je ein Umschlag zu Naturalobligationen, Correalschuld und Geldschuld.

Es folgt ein Umschlag „zu Bd. 2" mit einer Liste über „Bücher die nach Freienwalde (sc. Landsitz bei Berlin) mitgegangen sind", einer Rezension zu Bd. 2, einem Umschlag „Absolviert und zurückgelegt" darin etliche unmittelbare Arbeitsmaterialien, dann ein Umschlag zu Stellvertretung und einer zu Inhaberpapieren.

Dann findet sich ein kleiner Umschlag „Vorläufiges Schema" mit 11 Blatt Gliederung, aber leider mit Lücken, wie Paginierung und Inhalt zeigen.

Man findet sich hier nicht ohne weiteres und mit letzter Sicherheit zurecht. Es handelt sich offenbar um Material, das einiges von dem wissenschaftlichen Innenleben an sich trägt, das LANDSBERG so vermißte. Grob gesagt zerfällt es in *drei große Gruppen*: Material zu Band 1; Material zu Band 2; „vorläufige Schemata", die *beide* Bände betreffen sowie die

---

[640] Wenn nicht anders angegeben, stammen die Aufschriften, die im folg. zitiert werden, von Savignys Hand.

geplanten weiteren Teile zum besonderen Schuldrecht. Letzteres macht aber einen tatsächlich „vorläufigen" Eindruck.

Die Materialien enthalten verschiedene Textstufen. Die *Schemata* zeigen eine festere Schrift. Sie bringen eine Art Grundriß, exakt gegliedert, mit Bemerkungen und Hinweisen zur Literatur und eigenem Material, etwa dem „Pandectenheft" und einem Heft „Obligationenrecht" von 1803/04[641]. Von 13 paginierten Blättern fehlen Blatt 4, 5, 6, die das Schema zur unmittelbaren Fortsetzung des in Band 2 abgebrochenen Werkes enthalten müßten.

In den anderen Teilen befinden sich dann auch Blätter mit stichwortartigem Text und zahlreichen Literaturbemerkungen und -hinweisen, so etwa fol. 45 bei „Absolviert...". Die gerade noch lesbaren Bleistiftbemerkungen sind teilweise sehr prägnant. So vermerkt Savigny zur Frage Entstehung der Obligation: „Sehr schlecht: Gans: Über Röm. Obl.recht S. 132-135... Rudhart (schlecht)... Sehr unbefriedigend die Classifikation bei Unterholzner... zu vgl. Donellus... Bucher... Hasse: Inkonsequenz und Willkür, Vermischung von *Vertrag, eins*[eitiger] *Obligation*, condictio, a. str. j. [actiones stricti juris] (308-310)". Ein Vergleich mit der Druckfassung, hier Band 2 (1853) § 51, ergibt, daß gerade diese Bemerkungen dort alle fehlen. Kein einziger neuerer Autor wird dort genannt. Offenbar hält sich Savigny bei den Literaturangaben einigermaßen an seine frühe Bemerkung:

> „Unstreitig kann ein Lehrbuch... in sich vollendet sein ohne eine einzige literarische Bemerkung zu enthalten, obgleich mit der eignen Darstellung jedes Gegenstandes die Angabe der besten, auserlesensten Bücher am zweckmäßigsten verbunden werden kann"[642].

Diese Differenz von Druckgestalt und Vorarbeit beweist den großen Wert der Quelle. Leider wird er getrübt durch eine unklare Reihenfolge der Blätter, die vermutlich ein Überarbeitungsstadium anzeigt, in dem Altes neu paginiert und wieder benutzt wurde. Jedenfalls für die im Druck erschienenen Teile scheint aber eine weitgehende Möglichkeit zu bestehen, intensive Vergleiche und Vertiefungen anzustellen. Für die nicht mehr vollendeten Teile, die an sich besonders interessant wären, wie etwa die culpa-Lehre, die nachträgliche Vertragsstörung, das Schadensrecht, stößt man auf Schwierigkeiten. Wie erwähnt fehlen gerade die Blätter zur unmittelbaren Fortsetzung, Schema fol. 4-6. Ebenso vermißt man das

---

[641] Vgl. fol. 1 dieser Materialien.
[642] *Hugo-Rez.* (1806), Verm. Schr. 5, S. 8 f. zur Rechtfertigung Hugos. In der Tat stellt Savigny selbst durchweg Literaturangaben in seinen Schriften an die Kapitelanfänge.

Heft „Obligationenrecht" von 1803/04. Eine Aushilfe bietet hier aber die Pandektenausarbeitung[643].

4. *Materialien zum Beruf*

Die Mappe „Politik – Neuere Legislationen" enthält eine sehr bunte Mischung von Notizen, Exzerpten, Manuskriptbruchstücken, auch Briefen. Es gibt keine fortlaufende Ordnung oder gar Paginierung wie sonst in der Regel. Auch Datierungen vermißt man, obwohl offensichtlich Material verschiedener Stufen beisammen liegt. Der Zusammenhang wirkt vergleichsweise unordentlich, wenn man die anderen Hefte oder gar die Vorlesungsausarbeitungen zum Maßstab nimmt. Größere Teile der Exzerpte stammen von fremder Hand.

Immerhin kann man drei Gruppen erkennen:
– einen Umschlag zum Code Napoleon (rund 30 Blatt)
– einen entsprechenden zum ABGB (4 Blatt)
– eine Restgruppe von losen Papieren (vielleicht 80 Seiten, teilweise kleine Zettel).

Unter einem Umschlag *„Code Napoleon"* finden sich vor allem Exzerpte, besonders aus den französischen Parlamentsdebatten, daneben für Bemerkungen der Appellhöfe, Notizen zum Inhalt des Gesetzes, zur Geschichte, zur Literatur, ein Feuerbach-Brief vom 3. 6. 08 über die bayerischen Zivilrechtspläne, Notizen zu Fragen und Zweifeln, zu „schlecht/falsch" im Code.

Zum *ABGB* gibt es bloß 4 Blatt mit Bemerkungen und Exzerpten aus Zeiller und zum Sachenrecht, alles in einem weiteren Umschlag.

Unter dem *losen Material* finden sich Exzerpte zu 11 verschiedenen Autoren, von Melanchthon bis Schmid (1814). Im übrigen ein Zettel „Notanda et exhibenda in opere prov." und kleinere Textstücke mit den Titeln „Gewohnheitsrecht", „Universitäten", „Lehrvortrag", „Civilistischer Cursus", schließlich eine Anfrage an die Universitätsbibliothek Berlin wegen einiger Bücher und ein Feuerbach-Brief vom 13. 1. 09.

Es ist unmöglich und nicht Absicht, hier diese sehr heterogene Fülle auszuwerten. Nur einiges Auffallende kann hervorgehoben werden, anderes muß vorbehalten bleiben. Auffallenderweise fehlen jegliche Bemühungen zum *ALR*. Da auch das ALR-Vorlesungsheft nicht vorliegt,

---

[643] Dazu sogleich unten 142 ff. im Abschnitt 5.

könnte man einen Zusammenhang vermuten. Nach dem Gesamteindruck des von Savigny selbst ursprünglich sehr gut versorgten Nachlasses wird man vorsichtig sein müssen mit der Annahme, es fehle absichtlich etwas. Vielleicht wurden diese Teile in anderen Zusammenhängen gebraucht, zunächst in der Vorlesung von 1819, dann in der Ministerzeit, vielleicht auch an andere weitergegeben zur Benutzung, vielleicht später entnommen...? Vielleicht wurde der ALR-Teil aber auch ganz einfach quasi freihändig oder bloß mit einem oder zwei Autoren als Vorlage verfaßt[644], so daß deswegen nichts weiter vorliegt.

Das Material bestätigt schon rein quantitativ die oben zur Landshuter Zeit gegebene Deutung, der Code Napoléon und seine Realisierung in Deutschland hätten die *Hauptherausforderung* ausgemacht. Bemerkenswert muß man auch den Titel „*Politik*" nennen – ein klarer Beleg für den besonderen methodischen Ort dieser Schrift, der auch durch die überwiegend rechtspolitischen Exzerpte bekräftigt wird. Zugleich werden aber unter diesem treffenden Titel methodisch-theoretische Grundfragen wie „Gewohnheitsrecht" (beim losen Material) hereingezogen. Außerdem gibt es unter den „Notanda..." eigens Verweise auf „meine Vorlesungen über Methodologie 1. u. 2. ed." – dies jeweils ein Zeichen dafür, wie Savignys *methodische* Lehren überall von „Politik" durchsetzt sind. Er durchbricht damit seine eigenen Forderungen etwa in der Methodologie 1802 und gegenüber Fries nach genauer Abgrenzung oder befolgt einen neuen ‚Politik'-Begriff[645].

Die Liste „*Notanda...*" diente offenbar als Merkzettel für Einschlägiges. Manches ist abgehakt, anderes nicht, drittes benutzt, aber nicht verzeichnet. Sie enthält eine äußerst breite Palette von Autorennamen und Titeln. Es wäre nicht sehr sinnvoll, eine Reihe von Spekulationen auszulösen, indem man sie hier nennt. Denn was die Nennung wirklich bedeutet, bedarf in jedem Fall einer besonderen Analyse. Es kommen jedenfalls die politischen Klassiker vor, Zeitgenossen mit romantisch-klassischer Prägung, mit religiösem Inhalt, etliches Rechtspolitische, auch ein Aufklärer, aber *kein* Kant, Fichte, Schelling, Hegel. Etliches scheint über Hugo vermittelt (z. B. Hagemeister, Haller, Rehberg, Baco-Leibniz, zum ALR). Das ‚Abgehakte' ergibt eine starke Konzentration auf enger politisch-juristische Autoren, die Zeit drängte offenbar, das Grundsätzlichere der Klassiker trat zurück.

---

[644] In der „Notanda"-Liste erscheinen für das ALR nur *Klein* und *Hugo*.
[645] Dazu näher unten 266 ff., 396 ff.; vgl. auch das Register.

Mir persönlich erscheint aus dieser Mappe ein Zeugnis besonders spannend. Es verrät einen Namen, der bisher wohl nur von ERIK WOLF gestreift wurde[646] und in anderen Quellen fehlt: *Hölderlin*. Aus seinem *Hyperion oder der Eremit in Griechenland*, zuerst erschienen Buch 1. 2., 1797, Buch 3. 4., 1799, schrieb sich Savigny folgenden Text ab:

„Hyperion v. Hölderlin B. 1 Tüb. 97. p. 112.
Von Pflanzenglück begannen die Menschen und wuchsen auf, und wuchsen, bis sie reiften; von nun an gährten sie unaufhörlich fort, von innen und außen, bis jetzt das Menschengeschlecht, unendlich aufgelöst, wie ein Chaos daliegt, daß alle, die noch fühlen und sehen, Schwindel ergreift; aber die Schönheit flüchtet aus dem Leben der Menschen sich herauf in den Geist; Ideal wird was Natur war, und wenn von unten gleich der Baum verdorrt ist und verwittert, ein frischer Gipfel ist noch hervorgegangen aus ihm, und grünt im Sonnenglanze, wie einst der Stamm in den Tagen der Jugend. Ideal ist, was Natur war. Daran, an diesem Ideale, dieser verjüngten Gottheit, erkennen die Wenigen sich und Eins sind sie, denn es ist Eines in ihnen, und von diesen, diesen beginnt das zweite Lebensalter der Welt"[647].

Ist dies der vielgesuchte Beweis eines hochromantischen, tiefliegenden, äußersten Idealismus des Olympiers Savigny? Man wird dieses einmalige Zeugnis genau prüfen müssen, andere vergleichend heranzuziehen haben. Immerhin galt Savignys Auswahl einem Text, der genau diejenige Spannung von Ideal und Natur (Realität), die historische Stufung von Natur und Kunst, die Hochschätzung von „Geist" und ein ausgeprägtes Selbstbewußtsein der „Wenigen" so vollendet wie schwärmerisch-schwebend verkündet, die auf dem nüchterneren Felde der Jurisprudenz einen Glauben an Ursprünglichkeit, Wissenschaft *und* ihre schicksalhafte geschichtsspekulative Verbindung nähren und aufrecht erhalten konnten. Hölderlin hatte vielleicht die Saiten angeschlagen, die einen Savigny dazu brachten, die Übersetzung dieses Glaubens in die Jurisprudenz zu leisten, wie er sie 1808 vortrug[648]. Die Abschrift liegt in schöner klarer Schrift vor, aber lei-

---

[646] Vgl. WOLF, Rechtsdenker, S. 469 und DERS., Vom Wesen des Rechts in deutscher Dichtung (1946), S. 9 ff., 46 f., 50, 52 (hier aber zu Sav.-Hölderlin zurückhaltender). Siehe jetzt aber auch das Motto aus Hölderlin bei BRETONE, Il „Beruf" (1981), S. 189.
[647] Marburg M 13. Auf das gleiche Blatt stieß unabhängig von mir auch KIEFNER, siehe DERS., Ideal wird, was Natur war, in: Quad. fior. 9/1980, erschienen 1981, mit erster Interpretation, vor allem in Hinblick auf den *Beruf* 1814 und dessen Stufenschema und Wissenschaftsdogma. Der Text enthält eine Abschrift aus Hyperion, 1. Band, 2. Buch, 15. Brief (an Bellarmin), S. 63 der Stuttgarter Ausgabe (BEISSNER) Bd. 3. Zur Sache unten 335 ff. u. ö.
[648] Weitergehend als KIEFNER, aaO., sehe ich also einen Sachzusammenhang schon für 1808, da wie oben gezeigt, die spekulativen Dogmen des *Beruf* bereits in der Institutionenvorlesung von 1808 ausformuliert sind (oben 112 ff.). Außerdem scheint mir die Nähe zu Hölderlin viel grundsätzlicher, da man sich in dem objektiv-idealistischen Ansatz nahe steht, der hier als durchgehend bei Savigny nachgewiesen wird. Dazu für Hölderlin jetzt eingehend KONDYLIS, Dialektik u. unten 254 ff. Offen bleiben mit dieser sachlichen Nähe freilich noch die „Einfluß"-Frage und viele Probleme genauerer Zu-

der undatiert. Vermutlich stammt sie nicht schon aus den Jahren um 1797, denn Savignys frühe Schrift ist etwas weicher und runder als die der Abschrift[649].

Mit diesem kurzen Ausflug kann vorerst die Quellenbeschreibung zum *Beruf* beendet werden. Über die bloße Beschreibung hinaus sollte mit Hölderlin angedeutet werden, welch ‚weites Feld' von Politik und Idealismus sich hier auftut[650].

5. *Materialien zu den Vorlesungen*

Unter dieser zusammenfassenden Bezeichnung verbergen sich die vielleicht sichersten, fruchtbarsten und reichhaltigsten Schätze des wissenschaftlichen Nachlasses. Zu den weitaus meisten Vorlesungen finden sich eigene sorgfältige, durchweg paginierte Ausarbeitungen Savignys etwa in der Größe DIN A 5. Ich gebe eine kurze chronologische Aufzählung: Pandekten Buch 41-46 nach Böhmer 1801 (M 10), Ulpian-Exegese 1801/02 (Mat. 22), Rechtsgeschichte nach Hugo 1801/02 (bei Mat. 31), Methodologie 1802/03 (bei M 14), Rechtsgeschichte nach Hugo 1803 (bei Mat. 31), Erbrecht 1803? (M 7b), Institutionen 1803/04 (bei M 14), Institutionen 1808/09 (bei M 14), Rechtsgeschichte 1808/09 (bei Mat. 31), Pandekten 1809-1841/42 (M 8, M 19, M 7e, M 7d, M 7f), Methodologie 2. Versuch 1809 (bei M 14), Berliner Institutionen 1810/11-1841 (M 11), Nachträge zu dem 2. Versuch der Methodologie 1811-1841/42 (als Einleitung der Pandekten, bei M 14), Kronprinz 1814/15 und 1815/16 (bei M 11)[651], Rechtsaltertümer 1839 (bei M 11).

Abgesehen von den schon erwähnten Vorlesungsnachschriften dazu aus den verschiedensten Jahren läßt sich die Aussagekraft dieser Quellen näher bestimmen durch eine eigene Statistik, die Savigny seit 1810/11 für *Institutionen* und *Pandecten* führte. Sie enthält Stundenzahlen, Daten und

---

ordnung Savignys und einzelner Gedankengänge. Dies wurde hier zurückgestellt (dazu unten 287 f.) zugunsten der Frage nach dem Ansatz. Eine weitere Frage wäre auch die nach dem Gewicht dieses geistesgeschichtlichen Faktors neben den anderen beim *Beruf*.

[649] Für eine Datierung nach 1803 KIEFNER, Ideal, in A. 23, aber ohne Begründung außer der Annahme, noch 1802 fehle bei Savigny „entwicklungsgeschichtliches Denken", dazu aber oben 101 bei Fn. 489. Erneut u. näher KIEFNER, Savigny (1983, s. Nachtrag), S. 240, mit der Konsequenz: „Bruch in Savignys Geschichtsauffassung", die ich mit den Deutungsprämissen nicht teile.

[650] Vgl. dazu unten die Abschnitte zu Idealismus und Politik (376 ff.), Juristenrolle (328 ff.), Geschichtsstufen (335 ff.).

[651] Vgl. hier zur Datierung die Angaben STOLLS 2, S. 125 u. 141, außerdem den Nachweis dieser Quellen für DZA oben in der Tabelle der Nachschriften 63 f.

Vermerke zur inhaltlichen Verteilung (bei M 11 und M 8). Die Lücken zum ALR und einigen frühen Vorlesungen lassen sich anhand der Nachschriften rekonstruieren[652].

Es führte zu weit, hier jede Vorlesungsausarbeitung näher zu beschreiben. Der Umfang schwankt stark, von den ‚kleinen', wie *Methodologie* und frühe *Institutionen*, mit 64 (1802/03), rund 50 (1809), 86 (1803/04) und rund 30 Seiten (1808), über die ‚mittleren', wie *Rechtsgeschichte*, mit rund 150 S., *Berliner Institutionen* mit rund 300 S. bis zu den *Pandecten* mit ihren schätzungsweise 2000 Seiten.

Besonders die *Pandecten* verdienen nähere Angaben: Die Ausarbeitung ist entgegen dem ersten Anschein vollständig, wenn man spätere Fehlangaben auf den Umschlagmappen bereinigt. Sie umfaßt wie Heises „Grundriß" von 1807, auf den sich das Titelblatt ausdrücklich bezieht, die Teile Einleitung, Allgemeine Lehren, Sachenrecht, Obligationenrecht, Familienrecht, Erbrecht, Restitutio in integrum. Durchpaginiert sind 717 Blatt, meist beidseitig beschrieben, ca. in DIN A 5. Das Familienrecht kommt extra paginiert dazu. Außerdem sind viele Teile eingeschoben mit „a" und „aa"-Foliierung usw. Man kann daran und an den Marginalien, an Literaturangaben und anderen Indizien datieren. So sind z. B. die Culpa-Lehre nach *Hasse* 1815 und die Rechtsquellenlehre nach *Puchta* 1829/30 vollständig überarbeitet. Inhaltlich kann man die Ausarbeitung als sehr gründlich charakterisieren. Savignys öfter betontes Bestreben nach eigenem unmittelbaren Quellenstudium zeigt sich in einer Unmenge von Pandekten-Zitaten. Literaturangaben sind dagegen sehr selten. Die Grundlagen für diese Ausarbeitung wurden vor allem in Landshut seit Sommer 1809 gelegt[653]. Wie die gleichmäßige Schrift zeigt, wurde das Fundament damals schon sehr weit getrieben. Das „Heft" konnte als Grundlage bis 1841/42 dienen. Vorgearbeitet hatte Savigny in Marburg für Erbrecht und Teile des Sachen- und Obligationenrechts[654].

Diese Quelle auszuschöpfen hieße zugleich, Savignys dogmengeschichtliche Rolle auf ganzem Felde zu bestimmen. Seine Pandekten-Ausarbeitung in Verbindung mit den erwähnten Ergänzungen bietet jetzt den lange entbehrten soliden Grund für dieses wichtige Unternehmen: zu bestimmen, wie Savigny aus dem überkommenen Ius Commune herausführt

---

[652] Vgl. die eben genannte Übersicht, vorige Anm.
[653] Dazu MEINE Analysen aus den Briefen usw. oben 88 f.
[654] Jedenfalls enthält die Nachschrift J. GRIMMS zur letzteren Vorlesung, STB Berlin Ms 4° 963.2, nur 2 Abschnitte: 1. Begriff, Klassifikation, allg. Grundsätze und 2. Entstehung der Obligation.

und hinein in das seit 1874 von der Generation seiner Schüler erarbeitete, uns noch begleitende BGB[655].

Mit dem Bericht zu den Vorlesungsausarbeitungen ist das Ziel dieses Abschnitts zu den Quellen erreicht. Die fachgerechte Erfassung des Marburger Nachlasses 1977 ist in Gang gesetzt und wird über vieles hier erstmals Erwähnte besser und über etliches auch zuerst genau informieren[656]. Hier hatte der Blick auf diese Quellen neben der Absicht, einen ersten, einigermaßen zuverlässigen Bericht zu geben, die Funktion, den „unbekannten Savigny" so weit auszuloten, daß das Fragen und Antworten zu ihm auf einer qualitativ neuen Ebene weitergehen kann. Der Überblick umfaßt daher die Hauptmassen und -inhalte, aber nicht mehr.

---

[655] Vgl. die Bemerkungen dazu oben 58 und soeben nun die Arbeit von HAMMEN 1983 (Nachtrag).

[656] Die Katalogisierung ist inzwischen abgeschlossen, vgl. Fn. 639a.

ERGEBNIS

Der Abschnitt zu den „neuen Quellen" schloß den Vergleich von Forschungsstand und Quellenlage ab. Die ungedruckte Fülle des wissenschaftlichen Nachlasses führt vollends vor Augen, was der Tendenz nach bereits das Ergebnis für den Bereich „offenbare Lücken" und „versteckte Unbekanntheit" war: Die im Forschungsstand zu Savigny verankerten Kenntnisse erfassen nur einen Bruchteil seiner historischen Rolle, und es war nicht einmal ganz sicher, welchen Bruchteil. So außerordentlich viel dabei bereits geleistet und mit teilweise bewundernswerter Konzentration wenigen Quellen abgewonnen wurde, so weit erstreckt sich doch das Feld, das noch zu bestellen ist. Es wurde abgesteckt, um den Boden zu bereiten für gezielte Untersuchungen. Einige wesentliche positive Ergebnisse, vor allem zur Ausbildung einiger Grundauffassungen zwischen 1802 und 1808, wurden bei der Durchleuchtung der vier Bereiche Politik-Praxis-Ämter, Dogmatik, Strafrecht und Landshuter Zeit bereits erarbeitet. Aus der mehr kritischen Fragestellung des ersten Hauptteils kann nun übergegangen werden zu der mehr konstruktiven der beiden folgenden Hauptteile. Savigny glaubte noch zuversichtlich, durch eine eindringende wissenschaftliche Methode jegliches „sermocinari e vinculis" vermeiden zu können. Wenn auch sein Glaube an *die* Erkenntnis kaum mehr geteilt werden kann, so enthob dies doch nicht der Notwendigkeit, die „Wege zu Savigny" kritisch zu bereiten.

ZWEITER TEIL

WEGE ZU SAVIGNY

Aus den zahlreichen Anregungen für eine positiv-konstruktive Fortführung der Ergebnisse des ersten Teils werden vier Fragen aufgenommen. Sie erweisen sich als besonders wichtig, da Forschungsstand und Quellenlage eine Stellungnahme besonders herausfordern und anbieten, da man sich eine verhältnismäßig klare Lösung versprechen kann, da hier Aussicht besteht, eine ganze Kette von Problemen mit Savigny zu beheben. Es handelt sich um vier dauerhaft virulente Fragen zu Savigny, Standardprobleme fast:

War er unpolitisch und unpraktisch oder nicht? War er der volle Antipode Thibauts? War er der Harmonische und Unparteiliche, als der er gilt? War er unphilosophisch oder „philosophisch", gar Idealist?

Es wird sich zeigen, daß alle diese Fragen differenzierende Antworten verlangen, die auf einen gemeinsamen Zusammenhang verweisen und die Implikationen der tradierten Fragestellungen auflösen. Denn schon die Fragen enthielten die Versuchung zu schiefen Antworten.

1. KAPITEL

DER UNPOLITISCHE UND UNPRAKTISCHE?

> Wenn man an ihm etwas ‚romantisch' im heutigen Sinne finden kann, so war es seine vollkommene Weltfremdheit ...
>
> *Kantorowicz* 1911/12
>
> Stilreinheit war es auch, die ihn zwang, die Theorie von der Praxis zu trennen und der Praxis im Rang voranzustellen.
>
> *Hattenhauer* 1971, ³1983

Meine Feststellung, zu Savigny politicus bestehe eine empfindliche Forschungslücke, unterliegt einem nicht selten geäußerten Bedenken: Savigny habe sich all diesen praktischen und politischen Geschäften nur sehr widerstrebend und peripher gewidmet[1]. So gesehen ließe sich vielleicht noch von Lücke reden, doch gewiß nicht von einer empfindlichen, für Savignys Verständnis und Einordnung bedeutsamen Lücke.

In der Tat läßt sich *Savignys Widerstreben* mehrfach und anschaulich belegen, vor allem an seiner Geschäftsbefreiung in Marburg, Landshut und Berlin[2]. 1808 stellte er diesen, damals schon aus finanziellen Gründen ungewöhnlichen, Antrag mit der Begründung,

---

[1] Besonders deutlich findet sich diese Optik jüngst bei A. KAUFMANN, Savigny, in: Die Großen der Weltgeschichte, 7 (1976), S. 405: Sav. der „bloß betrachtende Gegner der Tat ..."; S. 409: Sav. „alles andere als ein Handelnder ... und demgemäß war ihm die Praxis fremd. Verwaltungsdinge lagen ihm nicht ... Wo immer er mit ihnen zu tun hatte, hat er unter der Verwaltung, hat auch die Verwaltung unter ihm gelitten."

[2] Für Marburg PÄTZOLD, Marburg, S. 56 und KLINGELHÖFER, Marburg, S. 15 f. nach den Akten, genauer als STOLL 1, S. 175. Danach war Savigny zum Extraordinarius der Fakultät mit Teilnahme an der Spruch- und Prüfungstätigkeit ernannt worden. Letzteres war von Bedeutung, da er damit der engeren oder Honoren-Fakultät zugeordnet worden war, ohne Ordinarius zu sein. Deswegen schien es ihm wohl auch der Erwähnung für Strieders Hessische Gelehrtengeschichte wert, als er 1806 J. Grimm bittet (bei STOLL Nr. 122 v. 14. 1. 06), die zunächst vergessene Angabe „außerordentliche Professur nebst der außerordentlichen Beisitzerstelle bei der Juristenfakultät" dort nachzuholen. Daß er nur an Prüfungen teilgenommen hatte, aber im eigenen Interesse und dem (finanziellen) der Ordinarien sich vom Spruchkolleg gleich hatte befreien lassen, sollte wohl damit nicht verhehlt sein, und ein bes. Hinweis auf eigene Praxisnähe war mit dieser Angabe noch

> „daß mein einziger Wunsch darauf gerichtet ist, alle meine Kräfte für das Lehramt und für solche literarischen Arbeiten, die mit diesem in der genauesten Verbindung stehen, zu verwenden."[3]

Dem Freund Creuzer meldet er 1810 etwas weniger grundsätzlich:

> „Ich habe hier wie in Landshut der Ruhe und Zufriedenheit meines Lebens dadurch ein Fundament gelegt, daß ich mir die Freiheit von Rektorat, Dekanat pp. ausbedungen..."[4]

Jacob Grimm bekennt er 1811, „wir Juristen machen jetzt ein Spruchkollegium aus, was ich gerne hätte hintertreiben mögen..."; ähnlich schreibt er an Heise[5]. 1813 klagt er Leonhard Creuzer,

> „Auch ich bin hier wider meinen Willen und meine Gewohnheit in ein vielfaches Treiben nach außen gekommen, worin mir oft unwohl wird, indem meine Natur mehr maulwurfartig nach dem Eingraben tendiert"[6].

Noch 1819, nach 8 Jahren Spruchkollegium und kurz nach seiner Ernennung zum Revisionsrat, begründet er seine Absage einer Präsidentschaft am Lübecker Oberappellationsgericht auch mit Rücksicht auf seine „Erfahrung in Justizgeschäften, die mir fast ganz abgeht" und empfiehlt G. A. Heise[7]. Um Gerede über Savigny als Haupt einer liberalen Oppositionspartei zu widerlegen, schreibt Arnim 1827 an die Grimms, bei Savignys politischen Aktivitäten handele es sich meist um Dinge, „um die er sich entweder nimmermehr oder höchstens gezwungen als Referent im Staatsrat gekümmert hat, Untersuchungen über Verhältnisse unseres Landes, die ihm höchst langweilig waren, denen er sich nur aus Pflicht unterzogen..."[8].

Dieses Widerstreben läßt sich nicht mit Savignys *allgemeinen Verbeugungen* vor Wert und Notwendigkeit von „Praxis" entkräften. Denn diese

---

nicht verbunden, so aber MOHNHAUPT, Richter (1972), S. 252, der nur die Stelle bei STOLL verwendet; dagegen GAGNÉR, P. Roth, S. 428 Anm. 589. Für Landshut STOLL 1, S. 322 und 3, S. 272 (Abdruck der Ernennung); die Akten dazu im HSTA München MInn 23510, ohne weitere Ergebnisse. Für Berlin STOLL Nr. 429/II 402 f. an Altenstein.

[3] Brief vom 23. 4. 1808, HSTA München aaO., S. 4 des Originals; auch bei STOLL I 322 nach BREMERS Abschrift. Parallel schon 1803, s. den Brief bei PÄTZOLD, Marburg, S. 56.

[4] An L. Creuzer v. 13. 12. 1810, STOLL Nr. 230/II 60 f.

[5] An Heise vom 3. 10. 11, bei LENEL Nr. 22/S. 124, an Grimm v. 5. 10. 11, bei STOLL Nr. 240/II 80.

[6] Bei STOLL Nr. 248/II 87 v. 2. 1. 13.

[7] Savigny an Perthes, v. 17. 7. 1819, bei STOLL Nr. 352/II 259 f. Heise übernahm die ehrenvolle und gutbezahlte Stelle auch.

[8] Arnim an die Grimms 1827, hier nach STOLL II 181 (aus STEIG III 563); s. dazu aber sogleich im Text.

Verbeugungen setzen sein besonderes Praxisverständnis voraus[9] und sagen nichts über sein tatsächliches Verhalten. Es bleibt aber die Tatsache, daß er Aufforderungen zu bedeutenden Aufgaben dieser Art immer wieder folgte. Teilweise entwickelte er sogar selbst dazu die Initiative. So zeigt er 1804 besonderes Interesse für Heidelberg. 1808 bietet er selbst die Schleiermacherrezension seinem Freund und Redaktionsmitglied der Heidelbergischen Jahrbücher, Creuzer, an[10]. 1842 folgt er gegen den Rat vieler Freunde und eigene Bedenken dem sein Leben völlig umgestaltenden Ruf ins Gesetzgebungsministerium[11]. Auch die Zusammenhänge seiner Berufung zum Staatsrat wären daraufhin zu überprüfen. Immerhin hatte er sich mit *Gönner-Rezension* und *Stimmen* sehr einschlägig und vielleicht nicht völlig zweckfrei profiliert[12]. Die beträchtliche Summe seiner Ämter und einiger gedruckter Erträge daraus wurde bereits vorgestellt. Wir besitzen außerdem plausible ausdrückliche Erklärungen von ihm selbst über Umfang und Zweck sinnvoller Geschäftstätigkeit: Die Grimms hätten ihn immer wieder lieber ganz in der Wissenschaft gesehen. Dagegen verteidigt Savigny 1824 seine Berliner Stellung wegen der „Einwirkung einer vielseitigen Geschäftstätigkeit ... die den Blick bildet und erweitert, wie keine Bücher es können"[13].

---

[9] Vgl. zu dieser Seite der Sache bes. MOHNHAUPT, Richter (1972), S. 243-264, aber auch die Einwände bei GAGNÉR, Paul Roth, S. 426-428, bes. Anm. 589; zu Savignys besonderem, die Praxis unterordnenden Verständnis, GAGNÉR, ebd.; auch RÜCKERT, Reyscher, S. 224 f., 252 u. ö. im zeitgenössischen Vergleich. Besonders bezeichnend hier die Stelle in *Stimmen* 1816 (STERN 225) vom Juristenstand als entscheidend mit dem Fazit: „Was uns im Großen und Ganzen am meisten helfen kann, ist allein ein *wissenschaftlicher Geist*, der das Geschäft des Juristen, auch das gewöhnliche praktische Geschäft, zu veredeln im Stande ist."; daneben die zentrale Formulierung 1840 in *System* I § 5/S. 11 über die Identität von Theorie u. Praxis und *Beruf*, S. 30, 126 (STERN 89, 145 f.) – idealiter identisch heißt hier wie so oft realiter nachgeordnet. Eine entschiedene Anwendung davon findet sich in seinem Gutachten zum Rhein. Recht 1818 (bei v. MEIER, S. 320) und in der Denkschrift 1842 (bei STÖLZEL, S. 738, 747). Mehr umgangssprachlich versteht jetzt Theorie-Praxis W. VAN HALL 1981 u. 1982 (s. Nachtrag) „Savigny als Praktiker" (Titel). Er behandelt die Frage daher i. w. auf der Ebene: Hat Savigny praktisch gearbeitet? Die grundsätzlichen Implikationen bei Savigny, so etwas wie seine „Theorie der Praxis" bleiben unerledigt. Vgl. noch unten bei Fn. 48. Die Implikationen von Theorie-Praxis bei Savigny sieht schon klar SOLARI, S. 250 ff., 252.

[10] Siehe seinen Brief an Creuzer v. 17. 5. 1808, bei DAHLMANN, Nr. 80/S. 241: „Meine Einladung zur Recension von Schleiermacher über die Universit. traf also mit ihrem eigenen Entschluß (sc., Savigny dazu aufzufordern) sehr schön zusammen."

[11] Dazu allg. BETHMANN-HOLLWEG, S. 74; weiter STOLL 3, S. 10 (Gunda dafür, Meline dagegen); Rudorff dagegen (bei E. RUDORFF, S. 151).

[12] Beide Schriften (1815/16) bilden einen Höhepunkt entschiedener politischer Stellungnahme, ziemlich unmittelbar vor der Staatsratsberufung am 20. 3. 1817 (dazu oben 35 Fn. 118).

[13] An Grimms v. 24. 1. 1824 (STOLL Nr. 400/II 316 f.). Zu isoliert die Verwendung bei

Frohen Mutes sitzt er wenig später an einer großen Staatsratsarbeit und hat „60 (!) Bogen" bereits abgeliefert[14]. Auch über das Spruchkolleg hat er schon gleich 1811 doch „nunmehr selbst große Freude" u. a. „weil wir alle sehr gute Freunde sind"[15] und wohl auch in Beruhigung über die geringe Arbeitslast[16]. In einem sehr hochgestimmten Bericht schreibt er 1820 an Creuzer von „viel Freude" bei der Justiz, „wie ich denn überhaupt eine Art von Leidenschaft für juristische Praxis habe, so daß ich mit großer Freude in der Fakultät arbeite ..."[17]. 1830 hat er in Staatsrat und Revisionshof „viel gearbeitet, und praktische Rechtssachen ziehen mich von jeher besonders an"[18]. Anders klang es schon 1817 einmal gegenüber Göschen, als er die schwindende „innere Gemeinschaft" bei der Arbeit, einen ihm sehr wichtigen Punkt, ernstlich beklagt, aber noch auf Besserung hofft[19].

Erst unter den Depressionen seines Kopfleidens, das er auf Überlastung gerade mit Geschäften zurückführt[20], fragt er sich mit seinem Schwager

WOLF, Rechtsdenker, S. 520. Ähnlich schon an J. Grimm am 11. 5. 1817 (bei STOLL Nr. 329/II 320): „Mit den Arbeiten im Staatsrat geht es bis jetzt noch sehr leidlich. Die Sache hat das gute, daß vieles nun ernstlicher und vielseitiger erwogen werden kann. Mir persönlich ist die Teilnahme nicht unlieb, weil ich ohnehin von Natur dahin tendiere, meine wissenschaftlichen Ansichten etwas praktisch machen zu wollen."

[14] An Creuzer v. 9. 5. 1824 (STOLL Nr. 403/II 318 f.) und an Grimms, 1. 5. 24 (STOLL Nr. 404/II 320 f.). Wovon die Arbeit handelt, sagt er nicht. Auch aus der Liste bei VAN HALL 1981 (Nachtrag), ergibt sich für diese Daten kein Bezug. Es muß also noch anderes vorliegen.

[15] So an J. Grimm u. ähnlich an Heise (oben Fn. 5). Die Begründung an Grimm lautet: „Die Sache selbst zieht mich an, und dann habe ich von jeher eine kindische Freude daran, etwas mit andern Leuten gemeinschaftlich zu tractieren, was hier recht gut geht, weil wir alle sehr gute Freunde sind."

[16] Dazu bereits oben 41 mit Fn. 152.

[17] Brief v. 5. 8. 20, STOLL Nr. 358/II 268.

[18] An W. Grimm, v. 18. 12. 30, bei STOLL Nr. 444/II 424.

[19] Brief v. 4. 8. 17 (STOLL Nr. 332/II 226 f. nach LIEBMANN, S. 83): „Was menschliche Thätigkeit nach außen und innen segenbringend macht, ist allein eine wahre innere Gemeinschaft; so haben wir sie in besseren Zeiten mit Eichhorn gehabt und in glücklicher Täuschung als den Anfang eines besseren Zustands betrachtet ... In der Justizabteilung des Staatsrats sind die Geschäfte nicht ohne Ernst, Eifer und Tüchtigkeit betrieben worden, und ich erkenne dieses mit Freuden an, aber eine wirkliche Berührung und Genossenschaft, wie sie wohl in den besseren Zeiten unter uns in der Facultät war, ist dabei nicht. Nun, dieses persönliche Gefühl der Trauer und Einsamkeit, so sehr es auch geistig lähmt, ist am Ende nur Nebensache, die Hauptsache ist der immer größere innere Verfall der Anstalt ..." — Er beschwört dann Göschen, an Besserung mitzuwirken.

[20] Vgl. schon die Klage an die Grimms am 11. 5. 1825, STOLL Nr. 408/II 323 f.: „diese Arbeit ... oft bis zu einer drückenden Last angeschwollen"; dann an Bang, 23. 4. 1826, STOLL Nr. 411/II 326 f.: „die Arbeiten des Staatsrats neben den Vorlesungen sind mitunter gar zu arg gekommen, und wahrscheinlich dadurch ist es geschehen, daß ich seit 3-4

Arnim im Dezember 1826, „ob es nicht überhaupt besser für mich gewesen wäre, frei von Geschäften in einem engeren Kreise wissenschaftlich concentriert zu bleiben ..."[21]. Vielleicht haben ihn auch, wie er fortfährt, nicht „mein Ehrgeiz oder meine Unruhe hereingezogen", sondern eben die *„Vorsehung"*[22]. Ein Echo dieser persönlichen Erfahrungen findet sich in behutsamer Verallgemeinerung in der Universitätsschrift von 1832, die jedenfalls teilweise und wohl insoweit aus der gleichen Zeit stammt[23]. Abwägend, aber auch hier keineswegs abweisend, schreibt er dort zum Lehrberuf:

> „Eine zweite und noch wichtigere Störung (sc. als die Schriftstellerei) liegt in der mannigfaltigen Teilnahme an praktischen Geschäften, die sich oft dem Lehrer darbietet; in gehörige Grenzen eingeschlossen, kann diese jedoch ein heilsames Gegengewicht gegen die Einseitigkeit des Gelehrtenstandes abgeben und so durch Erweiterung des Gesichtskreises und durch Belebung der bloßen Bücherstudien die fruchtbarste Rückwirkung auf den Lehrberuf ausüben"[24].

Savigny hat sich nach dem Abklingen seines Kopfleidens seit 1829 wieder dem Revisionshof und Staatsrat gewidmet, wenn auch mit verminderter Anstrengung[25]. 1831 schreibt er, wieder ganz im Einklang mit seinen Pflichten, es habe „von jeher das Geschäftsleben, und besonders das Richtergeschäft, großen Reiz für mich gehabt"[26]. Er gefiel sich offenbar in seiner Ämterfülle durchaus, solange er sie einigermaßen mit allseitiger Anerkennung ausfüllen konnte. 1837 ließ er sich vom Revisionshof ganz dispensieren[27]. Aber 1842 nahm er das von seinem König und früheren Schüler angetragene Ministeramt trotz aller entgegenstehenden Erfahrungen und Neigungen doch wieder an[28].

Jahren mit wenigen Unterbrechungen an einem nervösen Schmerze im Hinterkopfe leide...".

[21] An Arnim aus Florenz von einer Erholungsreise, am 28. 12. 26, STOLL Nr. 415/II 333 f.: Es sei aber müßig, darüber mit der „Vorsehung" rechten zu wollen.

[22] Vgl. vorige Anmerkung.

[23] Dazu oben 37 bei Fn. 133.

[24] Nach dem Abdruck in Verm. Schr. 4, S. 297; zu isolierte, einseitige Verwendung dieses Textes bei DUBISCHAR 1978, vgl. MEINE Rezension, ZSGerm 69 (1979), hier S. 428 f.

[25] Siehe die Briefe an Bunsen, 7. 1. 29 (STOLL Nr. 432), an J. Grimm, 18. 5. 29 (STOLL Nr. 433), an Bang, 20. 12. 31, (STOLL Nr. 460): „An den Geschäften des Staatsraths nehme ich fortwährend vielen Antheil, und bin dadurch zu Zeiten recht stark beladen. Ebenso bin ich mit rechter Freude im Revisions- und Kassationshof für die Rheinprovinz tätig...", aber auch den v. 18. 12. 30 (bei Fn. 18).

[26] In der Fortsetzung des Briefes an Bang, vorige Anm.

[27] An J. Grimm, 9. 1. 37, STOLL Nr. 497/II 493; der Dispens wurde verlängert, und er hatte von da an wenig zu tun im Revisionshof (an Bang v. 7. 3. 40, STOLL Nr. 518/II 522).

[28] BETHMANN-HOLLWEG, S. 74 erinnert sich an ausführliche Beratungen mit den Freunden, vgl. Fn. 11.

Der *Schlüssel für dieses Schwanken* zwischen Vorsehung und Neigung liegt nach alledem darin, daß Savigny zwar weniger wichtige Funktionen wie das Spruchkolleg in Marburg und Landshut, Dekanate, reine Verwaltungsarbeit u. ä. meidet, bedeutende Berufungen aber als *„Vorsehung"* auffaßt und annimmt und dies wiederum besonders dann, wenn sich darin auch die Chance vertrauensvoller, freundschaftlicher Übereinstimmung eröffnet[29]. Gegenüber Bluntschli deutet er sein Verhältnis zu Staatsämtern 1834 so: Er habe

> „das, was mir hierin ungesucht geboten wurde, als einen von Gott gegebenen Beruf angesehen, dem ich mich willkürlich nicht entziehen durfte"[30].

Savigny beweist also in der Gestaltung dieser Lebensseite eine gewisse Zurückhaltung, aber er handelt darin keineswegs lebensfremd, quietistisch oder unpolitisch, sondern gezielt wählerisch. Zeit und Kraft werden für wirkliche Schaltstellen bewahrt[31].

Die Arbeit im wichtigen Staatsrat stellt denn auch den Löwenanteil[32]. In Savignys tätiger Mitwirkung an diesem preußischen Parlamentsersatz kann man zugleich eine tief begründete Realisierung seiner Überzeugung von der Notwendigkeit eines kraft Geist und Bildung berufenen Standes sehen[33]. Nicht völlig peripher, aber vergleichsweise schmal, blieb offenbar der reale Umfang seiner justiziellen Tätigkeit, besonders im zeitgenössischen Vergleich[34]. Der Aufwand für das Ministerium liegt seiner höheren Bedeutung gemäß wieder relativ hoch, auch schon wegen des Wegfalls der Professur.

Es wäre also irreführend, dieser als „Vorsehung" wohlerwogen übernommenen Geschäftstätigkeit nicht besondere Rücksicht zukommen zu

---

[29] Vgl. die Zitate oben in Fn. 18 u. 15; zur „Vorsehung" bei Fn. 22. HATTENHAUER erklärt Savignys Probleme mit „Praxis" grundsätzlicher aus einem „existentiellen Bedürfnis" nach „Stilreinheit" (zitiert eingangs dieses Kapitels als Motto aus: Grundlagen, S. 116). Das verschiebt die Erklärung zu schnell in schwer erklärbare Bereiche und beschreibt Savigny als unpraktischer als er war. Ohne weitere Erklärung spricht jetzt VAN HALL 1981 (s. Nachtrag), S. 38 ff., 69 ff., von „Zwiespältigkeit". Vgl. noch Fn. 50a.
[30] Bei OECHSLI Nr. 11/S. 28, v. 24. 12. 34.
[31] Eine ähnl. Differenzierung bei HATTENHAUER, Einleitung, S. 23 f. für die politische Seite.
[32] Vgl. die Briefzeugnisse soeben bei Fn. 14 und 20; zur Quellenlage, die dies bestätigt, oben 38 bei Fn. 135.
[33] Dazu hier nur die entschiedene Stelle aus *Stimmen* 1816, zitiert oben in Fn. 9; vergleichend weiteres bei RÜCKERT, Reyscher, S. 210, 224 f., 246, 368 f., 370 f.
[34] Dazu oben 41 bei Fn. 152 (Spruchkolleg), bei Fn. 7 und 18 zum Revisionshof; letzteres ist freilich momentan nicht quellenmäßig genau verifizierbar, da die Akten noch nicht wiedergefunden sind. Prozeßtabellen zum Rev.hof weist LORENZ nach (im Quellenverz.).

lassen. Die festgestellte Forschungslücke erweist sich als umso empfindlicher. Es handelt sich nicht um die unwichtige Praxis eines Unpraktischen, sondern um die bewußte Reserve eines Mannes, der seine Kräfte überlegt einsetzt.

Bei dieser kurzen Diskussion der Intensität von Savignys praktisch-politischem Engagement wurden einige sehr *bekannte Zeugnisse* bewußt beiseite gelassen[35]. Sie alle sind nur unter quellenkritischen Vorbehalten zu verwenden[36]. Daß er sich gerade gegenüber *Arnim* für praktisches Arbeiten begeistert[37], wird man bei den bekannten Differenzen Savignys mit seinem Schwager im Punkte Theorie-Praxis[38] ebensowenig überbewerten dürfen wie umgekehrt die Tatsache, daß Arnim gegenüber den hierin kritischen Grimms die Staatsratsarbeit bagatellisiert. Genau genommen bekundet Savignys Ausdruck „anziehend gewesen" ohnehin einen Standort der hinüberblickenden Distanz. Auch die ähnliche Äußerung an Jacob *Grimm* 1817 und *Bang* 1831[39] ergibt nichts für das wirkliche Ausmaß von Savignys praktischer Arbeit, sondern eher ein freundliches Interesse auch für diese Seite des Fachs. Gleiche Vorsicht empfiehlt sich, wenn Savigny gegenüber dem sicher praxisbewußteren *Eichhorn*[40] seine eigene ALR-Arbeit betont[41], wenn er den Freund und späteren Richter *Heise* an das Berliner Obertribunal werben will[42], wenn er dem zur Praxis schon fest entschlossenen Freund *Neurath* zunächst Mißfallen an einem Regierungsamt, dann den Entschluß für die Justiz, aber dies wieder bei gleichzeitiger

---

[35] Vgl. die gründliche Zusammenstellung bei MOHNHAUPT, S. 245 (Briefe an Neurath 1801 und 1799), 249 (Brief an Heise von 1817), 252 (Brief an Arnim von 1819, an F. Creuzer 1820, an Bang 1831), 264 (an Beseler 1843).

[36] Siehe die berechtigte Warnung bei GAGNÉR, Paul Roth, S. 428 in A. 589: „Was Savigny über seine eigene Praxisnähe manchmal schrieb, sollte immer mit Vorsicht verwertet werden."

[37] Brief v. 30. 5. 19 (STOLL Nr. 350/II 257): Das praktische Arbeiten sei ihm, Savigny, von jeher anziehend gewesen – dies vier Wochen nach seiner Ernennung zum Revisionsrat. Vgl. die zu isolierte Verwendung bei WOLF, Rechtsdenker, S. 520.

[38] Dazu Arnims Kritik am „Beruf" (STEIG 1892), an der gelehrten Unschuld eines Savigny und Hugo (Brief an Grimms v. 15. 11. 16 bei STOLL II 156); vgl. schon WIEACKER, Savigny, S. 128. Vgl. soeben bei Fn. 8 die Quelle zu Arnims Bagatellisieren.

[39] Vgl. soeben bei Fn. 13 u. 26, auch bei Fn. 18 und unten Fn. 46.

[40] Vgl. zu Eichhorn insoweit RÜCKERT, Reyscher, S. 46, 110 Anm. 207, 340.

[41] Brief v. 7. 6. 1819 (bei v. SCHULTE, Eichhorn, S. 143 f.); unkritisch verwendet bei LANDSBERG N. 105, STOLL II 257 Anm. 2.

[42] Brief v. 22. 6. 17 (bei LENEL Nr. 38/S. 153) mit der Begründung u. a.: „Dann aber würden Sie gerade recht in der Lage sein, für die Vermittlung der Theorie und Praxis zu wirken, und ich weiß nicht, was unsrer Wissenschaft mehr noth sein könnte als eben dieses." Die Verwendung bei MOHNHAUPT, aaO., S. 249 ist zu unbefangen. Savignys Äußerung setzt zudem seinen spezifischen Begriff von Praxis *unter* Theorie voraus, dazu oben 152 Fn. 9 und sogleich im Text.

Empfehlung des Naturrechtsstudiums und in Kritik an Hugo mitteilt[43]. 1801 liegt es ohnehin klarer, wenn er auf Neuraths Vorwurf „mitleidigen Lächelns" über die Praktiker mit einem Ausfall gegen theorielose Professoren antwortet, der ihn von seiner Position nichts kostet und nur scheinbar *den* Praktiker, der Amt *und* Theorie habe, höher stellt[44]. Denn in der Zuschreibung von Theorie an den ‚wahren' Praktiker verbirgt sich Savignys eigenes Theorie-Praxis-Verständnis, in dem die Praxis nachgeordnet ist: Theorie zu haben, ist hier eine Anforderung, ein schnell ins Kritische zu wendendes Savignysches *Ideal von Praxis*[45]. Beide quellenkritischen Vorbehalte, die *Anpassung an den Adressaten* und sein *spezifischer Praxisbegriff*, treffen auch die freundlichen Worte über den Richterberuf an seinen Jugendfreund und Richter Pfeiffer[46].

Diese betonten Worte über Praxis offenbaren eine besondere Anpassung an den Adressaten oder den Briefzweck oder auch Savignys besonderes Theorie-Praxis-Verständnis. Aus ihnen sollte man weder Beweise für eine besondere praktische Aktivität, noch eine feste generelle Neigung entnehmen. Neigung zu Praxis versteht sich bei Savigny als ein Bestreben, das als richtig Erkannte auch durchzusetzen und als Bevorzugung konkreter, insofern praktischer Debatten bzw. Ablehnung bloß abstrakter Theorien und Vorschläge[47]. In diesem Sinne war er gewiß sehr „praktisch". Das oben erreichte differenzierende Ergebnis wird also durch diese Beweisstücke nicht berührt.

Ebensowenig relativieren es Savignys zahlreiche allgemeine, salomonische Sätze über die Notwendigkeit „wahrer" Praxis[48]. Sie alle verlieren

---

[43] Brief v. 20. 10. 98 (STOLL Nr. 7/I 68), von Ende 98 (STOLL Nr. 9/I 69), v. 10. 2. 99 (STOLL Nr. 10/I 71); vgl. MOHNHAUPT, S. 245, WOLF, Rechtsdenker, S. 520 zu Nr. 10, HATTENHAUER, Einleitung, S. 30.

[44] Brief v. 1. 4. 1801 (STOLL Nr. 58/I 203 f.): „Ich denke mir die Sache so: der Theoretiker hat die Theorie, der Praktiker hat sie auch und noch sein Amt dazu: hat er die Theorie nicht, so ist das bloß zufällig, und ein Zufall, der ihn nicht einmal von den meisten Professoren ... unterscheidet." Es ist zugleich der letzte Brief an Neurath bei STOLL.

[45] Siehe schon oben 152 Fn. 9 Zitat und Nwe. Im Gesamtzusammenhang unten 346.

[46] Über diesen grundlegend NOLTE, B. W. Pfeiffer. Gedanken zur Reform des Zivilrechts (1969), in häufigem Vergleich mit Savigny. Der Brief Savignys v. 1. 2. 20 bei STOLL Anhang 1 Nr. 15/III 250 f.: „Ebenso ist der Richterberuf unter allen öffentlichen Geschäften dasjenige, was am meisten diesen wissenschaftlichen Charakter an sich trägt. So macht mir denn auch unser Revisionshof wahre Freude: die Arbeit ist sehr mäßig, die Auswahl der Mitglieder vortrefflich, und der Geist sehr gut und lebendig." Zugleich fordert er auch von Pfeiffer ein gründliches Studium des neuen Gaius.

[47] Vgl. dazu etwa den Brief über Kriminalrecht bei STOLL Nr. 41/I 144 v. 3. 1. 1800 (tw. zitiert oben 66 bei Fn. 284); *Stimmen* 1816 (bei STERN) S. 215 f.; Brief an Gerlach, bei LIERMANN, Nr. 6 v. 26. 4. 43; vgl. auch das Zitat von 1830, unten 216 bei Fn. 339.

[48] Vgl. dazu die Zusammenstellungen bei MOHNHAUPT und die Diskussion bei GAGNÉR (oben Fn. 9).

entscheidend als schlicht propraktische Aussage durch die stete Hinzufügung des Vorbehalts „wahr". Denn darin begegnet ein typischer Vorgang und grundsätzlich wichtiger Stil Savignys: Er bekundet Entgegenkommen und nimmt die Gegenströmung auf. Aber er unterstellt sie seinem eigenen „Ideal" und wahrt damit die eigene Kompetenz bis zur konkreten, selbständigen und schwer nachprüfbaren Anwendung[49]. Das reale Ergebnis bleibt *seine* Domäne. Auch dieser Aspekt ändert also nichts am bisher Gesagten.

Savignys Haltung gegenüber politischer und praktischer Aktivität läßt sich also kennzeichnen als: *Reserve für Unbedeutendes, Mitgestaltung von Bedeutendem*. Man kann ihn also nicht in dem Sinne „unpolitisch" und „unpraktisch" nennen, daß er sich generell politischen und praktischen Aufgaben bloß widerwillig gestellt hätte. Er hat vielmehr verschiedene bedeutende Aufgaben dieser Art bewußt und voll wahrgenommen. Dies vor allem, wenn sie sich nach seinem Selbstverständnis als Wink der „Vorsehung" verstehen ließen.

Das Thema „unpolitisch" hat freilich nicht nur bei Savigny eine *weitere Dimension*. Sie klang u. a. bei WOLF und THIEME an[50]. Man verwendet dann „politisch" als Gegensatz zu „wissenschaftlich". „Unpolitisch" heißt dann so viel wie „wissenschaftlich", rein objektiv, unparteilich. Ob Savigny in *diesem* Sinne unpolitisch war, hängt dann nicht von seinem konkreten Tätigkeitsfeld ab. Selbst wenn er wie gezeigt in Politik und Praxis nicht unbeträchtlich aktiv war, könnte er dann durch eine besondere Art, dieses Metier zu betreiben, doch „unpolitisch" zu nennen sein.

Damit und erst damit kommt man zu der Frage, wie Savigny sich das Verhältnis von *Wissenschaft und Politik*, dann auch das von *Theorie und Praxis* dachte[50a]. Sie geht auf den Inhalt und die Maßstäbe seiner Aktivitäten, die in seinem Verweis auf *Vorsehung* und in seiner Hervorhebung *reiner* Wissenschaft und *wahrer* Praxis angesprochen wurden. Diese Frage bedarf eigener Untersuchung. Sie wird im Abschnitt „Harmonisch-

---

[49] Näher mit Belegen RÜCKERT, Reyscher, S. 120 (für „Beruf" und „System"), 209 (generell), 206 (Wortschatzprüfung), 141 f. (für politisches-Volksbegriff-Freiheitsbegriff); für Freiheit-Willkür ähnlich HATTENHAUER, Einleitung, S. 49.

[50] Dazu oben 45, 49 bei Fn. 178 und 205.

[50a] Treffend sucht auch HATTENHAUER nach einer grundsätzlichen Erklärung, findet sie aber sofort in einem „existentiellen Bedürfnis ... (nach) Stilreinheit" (Grundlagen, S. 116). Die Abschnitte „Das Theorie-Praxis-Verhältnis bei Savigny" bei VAN HALL 1981, S. 69 ff., auch 38 ff. u. 1982, S. 286 f. (s. Nachtrag), begnügen sich mit der Feststellung von „Zwiespältigkeit".

Unparteilich?" weitergeführt werden und erst im Abschnitt „Idealismus" vollständig beantwortet werden können[51]. Hier war es wesentlich, ihre Eigenständigkeit und ihren hohen Erklärungswert zu erkennen und zu begründen.

---

[51] Siehe unten 406 ff.

2. KAPITEL

DER ANTIPODE THIBAUTS?

> Im Duell Thibaut-Savigny treten einander persönliche Grundentscheidungen gegenüber: aristokratische Kultur und demokratische Politik, europäische Tradition und junges Nationalgefühl, Wissenschaft und tätige Praxis ...
>
> *Wieacker* 1967

1. *Entfaltung der Fragestellung*

Die Frage, wie eine genauere, nicht bloß antithetische Einordnung Savignys als Antipode Thibauts aussehen müßte, wurde bereits mehrfach berührt[52]. Meist definiert man sie *beide aus* ihrem Gegensatz von 1814/15. In der Formel „Frühliberalismus-Restauration" (WIEACKER) fand man eine zugkräftige Verallgemeinerung dieser Sicht[53]. HATTENHAUER spitzte sie zu „demokratisch" versus „konservativ"-reaktionär zu[54]. Auch „revolutionär" nannte man Thibaut bereits[55]. „Nationaldemokratisch" konkur-

---

[52] Siehe oben 52 bei Fn. 225 zu HATTENHAUER, 54 bei Fn. 245 zu WROBEL, 56 bei Fn. 254 zu HAVERKATE, 87 zu den Debatten vor 1808 (mehrpolig).

[53] Vgl. oben 48 bei Fn. 197 für WIEACKER und auch WILHELM, statt vieler; übernommen insbes. bei WIETHÖLTER, S. 73.

[54] HATTENHAUER, Einleitung, S. 24, 46, 43 (vgl. auch bei Fn. I 215); weniger zugespitzt aber DERS., Grundlagen (1971), S. 69 ff. (= 1980, S. 81 ff. u. 115 ff.), wo meist von „restaurativ" die Rede ist. Vgl. aber auch WIEACKER, Priv.r.gesch., S. 395: „aristokratische Kultur" gegen „demokratische Politik". Keiner von beiden bestimmt seine Kategorien näher.

[55] WIEACKER, Priv.r.gesch., S. 391 A. 48; zugleich nennt er aber Pfeiffer und Feuerbach politisch verwandt, Pfeiffer zudem „gemäßigt liberal" (ebda. u. S. 390 A. 46). Vorsichtiger WILHELM, Methodenlehre, S. 25 A. 30: „nahezu revolutionär", anders auch dort S. 72; ein „demokratisches Element" sieht KÜBLER (1974), S. 703, vgl. 705 f., einen „demokratisch-revolutionären Akzent" gar HAVERKATE, S. 58; vorsichtiger wieder RINKEN, Einführung, S. 202 (auch devotes bei Thibaut), 205 (nur in der Konsequenz demokratisch).

riert häufig als passende Fixierung⁵⁶. Neuerdings bevorzugt man soziale Kategorien wie „bürgerlich"⁵⁷.

Aus mehreren Gründen empfiehlt sich eine Überprüfung dieser Gegenüberstellungen: Es handelt sich um eine sehr beliebte, zentrale Kategorie. Man definiert mit ihr beide Teile Hand in Hand. Für Thibaut lassen sich Quellen beibringen, die für eine vergleichende Prüfung besonders ergiebig erscheinen. Ein Vergleich eröffnet den Zugang zu einer Beurteilung dieses Hauptpfeilers der meisten Deutungen. Ein Vergleich entspricht den oben formulierten methodischen Forderungen⁵⁸.

2. *Demokratie und Recht*

Für Thibauts *demokratische Position* führte HATTENHAUER „jacobinistische Ideen über den Adel" nach einem Zeugnis Eichendorffs von 1807 an und ein besonders warmes Verhältnis zum „Volk"⁵⁹. Beides trägt die Folgerung „demokratisch" aber nicht ohne weiteres. Ablehnung des Adels findet sich ebenso bei gemäßigteren, bürgerlich-liberalen Positionen⁶⁰. Das Zeugnis des betont romantisch-konservativen Eichendorff über „jacobinistisch" bei Thibaut 1807 spricht außerdem deswegen weniger für „demokratisch", weil man mit „jacobinistisch" in diesen Kreisen gerne *alles* bezeichnete, was jenseits der eigenen Adelsbegeisterung lag⁶¹.

---

⁵⁶ So besonders WIEACKER für Thibaut und die ihm folgende politische Linie, vgl. Priv.r.gesch. 1952, S. 234, 241; Savigny (1954), S. 110; Der gegenwärtige Stand (1963), durchweg (vgl. S. 343 A. 16, 365 A. 55, 391, 395, 400, 402, 406, 411); Wandlungen (1967), S. 18; Priv.r.gesch. 1967, durchweg, s. die Belege bei RÜCKERT, Reyscher, S. 132 in A. 328.
⁵⁷ Vgl. schon WILHELM, Meth.lehre, für Thibaut, S. 25 A. 30, S. 73; jetzt WROBEL, durchweg (Nwe. oben 54 in Fn. 245); ähnlich KAWAKAMI (s. Nachtrag).
⁵⁸ Siehe oben 120 f. Den Tagebucheintrag Eichendorffs zitiert jetzt auch POLLEY, Thibaut, 1982 (s. Nachtrag), S. 190, aber ohne weitere Folgerungen.
⁵⁹ HATTENHAUER, Einleitung, S. 43; letzteres erwähnen auch KÜBLER, HAVERKATE, RINKEN (s. Fn. 55). Eine gründliche Überprüfung demnächst auch bei KIEFNER, Thibaut u. Savigny (s. Nachtrag).
⁶⁰ Zum Kontext für „Erschütterung und Behauptung des Adels 1789/1815", zwischen Kant und Romantik, sehr instruktiv W. CONZE, Adel (1972), S. 29 ff., S. 34 A. 150 auch kurz zu Eichendorff; wesentliche Klärungen dafür, auf welcher sozialhistorisch-politischen Basis Eichendorffs Urteile zu verstehen wären, bei W. FRÜHWALD, Der Regierungsrat J. v. Eichendorff, in: Int. Arch. f. Sozialgesch. d. Lit., 4 (1978) S. 37-67, hier S. 39 f. zur Heidelberger Zeit mit der starken patriotisch-romantischen Görres-Bindung und Juristenkritik, S. 51 über das spezifische Preußentum dabei, S. 62 und 64 f. über das Konservative, auch am Adelsbegriff, als Grundzug.
⁶¹ Besonders „jacobinisch" als *Gegner*bezeichnung, wie hier, kann nur mit größter Vorsicht verwendet werden. Einen Anhaltspunkt hierfür gibt die Bemerkung eines Ken-

Schließlich umfaßt die unspezifische Redeweise von „Volk" in dieser Zeit nicht leicht den „gemeinen Mann"[62] als politisches Subjekt. Die Ambivalenz der allgemeinen Berufungen auf „Volk" deckten z. B. die Junghegelianer mit Geschick auf[63]:

> „Indessen ist in damaliger Zeit die ‚Volkseigentümlichkeit' eine so primitive und unmittelbar empfundene Sache, daß sie überall zu Grunde gelegt werden konnte, wo eine politische Frage in Anregung kam, ohne daß man Gefahr lief, es würde irgendein vorwitziger Frager nun noch hinter diese Eigentümlichkeit zurückgehen und weiter auch von ihrem Grund und Wesen Bescheid verlangen."

Thibaut spricht zudem 1814 ganz überwiegend und nicht zufällig nicht von „Volk", sondern vom „Glück unserer Bürger"[64]. Und wo er „Volk" benutzt, meint er doch dessen „bürgerlichen Zustand"[65], oder er setzt es als „biederes Volk", als „edles Volk" u. ä. bloß den Fürsten, Oberen und beschränkten Räten entgegen[66]. *Hier* bezieht er den vierten Stand ein als geeigneten Verbündeten. Dem gleichen „Volk" will er jedoch die Kompetenz für sein „bürgerliches Recht" nicht zugestehen. Ebenso vermeidet er

---

ners der neueren lebhaften Jakobinismus-Forschung bei terminologischen Überlegungen: „Die Intelligenz von Forster bis Stein wird gleichermaßen mit diesem Epitheton (sc. jakobinisch) bedacht", so J. GARBER im Nachwort (S. 543-592, hier 560) zum Neudruck der klassischen Untersuchung von VALJAVEC, Polit. Strömungen; siehe auch diesen selbst, S. 164, 393, im übrigen sein quellenreicher Abschnitt „Die demokratische Bewegung" (S. 180 ff.), wo V. stets gegen „liberal" abgrenzt; daneben bes. I. STEPHAN, Literarischer Jakobinismus in Deutschland (1789-1806), Stuttgart 1976, hier S. 39 ff.: Das Jakobinismusverständnis der Zeitgenossen: Schwierigkeiten, weil „am Ende des 18. Jhs. inflatorisch benutzt, um jeden zu diffamieren, , der nicht die Französische Revolution in den tiefsten Abgrund verdammt' (Laukhard 1796)", und immer noch der lehrreich kritische Bericht von A. KUHN, Der schwierige Weg zu den dt. demokr. Traditionen, in: NPL 18 (1973) S. 430-452. Eichendorff bietet diese peiorative Variante; ein weiteres Beispiel, zu Feuerbach 1809, bei FEHRENBACH, Rev.Recht, S. 142. Zwar nicht maßgebend für die Richtung des 8 Jahre jüngeren Thibaut von 1807, aber auch nicht völlig irrelevant ist auch seine harte Abwehr von „Jacobinismus" 1815, zitiert unten 175 bei Fn. 129.

[62] So aber HATTENHAUER, wie Fn. 59, und ähnlich die dort Genannten.

[63] Hier A. RUGE, in: Hallische Jbb. 1841 I, S. 503, aber auch schon FEUERBACH gegenüber Savigny 1815; zur ganzen Frage näher RÜCKERT, Reyscher, S. 140 f. mit A. 364, S. 256 und 337 f. u. ö. (s. das spezifizierte Register, S. 413).

[64] THIBAUT, Notwendigkeit 1814, S. 24, 32 (STERN 47, 51) u. ö.; Rehberg-Rez. 1814, S. 25 f.; dazu vergleichend RÜCKERT, Reyscher S. 294; s. schon WILHELM, Method.lehre, S. 25 A. 30; außerdem THIBAUT, Pfeiffer-Rez., S. 200 und Wünsche-Rez. S. 998, beide 1816. Eingehend zu „Bürger" jetzt STOLLEIS, Untertan-Bürger-Staatsbürger (1981), wo klar wird, daß auch Thibaut dabei einer bürgerlich-liberalen Mitte folgt, wie so viele (vgl. S. 78 f., 85).

[65] Notwendigkeit 1814, S. 25 (STERN 47); Rehberg-Rez. 1814, S. 25 f.

[66] Notwendigkeit 1814, S. 45 ff., 67 (STERN 58 f., 60, 68); parallel später in: Sog. HS, AcP 21 (1838) und bereits Rehberg-Rez. 1814, S. 25 f.

konsequent jede egalitäre Äußerung zu Politik und Rechtspolitik[67]. 1838 vertraut er die Kompetenz für bürgerliche Gesetzgebung besonders deutlich weder den Landständen, noch den Regierungen, noch dem „Volk" an, sondern allein „trefflichen Rechtskennern, welche auch im Besitz des Besten, der Kenntnis des Lebens, sind", denn: Das Volk sei zwar edel und gut, habe aber hier „kein Urteil", die Landstände befolgten zu sehr Politik und Eigennutz, die Regierungen neigten zur Despotie, zur Regierungssucht. Es bleiben nur die integren Persönlichkeiten mit Fachkenntnis[68]. Die Bindung an eine so globale und wiederum allgemein verbreitete Formel wie *Leben* ändert dies nur scheinbar[69]. 1817 lehnt Thibaut ganz pointiert Mitentscheidung von Nichtjuristen im „bürgerlichen Recht" ab:

> „Rec. hält es freilich für gut und notwendig, daß auch Nicht-Juristen zu Rate gezogen werden, allein eine entscheidende Stimme über die Grundlagen des Rechts dürfen sie nie haben. Der gemeine Verstand kann den Rechtsmechanismus nicht übersehen, und hält leicht eine Einrichtung für wohltätig, welche, wenn man ihre Folgen und ihr Eingreifen in andere Einrichtungen mit Feinheit prüft, als verwerflich oder höchst bedenklich erscheint. Und warum jene Scheidung und Entgegensetzung? Unsere Juristen sind ja auch Mitglieder des Volks und von dessen Wünschen und Bedürfnissen so gut unterrichtet wie jeder Andere. Nur das kann verlangt werden, daß die Mehrzahl der juristischen Mitglieder der Commission auch practisch gebildet sei"[70].

Es handelt sich um ein *Kontinuum* bei Thibaut: Effektive Mitentscheidung wird nicht anerkannt. „Volk" ist nicht politisches Subjekt, sondern Objekt von Sorge, Subjekt von Rat[71]. Die Zwischenlösung, grundsätzlich alle entscheiden zu lassen und von den Juristen als Fachleuten zu verlangen und anzunehmen, daß sie das „Volk" gerade von „Verwerflichem" und „höchst Bedenklichem" abzubringen verstehen — diesen eher demokratischen Weg erwägt Thibaut nicht, obwohl er gerade für den von ihm herangezogenen Extremfall naheläge und obwohl er nicht völlig unzeitgemäß gewesen wäre[71a]. Auch Wahl der Juristen oder ähnliche Auswege werden nicht angesprochen. Thibaut selbst bringt mit „verwerflich" und „höchst bedenklich" inhaltlich sehr scharfe normative, politische Katego-

---

[67] Dazu unter dem Aspekt Juristenrecht-Volksrecht ein vergleichender Überblick in RÜCKERT, Reyscher, S. 373-375; ähnlich, aber wesentlich allgemeiner, BENÖHR, Thibaut-Savigny (1974), S. 682b; auch RINCKEN (wie Fn. 55).

[68] Alles in: Über die sogenannte historische und nicht-historische Schule, AcP 21 (1838), hier S. 397-400.

[69] Dazu näher RÜCKERT, Reyscher, S. 374, 296 f. für Thibaut und Reyscher, S. 247 ausf. für Savigny, S. 371 f. für Maurenbrecher, S. 376/189 für Wächter, bemerkenswert auch Gönners Berufung darauf 1808 (s. Fn. I 392) u. Savignys 1809 (unten 198) u. ö.

[70] THIBAUT, Blicke-Rez. 1817, S. 405 f.

[71] Die Parallele zur Diskussion um Landstände als Beratungsorgan oder Parlament liegt auf der Hand, vgl. unten 214 u. 224.

[71a] Vgl. dafür FRIES, Vom dt. Bund (1816), II S. 64, I S. 60 (Schr. IX 474, 288).

rien ins Spiel und unterstreicht damit seine Distanz zu Volk als politischem Subjekt.

Zugleich verläßt Thibaut damit an diesem konkreten Bewährungspunkt seine eigene Voraussetzung vom reinen, quasi *mathematischen und unpolitischen Charakter* des „bürgerlichen" Rechts, die die Fachleute legitimieren konnte. Ganz wie Savigny hatte er nämlich nur „bürgerliche" Gesetzgebung behandelt, nicht auch „publicistische"[72], und diese Beschränkung überraschend parallel mit einem Wesensunterschied dieser Rechtsteile als *politisch-unpolitisch*, schwankend-beständig begründet[73]. Diese seine Auffassung gipfelt in dem Bild, es handle sich beim „bürgerlichen Recht" um „eine Art reiner juristischer Mathematik" – ein Bild, das meist nur von Savigny her vertraut ist[74]. Es kommt hier auf die *rechtspolitische* Verwendung dieser Unterscheidung an, die Frage der Durchführung des Mathematischen in der Dogmatik kann hier auf sich beruhen[75]. Ohnehin hat der Topos sehr oft rechtspolitische Kontexte[76]. Rechtspolitisch gibt Thibaut die Behauptung vom Wesensgegensatz auf, als sie an der erwähnten konkreten Stelle nicht mehr hinreichte, um die unerwünschte Einmischung in das „Glück unserer Bürger"[77], in das Recht der „gebildeten Männer"[78], abzuwehren.

[72] Wenn auch in einem weiteren Sinne mit Strafrecht und Prozeß, THIBAUT, Notwendigkeit 1814, S. 12 (STERN 41); das ändert aber in diesem Zusammenhang nichts. SAVIGNY schließt sich dem ohne bes. Definition an, handhabt aber die Durchführung enger zivilistisch im heutigen Sinne, abgesehen wieder von den allgemeinen Thesen zu Beginn, wo er aber doch öffentliches Recht vermeidet, siehe: Beruf S. 9, 37, 131 (u. ö.) (STERN 76, 93, 148). Über andere Positionen hierbei RÜCKERT, Reyscher, S. 214, 255. Die interessante Frage „Staatsrecht bei Savigny" muß hier dahinstehen; vgl. unten 312 ff. Aus den Kronprinzenvorträgen 1816/17 zum Strafrecht ergibt sich jetzt passend, daß Savigny zwar auch hier seine Quellentheorie durchhält, aber zugleich doch meint, es sei „in *publicistischer* Hinsicht gerade im Criminalrecht möglichst genaue Gesetzgebung wünschenswerther als im Civilrecht, nämlich als Schutz für die Freyheit" (Nachlaß 1977, M 7c, fol. 4v); anders zum ‚Wesen' wiederum FRIES, aaO., II S. 66 f. (Schr. IX 476 f.).

[73] THIBAUT, Notwendigkeit 1814, S. 10, 53 f. (STERN 40, 61 f.); bes. dann DERS. in AcP 21 (1838) S. 397, jetzt verbunden mit Skepsis zum publizistischen Bereich; flexibler noch Rehberg-Rez. 1814, S. 11 ff., 22 f., wo er „Philosophie des Privatrechts" fordert und rechtspolitische Bedürfnisse beim Privatrecht anführt – man findet also eine gewisse Erstarrung parallel zur schwindenden Selbstsicherheit.

[74] THIBAUT, Notwendigkeit 1814, S. 54 (STERN 62), auch schon Rehberg-Rez. 1814, S. 22; anders erst AcP 21 (1838) S. 412; vgl. für Savigny nur MARINI 1978, S. 56, RÜCKERT, Reyscher, S. 252; jüngst BRETONE, Il ‚Beruf' (1981), S. 209 ff. Parallelen übrigens auch bei HUFELAND (vgl. Fn. 82). Zur Deutung unten 375.

[75] Dazu für SAVIGNY unten 182. Savigny zeigt in der Durchführung größere Energie.

[76] Vgl. soeben Fn. 74; so gesehen erledigen sich die Deutungsprobleme bei KIEFNER, Thibaut (1960), S. 309, 320, 322, der nur die Stelle aus „Notwendigkeit" heranzieht.

[77] Zitiert oben 162 bei Fn. 64.

[78] Nwe. RÜCKERT, Reyscher, S. 214. Dabei meint Thibaut mit diesem ungenauen Wort nicht Bürokraten, sondern freie Bürgerliche.

Thibauts Volksnähe endet also auf halbem Wege in den Aporien eines liberal-elitären Ansatzes, der doch als allgemein propagiert wird[79]. Auch bei ihm gibt es bei allem vaterländischen und kulturellen Schwärmen die Perspektive „alles für das Volk, nichts durch das Volk". Der politische Unterschied zu Savigny, der kaum minder gerne und ähnlich unspezifisch Volk und Vaterland in Anspruch nimmt und ebenfalls bürgerlich-verkehrsfreundliche Züge hat, bedarf offenbar der Präzisierung.

Eine Bemerkung Savignys kann den Weg dazu weisen. Er sah gegenüber *Thibaut* keinen „feindseligen Streit"[80]. Für ihn war Gesetzgebung hier eine Frage des besten Mittels zum gemeinsamen vaterländischen Ziel. Die grundsätzlichen Gegner fand er mit Recht in *Gönner, Pfeiffer, Almendingen* u. a.[81]. Diese Äußerungen Savignys offenbaren freilich auch den Zweck, Thibaut noch zu integrieren, Gönner und andere aber zu distanzieren. Savigny betrieb in diesem Sinne eine rege Briefpolitik, um die „öffentliche Meinung" zur richtigen werden zu lassen. Dies läßt sich jetzt für die Autoritäten *Heise* und *Hufeland* aus dem Nachlaß belegen[82]. Auch gibt es ein scharfes briefliches Verdikt Savignys zu Thibauts Schrift[83]. Dennoch drückt Savigny mit seiner Unterscheidung vom feindseligen

---

[79] Dazu vergleichend RÜCKERT, Reyscher, S. 375 u. 294 ff.; für den breiteren politikgeschichtlichen Rahmen etwa WILLMS, Polit. Ideen, S. 92 ff.; sehr deutlich auch schon HUBER, Verf.geschichte 2, S. 389 f., 403; CROCE, 19. Jh., S. 28 ff., 85 f. Anschaulich jetzt STOLLEIS, Untertan-Bürger-Staatsbürger (1981), bes. S. 77 f.

[80] SAVIGNY, Beruf, S. 3, 161 (STERN 73, 166); ähnlich Gönner-Rez., Verm. Schr. 5, S. 118; dann Stimmen 1816 (STERN 209).

[81] Bes. SAVIGNY, Gönner-Rez., eingangs (Verm. Schr. 5, S. 116), DERS. Stimmen 1816 zu Pfeiffer, Almendingen (STERN 212 ff., 218 f.); vgl. auch BENÖHR, Thibaut/Savigny, S. 683 bei A. 15. Es wird leicht übersehen, daß die wichtigsten Kräfte pro Gesetzgebung nicht hinter Thibaut und die wichtigsten gegen Gesetzgebung nicht hinter Savigny standen; vgl. schon SAVIGNY selbst, Stimmen 1816 (STERN 209).

[82] Vgl. dazu die Briefe von HEISE v. 3. 1. 1816 (UB Marburg Ms. 725/556), von HUFELAND v. 23. 2. 15, 24. 6. 15, 1. 12. 15, 2. 1. 17 (ebd., Nachlaß 1977). HEISE mißt seiner Stimme kein Gewicht bei und will auch seinen Freund Thibaut schonen. HUFELAND ist in der Sache etwas anderer Meinung. Beide lehnen daher einen öffentlichen Beitrag ab. Vgl für HUFELAND schon DERS., Eigent. Geist (1815, hier Teil 1, 1814), S. 34 f.: Den Stoff eines Zivilrechts schaffe „kein Staat und keine gesetzgebende Gewalt ... sie finden ihn schon vor. Was sie dazu thun und in einigen Lehren thun müssen, besteht nicht in den Gegenständen und Wirksamkeiten selbst, sondern bloß in nöthigen, zum Theil nur eingebildet nöthigen, Grenzbestimmungen und Schranken". In den Briefen konkretisiert er diese restriktiven, aber im Vergleich zu Savignys „Beruf" viel vageren Formeln zu dem ebenfalls etwas vagen Wunsch nach einem Mittelweg zwischen Thibaut und Savigny (bes. Brief v. 24. 6. 15).

[83] Vgl. SAVIGNYs Urteil „Schandschrift" an Arnim, im Brief v. 20. 9. 1814 (STOLL Nr. 273/II 117, auch bei HATTENHAUER, Einleitung, S. 45). Es blieb aber unbegründet. Es schließt nicht aus, daß Savigny sich mit Th. im vaterländischen Ziel einiger war als mit Gönner u. a., daß also Th.'s Schrift für ihn einen zwar sehr gefährlichen, weil populären Irrweg vorschlug, aber doch unter einem ähnlichen Ideal stand, das zu integrieren war.

und nicht feindseligen Streit zweierlei zutreffend aus: die *Abhängigkeit des Gesetzgebungsstreits von anderen Faktoren* und die objektive *Mehrpoligkeit* der Lage, die durch die dualistischen Formeln, von denen dieser Abschnitt ausging[84], verstellt wird[85]. Tagespolitische Fraktionsbildungen, dauerhaftere Sachfronten, rechtspolitische Sonderfragen, noch unausgetragene Differenzierungen und eventuelle gemeinsame Voraussetzungen sind zu unterscheiden. So überlagerte das allgemeine nationale Hochgefühl von 1813/14 die im Vormärz dann deutlich werdenden Spannungen zwischen Verfassungs- und Wirtschaftspolitik, mit einer bekannteren Formel, zwischen *Staat und Gesellschaft*. Die Anwendung dieser Unterscheidung schon hier, 1814/15, empfiehlt sich[86]. Sie genügt allerdings nicht[87]. Die Einordnungen sind auch solange nicht hinreichend abgesichert, als die weiteren, zwar weniger berühmt gewordenen, aber zeitgenössisch ebenso wichtigen Positionen eines Gönner, Feuerbach, Almendingen, Rehberg, Pfeiffer u. a. nicht vergleichend einbezogen sind[88]. Savigny selbst steckt

---

[84] Bei Fn. 53.

[85] Vgl. vorerst auch hier schon SAVIGNY selbst in Stimmen 1816 (STERN 220): „Man sieht wie verschieden die Ausgangspunkte sein können, von welchen ausgehend man doch am Ende wieder in dem gemeinsamen Gefallen an Gesetzbüchern zusammentrifft". Das galt freilich auch für die Gegenseite; zur Mehrpoligkeit kurz schon bei den Landshuter Diskussionen (oben 87); kritisch vermerkt bereits zu WROBEL (oben 54).

[86] Diese Deutungskategorie setzte sich zunächst in der Allgemeinhistorie durch, mit BRUNNER, CONZE, u. a., guter Überblick dazu bei BÖCKENFÖRDE (Hg.), Staat und Gesellschaft, 1976 (Sammelband mit Bibl.), daneben RIEDEL, Gesellschaft/Gemeinschaft (1975), und fand dann auch Eingang in die Rechtsgeschichte, vgl. etwa HATTENHAUER, Grundlagen (1971), S. 105 ff., KÜBLER (1974), DILCHER, Positivismus (1975), KLIPPEL, Polit. Freiheit (1976), DILCHER und GRIMM, in: Rechtsgeschichte (1978), KIEFNER, Geld (1980) in A. 54, COING, Savigny (1980) S. 10; vgl. auch RÜCKERT, Reyscher (1974), S. 330 u. ö.; jüngst verwendet die Kategorie ausf. FIORAVANTI, Giuristi (1979), weiter MAZZACANE, Pandettistica (1981), S. 598; GRIMM, Grundrechte (bei BIRTSCH), durchweg. Zuerst und schon sehr fruchtbar WIETHÖLTER, Recht (1967), S. 72 f., 174 ff., 179 u. ö. Treffend weist jetzt KLIPPEL, „Libertas commerciorum" (1981), bei BIRTSCH, S. 328, darauf hin, dieses Trennungsmodell finde sich bereits vor Schlözer bei Witte 1782, lange vor Hegel. Vgl. auch STOLLEIS, Untertan-Bürger-Staatsbürger (1981), der an den Titelbegriffen gleiches nachzeichnet. Dagegen kommt oft zu kurz, daß dieses politische Denkmodell sowohl in kantianische als in objektiv-idealistische Voraussetzungen passen konnte, denn die Freiheit wurde auch bei letzterem festgehalten, wenn auch rückgebunden. Insoweit käme es dann auf weitere Differenzierung an.

[87] Dazu sogleich im Text.

[88] BENÖHR (1974) deutet in seiner ausführlichen Rezension zu Hattenhauer einige Übereinstimmungen neben Unterschieden an (S. 683a, 684a), den weiteren Diskussionskontext beachtet er bei aller Aufgeschlossenheit noch nicht; anders jetzt WROBEL, dazu oben bei Fn. I 228 ff. und im Text sogleich; für Feuerbach müssen die Untersuchungen von W. NAUCKE, Feuerbach (1975), herangezogen werden, der gerade zur politischen Seite wesentliche Quellen und wichtige methodische Überlegungen vorlegt.

1816 in *Stimmen* diesen Rahmen ab[89]. „Wofür" geschrieben wurde, hing davon ab, „wogegen" man schreiben wollte.

Eine gewisse Schwierigkeit für genauere Analysen liegt aber darin, daß die *Quellen zu Thibaut politicus* verhältnismäßig spärlich fließen. Er vereinigte in seiner Person nie eine solche Ämterfülle wie Savigny und viele andere Zeitgenossen. Er legte seinem *System des Pandecten-Rechts* (1803 ff.) keinen gleichermaßen weittragenden „Apparat allgemeiner Ideen" (Jhering) unter. Ja er zog sich nach etwa 1818, als Savigny im Berliner Staatsrat rege Anteil nahm, fast ganz auf dogmatische Einzelfragen zurück[90]. Thibauts beträchtlicher Briefwechsel mit Savigny könnte dem Quellenmangel vielleicht abhelfen[91]. Auch eine Analyse der durch Guyet edierten *Institutionen* käme in Betracht[92]. Schließlich enthalten die „Heidelbergischen Jahrbücher" etliche bisher unbenutzte[93] Rezensionen Thibauts[94]. Zwar reißt die Kette seiner Stellungnahmen 1820 ab[95], und auch

---

[89] Vgl. schon Fn. 81.

[90] Vgl. zu ihm außer dem Artikel und den Hinweisen bei KLEINHEYER-SCHRÖDER 1976 (LANDSBERG, WOHLHAUPTER, DORN, KIEFNER, HATTENHAUER), die Werkauswahl bei KIEFNER, Thibaut (1959), den Passus bei WOHLHAUPTER, Gesch. Kiel (1940), S. 78-80, und außer den Hinweisen auf ältere Lit. dort und bei HATTENHAUER den wichtigen Abschnitt zu Thibaut in dem anonymen Artikel: Die Universität Heidelberg, in: HALLISCHE JBB. 1840, Nr. 68 v. 19. 3., Sp. 537-669 (mit Unterbrechungen): zu den Juristen Sp. 636-654, zu Thibaut Sp. 637-42 (zu diesen Artikeln näher RÜCKERT, Reyscher, S. 24 ff.); weiteres unten 175 in Fn. 131. Umfassend jetzt POLLEY 1982 (s. Nachtrag), der jedoch gerade diesen Artikel nicht verwendet.

[91] Vor allem UB Marburg Ms 838/109-144 (Erwerb 1966). Eine Edition bearbeitet R. POLLEY, Kiel/Marburg. Weiteres, auch Kollegnachschriften, in der UB Tübingen. Weitere Briefe bei v. BIPPEN, Heise (1852), bei LAUTENSCHLAGER, Wiederbelebung (1936), S. 68-81; bei DÜNTZER und REICHLIN-MELDEGG, s. KLESS, Heidelbergische Jahrbücher 1808-1816 (1916), S. 8. Briefe Thibauts an Reyscher existieren in dessen Nachlaß nicht. Vgl. schließlich die fünf bei SCHLAWE nachgewiesenen Briefe an Boisserée und Paulus. Die Arbeit von POLLEY ist erschienen, s. Nachtrag.

[92] Thibauts juristischer Nachlaß ..., Bd. 2: Lehrbuch der Geschichte und Institutionen des römischen Rechts ..., hg. von C. J. GUYET, Berlin 1842, XVI/504 S., dazu eine instruktive Rezension in: H.A.L.Z. 1843, Nr. 42-44, Sp. 329-351 (mit Unterbrechungen).

[93] Siehe für die zum Code Napoleon jetzt SCHUBERT, Franz. Recht, S. 62; sonst hat man nur einzelne Rez. verwendet. Anders jetzt POLLEY (s. Nachtrag), nicht aber KIEFNER (s. Fn. 176).

[94] Noch ohne Anspruch auf absolute Vollständigkeit nenne ich:
1. Als *sicher von Thibaut*, weil gezeichnet (die Bemerkung bei SCHUBERT, Fr. Recht, S. 62 A. 106, alle Rez. seien bis 1814 ungez. erschienen, trifft nicht ganz zu), die: Rudhart-Rez. 1811, Beruf-Rez. 1814, Gönner-Rez. 1815, ZgeschRw-Rez. 1815, Hasse-Rez. 1815, Blätter-Rez. 1815, Pfeiffer-Rez. 1816, Borst-Rez. 1816, Wünsche-Rez. 1816, Sav.-Stimmen-Rez. 1816, Blicke-Rez. 1817, Wening-Rez. 1820.
2. als *recht sicher von Thibaut*, weil von ihm selbst in Anspruch genommen mit der Äußerung, daß „alle mannigfaltigen Äußerungen und Andeutungen gegen den Code in diesen

eine 1818 angekündigte⁹⁶ ausführliche Behandlung der Kodifikationsfrage erschien nie. Dennoch eignen sich gerade diese Rezensionen als Grundlage für die hier beabsichtigte vergleichende Analyse der Frage „Antipode Savignys?".

3. Die Stellungnahmen zu „Einheit", „Freiheit" und wirtschaftlicher Modernisierung als Indikatoren

Es wurde bereits deutlich, daß man die dualistische Deutung des Konflikts hinterfragen und die politische Mehrpoligkeit der Lage beachten muß. Drei Problemfelder lassen sich klar unterscheiden: Nationalpolitik, Verfassungspolitik und Wirtschaftspolitik. Wenn man die Stellungnahmen in jedem Bereich klärt und vergleicht, ergibt sich ein differenziertes Bild, das über das dualistische Schema hinausführt. Welche Folgerungen daraus zu ziehen sind, wird im darauffolgenden Abschnitt zu fragen sein.

Nationalpolitisch — Stichwort *Einheit* — äußert sich Thibaut deutlicher, konkreter, energischer als Savigny. Beide wollen aber nicht Einheit *durch* das Volk, beide sind klar antidemokratisch, beide sind auch nicht parlamentarisch-linksliberal. Schon 1814 bewerten beide die deutsche „Mannigfaltigkeit" höher als staatliche Einheit⁹⁷. Erst gegenüber Savignys kon-

---

Jahrbüchern aus meiner Feder sind" (Rehberg-Rez., S. 5; diese ungezeichnete Rez. wiederum stammt von THIBAUT nach seiner Angabe in: Notwendigkeit, S. 3 (STERN 37)), die zu: Gönners Archiv I 1.2 in Hd. Jbb. 1808, Gönners Archiv I 3. 1809, Erhard 1809, Pfeiffer 1809, C. N.-Einleitungen 1810, Almendingen 1810, Gönners Archiv II 1. 1810, C. N.-Schriften 1810, Gönners Archiv II 2.3 und III 1. 1810, Bauer u. a. 1810, C. N.-Kommentare und Lehrbücher 1810, usw. — Herrestorf und Rudhart 1813, Rehberg 1814 [sicher], Bauer 1814. Die Sicherheit dieser Zuschreibung gewinnt, weil man eine Verwechslung mit HEISE ausschließen kann, wenn man die Nwe. dafür bei v. BIPPEN, S. 159 ff. heranzieht.
3. als sicher außerdem die über BULLING, Rezensenten, für die J.A.L.Z. identifizierbaren von 1804, auch selbst nach 1813, wo man ihn nur in den Hd. Jbb. erwarten würde. Vgl. zu alledem jetzt die ausf. Liste bei POLLEY 1982 (Nachtrag), S. 277 ff., die zusätzlich für 1808-1810 auf einer Rezensentenliste des Verlags der Hd. Jbb. in der UB Hd. beruht und das hier Benannte bestätigt, sowie für vor 1814 u. nach 1820 erweitert, dagegen v. BIPPEN nicht verwendet.
⁹⁵ Dies beruht auf einer früher vorgenommenen Durchsicht, nicht speziell zu THIBAUT, bis 1830. In *Sog. HS*, AcP 21 (1838) S. 392 schreibt Th. außerdem, er habe seit 25 Jahren nicht mehr rezensiert, also seit 1813. Das soll wohl heißen seit 15, also seit 1823. Vgl. jetzt auch POLLEY (Nachtrag), S. 288 ff., wo ebenfalls seit der Wening-Rez. 1820 nur noch eine musikwissenschaftliche von 1824 und eine zu Haenel 1834 genannt sind.
⁹⁶ In *Stimmen-Rez.* 1816, S. 41. So jetzt auch POLLEY (Nachtrag), S. 288 ff., 210.
⁹⁷ Für THIBAUT, Notwendigkeit, gleich eingangs, S. 7 f. (STERN 38 f.); Rehberg-Rez. 1814, S. 25.

servativ-grundsätzlicher Auslegung dieses Topos schwächt Thibaut dann etwas ab[98] und betont mehr die Einheit: Es sei „nur da den Eigentümlichkeiten Raum zu geben, wo sie den vernünftigen Nachbarn nicht stören oder gar erfreuen können"[99], eine gewiß nicht übertrieben klare Formel, die ein etwas halbherziges Ausweichen anzeigt. Die politische Bedeutung dieses Eintretens für Mannigfaltigkeit bei Thibaut läßt sich nicht leicht bestimmen. Doch deutet die Tatsache, daß 1814 schützende Argumente für eine süddeutsch/badische, fortschrittlichere Eigenentwicklung gegenüber dem Deutschen Bund noch kaum aktuell waren, auf eine mehr konservative Funktion[100]. Er beabsichtigt kaum, wie es für später vertraut ist, im „Eigentümlichen" das Fortschrittliche zu schützen. Ein antithetischer Gegensatz zu Savigny besteht jedenfalls nicht. *Beide* wehren bürokratischen und demokratischen Zentralismus ab, dann erst trennen sich die Wege für die je passende Mannigfaltigkeit.

Verfassungspolitisch − Stichwort *Freiheit* − vertreten beide ganz entsprechend keine entschieden konstitutionellen, geschweige parlamentarisch-liberale oder demokratische Positionen. Monarchisch-neuständische und berufsständische Muster passen weit besser[101]. Für Thibaut ließ man es hier bisher mehr noch als für Savigny an direkten Zeugnissen fehlen[102]. Daß er seine rechtspolitischen Vorschläge zu Gesetzgebung streng auf „bürgerliches Recht" beschränkt[103], berechtigt als solches noch nicht,

---

[98] THIBAUT, Beruf-Rez. 1814 (bei STERN), S. 176: „Allein eine solche Mannigfaltigkeit und Einheit, wie sie unser Verf. nach dem Obigen wünscht, scheint mir die Nation noch tiefer in ihre bisherige grenzenlose Ohnmacht und Zersplitterung herabzustoßen."

[99] THIBAUT, Beruf-Rez. (bei STERN), S. 177 f.; bezeichnend diffus auch 1816 der Verweis auf „Nation" in *Pfeiffer-Rez.*, S. 197 und *Wünsche-Rez.*, S. 997, 1000.

[100] Die Frage ließe sich anhand der Spezialliteratur zu Baden deutlicher machen, vgl. die Nachweise bei FABER, Handbuch, S. 196 f. (bes. GALL 1968), außerdem KNEMEYER 1970 (S. 291). Thibauts Widerstand richtet sich offenbar in doppelter Abwehr gegen bürokratischen Zentralismus und konservative Pflege der Mannigfaltigkeit als solcher. Auf derart Genaues kommt es jedoch hier nicht an.

[101] Vgl. zu diesen Kategorien das ausgezeichnete Buch von H. BRANDT, Landständische Repräsentation im deutschen Vormärz. Politisches Denken im Einflußfeld des monarchischen Prinzips, 1968. Es ermöglicht dank sehr quellennaher Methode fruchtbare Vergleiche, siehe bes. seine Kap. 1-3 u. 6.

[102] *Ganz* als verfassungspolitischen Streit stellt HATTENHAUER, Grundlagen (1971), S. 69 ff. die Diskussion dar; ebenso in ²1980 und ³1983. Der Abschnitt bei POLLEY (s. Nachtrag), S. 163-259 „A. F. J. Thibaut und Fr. C. von Savigny − Schicksal einer Freundschaft", bringt eine Fülle von Material und Perspektiven, widmet sich aber mehr dem Titelproblem „Freundschaft" sowie einem Vergleich ihrer „wissenschaftlichen Werke" (S. 219 ff.) und läßt klar konturierte Vergleichskriterien hinter personalisierenden Vermutungen zurücktreten. Ausführlich demnächst MEINE Rez. in ZSRom.

[103] Dazu Fn. 72, oben 164.

darin zugleich verfassungspolitischen Konservatismus zu sehen[104]. Sein Schweigen könnte einer auch 1814 immer noch verständlichen politischen Vorsicht entspringen, zumal es Thibaut bei seinem Kodifikationsvorschlag rhetorisch offenbar darum ging und gehen mußte, ihn möglichst wenig mit anderen Problemen zu belasten. Immerhin teilte er Savignys Revolutions- und Frankophobie eindeutig nicht[105], weder inhaltlich[106], noch in der oft daraus folgenden skeptischen Neigung zum untätigen „Quietismus". Thibaut zeigt vielmehr einen optimistisch-idealen Zug zur Aktivität, jedenfalls bis ca. 1819. Noch 1838 wirkt dieser Zug fort in der Heftigkeit seiner Vorwürfe, die ebenso die Konventionen sprengte wie die bloße Tatsache seines mit der „historischen Schule" abrechnenden Aufsatzes in dem sonst recht braven *Archiv für die civilistische Praxis*[107]. 1820 hält er aber andererseits wieder ziemlich halbherzig Vorlesungen über die „Geschichte der Constitutionen" für überflüssig, weil sich auf diesem Gebiet ohnehin jeder selbst hinreichend bilde[108].

Klarer werden die Zusammenhänge in der vielleicht deutlichsten verfassungspolitischen Äußerung Thibauts, seiner Rezension des programmatischen ersten Bandes der *Kieler Blätter*. Enthusiastisch lautet dort sein Gesamturteil, „daß ihn lange Zeit keine Zeitschrift so befriedigte"[109], – womit er 1815 zugleich Savignys kurz zuvor von ihm rezensierte Zeitschriftengründung traf. Thibauts Begeisterung galt einer *politischen* Zeitschrift, die an erster Stelle Dahlmanns berühmte Abhandlung *Ein Wort über Verfassung* enthielt[110]. Gerade diese Abhandlung verdiente nach Thibauts Urteil „musterhaft genannt zu werden", inhaltlich, wie in ihrem „rechten Sinn für (sc. die) Gewichtigkeit der Deutschen Sprache"[111]. Mit diesem

---

[104] So aber BENÖHR, Thibaut/Savigny, S. 682 r. Sp.

[105] Dafür bes. die *Rehberg-Rez.* 1814, S. 6, 25 u. allg.; vgl. HATTENHAUER, Einleitung, S. 41 f. Weiter auch THIBAUT, Beruf-Rez. (bei STERN), S. 177; Blicke-Rez. 1817, S. 403 f.; AcP 21 (1838) S. 396.

[106] Dafür bes. *Rehberg-Rez.* 1814, wo er eine weitaus detailliertere und gerechtere Beurteilung des Code gibt als Savigny, der in vielem auch bloß Thibauts ausführliche Bemerkungen aufnimmt; vgl. dazu jetzt SCHUBERT, Franz. Recht, S. 62 f., 238, 316 f., 596, 599.

[107] THIBAUT, über die sogenannte historische und nicht-historische Schule, AcP 21 (1838), S. 391-419; für W. GRIMM, z. B. nur „Zetergeschrei" (bei SCHOOF, Unbek. Briefe, Nr. 154 v. 19. 2. 39/S. 275, an Hugo).

[108] So gegen einen Vorschlag Wenings, *Wening-Rez.* 1820, S. 227.

[109] *Blätter-Rez.* 1815, S. 1009.

[110] *Kieler Blätter 1* (1815), S. 47-84 und 245-303, erneut in DAHLMANN, Kleine Schriften, 1886.

[111] *Blätter-Rez.* 1815, S. 1011. Auf die inhaltlichen Bezüge von THIBAUTS Sprachideal, das er wiederholt in den Rez. ausspricht, besonders auch hier S. 1010 mit Hinweis auf Luther, Lessing, Möser als Vorbild, kann hier nur hingewiesen werden; vgl. RÜCKERT, Reyscher, S. 252 für Reyscher und Savigny.

Sonderlob, das die generell freundliche Tonlage noch steigert, stellte sich der ehemalige Kieler Professor Thibaut ebenso wie in der ganzen Rezension entschieden in eine politische Strömung, die zwar für Landstände eintrat, aber damit zugleich stark einschränkende Voraussetzungen verband. „Liberale" Forderungen band man hier derart ein in Vorstellungen von einer besonderen deutschen Geschichte und Kontinuität, daß man in diesem Kieler Geist der *Dahlmann, Falck, Welcker*, später *Beseler* u. a.[112], immer wieder ein frühes Signal einer eigenen politischen Strömung fand. Dahlmanns Verfassungsschrift gilt mit Recht als „liberales Glanzlicht und wohl auch politischer Wegweiser"[113]. Die politische Richtung, der er den Weg wies, umschreibt man als „romantisch-organisch-monarchische", auch als „historische", innerhalb der „liberalen" Strömungen des frühen 19. Jahrhunderts[114].

So kontrovers in einer seit längerer Zeit laufenden, fruchtbar spannenden Debatte der Historiker die Frage nach den *„richtigen" Kategorien* der

---

[112] Zu den konkreten Zusammenhängen u. Äußerungen dieses „Kieler Geistes" empfiehlt sich besonders der Abschnitt bei J. DROZ, Romantisme Allemand (1966), Kap. 6: „Le Romantisme et la Germanicité des Duchés Danois", S. 204-215. Dort klären sich im Gegensatz zu mancher deutschen Literaturstimme der keineswegs westeuropäisch-liberale Charakter der Bewegung und ihre stark romantischen Züge, die wiederum für Gemeinsames an Thibaut-Savigny von Bedeutung sind.

[113] So BRANDT, Repräsentation, S. 179 im Rahmen einer Analyse dazu. Zu DAHLMANN hier bes. instruktiv RIEDEL, Einleitung (1968), S. 13; HANSEN, Dahlmann (1972), S. 31-36; auch HUBER, Verf.gesch. 2, S. 389 über die scharfe Abgrenzung zum „Pöbel".

[114] Zu diesen und noch anderen Gruppierungen „liberaler" Strömungen ist immer noch bes. wichtig BRANDT, Repräsentation, S. 160-165, hier speziell 165. Er vertieft und präzisiert auf verfassungspolitischer Ebene Einteilungen, die vor allem E. R. HUBER ausgearbeitet hatte, siehe Verfassungsgesch. 2 (1960), S. 309-433, zu Liberalismusgruppen S. 390 ff.; daneben BÖCKENFÖRDE, Verfassungsgeschichtliche Forschung (1961), sowie die überarbeitete Fassung des hier wichtigen Kapitels 3 in DERS. (Hg.), Verfassungsgeschichte (1972), S. 27-39; bedeutsam schließlich KRIEGER, German Idea of Freedom (1957). Regionale Einteilungen bevorzugt jetzt die neue Handbuchdarstellung von FABER (1979), hier S. 62 ff., 64, auch 174. Sie decken sich aber weitgehend mit den sonst genannten Gruppen. Sehr zurückhaltend hier die bes. konkrete Darstellung des Kenners J. J. SHEEHAN, German Liberalism in the 19th Century (1978), vgl. S. 5 f. Sehr reich und hier daher ebenfalls nicht so ergiebig gliedert jetzt H. BRANDT in seiner Einleitung und Quellensammlung: Restauration und Frühliberalismus. 1814-1840, (1979); beachte seine Einwände gegen das Schema des Titels, den der Verlag ihm vorgab; zur Abgrenzung nach links grundlegend WENDE, Radikalismus im Vormärz (1975), bes. S. 8 f., 48 f. Vgl. jetzt auch die Gruppierungen und Kurzcharakteristiken bei W. SIEMANN, Quellenkunde IV (1982) (s. Nachtrag), S. 154 ff.; weiter den Band von J. SCHOEPS/J. KNOLL/CL. BÄRSCH, Konservativismus, Liberalismus, Sozialismus (1981), mit seiner Mischung von Essay und Quellen, vgl. hier S. 16 zu Savigny („konservativ" gg. Vertragslehren), S. 87 f. (zwei liberale Strömungen, linksliberal-frankophil und rechtsliberal-anglophil, „die insgesamt den Raum der politischen Mitte nach links und rechts fließend halten").

neueren Partei- und politischen Ideengeschichte, besonders „des Liberalismus"[115] geworden ist[116], so unangefochten blieb die Erkenntnis, bei die-

---

[115] Die Diskussion wurde bes. auf dem 30. dt. Historikertag 1974 in Braunschweig stimuliert durch die Beiträge von GALL, NIPPERDEY, WINKLER, FABER u. a. Ein nützlicher Aufriß der dabei vertretenen drei Deutungsmodelle bei D. LANGEWIESCHE, Julius Hölder (1819-87). Zur Geschichte d. württ. u. dt. Liberalismus im 19. Jh., ZWLG 36, 1977 (1979), S. 151-166. Weitere Diskussion mit Nwn. bei W. J. MOMMSEN, Liberalismus in: Gesch. u. Gesellschaft, 4 (1978), S. 77-90. Wichtige Überlegungen und Quellen zur Terminologie bietet die Fallstudie von SIEMANN, Nationalversammlung (1974); s. dazu und zur nicht immer treffenden Kritik an Siemann MEINE Rez., ZSGerm 96 (1979), S. 365-371, hier S. 369; eine klärende Weiterführung gibt DERS., Parteibildung 1848/49 als Kampf ums Recht. Zum Problem von ‚Liberalismus' und ‚Konservativismus' in der Paulskirche, Der Staat 18 (1979) S. 189-227; ebenfalls zu erheblichen Einwänden gegen die bisherigen Gruppenbildungen und Kategorien kommt die empirisch nicht weniger gesättigte Monographie von BOLDT, Deutsche Staatslehre im Vormärz (1975), hier S. 282-293. Er relativiert überzeugend einige unglückliche konkrete Zuordnungen bei HUBER (vorige Fn.) und entwickelt auch eigene Modelle aus seinem Material, die sich am Verfassungspolitischen ausrichten.

[116] Obwohl 1960 das sehr erfolgreiche Modell vom „deutschen 5-Parteien-System" im Vormärz von E. R. HUBER ausgegangen war, ist die neuere Literatur dazu in der Rechtsgeschichte auch nicht ansatzweise rezipiert. Sie ist aber für klare Hypothesen und fruchtbare Vergleiche ganz unentbehrlich. Einige Hinweise seien daher erlaubt: Handlicher Überblick jüngst bei SCHLANGEN, Dt. Parteien (1979). Vgl. aus den dort S. 287 f. nachgewiesenen Sammelbänden mit der wichtigsten Literatur und Bibliographien, bes. GALL 1976, SCHUMANN 1974, G. A. RITTER 1973, WINKLER, Liberalismus und Antiliberalismus (1979). Zur älteren Literatur instruktiv BRANDT, Repräsentation, S. 160 A. 1. Reiche Nwe. auch bei JUST/FABER, Handbuch der dt. Geschichte, Bd. 3 I b (1979), S. 293 f., 301 f. Für die Quellenlage jüngst wertvoll SIEMANN, Quellenkunde IV (s. Nachtrag). Von rechtshistorischer Seite leistet M. KÖHLER, Die Lehre vom Widerstandsrecht (1973), eine sehr eindringliche Analyse an einem wesentlichen Punkt.
Für die erst wenig erfaßte Phase *vor* 1815 und die Generation der vor 1789 geborenen, die hier von besonderer Bedeutung wäre, ein Überblick bei GARBER (1979) in seinem VALJAVEC-Nachwort, ein Forschungsbericht bei DREITZEL, Idee, Ideologien, Wissenschaften: Zum politischen Denken in Deutschland in der Frühen Neuzeit, NPL 25 (1980) S. 1-25. Das wertvolle Buch von KLIPPEL, Polit. Freiheit, erfaßt die Generation der Thibaut/Savigny nicht mehr, klärt aber wichtige Voraussetzungen.
Die sonst sehr lehrreiche Einführung von ARNOLD in die politische Dichtung 1789-1815 (DLE, Politische Dichtung II), versucht keine genaueren politischen Gruppierungen. Ebenso unergiebig *dazu* schon ARIS, History of Political Thought (1936) und noch v. ARETIN, Vom Dt. Reich zum Dt. Bund (1980), SPIES, Einleitung, in: Die Erhebung gegen Napoleon (1981) und selbst E. FEHRENBACH, Vom Ancien Régime zum Wiener Kongreß (1981), vgl. dort S. 58 ff., 152 ff., wo zwar einige Gruppen beschrieben werden, aber die Abgrenzungen nicht eigens thematisiert sind, dies freilich auch ein Hinweis auf notwendige Vorsicht. Die Kommentare von K. MÜLLER, Quellenkunde III (1982, s. Nachtrag), sind ebenfalls sehr zurückhaltend, vgl. S. 149 (Beschränkung auf konkrete, deutlich faßbare liberale, nationale und konservative Figuren, ohne nähere Definition), S. 69 (erst lose Gruppierungen Gleichgesinnter erkennbar), S. 71 (große Schwierigkeiten bei der Verwendung von Begriffen wie „Jakobiner", „Demokratie" und „Republikaner", Revolutionsbejahung als Kriterium). Das noch „unsystematische" am politischen

ser Kieler Gruppe bestehe ein sachlicher Zusammenhang der genannten Art[117]. Auch der Standort dieser kompromißbereiten Gruppe unmittelbar an der Grenze zu den Konservativen steht fest[118]. Für die Frage „Thibaut Antipode?" kann die Frage der richtigen Terminologie daher zunächst dahinstehen[119].

Thibaut rechnete sich also selbst mit Emphase und zu einer Zeit, da er relativ offen redete, der am weitesten rechts stehenden ‚liberalen' Strömung zu. Dieser Befund stimmt zu einigen anderen Zeugnissen: Das „*Volk*" begegnete bereits, als Thibaut es in Fragen bürgerlicher Gesetzgebung ausschloß[120]. Gleiche Distanz wahrt er auch auf allgemein-politischer Ebene: *Die Kieler Blätter* verkörpern ihm nämlich auch ein Muster für das

---

Denken betont auch SCHLUMBOHM, Freiheit (1975), S. 164 ff., zurückhaltend am Fall *Rehberg* auch VOGEL, Konservative Kritik (1972), S. 234 ff.

[117] Siehe nur jüngst SIEMANN, Parteibildung, S. 203, 220 und BOLDT, Staatslehre, S. 166 ff., 292 f., trotz ihrer sonstigen Einwände; weiter FENSKE, Parteigeschichte (1974), S. 40 f.; KÖHLER, Widerstandsrecht, S. 70, 125 ff., 142 f. Die Nuancen der Bezeichnungen bei Fn. 114 deuten nicht Divergenz in *diesem* Punkt an, sondern in Fragen der Bewertung und Einordnung in größere Linien, auch wenn dies nicht vollständig trennbar ist. Bes. prägnant jetzt SIEMANN, Quellenkunde IV (1982, s. Nachtrag), S. 163 f.: „Bereits im Vormärz wirkten zwei gegensätzliche Strömungen im deutschen Liberalismus. Grob gesprochen orientierte sich ein historisch-konstitutioneller, vorwiegend norddeutscher Flügel am Vorbild angelsächsischer Traditionen und altgermanischer Geschichte; er bevorzugte eine organische Staatstheorie und konkurrierte mit einem vorwiegend süddeutschen, parlamentarischen Liberalismus rationalistischer Prägung, der sein Vorbild in den sog. ‚Ideen von 1789' und in der französischen Aufklärung fand; dieser Flügel berief sich gegenüber dem Monarchen verstärkt auf das Recht des Parlaments und das Prinzip der Volkssouveränität." Vgl. auch J. KNOLL (wie Fn. 114 a. E.).

[118] Dazu jüngst z. B. SIEMANN, Parteibildung, S. 221 f. (ohne dies direkt auszusprechen), vgl. DERS., Nationalvers., S. 274, 279 f., 285 f. mit vielen Nwn., auch BOLDT, Staatslehre, S. 292 f. Klar wird dies auch bei einer Durchsicht der Gruppierungen bei HUBER, BRANDT 1968, FABER (Handbuch, S. 65), BRANDT 1979 (S. 11 f., 66 ff.) u. a.: Der relative Ort im Gesamtspektrum bleibt; s. dazu meine methodische Bemerkung oben 121.

[119] Methodische Begründung oben 121; zur Sache weiteres unten bei Fn. 208, 402. Die Möglichkeiten einer genauen Wortgeschichte sind sicher noch nicht ausgeschöpft. Offenbar spielt französischer Einfluß bei „liberal" eine wesentliche Rolle, s. die Nwe. zur Verwendung bei Napoleon 1807 (FEHRENBACH, S. 16), dann Almendingen 1809, Lassaulx 1807, Grolmann 1810/11 (aaO., S. 50, 58, 64), Napoleon 1809 (J. BRANDT, S. 139), Thibaut 1816 (Hd. Jbb., S. 199, 995); Savigny spricht 1807 von einem „liberalen Geist der ganzen Schrift" zu Schleiermachers Universitätsschrift (Verm. Schr. IV 265 – weniger direkt politisch). Den Zusammenhang benennt RINGSEIS, Erinnerungen I, S. 88 (auch 118, 122) zu Landshut 1808: „die verhaßte *napoleonische* Tyrannei, die in innigster Wechselwirkung stund, mit dem bureaukratisch-*liberalen* Fanatismus." – Frühere Belege aber auch schon bei vom Stein 1802 (SCHNABEL II 382), Schiller 1793 (KONDYLIS, S. 201.

[120] Oben 162 bei Fn. 64 ff.

> „Bündnis ... welches das einzige wünschenswerte ist: der freie innige Verein der Aufgeklärten für Wahrheit und Recht, zur Belehrung der Fürsten und Völker, damit Jeder seine Pflicht erkenne, und damit das, was geschehen soll, nicht von dem wilden Toben der unverständigen Menge abhängig werde"[121].

Thibaut stellt sich hier in seinem aufgeklärten Idealismus über Fürsten und Völker. Er spricht damit die doppelte Abgrenzung eines spezifisch bürgerlichen Idealismus aus. Mit seinem Tadel der „unverständigen Menge" bekräftigt er ihn. Thibaut bekundet die Einschränkungen seines „Liberalismus" früher als viele, denn er spricht sie zu einer Zeit aus, als man sich als „Liberaler" der Verkörperung des Gesamtinteresses im eigenen im allgemeinen noch sicher war und die Abgrenzungen eher vermied. Auch darin erweist sich eine Parallele zu Dahlmann[122]. Passend sieht sich Thibaut 1815 veranlaßt[123], Verfassungspetitionen von Heidelberger Bürgern aus dem „Handelsstand"(!)[124] aus Revolutions- und Regierungsfurcht zu behindern, obwohl seine Kollegen und Freunde *Martin* und *Fries* unterschrieben hatten[125]. In der Tat trennen sich die Wege nach dem nationalen Siegesüberschwang, hier sogar faktisch[126]. Denn wie Thibaut an Heise schreibt, „den Einzigen, dem ich solche Mitteilungen mache"[127]:

> „Nie werde ich dahin kommen (sc. wie Martin u. a.) das Volk als die anima vilis zu behandeln, woran man jeden politischen Traum ungestraft probieren kann"[128].

Dies war so gemeint gegen Martin:

> „Jetzt lebt und webt er in der belobten Teutschheit und was damit zusammenhängt. Es sind Reisen gemacht zu den Gleichgesinnten in Frankfurt und Stuttgart, und jetzt werden – alles in engstem Vertrauen – auf seine Convocation und unter seinem Praesidio, heimliche Convente der Bürger gehalten, um den dritten Stand zu bewegen, sich zu erheben, und unsern Großherzog durch drohende Petitionen in Schreck zu setzen. Die Sache kann weit kommen, und ich fürchte, daß die Heftigkeit auch das wenige Gute, worauf allenfalls zu hoffen war, sehr hemmen wird. Da

---

[121] *Blätter-Rez.* S. 1010; parallel in *Pfeiffer-Rez.* 1816, S. 200 im Vertrauen auf die „Kenner und das unparteiische Volk".

[122] Dazu bes. BRANDT, Repräsentation, S. 201; HANSEN, Dahlmann, S. 33, 36, 42 f.; im breiteren Kontext SHEEHAN, German Lib., S. 26 und FENSKE, Parteiengesch., S. 41; auch schon HUBER, Verf.gesch. 2, S. 389, KÖHLER, Widerstandsr., S. 125 ff.

[123] Zu dem ganzen Vorgang genau anhand von Briefen von Thibaut und Cropp an Heise LAUTENSCHLAGER, Die Universität Heidelberg und der Fall Martin, ZGO 85 (1933), S. 636-663, von der Thibaut-Literatur zumeist übersehen; ebenso, zusammenfassend, v. BIPPEN, Heise, S. 181 f.

[124] So laut Brief von Cropp, bei LAUTENSCHLAGER, S. 652.

[125] AaO., S. 641. An Thibaut wendete man sich laut CROPP, aaO., S. 652, nicht, da ihnen seine Redlichkeit „neuerdings bei einigen Gelegenheiten verdächtig geworden war."

[126] Martin und Fries gingen 1816 nach Jena.

[127] AaO., S. 648, Brief v. 25. 11. 1815.

[128] AaO., S. 651 am Ende des gleichen, langen Briefes.

ich Jacobinismus und grelle Revolutionen grade für das halte, was jetzt den Deutschen das Gefährlichste werden muß, so können sie sich denken, wie ich mir angelegen sein lasse, Martin und seine Verbündeten zu meiden"[129].

Aus *Fries'* gut begründeter Sicht nimmt sich dies Verhalten Thibauts völlig anders aus. Für ihn lebte Thibaut

> „seit Napoleons Sturz in lauter politischen Phantomen. Seine grenzenlose Borussophobie und Austriacomanie hat ihm die Revolutionsfurcht gebracht"[130].

Thibauts problematisches Verhältnis zum politischen Volk entging auch anderen Zeitgenossen nicht. Als es 1840 einmal darauf ankommen sollte, fortschrittliche juristische Traditionen hervorzuheben und die *Hallischen Jahrbücher* sich daher gerade auch Thibaut wohlwollend widmeten[131], kommt der politisch sehr informierte, kühl-sachliche Anonymus des erwähnten Universitätsartikels nicht umhin, die Frage aufzuwerfen, ob nicht Thibaut „die Mitwirkung des Volksbewußtseins zur Entwicklung seines Rechts in allzubeschränktem Sinn verstand"[132]. Von hier aus muß Thibauts Vorwurf von 1838 an die sog. historische Schule, sie pflege die Revolutionsfurcht, vorsichtig interpretiert werden. Er kann nicht etwa zu einem argumentum e contrario für ihn selbst dienen[133]. Er war kein Revolutionsfreund, wenn er Revolutionsfurcht bemängelte.

Auf der Basis dieser Quellen erweisen sich Thibauts bürgerlich-rechtliche Vorschläge nun in der Tat als *pars pro toto* seiner verfassungspolitischen Haltung. Der juristisch-kompetenten Elite der am „Leben" gebildeten Rechtsgelehrten und „Geschäftsmänner" entspricht die allgemeine Elite der aufgeklärten deutschen Männer[134].

Seine Distanz zum politischen Volk, für ihn noch „dritter Stand" (Thibaut an Heise), erst recht zur „unverständigen Menge"[135], fügt sich zum

---

[129] AaO., S. 647, Brief v. 10. 11. 1815. Dazu auch die folg. Anm.
[130] AaO., S. 661, Brief an Heise v. 2. 1. 1816; ebda. auch Widerlegung der Vorwürfe Thibauts gegen Martin.
[131] Vgl. dazu außer dem in Fn. 90 erwähnten Artikel über die Universität Heidelberg noch „E. J.", Thibaut, über die sog. historische und nicht-historische Schule..., in: Hall. Jbb. 1839, Sp. 600-605, 609-620; v. BEAULIEU, A. F. J. Thibaut. Eine Charakteristik, Hall. Jbb. 1840, Sp. 1009-1032.
[132] Hall. Jbb. 1840, Sp. 640. „E. J." verfängt sich demgegenüber in einer sehr plakativen Antithetik; BEAULIEU äußert sich weniger zum juristisch-politischen Bereich.
[133] Der Vorwurf in: Sog. HS (1838) S. 396 u. ö.; THIBAUT selbst konzediert übrigens, diese Besorgnisse seien nicht ganz unberechtigt (ebda.). Auch in *Blicke-Rez.* 1817, verwahrt er sich gegen eine Zuordnung zum „revolutionären Geist der Zeit" (S. 403); weiter an Heise, soeben bei Fn. 129.
[134] Siehe für sein Ideal von „männlich Deutscher Denkart" etwa *Blätter-Rez.* 1815, S. 1009, 1010, 1012, 1017; *Rehberg-Rez.* 1814, S. 4.
[135] Zitiert soeben bei Fn. 121 bzw. 129.

volleren Bild, wenn man die *Rangfolge der rechtspolitischen Wünsche* hinzunimmt:

> „Die erste Beziehung, in der der Mensch Ruhe und Sicherheit haben will und soll, ist das Mein und Dein". Ein Haupteinwand gegen den Code war ihm daher: „Es ist also das größte Recht, das Eigentum, aller Ungewißheit preisgegeben, und so jedes andere Sachenrecht"[136].

Sein wichtiger Beitrag zur Begründung der Dogmatik des absoluten *Eigentums*[137] erhält hier die gesuchte, offen rechtspolitische Begründung. Den Kreis seiner allgemein-politischen Positionen schließt Thibaut auf fast perfekte Weise im gleichen Text von 1814:

> „Nie ... wird der freundliche Traum politischer Freiheit in Erfüllung gehen ... so gönne man dem Bürger wenigstens da, wo er für sich lebt, und nur mit seines Gleichen in Verhältnis kommt, einen festen Boden, einfache würdige Verhältnisse, dann (sc. wird) die Nationalkraft im Stillen mächtig gedeihen"[138].

Thibauts „bürgerliche" Gesetzgebung versteht sich also als Ersatz für die fehlende „politische Freiheit", die vage einer „Nationalkraft im Stillen" anheimgegeben wird und an deren Realisierbarkeit er ohnehin nicht recht glaubt. Seine verfassungspolitische Abstinenz hat hier ihren nicht erst 1815 entstandenen grundsätzlichen Kern. Thibaut verkündet in klassischer Weise die bürgerlich-biedermeierliche Praxis des Rückzugs in „häusliches Glück und bürgerlichen Verkehr"[139], die vielberufene Trennung von Staat und Gesellschaft, von Politik und Leben[140].

Sein Mißerfolg mit diesem begrenzten Programm scheint für „Thibauts ganzes späteres Leben entscheidend" geworden zu sein:

> „Er ward verstimmt, weil er mit seiner guten Absicht nicht hatte durchdringen können; er zog sich von den größeren Interessen des politischen und des wissenschaftlichen Lebens ganz zurück und schloß sich trotzig in einem festabgesteckten Kreise

---

[136] THIBAUT, Rehberg-Rez., S. 27 und 20; letzteres, weil das Eigentum nach C.c. ohne Form erworben werde und gegen Vorerwerb nicht gesichert sei; bei den Hypotheken fehle eine Rangvorschrift; ähnlich gegen das Römische Recht in Pfeiffer-Rez. 1816, S. 197.

[137] Dazu die umfassende Analyse von WIEGAND, Zur theoretischen Begründung der Bodenmobilisierung in der Rechtswissenschaft: der abstrakte Eigentumsbegriff, WuK 3 (1976) S. 118-55. Jetzt auch POLLEY 1982 (s. Nachtrag), S. 134 f. (mit Hinweis auf HATTENHAUER 1975), der freilich die damit schon verbundene Absage an das reale „Volk" weniger beachtet.

[138] THIBAUT, Rehberg-Rez., S. 26; mit Recht jetzt auch bei WROBEL (1975), S. 55 betont.

[139] *Rehberg-Rez.*, S. 22; parallel die Stellen zu „Glück der Bürger" in *Notwendigkeit* 1814 (s. oben 162 bei Fn. 64); dagegen sprechen auch nicht die Stellen für „liberale ständische Verfassung" in *Pfeiffer-Rez.*, S. 199 und *Wünsche-Rez.*, S. 995, weil Thibaut damit den aus *Blätter-Rez.* soeben erschlossenen Rahmen nicht überschreitet, vgl. bei Fn. 112 ff.

[140] Vgl. oben 166 bei Fn. 86.

ab. Thibaut hat sich seit jener Zeit gegen das politische Leben immer nur negativ verhalten, jede Teilnahme daran von sich abwehrend und Andere gleichermaßen davon abmahnend. Daß er die auf ihn gefallene Wahl zum Mitgliede des Bundesschiedsgerichts, annahm, war mit dieser Ansicht recht wohl verträglich"

— dieses abschließende Urteil des Anonymus zur Heidelberger Universität im Jahr 1840 ordnet die erwähnten Krisenzeichen nach etwa 1818 schlüssig[141]. Es unterstreicht zugleich die idealistisch-persönliche Art Thibauts, Folgerungen zu ziehen, die auch schon sein Engagement zuvor gekennzeichnet hatte. „Fürsten und Völker" hatten ihre Pflichten verkannt, der enttäuschte Aufklärer zog sich zurück[142]. Er hatte sich in eine im Südwesten etwas einsame Lage zwischen entschieden-liberalen und diffus-reformkonservativen Haltungen manövriert. Sehr passend sucht und findet er in dieser Zeit neue Freunde, juristisch in der „Verteidigung der Praxis" (1822 ff.), allgemein in der „Reinheit der Tonkunst" (1824).

Thibauts gründliches Mißtrauen gegenüber Volk als politischem Subjekt erweist sich als konsequenter Ausdruck einer weder demokratischen noch auch nur parlamentarischen Haltung. Keineswegs zufällig kommt er darin mit dem „gemäßigt-liberalen" Dahlmann überein[143]. Selbst zum progressiven Feuerbach gibt es Parallelen[144]. Andererseits und vor allem aber trifft er sich in dieser Abneigung ganz mit Savigny. Dessen unpolitischer Volksbegriff ist längst erkannt und deutlich genug[145]. Ganz ähnlich hatte Savigny in seiner *Gönner-Rezension* gleichzeitig die Formel verkündet, Volk und Monarch hätten nur „das unabhängig von ihnen seiende Recht zu erkennen und auszusprechen"[146]. Das lag *im Ergebnis* sehr nahe bei Thibauts aufklärerisch-elitärer Position über „Fürsten und Volk", so sehr Savigny auch hier der Sache eine grundsätzlichere, besondere Wendung gab[146a].

---

[141] UNIV. HEIDELBERG, Hall. Jbb. 1840, Sp. 640 f. Ebenso THIBAUT selbst, brieflich an Heise ca. 1819, bei v. BIPPEN, S. 209; jetzt auch bei POLLEY (s. Nachtrag) als Nr. 278.
[142] Seinen Landtagssitz für die Universität bis 1820 nahm er nicht engagiert wahr, vgl. seinen Brief an Heise, v. BIPPEN, S. 208 f. Näher jetzt POLLEY (Nachtrag), S. 44 f., woraus zugleich die keineswegs progressive Natur seiner Aktivitäten hervorgeht, und der Brief dort als Nr. 278, v. Ende 1819.
[143] Dazu schon oben 174 bei Fn. 122, vgl. auch 162 bei Fn. 64.
[144] Siehe die Belege bei NAUCKE, Feuerbach (1979), S. 378. Freilich tritt Feuerbach *zugleich* doch klar für *allgemeine* verfassungspolitische Freiheiten ein. RINGSEIS, Erinnerungen 1, S. 213, nennt F. einen „moderngesinnten Aufklärer", der damals, 1814/15, „von Seite seiner liberal wüthenden politischen Richtung ... noch nicht bekannt" gewesen sei.
[145] Dazu einhellig etwa WIEACKER, Priv.r.gesch., S. 393; WROBEL, S. 89 ff.; näher und mvNwn. RÜCKERT, Reyscher, S. 225, 227, 337 f., 141 A. 366.
[146] SAVIGNY, Gönner-Rez. Verm. Schr. 5, S. 128 f.
[146a] Zu dieser ‚Objektivierung' näher unten 309 ff., 312 ff.

Selbst verfassungspolitisch trifft also die Vorstellung einer vollen Antithese Thibaut-Savigny *nicht*. *Beide* verweisen idealistisch auf Höheres. Von diesem Bezugspunkt hängen ihre Stellungnahmen ab. Wahres Subjekt der Freiheit sind weder die Fürsten, noch das Volk, noch die Regierungen als solche, noch genau genommen die Bürger als solche, sondern bei Thibaut die aufgeklärten Ausleger von Wahrheit und Recht, bei Savigny Juristen mit historischem, zweifach wissenschaftlichem Sinn, denen entwicklungsnotwendig das Recht anheimfällt[147]. In beiden Fällen herrscht also eine bestimmte Gruppe kraft höherer Berufung. Deren politische Rückbindung an die Allgemeinheit, für die sie jeweils stehen, fällt gleichermaßen formelhaft, ja illusionär aus. Bei *Savigny* läuft das „doppelte" Lebensprinzip des Rechts in den Juristen politisch leer[148], bei *Thibaut* wird diese Frage als eine bloße Frage des rechten Wollens personalisiert und optimistisch abgetan, denn: „mit einem Wort, über alles, worauf häusliches Glück und bürgerlicher Verkehr beruht, kann nur eine Stimme sein, *wenn man nachdenken will*"[149]. Auf dieser Zuversicht basiert auch seine Empfehlung einer Gesetzeskommission 1814. Die Entwicklung widerlegte ihn bitter. Zivilrechtspolitik ließ sich weder als quasi reine Mathematik[150], noch als bloße Frage des Nachdenken-Wollens bewältigen. Die besondere Nähe dieses deutlich undemokratischen, organischen Liberalismus zu reformkonservativen Positionen, wie sie für Savigny wahrscheinlich sind, erweist sich hier konkret[151]. Antipoden kann man auch insoweit die beiden nicht nennen.

Mit Thibauts Rückgriff auf Privatrechtsgesetzgebung und -freiheit als Ersatz für politische Freiheit kam bereits der dritte Fragenkreis in den Blick: der *wirtschaftspolitische* – Stichwort *Einheit und Freiheit im Privaten*. Für „bürgerlichen Verkehr" in gesamtdeutschem Ausmaß tritt Thibaut etwas entschiedener als Savigny ein. Er sieht hier eine „schreyende Notwendigkeit"[152]. Später scheint er traditionellere Wege zu gehen, als er

---

[147] SAVIGNY, Beruf, S. 13 (STERN 78).
[148] Vgl. SAVIGNY, ebda. und MEINE Analyse dazu in Reyscher, S. 225, 208 f.; jetzt auch WROBEL. Das übergeht KAWAKAMI (s. Nachtrag), der daher sogar zu einer quasi verfassungsliberalen Deutung kommt (S. 337).
[149] *Rehberg-Rez*. 1814, S. 22, Hervorgehobenes i. O. gesperrt.
[150] Vgl. die Nachweise oben 164 in Fn. 74.
[151] Vgl. zur allgemeinen Einordnung der Strömungen als „Nachbarn" schon oben 173 bei Fn. 118, weiteres dazu noch unten 191, 227 im Text, bei Fn. 208 u. 402.
[152] Vgl. die Nwe. oben 162 zu „bürgerlichem Verkehr", Fn. 64; im übrigen: *Notwendigkeit* 1814, S. 33 (STERN 52). Diese Seite unterschätzt BENÖHR doch etwas, seine Ableitung aus den *allg*. wirtschaftlichen Verhältnissen ist zu abstrakt; vgl. schon RÜCKERT, Reyscher, S. 294.

im AcP immer wieder zur „Verteidigung der Praxis gegen manche neue Theorien" zur Feder greift[153]. 1838, im mehr politischen Kontext seines Angriffes auf die sog. historische Schule, erscheint die Wertung pro Verkehr im Gewande seiner Klage über das Fehlen „einer wohltätigen bürgerlichen Einheit ... das egoistisch-mißtrauische Isoliersystem, das bißchen Zollwesen abgerechnet"[154]. „*Bürgerliche* Einheit" — nicht mehr und nicht weniger lautet sein politischer Kompromiß. Den Juristen Thibaut bewegt dabei eine *kontinuierliche* Sorge um Rechtssicherheit. 1814 und 1838 fordert er deswegen fixierte Texte, in den Jahren nach 1822 will er deren Fehlen wenigstens durch konservierend-starre Wissenschaft und Praxis ausgleichen. Beide Aktivitäten haben im Plädoyer für „Ruhe und Sicherheit" einen gemeinsamen Nenner[154a].

Savigny bewertet dagegen die *kulturelle* Einheit in Form einer allgemeinen wissenschaftlichen Methode der Jurisprudenz höher als eine legislatorische, im Text von Gesetzbüchern verfestigte[155]. Die Rechtssicherheit zu fördern, nahm er aber ebenso entschieden in Anspruch: „In dem Zweck sind wir einig", schreibt er:

> „Wir wollen Grundlage eines sicheren Rechts, sicher gegen Eingriffe der Willkür und ungerechter Gesinnung ... Für diesen Zweck verlangen sie ein Gesetzbuch, was aber die gewünschte Einheit nur für die Hälfte von Deutschland hervorbringen, die andere Hälfte dagegen schärfer als vorher absondern würde. Ich sehe das rechte

---

[153] So der Titel des ersten aus einer Serie von kleinen Beiträgen AcP 5 (1822) S. 313-354; weiter AcP 6 (1823) S. 45-60, 226-230, 311-337; AcP 7 (1824) S. 79-86, 224-232, 363-368, 406-411; AcP 8 (1825) S. 74-90, 301-308; AcP 10 (1827) S. 217-226, 456-472, usw. Siehe jetzt das Werkverzeichnis zu Thibaut bei POLLEY (Nachtrag).

[154] AcP 21 (1838) S. 398.

[154a] Vgl. das Zitat im Kontext „Eigentum" oben 176 Fn. 136. Das Rechtssicherheitsmotiv trägt auch schon *Thibauts* frühe dogmatische Aufsätze zu Emphyteuse und Eigentum von 1801, vgl. dazu jetzt POLLEY 1982 (s. Nachtrag), S. 125 ff., 134. Im Eigentums-Aufsatz von 1801 erscheint es in der praktisch sehr wesentlichen Begründung einer Vermutung für wahres Eigentum (aaO. 134). POLLEY unterstreicht das progressive Moment dieser Lehren. Bei seiner Analyse der späteren AcP-Aufsätze nach 1822 (S. 223 ff.) betont er dann mit Recht einen bei Thibaut „neuen juristischen Stil" (227) und „anderen Geist" (152), zudem Momente einer grundsätzlichen „Bekehrung" (222, 250, 259, 153). Letzteres läßt aber das *politische Kontinuum* zu stark zurücktreten, das eben im Engagement für eine Rechtssicherheit liegt, die immer den gleichen „Bürgern" zugute kommen soll und kommt. Stilwechsel und Motivkontinuität vereinigen sich mühelos, wenn man den Kontext bedenkt, in dem und gegen den Thibaut jeweils schrieb, 1801, 1814, 1822 ff., 1838, der also die Wahl verschiedener Mittel gegen verschiedene Gegner bedingte, nämlich stichwortartig: ständische Dogmatik und material-naturr. Eindrücke, Hoffnung auf bürgerlichen Konsens über Gesetze, unberechenbare gelehrte Verunsicherungen feststehender Rspr.

[155] Vgl. nur SAVIGNY, Beruf, S. 152 f. (STERN 160): Seine Lösung führe sogar vollständiger zur Einheit.

Mittel in einer organisch fortschreitenden Rechtswissenschaft, die der ganzen Nation gemein sein kann"[156].

Noch konkreter wurde er gegenüber Gönner am virulenten Beispiel der *Culpa-Lehre*. In der Auseinandersetzung um Zwei-Grade-Lehre und Drei-Grade-Lehre formte man diese vor allem seit *Löhr*, dem Marburger Savignyschüler, vereinfachend[157] um. Die Culpa-Lehre war also ein Prüfstein der Rechtssicherheitsfrage. „Gesetzt nun", schreibt Savigny vorsichtig,

> „es wird wirklich einmal, wie es bei der Culpa der Fall werden könnte, Einiges allgemein anders gesehen, als vorher, wie kann man doch deshalb den Zustand des Rechts überhaupt als schwankend beschreiben wollen! Es ist dann immer nur etwas Einzelnes und dieses Einzelne ist dann gerade zu einer solchen Zeit dergestalt geprüft und durchdacht worden, daß alle praktische Änderung mit Einsicht und Besonnenheit, also ungefährlich, geschehen kann; zugleich geschieht es sehr allmählich, da gewiß immer eine beträchtliche Zeit hingeht, ehe eine neue Ansicht allgemein in der Theorie anerkannt wird und noch längere, ehe sie in der Praxis Eingang findet. Was dagegen das Recht in der Tat um alles feste Bestehen bringt, ist gerade die Liebhaberei am Gesetzgeben"[158].

Savigny begründet geschickt, daß wissenschaftliche Änderung weniger unsicher sei. Freilich unterläßt er dabei jeden Gedanken an den „bürgerlichen Verkehr", der doch hier Kriterium sein müßte, da *ihm* diese Sicherheit zugute kommen soll, sondern mißt an einer vagen allgemeinen Vorstellung wie „festes Bestehen" des Rechts.

Mit besonderer Klarheit vertritt Savigny hier Grundvorstellungen, die wiederum von denen Thibauts kaum abweichen. Denn Thibaut setzt für sein Gesetzbuch eine abgeschlossene Diskussion der „gebildetsten Rechtsgelehrten" voraus, die eben das ergeben soll, was auch Savigny vorschwebt: einen geprüften und durchdachten Konsens der juristischen Kenner. Es ist kein Zufall, daß diese Gemeinsamkeit gerade gegenüber Gönner zum Vorschein kommt. Thibaut und Savigny treten in der Culpa-Lehre Seite an Seite für die neuere, Donellus wieder aufnehmende, Zwei-Grade-Lehre ein[159]. Für Savigny läßt sich dies anhand der Vorlesungsnachschriften[160], vor allem aber auch an seiner Pandektenausarbeitung

---

[156] SAVIGNY, Beruf, S. 161, also im Schlußabschnitt; für weitere Parallelen in diesem Punkt und Hintergründe RÜCKERT, Reyscher, S. 193, bei und in Anm. 23.

[157] Zum Zusammenhang HOFFMANN, Die Abstufung der Fahrlässigkeit in der Rechtsgeschichte (1968), S. 185 ff.; zu LÖHR seine Werke „Theorie der Culpa" 1806, und „Beiträge zur Theorie der Culpa" 1808; er lebte 1784-1851, studierte 1802/03 bei Savigny, vgl. LANDSBERG T. 291 f., N. 121 f.

[158] SAVIGNY, Gönner-Rez. 1815, Verm. Schr. 5, S. 169 f.

[159] Für THIBAUT hier HOFFMANN, S. 186, dessen Entwicklungsprofil allerdings in vielem zu überprüfen wäre; bes. deutlich THIBAUTS sehr positive Rezension zu HASSES Culpa-Buch in: Hd. Jbb. 1815 II, S. 945-958.

[160] Dazu oben 63 f. die Tabelle.

seit 1807 belegen[161]. Ob man solchen Konsens nun zusätzlich in Gesetzesform fixieren wollte oder nicht, dieser Streit sollte nicht den wesentlich *gemeinsamen* Boden bei dieser Behandlung und Bewertung des Privatrechts verdecken, den schon LANDSBERG mit Recht betont hat[162]. Schon seit Hugo und den ersten Jahren nach 1800 zeigte sich hier eine besonders im Abstand zu älteren gemeinrechtlichen Autoren signifikant gemeinsame Haltung. Hufeland, als Altersgenosse Hugos ein berufener Zeuge, spricht ähnliches einmal 1814 aus[163]. LANDSBERG nennt diese Richtung „wissenschaftlicher Positivismus". Man arbeitete das ältere, kasuistisch kontrovers gewordene Ius Commune noch eines Glück grundlegend um in *Systeme*, von *Thibauts* „System" (1803 ff.) bis *Savignys* „System" (1840). Staatsrecht und Privatrecht wurden mehr und mehr getrennt, Wesentliches umgedeutet, vieles verabschiedet. In diesem Sinne gingen Thibaut und Savigny zunächst eine gemeinsame Bahn, wie dies auch in Thibauts Rezensionen zum *Besitz* zum Ausdruck kommt[164]. Auch Gönner läßt sich hier nennen[165].

Wenn Thibaut des öfteren nach 1814/15 *bloß*-philologische und -historische Methoden als ungenügend verurteilte[166], sollte auch dies nicht irreführen. Seine Kritik ging dann vor allem auf Einseitigkeiten *Hugos*, von dem er in diesem Sinne sogar eine leicht entschlüsselbare „Caricatur" fertigte[167]. Ob dies nun berechtigt war oder nicht, bei Savigny hätte er jedenfalls hier *Unterstützung* gefunden[168]. Thibaut wiederum hatte ausdrücklich Monographien wie Savignys „Besitz" und sogar die „Geschichte des Römischen Rechts", wie Hasses „Culpa" und Mühlenbruchs „Zessionslehre", als positive Gegenbeispiele zu Hugo angeführt[169]. Anhand der

---

[161] Marburger Pandektenausarbeitung (dazu oben 143) 3. Buch: Obligationenrecht, Kap. 1: Vom Inhalt einer Obligation, § 141: Grade (der Culpa), fol. 270v ff.; frühe Hand von etwa 1807/08 (Nachlaß 1977, M 19).
[162] LANDSBERG T. 70, 74 f., 84, 85; anders z. B. WROBEL, der Savigny und Thibaut auch hier viel zu antithetisch nimmt, siehe oben 54 f.
[163] Siehe das Zitat unten 424.
[164] THIBAUT, Besitz-Rez., H.A.L.Z. 1804, Nr. 41 v. 8. 2., Sp. 321-42, DERS. zur 2. A., H.A.L.Z. EB 1806, Nr. 144 v. 2. 12., Sp. 529-36; jeweils sehr zustimmend.
[165] Siehe seine Stellungnahme, berichtet oben 81; eine weitere sehr positive Äußerung beim Rez. im CRIT. ARCHIV 4 (1804) S. 397-419.
[166] THIBAUT, ZgeschRw-Rez. 1815, S. 658; AcP 6 (1823) S. 311 f.; AcP 21 (1838) S. 393, 411 f.
[167] In AcP 6 (1823) S. 311-337: über den Beweis der Eigentumsklage, hier S. 311 f. HUGO reagierte darauf in Beiträge II, S. 59 in der Anm.; „Caricatur" nennt er es in einer Anmerkung im Handexemplar seiner Literaturgeschichte, 3. A., S. 585.
[168] Siehe die Kritik SAVIGNYS an Hugo schon 1799, Brief an Neurath bei STOLL Nr. 10/I 71; vgl. zu der ganzen Frage Praxis bei Savigny oben 150 ff., auch 346.
[169] AcP 6 (1823) S. 311 f.

Kollegnachschriften und der Marburger Pandektenausarbeitung läßt sich jetzt außerdem der Eindruck formulieren, daß auch Savigny sich Neuerungen von praktischer Bedeutung nicht leicht machte und selbst sehr kontinuierlich lehrte[170]. Das Ziel Rechtssicherheit leitet *beide*. Mit unverhüllter Drastik bemerkt wiederum Thibaut 1838 vorsorglich, daß bei dem Schulgegensatz historisch-nichthistorisch

> „von einer Verschiedenheit der practischen Resultate, in Beziehung auf die wissenschaftliche Behandlung des Vorhandenen, im Wesentlichen nicht die Rede sein kann ... sondern höchstens nur gesagt werden kann, daß die eine Partei etwas frischer und kühner, die andere aber matt, und das Staatsrecht abgerechnet, zu einer furchtsamen Anhänglichkeit an das Alte geneigt war."

Später kommt er auf diesen Punkt zurück und beklagt den „Unsinn", mit dem man die Frage der Kodifikation und die der wissenschaftlichen Behandlung des bestehenden Rechts vermenge[171]. Beides sei voneinander unabhängig. Andere Faktoren, darf man folgern, bestimmen die Lage[172].

Savigny führte allerdings den gemeinsamen *systematischen Anspruch* wesentlich strenger durch als der ältere Thibaut, der hier in seiner Energie stark nachließ[173]. Auch stellte er die „reinen" römischen Quellen strikt ins Zentrum[174]. So kommt es, daß man heute die Modelle eines abstrakten, entschieden auf Grundsätze reduzierten, einheitlichen bürgerlich-liberalen Verkehrsrechts vor allem bei Savigny sucht und findet, nicht etwa bei seinem „bürgerlichen" Konkurrenten[175]. Ein Urteil darüber, wer wirklich die „bürgerlichen" Wirtschaftsinteressen *effektiver* vertrat, der abstrak-

---

[170] Dies ergibt sich aus meinen Arbeiten zum Obligationenrecht und kann hier im einzelnen nicht belegt werden.

[171] AcP 21 (1838) S. 392 und 402; gleiches setzt auch SAVIGNYS Vorschlag eines gemeinsam erarbeiteten Handbuchs des Röm. Rechts voraus, in *Stimmen* 1816 (STERN 227 f.).

[172] THIBAUT bestätigt hier die Erkenntnis, das Kodifikationsurteil hänge von anderen Voraussetzungen ab, vgl. schon oben 77 u. 166 bei Fn. 345 und 85.

[173] Dazu LANDSBERG, T. 83 f., der darauf hinweist, wie früh Th. seine methodische Haltung festigte; vgl. die frühe Niederschrift seines *Systems* bereits 1803, zu einer Zeit als Savigny gerade erst Zivilrecht zu lehren begonnen hatte. Sehr guter Vergleich beider Werke schon bei BETHMANN, S. 51 ff.; ein Beleg von Savigny selbst jetzt unten 204.

[174] Dazu schon oben 89 bei Landshut; auch 94 bei Fn. 454 für die 2. Methodologie.

[175] Vgl. hier bes. die verschiedenen Arbeiten von KIEFNER, weiter WIETHÖLTER, Recht, S. 176, 178 f., KÜBLER, Privatrecht, S. 705 (mNwn.). WIEACKER, Priv.r.gesch., S. 441 f. (allg.), DERS., Pandektenwiss., durchweg; ähnlich in der Tendenz die einschlägigen Studien in der Reihe WISSENSCHAFT UND KODIFIKATION sowie in IUS COMMUNE, bes. Bd. 8 zu Savigny. BENÖHR, S. 682, 684 hält Savigny hier ausdrücklich für moderner als Thibaut, dazu sogleich. Auch HATTENHAUER, Grundlagen, S. 84, 117, wo er den Widerspruch zu „konservativ" auflöst als „Tragik, daß er mit seiner konservativ gemeinten Rechtstheorie seinen liberalen Gegnern das Handwerkszeug ... lieferte". Jüngst eindringlich CARONI, La Cifra (1981), bes. S. 102 ff. Gegenläufiges vermerkten dagegen BRUTTI (1975/76), RANIERI (1977).

tere Savigny oder der traditionellere Thibaut, später Vangerow, muß aber solange ausgesetzt werden, als es an Vergleichen ihrer praktischen Schlußsätze fehlt[176]. Dem *Effekt* nach bleibt man im Zweifel, ob ein so gelehrt fundiertes und abstraktes Privatrecht wie das Savignys die Rechtssicherheit im wirtschaftsliberalen Verkehrsinteresse wirklich per se besser garantierte. Thibauts und Vangerows deutlicher an der „Praxis", weniger streng historisch und mehr an Streitfragenklärung und -vermittlung ausgerichtete Pandektenwerke mußten jedenfalls dann bevorzugt werden, wenn die Festigkeit der gelehrten Meinung nicht durch wissenschafts-, rechts- und justizpolitische Autorität gesichert war. Wurde die gelehrte und abstrakte Methode aber durch *solche* Autorität effektiv, so entsprang ihr Erfolg mehr dem Besitz dieser Positionen und weniger einer besonderen Übereinstimmung ihrer Theorien und Systeme mit den ökonomischen Bedürfnissen. Welcher Modus „verkehrssicherer" war, bleibt damit

---

[176] BENÖHRS Hinweis (ebda.) auf Thibauts Zurückhaltung bei „modernen Fragen" wie Stellvertretung, Zession und Vertrag zugunsten Dritter trägt nicht ohne nähere Vergleiche. Th. war wie die meisten eben hier texttreu aus Gründen der Rechtssicherheit, ließ aber durchaus die üblichen Umwege zu; vgl. dazu etwa THIBAUT, Pandekten, Bd. 1, 6. A. 1823, § 160 und zum Rahmen WESENBERG, Verträge zugunsten Dritter (1949), § 9/ S. 123 ff. (wo Th. nicht eigens behandelt ist). „Modern" waren z. B. seine Eigentumslehre (vgl. WIEGAND, Eigentum), seine Irrtumslehre (vgl. J. SCHRÖDER, Thibaut, bei KLEINHEYER-SCHR.), seine Culpa-Lehre (dazu soeben bei Fn. 159). Daß Thibaut, mit KIEFNER 1960, S. 341, keine entscheidenden dogmatischen Impulse gegeben habe, scheint mir daher nicht das letzte Wort. Inzwischen widmen sich gleich drei Autoren dem Problem, nämlich POLLEY 1982 (Nachtrag), S. 125 ff. zur Emphyteusenlehre, S. 134 f. zu Eigentum, S. 227 ff. zum Verzug, S. 233 ff. zur Vergleichslehre, teilweise mit Feststellung eines „unterschiedlichen Interessenstandpunkts" (258) und ganz gezielt zur Frage demnächst KIEFNER, Thibaut u. Savigny (s. Nachtrag), u. zwar zu den Lehren von Eigentum, Zession, Stellvertretung, Subj. Recht/Geld/Vermögen, Familie. Überprüfung und Vergleich bei dieser treffenden Stichprobe ergeben für *Savigny: privat*rechtlich liberal (vgl. dazu auch RÜCKERT 1974, s. u. Fn. 184), für *Thibaut*: liberal, auf „praxisnäheren" Wegen, aber eher mittelständisch begrenzt (also hier ähnl. wie POLLEY) – ein Ergebnis, das insoweit die hier belegte Differenzierung *innerhalb* „liberal" und den unten 190 bei Fn. 203 ermittelten sozialen Bezugspunkt bestätigt; schließlich eindrucksvoll auch CARONI, La cifra (1981), der ebenfalls eine bloß interne Differenz begründet (bes. S. 108), wenn auch wesentlich allgemeiner gefaßt als *objektive* Kongruenz auch mit den bürgerlichen Gesetzbüchern, der gegenüber mögliche Einwände aus dogmatischen Einzelfragen dahinstehen könnten (S. 105). Bei dieser suggestiven Theorie kommen die Verschiedenheit der sozialen Bezüge u. der Versuch Savignys zu kurz, bei aller Abstraktheit durch Rechtsquellenlehre und Methodik die Kompetenz für Rechtsbildung weniger „liberalen" Personen zu erhalten, als die Gegner wünschten (vgl. unten 328 ff., 340, 402 f.). Seine Theorie war daher zuletzt nicht nur konkret, sondern auch abstrakt konservativ. Einwände auch bei J. SCHRÖDER, Quad. fior. 9 (1981) S. 343 f. in der Diskussion. So gesehen, angesichts Savignys politischer Bewußtheit (s. Teil 2 III und 3 II hier) u. der Rückbindungen der Freiheit (hier Teil 3 I 10 u. ö.), die er gibt, scheint mir die Annahme begründet, er habe die Implikationen abstrakten Privatrechts völlig durchschaut u. eben deswegen Sicherungen vorgesehen (anders CARONI, S. 111).

unbewiesen[177]. Vielleicht hatte die Berliner Autorität Savigny einen gewissen wissenschafts-, rechts- und justizpolitischen Vorsprung[178]. Entschieden wurde die Frage erst nach 1861 und eben rechtspolitisch: mit dem Ausbau einer einheitlichen Gerichtsverfassung. Der *Form* nach gab allerdings Savigny dem Bedürfnis nach einem abstrakten, möglichst allgemeinen Verkehrsrecht schärferen und strikteren Ausdruck. Abgesehen von diesen Unterschieden der Durchführung kann man Thibaut und Savigny im privatrechtsdogmatischen Bereich also ebenfalls nicht als Antipoden bezeichnen[178a].

Ebenso und deutlicher noch als in diesen gemeinsamen Prämissen verschiedener dogmatischer Stile, die doch alle auf ein „heutiges Römisches Recht" zielten, traf man sich in den dazugehörigen politischen Zügen. *Privatrechtsliberalität* hieß der große gemeinsame Nenner. Dies zeigte sich schon an der Selbstverständlichkeit, mit der beide das Privatrecht als unpolitisch und das öffentliche Recht als politisch auffassen und daher

---

[177] Diese Fragestellung wurde genaugenommen noch gar nicht in Angriff genommen, denn die Studien zum Einfluß der HS auf die Praxis, an die man denken könnte, finden allenfalls Einfluß, aber sie sagen wenig über die Gründe dafür, vgl. SCHEUERMANN, Einflüsse der Historischen Rechtsschule auf die oberstrichterliche gemeinrechtliche Zivilrechtspraxis bis zum Jahre 1861 (1972), dort S. 3 ff. zur älteren Lit. (im Ergebnis wenig Einfluß). Vgl. dazu die Rez. von LUIG, ZSRom 90 (1973) S. 522-26, der das Weiterleben des usus modernus und Thibauts Erfolg noch mehr als Sch. unterstreicht und OTTE, Quad. fior. 2 (1973) S. 769-73, der bes. die unabhängige Neigung der Gerichte zu praktikablen Lösungen betont. Auf diese Seite der Sache gehen jetzt auch POLLEY u. KIEFNER (s. soeben Fn. 176) nicht ein. In der verschiedenen Kompetenzgrundlage bei Thibaut u. Savigny liegt eine Differenz, die freilich über das reine Privatrecht hinausführt u. den sozialen Bezugspunkten (vgl. Fn. 203) entspricht. Ganz pauschal u. abstrakt bleibt dazu KAWAKAMI (s. Nachtrag) mit seiner Theorie Röm. Recht/Kapitalismus – Savigny/Römisch/Kapitalistisch (bes. S. 313 ff.).

[178] Obwohl sie konkrete Analysen selbstverständlich nicht ersetzen, sind aber doch die Klagen über Verunsicherung der Praxis durch die neue historische Methode recht beträchtlich, vgl. SCHEUERMANN, Einflüsse, S. 5, und etliches weitere bei RÜCKERT, Reyscher, S. 160 (Reyscher, L. Stein), 340 (Eichhorn, Thibaut, Siegen, Gans, Wächter, Jhering, Mittermaier, Bornemann), 374 (näher zu Thibaut). Andererseits stammen diese Klagen aus der Zeit des Wandels nach 1815 ff., während die eigentliche ökonomische Bewährung erst *nach* 1850 gefordert ist. Aber nach 1850 verwendet man dann nur noch Stücke der „historischen" Methode, die dem Thibaut/Vangerowschen Verfahren wieder näher kamen.

[178a] So jetzt auch eingehend KIEFNER (s. soeben Fn. 176) und etwas undeutlicher POLLEY (ebda.). Für HATTENHAUER erklärt sich dagegen bei der Prämisse „demokratisch" versus „restaurativ" die unübersehbare Privatrechtsliberalität Savignys bloß als „Tragik", vgl. schon Fn. 175; für marxistische Interpreten liegt darin ein (unbewußter) Vollzug des notwendigen Fortgangs zum Kapitalismus, vgl. zuletzt KUCZYNSKI, KAWAKAMI (s. Nachtrag); ähnlich auch CARONIS ‚objektive Kongruenz", s. Fn. 176.

ganz verschieden behandeln wollen[179]. Die alte Unterscheidung Privatrecht — öffentliches Recht gewinnt so aus den aktuellen rechtspolitischen Bezügen eine neue Qualität. Man verallgemeinerte sie jetzt zur Dichotomie, zum erschöpfenden Wesensgegensatz, und brachte damit 1814 zum Ausdruck, welche der beiden aktuellen Strategien zum Code civil man vertrat. Der Code ließ sich als Ersatz für politische Liberalisierung ohne Verfassungsreformen oder als Stück und Vorposten einer verfassungspolitischen Gesamtreform begreifen[180]. Thibaut wie Savigny wendeten sich mit ihrer Dichotomie gegen die vom Code her nahegelegte Politisierung des Privatrechts und *gegen* Versuche, den Code civil als Vorposten für generelle, nicht nur bürgerliche, Liberalisierungen zu benutzen. Savigny bietet wieder die grundsätzlichere, metaphysisch abgesicherte Variante. Diese Kategorienbildung[181] entspricht genau dem halben politischen Schritt der Privatrechtsliberalität. Dazu paßt die einhellige freudige Zustimmung *beider* zur Freigabe der wirtschaftlichen Entwicklung[182].

---

[179] Dazu oben 164 bei Fn. 72 f.; bezeichnend die gleichzeitige Verschiebung des Strafrechts ins „publizistische" s. o. Fn. 72.

[180] Über diese beiden konkurrierenden Auffassungen vor allem FEHRENBACH, Rev. Recht, eigentlich durchweg, bes. aber S. 55 ff., 57 f. in treffendem Vergleich von ALR und Cc, 60 ff. zu Feuerbach (auch 136 ff.), 65 zu dem dabei möglichen Scheinkonstitutionalismus, 66 zu Almendingen und seinem wie bei Feuerbach generellen Ansatz. Vorherrschend war danach eher die Ersatz-Strategie, die offensichtlich auch Thibaut befolgt. Jüngst in dieser Linie auch BIRTSCH, Grundrechte (bei BIRTSCH). Distanz und Nähe führt jüngst eindringlich vor WILHELM, Portalis et Savigny (1982, s. Nachtrag), am Falle zweier Haupttheoretiker der Kodifikation und der sehr verschiedenen politischen Bedeutung ähnlicher Topoi.

[181] Darüber und über den hier wesentlichen Zusammenhang mit einem philosophisch-metaphysischen Ganzheitsdrang, der erst die politische Verwendung interessant macht, vor allem GAGNÉR, Öff. Recht, S. 32 ff., bes. anhand Savignys „System". Aus der Analyse der Landshuter Zeit oben 109 ff. ergibt sich der *politische* Ansporn zu dieser kategorialen Fixierung mit konkreter Deutlichkeit; vgl. auch über die politisch gemeinte Willkürabwehr in Savignys Methode näher RÜCKERT, Reyscher, S. 242 ff., bes. anhand „Beruf", wo ebenfalls der Ganzheitsdrang nachgewiesen und seine Funktion untersucht werden. Ein Überblick zum Problem jetzt bei GRIMM, Die Trennung von öffentlichem, und privatem Recht, in: Rechtsgeschichte (1978), S. 55-65 und DERS. in FS Coing (1972), wobei Thibaut allerdings nicht einbezogen ist und der metaphysische Bezugspunkt fehlt. Aus der Perspektive des wichtigen J. G. Schlosser jetzt auch SCHULZE, Schlosser (1979), der treffend die Stellungnahmen zur Verfassungspolitik als Abgrenzungskriterium betont und verwendet, aber in seinem Ausblick zu Savigny/Thibaut wie GRIMM die überkommene dualistische Sicht zu ungeprüft zugrunde legt.

[182] Für Savignys entschiedene Zustimmung zu Preußen, 1817, 1820 (Steuergesetzgebung, vgl. STEITZ, Quellen (1980), S. 49 ff.) und dem Zollverein STOLL Nr. 329, 434, 443/ II 322, 410, 420 und II 353 (aus einem Brief an Ringseis). Bemerkenswert jetzt, auch für die Ergiebigkeit der Quellen, der Nachweis bei BAUMS, Einführung (1981), S. 31-34 u. Quellen ebda., daß Savigny für eine freiere Stellung der Aktiengesellschaften votierte, als sie 1843 festgelegt wurde, zugleich freilich mit allen an der Konzession festhielt.

Dabei teilt Thibaut die sonst verbreitete süddeutsch-liberale Abneigung gegen den Zollverein als Instrument eines bloßen Wirtschaftsliberalismus gerade nicht[183]. Diese politisch motivierte Übereinstimmung reicht hinauf bis in die Höhen des Rechtsbegriffs. Denn insoweit, aber nicht weiter, also *nur* im reinen *Privatrecht*, genauer noch und mit Savignys Prägung im *Vermögensrecht*, begegneten sich beide als Kantianer[184]. Hier herrschte Freiheit. Wenn sich schließlich bei Savigny der Handelsgeist als Paradigma für Volksgeist konkret einstellte[185], so tritt auch darin die gemeinte Parallele mit Thibaut auf, der bekanntlich *vor* Savigny 1814 von „Volksgeist" gesprochen[186] und damit, wie gezeigt, ebenfalls nicht das Volk als politisches Subjekt im Sinne hatte. Der verfassungspolitischen Kant-Linie, pro Menschenrechte und mit dem generellen Postulat der Freiheit, war Savigny nie gefolgt. Auch Thibaut beließ sie in ihrer Idealität[187]. Die Übereinstimmung im Privatrechtsliberalismus korrespondiert der letztlich gerin-

---

[183] Dazu soeben bei Fn. 154: zur allgemeinen Beurteilung des Zollvereins kurz RÜCKERT, Reyscher, S. 266 mit Nachweisen; jüngst J. SHEEHAN, German Liberalism, S. 30, vor allem aber BERDING, Zollverein (1978), der die Verschiedenheit der Konstellationen eindrücklich betont.

[184] Dazu für Savigny, dessen Einschränkungen bei seinen Formulierungen im „System" meist nicht genügend beachtet werden, bereits GMÜR (1962) S. 26 f., dann näher RÜCKERT, Reyscher (1974), S. 330, 255 u. ö., dazu die Rez. von DILCHER, ZSGerm 72 (1975) S. 335 und bes. MARINI, Il pensiero polit. 11 (1978) S. 460, dann auch DILCHER 1975 u. 1978, KIEFNER 1980, COING 1980 (alle wie Fn. 86): zur Gesamtdeutung unten 358 ff., 364 ff.; betont für privatrechts-liberal jetzt auch MAZZACANE, Pandettistica (1981), S. 598, KIEFNER (wie Fn. 176), GRIMM 1982 (s. Nachtrag) S. 477, WIEACKER 1982 (s. Nachtrag), S. 708 f., sowie bes. BRETONE, Il „Beruf", S. 214 f., der weiterführend und mit *Ross* einen doppelten Synkretismus festhält u. eingehend CARONI, La cifra (1981), S. 96 ff. Daß gerade nur kantischer Formalismus die Verbindung mit politisch-konservativ ermöglicht habe (so aber dort S. 109), ist nicht bewiesen und nicht plausibel, da auch die objektiv-idealistische Position formal genug war, um die „Freiheit" aufzunehmen, während sie die gleichzeitigen Rückbindungen besser verarbeiten ließ. Dazu im Grunde der gesamte Text hier, vgl. die Verweise soeben.

[185] Dazu näher oben 116 bei Fn. 548.

[186] Dazu zuerst v. MOELLER 1909, weitergeführt mit Nwn. bei KANTOROWICZ, Volksgeist (1912), S. 301; die Thibaut-Stelle gut greifbar bei STERN, S. 168, also im 4. Zusatz zur 2. A. 1814, wo THIBAUT von „römischem Volksgeist" spricht; ähnliche Stelle aaO., S. 60 in *Notwendigkeit*. Die Angabe bei HAUSHERR, Hardenberg (1965), S. 236, für „Volksgeist" versus „Zeitgeist" bei W. v. Gerlach für Dez. *1810* beruht auf einem Versehen u. muß lauten *1815*, vgl. v. GERLACH, Aufzeichnungen, Bd. 1, S. 40. Unbeachtet blieben hier bisher Schlegel und Novalis. Wenigstens bietet Letzterer schon 1798 in Savignys geliebtem *Athenaeum* (dazu unten 196) I 1, S. 93 (= Fragment Nr. 76 von „Blütenstaub"), die Formel vom „Geist des Volkes" im kulturell-politischen Sinn; vgl. auch dort Nr. 49 (Volk als Idee), und weiteres zu Novalis oben 96 Fn. 465.

[187] Vgl. zur hier wichtigen doppelten, bzw. gespaltenen Kantverwendung der Zeit eingehend RÜCKERT, Reyscher, S. 297 ff., zu Savigny speziell S. 330; vgl. für THIBAUT soeben 176 bei Fn. 138.

gen Distanz beider in der Verfassungspolitik, die hier erwiesen wurde[188]. Erst eine entschiedene, positive Bindung der Privatrechtsabsichten an konstitutionelle oder gar weitergehende Verfassungsabsichten hätte Thibauts Privatrecht eine andere politische Bedeutung gegeben und ihn zum Antipoden Savignys werden lassen. Mag Thibauts „Herz" nicht nur patriotisch, sondern vielleicht auch freiheitlicher geschlagen haben, in der Sache brachte ihn seine sofort auftretende Revolutionsfurcht[189] sogleich auf die Seite eines sehr gemäßigten „Liberalismus" an der Grenze zu konservativen Positionen. Spätere, auch schon vormärzliche, Interpreten haben ihn gerne für ihre eigene, entschiedenere politische Linie als Vorläufer in Anspruch genommen — historisch muß ihre Sicht relativiert werden.

Im privatrechtlich wirtschaftspolitischen Bereich verschwindet also der Gegensatz Thibaut-Savigny unter sehr *weitgehender Einigkeit*. Die verbleibenden Abweichungen auf dieser Ebene wird man nicht als maßgebend nehmen dürfen. Vielmehr weisen sie bedeutsam voraus auf die Jahre 1848/49[190] und die „nationalliberale" Einigung nach 1866. Diese Gemeinsamkeiten verdienen also eher den Lorbeer einer historischen Kategorie als die Unterschiede. Thibaut und Savigny präformieren hier auf juristischer Ebene die naheliegende politische Einigung zum „rechten Zentrum", der man ohne Anzeichen von „Tragik" entgegenging[190a]. 1848 hätte Thibaut wie 1815 nicht neben Jordan, Robert Mohl, Mittermaier, Rümelin u. a. im linken Zentrum gesessen, sondern allenfalls erneut neben Dahlmann, Arndt, Beseler, Droysen in der Nachbarschaft der Konservativen. Übrigens mildern sich aus dieser Sicht auch die Spannungen zu seiner durchaus bewahrenden Haltung in der Pflege der Musik, die etwa LANDSBERG bei seiner Interpretation feststellen muß[191].

4. *Ergebnisse und Folgerungen*

Die Analyse führt auf eine *differenzierende Sicht*. Der Blick war freizulegen für Nähe *und* Distanz in diesem Verhältnis, für Kontinuitäten und Diskontinuitäten. Beides liegt vor. Beide Perspektiven haben Erklärungs-

---

[188] Vgl. soeben 169 ff.
[189] Siehe noch einmal ihn selbst und die Diagnose von Fries, zitiert oben 175 bei Fn. 129.
[190] Dazu bes. SIEMANN (wie Fn. 115) und auch schon HUBER, Verf.gesch. 2, S. 389.
[190a] Vgl. dagegen HATTENHAUER (wie Fn. 178a).
[191] LANDSBERG, T. 88: „daß derselbe Mann, der im Rechte für bewußtes gesetzgeberisches Schaffen, gegen den Savignyschen Volksgeist eintrat, in der Musik neben den ältesten Meistern nur das Volkslied gelten lassen mochte."

wert. Ihre jeweilige Reichweite wurde differenzierend untersucht. In dieser Richtung wird nicht beansprucht, Erschöpfendes vorgelegt zu haben. Hauptziel war, die in vieler Beziehung hinderliche, dualistische Vorstellung zu falsifizieren. Soweit dabei neue Erklärungen für dieses Verhältnis formuliert wurden, käme es darauf an, deren Reichweite und Zusammenspiel genauer zu bestimmen. Mit Aussicht auf Erfolg kann dies nur auf der Basis breiterer Untersuchungen unternommen werden, für die es überall an Vorarbeiten fehlt. Welche Perspektive man mehr betont, ohne dabei eine ganz zu vernachlässigen, ist eine Frage eigens zu begründender historischer Begriffsbildung. Derzeit müssen die Nähe und ihre weitreichenden Folgen in Erinnerung gebracht werden. Das antithetisch-dualistische Modell Savigny versus Thibaut führt zu Verzerrungen[192], umso mehr, je absoluter man es verwendet.

Die deutlichste Differenzlinie zwischen beiden verläuft *nicht* im Punkte politisches Volk, nicht bei privatrechtsliberal, nicht beim Streben nach Einheit, nicht beim Mißtrauen gegen Fürst *und* Volk als Verfassungssubjekte, nicht in der idealistischen Struktur ihrer politischen Theorien, auch nicht in der Kodifikationsfrage *als solcher*. Das scheint nur die Deutungen auf den Kopf zu stellen. Der Streit um *bürgerliche* Gesetzgebung darf nicht zu isoliert gesehen, zu sehr verallgemeinert und überbewertet werden[193]. Es handelt sich im Gesamtspektrum um eine Kontroverse *innerhalb* eines gemäßigten Lagers, dem späteren sog. rechten Zentrum von 1848/49. Diese politische Gruppe formierte sich schon 1814/15 und erlebte dabei einen Höhepunkt offener Richtungsüberlegungen. Selbst bei der so kontrovers erscheinenden Bewertung des Code ist zu bedenken, daß das soziale und politische Programm des Code von dem Rahmen abhing, in den man dieses Privatrecht fügte. Wenn *Savigny* den Code als politische Krankheit verwarf und *Thibaut* ihn rein privatrechtlich teilweise lobte, verbarg sich darin die Aussicht, sich auf eine zivilrechtlich reduzierte

---

[192] Allgemeine Zweifel daran gab es stets, vgl. in neuerer Zeit etwa BENÖHR, Thibaut/Savigny; DILCHER, Positivismus, S. 500 in A. 9, 515 in A. 52, mit im Ergebnis konvergierenden Korrekturen zu Savigny und Thibaut; treffend schon SCHNABEL, Dt. Geschichte 3 (1954), S. 57; traditionell bleibt STÜHLER, S. 194 f.; in eine neue Antithetik fällt nun WROBEL (1975), dazu oben 54 f., jetzt die von „Klassen". Im gleichen Rahmen, aber mit anderem Ergebnis jetzt KUCZYNSKI und KLENNER 1977, die Savigny mit Einschränkungen dem „bürgerlichen" Lager zuordnen. Gegen die dualistische Sicht eindringlich jetzt auch CARONI, La cifra (1981), S. 85 f., 108 (zu Wrobel) und KIEFNER, Thibaut/Savigny (s. Nachtrag), ebenfalls kritisch zu WROBEL und KUCZYNSKI/KLENNER.

[193] Vgl. bereits die oben 164 bei Fn. 72 betonte Beschränkung auf „bürgerlich", weiter die Abhängigkeit dieses Streits von anderen Motiven, dazu GAGNÉR, Gesetzgebung, S. 47 ff. u. ö., auch RÜCKERT, Reyscher, Kap. 4: Kodifikationsfrage und Rechtstheorie (S. 191-319), vgl. die Untergliederungspunkte dabei.

Lösung zu einigen, wie sie etwa Preußen später für die Rheinlande wählte und wie sie auch unter Brauer in Baden realisiert wurde[194]. Man einigte sich ja auch auf bürgerliche und politisch unbedenkliche Gesetzgebung als es politisch möglich wurde, und ohne nach Thibautscher oder Savignyscher Herkunft zu fragen.

Linksliberale und Demokraten operierten schon im Vormärz verständlicherweise immer wieder mit Thibauts Autorität. Seine ganz undemokratischen Einschränkungen, die er stets klar markiert hatte, überging man dabei meist. Thibaut verliert deswegen nichts an Sympathie oder Interesse, so wenig wie umgekehrt Savigny. Doch die Aura des „Demokraten" kommt auch ihm nicht zu, erst recht nicht die Kennzeichnung als „revolutionär"[195]. 1838 bestätigt Thibaut selbst, daß die Differenzen in vielem nur graduell zu nehmen waren. In seinem sonst so bitteren Aufsatz „über die sogenannte historische Schule" liegt ihm eine Hauptunterscheidung in der der „Langsamen" von den, wie man ergänzen kann, aktiver Reformfreudigen[196]. Die politische Gesamtlinie verläuft also nicht völlig quer zu der Savignys.

Diese differenzierende Betonung des Gemeinsamen verpflichtet dazu, auch die *Unterschiede* zu präzisieren. Damit stellt sich die weitere Aufgabe, das Material speziell auf diese Frage zu durchleuchten. Denn sie ist mit der Analyse des Gemeinsamen nicht miterledigt. Da diese Perspektive aber wesentlich besser erforscht ist, genügt dafür eine zusammenfassende Präzisierung.

Savigny faßt ohne Zweifel Volk und Volksgeist noch immaterieller als Thibaut. Er argumentiert weiter aus gründlicher Skepsis. Der Wahlpreuße Savigny betont die Gefahren, die 1814/15 ja auch für Thibauts Vorschlag drohten: eine etatistische oder reaktionäre Abfälschung. Thibaut setzte dagegen etwa bis 1819 optimistisch auf einen bürgerlichen Sieg wenigstens in diesem Bereich. Dies entspricht seinen Kieler und Heidelberger Bezügen. Savigny verdichtet etwa seit 1806 in der Abwehr gegen mehrere Lager seine Skepsis zur metaphysischen Geschichts- und Rechts-

---

[194] Zum sozialen Programm des Code und dessen Rahmenabhängigkeit gut FEHRENBACH, Rev. Recht, S. 54 u. ö. (141, 146); weiter SCHUBERT, Franz. Recht, etwa bei Brauer, S. 325; früher bereits FABER, Rheinisches Recht (1970), etwa S. 9 f. und vor allem SCHNABEL, Dt. Geschichte 1, S. 137 f.; auch 3, S. 51.

[195] So aber z. B. WIEACKER, HATTENHAUER, HAVERKATE, dazu oben Fn. 54 f. Gegen „revolutionär" für Thibaut schon SCHNABEL, Dt. Geschichte 3, S. 58; pointiert jetzt auch SCHUBERT, Franz. Recht, S. 597; gegen „demokratisch" zu Recht WROBEL, S. 171, 173 ff. Wie konfus hier teilweise eingeordnet wird, zeigt drastisch STOLL, der im Text Bd. 3, S. 223 Jacob Grimm „demokratisch" nennt.

[196] THIBAUT, AcP 21 (1838) S. 394; die eigene Position benennt er nicht näher, ähnlich ebda. (s. oben 182 bei Fn. 171).

theorie, er wurde *grundsätzlich* konservativ. Bei dieser Dogmatisierung nun folgt ihm Thibaut nicht, so wenig wie Feuerbach[197]. Hier kommen unterschiedliche weltanschauliche und theoretische Grundlagen zum Vorschein und damit eine Grenzlinie. Thibaut bewahrt in diesem Punkt das Erbe der kritischen Aufklärung, der Philosophie *vor* Fichte. Das Recht wie Savigny in religiösem Ton den bloßen „Menschenhänden" zu entziehen[198], und das Recht − wie Savigny 1840 − allgemein einer „christlichen Aufgabe" unterzuordnen[199], das entsprach Thibauts Weltanschauung nicht[200]. Er zeigt vergleichsweise ein gewisses Schwanken, positiv gewendet: Offenheit und Zukunftsfreude. Geschichte wird ihm nicht zum Axiom, Politik nicht zur Anwendung von Geschichtsdogmen, System nicht zum materialen System[201]. Genau darauf zielte Thibaut, wenn er mit Anspielung auf Kant bemerkt:

> „Aber das weiß ich freilich, daß man bei uns mehr, als bei anderen Nationen, die Notwendigkeit des zufälligen Seins zu konstruieren versteht. Wie Kant einmal gegen die Philosophen bemerkt, daß sie *a priori* nach dem hinzielen, was sie sich vorher a posteriori aufgesteckt haben ..."[202].

Diese Position blieb aber, wie gezeigt, mit der Savignys in vielem vereinbar, zumal dessen spekulative Überhöhung und Zuspitzung ohnehin mehr eine Sache der Gedankenwelt und der Tagespolitik war − hier durchaus kein Widerspruch.

Ein Blick auf den *sozialen Bezugspunkt* der Theorien beider eröffnet eine weitere, bedeutsamere Divergenz. Für beide gab es eine zentrale Bezugsgruppe Berufener. Bei Thibaut standen dafür die „gebildeten Geschäftsmänner", bei Savigny die historisch-wissenschaftlichen Juristen, auf deren Geist und Bildung ihm gar alles ankam[203]. Damit haben beide

---

[197] Vgl. dazu RÜCKERT, Reyscher, S. 136 f.
[198] SAVIGNY, Beruf 96 (näher RÜCKERT, Reyscher, S. 196); kritisch schon THIBAUT, Beruf-Rez., S. 178 (bei STERN).
[199] SAVIGNY, System 1 (1840) S. 53 f.; näher jetzt unten 364 ff.
[200] THIBAUT, Beruf-Rez. (wie vorletzte Anm.), Blätter-Rez. 1815, S. 1012-17, zu Twesten, Rede eines Geistlichen ...; Th. plädiert hier tolerant für einen „leidlichen weltlichen Frieden" gegen Streit um Formen, für „Entfernen der Streitpunkte ... durch Mehrheit der Gottesdienste (sc. verschiedener Art) für die verschiedenen Stände"; zum kirchenpolit. Hintergrund SCHNABEL, Dt. Geschichte 4, S. 330 ff. Auch die jetzt von POLLEY (s. Nachtrag) herausgearbeitete Ethisierung beim älteren Thibaut erreicht nicht Savignys Grundsätzlichkeit.
[201] Vgl. für „System" bei Savigny oben 110 bei Fn. 524 f., auch soeben 182 bei Fn. 173; im übrigen oben 113 zu Landshut (bei Fn. 535).
[202] THIBAUT, Beruf-Rez. 1814, S. 177 (bei STERN).
[203] Vgl. oben 178 bei Fn. 147 ff.; auch 152 und in Fn. 9 für Savigny zu Theorie-Praxis. In MEINER Kennzeichnung patriarchalisch-human und aristokratisch-elitär (Reyscher, S. 130 u. ö.), die VAN HALL 1981 (s. Nachtrag), S. 74, jetzt als bes. „schillernd" empfindet,

ihre sozialen Substrate benannt, verschiedene Interessenlagen werden klar. In diesem Sinne verwirft Thibaut „Vornehmtun"[204]. Er meint dabei das akademisch-elitäre, aristokratisch-neuhumanistische Milieu Savignys. Diese Differenz lag breit zutage, solange demokratische und reaktionäre Alternativen keine reale Chance hatten. Langfristig trat sie dagegen bei der gemeinsam vollzogenen Abgrenzung nach „unten", bzw. nach links zurück.

Thibaut wirkt nach alledem in vielem wie ein abtrünniger Parteigänger der Zeiten seit 1806, als man gegen gemeinsame Gegner verbunden war[205]. Savignys alarmierte Reaktion auf Thibauts Schrift von 1814[206] muß man daher nicht retrospektiv als Fortsetzung eines alten Grundsatzstreits verstehen. Es galt vielmehr, wesentliche Bundesgenossen zu erhalten, die eigene Position gegenüber Abweichlern zu festigen, die mit zu „vollem Herzen" dem Zeitgeist opferten. Gefährlich und alarmierend war gerade die Abweichung eines gar nicht so fern Stehenden. Auch die Schärfe von Savignys Reaktion ergibt also kein Argument für Antithetik zu Thibaut.

Schränkt man daher die antithetische Deutung ein und verzichtet man darauf, diese rechtspolitische Diskussion mit ihren zahlreichen Elementen in einer schmalen Formel zu erledigen, so sind auch die Folgen für Thibauts und Savignys politische Einordnung *je für sich* zu erläutern. Für Thibaut wurde bereits beim Vergleich herausgearbeitet, daß von demokratisch oder linksliberal nicht die Rede sein kann[207]. Positiv klärte sich seine Nähe zu organisch-liberalen Positionen wie bei *Dahlmann, Welcker* u. a.[208], daneben eine mehr mittelständische Interessenlage. Für Savigny bedürfte es einer breiteren Untersuchung seiner politischen Worte und Taten im Rahmen eines methodisch bewußten Instrumentariums von historischen Kategorien. Daran fehlt es, wie ausgeführt[209], und dies soll

---

lag schon damals ein Versuch, den sozialhistorischen Faktor einzubeziehen und so über die ungenügenden Formeln konservativ-liberal usw. hinauszukommen.

[204] THIBAUT, Sog. HS, AcP 21 (1838) S. 400; auch 406, 418 („antiquarisch-elegant dressierte").

[205] Dazu näher 86 ff. zu den Hd. Jbb. 1808 ff.; zu Thibaut bes. ebda. Fn. 407, 401 f.

[206] An Arnim 1814: „Schandschrift", zitiert oben 165 in Fn. 83.

[207] Oben 189 bei Fn. 195 mNwn.

[208] Oben 171 bei Fn. 112. Vgl. zu der hier naheliegenden Frage, ob dabei sinnvoll von „Liberalismus" zu sprechen sei, grundlegend SIEMANN 1979, auch MEINE Rez. zu SIEMANN 1974, sowie BOLDT 1975, S. 292 f. (siehe Fn. 115). Ein moderner, mehr europäischer Sprachgebrauch spräche dagegen, diese besondere Zwischenvariante so zu nennen. Entscheidend scheint mir schon das Bewußtsein eben dieser Zwischenlage bei dieser in Deutschland so wichtigen Gruppe, weniger die Terminologie.

[209] Dazu die Analyse oben 33 ff., 42 ff., 121 und die Lösungsschritte 208 ff., 376 ff., 400 ff.

hier nicht ad hoc erledigt werden. Festgehalten werden kann aber, daß seine Kennzeichnung als „streng konservativ", „reaktionär" oder „restaurativ" anders begründet werden müßte als aus einem vollen Gegensatz zu Thibaut. Denn eine solche Begründung würde sich über die hier nachgewiesenen Parallelen hinwegsetzen müssen. Diese andere Begründung fehlt aber gerade und wurde gerne durch den Rückgriff auf die Formel „Frühliberalismus – Restauration" ersetzt. Da diese Formel zu differenzieren ist[210], wird die fehlende Untersuchung von Savignys Politik um so dringender. Vor allem verfassungspolitische Stellungnahmen wären beizubringen.

Dieses kritische Ergebnis zu einer rechtshistorischen Kernvorstellung wie der Antithese Thibaut-Savigny verlangt nach einer *Meta-Überlegung*. In der antithetisch-dualistischen Betrachtungsweise steckt möglicherweise eine Erbschaft von 1814/15, die aufzuklären wäre, um diese Sicht nicht nur als Symptom zu behandeln, sondern auch nach Gründen. Außer dem schon erwähnten Interesse an einem fortschrittlichen Thibaut-Bild schon seit dem Vormärz[211], kommt darin noch weiteres zum Tragen. Auffallenderweise stammt ja die rigorose Zweiteilung vor allem von der damals siegreichen Streitpartei Savigny mit ihrer Formel von den „zwei Schulen". Als bloße tagespolitische Vereinfachung wurde dies aber relativ selten genommen. Mit Recht spürt man darin seit jeher *mehr*. Dieses „mehr" steckt aber nicht nur in rechtshistorischen Fluchtpunkten wie „persönliche Grundentscheidungen" (WIEACKER), „existentiellen Bedürfnissen" (HATTENHAUER) u. ä., sondern faßbarer in einem politischen Idealismus, der darauf besteht, *nur* wahr und falsch zu kennen, der in seiner wahren Position stets das Gesamtinteresse zu verkörpern meint, der realiter allenfalls Mischungen von teilwahren und teilfalschen Meinungen anerkennt, der genauer noch politische Metaphysik zu nennen ist, da Idealismus im weitesten Sinne noch nicht metaphysisch zu sein braucht[212]. Je gegenwartsbezogener man mit diesem Streit umging, und dies geschah nicht selten[213], desto mehr neigte man aus dem gleichen politischen Idealismus heraus zu dem dualistischen Erklärungsmodell. Denn die Meinung, Politik sei ganz grundsätzlich bloß eine Frage der Wahrheit, des Erkennens, blieb außerordentlich konstant. Sie ließ immer wieder nur dua-

---

[210] Zweifel zu „frühliberal" für Thibaut übrigens bereits bei KIEFNER 1960, S. 310 in A. 38 (dort für „wohlfahrtlich"), ebenso DERS. 1980, S. 38 Anm. 54; zweifelnd auch CARONI 1969, S. 148.

[211] Siehe oben 187 bei Fn. 189, aber auch 175 bei Fn. 131 ff. (Hall. Jbb.).

[212] Siehe zum Metaphysikbegriff unten 233 Fn. 411.

[213] Vgl. bes. oben 23 die Liste zur Fest-Literatur über Savigny, die speziell zum Kodifikationsstreit noch um einiges erweitert werden könnte.

listische Begriffsbildungen zu. Sie implizierte eine tiefliegende, oft nicht recht bewußte Verschlossenheit gegenüber anderen Möglichkeiten, pluralistischen Kategorien und gegenläufigen Fakten, gegenüber begrenzteren Begriffen. Man läßt sozusagen die „Titanen und Olympier" (RADBRUCH) immer noch kämpfen. Für eine historische Begriffsbildung jedenfalls erscheint dieses Verfahren als unhaltbar. Selten dürften solche Schablonen historisch mehr sein als Schablone. Bei dieser Kritik bleibt die selbstverständliche Forderung, den Stoff zu strukturieren, völlig anerkannt. Nur darf dies die ebenso selbstverständliche Prämisse nicht unterlaufen, die wirkliche Vielfalt eines Verlaufs nicht spekulativ zu kurz kommen zu lassen. Und immer wird die Vereinfachung als solche zu begründen sein, nicht quasi in „der Geschichte" aufgefunden. Der traute Umgang mit solchen Schemata, der sich vielfach findet, mag diese Meta-Bemerkung rechtfertigen. Sie stellt zudem die Verbindung her zu idealistischen Prämissen, die auch im Streit Thibaut-Savigny Wirkung zeigen, noch heute seine Deutung erschweren und die aufzunehmen sein werden[214].

---

[214] Siehe unten 406 ff.

3. KAPITEL

DER HARMONISCHE UND UNPARTEILICHE?

... soweit das Innere erkennbar wird, ein tiefes Harmoniebedürfnis ...
F. Wieacker 1954
... und befaßte er sich niemals mit Parteisachen. Ein Mann der Mitte ...
A. Stoll 1939

1. Das Problem

Harmonisch, unparteilich – diese und ähnliche Kennzeichnungen für Savigny sind fast ebenso beliebt wie die Gegenüberstellung zu Thibaut. Man fragt sich bald, welchen Sinn und welche Grenzen diese allgemeinen und politischen Charakteristiken Savignys eigentlich haben. Meist ist die Rede von „Mitte", „Mittellinie", Stellung über den Parteien[215]. Mit einem schönen Bonmot E. L. von Gerlachs nennt man Savigny gerne einen „heftigen Moderado"[216]. Entsprechend betonen die allgemeinen Charakteristiken bei aller Verschiedenheit der Stichworte vom Klassiker, Ireniker und Olympier übereinstimmend seine ausgleichende, harmonisierende Natur[217]. Zweifellos zeigt Savigny ein starkes Bedürfnis und einen sympathischen Willen zu Ausgleich und Harmonie. Das reicht vom frühen Drang nach „Symphilosophie" und der grundsätzlichen Hochschätzung von „Liebe und Freundschaft" über seine Erklärungen gegen Polemik[218]

---

[215] Vgl. schon oben bei Fn. I 158 für LANDSBERG, bei Fn. I 179 für ERIK WOLF, bei Fn. I 202 für WIEACKER (gemäßigt konservativ), bei Fn. I 204 für THIEME 1942; außerdem z. B. schon RUDORFF 1863, S. 27 (überparteilich); BETHMANN-HOLLWEG 1866, S. 70 (überparteilich, Mitte); weiter STOLL 3, S. 184; auch KANTOROWICZ 1937, S. 328 („hated the revolution without being reactionary").

[216] Tagebucheintrag vom 11. 3. 1842, bei E. L. v. GERLACH, Aufzeichnungen aus seinem Leben, Bd. 1, S. 302; verwendet bei LIERMANN-SCHOEPS, 1961, S. 493; zuerst bei VARRENTRAPP, Rankes Historisch-politische Zeitschrift und das Berliner Politische Wochenblatt, HZ 99 (1907) S. 109; dann auch bei LANDSBERG (Fn. I 159); BOHNERT, Beiträge, ZSRom 96 (1979) S. 238 bei A. 2, empfiehlt dagegen mit Recht Vorsicht.

[217] Die frühen Beiträge sind hier noch relativ zurückhaltend, vgl. dann PFÜLF 1904: Ireniker; LANDSBERG 1910, T. 246: persönlich Klassiker; allgemeiner noch DERS. 1890; KANTOROWICZ 1911, S. 50: Olympiertum; RADBRUCH, Feuerbach (1934), S. 51: Olympier; bes. prägnant BREMER nach STOLL 3, S. 102, auch S. 181 (Vergleich mit Goethe), 184 f., 201; WOLF 1939, S. 365 u. ö.: Klassiker, vgl. 4. A. 1963, S. 470 f., 474, 499; THIEME 1942, S. 56: klassisch, S. 61: irenisch; WIEACKER, Savigny (1954), S. 115: Harmoniebedürfnis, auch 120; GMÜR 1962, S. 25; KUNKEL 1962: irenisch; WIEACKER, Priv.r.gesch., S. 359, 363 f.: klassisch, harmonisch; RAUB-DOMNICK 1970, S. 126: Ireniker; weiteres bei CARONI 1969, S. 101 A. 13 (für Klassiker), S. 106 A. 41 (für Harmoniebedürfnis).

[218] Dazu etwa aus Landshut an Creuzer, zitiert oben 88 bei Fn. 408; weiter bei STOLL Nr. 173 (1808), 443 (1830), 479 (1834); bei PFÜLF, S. 179 (1817) u. ö.; RINGSEIS, Erinne-

und Parteiwesen[219] und die erwähnte briefliche Anpassung an die Adressaten[220] bis zu seiner zögernden Rolle als Minister oder dem dauernden Bemühen, „wahre" Elemente in seines Erachtens falschen Meinungen aufzunehmen[221]. Für die Symphilosophie-Gruppe sei dies etwas ausgeführt. Sie verdient es wegen der Vielzahl von frühen, extremen Zeugnissen und der grundsätzlichen Implikationen, die dabei zum Vorschein kommen.

Etwa zwischen 1798 und 1800 läßt sich Savigny außerordentlich begeistern durch das Ideal *symphilosophierender Verbrüderung und Geselligkeit*: „Ohne Geselligkeit ist das Leben der Mühe nicht wert" schreibt er am 20. 10. 1798, 19 Jahre alt. 1800 wiederholt er etwas belehrend und umständlich: „Die eigentliche Atmosphäre des inneren Menschen ist die Gesellschaft"[222]. Er selbst gibt mehrfach dringliche Anstöße zur Verbrüderung[223] und legt die Freude über persönliche Gemeinschaft auch später nicht ganz ab[224]. Schon hier faßt er seine Wünsche nicht einfach als individuelle Regungen, sondern als Ausdruck eines elementaren Verhältnisses zur Welt, ganz so wie „unser Friedrich". Gemeint war *Friedrich Schlegel*[225], der jüngere der Brüder, der politisch-philosophische Feuerkopf

---

rungen 1, S. 97 kann zu Landshut „nur bestätigen, was schon Andere von ihm gerühmt haben, daß sein ganzes Wesen und Walten unter den Kollegen etwas freundlich Ausgleichendes, ölartig Beschwichtigendes hatte, und dies nicht in diplomatisch berechneter Weise, sondern aus der Fülle eines liebreich edlen Gemütes."

[219] Dazu etwa seine Haltung zu Gönner, zitiert oben 79 bei Fn. 355 f.; weiter z. B. bei STOLL Nr. 211 (1810), 330 (1817), 338 (1817), 344 (1818), 352 (1819), 415 (1826), 471 (1832); auch bei PFÜLF, S. 307 (1819), 313 (1820); weiter in *Stimmen* 1816, S. 205 (bei STERN).

[220] Dazu oben 156.

[221] BETHMANN-HOLLWEG, S. 73, erinnert an Savignys „loyale Beredsamkeit, mit der er die schiefen Gedanken der Gegner auf ihr wahres Fundament zurückzuführen ... verstand"; ebenso HEYDEMANN 1861, S. 363. Typisch der Topos vom „friedlichen Streit" im *Beruf*, dazu oben bei Fn. 80; vgl. weiter *System* 1 (1840) Vorrede.

[222] Dieses Ideal zieht sich in Variationen ständig durch die frühen Briefe, s. STOLL 1, Nr. 4, 5, 7 (hier das Zitat vom 20. 10. 98), Nr. 13, 16, 19, 20, 22, 23, 26, 42, 47, 55 (hier an Cl. Brentano das zweite Zitat, im Original ohne Datum, wohl Juli 1800), 73, 144, 145, 157, 180, 196, 211 (v. 10. 4. 10, als Äußerung gegen Parteiwesen). Bezeichnend auch CL. BRENTANO an Savigny, v. 7. 6. 03, bei SCHELLBERG-FUCHS (1939), S. 306: „es gibt etwas Größeres als die Liebe, ich fühle es deutlich, es ist der Verein vortrefflicher Menschen in Freiheit, die *bewußtlos* zum Kunstwerke der Geselligkeit werden."

[223] Siehe STOLL 1: schon in Nr. 4 v. 3. 4. 98 an Neurath der Vorschlag zu zusammenhängender Korrespondenz; dann an F. Creuzer in Nr. 16 v. 27. 4. 99 für literarischen Nachrichtenaustausch, an L. Creuzer in Nr. 22 v. 7. 6. 99 die Initiative zur philosophischen Korrespondenz.

[224] Siehe die Belege zum Spruchkolleg oben 153 bei Fn. 15 und 19.

[225] So an Fr. Creuzer am 18. 5. und 21. 6. 99 (STOLL Nr. 20 und 23/I 87, 92); vgl. auch Creuzers zustimmende Briefe, bei DAHLMANN Nr. 5/S. 31, 6/S. 36 f. Auch in dem Urteil über *Jacobi* (bei STOLL Nr. 38/I 141 v. 1. 11. 99), „Wie hoch erscheint er über Fichte! wie

und ehemalige Jurastudent. Savigny bezog sich nämlich hier stets auf die so viele Zeitgenossen begeisternde Zeitschrift der beiden Schlegel: *Athenaeum. Eine Zeitschrift von A. W. Schlegel und Fr. Schlegel*. Schon auf deren Titel trat programmatisch ein Brüderpaar auf[226]. Sie erschien gerade in dieser Zeit, 1798-1800, von Savigny lebhaft begrüßt[227]. In diesem Kontext machen *Symphilosophie, Geselligkeit* usw. die Kennworte einer ganzen philosophischen Theorie aus. Sie umschreiben die dort propagierte, richtige Haltung gegenüber der Welt, die universal, in Poesie *und* Philosophie, in Dichtung *und* Wissenschaft, einzunehmen sei[228]. Savigny übernimmt begeistert diesen Ansatz, der Kants vielfache Grenzziehungen kühn überschreitet. In hartnäckiger Kritik an Kants praktischer Philosophie[229] weitet er ihn ins Moralphilosophische aus und erhebt gegen die starre Pflicht der „Kantianer" *Liebe* und *Freundschaft* zu den entschei-

---

hoch über J. Paul! wie hoch auch über F. Schlegel!", kommt offenbar immer noch *Schlegel* Jacobi am nächsten.

[226] Vgl. dazu E. BEHLER, Athenaeum. Die Geschichte einer Zeitschrift, S. 1-63, am Ende des 3. Bandes des Nachdrucks: Athenaeum. Eine Zeitschrift. Hg. von A. W. Schlegel und Fr. Schlegel, Bd. 1.2.3., Berlin 1798.99.1800, Nachdruck Darmstadt 1980, hier S. 7 f.

[227] STOLL Nr. 5 undatiert, aber von 1798 (jedenfalls nach Juli 98, da ATHENAEUM Heft 2 zitiert wird, das erst im Juli erschien): „Die Gebrüder Schlegel geben jetzt ein Athenäum heraus, wovon ich Dir noch ein Wort sagen muß..."; weitere Bezüge darauf in Nr. 20 v. 18. 5. 99, Nr. 21 v. 3. 6. 99, Nr. 23 v. 21. 6. 99, Nr. 25 v. 3. 7. 99, Nr. 46 v. 26. 4. 1800.

[228] Dazu statt vieler BEHLER (wie Fn. 226) und jüngst informativ NAUMANN, Lit.theorie u. Geschichtsphilos., S. 54 ff. (mit Forschungsbericht).

[229] Siehe STOLL I, Nr. 5/I 66 an Neurath, um Juli 1798: Hervorhebung eines groben Fragments von Schlegel zu Kant, wenn auch ohne Stellungnahme. – Nr. 19/I 86 an L. Creuzer v. 10. 5. 99 mit lebhafter Zustimmung zu Weinrichs Kritik der Kantischen Moralphilosophie (vgl. die Anm. bei STOLL). – Nr. 23/I 92 an Fr. Creuzer v. 21. 6. 99, wo er Angriffe gegen seine eigene Kantabweichung erwartet, wieder I 97. – Nr. 23 Beilage/I 93-96 ausf. gegen Kants praktische Philosophie. – Parallel Nr. 31/I 126. – Nr. 41/I 145 an beide Creuzer und Schwarz v. 3. 1. 1800: S. wünscht eine Diskussion bes. über den kantischen Grund des Strafrechts „weil dieser mir am meisten repugniert". – Nr. 44/I 148 f. und 150 an beide Creuzer und Schwarz v. 14. 3. 1800 im gleichen Sinne als Duplik. – Nr. 46/I 152 an dieselben, wieder gegen die „Pflicht der Kantianer". – Nr. 51/I 160 an Weinrich v. 6. 7. 1800 differenzierend bloß gegen Kants „Ausführung seiner Idee", aber mit W. „von ganzem Herzen Antikantianer".

Die Registerstellen zu Kant in STOLL II und III ergeben nichts. Sie betr. meist allg. Bemerkungen STOLLS selbst. – Mit dieser Zusammenstellung soll noch nichts über ob und wie eines Kant-Einflusses auf Savigny gesagt sein; allerdings erkennt man schon ein kritisches Hauptinteresse für die Moralphilosophie und das Strafrecht.

Genaue Betrachtung verdient vor allem auch der Brief an Schwarz v. 4. 1. 1800 (bei KANTOROWICZ Nr. 2) und 3. 1. 1800 (ebd. in Anm. 1), wo Savigny sehr entschieden seine moralphilosophische Differenz zu Kant präzisiert: Gegen dessen „Götzendienst der Grundsätze", für „Enthüllen" der Wahrheit. In der Sache ebenso in den Fries-Briefen 1802, dazu eingehend unten 241 ff.

denden Wegweisern praktischer Philosophie, für „alles, was dem Menschen practisch wichtig ist"[230]. Für sich selbst akzeptiert er sie als Leitbild der persönlichen Lebensgestaltung: Es sei

> „höchst wichtig und nötig, nähere Verhältnisse mit Menschen neben uns recht absichtlich zu suchen und bis ins Unendliche zu bearbeiten"[231].

Savigny folgte hier neben persönlichen Neigungen[232] auch prominenten Beispielen wie *Goethe*[233] und *Jacobi*[233a]. Goethes *Iphigenie auf Tauris* (1787), bekannt als das „Drama der reinen Menschlichkeit"[234], sprach ihn besonders an[235]. In diesem Text konnte er versammelt finden, was er in seinen Briefen immer wieder pries: Das Lob der Liebe, Freundschaft,

---

[230] Zur Betonung von *Liebe* und *Freundschaft* gegen die „starre Pflicht" der Kantianer bes. die Briefe bei STOLL Nr. 23 Beilage/I 95, aber auch Nr. 3/I 62 f., Nr. 7/I 67, Nr. 13/I 76, Nr. 20/I 87, Nr. 73/I 217 f. (für das Lehrer-Schüler-Verhältnis), Nr. 186/I 389 an Bang 1809; vgl. weiter Fn. 222 f. u. soeben Fn. 229 a. E. Die Formel „alles, was dem Menschen practisch wichtig ist" steht in STOLL Nr. 10/I 72 an Neurath, wo er diesem eine „Schrift" dazu schickt u. dringend empfiehlt. Leider ergaben die in Marburg greifbaren Briefe Neuraths an Sav. nicht, welche Schrift übersandt wurde.

[231] So bei STOLL Nr. 23 Beilage/I 95, also in der „philosophischen Korrespondenz", v. 21. 6. 99 ist der Brief datiert.

[232] Die ersten einschlägigen Erklärungen liegen zeitlich *vor* Athenaeum Heft 1, das Ostern 1798 erschien, s. den Brief an Neurath v. 14. 1. 98 (STOLL Nr. 3/I 62 f.).

[233] STOLL Nr. 41/I 145 f. und Nr. 44/149, v. 3. 1. 1800 und 14. 3. 1800, wo er beide als *die* praktischen Philosophen preist. Vgl. weiter zu *Goethe* die Briefe bei STOLL I, Nr. 23/I 92 v. 21. 6. 99: bei G. das „Siegel der Vollendung", auch als Philosoph; – Nr. 162/I 326 v. 14. 5. 06: kein Vergleich mit Tieck; Nr. 169/I 334 v. 14. 7. 08: G. philosophisches Werk interessiere ihn besonders; – Nr. 197/I 389 v. 25. 9. 09: vortrefflich wie Kant; – Nr. 203 f./I 396 f., 400 v. 25. und 26. 12. 09: „groß, harmonisch, edel"; – Nr. 211/I 410 v. 10. 4. 10: „einzig weises ruhiges klares Gleichgewicht"; in STOLL II, bes. Nr. 457/II 437 an Goethe v. 10. 10. 31: er freut sich, „innige Liebe und Verehrung aussprechen zu können, die mich, seitdem ich an dem geistigen Leben der Nation Anteil nehme, erfüllt"; aber auch Nr. 228/II 57 v. 1. 10. 10 nach persönlichem Kontakt: groß und „überall ganz er selbst . . . hat mich recht von Neuem mit Liebe und Ehrfurcht erfüllt"; positiv auch Nr. 263/II 108 v. 15. 6. 14; in späteren Briefen, seit 1816 etwa, auch vereinzelte kritische Töne gegen egoistische hochmütige, herablassende und aufklärerische Züge, vgl. Nr. 439, 359, 312, auch 366, 361. Vgl. jetzt auch NÖRR, Fragmentarisches, u. Geist und Buchstabe, (s. Nachtrag).

[233a] Für *Jacobi* soeben Fn. 233 u. noch STOLL Nr. 38/I 141 v. 1. 11. 99; über ihn COPLESTON, History 6, S. 146-149; bemerkenswert die Sicht HEGELS, der ihn als einsamen Rufer pro Metaphysik lobend vorstellt (Werke 4, S. 429 ff.).

[234] Für die Daten und eine kurze Erläuterung statt aller FRENZEL, Daten deutscher Dichtung, Bd. 1, bei 1787. Grundlegend im übrigen jetzt RASCH, Iphigenie (1979).

[235] Siehe sein Zitat der Anfangsverse im Brief v. 1798, STOLL Nr. 5/I 65; weiter die Briefe Nr. 16/I 79, Nr. 197 an Bang v. 25. 9. 09 (zitiert sogleich im Text); auch *Schleiermacher-Rez.* (1807), Verm. Schr. 4, S. 267: „immer mehr wird rein menschliches Gefühl und Verhältnis verdrängt von dem willkürlichen der Gesellschaft"; erneut 1831 an Grimm, zitiert unten 389 bei Fn. 388.

Wahrheit, der schönen Seele und reinen Menschlichkeit. Dafür von Savigny nur zwei Zeugnisse aus vielen[236], von 1799 und 1809:

> „Hoch und heilig erscheint mir hier Freundschaft und Liebe, als das erste, ja als das einzige Mittel zu dieser Veredlung des inneren Menschen!"[237].

Nicht weniger grundsätzlich als in diesem Zitat aus der philosophischen Korrespondenz vom 21. 6. 1799 schreibt er zehn Jahre später sehr aufschlußreich an Bang:

> „in Eurem Briefe ist mir wieder die alte *Gemeinschaft* in Marburg lebhaft vor Augen getreten, und diese Erinnerung hat mich in dieser kalten wüsten Zeit recht warm berührt. Das Streben des Menschen in jedem Verhältnis, auch des Gelehrten, geht doch auf den *wahren* Staat oder die *wahre* Kirche, worin Jeder nur Bürger ist, so daß der Kleinste geehrt und gewürdigt wird als Glied des Ganzen, und daß auch der Größte keine andere Ehre fordern darf, als eben diese. Hier oder nirgends ist der Punkt, wo alle Schranken der Schule zerbrochen werden können, und wo das Leben des Gelehrten sich auflöst in *reine Menschlichkeit*, ohne die Energie zu verlieren, die nur in der Eigentümlichkeit des Daseins leben mag. Die progressive Seltenheit jener Gemeinschaft ist unleugbar... Das alles gilt zunächst von der Poesie, aber auf seine Weise auch von den Wissenschaften; es gibt einen Standpunkt des allgemeinen literarischen Sinns, von welchem beide in gleicher Art *angeschaut* und empfunden werden... wir haben kein Wort, welches von diesem Standpunkt aus das Vortreffliche, Lebendige, Kräftige, was frisch aus dem Geiste kommt und dem gemütvollen Leser das Herz bewegt, *gemeinsam und eigentümlich* bezeichnet... Ich will es jetzt die *Offenbarung* nennen."[238]

Die Stichworte von 1799 erscheinen jetzt, 1809, zusammenhängend und werden mit entschiedener Sicherheit vorgetragen. Das entspricht nur der bereits erarbeiteten maßgebenden Bedeutung der *Landshuter Zeit* für Savigny[239]. Sie tragen den philosophisch-weltanschaulichen Zusammenhang von 1799/1800 weiter, der dann auch seine Rechtsauffassung prägen sollte[240].

Savignys Harmonieideal verweist also nicht nur auf die naheliegende individuelle Faszination eines Frühwaisen wie er es war, sondern auch auf sehr *umfassende Überzeugungen*. *Schlegels* transzendentale Romantik[241]

---

[236] Vgl. außerdem die Briefstellen oben Fn. 230 und die vielen Briefe mit dem Topos Geselligkeit-Gemeinschaft (oben Fn. 222 f.), besonders auch das Motto zur ersten „philosophischen Beilage" bei STOLL Nr. 23/I 93, aus SCHLEGEL „Über die Philosophie" (= Athenaeum II 1, 1799, S. 1-38).

[237] So ebda., bei STOLL I 95, unmittelbar vor dem in Fn. 231 zitierten.

[238] Bei STOLL Nr. 197/I 388 f., v. 25. 9. 09. Hervorhebungen von mir, außer vorletzte Zeile.

[239] Dazu oben der Abschnitt 72 ff..

[240] Dazu unten 241 ff. und generell 301 ff., d. h. Teil 3 insgesamt.

[241] Deutlicher als bei der mehr literarischen Romantik bestehen hier transzendentalphilosophische Prämissen, parallel zu Fichte und Späteren und kritisch zu Kants Grenzmarken der Erkenntnis, dazu gut COPLESTON, History 7, S. 13 ff. und jüngst NAUMANN, Literaturtheorie und Geschichtsphilosophie I (1979), der einen sehr instruktiven Über-

und *Goethes* „natürliche" Philosophie[242] stehen dabei nach den Briefen[243] Pate und erhellen etwas von dem Kontext, der für eine vollständige Klärung heranzuziehen wäre.

Hier kam es aber zunächst nur darauf an, zu belegen, *daß* diese Werte von Savigny nicht nur hier und da vertreten wurden, daß sie dem Umkreis transzendentaler Romantik entstammen, also eine grundsätzliche Bedeutung haben und daß hier eine ganze Gruppe von weltanschaulichen Voraussetzungen bei Savigny in einer festen ‚organischen' Verbindung auftritt[244]. Die Fragestellung „Harmonie und Unparteilichkeit?" zielt auf die

---

blick mit guten Literaturhinweisen gibt, bei dem diese Perspektiven stets präsent sind, zu Schlegel S. 54-73.
Ein Zusammenhang Savignys mit Fr. Schlegel ist an sich durchaus bekannt (vgl. bes. ZWILGMEYER, S. 44 f.), aber nicht recht ausgewertet. ZWILGMEYER findet das merkwürdige Resultat, es bestehe stärkster Einfluß auf Savignys Weltanschauung, aber für die Rechtslehre sei nichts zu sehen. Er setzt zu sehr eine Trennbarkeit voraus, die gerade bei S. nicht besteht. Bei einem ersten Vergleich mit ATHENAEUM finden sich in sehr vielen Punkten erhellende Parallelen, die nähere Ausarbeitung sehr verdienten, etwa zu „natürlich" und „ursprünglich" als Ideal, Philosophie als „natürliche Philosophie", Rückgang aufs Individuum („Gott in uns"), gg. philosophische Juristen, Kantkritik, Empirismuskritik, pro Anschauung, pro Hölderlin, pro Hemsterhuis, pro Goethe, pro „offenbaren", gg. Politik und Ökonomie als unmoralisch, für „natürlich-künstlich" als Geschichtsmodell, für „populären Stil", teilweise dazu im folgenden.
Diese Kontexte verlieren nicht etwa an Bedeutung, weil Savigny *später* die Schlegels kritisch sieht, vgl. etwa STOLL Nr. 57/I 203 v. 1802: die Schlegel hätten „alle die Religion und all den historischen Sinn nicht, von denen sie sprechen"; auch STOLL 1, S. 353 Anm. 3, wo J. GRIMM 1805 schreibt, F. Schlegel „selbst und seine Schriften (sc. würden Savigny) jetzt nicht mehr so sehr gefallen..."

[242] Auch dieser Zusammenhang ist keineswegs unbekannt (vgl. die Nwe. oben 123 Fn. 563), aber ebenso unvollständig ausgearbeitet wie bei Schlegel. Immerhin gefielen GOETHE an Kants „Kritik der Urteilskraft" (1790) gerade die „Seitenwinke... über die Grenzen hinaus" — eine *Savigny* anregende Perspektive. Gezieltes Interesse Savignys belegt ein Brief an Grimm v. 14. 7. 08 (STOLL Nr. 169/I 334), wo er über alles von Goethes Philosophie informiert werden will. Während hier Goethes Naturphilosophie gemeint sein wird, beziehen sich die frühen Stellen von 1800 und 1799 („vollendet als Philosoph", siehe Fn. 233) auf Goethes allgemeine „natürliche Philosophie", etwa in seiner *Iphigenie*. Wichtig dabei, daß Savigny ATHENAEUM gerade auch wegen der Goetheverehrung positiv vermerkt (STOLL Nr. 5/I 66). Über Goethes Philosophie hier erhellend die Bemerkungen VORLÄNDERS in seiner Ausgabe der KdU Kants (Philos. Bibliothek, Bd. 39a, Leipzig 1924 u. ö.): Über Goethes Exemplar der Kritik der Urteilskraft (S. XXV-XXX), dort auch S. XXVIII das Zitat soeben; außerdem die Aufsätze von BRAUN 1920 und bes. BERENDT 1922 über Goethe-Schelling (mit zahlreichen Anregungen auch für Sav.-Schelling).

[243] Vgl. für SCHLEGEL die Nwe. soeben in Fn. 225 ff. u. sogleich in Fn. 245; weiter dann unten 249, 251 (Fn. 482), 261, zu *natürlich*. Vgl. für GOETHE die Nwe. soeben in Fn. 233 und 235.

[244] Am meisten in dieser Richtung findet man bisher bei SOLARI, dann dem allerdings folgenlos gebliebenen SCHULTE, S. 25 ff., freilich auch etwas global angesetzt unter dem Stichwort, Savigny habe dem „neuen Lebensgefühl" der Romantiker seit 1798 etwa

grundsätzliche und politische Dimension dabei. Sinn und Grenzen dieser Charakteristiken Savignys zu bestimmen, hieße demnach wiederum, einen recht weitreichenden Beitrag zur Bestimmung Savignys überhaupt zu leisten.

Ein Teilaspekt davon bietet sich als lösbar und fruchtbar an: Wo liegen die Grenzen von Savignys Harmonie und Toleranz, wo wird er parteilich? Trotz Savignys gewichtiger Bekundungen über Liebe, Freundschaft, Unparteilichkeit usw. liegt diese Frage nicht so fern, auch wenn man nicht schon mißtrauisch gestimmt ist. Denn gerade sein „Friedrich", der jüngere Schlegel, pries nicht nur die Symphilosophie, sondern ging zugleich in die Literaturgeschichte ein als brillanter Kritiker und spitzer Fragmentist. Das entsprach nur seiner elitären Haltung[245]. Savigny hatte auch daran sofort Gefallen gefunden[246]. Das Elitäre lag auch ihm[247]. Die Frage nach den Grenzen seiner Toleranz wird schließlich deswegen gestellt, weil Savignys historisches Profil in seinen selten positiv-präzisen, oft bloß programmatischen oder idealisierenden Schriften erfahrungsgemäß stark verschwimmt. Man hat es dort schon einige Male vergeblich gesucht. Der Weg über seine Grenzmarken verspricht noch Gewinn. In zwei Schritten werden daher entschiedene *literarische* und *persönliche* Urteile zusammengestellt und dann ähnlich entschiedene *politische* Stellungnahmen. Die Konzentration auf scharf abgrenzende, auffallende Quellen soll die Perspektive noch verdeutlichen. Es zeigt sich, daß man keineswegs nur auf einige isolierte Zeugnisse stößt, sondern auf eine sprechende Fülle klarer Grenzmarken[248].

---

zugehört, nachgewiesen aus STOLL I. Grundsätzlicher und präziser dann 1966 GAGNÉR, Öff. Recht, wohl wegen des abgelegenen Druckorts ebenfalls kaum rezipiert.

[245] Vgl. SCHLEGEL, Athenaeum, I 2 (Fragmente): Die Menge nicht zu achten ist sittlich; sie zu ehren ist rechtlich (S. 231); man soll nicht mit allen symphilosophieren wollen, sondern nur mit denen, die à la hauteur sind (S. 249); Athenaeum III 1, S. 9: für Bildung als höchstes Gut; S. 10: Gottheit in uns. Im Zusammenhang zeigt Elitäres COPLESTON, History 7, S. 13 ff.; für die politische Seite dabei METZGER, Idealismus, S. 226 f.

[246] Vgl. nur bei STOLL Nr. 5/I 66 sein Lob zu den „Fragmenten".

[247] Dazu seine Beurteilungen anderer in den folgenden beiden Abschnitten; elitär zeigt er sich in seinem Juristenverständnis (dazu RÜCKERT, Reyscher, S. 370 f.) und jetzt bes. die Hyperion-Abschrift, zitiert oben 141 und KIEFNER ebda.

[248] Die Zusammenstellung strebt also keine absolute Vollständigkeit an und läßt bewußt die Quellen stark sprechen, da Ton und Kontext entscheidend sind. Durchgehend ausgewertet wurde STOLL, daneben Auffallendes aus dem Nachlaß Marburg und sonstigen Quellen.

2. Persönliche und literarische Grenzmarken

Eines der frühesten unter diesen scharfen literarischen Urteilen trifft *Herder*:

> „Bei der Metakritik wäre nichts zu bedauern, als der Tod des edlen Herder, dessen Todesschein sie ist, wenn nicht die Wahrscheinlichkeit, daß viele mit Herders Namen auch die Sache anbeten werden, so groß wäre!"[249].

Diese äußerst kühl-scherzhafte Abfertigung wird durch „edel" nicht aufgewogen, vor allem nicht die gewagte Verbindung mit „Todesschein". Savigny hält die Schrift für derart bedeutungslos, daß sie sich selbst richtet und ein Urteil in der Sache überflüssig macht.

1809 benötigt er eine drastische Häufung kritischer Superlative für eine Beschreibung der einheimischen *Landshuter*:

> „Im Ganzen sind in München die Fremden (=Nordländer, Protestanten) verhaßt und die Gegenpartei umschließt mit brüderlichen Banden 1) die in der borniertesten Nationalität befangenen Stockbaiern, 2) die überaufgeklärten Pfaffen – und Klosterstürmer, worunter sehr gescheite und sehr schlechte Menschen, 3) die neuen Religionsmänner, 4) vieles andere Ungeziefer"[250].

Wenig später ist ihm in der Lektüre

> „nicht leicht ... ein oberflächlicheres Geschwätz vorgekommen mit soviel Dummheit und Salbung zugleich: Pfarrer muß der Verfasser notwendig sein. Das Werk ist merkwürdig und taugt sehr in meinen Kram, es zeigt, daß man in wichtigen Dingen recht haben und doch ein Esel sein kann"[251].

Zwei andere Bücher „ekeln" ihn 1810 an, sind „empörend im höchsten Grade", das eine gar eine „Schweinerei":

> „Haben Sie Woltmanns Schweinerei über Müller gelesen?"[252]. „Woltmanns Buch, soweit ich es gelesen habe, hat mich angeekelt, noch mehr aber Carls ‚Versuche und Hindernisse', nicht wegen der frechen Parodie, die noch viel frecher sein könnte, sondern wegen des schändlichen Plans im ganzen Buche. Dieser Carl und seine Geschichte ist eine recht hündische Erscheinung, ekelhaft, empörend im höchsten

---

[249] An L. Creuzer, bei STOLL Nr. 22 v. 7. 6. 99/I 90 f.; vgl. noch ebd. S. 101 A. 1 und 124 A. 3. Gemeint ist J. G. HERDER, Verstand und Erfahrung. Eine Metakritik der Kritik der reinen Vernunft (1799), vgl. zu Herder-Kant hier nur MEINE Nwe. in: Reyscher, S. 47 und ausführlich: „Zur doppelten Kantverwendung der Zeit" (S. 297-315), zu Herder dabei S. 302. Umgekehrt läßt sich aus Savignys Kritik an Herder noch nicht auf Übereinstimmung mit Kant schließen.

[250] An die Grimms v. 28. 2. 09, bei STOLL Nr. 189/I 376.

[251] An J. Grimm v. 26. 12. 09, bei STOLL Nr. 204/I 400. Gemeint ist nach STOLL, ebd., „Ansichten von der Gegenwart und Aussichten in die Zukunft von Köthe, Amsterdam (Leipzig) 1809".

[252] An Fr. Creuzer v. 10. 4. 10, bei STOLL Nr. 211/I 410 f. Gemeint ist der Historiker J. v. Müller, es geht um Homosexualitätsvorwürfe.

Grade, und *nicht aus innerer Notwendigkeit* (wogegen sich wieder nichts einwenden ließe)[253], sondern aus purer Liebhaberei und Willkür der Verfasser"[254].

Landshuter Milieu geißelt er noch einmal 1811 im Rückblick:

„Was ich in Landshut erlebt habe, ist erstens der sehr harte Krieg, was die Welt weiß: zweitens die Fremden- und Protestantenverfolgung, wovon die Welt wenig weiß.... Dabei war das widerlichste nicht die Gefahr, sondern das Zusammenleben mit solchem Auswurf von Menschen wie Hellersberg und seine Genossen[255]. ... Krüll ist der leerste Mensch, den ich je gesehen habe, und ich muß sagen, daß ich unter allen für die Universität schädlichen Insekten diese Art für die verderblichste halte[256]. Moshamm ist wenigstens eine erheiternde Caricatur an Leib und Geist! Gönner hat sich auch in diesen Zeiten benommen seiner Seele würdig, d. h. völlig charakterlos..."[257].

1817 wird ihm *Adam Müller* „immer widerlicher"[258]. Im gleichen Brief stößt er auch auf ein „juristisches Rezensentenvieh":

„Höchst merkwürdig ist ein juristisches Rezensentenvieh in der Jenaischen L.[iteratur] Z.[eitung], bald Mr. bald Mn bezeichnet. Er hat kürzlich meine Rechtsgeschichte rezensiert, kaum ein Satz in der ganzen Rezension ist ohne handgreifliche Dummheit"[259].

1821 bekennt er für den sonst hochverehrten Goethe[260], J. Grimms Lob und Tadel der *Wanderjahre* sei ihm selbst

„aus der Seele geschrieben, nur daß ich vielleicht meine Abneigung gegen die Pädagogik und besonders die historische Religionslehre des Buches noch etwas schär-

---

[253] Hier erscheint also sein geschichtspekulatives Stichwort „innere Notwendigkeit" einmal ganz deutlich in legitimatorischer allgemeiner Rolle. Hervorhebung hier von mir.

[254] An die Grimms v. 2. 4. 10, bei STOLL Nr. 213/I 413, ebda. S. 411 auch Erläuterungen zur Sache durch STOLL.

[255] K. S. HELLER VON HELLERSBERG (1772-1818), Prof. für bayr. Geschichte und Staatsrecht, ehemals Generalkommissär, wichtiger Mitarbeiter Montgelas' bei den Reformen, vgl. kurz WEIS, Handbuch IV 1, S. 48 u. 58. SAVIGNYS Urteil scheint politisch indiziert.

[256] FR. X. KRÜLL (1769-1847), Prof. für bayr. und dt. Privatrecht; über ihn, der etwa bei LANDSBERG fehlt, mit Nwn. GAGNÉR, Codex Max., S. 14, auch zur fachlich in der Tat wenig überragenden Leistung (S. 15 ff., 21).

[257] An Hufeland, bei STOLL Nr. 234/II 71 v. 9. 4. 11; zu Gönner bereits oben 78 bei Fn. 353.

[258] Bei STOLL Nr. 325 v. 11. 5. 17/II 220, an J. Grimm.

[259] Gemeint sein muß die Rezension zu Bd. 1 und 2 der GeschMA in J.A.L.Z. 1816, Nr. 219 f. v. Dezember, Sp. 345-357 von „M. E.". Nach BULLING, Rezensenten, Bd. 1, stammt sie von Spangenberg/Göttingen und J. G. Mayer/Erlangen. Savignys Urteil überrascht, da der Rez. sehr lobend im wesentlichen referiert und dies nicht unverständig. Vielleicht ärgerte ihn der gutgemeinte Schluß: Der interessanteste Teil sei nun in den folgenden Bänden zu erwarten. Auch andere Rez. von M. E. oder Mr (siehe in Nr. 100 zu Hugo, in Nr. 3 der EBl. 1817 zu ZgeschRw Bd. 1) entsprechen Savignys Urteil nicht, obgleich letztere recht kritisch ausfiel. Eine Sigle MN/MR existiert nicht, s. BULLING.

[260] Dazu soeben bei u. in Fn. 242, 233, 235.

fer ausdrücken möchte. In der Tat, wenn einmal Hannswurst die Erziehung des Menschengeschlechts zu besorgen hätte, so würden seine Maßregeln eine ziemliche Anschauung von dem Inhalt des Buchs in diesem Teil geben. Schon in den Lehrjahren waren die geheimen Erzieher ziemlich widerlich, hier nun werden sie völlig ekelhaft"[261].

Nicht minder zugespitzt fällt 1834 ein spätes Beispiel aus, wenn er zu einem historischen Werk schreibt:

„Ich behaupte, es ist nie ein Buch geschrieben worden, so leer an gesunden Gedanken, so voll an leeren Erfindungen und an Verfälschungen der Geschichte und der alten Schriftsteller, in dem man nicht weiß, was man mehr anstaunen soll, die lächerliche Anmaßung oder die lächerliche Unwissenheit"[262].

Schon hier läßt sich feststellen, daß STOLLS zu „Rezensentenvieh" angemerkte, besorgte Meinung, „solche Ausdrücke kommen sonst bei Savigny nicht vor"[263], *nicht* zutrifft. Damit wird dem Heros Savigny nicht zu nahe getreten. Es gibt genügend liebenswerte und ebenso vehement positive Zeugnisse. Aber seine Abgrenzungen zu übergehen, würde irreführen. Und Savigny selbst vertrat sie ohne Zögern, wenn er z. B. J. Grimms „ungeschminkte Wahrhaftigkeit" lobt[264]. Besonderes historisches Fachinteresse gewinnt Savignys Deutlichkeit, wenn sie auch Fachfragen und -kollegen zukommt. Daran läßt er es in der Tat ebenfalls nicht fehlen. Nicht nur für die Landshuter Gegner findet er Worte, sondern in viele Richtungen und in einem Maße, das erst der Nachlaß klarer ahnen läßt. Denn in seinen Schriften bleibt er eher zurückhaltend mit Noten. Die entschiedenen frühen Rezensionen[265] und manche sehr entschiedene Passagen in den Vorlesungen[266] stellen also nicht Ausnahmen dar, sondern die Grundlage einer nur nach außen bewußt gemilderten Entschiedenheit. Dies kann nun

---

[261] Bei STOLL Nr. 366 v. 24. 12. 21/II 279; die naheliegende grundsätzlichere Ausdeutung dieser Äußerungen muß hier unterbleiben, da dazu u. a. mehr als ein Blick in die zeitgenössische Pädagogik erforderlich wäre, vgl. aber schon SCHLEGEL (Fn. 241) und NOVALIS, Werke, S. 465/Neue Fragmente Nr. 287; weiter SAVIGNY, Univ.aufsatz von 1803 und Brief dazu von 1803 an Robinson (bei MARQUARDT Nr. 2, nur rückübersetzt bei STOLL Nr. 73 u. EITNER), wo Savigny seine Ideen dann „in sehr bestimmter Berührung mit der Pädagogik des herrlichen, begeisterten (!) Pestalozzi" sieht. Man beachte den Zusammenhang mit seiner Philosophie des „Natürlichen", „Ursprünglichen", „Notwendigen." Vgl. unten 360 u. 404.

[262] An die Grimms v. 12. 2. 34, bei STOLL Nr. 479/II 472, vgl. II 180. Gemeint ist FR. SCHULTZ, Grundlegung zu einer Staatswissenschaft der Römer, Köln 1833. Vgl. dazu Marburger Nachlaß unter Mat. 29.

[263] STOLL II 220 in Anm. 6.

[264] Bei STOLL Nr. 338 v. 29. 12. 17/II 239; ähnlich auch noch am 8. 8. 32 Nr. 466/II 450: „Sie haben neben vielen trefflichen Eigenschaften sonst auch die, daß Sie auf einen Brief wirklich zu antworten pflegen"; paralleles Lob für die Universitätsschrift von KÖPPEN bei PFÜLF, S. 311, v. 5. 3. 20.

[265] Dazu oben 12 ff., zur Glück-Rez. näher 59 ff.

[266] Vgl. die Nachschriften.

aus dem Nachlaß zusätzlich mit einigen fachlich-literarischen Urteilen belegt werden.

Gustav Hugo hatte in Savignys Augen ohne Zweifel sehr viel Beispielhaftes geleistet. Und doch vermerkt Savigny schon 1804 in einer kurzen Notiz zu Hugos Lebenslauf:

„Nur zufällig Schriftsteller und Dozent, überhaupt weit mehr Sache einer guten geschmackvollen, ausgewählten Methode, als hervorstechenden eigenthümlichen Geistes[267] – damit hängt zusammen seine Unentschiedenheit über so vieles, selbst lit.[erarisches] (Wert des Donellus) – eben so seine Gemächlichkeit und sein Stehenbleiben, wahrscheinlich das Beste schon gethan"[268].

Selbstgewiß beurteilt Savigny auch eine andere bedeutende Autorität seiner Zeit, *A. F. J. Thibaut*. Seine Schlußbemerkung zu Thibauts „Versuche über einzelne Teile der Theorie des Rechts" (1798. 1801) lautet:

„Der Verfasser würde mehr geleistet haben, wenn er die S. 125 aufgestellte Behauptung, daß hier nur von Anwendung bekannter Rechtssätze die Rede sei, dazu benutzt hätte, den Erklärungen selbst eine systematische Entscheidung aller denkbaren Fälle aus allgemeinen Grundsätzen vorauszuschicken; dadurch wären nicht nur alle Erklärungen deutlich geworden, sondern der Streit zwischen den beiden, die der Verf. als gleich gut aufstellt, wäre zugleich zum Vorteil der ersteren (bei ihm) entschieden gewesen"[269].

Die Beurteilung zeigt entschiedene Maßstäbe und enthält zugleich einen weiteren, sehr frühen Hinweis auf Savignys dogmatische Ideale[270].

Einer der begabtesten Köpfe dieser Juristengeneration der 70er Jahre des 18. Jahrhunderts war *P. J. A. Feuerbach*. Savigny hinterließ ein vernichtendes Urteil über dessen berühmte Rede von 1804 „Über Philosophie und Empirie in ihrem Verhältnis zur positiven Rechtswissenschaft". Es ist geeignet, die Skepsis gegenüber jüngst vorgetragenen Thesen zu bestätigen[271]:

---

[267] Hier ein etwas unklarer Telegrammstil.
[268] Nachlaß Marburg 1977, in M 14, undatiert; vgl. aber parallel an Creuzer am 20. 3. 1804 (STOLL Nr. 84/I 226): „es ist mir, als wenn seine Blüte vorüber wäre, und er nun nicht viel unerwartetes mehr leisten würde." 1830 sind ihm Hugos Bücher dann „seit einer Reihe von Jahren immer ungenießbarer geworden ... Unfähigkeit, die Sachen im Großen zu handhaben und darzustellen ...", an W. Grimm v. 18. 12. 30 (STOLL Nr. 444/II 423). Schon 1799 an Neurath, bei STOLL Nr. 10/I 71, kritisiert der 20-jährige energisch, daß „selbst die vorzüglichsten Pfleger der Wissenschaft – Männer wie Hugo – aus Bequemlichkeit oder Egoismus es sich angelegen seyn lassen, die Theorie von der Praxis immer mehr zu sondern ..."; das sei „höchst verwerflich".
[269] Nachlaß UB Marburg, in Mat. 26, undatiert.
[270] Dazu näher oben 59 ff.
[271] STÜHLER stellte 1978 die These auf, Feuerbach habe entscheidende methodische Einsichten „moderner Rechtswissenschaft" vorweggenommen, vor allem diese als selbständige, positive Wissenschaft vor Savigny begründet. Abgesehen von der recht diffusen Kategorie „moderne Rechtswissenschaft" werden bei dieser Sicht und Zusammenschau die bestehenden wichtigen Unterschiede zu Unrecht verwischt. Wichtiger als

> „Das Philosophische ganz falsch angegeben, das Historische borniert und nur als Hilfskenntnis, — die Jurisprudenz selbst kein ideales Objekt, bloß technische Existenz — wahres Wesen der Jurisprudenz *als Historie*, mit der philosophischen Ansicht eins. Hier heterogene Elemente zusammengestellt, nicht vereinigt, daraus wird kein Ganzes"[272].

Die methodische Differenz zu seiner eigenen, spekulativ-historischen Theorie hat Savigny hier präzise benannt. Am Maßstab dieser seiner Metaphysik des Positiven[273] mußte Feuerbachs Beitrag in der Tat heterogen, eklektisch, ohne Ideal, ja „borniert" erscheinen — und umgekehrt[273a].

Savignys schneidend gewisse Kritik trifft nicht nur seine berühmtesten juristischen Konkurrenten[274], sondern auch historisch-politische Autoren. *Adam Müller* gehört dazu, obwohl er Savigny in vielem gar nicht so fern steht. In Müllers „Vorlesungen über die mosaische Gesetzgebung" von 1809 findet Savigny „das meiste schief und einseitig":

> „Es ist nicht wahr, daß das R.[ömische] R.[echt] allein auf der Idee der Welteroberung ruht und auf Besitz allein ausgeht; der eigentliche Unterschied ist: es ist ein *Stadtrecht*, die deutschen Gesetze sind Rechte weit verbreiteter Völkerstämme"[275].

Feuerbachs Bewertung als „entscheidend" wäre eine klarere Erfassung der Trias Hugo, Feuerbach, Savigny, die mit STÜHLERS fruchtbarem Anstoß und seinem Fazit, naiv-positivistisch (Hugo), modern (Feuerbach), organologisch (Savigny) noch nicht überzeugend geleistet ist. Es fehlt bes. der fachphilosophische Kontext, aber auch eine genügende Explikation der beliebten Kategorie „positivistisch", vgl. hier 408 ff.; beachte zu STÜHLER die treffende, milde Korrektur bei J. SCHRÖDER, Rezension; auch TH. HONSELL, Rez. in ZSRom 96 (1979) S. 439 ff. und CARONI, Rez. in ZNR 2 (1980) S. 95-98, sowie MARINI, Quad. fior. 10 (1981), S. 308-315; zu unkritisch PICHLER, Rez. in ZSGerm 96 (1979) S. 403 ff.; vgl. zur Differenz Feuerbach-Savigny bereits RÜCKERT, Reyscher (1974), S. 137 f., 233/281, 338, 342, 365 f. (zu Geschichtsbegriff, Volksbegriff, Juristenrolle); zu Hugo mein Projekt (Fn. Einl. 14), vorläufig RÜCKERT, Reyscher, S. 309 f. (s. das Reg., zu Hugo).

[272] Nachlaß UB Marburg, in M 14 zwischen anderem; als abschließendes Gesamturteil wie auch in anderen Fällen mit „NB" (notabene) unter ein Exzerpt von hier 1 S. gesetzt.

[273] Dazu oben 95, auch 110; vgl. im übrigen das Register.

[273a] Siehe Feuerbachs bekannte Kritik an Savignys „Beruf", vgl. RÜCKERT, Reyscher, S. 137 mit Zitat u. Interpretation.

[274] Kritik fehlt, wenn ich recht sehe, nur zu Heise u. Hufeland.

[275] Nachlaß Marburg 1977, in M 13, a. E. eines 10seitigen Exzerpts. Vgl. den Brief an J. Grimm vom 26. 12. 09 (STOLL Nr. 204/I 401), der auch einen Anhalt für die Datierung gibt: „Lesen Sie doch die 3 Vorlesungen über die mosaische pp. Gesetzgebung in der Pallas von *A. Müller*. Im Ganzen gar trefflich, doch hat er auch seine hohle Seite". Gemeint sind die drei Vorlesungen über den „Geist der mosaischen Gesetzgebung", der griechischen und römischem, die 1809 mitschienen in „Die Elemente der Staatskunst", Berlin 1809 (vgl. die Ed. von J. BAXA, Wien 1922), als 11.-13. Vorlesung, siehe BAXA 1, S. 215-63. Über Müller-Savigny jetzt näher MANTELLO 1979, mit treffenden sachlichen Parallelen, freilich zu korrigieren für die „Einfluß"-Frage, da Savignys Dogmen nicht erst im „Beruf" auftreten, sondern vor *Müllers* Texten, dazu oben 95 ff., 111 ff.

Auch *J. G. Schlosser*, den Savigny wie Müller sonst durchaus lobt[276], gefällt ihm mit seinem „Vorschlag und Versuch einer Verbesserung des deutschen bürgerlichen Rechts" (1777) gar nicht:

> „Im ganzen Buch der eigentliche Wert des Römischen Rechts verkannt. Die herrschende Idee etwa dieselbe, wie die des Preußischen Gesetzbuchs, nur mit mehr Kürze und Geschmack, und mit weniger Vollständigkeit und Anwendbarkeit durchgeführt"[277].

Man lernt aus dieser Notiz Savignys zugleich die Klauseln seines gedruckten Urteils im *Beruf* besser zu verstehen, das eben in der *Sache* nichts milderte[278]. An die prononciert kritischen Urteile zum Obligationenrecht von *Gans*, aber auch *Unterholzner*, ist zu erinnern[279].

Auch in gedruckter Form fehlen in diesen späten Jahren sehr entschiedene Urteile nicht. Sie nehmen nur die Form gefrorener Kühle an. So schreibt er 1849 am Schlusse seines *System* zu dem radikalen *G. Struve*, der Eingriffe in erworbene Rechte nicht bloß als Ausnahmen vom Grundsatz der Nichtrückwirkung zulassen will, sondern die fraglichen Institute rechtlich ganz verwirft:

> „Eine Widerlegung dieser Ansicht wird man wohl nicht verlangen. Nur auf die praktische Schwierigkeit in der Ausführung will ich aufmerksam machen, die in der Feststellung des Daseyns und der Grenzen jener Gräuel und Schändlichkeiten liegt, indem darüber die subjektive Ansicht der einzelnen Träger der drei Staatsgewalten vielleicht nicht ganz übereinstimmend sein könnte. Unter diesen Trägern könnten sich auch consequente Communisten finden, und diese würden das gesamte Institut des Eigentums unter die Gräuel zählen"[280].

Die verhaltene „Nichtwiderlegung" dient Savigny also dazu, Struve politisch zu antworten und zugleich klar zu machen, welch eminente Bedeutung seinen eigenen Ausführungen über die wahre „Natur dieser Rechtsverhältnisse" zukam. Es handelt sich um einen der nicht seltenen politischen „Winke" in diesem „dogmatischen" Hauptwerk Savignys, die schon Hugo allgemein bemerkte[281].

---

[276] Vgl. die Nwe. für die Verwendung im „Beruf" bei RÜCKERT, Reyscher, S. 342 in A. 218.

[277] Nachlaß UB Marburg, in M. 13, a. E. eines undatierten 3-seitigen Exzerpts. Zu *Schlosser* jüngst fruchtbar SCHULZE, J. G. Schlosser und die Idee eines reinen Zivilrechts-Gesetzbuches .. ., in: ZhistF 6 (1979) S. 317-44. Seine gegenüber der Literatur differenzierende Sicht zur Linie Schlosser-Savigny wird hier klar bestätigt (vgl. aber auch oben 185 Fn. 181 zu Einwänden).

[278] Vgl. SAVIGNY, Beruf, S. 93 f. (STERN 125 f.): „Ich verkenne nicht, wie viel treffliches in *Schlossers* Ansichten und Urteilen enthalten ist, allein das beste darin betrifft den allgemeinen politischen Character unserer Zeiten und mit den eigenthümlichen Bedürfnissen des bürgerlichen Rechts war er selbst keineswegs im reinen . . .".

[279] Zitiert oben 138.

[280] SAVIGNY, System 8, S. 520 f.

[281] HUGO, System-Rez. zu Bd. 5, GGA 1842, S. 1.

Es wäre sehr verlockend, den in diesen sprechenden neuen und alten Quellen berührten Fragen sofort nachzugehen. Nähe und Distanz zu *Gustav Hugo*, dem gründlichen skeptischen Empiriker[282], und zu *Feuerbach*, dem liberalen Kantianer, zu klären, gehörten dabei zu den vielleicht reizvollsten Desideraten. Daß ein Schlüssel dazu in der genauen Untersuchung zentraler Termini wie *philosophisch, historisch, systematisch* liegt[283], bestätigt Savignys Urteil zu Feuerbach eindrucksvoll. Aber abgesehen davon, daß Savignys Exzerpte wesentlich spröder sind, als diese Auswahl wesentlicher Stellen nahelegen könnte, müssen diese Fragestellungen je für sich systematisch untersucht werden. Hier sollen nur Interesse und Richtung dieser Fragen betont und entworfen werden. Hauptzweck bleibt, die verbreitete These von Savignys Harmonie und Mittellinie auf ihren wahren Kern zurückzuführen. Seine hier zusammengetragenen Beurteilungen lassen sich nicht auf einen einheitlichen inhaltlichen Nenner bringen. Sie zeigen aber, daß sich Savigny durchweg sehr selbständig und sicher, entschieden und auch zugespitzt, eine Meinung bildete. Harmonisch kann also nicht etwa als urteilslos genommen werden. Selbst formal fehlt es nicht an Schärfen. Die Harmoniethese muß eingeschränkt werden.

Neben dieser Einschränkung der Harmoniethese ergibt sich bereits, daß Savignys vielfaches Schweigen über Personen, Bücher und Theorien oder so verklausulierte Urteile wie das zu Schlosser im *Beruf* meist als Kompromiß zu deuten sind und kaum einmal als Nichtkenntnis oder gar Urteilslosigkeit. Seine Zurückhaltung im Druck vollzieht einen Kompromiß zwischen seiner zumeist sehr prononcierten Urteilsbildung und dem Bestreben, seine oft sehr herbe Kritik nicht allzusehr hervortreten zu lassen. Brieflich nimmt er dagegen immer wieder ungeschminkt Stellung, auch zu juristischen Fragen[284]. Savigny befolgte in seinen Beurteilungen eine Linie, die er seinen Studenten bereits 1802 erläuterte und empfahl. Im Abschnitt „Literarische Methodik" seiner Methodologie heißt es: „1. Man lese kritisch; 2. man lese historisch". Zu 1. beruhigt Savigny:

> „Es scheint paradox, daß ein Anfänger auch ein Meisterwerk kritisch lesen könne. Allein dies wird verschwinden, wenn man mit Kritik den richtigen Begriff (Vergleichung mit dem Ideal) verbindet."[285]

---

[282] Für Hugo bildet dies ein Thema in meinem oben Einleitung Fn. 14 genannten Projekt.

[283] Grundsätzlich begründet und am Beispiel der Methodologie verdeutlicht wurde dies oben 132 und 96 ff., die Feuerbach-Kritik soeben bei Fn. 272.

[284] Man vergleiche dazu die ausführlichen brieflichen Stellungnahmen Savignys z. B. an Elvers (bei Stoll Nr. 389a v. 15. 7. 23), an Bluntschli (bei Oechsli Nr. 2, 31, 36), auch an v. d. Pfordten vom 18. 11. 43 (HSTA München, Nachlaß, Mappe 107).

[285] Alles in: *Anleitung* 1802/03 (Wesenberg), S. 51 f.

Es folgt die allgemeine Empfehlung, zu exzerpieren und, „daß man ein bestimmtes Urteil ... niederschreibe". Jedenfalls Savigny selbst befolgte diese Regeln getreu. Schon das äußere Bild seiner Exzerpte zeigt es in der regelmäßigen, entschiedenen Schlußbemerkung unter „N.B.". Ohne Zweifel verfügte er auch über die Kenntnis des zur Vergleichung erforderlichen „Ideals"[286]. Diese Charakteristika gelten ohne besondere Schwankung seit seinen Tagen in Marburg. Savignys Rückhalt in einem „Ideal" beweist schließlich für die angesprochene grundsätzliche Dimension seines Urteilsverfahrens, auf die noch im Zusammenhang einzugehen sein wird[287], wenn auch die *politischen* Grenzmarken in Savignys politischen Urteilen geklärt sind.

3. *Politische Grenzmarken*

Für die politischen Stellungnahmen Savignys sind parallele Einschränkungen der Harmoniethese zu vermuten, zugespitzte Urteile ohnehin keineswegs unbekannt[288]. Dennoch lohnt eine genauere chronologische Zusammenstellung nicht nur weil sie bisher fehlt. Sie erst klärt den genaueren Verlauf und Inhalt, sie bietet die Chance, in Savignys ausgeprägten Mißbilligungen seine Maßstäbe deutlicher zu finden, sie beugt zu groben Abstraktionen vor.

Nicht unpassend setzt die Serie schon 1798/99 ein mit seinem bekannten Wort von den „Handlungen der schreiendsten Ungerechtigkeit" in *Paris*, mit seiner Hoffnung, daß „der Geist der gewaltsamen Revolutionen erloschen sein" möge, aber auch der Hoffnung auf „stillere Reform ... zwar langsamer, aber sicherer"[289].

---

[286] Als Paradebeispiel nochmals die *Glück-Rezension* von 1804, siehe oben 59 ff.
[287] Siehe unten 230, 406 ff.
[288] Vgl. etwa HATTENHAUER, Einleitung, WILHELM, Meth.lehre, aber auch schon LANDSBERG (wie oben Fn. I 220 ff., 210, 163). Die erstaunlich leichte Hand bei der Verarbeitung auch nur der folgenden gedruckten Quellen ergibt sich im folg. meist aus den Anm., da dort jeweils auf das Bisherige verwiesen werden wird.
[289] An Neurath, wohl 1798/99, bei STOLL Nr. 9/I 70; dazu HATTENHAUER, Einleitung, S. 24, der darin Savignys „konservatives Glaubensbekenntnis" findet; ähnlich benutzt auch schon bei WIEACKER, Savigny (1954), S. 120, WOLF, Rechtsdenker, S. 506, (mit falscher Datierung auf 1789/90); dann STÜHLER S. 57 – überall aber ohne den Schlußabsatz zu Reform, worauf mit Recht BENÖHR 1974, S. 683 u. A. 17 aufmerksam macht; richtig aber auch schon an anderer Stelle WOLF, Rechtsdenker, S. 480. Es dürfte klar sein, daß diese Äußerung erst dann befriedigend eingeordnet ist, wenn man den Kontext des entstehenden Konservativismus (EPSTEIN) und der Urteile zur frz. Revolution beachtet, vgl. die Nwe. unten 227 Fn. 402. Übrigens ergibt die Ablehnung des „Paris" von 1798/99

Eine Ergänzung bietet nun seine Ausarbeitung der Vorlesung *Rechtsgeschichte nach Hugo* für 1801 und 1803[290]. Die Periode seit etwa 1650 kennzeichnet er dort so:

> „In diese Periode fällt die allgemeine literarische Revolution, vorzugsweise seit Thomasius − negative, revolutionäre Stimmung, vulgo Aufklärung (erklärt durch Parallelen aus anderen Fächern) − Aller historische Sinn verloren − zugleich aber
> 1. fortwährend große Gründlichkeit in Detail und Kritik
> 2. nun auch Vorlesungen und Compendien ... Thomasius ... gemeiner Gesichtspunkt einer sehr seichten Moral und Politik"[291].

Das Urteil gewinnt an Interesse beim Vergleich mit dem Original Hugos. Bei ihm waren weder Aufklärung als Reizwort, noch das scharfe Schlußurteil bereits vorgegeben[292]. Ebenso trägt die scharfe Kontrastierung der Perioden der „Literaturgeschichte" der Jurisprudenz, die Savigny hier vornimmt, ganz seine Handschrift[293]. Ohne unentschlossenes Schwanken − ein Zug, den er an Hugo gerade kritisierte[294] − zieht Savigny auf Anhieb die große weltanschaulich-politische Trennlinie, die ihm trotz der „fortwährend großen Gründlichkeit" vorrangig wird. Dies ist bemerkenswert. Denn die Front der romantischen Gegenaufklärer, in deren Optik er hier schreibt, etablierte sich zu dieser Zeit gerade erst[295]. Savigny steht hier also in vorderster Linie.

Für die Zeit von Savignys Forschungstätigkeit ohne Professur zwischen 1804 und 1808 versiegen die Vorlesungsquellen. Die Briefe bezeugen

noch nichts Definitives für ein „konservatives Glaubensbekenntnis", sondern ebenso gut etwas für das „liberale" Prinzip der permanenten Reform, da die glühendsten Anhänger der Revolution doch fast unisono die Auswüchse verurteilten. *Savigny* plädiert noch 1798/99 ausdrücklich und sehr energisch für Reform, ganz ähnlich wie KANT, Streit der Fakultäten (1798) (dazu unten 279 Fn. 620a) und viele andere Zeitgenossen. Es käme darauf an, nicht die selbstverständliche Revolutionsabwehr, sondern die eigenarige Reformvorstellung Savignys näher zu erfassen. Andeutungen dazu jetzt bei KIEFNER, Savigny (s. Nachtrag), S. 242. Der Brief enthält zudem ein Stück idealistischer Kontinuität bis zum *Beruf*, wo Savigny ja ebenfalls die eigentliche Reform und die sicherere von Wissenschaft erhofft, selbst wenn dieser Ansatz im Kontext von 1814 weniger progressiv war als etwa 1798/99; anders offenbar KIEFNER, aaO., der einen „Bruch" annimmt.

[290] Nachlaß UB Marburg, in Mat. 31, überarbeitete Fassung von 1801.
[291] Ebda. fol. 4r, hier Text von 1801; nur die Passage „2. nun auch Vorlesungen und Compendien" ist ergänzt, wohl 1803.
[292] Vgl. HUGO, Lehrbuch der Geschichte des Römischen Rechts, 2. A. Berlin 1799, hier § 13/S. 7, worauf Savigny Bezug nimmt.
[293] HUGO, aaO., schildert mehr, ohne scharfe Trennung, vgl. §§ 7-17/S. 4-10; siehe dagegen SAVIGNY, aaO., fol. 3v und 4r: 1. Periode bis in das 17. Jh., 2. Periode seit der Mitte des 17. Jh.
[294] Zitiert oben 204 bei Fn. 267.
[295] Dies ergibt sich aus dem von H. STUKE, Aufklärung, erarbeiteten präzisen Rahmen, vgl. bes. S. 289 (Novalis 1799), 305.

aber, daß ihn die Erfolge der *napoleonischen Politik* schon im Juni 1806 sehr beunruhigten, also vor dem Ende des deutschen Reiches und vor den Niederlagen Preußens: Die Aussichten für Deutschland seien sehr

> „traurig. Wenn einmal bei uns alles auf französischen Fuß organisiert ist, so wird es sich mit den Wissenschaften und den Universitäten auch schon legen. Ich gestehe Ihnen (sc. Creuzer), daß auch mich das alles in trauriger Ungewißheit hält, so sehr ich aus vielen Gründen und in manchem Sinn mich anzuwurzeln geneigt wäre."[296]

Französischer, gleicher Fuß, Wissenschaft und Universität – darin lag in der Tat eine Bedrohung, denn die französische Politik betrieb das Fachschulsystem, nicht „Einsamkeit und Freiheit"[297], wie noch Aufklärung und ALR[298].

Als Savigny 1808 versuchsweise, wie er sagte[299], sich den Landshuter Verhältnissen aussetzt, kehren diese Spitzen heftiger und allgemeiner wieder. Im August 1809 prophezeit er:

> „Wir aber werden noch so weit kommen, daß Philosophie und Poesie in Reih' und Glied getrieben werden wie das Exerzieren, und wenn es erst so weit gekommen, daß Einer für den Andern stehen kann ohne Unterschied, dann ist der Gipfel erreicht"[300].

Und er setzt hinzu für J. Grimm: „jene Dinge an sich sind mir so klar und wichtig wie weniges". Nach seinem Entschluß für Berlin schreibt er, wieder an Jakob Grimm, ein Resumee seiner Sicht der weltanschaulich-politischen Szene in Landshut und Bayern. Er beschwört das folgenschwere Versagen der bayerischen Politik vor der

> „großen Aufgabe..., das Volk zu einem gewissen unvermeidlichen Punkt freierer Ausbildung kommen zu lassen, und doch über den dazwischenliegenden Sumpf weg zu führen, der von der Mitte des 18. Jahrhunderts an überall sich erzeugte, hier aber als Illuminatismus mehr als anderswo gestunken hat und noch stinkt"[301].

---

[296] An Fr. Creuzer zu dessen Problemen mit Heidelberg, bei STOLL, Nr. 134/I 283 v. 4. 6. 06; erwähnt auch schon bei HATTENHAUER, Einleitung, S. 35, WOLF, Rechtsdenker, S. 481 in der Anm.

[297] Dazu bes. prägnant immer noch SCHELSKY, Einsamkeit und Freiheit (1963), S. 33 ff., 45 f. (zus.fassend); Außerdem instruktiv HUBER, Verf.gesch. 1, S. 263 f., 269 f., 287; SCHNABEL, Dt. Geschichte 1, S. 433, 437 f.; BOEHM, Hdbuch Bayern IV 2, S. 996 f. (für die bayerischen Reformen); für den Gegensatz weniger ergiebig das Standardwerk von PAULSEN.

[298] Vgl. ALR 2.12: Von niederen und höheren Schulen, § 1: Schulen und Universitäten sind Veranstaltungen des Staats, welche den Unterricht der Jugend in *nützlichen* Kenntnissen und Wissenschaften zur Absicht haben.

[299] Zitiert oben 77 bei Fn. 347.

[300] An J. Grimm v. 14. 8. 09, bei STOLL Nr. 196/I 387.

[301] An J. Grimm v. 12. 4. 10, bei STOLL Nr. 213/I 412.

Savignys soeben wiedergebene rechtsgeschichtliche Epocheneinteilung erscheint endgültig als festes Geschichtsbild mit politischen Folgen. Auch das „Volk" erscheint hier einmal in seiner ganzen Realität vor Savignys Idealen. Es wird nicht als selbständig und würdig befunden, sondern nur bis zum „unvermeidlichen Punkt" geführt. Denn primär ist Savigny die Störung seines Ideals von Universität, wie der gleiche Brief erläutert:

> „Aller Ehre und Würde durch das Nivellierungssystem der Regierung beraubt, und meist von Leuten aus den untersten Ständen besucht, entbehrt sie fast aller Bildung, Freiheit und Irritabilität, die *unsere* Universitäten so herrlich machen".

Dagegen anerkennt er: „Fast alles, was aus den Klöstern übrig ist, ist edel und gediegen". Auch schätzt er das „Volk" in seinem „einfachen, kindlichen Hingeben, dem ächten Schülergeist, ohne Anspruch auf unechtes, verderbliches Selbstgefühl"[302]. Am pars pro toto Landshut und Universität fixiert sich hier Savignys Verhältnis zu „Volk" so konkret und griffig wie das zu Aufklärung und Gleichheit. Der historischen Lage entsprach sein Urteil übrigens nicht, denn der Weg zum Wiederausschluß der „untersten Stände" war längst energisch beschritten[303].

Die bayerische Regierung unter Montgelas blieb Savigny auch 1814 eine „Schandregierung"[304]. *Nivellierungssystem* und *Illuminatismus* stehen weiterhin unter Anklage, wenn er im *Beruf* die „Idee der Gleichförmigkeit" als „krankhaft" verurteilt[305], wenn er in *Stimmen* 1816 „bürgerliche und politische Gleichstellung" unter die „unglückseligsten Verwirrungen der politischen Begriffe" rechnet[306], wenn er jetzt auch öffentlich einen seit der Mitte des 18. Jahrhunderts „völlig unerleuchteten Bildungstrieb" wahrnimmt[307], eine Jurisprudenz „fast in Knechtsgestalt"[308], wenn er die Schuld findet in einer „trostlosen Aufklärerei", die „mehr als ein halbes Jahrhundert, ... den politischen wie den religiösen Glauben wankend

---

[302] Ebda.
[303] Dazu jetzt näher WUNDER, Privilegierung (1978), S. 199 ff.: drastische Beschränkungen seit 1799 durch die Reform des Schulwesens, mit Zahlen. Zu global KAWAKAMIS (s. Nachtrag) Quantifizierungen.
[304] An J. Grimm v. 8. 11. 14, bei STOLL Nr. 282/II 126, ohne Konkreteres.
[305] *Beruf*, S. 41 f. (STERN 95 f.); vgl. zum Kontext der Diskussion um Gleichheit DANN, Gleichheit, in: GESCH. GRUNDBEGRIFFE 2 (1975) S. 997-1046, bes. S. 1019 ff. zu nach 1800, und ausf. DERS., Gleichheitspostulat (1980).
[306] *Stimmen*, S. 215 (bei STERN) zu Pfeiffer und gegen Judenemanzipation, die übrigens ebenfalls in Bayern durchgeführt war; diese Stellen verwenden u. a. LANDSBERG und WILHELM (vgl. oben Fn. I 210, 163), WOLF, Rechtsdenker, S. 509, hier ohne Nw.; tw. auch bei STÜHLER, S. 57 f., alle für streng konservativ.
[307] *Beruf*, S. 4 (STERN 74), wohl in Zuspitzung aus den soeben bei Fn. 291 erwähnten rechtsgeschichtlichen Perioden.
[308] *Gönner-Rez.* 1815, Verm. Schr. 5, S. 138; ebenso *Beruf*, S. 48 (STERN 99).

gemacht" habe[309]. 1814 sprach er ganz offen vom „Fluch der Revolution"[310]. Juristisch verkörperte diesen Fluch der *Code civil*, „der in Deutschland eindrang und krebsartig immer weiter fraß"[311], diese „überstandene politische Krankheit", die zum „allgemeinen Ekel" die Ehe nicht absolut genug schützte[312]. Dieses Gesetzbuch war ihm ein Teil der „aufrichtigsten Napoleonischen Teufelei"[313], die Schöpfung eines Despoten „unter dem die heillosesten Ansichten und Grundsätze ... in Deutschland gedeihen konnten"[314], in dem sich der Despotismus

> „auf das Lieblichste mit schönen Worten wie Aufklärung, Humanität, Menschenrechte usw. übertüncht, von welcherlei Kunstwerken die Regierungsgeschichte Bonapartes ganze Galerien liefert"[315].

Mit der bestrickend schlichten *Antithetik* von Despotismus und Freiheit, die Savigny nun öffentlich entwickelt, und mit der Einordnung der vornehmsten Stichworte der Aufklärung in den verhaßten Kontext französischer Herrschaft vollendet sich seine politische Theorie im Triumph. In grandioser Unbefangenheit konnte ihm jetzt die „Vernichtung aller Grenze ganz *unnatürlich*" sein — bei der Judenfrage[316] —, das Volk zum „Organismus höherer Art" werden, den der Regent zwar in seinen „lebendigen Kräften" ehren soll, aber „zu dessen Haupt ihn *Gott* gesetzt hat". Das macht dann die „verschiedensten *Formen* der Verfassung" ganz überflüssig:

> „Eine absolute Monarchie kann durch den Geist der Regierung im edelsten Sinne frei sein"[317].

Auf diese perfekte Weise überwindet Savigny die politischen Begriffe der Gegner: Er läßt sie verschwimmen in einer in der neuen Richtung glasklaren Verflüchtigung ehemals fester Grenzen. Das ist seine Lösung „unglückseligster Verwirrung" bei den Gegnern, eine vollkommene, christlich-metaphysisch überhöhende Personalisierung der Politik. Diese

---

[309] *Stimmen*, S. 214 (bei STERN); vgl. Fn. 306 zur Verwendung dieser Stellen.
[310] *Beruf*, S. 57 (STERN 104); verwendet jetzt auch bei STÜHLER, S. 57.
[311] *Beruf*, S. 2 (STERN 72).
[312] *Beruf*, S. 135 und 64 (STERN 150 und 108).
[313] So über GÖNNERS Buch gegen seinen *Beruf*, an J. Grimm v. 16. 5. 15, bei STOLL Nr. 292/II 139.
[314] So dann öffentlich in *Gönner-Rez.*, Verm. Schr. 5, S. 116 (am Anfang gleich); auch an J. Grimm v. 19. 5. 15, bei STOLL Nr. 293/II 140.
[315] *Gönner-Rez.*, Verm. Schr. 5, S. 131; ebenso gegen PFEIFFER in: *Stimmen* 1816, S. 214 (bei STERN).
[316] So in *Stimmen* 1816, S. 215 (bei STERN); vgl. zur vielfachen Verwendung dieser Stelle soeben in Fn. 306.
[317] Alles *Gönner-Rez.*, Verm. Schr. 5, S. 131; ausführlich zitiert diese zentrale Passage bereits BETHMANN-HOLLWEG, S. 71.

Politik sieht konsequent nur noch den „Geist", nicht mehr den Buchstaben. So möglich der Savignysche Fall absoluter und doch freier Regierung sein mag, so irrelevant war er gerade im Lichte historischer Erfahrungen. Savigny erhebt eine theoretisch mögliche, aber doch praktisch seltene und als Ideal illusionäre Lösung zur universalen Norm. Im Lichte dieser neugefundenen Norm, einem Gegensatz „ganz allgemeiner Natur", scheidet sich ihm 1815 die juristische, ja die ganze geistige Welt rigoros in zwei Hälften[318]. Das lag in der Logik politischer Metaphysik[319]. In dieser Strenge traf es nicht zu, wie hier schon zu Thibaut bewiesen wurde[320]. Richtig betonte Savigny aber, der Gegensatz wirke „am meisten aber in allem, was zur Verfassung und Regierung der Staaten gehört"[321]. Für die zivilrechtliche Dogmatik führt er in der Tat eher irre, ebenso für die wirtschaftspolitische Ebene[322]. Die Tendenz zur Trennung von Staat und Gesellschaft macht sich wieder bemerkbar[323].

Die *Jahre 1814-1817* hatten Savigny zu Höhepunkten an Sprachkraft, treffsicherer Zuspitzung und weltanschaulich-politischer Trennschärfe ermutigt. Jakob Grimm und Ranke bezeugen ohne Übertreibung, „daß er niemals ergreifender und geistreicher schrieb als im Kampf mit Thibaut und dem armseligen Gönner"[324]. Nach diesem Kulminationspunkt muß man deutliche politische Urteile wieder in den Briefen suchen. In einem langen Brief an J. Grimm findet Savigny Ende 1817 die oft zitierten „sehr schlimmen Seiten" bei dem streng altständisch-konservativen *von Haller* – aber nicht nur bei diesem[325]:

> „Sie haben gegen den Arnim sehr den Haller gerühmt. Ich verkenne gar nicht erstlich eine eigene und neue Ansicht in ihm, zweitens eine Art frischer unabgenutzter Form. Daneben hat er aber auch sehr schlimme Seiten. Besonders, daß er seine Ansicht des Staates, die eine *wahre*, aber untergeordnete ist, zur einzigen erheben,

---

[318] *Einleitungsaufsatz*, ZgeschRw 1 (1815) S. 2.
[319] Dazu unten 377 ff. (Teil 3, II, 1).
[320] Die Lage war mehrpolig, dazu oben 166, 192, bei Fn. 84, 210.
[321] *Einleitungsaufsatz*, ZgeschRw 1 (1815) S. 2.
[322] Dazu oben 178 ff.
[323] Dazu oben 166 bei Fn. 86.
[324] J. Grimm an Ranke, v. 31. 7. 1862, bei STOLL 3, S. 101; dort auch Rankes Zustimmung. Der Brief Grimms ist bei STOLL gekürzt und unzuverlässig wiedergegeben, in hier allerdings unerheblichen Punkten; besser bei H. RUDORFF, ZSGerm 36 (1915) S. 478-82, erneut verbessert dann durch SCHOOF 1954.
[325] Die vielverwendete Stelle (in Verbindung mit *System* 1, S. 32) wird wie letztere (dazu sogleich im Text) regelmäßig um den Schluß und den Aspekt, „eine wahre" Ansicht bei Haller, gekürzt und unzulässig einseitig gelesen (näher unten 225 f.); s. z. B. WOLF, Rechtsdenker, S. 512, WIEACKER, Savigny (1954), S. 121; COING, Savigny (1979); auch schon RUDORFF 1861, S. 39, BETHMANN-HOLLWEG, S. 70, STOLL 2, S. 174 in der Anm.; vollständig, aber ohne Folgerungen, bei VARRENTRAPP 1907, S. 39 f.

und dadurch in der Tat allen tieferen geheimnisvollen Zusammenhang der Völker und Staaten zerstören will, wodurch er zu einem recht krassen Aufklärer in Geschichte und Politik wird. Eben dadurch geht ihm das Beste seiner neuen Ansicht wieder verloren, und er macht nun einen Roman eben so gut als die Contratsozialisten, nur einen anderen"[326].

Auch hier kommt Savignys Kritik aus idealistisch-überhöhender Sicht und richtet sich folgerecht gegen „Aufklärer", rechte wie linke. Denn sie bestreiten unidealistisch dieses Höhere, Tiefere, Geheimnisvolle ganz oder zumindest den Anspruch auf Vorrang dabei.

Wesentlich konkreter empfindet Savigny dann 1819 politische Störungen. Er fühlt sich in der

„unschuldigen stillen Freude einer früheren Zeit an geistigen Dingen ... durch den politischen Lärm sehr gestört. Auch mißfällt mir von Herzen der schlechte theatralische Prunk in den Bairischen und Badischen Ständen und die flache Modepolitik ebendaselbst".[327]

Ungleich bekannter wurden andere Passagen dieses Briefes, über die preußischen *Demagogenverfolgungen*. In vergleichsweise milden Worten findet er hier einiges „sehr zu tadeln", von Kamptz ist ihm zu „leidenschaftlich", das Aufsehen darüber „tactlos", das Vorgehen „unweise"[328]. Beide Urteile erschließen sich aber erst voll, wenn man die längere Erwägung hinzunimmt, die Savigny über *Stände* anschließt:

„Aber ich glaube doch nicht, daß das Bedürfnis nach solchen Dingen überhaupt auf solchen falschen Modetendenzen beruht, und noch weniger, daß es davon ausgeht, als ob die Völker gegen die Tyrannei der Fürsten gesichert werden müßten. Die Sache liegt wohl tiefer ... (sc., das alte Geschick zu regieren und zu gehorchen von vor 1789 sei verloren; dennoch:) an Gehorchenden würde es nicht fehlen, wenn nur rechte Befehler da wären. Wie ist nun diese unglückliche Lücke auszufüllen? Vor allem durch Regierungs-Genies ... in deren Ermangelung durch Einrichtungen, wodurch die in der Nation zerstreuten Talente und Kenntnisse für das jetzt schwieriger gewordene Werk gewonnen werden können.
Wenn ich also Stände wünsche, so ist es, um die Macht der Fürsten nicht zu beschränken, sondern zu verstärken, indem deren bisherige Organe, die Offizianten, durch jene Umstände unzureichend geworden sind".[329]

Es handelt sich um eine der wenigen deutlichen, schon bisher zugänglichen verfassungspolitischen Äußerungen Savignys. Sehr klar betont er den Vorrang des Monarchen und seiner Organe, hilfsweise nur begrüßt er Stände als Rekrutierungsfeld und „Verstärkung". Savigny vertritt hier

---

[326] Bei Stoll Nr. 338 v. 29. 12. 17/II 241; Hervorhebung hier von mir.
[327] An J. Grimm v. 8. 8. 19, bei Stoll Nr. 353/II 261.
[328] Ebda.; vgl. die Verwendung pro Savigny-‚liberal' bei Landsberg (wie Fn. I 159), der den Brief sogar „sehr energisch" nennt; weiter bei Coing 1979, in A. 14.
[329] Im Anschluß an das Zitat soeben bei Fn. 327. Gegen das „Repräsentationswesen in Reden und öffentlichen Sitzungen, das so gar nicht deutsch ist" auch schon 1808 an Grimm, bei Stoll Nr. 169 v. 14. 7./I 333.

einmal in positiven Wendungen die konservative und aufgeklärt-gouvernementale Kritik an dem Modell von Ständen als Ausschuß, Teilhabe, Sicherung oder Opposition wie es Konstitutionelle bis Liberale dachten[330]. Savignys Äußerung ergibt also noch keine Abgrenzung für den Grad seines Konservativismus[331].

Die restaurativen *Karlsbader Beschlüsse* vom September 1819 nimmt Savigny eher gelassen hin: Er bekundet etwas „Verdruß"[332], läßt sich aber „nicht irre machen" durch diese „allgemeinen Universitätswidrigkeiten" solange sie nur, wie bis jetzt, nicht „die Lehrfreiheit antasten"[333]. Und er beschließt, in der wissenschaftlichen Tätigkeit mit Freude zu „überwintern"[334]. Wie das Privatrecht erweist sich die Wissenschaft als das isolierbare Kernstück der hier vertretenen Freiheit.

1822 findet man dann einmal eine etwas andere Richtung, wenn er J. Grimm freudig zustimmt:

> „Die Griechen? Wer wollte nicht mit diesen sympathisieren! Es ist mir zum größten Ekel, wenn manche Herren von einer vornehmen Ansicht die Vorzeit inklusive der Kreuzzüge loben, und jetzt über die griechische Sache kalt und hochmütig die Nase rümpfen: Aber ich hoffe das geht nicht unter!"[335].

In die Forderung nach Schutz für Christen gegenüber Türken konnte er also gerne einstimmen[336].

Bis etwa 1830 kommt es dann bei Savigny parallel zur allgemeinen politischen Ruhe nicht zu deutlichen Zuspitzungen.

---

[330] Dazu grundlegend H. BRANDT, Repräsentation (1968), vgl. dort Kapitel 4 und 5; der Verstärkungsgedanke danach konkret etwa bei Schlegel (S. 72), A. Müller (S. 72 f.), bei Hegel (S. 156), bei Ancillon (S. 139); weiter bedeutsam zur Einordnung GALL, Das Problem der parlamentarischen Opposition im deutschen Frühliberalismus (1968), durchweg, und HOFMANN, Repräsentation (1974), S. 406 ff., bes. 418 ff.; jetzt zus.fassend JÄGER, Opposition, in: Gesch. Grundbegr. 4 (1978) S. 469-517, der betont, daß „Opposition" bereits parlamentarisches Denken voraussetzt; dort S. 485 zur deutschen Diskussion, Hegel (496), Konservative (504 ff.). ROTTECKS „Ideen über Landstände" erschienen eben 1819.

[331] Die Kritik am Machtbegrenzungsmodell kam keineswegs nur von „ganz rechts", siehe BRANDT und JÄGER, ebda. Eine idealisierende Tendenz kennzeichnet Savigny. Siehe im übrigen unten 389 ff. und 400 ff. Vgl. Register s. v. Reformkonservativ.

[332] So an Pfeiffer v. 1. 2. 20, bei STOLL Anhang Nr. 15/III 250. Anpassung an den bekanntlich „liberaleren" Adressaten ist zudem auch nicht auszuschließen.

[333] So an Fr. Creuzer v. 5. 8. 20, bei STOLL Nr. 358/II 267; diesen Brief erwähnt auch COING, Savigny (1979), in A. 14.

[334] So parallel an Pfeiffer (wie Fn. 332) und Creuzer (wie Fn. 333); ähnlich an denselben bei STOLL Nr. 372 v. 6. 4. 22/II 287; dieser Brief kurz bei WIEACKER, Savigny (1954), S. 121.

[335] An J. Grimm v. 22. 8. 22, bei STOLL Nr. 376/II 294; Grimms Brief dazu bei SCHOOF Nr. 130 v. 14. 7. 22/S. 316; vgl. zum Fall Griechenland KOSELLECK, 1780-1848, S. 225 f.

[336] Vgl. so schon Grimms Brief (vorige Anmerkung).

Das *„Jahrzehnt der Bewegung"* seit der französischen Julirevolution von 1830 hebt sofort wieder den Ton[337], auch bei ihm. Im Dezember dieses Jahres beklagt er gegenüber Grimm und Eichhorn die politische Entwicklung. *Grimm* hatte vorwurfsvoll gemeint:

> „Wie haben aber auch Fürsten und Regierungen die Zeit verkannt!" Bei aller Treue zur monarchischen Sache, die er beteuert, sieht er die Zeit reif: „Es gibt Augenblicke, wo man bloß zu handeln hat, ohne Rücksicht auf Vergangenheit oder Zukunft"[338].

Savigny bestreitet dies freundlich, aber dezidiert, und ohne auf Frankreich einzugehen:

> „Glauben Sie mir, ich spreche aus Anschauungen, und will Ihnen übrigens nicht den konstitutionellen Wein entziehen, sondern nur mit etwas Wasser mischen, damit er sie nicht erhitze oder gar berausche"[339].

Zu den hessischen Aufständen findet er kein verständnisvolles Wort:

> „Ein Aufstand wegen Proselytismus ist Unsinn", viel schlimmer sei: „Jetzt ist die fürstliche Gewalt in Kot getreten, das ganze Verhältnis ist aller Ehre und allen Vertrauens beraubt und so wird alles, was man materiell erhalten kann, auf lange Zeit ohne Segen, Freude und Würde sein"[339].

Grimms Kritik an Preußen gibt er zwar zu, „daß zur Vorbereitung allgemeiner Stände mehr hätte geschehen können": aber er fährt fort:

> „dennoch glaube ich daß Sie in ihrem patriotischen Unmut ... Manches unrichtig ansehen. Erwarten Sie nicht zu viel von den Ständen im gegenwärtigen Deutschland. Sehen sie wie in München und Karlsruhe (in Stuttgart etwas weniger) Krähwinkelei und leeres unpraktisches Geschwätz ohne Würde überwiegt ... (sc. Denn leider finde man eine) unglaubliche Mehrzahl von Leuten, die nichts vorbringen würden als ihr trauriges, trostloses ABC von Liberalismus, oder eben so (nur in weit geringerer Zahl) von Ultraismus"[339].

In der Sache gibt er also nicht nach. Vor dem Maßstab seines organologischen unparlamentarischen Ständebegriffs waren diese Versammlungen freilich Versager und gegenüber seinem universalen politischen Idealismus erschien anderes als ungeliebter -ismus, als bloß angelerntes „trostloses ABC". Damit ersparte er sich auch eine genauere inhaltliche Stellungnahme.

Der zweite Dezemberbrief geht am 22. 12. 1830 an den ihm politisch näher stehenden *Eichhorn*. Auch hier kommt die gleiche Ablehnung zum Ausdruck, nur ungeschminkter, ohne Klauseln und nicht ohne materielle Aspekte, aber auch mit der bemerkenswerten Wendung von „nationaler

---

[337] Über die Veränderung des Klimas näher RÜCKERT, Reyscher, S. 150 f. mit Nwn.
[338] Bei SCHOOF Nr. 158, Göttingen v. 29. 9. 30/S. 358-61.
[339] Bei STOLL Nr. 443 v. 18. 12. 30/II 419 ff.; die „ABC"-Stelle auch bei HATTENHAUER, Einleitung, S. 48 und STÜHLER, S. 57.

Beschämung" über die „Unordnung" in Deutschland. Der Brief gehört seit LANDSBERG zu den beliebtesten Zeugnissen für Konservatismus bei Savigny, wurde aber wiederum meist nur in Auszügen verwendet[340]. Er wird daher bis auf drei bloß berichtende Sätze zur aktuellen Lage in Frankreich ganz wiedergegeben[341]:

1-2 „Was haben wir erleben müssen, und was wird noch folgen! Mir ist in dieser letzten Zeit die *gänzliche Unsicherheit jeder Art von Vermögen* so anschaulich geworden, daß mir wenigstens schwerlich ein einbrechender Verlust unerwartet kommen wird.
3 Man muß auf den Untergang aller Verhältnisse, die uns erfreulich sein und Sicherheit gewähren mögen, gefaßt sein, und Alles, was sich erhält, als Geschenk betrachten.
4 Daß unser ruhiges Deutschland der Schauplatz von *Unordnung* geworden ist, während noch Italien still bleibt, gereicht mir zu einer *nationalen Beschämung*.
5-6 Besonders sind mir die Begebenheiten in *Sachsen widerlich*. Die in Braunschweig und *Cassel* werden noch durch positive Gräuel von oben her erklärt und entschuldigt, obschon in Hessen und besonders im Hanauischen die gänzliche Auflösung
7 von Ordnung und Gehorsam noch gar nicht gestillt ist. Aus mehreren Dörfern, gegen welche ich Weideservituten habe, sind Deputationen zu meinem Geschäftsführer gekommen, und haben Verzichtleistung auf meine Rechte gefordert, mit der
8 Drohung sonst mein Gut zu demolieren. — Was kommen wird, kann keine menschliche
9 Weisheit sagen ... In unserem Lande (sc. Preußen) ist bis jetzt nur die *größte Ruhe und Ergebenheit zu loben*" —

dies die politischen Teile des Briefes. Man erkennt Grimms Einwirkung für Verständnis zu Hessen, die Sachsen verurteilt Savigny dafür um so klarer. Verglichen mit Grimms und besonders Eichhorns Lagebeurteilung[342] sträubt sich Savigny auffallend gegen Schuldzuweisungen nach „oben" und fügt sich mehr dem Lauf der Dinge, zudem mit einigen scharfen Marginalien nach „unten". *Eichhorn* rügte immerhin den

„alten Schlendrian ... Junkertum, Bureauherrschaft, Heißhunger der Beamten nach Besoldung und Emolumenten, Hofschlaraffenleben u. dergl. ... und da suchte das Übel niemand, weil die welche es hätten suchen sollen, es nicht finden wollten"[343].

---

[340] LANDSBERG N. 109 in A. 2. Merkwürdigerweise hält er ihn für unveröffentlicht und gibt nur Auszüge, obwohl er schon 1884 voll gedruckt worden war bei v. SCHULTE, Eichhorn, Nr. 34 v. 22. 12. 30/S. 174-176; die gleichen Teile wiederum bei STOLL 2, S. 369 f. (im Text), aber mit Hinweis auf v. SCHULTE und gegen LANDSBERGS extreme Interpretation als „schlimmste Revolutionsangst"; ähnlich wie LANDSBERG dann doch wieder WIEACKER, Savigny (1954), S. 119, WILHELM, Meth.lehre, S. 40 in A. 92, STÜHLER S. 57, alle ersichtlich ohne Benutzung des vollen Abdrucks.
[341] Nach v. SCHULTE, aaO.; ausgelassen sind hier die 3 Sätze zur Lage in Frankreich (Lafitte, Kriegslust). Bei LANDSBERG und sonst fehlen die ersten beiden Sätze, weiter Satz 5, 6 zu Sachsen usw., dann die letzten beiden — also Wesentliches. Hervorhebungen hier von mir, Sätze links beim Zitat ausgewiesen.
[342] Dazu Grimms Brief (soeben bei Fn. 338) und Eichhorns Originalbrief vom 30. 10. 30, bei SCHULTE Nr. 33/S. 171 ff.
[343] So vorher und nachher an Savigny, bei SCHULTE, S. 172 f., 176.

Die Opfer von 1813 seien nicht gewürdigt worden. Aber doch:

> „Doch gebe ich so viel nicht auf (sc. wie Sie, Savigny), wenn nur die Sache gehörig angegriffen würde – mir kommt es vor, als fehlte es eben so gut *von oben herunter* als *von unten herauf*"[343].

Savigny erscheint als der mutlosere, er sieht geschichtliche Mächte walten und fügt sich, nicht eigentlich restaurativ oder reaktionär, sondern *quietistisch*. Das spekulative Element überwiegt, auch wenn nun die Geschichtsdeutung negativ ausschlägt. Das zeitgenössisch verbreitete Stichwort quietistisch erweist sich hier, 1830, als treffend[344]. Grimm und Eichhorn drängen dagegen zur Tat.

Seit 1828 zählt auch *Bluntschli* zu Savignys bevorzugten Gesprächspartnern über Politik. Gegenüber dem Schweizer Hörer und Schüler finden sich mehrfach Schärfen gegen Fortschrittlicheres. Sie wirken fast wie eine Art Prophylaxe gegenüber Bluntschli, wie sie bei Savignys meist genauer Einstellung auf die Adressaten nicht unwahrscheinlich wäre[345]. 1831 bescheinigt er hier der „großen Nation" Frankreich, daß sie von

> „Freiheit ... freilich nicht allzuviel versteht" ... „Ohne gerade Niebuhrs schwarze Ansichten zu teilen, insoweit er Rückfall in Barbarey verkündigt, kann ich doch die trübe politische Gestalt der Gegenwart nicht verkennen ... (sc. Am meisten bedrücke ihn) die bodenlose Gesinnung ... blinde Leidenschaft, flache Begriffe von ganz unverstandener Freiheit, und eigentlich am meisten die unwürdigste persönliche Selbstsucht und Eitelkeit, die sich durch jeden äußeren Vorzug des Anderen verletzt fühlt, anstatt im edlen ruhigen Gefühl der eignen persönlichen und Standeswürde auch dem Nachbarn das Seine gerne zu gönnen"[346].

Wieder streitet er also *gegen Nivellierung*. Ohne Rücksicht auf die reale Tragweite der Probleme personalisiert er die Fragen und empfiehlt ein Verhalten, das eben nur dem bereits einigermaßen Gleichgestellten, wenigstens Chancengleichen, nicht nur Steine statt Brot gab ... „auch dem Nachbarn das Seine". Auch seine spekulative Skepsis erscheint erneut.

---

[344] RÜCKERT, Reyscher, S. 232, auch zur Verbindung mit seinen Grunddogmen (Von-Selbst-Lehre, Entwicklungsmetaphysik, Juristenrolle usw.), vgl. 331 ff.; THIBAUT sah also 1838 ziemlich richtig, s. ebda. und oben bei Fn. 196. Savignys vertrauter Schüler RUDORFF berichtet am 12. 10. 1830 (bei RUDORFF, S. 137, ohne Jahr, aber 1830) seinem Vater ebenfalls drastisch von dem Vorfall mit den Weideservituten in Trages und setzt offen auf sehr kräftige Maßregeln des Bundestages. Der Dissens von 1837 zur Hannoverschen Sache läßt sich hier schon ahnen. J. GRIMM zeigt sich noch 1862 empfindlich gegen das „seine Herrscher ... entschuldigen", s. seinen Brief v. 31. 7. 62, korrigierte Lesung bei SCHOOF 1954, S. 433.

[345] Dazu oben 157 bei Fn. 45.

[346] Bei OECHSLI Nr. 4 v. 18. 8. 31/S. 11.

1834 nennt er dann wieder einmal politisch-fortschrittliche Entwicklungen, hier in Basel und Bern, „widerlich"[347]. Im gleichen Jahr rät er Bluntschli von Auslandsplänen sehr ab, vor allem von *Brüssel*, wo diesem eine Professur angeboten worden war:

> „Zu Brüssel aber könnte ich doch noch am wenigsten raten. Alles, was in der Schweiz schlimm sein mag, findet sich dort als ein weit Schlimmeres ... Sie ziehen es vor als Monarchie; wollen wir diesen Schlamm mit einem Königsnamen an der Spitze eine Monarchie nennen?"[348]

Savigny verortete die alten Gegner auch im neuen Gewand. Mehr und mehr stellt er sich gegen den Zeitgeist, dem z. B. Belgien vielfach positives Beispiel war[349].

In den Jahren *1830-1834* erhält auch Grimm weitere deutliche Stellungnahmen. 1832 kleidet Savigny sie in die Form der wehmütigen Erinnerung:

> „Aber nicht bloß die Personen werden in unserer Zeit häufig aus *natürlicher* Bahn geworfen, auch die *Verhältnisse* selbst haben oft ihren natürlichen und angemessenen Charakter verloren. Der Zauber von Würde und Hoheit, der sonst von den Fürsten auf ihre Diener nach Verhältnis überging, ist ganz oder großenteils untergegangen, und dieser Verlust für Gefühl und Phantasie hat keine Entschädigung auf anderer Seite gefunden. Denn die an die Stelle getretene *Gleichheit* ist doch nur eine negative, und ein erhöhtes positives Standesgefühl, wie etwa (!) dem Bürger einer wahren, gesunden Republik, findet sich nirgend. Darum ist denn der Gedanke an Verwandlung unserer Monarchien in *Republiken* in jeder Hinsicht das Allerunsinnigste"[350].

Die *Verhältnisse* setzten Savigny ins Paradox: Gerade er hatte ihnen immer ihre Natürlichkeit geglaubt und ihnen Notwendigkeit abgelauscht, jetzt wurden sie selbst ihm unnatürlich. Die Grenzen seiner idealisierenden Metaphysik kommen zum Vorschein. Erneut ging es um die Gleichheit, sie verfestigt sich zur politischen Kernfrage[351]. Im gleichen Brief

---

[347] An Bluntschli v. 1. 8. 34, bei OECHSLI Nr. 9/S. 22.

[348] An Bluntschli v. 24. 12. 34, bei OECHSLI Nr. 11/S. 30; gestreift bei STOLL 2, S. 357 mit falscher Datierung auf 1823.

[349] Zu Belgien 1834 sehr instruktiv KOSELLECK, 1780-1848, S. 272 f.: „weithin wirkender Versuch einer modernen Lösung ... Volkssouveränität offen deklariert, der König nur mehr als Exekutivorgan im Rahmen der Gesetze verstanden ... parlamentarisch ... Ergebnis einer 15-jährigen Erfahrung". Wie Savigny aber auch sein Schüler Rudorff (bei RUDORFF, S. 137), am 12. 10. 30: „in Belgien steht die Sache ganz verzweifelt; das Volk will eine Unabhängigkeit, die ihm nichts nützen wird. Die Papiere fallen ungeheuer ... Aussicht zum Kriege ...".

[350] An J. Grimm v. 8. 8. 32, bei STOLL Nr. 466/II 450. Hervorhebungen von mir.

[351] Vgl. zum Kontext bereits in Fn. 305, zum verschiedenen sozialen Bezugspunkt gegenüber Thibaut oben 190 f.

beklagt er gemäß seinem schon erwähnten organologischen *Ständemodell* sehr die neuere Entwicklung der Ständeversammlungen:

> „völlig zerstörend und auflösend ist die Wendung, welche die Sache genommen hat, da stets alle Teile der Verwaltung von Neuem in Frage gestellt werden"[352] –

der Aufwand dabei stört ihn ebenfalls sehr. Es erstaunt nun nicht mehr, wenn Savigny im gleichen Brief in *Paris* nur „ekelhaft abgedroschene Gemeinplätze" hört, und es wirkt nicht mehr so frisch und überzeugend, wenn er einschränkt, nur der „Mißbrauch und diese Herabwürdigung einer edlen Sache" schmerze ihn. Immer noch im gleichen Brief tadelt er denn auch an den *Juniordonnanzen* des Bundestags, dieser energischen Wiederaufnahme der restaurativen Karlsbader Beschlüsse, das Fehlen von etwas Positivem, auch die Form, vor allem aber vermißt er den rechten Ton:

> „Es fehlt der Ausdruck der Liebe und des Zutrauens, und es liegt darin derselbe Fehler wie in den Karlsbader Beschlüssen ... So hat man eine große Zahl durchaus tadelloser Menschen damals mit Gewalt in eine verletzte, unzufriedene Opposition geworfen. Wie damals die Universitäten, so jetzt die ständischen Verfassungen ..."

Obwohl Savignys Stellungnahme durchaus Probleme benennt, seine Lösung läßt er doch schwebend, personalisierend, passiv.

Wenig später erfüllen ihn erneut die „Vielen ganz rechtlichen, in anderen Dingen verständigen Leute, die sich an den flachsten Trivialitäten erbauten und begeistern" mit „Ekel", und er meinte dabei immerhin Wortführer und gewandte Interpreten des *Liberalismus westlicher Prägung* wie Rotteck, Welcker, auch Jordan[353]. In gebotener Kühle läßt er jetzt solche Meinungen auch wieder drucken. Politische Neigungen, meint er,

> „werden meist durch gewisse herrschende Vorstellungen und Formeln befriedigt, die überall wiederhallen, und hinlänglich auf der Oberfläche liegen, um von der Menge ergriffen und als gemeinsames Abzeichen getragen und geliebt zu werden"[354].

In dieser spöttischen Kühle glüht ein kräftiges Vorurteil. Das „Volk" ließ sich nicht mehr als ungebildeter Pöbel abtun, aber immer noch war es ihm irregeleitete bloße „Menge".

Seine persönliche Vision einer Lösung blieb personalisierend-idealistisch, nun auch mit einer religiösen Note. In diesem Sinne stimmt er *Perthes* 1832 sehr zu:

---

[352] Ebda., vgl. zum Kontext bereits die Nwe. in Fn. 330.
[353] An Fr. Creuzer v. 20. 8. 32, bei STOLL Nr. 467/II 454 f.; genannt auch bei HATTENHAUER, Einleitung, S. 32; für Jordan bei STOLL der Brief v. 2. 6. 33, Nr. 473/II 462 an Bang: „ist mir völlig zuwider".
[354] SAVIGNY, Universitäten (1832), Verm. Schr. 4, S. 298 f.

„Was Sie sagen über das was hilft und nicht hilft im Staatswesen, schreiben Sie mir aus der Seele. Selbstbeschränkung und Verleugnung von beiden Seiten, Vertrauen und Liebe, das allein kann helfen, dann findet sich von selbst von einer Seite der freiwillige Gehorsam, von der anderen ein Befehlen mit höchster Achtung vor der Freiheit. Die *sittliche Kraft allein*, d. h. die ins Leben heraustretende und eingreifende *religiöse Gesinnung*, kann helfen, aber sie hilft auch gewiß. Schon lange steht bei mir der Glaube fest, wenn jetzt Propheten aufträten, mit der Glaubenskraft angetan, wie die des alten Bundes, sie fänden viele bereitete, offene Herzen. Wie bald uns Gott solcher Gnade wert und empfänglich achtet – wer mag sich vermessen, in das Geheimnis göttlicher Chronologie einblicken zu wollen"[355].

Savignys *religiöser Glaube* greift über in bisher eher nüchterner gesehene Bereiche. Auch hier entsteht eine gewisse Paradoxie: In jüngeren Jahren hatte gerade er die Geheimnisse der Geschichte entschlüsselt und in Dogmen gegossen (1808, 1814), jetzt kam er auf das Geheimnisvolle daran zurück.

Nach diesem zweiten Höhepunkt politischer Artikulation fließen die hier gesuchten Quellen wieder spärlich. 1839 erhält man dann ein klares Urteil zu den Junghegelianern und ihrem jungen Hauptorgan, den *Hallischen Jahrbüchern*[356]. Deren philosophisch-politisches Auftreten ließ sich nicht mehr wie noch Rotteck unter „trivial" ablegen. Dafür steigert sich Savigny dann zu Invektiven wie „nichtswürdig", „Lumpenvolk", „abscheulich" – dazu genügte ihm die Lektüre eines einzigen Heftes[357].

Auch im *System des heutigen Römischen Rechts* schließlich nimmt er 1840 gar nicht so vorsichtig Stellung. Volksbegriff und andere Irrlehren über den Staat rückt er unmißverständlich zurecht[358]: „Umkehrung aller Wahrheit" liege darin, „die Herrschaft den von Rechtswegen Gehorchenden beizulegen". Das war nicht einfach tautologisch, denn er bezog es auf

---

[355] An Perthes v. 20. 8. 32, bei STOLL Nr. 468/II 456, mit Wiedergabe der Bezugsstellen bei Perthes; Hervorhebungen hier von mir.
[356] Dazu ausführlich RÜCKERT, Reyscher, S. 24 ff., 117 f., 346 f. und die Zusammenstellung wichtiger juristischer Artikel daraus dort S. 398.
[357] An Bluntschli v. 13. 1. 40, bei OECHSLI Nr. 29/S. 73 f., dort auch: „Ihr Aufsatz hat mich veranlaßt, zum ersten Mal dieses ganze Blatt in die Hand zu nehmen"; Teile davon auch bei STOLL 2, S. 360; „abscheulich" nennt er die Jbb. an M. Niebuhr v. 23. 4. 41 (STOLL 2, S. 375 mit Nr. 522/II 529). Parallel der Savignyfreund RINGSEIS, Erinnerungen 3, S. 207: Die Hall. Jbb. „bildeten zu ihrer Zeit den Spucknapf, in welchen die unsauberen Geister allen Schmutz ausspien, den sie wider die heilige Dreieinigkeit bei sich verspürten". Dennoch war Savigny gegen Verbote, s. unten 405 mit Fn. 480.
[358] SAVIGNY, System 1 (1840) § 10/S. 28-32: „Abweichende Meinungen über den Staat".

die Versuche, das bloß „ideale Recht des Volkes als Naturganzen" oder das bloß „historische Recht des Römischen populus auf die Gesamtheit der Untertanen zu übertragen"[359]. In aller Klarheit verwehrt er also dem wirklichen Volk seiner Zeit politisch-rechtliche Realität und Aktualität. Nur idealiter und historisch tritt diese Gesamtheit auf, anderes wird in bezeichnender Überhöhung „unwahr" genannt, nicht nur unrichtig. In bekannten Sätzen sieht er dort auch in den Staatsvertragslehren „gefährliche Lehren", die auf „ebenso verderbliche als verkehrte Folgen" führten[360]. Er schließt mit dem vertrauten Wort über *von Hallers* „Restauration der Staatswissenschaft"[361]:

> „Bei diesem Rettungsversuch ist es schwer zu sagen, welches von beiden bedenklicher ist, die Krankheit (sc. fremdartiger, zufälliger und willkürlicher Elemente in einem Volk und Staat) oder das Heilmittel",

d. h. die konservativ—altständische Lehre von Hallers.

Was ergeben diese zahlreichen „Grenzmarken"? Ihr Aussagewert liegt hoch. Zwar enthält auch diese Zusammenstellung immer noch nur eine *Teilsammlung*, deren Basis vor allem die gedruckten Briefe[362] und Savignys Druckschriften[363] ausmachen. Weniger ergiebig für ausdrückliche politische Urteile zeigte sich der wissenschaftliche Nachlaß, die Briefe dabei abgerechnet. Vernachlässigt wurden etliche weniger prägnante und einige schwerer einzuordnende Urteile[364]. Aber eine erhebliche Fehlerquelle wird darin ebensowenig liegen wie im Zurücktreten der späten Zeit nach Erscheinen des *System*. Die Zusammenstellung in dieser eingehen-

---

[359] AaO., S. 30.

[360] AaO., S. 32 und 29, ebenso erneut in 3 (1840), S. 311, 319 (mit HEGEL).

[361] AaO., S. 32. Bei SAVIGNY ohne vollen Titel: C. L. v. HALLER, Restauration der Staatswissenschaft oder Theorie des natürlich-geselligen Zustands, der Chimäre des künstlich-bürgerlichen entgegengesetzt, 4 Bände, Winterthur 1816-1820, 2. A. 1820/22, Bd. 5/1824, Bd. 6/1825. Dazu instruktive Einführung und Text bei BRANDT, 1814-40, S. 36-38, 232-242; zur Ständelehre dabei DERS., Repräsentation, S. 59- 64 (Patrimonialer Feudalismus); sehr klar auch schon MOHL, Gesch./Lit. 1 (1855), S. 253 f., 257 f. Parallele Beurteilung zu Savigny etwa bei PUCHTA, Cursus I¹ (1841), S. 67, 77 und ¹⁰¹893, S. 44.

[362] Weniger ergiebig für zugespitzte politische Urteile dabei die Briefe an *Ringseis*, obwohl sie etliche politische Stellungnahmen enthalten; weiter die an *Heise, Schwarz, Weis, Unterholzner*.

[363] Daraus wiederum weniger „Besitz", „Geschichte" und die späteren Bände des „System". Dies muß einer systematischen Analyse im Kontext überlassen bleiben; ebenso z. B. die genaue Einordnung des Aufsatzes über „Städteordnung" 1832 (vgl. oben 42 Fn. 157).

[364] Etwa das zu den Schiller-Feiern 1859, vgl. WOLF, Rechtsdenker, S. 476, gegen WIEACKER, Savigny (1954), S. 121 in A. 16; die Quelle bei STOLL Nr. 622 v. 21. 11. 59/III 164 f.

den chronologischen Form läßt erstmals Folgerungen zu, die nicht mehr unter den Vorbehalt der Unübersichtlichkeit des unverzichtbaren Briefmaterials gestellt werden müssen. Zugleich werden einseitige Interpretationen, an denen es nicht fehlte, vermieden und eine zuverlässigere vergleichende Einschätzung der Terminologie, Tonlage und Inhalte fundiert. Savignys Urteile erweisen sich als überraschend dicht und breit gefächert. Dies macht eine zusammenfassende Analyse um so wichtiger. Sie wurde für die nichtpolitischen Urteile bereits im wesentlichen[365] gegeben. Die politischen Urteile stehen daher im folgenden Abschnitt im Zentrum.

4. Ergebnisse und Folgerungen

Bemerkenswert muß man schon die *äußere Fülle* der entschiedenen Stellungnahmen nennen. Savignys politisches Interesse erweist sich darin als früh, dauerhaft und intensiv. Mehrfach unterstreicht er selbst diese Fragen als so wichtig wie weniges[366]. Quellenlage und Annahme des Ministeriums bestätigen dies[367]. 1814-1817 und die Jahre von Ende 1830 bis etwa 1834 markieren *Höhepunkte*. Intensität und Häufigkeit der Urteile nehmen deutlich zu. Savigny verläßt dabei auch die private Briefform und ergreift öffentlich das Wort. Die Welle von 1814 verläuft zurück bis zur napoleonischen Herausforderung etwa seit 1806 und besonders in der Landshuter Zeit[368]. In der Phase nach 1830 greift er ebenfalls auf älteres zurück[369], nun aber, trotz der Beteiligung an Rankes „Historisch-politische Zeitschrift"[370], in starrerer Weise.

Formal scheut er ausgesprochen *scharfe Worte* keineswegs. Von *Ungeziefer, Auswurf, Rezensentenvieh, stinkendem Sumpf, trostlos, krankhaft, Fluch, politischem Schlamm, nichtswürdigem Lumpenvolk* u. ä. ist die Rede[371]. *Widerlich* und *ekelhaft* sind eine häufige Vokabel. Savigny verläßt hier seine Regel von der positiven Kritik durch bloße „Darstellung des entgegengesetzten Rechten"[372]. Und dies geschah nicht willkürlich.

---

[365] Siehe oben 207 f.
[366] Belege oben 210 nach Fn. 300 für 1809; 213 bei Fn. 321: „am meisten..." für 1815; 208 bei Fn. 289 für 1798/99.
[367] Dazu oben 33 ff. (der ganze Abschnitt), und zum Ministerium bei Fn. 34.
[368] Dazu oben 77, 85, 88.
[369] Für die Thesen über „Universitäten" (1832) bis 1803 und 1807, vgl. oben 37 bei Fn. 132 u. die Schleiermacher-Rez. 1807.
[370] Dazu oben 37 nach Fn. 133.
[371] Belege oben bei Fn. 250, 255, 259, 301, 305 ff., 348, 357.
[372] Zitiert oben 88 bei Fn. 408; vgl. die Sätze gegen Polemik oben 194 bei Fn. 218.

1831 rechtfertigte er für die Linie der „Historisch-politischen Zeitschrift" nämlich auch Intoleranz grundsätzlich und lieferte die Begründung damit nach[373]:

> „Ihr Charakter soll sein friedlich und versöhnend, das Wahre willig anerkennend selbst in jeder Übertreibung und nur das Unwesen mit hohlen Worten und Formen abweisend, nur gegen Unterdrückung und Despotismus und Intoleranz soll sie intolerant sein."

Interne und externe Ebene sind bei Savigny demnach zu unterscheiden. Öffentlich gebraucht er formal scharfe Töne nur in der selbstgewissen Stimmung von 1814-1816. Später verschwinden diese Schärfen in kühl bemessenen, aber nicht weniger klaren Worten. Intern scheut er deutliche Stellungnahmen nie.

Die chronologische Durchsicht legt die Frage nach den inhaltlichen *Konstanten und Dominanten* in den Stellungnahmen nahe. Als *Konstanten* erkennt man negativ Aufklärung[374], Gleichheit[375], Menschenrechte[376], Verfassungsliberalismus[377], Parlament[378], Republik und politisches Volk[379], formale Garantien[380], positiv die Forderung nach Liebe und Zutrauen im gott- oder naturgegebenen natürlichen Verhältnis (Monarchie, Staat, Kirche, Universität, Ehe usw.)[381], bei dessen tunlichster Erhaltung[382], nach persönlicher Würde statt formaler Gleichheit[383] und einen gewissen Rückzug auf „unsichtbare" Werte wie Religion, Geist, Idealität[384]. „Aufklärung" nimmt er dabei in dem kritischen, nicht ohne weiteres geläufigen Sinn, daß das Ideale und Geistige, deutlicher, das „Unsichtbare und Geheimnisvolle", geleugnet werde[385].

Die Quellen zeigen auch eine quantitativ klare Streuung zugunsten einiger *Schwerpunkte*, die nicht etwa durch Auswahl bedingt ist, da gleichmäßig nach besonders scharfen Urteilen aller Art gesucht wurde. Vor allem

---

[373] Brief an J. Grimm über das Konzept der Hist.-pol. Zeitschrift v. 13. 12. 31, STOLL Nr. 458/II 438 ff., 441.
[374] Belege bei Fn. 291, 301, 309, 315, 326.
[375] Belege bei Fn. 296, 300, 301, 305, 306, 316, 346, 350, vgl. 358.
[376] Belege bei Fn. 315 f.; vgl. noch *System* 1 (1840) S. 335, 344.
[377] Belege bei Fn. 327, 339, 346-48, 353.
[378] Belege bei Fn. 329, 339, 352.
[379] Belege bei Fn. 326, 350, 359.
[380] Belege bei Fn. 317, vgl. auch Fn. 375 u. 378.
[381] Belege bei Fn. 317, vor 353, 355; zu „natürlich" bei 350, 316.
[382] Vgl. bei Fn. 339, 340.
[383] Belege bei Fn. 302, 346, vgl. 350.
[384] Belege bei Fn. 317, 326, vor 353, 355.
[385] Vgl. die bei STUKE, Aufklärung, nachgezeichnete Terminologie; auch SCHALK u. MAHLMANN, Aufklärung, in HISTWB 1 (1971) Sp. 620-35; Beleg bei Fn. 326.

Gleichheitsstreben und „Nivellierungssystem", dann Aufklärung und Illuminatismus, schließlich die unverständige „Menge", erhalten immer wieder sehr schlechte Noten[386]. Einzubeziehen sind dabei die französische Revolution und ihre Folgen[387]. Hier hebt sich auch die Intensität seiner Verwerfung besonders. Sehr zugespitzt beurteilt Savigny dann wieder den „Liberalismus" der dreißiger Jahre. Erst relativ spät und sogleich kritisch spricht Savigny von „Liberalismus"[388]. Er meint damit die südwestdeutsche Gruppe um Rotteck, Welcker, aber auch Jordan in Hessen[389].

Innerhalb dieses Vergleichsrahmens nehmen sich die so oft benutzten Stellungnahmen an Eichhorn, zu v. Haller, zu den preußischen Demagogenverfolgungen und den Karlsbader Beschlüssen dann recht gemessen aus[390]. Seine Kritik der sog. Demagogenverfolgungen fällt daher *weniger „liberal"* ins Gewicht, als bisher hervorgehoben. Sie beweist natürlich gewisse Vorbehalte Savignys. Erneut ist aber zu bedenken, daß der relativ klarste Tadel nicht zufällig in einem Brief an Jakob Grimm enthalten sein wird[391]. Mit Anpassung an den kritischer eingestellten Adressaten ist daher zu rechnen[392], zumal vor dem Hintergrund so scharfer Ablehnungskonstanten Savignys wie den genannten. Zum relativ milden Ton der Kritik paßt auch die inhaltliche Reserve. Die Kritik an den preußischen Maßnahmen vom August 1819 geht nur auf:

> „1. die Art der Behandlung ... 2. Die Hände, in welche die Sache gelegt worden ist ... (sc. zu leidenschaftlich) 3. Die Wichtigkeit, womit man die Sache behandelte ..."[393]

— inhaltlich enthält sich Savigny also jedes Urteils[394]. Einschränkend ist auch zu beachten, daß es um Maßnahmen gegen die Universitäten geht, denen Savigny stets besondere Freiheit zubilligte[394a].

Seine Hauptkritik an *v. Haller* mündet in das Resumee „krasser Aufklärer"[395]. Sie zielt damit auf Hallers Begründung und Methode, auf seine

---

[386] Belege in Fn. 374 f., zu „Menge" 354.
[387] Belege bei Fn. 296, 310, 311-315, 326 (Contrat-Sozialisten), 340, 346, 353, 360 (Staatsvertrag).
[388] Vgl. dazu die Angaben oben 171 und in Fn. 112 ff.
[389] Belege bei Fn. 339, 353; vgl. 348 zu Belgien, Fn. 346 und 350 zu Paris und Frankreich.
[390] Vgl. die Quellen, zu Eichhorn bei Fn. 341 u. bereits mit Hinweis zur einseitigen Verwendung, zu Haller bei Fn. 326 und 361, zu Preußen 1819 bei Fn. 328, zu Karlsbad bei Fn. 332-334 und vor 353.
[391] Bei Fn. 328, Brief vom 8. 8. 19.
[392] Vgl. die parallelen Feststellungen bei „Praxis", oben 157 bei Fn. 45.
[393] Brief an J. Grimm v. 8. 8. 19, bei STOLL Nr. 353/II 261.
[394] Vgl. dagegen die üblichen Verwendungen dieser Quelle (Nwe. in Fn. 325).
[394a] Vgl. dazu näher unten 404.
[395] Vgl. die Quelle (oben 214 bei Fn. 326) vom 29. 12. 17.

„Zerstörung alles geheimnisvollen Zusammenhangs der Völker und Staaten". Savigny erkennt und bemängelt treffend die *aufklärerische Struktur* an Haller, den man ganz passend bisweilen als aufklärerischen Renegaten bezeichnete[396]. Auf Hallers restaurative *Inhalte* bezieht sich Savigny dagegen nicht kritisch, sondern billigend als „eigene und neue Ansicht"[397]. Ein Blick auf zwei weitere Bemerkungen Savignys erhärtet diese Deutung: „Wahre Seiten" an von Haller werden hervorgehoben[398]. Die im Mai 1817 noch unbestimmte Kritik als „einseitig" und „übertrieben" wird im Dezember zu „krasser Aufklärer" und 1821 noch eindeutiger dahin präzisiert, Hallers Fundament sei zu „abstrakt", er verschließe sich „gegen das nationale und historische in dem menschlichen Dasein"[399]. Damit hat Savigny *Nähe und Distanz* klar bestimmt: Gemeinsam ist die konservative Tendenz. Die abstrakte Begründung Hallers lehnt er ab. Er bevorzugt seine eigenen geschichtsspekulativen Begründungen. Erst in diesem Sinne gerät dann Haller auch konsequent in eine Linie mit „Contratsozialisten" und Staatsvertragslehren, so 1817 und wieder 1840, im *System*[400].

Die vergleichende Analyse der Stellungnahmen zu Preußen 1819, Karlsbad und v. Haller zeigt, daß sie bisher viel zu isoliert verwendet wurden und alle wenig bis nichts für *verfassungspolitisch fortschrittliche* Seiten an Savigny beweisen. Welche politische Richtung Savignys ergibt sich daraus? – diese Frage ist gewissermaßen immer noch zu einfach, mindestens verfrüht gestellt.

Das Vorstehende versteht sich ebenso wie die differenzierende Untersuchung zu Savigny-Thibaut im vorigen Abschnitt als Beitrag *auf dem Wege* zu einer verläßlichen politischen Einordnung Savignys. Die Forderung nach systematischer Verarbeitung aller Quellen, die aus dem Vergleich von Forschungs- und Quellenlage zu ziehen war, ist damit nicht aufgegeben, sondern sie wird in Teilschritten sukzessive verfolgt. Ein Teilergebnis liegt vor. Die soeben ermittelten recht „konservativen" Züge müssen vermittelt werden mit den oben festgestellten „progressiven" Parallelen zu Thibaut. Eine endgültige Lösung kann hier nur über eine breitere Quellengrundlage und genaue Interpretation *konkreter* rechtspolitischer

---

[396] Dazu BRANDT, 1814-40, S. 36 ff.
[397] Zitiert oben 213 bei Fn. 325.
[398] Im Brief an J. Grimm v. 11. 5. 17, bei STOLL Nr. 325/II 220; ebenso am 29. 12. 17 (oben 214 bei Fn. 326).
[399] In Verbindung mit ähnlicher Kritik an Goethe (dazu oben 203 Fn. 261) in der Fortsetzung des Briefes v. 24. 12. 21, bei STOLL Nr. 366/II 279, wieder an J. Grimm.
[400] Quellen oben 214 u. 222 bei Fn. 326 und 361.

Aktivitäten[401] Savignys gefunden werden. Erst auf diesem Wege läßt sich klären, *wie konservativ* Savigny sich verhielt. Die Antworten konservativ, liberal, gemäßigt ... usw. ergeben beim zweiten Blick recht wenig. Immerhin läßt sich so viel sagen: Die Aufgabe wird darin bestehen, Savignys Position auf demjenigen *schmalen Grat* zwischen deutschen Reformkonservativen[402] und Organisch-Liberalen – dies jetzt als historische Gruppenbezeichnung[403] – näher zu bestimmen, der sich bereits für das

---

[401] Wichtige Klärungen in einem bedeutsamen Punkt dazu jüngst bei BUCHHOLZ, Savignys Stellungnahme zum Ehe- und Familienrecht, Ius Commune 8 (1979) S. 148-191. Bemerkenswerte Perspektiven (Savigny als Hintermann des polemisch-reaktionären Puchta?) belegt jüngst BOHNERT, Beiträge. Um nur zwei Gegenbeispiele zu nennen und damit die Klärungsbedürftigkeit zu unterstreichen: Savigny verhält sich in der Strafrechtsreform keineswegs streng konservativ (dazu LORENZ); im Staatsrat rettet der ‚konservative' Minister 1846 die Eisenbahnarbeiter vor einer scharfen Verordnung der Ministerialbürokratie, so der in politischen Kategorien gewiß nicht sorglose KOSELLECK, Preußen, S. 636, auf Grund der Akten.

[402] Über diese und andere Kategorien von „konservativ" ganz unentbehrlich EPSTEIN, The Genesis of German Conservatism (1966), Einleitung, sowie WILLMS, Polit. Ideen (1971), S. 102 ff. mit Diskussion; beide für eine historische Begriffsbildung ungleich ergiebiger als die anderweit fruchtbaren Vorschläge von MANNHEIM, Das konservative Denken ... (1927); vgl. daneben und als Überblick jetzt GARBER, Valjavec-Nachwort (1978) und SCHUMANN, Konservatismus (1976), Einleitung.

[403] Dazu näher oben 171 f. und in Fn. 114 ff. Die hier gesuchte Abgrenzung scheint gewissermaßen selbstverständlich, so wenig wird sie thematisiert. Sie ist es aber keineswegs, zumal nicht für die frühe Zeit vor 1830. Es ist verblüffend u. signifikant, wie zwei ausgezeichnete Werke wie EPSTEIN, Conservatism, und KRIEGER, Freedom, mit guten Gründen die *gleichen* wesentlichen Figuren wie Brandes, Rehberg, vom Stein, einmal für reformkonservativ, andererseits für aristokratisch-liberal benennen, vgl. S. 547 ff., 563 f. bzw. S. 146 ff.; sehr schwankend auch VALJAVEC, Polit. Strömungen, S. 255 ff. (*konservativ* = unsystematischer, ohne geschlossene Weltanschauung, antiaufklärerisch; dann ausf. Schilderung einzelner Fälle, ohne Aufnahme des Kriteriums; *liberal* = theoriegeleitet, also mit MANNHEIMS Versuch, s. soeben Fn. 402), S. 268 f. (daneben aber *„vermittelnde"* wie Möser, Brandes, Rehberg, Perthes, Niebuhr, J. v. Müller – alle nicht weit von Savigny, aber nicht näher abgegrenzt), S. 303 (*liberal* = nur gegen Praxis u. Übermaß der Revolution, *konservativ* = gegen alle geistigen Voraussetzungen dabei) – eine Klärung dieser breiten Palette fehlt. EPSTEIN, Conservatism, S. 5, unterscheidet grds. eine weite Gruppe der „Bewegung" (Liberale, Demokraten, später Sozialisten) von Konservativen, die er gerade aus ihrem Widerstand dagegen definiert, ob dieser nun grds. oder reformistisch ausfiel. Anders als „Liberalismus" lasse sich Konservatismus nicht einheitlich u. europäisch definieren, obwohl auch Lib. nationale Varianten habe (mit KRIEGER); S. 9 grenzt er den Reformkons. ab als bloß für allmähliche Reform, immer nur stückweise, immer mit dem Ziel der Kontinuität, letztlich eine Haltung und Methode (so S. 18 f.). In der Sache sehr ähnlich und zusätzlich begründet WILLMS, Polit. Ideen, S. 101 ff., 104 f. (hier mit EPSTEIN). Vgl. auch MEINEN Versuch, zwischen veränderungsfreudig und weniger veränderungsfreudig zu unterscheiden (Reyscher, S. 128-148, bes. S. 136); ähnlich schon SCHNABEL, Dt. Geschichte, Bd. 2, vgl. die Kapitelüberschriften „Ordnung" – „Bewegung"; jetzt auch FABER, Handbuch, S. 54, H. BRANDT, 1814-40, S. 5 (dort auch Nw. für GALL 1975); das alles liegt in der Linie einer mehr quellen-

Verhältnis Savigny-Thibaut aus den mehrpoligen politischen Fronten herauskristallisieren ließ[404]. Besondere Bedeutung gewinnen dabei selbständige Untersuchungen der nationalen, verfassungspolitischen, wirtschaftspolitischen und sozialen Ebene. Konservativ war hier nicht gleich konservativ, liberal nicht gleich liberal. Die verschiedenen Ebenen müssen je für sich geklärt werden. Dies ermöglicht dann klare Gesamteinordnungen. Erst damit wird der Charakter des Untersuchungszeitraums als Schmelztiegel für verschiedene, erst später deutlicher geschiedene Linien ernst genommen und eine methodisch bewußte, fruchtbare Etikettierung möglich.

Erkennen lassen sich außer dem kritischen *Bereich* auch schon einige besonders *tragende Aspekte*. Dazu gehört vor allem der soziale Bezugsrahmen. Hier schied sich Savigny von Thibaut klar, und die „Grenzmarken" zeigen stets besondere Empfindlichkeit, wenn Gleichheit ohne weiteres eingefordert und in Anspruch genommen wird[404a]. Zugleich bietet sich aber hier auch die Anknüpfung für ein Bündnis einer rechten Mitte, als man die alten Unterschiede zwischen Aristokrat und Bürger zurückzustellen lernt. Im Bereich der Erziehung und Ausbildung hatte Savigny stets für dieses Bündnis plädiert und es als wesentlich gegen Anfechtungen und Kontrollversuche verteidigt. Einig war man sich auch in der Ablehnung der Revolution als politischen Mittels. Bei der Breite dieser Strömung zwischen revolutionär und streng restaurativ kommt es auf eine tragende Differenzierung der großen, unübersichtlichen „Reform"-Gruppe an. Ein wichtiges Angebot dafür findet sich bei Kant. Er formuliert 1798 die direkte Frage und Antwort:

„In welcher Ordnung allein kann der Fortschritt zum Besseren erwartet werden? Die Antwort ist: nicht durch den Gang der Dinge *von unten hinauf*, sondern *von oben herab*"[404b].

Gleich anschließend verwirft er mit „von unten hinauf" auch die Idee der „Bildung" als schwerlich erfolgreichen Plan und setzt auf den *Staat*, nämlich,

---

nahen zeitgenössischen Sicht der Dinge und entspricht nur der Tatsache, daß eben noch kaum scharfe, ideologische Parteigrenzen bestanden, sondern Personen im Zentrum standen und diese mit all ihren Schwankungen. Siehe aus der Zeit THIBAUT (oben 189 bei Fn. 196).

[404] Oben 191 bei Fn. 208; vgl. für das Verhältnis Savigny-Grimm/Eichhorn oben 218 bei Fn. 344.

[404a] Siehe oben 190 bei Fn. 203 zum Bezugsrahmen, 211 bei Fn. 306 zur Gleichheit.

[404b] KANT, Streit der Fakultäten (1798), II 10/A 160 (= Werke XI 367) u. ö., vgl. unten 395.

> „daß der Staat sich von Zeit zu Zeit auch selbst reformiere, und, statt Revolution, Evolution versuchend, zum Besseren beständig fortschreite ... (sc., wobei) von *Menschen* erwartet und gefordert werden kann, bloß negative Weisheit zur Beförderung dieses Zwecks ...", d. h., „daß sie das größte Hindernis des Moralischen, nämlich den *Krieg* ... schwinden ... lassen ..., um eine Verfassung einzuschlagen, die ihrer Natur nach ... auf Rechtsprincipien gegründet, beharrlich zum Besseren fortschreiten kann."[404b]

Reform von oben, via „Staat" und Rechtszustand, versus *Reform von unten* – in der Aufnahme und Fortführung dieser Unterscheidung auch in neuen Anwendungen sehe ich eine Hauptchance für weitere Klärungen. So gesehen wird verständlich, warum so sehr darum gestritten wurde, *wem* die Reformkompetenz zustehen solle (Kodifikationsstreit, Rechtsquellenstreit, Germanistenstreit), warum die Grenze von Bürokratie und Ständen zu Parlament und Volksvertretung so hart umkämpft wurde, warum jede Institutionalisierung der „Mitarbeit von unten" problematisch erschien, obgleich die „Mitarbeit" selbst willkommen war, warum im *Ergebnis* Reformkonservative und Liberale sich so nahe kommen konnten, vielleicht auch, warum zugleich die sozusagen noch „kompetenzlose" Universitätszeit für „brüderliche" Verhältnisse freigegeben werden konnte.

Aber auch diese Unterscheidung läßt die Möglichkeit, ähnliche Reformen mit *verschiedenen Zielen* zu betreiben, wie es für die „von oben" Preußen und die Südweststaaten zeigen und für die „von unten" die späteren Fälle eines sog. Bonapartismus, Staatssozialismus usw. Man wird daher immer wieder aufmerksam sein müssen für Epsteins Unterscheidung nach den Haltungen und den Methoden bei der gemeinsam erstrebten Reform: Hier mehr energisch, auch einmal eingreifend, umfassender, im Geiste einer Art Rache oder eines Triumphes, das Neue betonend, dort dagegen stets vorsichtig, nur nach dringendem Bedürfnis, stets punktuell, mehr im Geiste der Demut und Trauer, immer die Kontinuität wahrend, das Wirkliche mehr als „gegeben", denn „zu machen" verstehend, wenigstens nach seiner „Struktur", oder mit einer brillanten Formel[404c]:

> „One is tempted to say, somewhat paradoxically that Conservatism is static in aim, but dynamic in character, since it constantly adjusts to historical development; while Progressivism is dynamic in aim but often static in the character of its unchangeable goal".

Daraus ergibt sich auch eine spezifische *reformkonservative Eignung doppelbödiger Gesamttheorien*, die eine immer gleiche Substanz o. ä. behaup-

---

[404c] Vgl. Epstein, Conservatism, S. 18, die Formel S. 19; weiter die ähnl. Trennungslinien bei anderen, s. Fn. 403, bes. Willms, S. 104: *konservativ* = partikular, bewahrend-historisch, pragmatisch; *liberal* = universal, progressiv-zukünftig, theoriegeleitet. Konservativ daher als Haltung konstant, als Inhalt wechselnd.

ten, aber zugleich den Wandel in der Form, Erscheinung usw. denkbar lassen, also ein ewiges und zeitliches Moment verbinden. Die Verbindung zu MANNHEIMS und VALJAVEC' Theorie-Kriterium ist damit hergestellt[404d]. Für Thibaut und Savigny als Abgrenzungsfall trifft wenigstens das Kriterium der Haltung und Methode beim Neuern voll zu[404e], so sehr sich auch die Inhalte nähern. Die dahinterliegende Gesamttheorie scheidet sie ebenfalls passend. Von einer „Verbindlichkeit" zur Reform wie bei Kant spricht *keiner* von beiden[404f].

Zu den Ergebnissen dieses Abschnitts zählt auch ein weiterer Beitrag zu der Frage, ob Savigny nicht *eigentlich unpolitisch* war. Seine Stellungnahmen zeigen, daß er nicht nur einschlägige Ämter bewußt an- und Politisches sehr wichtig nahm[405], sondern stets dezidiert politisch urteilte, wenn auch nicht immer öffentlich. Sein Engagement folgt dabei klar den politischen Konjunkturen nach 1806, 1813, 1830. Er steht ihnen keineswegs teilnahmslos gegenüber, sondern interessiert. Von Ringseis und Bluntschli fordert er des öfteren Informationen dazu ein[406]. Unpolitisch wie politisch teilnahmslos kann man ihn daher nicht nennen. Der moderate Stil und die sublime Theorie des Reformkonservativen täuschen.

War er bei alledem *unparteilich*, gab er „keinem der Parteistandpunkte" etwas (WOLF)[407]? Angesichts der klaren negativen Konstanten, mit denen Savigny die Sphäre des bloß Harmonischen verläßt und, mit dem passenderen Bilde vom „Olympier", kräftige Blitze schleudert, läßt sich dies nicht aufrecht erhalten. Seine Stellungnahmen zeigen: Er nahm Partei, in seinen Briefen ständig, in seinen Schriften seltener und weniger deutlich, aber nicht minder gezielt. Er bedurfte dabei im Zeitalter noch *persönlicher* Politik gerade in seinen bedeutenden Stellungen keiner besonderen „Partei" in Form einer Organisation. Seine Kritik am Parteiwesen ergibt also nichts Gegenteiliges. Ohnehin läßt sich die Entwicklung zu einer „historischen Schule", die vor allem er antrieb, nicht *Hugo* und nicht *Heise*, als eine Vorform auf kultureller Ebene einstufen. Sein ausge-

---

[404d] Siehe Fn. 403. Zum Theorieproblem dann eigens unten 385, 400 ff.
[404e] Vgl. für diese Perspektive oben 169 f., 177, 182, 187, 190; die eindringende Analyse HERBERGERS, Freiherr vom Stein, ergibt „Mitte" (S. 647), nicht „restaurativ" (630), wäre aber anhand der diskutierten Kategorien zu präzisieren. Paralleles gilt für VOGEL, S. 234 ff., 247 f. zu *Rehberg*.
[404f] Dazu näher unten 395.
[405] Vgl. oben 155 bei Fn. 31 und die Nwe. in Fn. 366.
[406] Siehe bei PFÜLF, S. 44, 185, 307; bei OECHSLI Nr. 22, 24, 31 für 1839/40.
[407] WOLF, zitiert oben 45 bei Fn. 179.

dehnter Briefwechsel hat hier eine sehr reale Seite[408]. Auch hier täuscht die moderate Außenseite.

Die Analyse der deutlichen persönlichen literarischen und politischen Stellungnahmen Savignys — seiner Grenzmarken — mündet in die Einsicht, man dürfe die verbreitete Kennzeichnung Savignys als harmonisierend und unparteilich *nicht zu absolut* nehmen. Bei aller Mäßigung gibt es keine Zeichen von Lebensfremdheit, alles duldender Toleranz oder gar Urteilslosigkeit, im Gegenteil. Savigny hat die Grenzen seiner Mäßigung sehr markant gezogen, auch wenn sie sich bisweilen in marmorner Kühle verbergen. Das führt auf die Frage, wie sich dieses Fazit vereinbaren läßt mit seinen eindringlichen Worten über Liebe, Freundschaft und Geselligkeit, über Vermeiden von Polemik und Parteiung[409]. Diese Frage gehört zum nächsten Abschnitt: Der Idealist. Die eingangs festgestellten „grundsätzlichen Implikationen" des Harmonieideals bei Savigny sind nun aufzunehmen. Auch die Frage unpolitisch-unparteilich wird dabei noch einmal und aus anderer Sicht weitergeführt.

---

[408] Vgl. oben 165 in Fn. 82 die dort erwähnte Mobilisierung von *Heise* und *Hufeland*, 1814/15.
[409] Dazu oben 194 f.

4. KAPITEL

SAVIGNY DER IDEALIST

> Die geschichtliche Schule also, weit entfernt, Philosophie, d. i. Ethik des Rechts zu beseitigen, enthält vielmehr selbst ein neues und tieferes philosophisches Princip ...
>
> *F. J. Stahl* 1847

> Über der rechtshistorischen Leistung hat man nur zu oft vergessen, daß der Historischen Rechtsschule auch eine Rechtsphilosophie immanent ist ...
>
> *Larenz* 1933

1. *Entwicklung dieser Hypothese*

Nach den Ergebnissen des vorigen Abschnitts kann man Savigny nicht einfach als Mann der Harmonie und Unparteilichkeit kennzeichnen. In Wort und Tat widerlegte er diese Attribute zu oft. Dennoch behauptet Savigny diese Eigenschaften ebenso mit Recht von sich selbst, wie viele diese Charakteristik zutreffend übernehmen.

Der Widerspruch löst sich nicht über die Modelle von Regel und Ausnahme, von Konsequenz und Inkonsequenz, von hoher Absicht und Schwäche in der Realisierung. Er muß grundsätzlicher und damit zeitgemäßer erklärt werden. Streitige Disharmonie und Parteilichkeit erscheinen in Savignys Sprache als *Abfall von der Wahrheit*, als irregeleitete Leidenschaft, im schlimmsten Falle als „Teufelei" – so bei Gönner[410]. In dieser Vorstellungswelt kann man zwar auch bei aufrichtiger Wahrheitssuche irren. Aber darin liegt dann kein prinzipielles Dagegen-Sein, kein „feindlicher Streit". Vielmehr finden sich zumeist noch *wahre* Elemente in einem solchen Irrtum. In der Regel wird der *aufrichtig* Suchende belohnt, er spricht ein Stück „Wahrheit" aus. Dies wird der Fall sein, wenn er im Einklang mit den „wahren" Mächten spricht. Dann darf sich sein Ton auch

---

[410] An Grimm, 16. 5. 1815, bei STOLL Nr. 292/II 139.

einmal zur Gewißheit erheben, und gar gegen „Teufelei" ist Schärfe nicht nur erlaubt, sondern wird zur herben aber froh zu erfüllenden Pflicht. In diesem Sinne, nach diesen Voraussetzungen und in dieser Sprache existieren streitige Disharmonie und Parteilichkeit auf der Seite des Gerechten überhaupt nicht. Es mag so aussehen, wenn er gerüstet in die Welt tritt. Aber er streitet dann nur für „die Wahrheit", die sich in ihm dann verkörpert. Durch diesen Bezug auf das *Absolute* verbietet sich jede abwertende Kennzeichnung als unharmonisch oder gar parteilich. Der Prophet bleibt Prophet, auch wenn er zornig wird. Er wird nie zum Parteimann.

Die religiösen Metaphern werden nicht zufällig benötigt. Sie deuten an, welchen Welten und welchem Denken dieses Denken entstammt, mindestens in entscheidenden Punkten gleichkommt. Mit einem Unterschied: Wenn Glaube weltlich wird, gerät er zur *Metaphysik*[411]. Meine Hypothese lautet nun: *Genau das sei Savignys Fall*. Fast ohne Schwankungen folge er dieser grundsätzlichen Einstellung. Nur in der täglichen Explikation ziehe er sich gerne auf weniger verfängliches, konkretes Gelände zurück, in dem das Absolute nicht stets und überall zur Debatte steht, etwa die Besonderen Teile der Pandekten, das positive Kriminalrecht, die späten Bände der „Literärgeschichte". Doch, so meine ich, schimmert auch hier sein Grundglaube durch.

Auch wenn es umständlich scheinen und teilweise recht fremd klingen mag: Dieser *Zusammenhang* bedarf einiger Umschreibung, da er einer zumeist ganz anderen Weltsicht wie der heutigen *nicht unmittelbar zugänglich* ist. Es ist z. B. nach heutigen Maßstäben zutreffend und berechtigt, Savignys Grenzen und Parteilichkeit, wie sie sich in seinen oben untersuchten entschiedenen Urteilen empirisch finden, zu vermerken. Wenn es das Absolute, unter welchem Namen auch immer, nach heutiger Vorstellung nirgends empirisch-konkret gibt, entfällt die Möglichkeit, die Welt mit Bezug darauf vollständig und absolut in Wahr und Unwahr zu teilen. Auch eine „wahre" Parteilichkeit bleibt dann Parteilichkeit; ja gerade sie nennt man in ihrer rigorosen Gewißheit für und wider dann *parteilich*, gerade sie erscheint partiell blind in der Wahrnehmung der „Wirklichkeit". Die Verhältnisse erscheinen dann als plural, nicht mehr bloß dual. Harmonie und Einigung der Parteien sucht und findet man dann nicht mehr über die Übereinstimmung im Absoluten, sondern im geregelten Austragen der als solche anerkannten Interessen-

---

[411] Gemeint ist Glaube als weltliche Theorie. Religiöses *Handeln* bleibt davon ebenso unberührt wie Glaube *als solcher*. „Metaphysik" meint hier also nur und kritisch die Grenzüberschreitung als Theorie.

und Glaubenskonflikte. Alles Einzelne hat dann gleiche Würde. Es erhält sie nicht erst aus seiner Beziehung zu einem Absoluten, einer Beziehung, die dann doch wieder zugeschrieben werden konnte oder nicht.

Bei solch weitreichenden und *fundamentalen Unterschieden* kann das Verständnis Savignys in vielem nur über das Bewußtmachen und Übersetzen dieser Distanz glücken. In seiner Sprache bewahrt sich die Differenz dauerhaft bis heute. Wenn man in ihr, und mit Recht, eine entschwundene Schönheit verehrt, ist vielleicht doch weniger bewußt, als die häufigen Aktualisierungsversuche nahelegen, daß sie mit dem Zusammenhang, der sie trug, einer nicht mehr einholbaren Epoche angehört. Die sprachliche Welt der deutschen idealistischen Metaphysik, die auch Savignys Sprachwelt war, und ihr Charakter müssen auch deswegen deutlich gemacht werden, weil Stücke dieser Sprache immer noch kursieren und dies gerade bei der Interpretation Savignys. Nicht nur das Verständnis Savignys, sondern auch der Zugang zu etlichen Apologien und Kritiken, sind also bedingt durch die Beherrschung der Logik dieser Sprache[412].

Deren Deutung und Erklärung bedarf freilich konkreter Durchführung.

Dabei ist vorab auszusprechen, in welchem Sinne die Frage „Idealist" gestellt und nicht gestellt ist. Sie lautet natürlich nicht: Hatte Savigny Ideale? – diese sind ihm ohne weiteres zuzugestehen. Sie zielt vielmehr darauf, ob sich ein *philosophischer Idealismus* belegen läßt und eventuell sogar als zentrales Deutungsmuster empfiehlt.

Näher noch wird nach Anzeichen eines *„objektiven"* Idealismus gesucht, also nach einem Denken und Reden, das *in* der Wirklichkeit ein Absolutes, Allgemeines, Notwendiges usw. walten sieht. Die schwierigen Probleme einer solchen sachlichen und terminologischen Spezifizierung wurden bereits in der Einleitung angesprochen. Mit „objektiv"-idealistisch sind danach die aktualisierend-spekulativen Verwendungen von *Michelet* bis *Kroner* und *Dilthey* bis *Coing nicht* beabsichtigt[412a]. Eine nähere Festlegung möglicher Varianten wie, mehr statisch, mehr dynamisch, mehr rational oder irrational, mehr atheistisch oder theistisch, wäre vor Durchführung der Hypothese zur Hauptsache verfrüht. Die Bezeichnung „objektiv-idealistisch" dient also als vorläufige zusammenfassende Kennzeichnung für einen Ansatz, der bei *Kant* durchaus ange-

---

[412] Bezeichnend daher die Probleme mit „politisch" – rein wissenschaftlich, die des öfteren auftraten, oben 45 bei Fn. 178, 49 bei Fn. 205, 158 bei Fn. 50. Bewußt sind diese Voraussetzungen vor allem SOLARI, der jedoch mehr inhaltlich-thematisch analysiert als die Denkweise u. Logik dabei. Insofern geht meine Hypothese auch ihm gegenüber weiter.

[412a] Dazu eingehend dann unten 292 ff.: „Ein Wort" oder Terminologisches.

deutet ist und bei *Fichte* entschieden aufgenommen wird, den ein *Schlegel, Hölderlin* und *Jacobi* weiterbearbeiten, und den *Schelling* und *Hegel* zum „System" vollenden[413] unter den nicht festen Namen „objektiver" und „absoluter" Idealismus[414]. Es handelt sich um ein gemeinsames Bestreben[415], demgegenüber Kants transzendentale „Kategorien", mehr noch

---

[413] Der deutsche Idealismus von Kant bis Hegel wird damit als Einheit in größerem Zusammenhang gesehen; vgl. für eine sehr knappe und klare Übersicht eines ausgezeichneten Kenners, L. W. BECK, German Philosophy, in: Encycl. of Philosophy 3 (1967) S. 291-309, hier S. 300-303 (Kant, The Great Systems), mit Lit.; ausführlicher in diesem Sinne COPLESTON, History, 6 (Wolff bis Kant), 7 (Fichte bis Nietzsche); von den deutschsprachigen Darstellungen immer noch instruktiv HÖFFDING, Geschichte der neueren Philosophie (aus dem Dänischen), Bd. 2, Leipzig 1921, 7. u. 8. Buch: Kant; Die Philosophie der Romantik. Im übrigen führen teils neuidealistische Perspektiven zu Verzerrungen in der Literatur, teils überlagert ein sehr detailliertes Abgrenzungsbemühen für die verschiedenen Idealismen das hier Wesentliche. Siehe aber z. B. E. CASSIRER, Das Erkenntnisproblem ..., Bd. 3: Die Nachkantischen Systeme (1920), auch Bd. 4: Von Hegels Tod bis zur Gegenwart (1957); ÜBERWEG/ÖSTERREICH, Grundriß 4 (ND 1951 der 12. Aufl. 1923), S. 4, 7, der die auch metaphysischen Seiten an Kant hervorhebt als zu wenig beachtetes Element der Kontinuität; Kant als gemeinsamen Ausgangspunkt unterstreicht auch N. HARTMANN, Dt. Idealismus 1 (1923), S. 1 f.; vgl. dann auch v. ASTER, Gesch. der Philosophie, 14. A. 1963, S. 273 ff. (Kant), S. 298 ff. (Fichte), S. 208 ff. (Schelling), S. 315 (Fr. Schlegel), S. 319 ff. (Hegel). Im HISTWB 4 (1976), erscheint der hier betonte Zusammenhang weniger im Art. *Idealismus* (Sp. 30-33), sondern eher unter *Idee*, Sp. 55-134, hier Sp. 113-125 und unter *Dt. Idealismus* (Sp. 35-37); generell eine Fundgrube für diese Fragen, besonders aber zu dem selten so beleuchteten Kant, bildet TOPITSCH, Vom Ursprung und Ende der Metaphysik. Eine Studie zur Weltanschauungskritik (1958), zu Kant S. 237-242, wichtige Weiterführungen in DERS., Die Voraussetzungen der Transzendentalphilosophie (1975). Jüngst außerdem vor allem TAYLOR, Hegel (1975, dt. 1978), KONDYLIS, Dialektik (1979), und für die wichtigen „Dichter" NAUMANN, Lit.theorie und Geschichtsphilosophie (1979), alle gründlich und informativ,u. zuletzt KONDYLIS, Aufklärung (s. Nachtrag), S. 637 ff. (Kant).

[414] Siehe dazu die gleichlautenden Artt. im HISTWB 4 (1976) von ZELTNER, Sp. 33 f., 42. „Objektiv" versteht sich hier polemisch gegen Kants und Fichtes „subjektiven" Ansatz, aber keineswegs gegen Idealismus überhaupt. ZELTNER, aaO., gibt nur für *Schelling* einen abgrenzenden Beleg, keine Selbstbezeichnung, aus „Darstellung" (1801) (Werke 1801 ff., S. 5 = SW I 4, 109), wo er sich zunächst gegen eine Kurzformel wie Idealismus o. Realismus wehrt u. dabei auch einen Id. in subjektiver Bedeutung bei Fichte und einen anderen in objektiver Bedeutung erwägt, *ohne* sich festzulegen. Die anderen Belege geben keine wörtlichen Vorkommen. Für *Hegel* belegt ZELTNER nur eine ähnliche Haltung dem Sinne nach, nicht wörtlich. Andere Autoren bleiben unerwähnt, vgl. dazu aber unten 292 ff.

[415] Instruktiv hier bes. auch beider eigene philosophiegeschichtliche Darstellungen zu Kant, s. SCHELLING, Kant (1804), Werke 1801 ff., S. 589 ff. (SW I 6, 1 ff.) und Münchener Vorlesungen (1827 ff.), SW I 10, S. 71 ff., HEGEL, Gesch. d. Philos. (ed. 1833), Werke 20, S. 314 ff. SCHELLING betont 1804 einen „Trieb zur Totalität", Defizite bei der Naturphilosophie (versäumte, „das Allgemeine bis zur vollkommenen Harmonie mit dem Besonderen fortzuführen"), „einige lichtvolle Gedanken" zur Geschichte, „wahrhafte" Begriffe über das Wesen der Kunst, „ohne es zu wissen" (S. 593-95) und ist 1827 ff. gegen Kants „subjektiven Rationalismus" (77), der der dt. Philosophie „die Richtung auf das

aber Fichtes „absolutes Ich", Schellings „Anschauung" oder Hegels „wirkliche Vernunft" als bloße Variablen in einem gemeinsamen metaphysischen Rahmen erscheinen[416]. Innerhalb dieses Rahmens vollzieht sich zugleich ein wesentlicher *Übergang* von einem mehr erkenntnistheoretischen, kritischen, subjektiven und dualistischen Ansatz bei *Kant* (Idealismus der postulierten Freiheit, Trennung empirische – intelligible Welt, Sein – Sollen) und noch *Fichte* zu einem mehr ontologischen, positiven, objektiven, absoluten und monistischen Idealismus bei *Schlegel, Hölderlin, Schelling, Hegel* u. a. (Idealrealismus, Realidealismus, Identitätsphilosophie, Vereinigungsphilosophie)[416a]. Diesem Vorgang, der fast die ganze gebildete Welt der Zeit beschäftigte, kann und muß Savigny zugeordnet werden.

Die meist sofort diskutierte Frage, welcher *systematischen* fachphilosophischen Entfaltung dieses Neueinsatzes im Idealismus er am nächsten steht, als Kantianer, Fichteaner, Schellingianer oder Hegelianer usw., bleibt dagegen besser zurückgestellt[416b]. Ebenso kann die endgültige Festlegung einer Kurzformel für Savignys Position dabei der Untersuchung erst abschließend folgen[416c].

Wo und inwiefern findet sich derart Idealistisches also bei Savigny?

Subjektive gab", aber dennoch den Weg „gebahnt" habe (80). HEGEL faßt Jacobi, Kant, Fichte, Schelling als „Neueste deutsche Philosophie" zusammen (314 ff.). Kant habe die Aufgabe der Philosophie, „die Einheit des Denkens und Seins ... zu begreifen" wenigstens gestellt, bleibe aber im Kritischen, Formellen und Abstrakten stehen (314 f., ausf. 329 ff.); man habe es „nur mit unseren Bestimmungen zu tun, komme nicht zum Ansich; zum wahrhaft *Objektiven*" (351).

[416] Dazu bes. BECK, aaO., S. 303 für Fichte bis Hegel; COPLESTON, History 7, S. 1 ff.; ZELTNER, Dt. Idealismus, Hist.WB 4 (1976) Sp. 35 f.; GAGNÉR, Öff. Recht (1966), spricht von einer einheitlichen, transzendentalen Einstellung, mit Elementen auch bei und von Kant (vgl. S. 30, 32); aus der Sicht von Literaturtheorie und Geschichtsphilosophie beachtet jetzt NAUMANN über den komplizierten Differenzierungen diese „Eckpfeiler" (S. IX) stets.

[416a] Dieser Wandel ist an sich unstreitig, sehr verschieden nur seine Deutung, vgl. etwa die in Fn. 413 schon Genannten, aber auch schon die älteren Darsteller, wie VON RAUMER, Geschichte (1832), S. 138 f., MICHELET, Geschichte 2 (1838), S. 4, 207 f., 604, WARNKÖNIG, Rechtsphilos. (1839), S. 128 f., STAHL, Philos. d. Rechts 1² (1847), S. 370 f., 402, sowie für SCHELLING und HEGEL schon soeben Fn. 415. Eine äußerst gelungene Beschreibung dieses Wandels, nach seinen Motiven und Denkformen, gibt jetzt TAYLOR, Hegel, S. 13 ff. u. d. T. „Ziele einer neuen Epoche", bes. S. 59 ff., mit Rückgriffen. Für die Fundamente dieser Wandlung in der Aufklärung selbst soeben wesentlich KONDYLIS, Aufklärung (s. Nachtrag), S. 576 ff.: Der monistische Ansatz der Spätaufklärung, und dort zu: Kant – Nachkantianer (S. 643 f.). Klare Differenzierungen zum sog. Deutschen Idealismus bereits bei SOLARI, S. 164 (monistische Formen), 189, auch 132. Lediglich sein Hauptterminus „romantisch" ist inzwischen zu unscharf.

[416b] Dazu dann unten 287 ff. Die Aufgabe wird teils unter-, teils überschätzt.

[416c] Dazu unten 292 ff.

2. *Ein Muster: Savignys Wahrheitsvorstellung*

Das Thema Idealismus bei Savigny wurde soeben mit einigen Bemerkungen zu seiner *Wahrheitsvorstellung* eingeleitet. Es gibt dafür einige wenige, bemerkenswerte Zeugnisse. Das Thema liegt im Brennpunkt von Philosophien wie Weltanschauungen und geht über die Grenzen der Jurisprudenz hinaus. Um objektiven Idealismus zu erfassen, müssen die Grenzen der eigentlichen Fachjurisprudenz in der Tat zunächst überschritten werden. Eine genauere Analyse der Wahrheitsvorstellung verspricht diesen zentralen Aufschluß. Zeitlich und inhaltlich eignet sich dafür vor allem einer der Briefe Savignys von 1809. Das Jahr empfiehlt sich, weil sich in dieser Landshuter Zeit grundsätzliche Briefe Savignys häufen. Zur Wahrheitsvorstellung gibt es einen wesentlichen Brief an J. Grimm vom 26. 12. 1809, also dem zweiten Weihnachtstag. Savigny begrüßt darin zunächst einen gewissen Fortschritt in den öffentlichen Verhältnissen seit 1789 und fährt dann fort:

„Mich dünkt, was jeder Wohlmeinende *zu tun* hat, bis ein froher Tag anbricht, ist dieses: Zuerst seine Hände rein halten von dem Verderben um uns her. Ja eigentlich ist dies nicht das erste, sondern das einzige. Denn die *Wurzel* alles Schlechten dieser Zeit und was den unbezwinglichen Ekel erregt, ist die Lüge, und das einzige Gesetz, was auch für alle Bestrebung in Kunst *und* Wissenschaft gilt, ist *Wahrheit*. Ich meine die *höhere* Wahrheit, die alles verschmäht, was der Mensch nicht wahrhaft zu eigen sich gemacht hat, und die ihm auf dem *unendlichen Wege* zu diesem Ziele niemals Ruhe läßt. Diese Wahrheit scheint mir zugleich das Nationalste, was wir in Kunst *und* Wissenschaft haben. Wo diese *Innigkeit*[417] Grundzug ist, da wird nicht bloß die Form vernachlässigt werden, so daß selbst das Bedeutende anspruchslos, unscheinbar, ja gering auftreten mag; sondern wenig begünstigte Individuen und Zeitalter werden sich auf bewußtloses Forschen und Sammeln werfen und der ganzen Literatur einen trockenen, geistlosen Schein geben, während in den Besten die *Form oft unter dem Wesen* bleiben wird, so daß sie nicht sagen, ja nicht wissen, wie *gut* sie sind."[418]

Savigny geht zunächst von der praktischen Frage „Was tun" aus. Die Antwort *Wahrheit* erweitert sich ihm sofort zum „*einzigen* Gesetz" für Kunst *und* Wissenschaft. Er stellt also beide unter ein gemeinsames Kriterium, Praxis *und* Theorie haben „wahr" zu sein. Es kann also bei diesem „wahr" nicht nur Übereinstimmung mit einem bestimmten Sachverhalt gemeint sein. Denn daran ließe sich Praxis nicht ausrichten. Dafür bedürfte es nämlich, wenn man sich nicht mit bloßer Dezision begnügen will, irgend-

---

[417] Hier hat STOLL eingefügt „nicht", aber zu Unrecht, wie sich ergeben wird, siehe im Text sogleich.
[418] Bei STOLL Nr. 204/I 398 f., an J. Grimm v. 26. 12. 1809. Die Hervorhebungen, außer für „unter", hier von mir.

eines nicht bloß empirischen Anhaltspunktes, sei es auch eines „idealisierten" Realen. Savigny meint „wahr" also anders, und er sagt es auch: „Ich meine die höhere Wahrheit". Dieses Höhere wiederum ist nicht endlich und bestimmt, nicht eine bestimmte Idee oder Norm, sondern „unendlich" (als Ziel), zugleich aber doch wirklich als existierende Wahrheit. Savigny spricht darin nicht etwa die Vorstellung aus, man habe sich nach hypothetischen, bestimmten Ideen zu richten. Er zielt weiter. Zur näheren Bestimmung spricht er nur sehr allgemein von „nicht wahrhaft zu eigen gemacht"/„Lüge"/„schlecht", positiv von „Wahrheit"/„wahrhaft zu eigen gemacht"/„Innigkeit"/„gut". Er wiederholt fast nur Negation und Billigung als solche. Die Lösungsrichtung wird nur inhaltlich angedeutet. Entscheidend war auch schon, daß weder die Übereinstimmung mit einem bestimmten Sachverhalt (empirische Wahrheit), noch die mit einer bestimmten Idee oder Norm (normative Wahrheit) gesucht wird, sondern die *„Wurzel" beider*. Diese umschreibt er nur allgemein mit „wahrhaft zu eigen gemacht". Ein *allgemeines* Kriterium richtet also über Wissen *und* Tun. Konsequent kann dann der Fall auftreten, daß die „Form ... unter dem Wesen" bleibt, den Savigny am Ende anführt. Dann erreicht eine bestimmte Leistung zwar nicht die Übereinstimmung mit der dazugehörigen Wahrheit, aber sie ist dennoch „gut", weil sie der „höheren" allgemeinen Norm entspricht, sie hat das „Wesen", sie bleibt trotzdem *„innig"*[419]. Im Namen eines übergreifenden Allgemeinen werden die Unterschiede der konkreten Fälle und Formen verwischt. Savignys Ausführung mag dabei etwas naiv wirken, mindestens ist sie bloß andeutend. Aber Ernst zu nehmen ist sein *fester Glaube* an die grundsätzliche Möglichkeit eines solchen Maßstabes und Verfahrens und in dieser Ausdehnung. Er sieht im menschlichen Handeln *und* Wissen ein Allgemeines wirken, das zwar nie ganz und bestimmt in die Welt tritt, aber doch zu spüren ist und dann die Form, in der es auftritt, mit ‚wahrer Wahrheit' adelt. Die wirkliche „Form" gerät unter die Herrschaft eines allgemeinen „Wesens". Die Wirklichkeit enthält „Wesen", das Sein birgt Sinn, den Sinn.

Savignys Wahrheitsvorstellung entspricht der erwähnten Grundannahme eines ‚objektiven' Idealismus: Ein Allgemeines, Absolutes o. ä. waltet *im* konkreten Wirklichen. Die Welt offenbart sich ihm als Wesen und Erscheinung, Wesen und Form[420]. Dafür gewinnt er ein Urteil über

---

[419] Wenn STOLL den Satz bei Fn. 417 mit „nicht" ergänzen will, hat er diesen Zusammenhang übersehen. Gerade „Innigkeit" kann und wird sich nach SAVIGNY Vernachlässigung der Form leisten. Ebenso jetzt D. NÖRR, Geist (s. Nachtrag).

[420] Dies übrigens eine weitere Bestätigung für ein Verständnis von Form, das *nicht* kantisch-kritisch ist, vgl. oben 99 bei Fn. 480. Vgl. damit jetzt auch TAYLOR, Hegel, S. 31 ff. zum Formbegriff in einer Theorie des „Ausdrucksgeschehens".

„das Ganze"[421] — freilich ein problematisches, denn was ist Wesen, was nur Form? Dem Anspruch nach wird dies sicher entschieden, ohne „allmähliche Übergänge" wie etwa zwischen Kraft und Schwäche; nur wahr oder unwahr kann die Antwort lauten[422]. Der Sache nach bleibt der konkrete Nachweis dieses Allgemeinen in einem Falle x, y usw. so unsicher wie das Kriterium diffus. Ein bloß empirisches Kriterium dafür existiert ja per definitionem nicht. Man muß das Wesentliche vorfinden, herausfühlen. In diesem Sinne heißt es etwa im *Beruf*:

> „die leitenden Grundsätze ... Diese heraus zu fühlen und von ihnen ausgehend den inneren Zusammenhang und die Art der Verwandtschaft aller (!) juristischen Begriffe und Sätze zu erkennen, gehört eben zu den schwersten Aufgaben unserer Wissenschaft, ja es ist eigentlich dasjenige, was unserer Arbeit den wissenschaftlichen Charakter gibt"[423].

Diese *Kunst*[424], zugleich also Wissenschaft, setzt ein Wesen voraus, hier eine sog. inneren Zusammenhang. Später, im Kontext seiner weitgefaßten Auslegungslehre, erinnert er einmal an die bei alledem „vorausgesetzte innere Consequenz des Rechts", eine keineswegs bloß „logische ...", wie reine Verhältnisse zwischen Grund und Folge"[425]. Eine Annahme wie „Es geht vernünftig zu", gehörte ersichtlich zur Logik objektiv idealistischen Denkens[426].

An dem Brieftext von 1809 sollte in eingehender Interpretation geklärt und belegt werden, *daß* und *wie* sich Savignys Wahrheitsvorstellung von einer heute vielfach selbstverständlichen, jedenfalls überwiegenden, grundlegend unterscheidet — wie eingangs dieses Abschnitts behauptet wurde — und *daß* sich diese Vorstellung bei Savigny findet, und nicht nur peripher. STOLLS ganz unpassender Vorschlag, ein „nicht" in den Text einzufügen[427], beweist anschaulich, wie fremd diese vollkommen zeitgemäße Ausdrucksweise und Denkweise Savignys ihm geworden war. STOLL steht

---

[421] Vgl. die Fortsetzung des Briefs, aaO., S. 399.
[422] Dies wird auch als kennzeichnend betont etwa bei BECK (Fn. 413) und HARTMANN, Dt. Idealismus 1, S. 2: Einheitsdrang zum System überhaupt; in der Sache parallel auch das Stichwort „Vereinigungsphilosophie" bei KONDYLIS, Dialektik, durchweg.
[423] SAVIGNY, Beruf, S. 22 (STERN 84). Vgl. Paralleles unten 331 ff., 377 ff.
[424] SAVIGNY, ebda., nennt das Vorgehen so im folgenden Text.
[425] SAVIGNY, System 1 (1840) § 46/S. 292; mit Recht betont die Stelle GMÜR, Savigny, S. 15, wenn auch ohne weitere Folgerungen.
[426] In dieser Formulierung bei HEGEL, WW 18 (Gesch. der Philosophie), S. 38: „Es geht vernünftig zu. Mit diesem Glauben an den Weltgeist müssen wir an die Geschichte und insbesondere (!) an die Geschichte der Philosophie gehen"; die Vokabel „vernünftig" ist seine Nuance, die Logik die gleiche wie bei *Schelling, Hölderlin* u. a., in anderen Worten.
[427] Vgl. Fn. 419, 417.

damit kaum allein, selbst wenn er anderenorts auch wieder Stücke dieses Denkens weiterträgt.

3. *Grundmodell und Kennzeichen seines metaphysischen Idealismus*

Der beschriebene Befund läßt sich nun definitorisch fixieren und verallgemeinern:

Savigny folgt im Grundmodell einem *metaphysischen, objektiven Idealismus*[428]. Er nimmt eine einheitliche, allgemeine Wahrheit in Handeln *und* Wissen an. Sie geht auf das Ganze. Er bezeichnet sie als das „Wesen" im jeweils Wirklichen. Dem einzelnen Wirklichen wird daher jeweils ein Doppeltes zugeschrieben: Wesen *und* Form, Wesen *und* Erscheinung – und wie die Doppelungen sonst lauten mögen. Sie sind *organisch* gemeint, nicht formal oder dualistisch, nicht als essentielle Differenz. Sie wahren also die Einheit als Einheit im Wesen und die Differenz als Differenz in der Form. Man trennt, hält die Sache aber doch für einheitlich. Es gibt nur eine Wirklichkeit. Sie enthält auch den „Geist". Dieser steht ihr nicht fremd gegenüber. Das Wesentliche am Wirklichen ist ebenso wirklich und gegeben wie das bloß Formelle, Zufällige. Allerdings ist die als Wesen bezeichnete Qualität eine höhere, bessere. Ihr Anteil ist nicht ohne weiteres sichtbar. Er ist nicht schon durch Übereinstimmung mit einem bestimmten Sachverhalt oder einer bestimmten Norm zu erkennen, sondern erst durch das konkrete Wiedererkennen eben des Wesens, das man meint. Dann ist etwas „wahr". Das Erkennen kommt also nicht ohne Beobachtung aus, aber diese reicht auch nicht hin. Kraft des Höheren in sich erlangt Wirkliches Wert. Im Sein waltet Sinn. Beides kann „anschauend" erkannt werden. Sieht man von unvermeidlichen subjektiven Trübungen der Erkenntnis ab, so ist diese objektiv. Prinzipiell, d. h. menschliche Unvollkommenheiten abgerechnet, ist sie eindeutig und dennoch umfassend. Es gibt also *ein* Seiendes auch im Recht: *das* Recht.

Stichwortartig zusammengefaßt: Diese Position beansprucht Einsicht in Sollen *und* Sein, dabei Universalität und Eindeutigkeit des Erkennens, System *und* geschichtliche Präzision.

In dieser Weise läßt sich das Grundmodell dieser Position systematisch umschreiben[428a]. Savigny äußert sich dazu nicht ausdrücklich. Man muß seine Position daher durch inhaltliche Analyse seiner Texte erschließen.

---

[428] Im Sinne einer historischen Kategorie, vgl. oben bei Fn. 413.
[428a] Auch hier können Differenzierungen wie mehr statisch, dynamisch usw. zurückgestellt bleiben. Vgl. soeben bei Fn. 412a.

Dabei hilft vor allem seine Sprache. Sie ist das Medium seiner „Logik" und bietet einige typische Kennzeichen. Der *Drang aufs Ganze* dokumentiert sich in Universalaussagen und -urteilen wie „alle", „nur", „keine" usw.[429]. Die *Suche nach Wesen* offenbart sich in Doppelungen wie „wahres Recht" – „Recht", „wirkliches Recht" – „Recht", „eigentlich", „lebendig", „objektiv" usw. – jeweils Adjektive, die in aller Regel auf Wesen verweisen, vor allem in dieser Zeit und bei Savigny. Mit Doppelung dieser Art arbeiten auch *organische Einteilungen* unter Wahrung einer Einheit, wie Wesen – Form, inneres Prinzip – äußeres (u. ä.), Wesen – Erscheinung, Oberfläche – Kern, Einzelnes – Ganzes, Geist – Buchstabe usw. Nur im einzelnen Ausdruck findet man beachtliche Schwankungen quer durch die verschiedenen Idealismen, die jeweils ihr Absolutes eigenständig bestimmen. Die Logik dabei bleibt jedoch erstaunlich konstant. Es handelt sich mit einem Etikett um eine *Sprache der Erscheinung*[430].

4. *Systematischer Nachweis dieser Denkhaltung*

Die Hypothese „Idealist" wurde entworfen, an einem Beispiel entwickelt und belegt, sowie als Modell umschrieben. Der einfachste Weg, sie zu erproben, wären Zeugnisse Savignys, die ähnliche Zusammenhänge *ausdrücklich und bewußt* erläutern. Solche direkten Zeugnisse existieren soweit ich sehe nicht, wie denn Kälte gegen die „eigentliche Philosophie" ihm 1804 von Fr. Creuzer bescheinigt wurde[431], der es wissen mußte[432].

---

[429] Vgl. z. B. die Zusammenstellung für 1808, oben 113 f.

[430] Man könnte auch sagen „der Manifestation, der Emanation". Die wohl umfassendste Anschauung dazu vermittelt HEGEL, Die Wissenschaft der Logik, 1. Teil: Die objektive Logik, 2. Buch: Die Lehre vom Wesen (1813), Werke 6, S. 1-242. Einer der wenigen, die die Doppelungen als charakteristisch vermerken und beachten, ist ROTHACKER, Logik und Systematik der Geisteswissenschaften (1927), S. 63 f., im Abschnitt „Der objektive Idealismus", während SOLARI die Technik selbst nicht so betont. ROTHACKER überhöht dies allerdings zu einem „Weltanschauungs*typ*" und entfernt sich damit in einigem von einer bloß beschreibenden historischen Kategorie. Knapp, aber treffend dazu auch schon METZGER, Idealismus, S. 260 mit Hinweis auf A. MÜLLER, „Lehre vom Gegensatz" (1804) und SCHELLING. Wesentlich differenzierter, aber auch kritisch-analytisch TOPITSCH, Voraussetzungen, S. 46 f., 56 ff., 63 f. Eingehend behandelt eine parallele Sicht, wie ich noch sehe, TAYLOR, Hegel, S. 28 ff. als „Kategorien des Ausdrucks", von „zentraler Bedeutung für das Verständnis Hegels und seiner Epoche"; zum Kontext lehrreich auch SCHLEICHERT, Über „Erscheinungen".

[431] Nach ROHDE (S. 21) bei STOLL 1, S. 59 in A. 3, ähnlich CREUZER 1804, bei STOLL 1, S. 53; weitere Belege zu Desinteresse oben 106 in Fn. 514. Zur genaueren Analyse dieser Kälte noch unten 288 ff.

[432] *Fr. Creuzer* war Teilnehmer der sog. philosophischen Korrespondenz von 1799 und mit Savigny hier bes. einig, vgl. seine Briefe bei DAHLMANN, bes. Nr. 7/S. 36 f.

Immerhin lassen sich einige nahezu direkte Quellen beibringen, die eine Durchführung der Hypothese erlauben.

Zu diesen Quellen gehören vor allem Savignys drei bekannte *Briefe an J. F. Fries* (1773-1843)[433], zu denen auch zwei Gegenbriefe vorliegen[434]. Es handelt sich offenbar um den einzigen sachlich eingehenden Briefwechsel Savignys mit einem Fachphilosophen[435]. Angeregt durch die Freunde Christian Brentano und Ludwig Wrangel[436], gab Savigny selbst im Frühjahr 1802 den Anstoß mit einigen Fragen über Naturrecht. Er zeigt gründliches Unbehagen an den aktuellen Naturrechtslehren und erhofft sich von Fries ein Urteil „unbestochen durch die Stimme der Zeit"[437]. Seine Kritik gilt Kant, Hufeland, Schmalz, Feuerbach, weniger scharf, aber doch, auch Fichte. Hugos Naturrecht, zuerst erschienen 1798, erneut 1799, erwähnt er nicht, auch nicht Schellings „Neue Deduktion ..." von 1796. Wenig später mißfällt ihm auch Gros' beliebtes Werk, das zuerst

---

[433] Kritischer Kantianer in Jena, Heidelberg und wieder Jena, vgl. ÜBERWEG-ÖSTERREICH, Grundriß 4, S. 147 ff.; COPLESTON, History 7, S. 248 f.; recht ausführlich hier HÖFFDING, Geschichte, S. 245-51; CASSIRER, Erkenntnispr. 3, S. 447-83; Neueres fehlt; die noch grundlegende Biographie schrieb HENKE 1867. Wichtig jetzt „Sämtliche Schriften...", Aalen 1967 ff., hg. von KÖNIG u. GELDSETZER, mit Einführungen, hier Bd. 9 zur Rechtslehre; dort auch Literatur.

[434] Die Briefe Savignys bei HENKE, die von Fries in der UB Marburg, MS 725/311-313. Nr. 313 von 1806 enthält nichts Philosophisches. Sie sind datiert vom 3. 2. 02 (Savigny), 18. 3. 02 (Fries, 10 Seiten), 3. 4. 02 (Savigny), 19. 4. 02 (Fries, 6 Seiten), 9. 5. 02 (Savigny).

[435] Vgl. die Korrespondenz in Marburg. Evtl. wären noch die Briefe von *Leonhard Creuzer*, Prof. der Philos. in Marburg, ergiebig. *Weinrich* war kein voller Fachphilosoph, mit *F. J. Stahl* gibt es nur kurze, nicht so dezidierte Briefe (vgl. dazu aber unten 283 bei Fn. 643), und *Stahl* war primär Jurist, s. KLEINHEYER-SCHRÖDER, Dt. Juristen, S. 256-58. Die Savigny-Briefe an Fries, gedruckt bei HENKE 1867, S. 293 ff., verwerteten bisher vor allem BONNET 1913, HOLLERBACH 1957 (dazu oben 131) und jüngst HERBERGER, Dogmatik, S. 383 ff.

[436] Vgl. Savignys ersten Brief an Fries und dessen Antwort: „Es war der schönste Dienst, den mir Wrangel und Brentano erweisen konnten, Sie zu bewegen, einen Briefwechsel mit mir anzufangen" (Brief v. 18. 3., eingangs). Gemeint sind *Christian Brentano* (1784-1851) und *Ludwig von Wrangel* (1770-1811), beide damals Stud. der Medizin in Jena, vgl. zu letzterem STOLL 1, S. 52 A. 2; zu ersterem EBDA., S. 175, außerdem SCHELLBERG-FUCHS I, S. 15 f. (zunächst für Kant und höhere Mathematik begeistert), sowie *Robinsons* Bericht (bei BETTERIDGE Nr. 1 v. 5. 11. 02/S. 534): unentschieden zwischen Schelling und Fries, bald gleichgültig gegen die Philosophie. Bei dem engen persönlichen Verhältnis beider zu Fries *und* Savigny (vgl. noch unten Fn. 446 für Clemens Brentano) und auch der Form nach möchte ich in Savignys Brief kein „geradezu aufdrängen" finden, und auch die Annahme, Savigny müsse von Aufsätzen Fries' vor 1802 stark beeindruckt gewesen sein, ist mir zu allgemein — ein konkreter Beleg dazu fehlt meines Wissens, vgl. dagegen HERBERGER, Dogmatik, S. 383 f.

[437] Bei HENKE Nr. 1 v. 3. 2. 02/S. 394. In der Sache also ähnlich wie schon 1798/99, s. oben 106 Fn. 511.

1802 erschienen war[438]. Positiv folgt diesem Kahlschlag nur wenig. Wenn Savigny derart die Kantianischen Naturrechte kritisiert und auch bei Fries[439] dann das Ausgehen von Begriffen und Sätzen als „willkürliche Annahme" angreift und es mit Kants Verweis auf das Sittengesetz gleichstellt, das er, Savigny, in seinem Bewußtsein eben nicht finde[440], könnte man dies als Anzeichen für eine radikal kritische, unmetaphysische Ansicht Savignys deuten wollen. Mehrere Punkte sprechen aber für das Gegenteil: Fries und andere Kantianer waren Savigny gewissermaßen nicht metaphysisch genug.

Bei einer radikal kritischen Position hätte man zunächst einen Hinweis auf Hugo erwarten dürfen, der Kant und gar die „Ultra-Kantianer" wegen ihrer zu weitgehenden Ausdehnung des Metaphysischen in der Rechtslehre so unüberhörbar kritisiert hatte[441] und den Fries seinerseits durchaus erwähnt[442]. Savigny harmoniert in diesem Punkt aber mit Hugo nicht[443]. In seiner Antwort auf Fries fährt er nach der Kritik an Kants und Fries' Verweis auf das „Bewußtsein" fort, er sei zu der Einsicht gekommen, *„daß die Sache da gar nicht zu suchen sei"*[444] – nicht hier, aber an anderer Stelle? Dieses Verständnis legt schon der Wortlaut nahe. Savignys sofort anschließende rhetorische Frage an Fries setzt es vollends voraus: „So gleichgültig sollte sie ihrem Recht auf Unendlichkeit entsagen?" – gemeint war die praktische Philosophie. Savigny stellte ihr also nach wie vor eine „unendliche Aufgabe", mit anderen Worten eine, die aufs Ganze

---

[438] *Anleitung* 1802/03 (WESENBERG), S. 49.

[439] FRIES hatte Savigny am 18. 3. 02 auf 10 Seiten ausführlich geantwortet. Bemerkenswerterweise findet man dabei großteils Übereinstimmung, teilweise *wörtlich*, mit seinem Anfang 1803 erschienenen Werk: Philosophische Rechtslehre und Kritik aller positiven Gesetzgebung, Jena 1803, XX/179 S. Dieses Werk hielt Fries selbst für sein Bestes („Lieblingskind"). Es hatte ihn seit Aug. 1800 beschäftigt, seinen Freunden war dies bekannt, vgl. die Vorbemerkung der Hg. zu FRIES, Sämtl. Schr. 9, XI* f.

[440] SAVIGNY, bei HENKE Nr. 2 v. 3. 4. 02/S. 296 f. Ob Savigny dabei Fries richtig versteht, bleibe dahingestellt.

[441] HUGO, Naturrecht ¹(1798), z. B. §§ 10-12/S. 8 ff.; DERS., ²1799, § 47/S. 50 f. u. bes. scharf, gegen die sog. „Ultra-Kantianer", in der Selbstanzeige des 2. Naturrechts, GGA 1799, S. 730 (= Beiträge I 433 mit Anm.).

[442] FRIES schreibt in seinem ersten Brief, S. 3: „Wenngleich Hugo meines Wissens im Ganzen Unrecht hat, so gefällt mir doch etwas in seiner Ansicht der Sache sehr" – ohne dies hier zu präzisieren; vgl. auch unten Fn. 458.

[443] Savignys bekanntes Hugo-Lob von 1838 ist durchaus sybillinisch gehalten: „Das Meiste und Beste von dem, was Hugo als Reform in unserer Wissenschaft wollte, hat er vollständig erreicht" (Verm. Schr. 4, S. 206). Vom „Naturrecht" Hugos spricht Savigny soweit ich sehe *nie* positiv; vgl. vorläufig MEINE Bemerkung in Bohnert-Rez., S. 507 in A. 47; Näheres in meinem Projekt (oben 3 f. Fn. 14) anhand der Handexemplare.

[444] Bei HENKE Nr. 2/S. 297.

ging, eine metaphysische im Sinne des idealistischen Ganzheitsdenkens. Und in der Tat: Fries bestätigte es in seiner Antwort, und das Versiegen ihrer kurzen brieflichen Diskussion bekräftigt es: Die Differenz reichte „bis auf unsere Ansicht von Wissenschaft überhaupt"[445].

Die Differenz in diesem Punkt, die sich bei der Betrachtung dieser sachnächsten Quellen ergibt, wird durch einige *gegenläufig scheinende Quellen* nicht berührt. Denn diese enthalten zum entscheidenden Punkt der philosophischen Position keine Aussagen und/oder bleiben zu indirekt, um hier zu beweisen. Sie zeigen, daß eine persönliche Wertschätzung, vermittelt besonders durch die Brentanos[446], noch länger bestehen blieb[447], daß Savigny Fries' allgemein sehr gut beurteilte kritische Schrift „Reinhold, Fichte und Schelling" (1803) ebenfalls anerkannte[448], daß er Fries für Heidelberg

---

[445] So SAVIGNY ebda. in der Fortsetzung, in der freundlichen Form einer Vermutung: „Divergenz ... vielleicht gar bis auf unsere Ansicht von Wissenschaft überhaupt und unsere Forderung an sie". FRIES nennt diese Bemerkung in seinem Antwortbrief vom 19. 4. 02 „sehr richtig" (S. 1).

[446] Clemens Brentano war mit Fries befreundet, vgl. bes. SCHELLBERG-FUCHS I, Nr. 102 von Ende 1801 an Winckelmann/S. 242: „Fries, den ich liebe"; Nr. 105 v. 15. 12. 01 an Sav./S. 250: „ein vortrefflicher Mensch"; Nr. 154 v. Mai 05 an Sav./S. 342: „Fries ist hier und ein rechter Engel"; Nr. 161 v. 9. 6. 06 an Sav./S. 366: „Fries ist mit seiner lieben lieben (!) Erdmanns-Schwester angekommen; dies muß eine gar anmutige Familie sein"; allg. auch STOLL 1, S. 214 A. 2; Savigny bestätigt Clemens' Lob bei STOLL Nr. 66 v. 10. 4. 02 an Clemens/I 210: „Ich glaube gerne, was ich von Euch und Wrangel über Fries gehört habe; aber was er mir schrieb, ist in seiner ganzen Anlage *dagegen* oberflächlich und leer". Vgl. für Christian Brentano und L. Wrangel dabei schon soeben in Fn. 436; als Argument für Nähe Savigny-Fries diese Quellen jetzt bei HERBERGER, Dogmatik, S. 384 A. 196. Vgl. dazu im Text sogleich.

[447] Vgl. die Unterstützung für Fries' Berufung nach Heidelberg 1804, zuerst geäußert gegenüber Fr. Creuzer (bei STOLL Nr. 94 v. 23. 6. 04/I 236): „Warum empfehlen wir nicht Fries, der nach so vielen Zeugnissen ein höchst vortrefflicher Mensch sein soll, und dessen Schriften so aufgenommen worden sind, daß man ihn berühmt nennen kann"; ebenfalls benutzt jetzt bei HERBERGER, Dogmatik, S. 384.
Weiter der entscheidende Brief von *Robinson* in *Savignys* Auftrag v. 5. 10. 04 aus Darmstadt (bei MARQUARDT, Robinson, S. 281 f.) mit deutlichen Empfehlungen Savignys zum Daß und Wie der Bewerbung. Auch Robinson stand mit Fries sehr gut, vgl. seine Briefe an Savigny aus Jena von 1802, wo er bei Fries wohnte (dazu jetzt ausf. MARQUARDT, aaO., S. 125 ff.) und Savignys Bericht an Clemens Br. (bei STOLL Nr. 69 v. 8. 12. 02/I 212): „Robinson hat mir zwei gar brave Briefe geschrieben, voll Urteil und Ironie über das Jenaische evangile de jour: mit Fries ist er sehr gut"; Robinsons Brief bei BETTERIDGE Nr. 1 v. 5. 11. 02. L'évangile ist SCHELLING.
Für Savignys Wohlwollen zu Fries schließlich seine Unterstützung in Berlin 1816 (dazu auch HERBERGER, ebda., und sogleich bei und in Fn. 454).

[448] Die allgemeine Anerkennung zeigt bes. eine ungewöhnlich lange und positive Rez. in der H.A.L.Z. 1803, Nr. 320 f. v. 22./23. 11., Sp. 353-64, anonym. Eben diese Rez. kannte auch Savigny, denn er trägt Robinson auf, Fries solle sie für Heidelberg vorlegen, s. im Brief Robinsons, bei MARQUARDT, ebda. Ebda. gibt R. wieder, von der Schrift „Reinhold ..." erwarte sich Savigny in Karlsruhe bes. viel und von der Rez.

die Empfehlung gab, seine Bewerbung durch „ein starkes Wort gegen die neue eitele und leere idealistische Philosophie" zu fördern[449], womit einige „Schellingianer" gemeint gewesen waren[450]. Aber Savigny sagt nichts über seine Gründe für die Wertschätzung der Schrift von 1803 und läßt die gleichzeitig erschienene „Philosophische Rechtslehre", in der Fries positiv rechtsphilosophische Prinzipien formuliert, ganz unerwähnt. Die Briefe Fries' von 1802 zeigen nun, daß er Savigny gerade aus diesem Buch Teile geschrieben hatte — *hierüber* war man sich also *nicht* einig und die scharfe Kritik an einem Brief von Fries als „seiner ganzen Anlage (sc. nach) oberflächlich und leer" gegenüber Clemens Brentano bezieht sich genau auf diesen ersten Brief[451]. Daß Savigny Fries für Heidelberg starke Worte gegen die „neue eitele und leere idealistische Philosophie" empfahl, macht ihn also noch nicht zum philosophischen Anhänger Fries'[452]. Es bestätigt seine Abneigung gegen anmaßendes Auftreten in der

„mehr beinahe als von ihren eigenen Werken" — offenbar in vertrauter Einschätzung des Berufungsvorgangs (alles bei MARQUARDT, aaO., S. 282). Weniger zählt Savignys Lob bei STOLL Nr. 71 v. 22. 12. 02/O 214, das HERBERGER, aaO., heranzieht, denn Sav. hatte damals die Schrift noch gar nicht „gelesen" (aaO.). Sein Lob beruht wohl auf Robinsons Brief v. 26. 11. 02 (bei BETTERIDGE Nr. 2/S. 537), der Fries' Schrift preist. Zur Erwähnung der Schrift in SAVIGNYS Methodologie 1802 sogleich unten im Text bei Fn. 456.

[449] Robinson in Savignys Auftrag, bei MARQUARDT, Robinson, S. 282; vgl. schon zu diesem Brief die vorletzte Fn.

[450] Darauf deutet der Wortlaut, vor allem aber Creuzers Erwiderung auf Savignys Frage, ob man nicht Fries empfehlen solle (vgl. schon Fn. 447): „*Daub* hat ... zuweilen Naturphilosophie nach Schelling gelesen — dies wird er wahrscheinlich auch künftig wieder tun. Nun scheint mir D. doch ein wenig zu befangen in dem Schellingschen System, u. es wäre daher heilsam, wenn durch Fries in dem hiesigen philosophischen Geist eine Temperatur hereingebracht würde" (bei DAHLMANN, v. 25. 6. 04, Nr. 45/S. 132; die übrigen Stellen dort zu Fries sind hier unergiebig). Genaueres zu „Schellingianer" fällt nicht leicht, man vgl. FRIES selbst, der am 8. 12. 06 schreibt, in Heidelberg gebe es „lauter halbe Schellingianer" und dafür gerade auch Savigny-Freunde wie Daub, Creuzer, sowie Kastner, Schelver und Görres anführt, überall „gedankenloses Wortmachen" findend (bei HENKE, Fries, S. 117 f.). Vorsicht ist also sehr geboten mit solchen Etiketten; etwas ernster nimmt sie HERBERGER, Dogmatik, S. 384. Vgl. zu *Creuzer* dabei noch unten 289 f. Fn. 676 und 673 aus seinen „Studien", Bd. 1, 1805, hg. mit Daub.

[451] Zur Übereinstimmung mit „Philos. Rechtslehre" oben Fn. 439; Savignys Kritik ist zitiert in Fn. 446, die Briefdaten in Fn. 434. Savigny schrieb Brentano am 10. 4. 02, bezieht sich also auf Fries' Brief vom 18. 3. Weitere, unbekannte, Briefe dazwischen anzunehmen, besteht kein Anlaß.

[452] Die ganze Passage lautet (vgl. Fn. 449): „Auch wird es gar nicht übel seyn, ein starkes Wort gegen die neue eitele und leere idealistische Philosophie zu reden. Und ihr frommer Eifer für die gute Sache einer reellen nutzlichen und brauchbaren Philosophie laut zu verkündigen, die wie ein tüchtiger Puls sich gleich an die positiven Wissenschaften anschlägt, und sie warm zu erhalten hilft — Nur über Religion je weniger je besser ..." — man würdigte also die Karlsruher Erwartungen recht genau; alles aus ROBINSONS Brief in Savignys Auftrag, hier eingeleitet mit „Savigny weiter wünscht ...".

Philosophie, gegen das er stets, etwa auch bei Fichte, Hegel, Schelling empfindlich blieb[453]. Schließlich ergibt auch Savignys bemerkenswerte Abstimmung *für* eine Berufung von Fries Anfang 1810 in Berlin nichts anderes; dies zunächst aus dem gleichen Grund wie zur Heidelberger Berufungssache. Zudem stimmte er hier nicht für Fries und damit gegen Hegel, sondern für Fries *neben* Hegel und gegen den Kantianer Tennemann[454]. Eine sachliche Parteinahme läßt sich daraus nicht entnehmen. In all diesen Berufungsvoten wird es ohnehin vorwiegend um Personen gegangen sein[455]. In diese einschränkende Deutungslinie fügt sich zuletzt eine Bemerkung im Nachlaß. Wenn sich hier Savigny in der *Methodologie* von 1802 vermerkte,

„Einzuschalten Lob und Erklärung von Fries, Reinhold, Fichte und Schelling, S. 318"[456],

so hat diese Notiz Gewicht, da sie der Frage „Wissenschaft" näher steht. Aber die „S. 318" ließ sich auch abseits vom rechtsphilosophischen Fundament gut loben. Fries wendete sich dort gegen das *bloß* „logische ... Dogmatisieren" in den *positiven* Wissenschaften, also gegen eine einseitige Methode, die „über die Oberfläche alles Inhaltes weggleitet und also in das Wesen des positiven Inhaltes nie einschneidet"[457], mit einer Formel: gegen die „zu große Anhänglichkeit an die logischen Formen"[458]. Dieser Abwehr konnte Savigny gut beipflichten, er betont sie selbst[459]. Die Einigkeit in dieser Abwehr und Kritik bedeutete noch keine positive Überein-

---

[453] Vgl. nur Savigny bei STOLL Nr. 30 v. 30. 7. 99/I 122 f. (Gefahr der Demagogie bei Fichte); Nr. 360 v. 6. 2. 21/II 273 f. (für Fichte und Hegel), Nr. 365 v. 26. 11. 21/II 277 ff. (für Hegel und Fichte: „Dünkel und Anmaßung ... jene überall nicht heilsamen Eigenschaften", bes. bei Hegel); für Schelling selbst weniger, vgl. aber die Kritik an seiner suggestiven Lehrmethode gegenüber unreifen Köpfen, bei STOLL Nr. 73 und jetzt im Original bei MARQUARDT, Briefe, Nr. 2.

[454] Diesen Vorgang zieht jetzt HERBERGER, Dogmatik, S. 384, heran, er übersieht aber, daß es um *zwei* Lehrstühle ging, dazu näher LENZ, Berlin 1, S. 571 ff., 575. Savigny kannte Tennemann aus Jena 1799, negativ, vgl. STOLL I 120 mit A. 4.

[455] Vgl. auch oben in Fn. 447 Savigny an Creuzer, wo er *zuerst* den „vortrefflichen Menschen" nennt, als es um Fries' Empfehlung nach Heidelberg geht.

[456] Nachlaß 1977, bei M 14, S. 26. Leider fehlt jede genauere Ausführung, auch an der entsprechenden Stelle bei Grimm, s. *Anleitung* (WESENBERG), S. 39 und sonst.

[457] FRIES, Reinhold (1803), S. 318.

[458] FRIES, aaO., zusammenfassend S. 324. Klarzustellen ist, daß Fries' bekannte Stellungnahme zu HUGOS Naturrecht (konsequenter kantisches Naturrecht als Kants eigene Rechtslehre), die hier S. 319 von FRIES in Klammern eingeschaltet ist, eine weitere Frage aufwirft, die FRIES hier *nicht* beantwortet, sondern in der „Rechtslehre" (1803); vgl. seine Bemerkung zu Hugo an Savigny (oben Fn. 442).

[459] *Anleitung* (WESENBERG), S. 37 ff., also eben da, wo die Ausarbeitung Fries einschalten will (s. soeben bei Fn. 456); parallel S. 48.

stimmung in der „Ansicht von Wissenschaft überhaupt". Worin lag dann aber die Differenz?

Fries befolgte eine primär kritisch-empirische Methode bei subjektivem Ansatz und reduzierte das Metaphysische in seiner Rechtslehre stark, wenn auch nicht ganz[460]. Mit *Collmann/Molitor* zu sprechen, kam auch er über den „Standpunkt der Begrenzung", das hieß: eine Vertragskonstruktion, nicht hinaus[461]. Seine Methode gipfelte darin, das „Gesetz des Rechts" nicht in der Natur, quasi „natürlich", zu finden, sondern in der „Idee" allein, führte also zurück auf einen *subjektiven* Ansatz:

> „Das Gesetz des Rechtes entspringt *aus unserm eignen Innern*, wir lernen es nicht von der Natur, sondern wir setzen durch dasselbe als ein Gesetz der Freyheit, die Gesellschaft der Menschen aller Natur entgegen. Aber dennoch finden sich die Menschen nur in der Natur; das Rechtsgesetz kommt also in ihrer Gesellschaft nicht als ein *natürlicher* Weise schon geltendes Gesetz vor, sondern nur als eine *Idee*. Es ist nur als eine Aufgabe gegeben, es soll durch die eigne Thätigkeit der Menschen erst unter ihnen eingeführt werden.
> Dadurch daß ein jeder innerlich das Gesetz hat und auch im allgemeinen anerkennt, gilt es darum doch nicht sofort unter den Menschen wirksam. ... Daher (sei noch eine äußere positive Gesetzgebung notwendig)"[462].

Diese zentrale Passage aus der eingehenden *Vorrede* der „Rechtslehre" verdeutlicht Fries' Ansatz in knappster Form. Das Rechtsgesetz muß „eingeführt werden", d. h. „durch Vertrag und vertragsmäßige Verteilung des Eigentums im Verhältnis der Einzelnen und durch öffentliche positive Gesetzgebung in Rücksicht der Gesellschaft überhaupt"[463]. In seinem ersten Brief an Savigny hatte er die wesentlichen Gedanken der grundlegenden *Einleitung* der „Rechtslehre" zusammengefaßt[464]. Die zitierte *Vorrede* wurde sehr wahrscheinlich zuletzt und *nach* dem Briefwechsel geschrieben. Kaum ganz zufällig spürt man also in Fries' Vorredeworten

---

[460] Dazu FRIES, Rechtslehre, S. IX und 15 f. (Rechtsgesetz nur als Idee gegeben), X (scharfe Trennung von positiver Rechtswissenschaft), 99 ff. (Kritik und Abtrennung vieles bloß Politischen); gegen das „Dogmatisieren" DERS. in: Reinhold, vgl. soeben bei Fn. 456 ff. Vgl. die guten Lit.hinweise GELDSETZERS in seiner Einleitung zu FRIES, Sämtl. Schr. 9 (1971) S. VI* f. Die Frage, wie Fries „richtig" zu verstehen wäre, spielt im folgenden keine Rolle, daher auch die Lit. keine wesentliche, weil es auf das Verhältnis zu Savigny ankommt, so wie beide es sahen und begründeten.

[461] COLLMANN/MOLITOR meinen damit alle letztlich subjektiven Ansätze, die daher in eine Vertragskonstruktion des Rechts münden und in der Regel Gesetzgebung positiv sehen, vgl. dazu näher sogleich unten 273 f.

[462] FRIES, Rechtslehre, S. VIII.

[463] So an Savigny, Nr. 1 v. 18. 3. 02 (Ms 725/311), S. 6.

[464] Der Brief läuft parallel auf S. 4 mit „Rechtslehre" S. 5 (Sollen-Müssen), S. 4/S. 15 (Rechtsgesetz bloße Idee), S. 5/S. 19-21 (Recht-Politik, Gleichheitsprinzip), S. 6/S. 23 f. (Rechtsableitung nicht aus Erlaubnischarakter), S. 7/S. 26 f. (Recht und Zwang), S. 7/S. 27 f. (Rechtsidee und positives Recht).

einen abwehrenden Nachklang der Kritik, die Savigny am Ausgehen von innerer Erfahrung und „Bewußtsein" als einem „künstlichen" statt „natürlichen" Vorgehen vorgebracht hatte[465]. Fries hatte seinen ersten Brief dagegen verteidigt und voll aufrecht erhalten[466]. Eine Art Bekräftigung dazu liefert die soeben wiedergegebene „Vorrede".

Savigny verwarf dagegen Vertragskonstruktionen und subjektive Ansätze. Im Winter des Jahres 1802 schrieb er, wie gezeigt, in tastend objektivistischem Sinne seine Methodologie. Gegenüber Fries läßt auch sein *Fichte-Lob* seine Richtung erkennen. Savigny lobt Fichte nicht wegen seines metaphysischen Ansatzes, der ja wiederum beim „Ich" lag und der ihm „am meisten mißlungen" schien[467], sondern für etwas, das *Hugo* schon einmal spöttisch ein „Data der Erfahrung unterlegen" genannt hatte[468], für einen „eigentümlichen Gesichtspunkt". Denn, so schreibt Savigny,

> „Es muß für das Naturrecht jedes Metaphysikers *außer* seinem metaphysischen Gesichtspunkt auch noch einen eigentümlichen geben, der von jenem unabhängig sein kann, freilich nicht zu Ehren der Metaphysik — und dieser *eigentümliche* Gesichtspunkt ist es, an dem ich mich bei Fichte erfreue, weil er *gesund* und *lebendig* ist"[469].

Gegenüber Schwarz gab er schon 1800 eine parallele Fichtekritik zur „Moral". Fichte huldige hier wie Kant einem starren „Götzendienst der Grundsätze", werde dem aber untreu

> „indem er zwar diese äußere Gestalt rein erhält, aber im innern des Systems selbst ihm vieles beymischt, das nicht zu ihm, wohl aber zur Wahrheit gehört"[469a].

Erst der Nachsatz an Fries gibt einen kleinen Hinweis auf Savignys eigene Vorstellungen. So knapp er seine Richtung andeutet, dieses Lob bestätigt seine Abweichung vom subjektiven Ansatz. Anders als Hugo und Fries bewertet er „gesund", „lebendig", „eigentümlich" auch im ‚Naturrecht' sehr grundsätzlich positiv, als „Wahrheit". In seinem Schlußwort an Fries wird Savigny endlich noch etwas deutlicher. Man müsse alle diese natur-

---

[465] Bei HENKE Nr. 2/S. 296 und Nr. 3/S. 298: „... daß auch Sie wieder sich ohne Bedenken auf das *Bewußtsein* berufen, in dem man nur nachzusehen habe, um alle diese Sachen sogleich zu finden. Ich werde nie vergessen, wie sehr ich bei meiner allerersten Bekanntschaft bekümmert war, das Sittengesetz in meinem *Bewußtsein* — nicht zu finden" (296) und „daß Sie *ausgehen* von Dingen, zu denen Sie erst vor unsern Augen gekommen sind ... aber der Begriff der Vernunft z. B. ist weit entfernt in der Erfahrung zu liegen, er ist also durch ein künstliches Verfahren erzeugt ... Das alles ist weder kantisch, noch antikantisch, noch fichtisch, sondern ganz *natürlich*." (Hervorh. von mir).
[466] Marburg, Ms 725/312, v. 19. 4. 02.
[467] Savigny, bei HENKE Nr. 1/S. 294.
[468] HUGO, Naturrecht[1] (1798), S. 8.
[469] Savigny, bei HENKE Nr. 1/S. 294. Hervorh. von mir.
[469a] Bei KANTOROWICZ, Nr. 2 v. 4. 1. 1800 aus Leipzig.

rechtlichen Fragen „weder kantisch, noch antikantisch, noch fichtisch, sondern *ganz natürlich*" anfangen[470]. Die Stelle selbst, vollends aber ihr beschriebener Zusammenhang beweisen, daß bei „natürlich" nicht etwa an eine besondere empirische Nüchternheit gedacht ist. Gerade umgekehrt weist dieses Wort die Richtung auf eine *Metaphysik des „Natürlichen"*. Nicht das rohe Faktum fasziniert Savigny, sondern das Gegebene in seiner Werthaftigkeit. Sein Vorschlag an Fries geht ganz in diese Richtung und läßt bereits einen sicheren Glauben daran erkennen. „Natur" so zu verwenden lief weder den Vorstellungen der Zeit noch den Gewohnheiten Savignys entgegen. Er hatte das Wort auch sonst werthaft besetzt und metaphysisch aufgewertet[471] – anders wiederum Fries[472]. Und Savignys Generation hatte wie er die Tauglichkeit der Rede vom „natürlichen" im Rahmen eines neuen, monistischen Konzepts von Natur und Mensch entdeckt. „Natürlich" hieß hier *negativ* autonom gegen aufgedrängtes Göttliches, gegen Aufgedrängtes überhaupt, aber auch schon *positiv* ‚in Harmonie mit sich', mit dem Gegebenen, der jeweiligen Natur gemäß[472a].

Im gleichen Sinne ist hier an Savignys Begeisterung für das in diesem Sinne transzendental geprägte „Athenaeum" und für Goethe zu erinnern[473], aber auch von der anderen Seite an seinen von Leonhardi 1799 berichteten vielzitierten Vorsatz, ein „Reformator der Jurisprudenz, ein Kant in der Rechtsgelehrsamkeit, zu werden" – ein Vorsatz, der sich inhaltlich und zu dieser Zeit nur *gegen* Kant richten konnte[474].

---

[470] SAVIGNY im Brief bei Henke, Nr. 3/S. 298, Hervorhebung hier von mir. Meine Deutung entspricht hier also nicht der von MARINI 1966, S. 155 f. Die ganze Stelle soeben in Fn. 465.

[471] Z. B. bei STOLL Nr. 23 Beilage, v. 21. 6. 99/I 93, dazu sogleich bei Fn. 482 u. ö.

[472] Vgl. dazu FRIES' ganze „Rechtslehre" durchweg, auch oben im Zitat bei Fn. 462 den Gegensatz von *Natur* und *Idee*, nicht nur unterschieden, sondern verschieden bewertet, ganz im kantisch-dualistischen Sinne.

[472a] Vgl. dazu noch unten 253, 259 mit Belegen aus Schlegel und Hölderlin. Die negative Bedeutung betont einleuchtend RASCH, Goethes Iphigenie, S. 19, 38, 40 f., 47, 56, also für einen Text, der auch Savigny sehr nahe stand (oben bei Fn. 235), den Gesamtwandel bei Natur, Natur-Mensch bes. TAYLOR, Hegel, S. 33, 43 ff., 57. Einiges zur „Entwicklung des Naturbegriffs nach Kant" auch bei BOHNERT, Puchta, S. 60-63 (für Kant, Fichte). Weniger ergiebig der Art. Natur, in GESCH. GRUNDBEGRIFFE 4 (1978), vgl. aber S. 237 dort zu Herder u. Schelling. Sehr instruktiv jetzt KONDYLIS, Aufklärung (s. Nachtrag), s. sein ausf. Register s. v. Natur, bes. S. 632 ff. (Herder), 639 ff. (Kant).

[473] Dazu Nwe. oben 198 f. in Fn. 241 f.; zum ATHENAEUM sogleich noch im Text.

[474] Der Bericht bei STOLL 1, S. 54 v. 19. 3. 99; s. auch sogleich bei Fn. 481; zur Deutung RÜCKERT, Reyscher, S. 330 in A. 109; etwas anders scheint zuletzt wieder KIEFNER, Savigny (1983, s. Nachtrag), S. 229, deuten zu wollen, der vorsichtig den „Plan einer Neubegründung der (Privat)rechtswissenschaft auf kantischer Grundlage" erkennen möchte; vgl. oben bei Fn. 184 zum Privatrechtsliberalismus Savignys u. i. folg. den Text zum Kantianismus.

Schließlich zeigt sich die Differenz Savigny — Fries auch in der Verwendung der bereits für die *Methodologie* 1802/03 analysierten zentralen Termini *philosophisch* und *historisch*. Denn bei Fries findet sich sehr klar der alte Sprachgebrauch, der dem Historischen, das hieß auch dem Empirischen und Geschichtlichen, keinen eigenen Wert zusprach und alle Wertbetrachtung in Philosophie oder Politik verankerte[475]. Eine objektivierende Idealisierung des gegebenen Stoffs als aktuelles und fortschreitendes System und im Hinblick auf das „eigentlich Historische" daran lag ihm fern[476]. Es war danach nicht schwer zu prophezeien, daß Fries auch 1814/15 nicht auf Seiten Savignys stehen würde. Er lieferte vielmehr eine heute offenbar ganz unbekannte, dafür aber umso präzisere Kritik[477]. Dort nimmt er mit Recht Savignys „historische" Rechtsquellenlehre im *Beruf* durchaus so grundsätzlich wie sie gemeint war, findet darin „philosophische Voraussetzungen" und kann daher „Philosophie gegen Philosophie stellen"[478]:

> „Mir scheint, sowohl wie Savigny, die naturrechtliche philosophische Ansicht des vorigen Zeitalters sehr fehlerhaft, allein ich kann keineswegs zugeben, daß man das Recht nur historisch aufzufassen und nicht vielmehr nach zum Teil philosophischen wissenschaftlichen Ansichten zu bilden habe".

Savigny hätte erwidern können, bei Fries sei eben das „Historische" *borniert* aufgefaßt, darin stecke eben die wahre „Philosophie" schon — so hatte er es sich 1804 zu Feuerbach notiert[479], der ihn völlig passend ganz parallel wie Fries und ebenfalls 1816 kritisierte[480]. Die Worte hatten sich

---

[475] FRIES, Rechtslehre 1803, S. X f. u. ö.: „philosophisch", „rein" u. „idealisch", „Selbstdenken" *gegen* „empirisch", „positiv", „Geschichte und Erfahrung", „historisch", „studieren und lernen".

[476] So aber SAVIGNY, dazu eingehend oben 96 ff.

[477] Siehe FRIES, Vom Deutschen Bund und Deutscher Staatsverfassung (1816), erneut 1831 u. d. T. „Die Verfassung und Verwaltung Deutscher Staaten", jetzt Neudruck in Sämtl. Schr. 9 (1971). Schon die Daten zeigen den politisch progressiven Charakter der Schrift. Zu Gesetzgebung und Savigny dort I S. 54 f. und bes. II S. 52 ff.

[478] FRIES, aaO., II S. 66, eingeleitet S. 58: „Zu diesem Streite wage ich auch einige Worte zu sagen". FRIES kam hier also mit Hegels, sonst sein Gegner, Kritik überein, freilich aus ganz anderer Begründung.

[479] Dazu näher oben 205 bei Fn. 272.

[480] FEUERBACH, Einige Worte (1816, Borst-Vorrede), s. Kl. Schriften 1833, S. 133 ff. u. STERN, 195 ff. Näher dazu u. zu Savignys ausweichender Antwort in *Stimmen*, RÜKKERT, Reyscher, S. 136 f. Analog findet auch GÖNNER, Gesetzgebung, S. 20 f. u. ö. im *Beruf*, Kap. 2 entgegen SAVIGNY, Beruf, S. 14, dort das Recht nicht „historisch", sondern „rein philosophisch" dargestellt, vgl. näher zu diesen Termini oben 97 ff. Konsequente Fehldeutung bei SCHNEIDER (1972), s. unten 412. JAKOBS Meinung zu *Beruf*, S. 79 (in Wissenschaft, s. Nachtrag, S. 27), „historisch" meine hier bloß „empirisch", gemäß dem Sprachgebrauch der Zeit, ist unbelegt und falsch. Anders z. B. schon SOLARI, S. 229 f. Mit dieser Prämisse fallen auch andere Deutungen in JAKOBS' scharfsinnigem Buch.

verfestigt, jeder duldete sie nur in seinem Gebäude, jeder bestand damit auf seiner *Philosophie*, mochte sie auch bei den nichtprofessionellen „Philosophen" in wenigen Worten und zentralen Annahmen stecken.

Mit *Athenaeum*, Goethe, „eigentlich – historisch" usw. wurde soeben erneut eine Linie berührt, die schon wegen ihrer Dauerhaftigkeit, aber auch wegen ihres Inhalts hochbedeutsam ist. Diese Linie muß und kann jetzt genauer beachtet werden, so „unphilosophisch" sie zunächst auch scheinen mag. Savigny selbst zwingt zu diesen Untersuchungen an fern scheinenden Texten, deren literarisch-philosophisches Niveau freilich unbestritten ist. Leonhardis Bericht vom Reformator-Vorsatz Savignys vom März 1799 fällt in die Zeit der „Athenaeum"-Begeisterung und Kant-Kritik Savignys[481]. Die „philosophische Beilage" Savignys vom Juni 1799 gibt weiteren Aufschluß über seine Positionen. Hier hatte er *gegen Kants Deutung* des „sittlichen Wollens in uns" ausgeführt:

> „Ich kann durchaus nicht begreifen, daß es von so vielen als allgemeine, nothwendige Ansicht, ja wohl gar als das Factum selbst betrachtet wird, das man in sich wirklich vorfinde ... Wer mir hier widerspricht, der muß zeigen, wie die Begriffe von Pflicht und Gesetz auf eine *natürliche* Weise, und wenn wir von dem reinen Factum ausgehen, in uns entstehen"[482].

Abwehr und positive Andeutung in diesem Text von 1799 laufen bemerkenswert parallel zum 1800 und 1802 Geschriebenen. So muß es erlaubt sein, auch für 1802 die negative Klärung der vieldeutigen Positivformel „natürlich" heranzuziehen, die Savigny 1799 mitliefert. Er lehnt dort einen Ursprung der Sittlichkeit in einem „höheren Wollen" außer uns, „das diese Handlung von uns fordert" – so nach ihm eine ältere Lehre – ebenso ab, wie den kantischen Ursprung im bloßen Willen des Ich[483]. Dieser Ansatz beim Subjektiven mißfällt ihm gründlich. Er schien ihm unnatürlich. Man erkennt auch den Grund: Es folgt daraus in beiden Fällen letztlich konsequent ein *starres* Gesetz. Savignys Dissens besteht also nicht darin, einfach von einem irgendwie gegebenen Objektiven auszugehen. Vielmehr sucht er quasi das Objektive im Subjektiven. Denn er fährt fort, seine Meinung sei,

> „daß der Wert oder die Sittlichkeit der einzelnen Handlungen durchaus nicht von unserer Freiheit unmittelbar (!), sondern von unserer Stimmung abhängt, daß wir also nur mittelbar darauf wirken können, indem wir in uns das Vorübergehende fixieren und die Stimmung in Gesinnung verwandeln"[484].

---

[481] Dazu bereits mit Belegen oben 196 bei und in Fn. 228 f. u. soeben bei Fn. 474.
[482] Beilage zu STOLL Nr. 23 v. 21. 6. 99/I 94 f. Hervorhebung hier von mir. Parallel dann auch der Brief an Schwarz von 1800, zitiert bei Fn. 496a.
[483] Bei STOLL, aaO., S. 94; parallel an Schwarz, aaO.
[484] Bei STOLL Nr. 23 Beilage /I 95; vgl. noch unten 367 f. generell zu Freiheit.

Von der *Stimmung zur Gesinnung* – so diffus dies klingt, jedenfalls zielt es auf eine Verschränkung von Subjektivem und Objektivem, die die subjektiven Ansätze Kants und anderer in der praktischen Philosophie zu überwinden sucht. Zugleich wird das objektive Element „Gesinnung" bereits höher bewertet. Neben bloßer „unmittelbarer" Freiheit kündigt Savigny also tastend, aber sicher in der Richtung, schon 1799 einen weiteren Faktor an. Und der Fries-Brief von 1802 beweist, nicht zuletzt mit der Empfehlung eines „ganz natürlichen" Weges, daß diese Tendenz bei Savigny nicht bloße „Stimmung" geblieben war, sondern „Gesinnung" kundgab. Die Übereinstimmungen beweisen weiter, daß sein Ansatz hier Moral *und* Recht umfaßt[484a].

Die Gunst der Quellenlage und Savignys große, bekenntnishafte Gesprächigkeit in dieser Zeit bieten die Möglichkeit, diesen wesentlichen Voraussetzungen und Konturen in seinem „natürlichen" Denken inhaltlich noch etwas näher zu kommen. *Stimmung* in *Gesinnung* fixieren, dieses Rezept erklärt Savigny sofort anschließend eindringlich und seine Erklärung weist den Weg zu seinen Voraussetzungen und Quellen dabei. Savigny fährt fort:

> „Hoch und heilig erscheint mir hier Freundschaft und Liebe, als das erste, ja als das einzige Mittel zu dieser Veredlung des innern Menschen! ... (sc. und) diese Ansicht des practischen, mit allem was in ihr liegt und aus ihr folgt, (sei) in Kants System durchaus fremd".

Es gehe nicht einfach um den „*unmittelbaren* Ausspruch des Gottes in Dir"[485]. Den *Gott*, das Gute, *in uns* findet man also nicht durch „unmittelbare", bloß individuelle innere Erfahrung (so Fries), gar Selbstdenken, sondern durch *Liebe und Freundschaft – Geselligkeit?* In der Tat denkt man nicht zu Unrecht an SCHLEGELS „Geselligkeit". Savignys Text über „Gott in uns" und „Freundschaft" als den Weg dahin hängt nämlich entschieden ab von einem Text des gleichen Jahres 1799, in dem sich ganz wie bei Savigny Kant-Kritik, Fichte-Lob, subjektiv-natürlicher Ansatz und eine besondere Art von Religiosität sprachgewaltig vereinen. Es heißt da z. B.:

> „Die Menschheit läßt sich nicht inoculiren und die Tugend läßt sich nicht lehren und lernen, außer durch Freundschaft und Liebe mit tüchtigen und wahren Menschen und durch Umgang mit uns selbst, mit den Göttern in uns"[486].

[484a] So zu Recht auch schon BONNET 1913, S. 147.
[485] So eingangs im gleichen Text (STOLL I 94).
[486] Dieser Satz steht in ATHENAEUM II 1 (1799), S. 8 (des fotomech. Nachdrucks), Paralleles auch S. 14 f.

In eben diese Lösung war, wie soeben gezeigt, auch Savignys philosophische Erörterung von 1799 gemündet. Fast wörtlich hatte Savigny diese Überlegungen aus seinem geliebten *Athenaeum* übernommen, aus FRIEDRICH SCHLEGELS Gespräch *Über die Philosophie*[487]. Vorstellungen über Erziehung, Selbsterziehung, Religion und Gott, das Gute im Menschen, die Sittlichkeit, das Recht und die Wissenschaft bei alledem[488], lagen hier in kaum trennbarer Enge beisammen, Savigny vertrat sie mit Emphase[489]. In Schlegels Worten lag der entschiedene Abschied von Kants „starrer Pflicht" und sittlichem Gesetz, eben der Basis dieses mißbilligten Lernens und Lehrens in der „Tugend"[490]. Darin lagen aber auch der Abschied von *Fichtes* metaphysischem Ansatz beim bloßen Ich[491] und *positiv* die Wendung zum Umgang mit sich selbst und anderen in der Absicht auf den *Gott in uns*, nicht bloß subjektiv in „mir". Die ganz unphilosophische, gleichnishafte Sprache dieser Philosophie in Gesprächen[492] darf nicht beirren, denn sie war Programm. Formeln wie „Gott in uns" usw. können umso mehr nur in größerem Zusammenhang erfaßt werden, da sie nicht fachsprachlich Verfestigtes angeben, sondern eine Richtung bezeichnen, wenn auch in unverkennbarer sprachlicher Eigenart. Negativ steckt darin wieder Emanzipation von aufgedrängter Religion und Sittlichkeit, wie in Goethes Formel „rein menschlich". Doch enthält die Formel entgegen einigem Anschein keine Philosophie des rein Subjektiven, der „unmittelbaren" Freiheit, der Gleichsetzung des bloß Subjektiven mit dem Göttlichen. Diese höchste normative Qualität erreicht das Subjekt nicht „unmit-

---

[487] S. das Zitat bei Fn. 485; zur Bevorzugung dieser Texte alle Nwe. bereits oben 195 f.
[488] Auch *Wissenschaft*, vgl. Savignys Problemstellung eingangs des zitierten zentralen Stücks (STOLL Nr. 23 Beilage/I 94 oben): Gefahr, bei der unmittelbaren Verankerung im Ich, die „Wissenschaftlichkeit geradezu aufzugeben …".
[489] Vgl. dazu schon generell oben 196; für Erziehung speziell sein scharfes Urteil zu GOETHES „Wanderjahren", oben 203 bei Fn. 261; näher noch sogleich im Text.
[490] Vgl. auch dazu schon die Nwe. für Savigny oben 196 in Fn. 230; für SCHLEGELS Kantkritik noch ATH. II 1, S. 30 f.
[491] Vgl. SAVIGNY an Fries, oben 248 bei Fn. 467; zugleich konnte Sav. konsequent das „Lebendige" bei Fichte loben, ebda.; für SCHLEGELS Fichte-Lob, ATH. II 1, S. 31.
[492] So HÖLDERLIN, Hyperion (1797), SCHLEGEL, Athenaeum (1798 ff.); Anregung gaben ROUSSEAUS Emile und bes. HEMSTERHUIS' (1721-90) Dialoge, s. DERS. Philosophische Schriften, 2 Bde., Karlsruhe 1912, etwa II S. 5-49: Sophilos oder über die Philosophie, und durchweg. Hemsterhuis war auch für Savigny bekannt und vertraut, vgl. nur STOLL Nr. 20 v. 18. 5. 99/I 87 mit A. 4, wiederum aus „Athenaeum". So beruht auch die Meinung, man solle Philosophie nur als „Mensch" betreiben, ohne die Bücher, auf diesem Denken, vgl. so HEMSTERHUIS, aaO., II S. 9; SAVIGNY an Fries, bei HENKE, Nr. 3/S. 298. Über HEMSTERHUIS' wichtige Rolle für Hölderlin gut KONDYLIS, Dialektik, S. 143 ff., 275 in der A.

telbar", sondern erst durch *Fixierung* einer besonderen Qualität im Ich[493]. Nicht der *„unmittelbare* Ausspruch des Gottes in Dir", nicht ‚Gott in mir', soll Leitlinie sein, sondern erst die via „Liebe und Freundschaft" fixierte Gesinnung. Savignys tastende Reflexionen um das Wesen des Ich und die sittliche Bestimmung des Menschen umkreisen sichtlich die Möglichkeiten eines objektiv-idealistischen Weges in diesen Fragen, der die Freiheit des Subjekts irgendwie bewahrte. Bei dieser Lösung und nur bei dieser mußte ja ein irgendwie objektives Element *im* Subjekt benannt werden. *Gott in uns* war eine solche Losung.

SCHLEGELS Gespräch *Über die Philosophie* begegnet also erneut bei Savigny und in grundlegenden Zusammenhängen[494]. Dicht daneben und offenbar als gemeinsame Quelle wirken wiederum ähnlich „philosophische" Texte wie GOETHES „Iphigenie" mit ihrem Kennwort „rein menschlich"[495], vor allem aber HÖLDERLIN. In Savignys jetzt entdeckter Hyperion-Abschrift spricht Hölderlin ebenfalls von „Gottheit". An ihr sollen die „Wenigen sich erkennen"[496]. Auch Hölderlin zielt dabei nicht auf Gottheit unmittelbar (als bloße „Natur" oder bloßes Subjekt), sondern geschichtsspekulativ ausgedrückt auf die „verjüngte Gottheit" (als Ideal nach dem verlorenen harmonischen Naturstand)[497]. Die Parallele läßt sich noch verdichten. Denn Savignys Hölderlin-Stück steht im Original in engstem Zusammenhang mit konkretisierenden Worten über „Liebe" und „Freundschaft", ganz wie soeben bei Schlegel und Savigny selbst. Savigny entnahm es nämlich einer Erinnerung Hyperions an ein Gespräch: „Wir saßen einst", beginnt dieser Brief an Bellarmin, „in Diotimas Garten, unter blühenden Mandelbäumen, und sprachen unter andrem über die

---

[493] Vgl. das Zitat bei Fn. 484 f. Die Formel „Gott in uns" hat näher untersucht G. KURZ, Mittelbarkeit und Vereinigung, Stuttgart 1975, S. 39 ff., bes. für Hölderlin, dazu sogleich im Text. Die Verwendung bei Schlegel erwähnt er als parallel in Anm. 94 (S. 228), andere Verwendungen geben, wie KURZ zeigt, Herder, Fichte, Schiller u. a.

[494] Vgl. schon oben 195 ff. bei „Savigny-harmonisch?"

[495] Vgl. schon oben 197 bei Fn. 234 f. Klärend zu „rein menschlich" als Abwehr gegen heteronom-göttlich jetzt RASCH, Iphigenie, S. 19 u. ö.

[496] Nachlaß Marburg 1977, bei M 13: „Daran, an diesem Ideale, dieser verjüngten Gottheit erkennen die Wenigen sich und Eins sind sie...", voll zitiert oben 141.

[497] Daher: Ideal *wird*, was Natur *war*. Vgl. zu „Gott in uns" bei Hölderlin eingehend KURZ, aaO. (Fn. 493) S. 39 ff., auch 34, wo die Vorgeschichte im 18. Jh. und parallele Diskussionen untersucht und HÖLDERLINS Pionierrolle für ihr voll vereinigungsphilosophisches Verständnis gezeigt werden, in dem Autonomie und Heteronomie zusammengedacht sind und Gott und Religion als pars pro toto der ganzen praktischen Philosophie stehen, alles entsprechend der Übernahme bei Schlegel und Savignys Verwendung.

Freundschaft"⁴⁹⁸. Die besondere Stimmung⁴⁹⁹ entspricht nur dem besonderen inhaltlichen Gewicht des Gesprächs. Denn man sprach laut Hyperion „von Dingen, die das Herz zunächst angehn"⁵⁰⁰. Und an Savignys Abschrift schließt im Original folgender Passus:

> „Ich habe genug gesagt, um klar zu machen, was ich denke. Da hättest du Diotima sehen sollen, wie sie aufsprang und die beeden (!) Hände mir reichte und rief: ich hab es verstanden, Lieber, ganz verstanden, so viel es sagt.
> Die *Liebe* gebar die Welt, die *Freundschaft* wird sie wieder gebären"⁵⁰¹.

Ideal löst so *Natur* ab. Die zentrale Hyperion-Stelle enthält offenbar eine ganze Philosophie des Sittlichen. Daß damit auch Folgerungen für das Rechtliche, das Pädagogische (Universität) und zuletzt auch das Wissenschaftliche verbunden waren, führt Hölderlin selbst aus. Im 19. Brief, wiederum einem Höhepunkt, anhebend mit „es gibt große Stunden im Leben ..."⁵⁰², entwirft Hyperion am Beispiel Athens prägnant seine Weltanschauung: Im Zentrum steht eine *Erziehung*, die den „*Menschen*" sich entfalten läßt als Gottheit⁵⁰³, damit wird er „*schön*" – hier Schlüsselwort für alles Positive. „Das erste Kind der menschlichen, der göttlichen Schönheit ist die *Kunst*. In ihr verjüngt und wiederholt der göttliche Mensch sich selbst"⁵⁰⁴. „Der Schönheit zweite Tochter ist *Religion*. Religion ist Liebe der Schönheit"⁵⁰⁵. „Aus der Geistesschönheit folgte denn auch der nötige Sinn für *Freiheit*" und das Recht⁵⁰⁶. Anders als „der Ägyptier", der „ohne Schmerz die Despotie der Willkür" trage, und der „Sohn des Nordens",

---

⁴⁹⁸ HÖLDERLIN, Hyperion, I 2 (15. Brief), S. 62 f. (Bd. 3 der Stuttgarter Ausgabe) = S. 271 (ed. BERTAUX, o. J.).
⁴⁹⁹ „blühende Mandelbäume".
⁵⁰⁰ Nicht etwa „zunächst das Herz", vgl. auch unmittelbar dabei das retardierende, steigernde Moment: „Ich (sc. Hyperion) hatte wenig mitgesprochen, ich hütete mich seit einiger Zeit, viel Worte zu machen von Dingen, die das Herz zunächst angehn". Dann spricht er aber doch und bes. bedeutend.
⁵⁰¹ HÖLDERLIN, ebda. Hervorhebung von mir. Es geht nicht etwa um das Verhältnis zu Diotima, sondern um etwas ganz Allgemeines und Beispiel sind die Freunde Harmodios und Aristogiton (!), die Tyrannenmörder!
⁵⁰² HÖLDERLIN, Hyperion I 2, S. 283 ff. (ed. BERTAUX), hier S. 283, auch ebda., S. 286 Diotimas Bekräftigung: „Du hast noch nie so tief aus meiner Seele gesprochen."
⁵⁰³ HÖLDERLIN, aaO., S. 285: „Laßt von der Wiege an den Menschen ungestört! ... tut nicht zu wenig ... tut nicht zu viel ... Der Mensch aber ist ein Gott, sobald er Mensch ist. Und ist er ein Gott, so ist er schön." Vgl. parallel SCHLEGEL, Athenaeum und danach SAVIGNY (sogleich bei Fn. 527) und Savigny zu Goethes „Wanderjahre" kritisch, oben 203 bei Fn. 261, dort auch weiteres.
⁵⁰⁴ HÖLDERLIN, aaO., S. 286. In dieser metaphorischen Form formuliert H. also seine Thesen über Wissenschaft u. Kunst.
⁵⁰⁵ HÖLDERLIN, ebda. Für Savigny sogleich.
⁵⁰⁶ HÖLDERLIN, ebda. Freiheit war Stichwort für die ganze Philosophie des Praktischen.

der „ohne Widerwillen die Gesetzesdespotie, die Ungerechtigkeit in Rechtsform" hinnehme, könne der

> „Athener ... die Willkür nicht ertragen, weil seine göttliche *Natur nicht will gestört sein*, er kann Gesetzlichkeit nicht überall ertragen, weil er ihrer nicht überall bedarf. Drako taugt für ihn nicht"[507].

Die Parallelen zu Savigny sind damit nicht erschöpft. Aber, so wird eingewendet in dem Gespräch, das *Hyperion* führt, „wie dies dichterische religiöse Volk nun auch ein philosophisch Volk sein soll, das seh' ich nicht ... Was hat die Philosophie ... was hat die kalte Erhabenheit dieser Wissenschaft mit Dichtung zu tun?"[508] — das war also die Frage nach der Stellung der Wissenschaft in dieser Weltanschauung. Und Hyperion berichtet dazu selbstsicher:

> „Die Dichtung, sagt ich, meiner Sache gewiß, ist der Anfang und das Ende dieser Wissenschaft. Wie Minerva aus Jupiters Haupt, entspringt sie aus der Dichtung eines unendlichen *göttlichen Seins*. Und so läuft am End auch wieder in ihr das *Unvereinbare* in der geheimnisvollen Quelle der Dichtung *zusammen* ... Das große Wort, das εν διαφερον εαυτω (das Eine in sich selber unterschiedne) des Heraklit, das ... ist das Wesen der Schönheit, und ehe das gefunden war, gabs keine Philosophie.
> Nun konnte man bestimmen, das Ganze war da. Die Blume war gereift; man konnte nun zergliedern"[509].

Und er schließt mit einem Gleichnis zum Verhältnis von Philosophie und Empirie, das am Vorrang der Philosophie keinen Zweifel läßt, obwohl sich darin auch eine Trennung zeigt:

> „Scheint, wie der Maitag in des Künstlers Werkstatt, dem Verstande die Sonne des Schönen zu seinem Geschäfte, so schwärmt er zwar nicht hinaus und läßt sein Notwerk stehn, doch denkt er gerne des Festtags, wo er wandeln wird im verjüngenden Frühlingslichte"[510].

Diese metaphorische Philosophie so ausführlich wiederzugeben, könnte als grobe Abirrung erscheinen. Und doch versammeln sich gerade hier Stichworte und Motive zu Savigny in einer Fülle, die nur angedeutet werden kann, um den unmittelbaren Faden nicht zu verlieren und zur Frage „natürlich" bei Savigny als Schlüsselwort gegenüber Fries u. a. bald zurückzukehren:

---

[507] Alles Hölderlin, aaO., S. 287, Hervorhebung von mir.
[508] Hölderlin, ebda. In offenbarer Anspielung auf die Aufklärungsphilosophie.
[509] Hölderlin, aaO., S. 288.
[510] Hölderlin, aaO., S. 289.

Universitäts- und Erziehungsvorstellung[511]; die Kunst in der Wissenschaft, etwa als neue Sprache (wie sie Savigny bewußt führte) und besondere Methode[512]; das Metaphorische in der Wissenschaft, wie es Savignys Grundlagenthesen überall prägt und unzugänglich macht; die Abneigung gegen traditionelle, „eigentliche" Philosophie[513]; das „natürliche" Religionsverständnis, das mit der Formel „Gott in uns" zum Modell der ganzen sittlichen Welt wird[514]; die Verwerfung jeder Willkür als frevelhafte Störung der natürlichen, göttlich-natürlichen Entwicklung[515]; der Kompromiß: „Gesetzlichkeit, (sc, wo es) ihrer ... bedarf", sonst Freiheit, aber natürliche, der vage auf Savignys Trennung Privatrecht – Öffentliches Recht verweist und vor allem sich dem Dichotomischen daran verbindet, das Savigny kennzeichnet[516]; schließlich die Nähe der richtigen Wissenschaft und Philosophie zu Dichtung, zum Ganzen, zum Unendlichen – hier grenzt, wie bei Savigny das Fachwissen in der juristischen Methodologie, Wissenschaft an Philosophie, in fließendem Übergang; aber doch auch das Bestehen auf dem realen „Geschäft", etwa des historisch-empirischen Umgangs mit der Quelle und ohne ständiges „Schwärmen". Man sieht hier all diese Vorstellungen deutlich im Sog einer objektiv-idealistischen *Vereinigungsphilosophie*[517], die dann Schelling und Hegel systematisch entfalten. Hölderlin spricht dies auch aus: „das Eine in sich selber unterschiedne"[518] – daraus folgten Richtung und Logik des objektiv-idealistischen Ansatzes: Ganzheitsdrang, Doppelung usw.[519]. Savigny nahm entschieden Anteil daran, schon an ihrem Startpunkt Hölderlin. Motive daraus prägen ihn dauerhaft. In diesen seinen philosophischen Anfängen

---

[511] Vgl. bereits in Fn. 503; zu Universität oben 203 in Fn. 261 die Nwe. Selbstverständlich war von hier aus die französische und aufklärerische Fachschulrichtung abzulehnen, vgl. oben 210 bei Fn. 297 f. Die soeben gegebenen Hölderlin-Belege werden in diesem Absatz nicht erneut bes. nachgewiesen.
[512] Vgl. zur Methode die Passage aus *Beruf*, verwendet oben 239 bei Fn. 423, ebenfalls unter dieser Perspektive.
[513] So Savigny, vgl. die Zeugnisse oben 241 bei Fn. 431.
[514] Vgl. auch unten 287, 366 f., 382 zu Savignys Religiösität.
[515] Ersichtlich ein Hauptdogma wie das SAVIGNYS im „Beruf" und ähnlich in Landshut 1808, dazu oben 113 ff. Bei HÖLDERLIN bemerkenswerterweise gerade auch für Recht, vgl. das Zitat soeben bei Fn. 507.
[516] Dazu bereits oben 164 u. 185 bei Fn. 72 f. und 179, mit Vergleich zu Thibaut.
[517] So die Terminologie von KONDYLIS, Dialektik, der diese Perspektive voll ausarbeitet. Ähnlich auch schon TAYLOR, Hegel (1975), und, wie ich noch sehe, KURZ (Fn. 493) zu Hölderlin.
[518] HÖLDERLIN, Hyperion, aaO., S. 287 f. H. gab damit ein vielfach abgewandeltes Stichwort: Einheit in der Vielheit, mit zahlreichen späteren Äquivokationen.
[519] Dazu bereits oben 240 f.: Grundmodell und Kennzeichen seines metaphysischen Idealismus.

liegt auch schon großteils die Antwort auf die bekannten Schwierigkeiten, wenn man ihn genauer festlegen will auf die Folgerungen anderer aus den gleichen Anfängen (Schlegel, Schelling, Jacobi, Goethe, Hegel, Stahl usw.).

Hölderlin und andere im Hintergrund[520], *Friedrich Schlegel* als unmittelbarer Bezugspunkt in den Briefen — aus diesen Texten schöpfte Savigny offenbar die Zuversicht, ein Reformator der Jurisprudenz[521] zu werden, wie er es auch wurde. Daß Savigny Hölderlin nicht zitiert und nicht in seinen Briefen erwähnt[522], wirkt bei diesen fundamentalen Parallelen in Kernstücken bis hin zu konkreten juristischen Grundlagenthesen zunächst befremdlich. Da die Parallelen ganz unübersehbar sind und wenigstens eine Quelle Kenntnisnahme bezeugt, kann man Zufall dabei ausschließen. Umgekehrt wird man annehmen können, Savigny habe einmal für ihm eng vertraute „Symphilosophierende" auf besondere Hinweise verzichten können und andererseits gegenüber *juristischen* Zeitgenossen tunlichst diese prekäre Quelle nicht genannt. Ohne Zweifel hätte man sich eine süffisante Kritik erwarten müssen, man denke an Fries und Feuerbach, auch Thibaut[523], die Savigny wohl diesem seinem geheimsten Bundesgenossen ersparen wollte.

So viel der Rückgriff auf Hölderlin schon erklärt, er gibt gerade für „natürlich" zwar den unentbehrlichen Hintergrund einer Philosophie, die Ideal und Natur letztlich in Harmonie begreift. Aber es existiert eine noch weiterführende Quelle Savignys. Das schon erwähnte Gespräch *Schlegels* „Über die Philosophie"[524] erweist sich als erstrangiges Zeugnis gerade für „natürlich". Im Mai 1799 hatte Savigny dieses Gespräch seinem Freund Fr. Creuzer dringend zur Lektüre empfohlen[525]: Auch dieser Text hat

---

[520] Goethe und Jacobi, auch der janusköpfige Fichte, wären mitzubeachten, vgl. oben 197 bei Fn. 233 die Nwe., für Fichte 106 Fn. 513.

[521] Laut LEONHARDI, s. in Fn. 474.

[522] Nur selten und ganz allgemein wurde daher auch ein Zusammenhang erwogen, vgl. für WOLF und BRETONE oben Fn. I/646; zu erwägen ist auch, daß die Hölderlin-Eindrücke i. w. schon *vor* der Hauptmasse der Briefe liegen können, die erst 1798/99 einsetzt (Hyperion I. 1797); vgl. dazu die Stichworte und Angaben bei STOLL Nr. 3 v. 14. 1. 98/I 62 f.: Geselligkeit, Freundlichkeit, ernstliche Beschäftigung mit Grundfragen erst diesen Winter, Einstellung gg. die sog. Philosophen, Freundschaft — dies kann durchaus schon aus „Hyperion" stammen.

[523] Vgl. THIBAUTS philosophie-kritische Andeutung oben bei Fn. 202, und erst recht FRIES und FEUERBACH, oben bei Fn. 477-80.

[524] FR. SCHLEGEL, Athenaeum II 1 (1799), S. 1-38: Über die Philosophie. An Dorothea.

[525] Bei STOLL Nr. 20 v. 18. 5. 99/I 87. Savigny empfiehlt dort noch besonders die Stellen über sittliche Erziehung, Verstand und Geselligkeit. Bedeutsam auch, daß Fr. Creuzer *dieser Art* von „Philosophie" begeistert zustimmt, Brief bei DAHLMANN Nr. 7 v. 9. 6. 99/S. 36 f.

sichtlich maßgebend und dauerhaft auf Savigny gewirkt, auch wenn er vielleicht nur Tendenzen aussprach, die bei Savigny schon bereitlagen[526]. Aus ihm läßt sich der angekündigte weitere Aufschluß über „natürlich" gewinnen. Schlegel will dort in Erziehungsfragen nichts bewußt bilden und „verkünsteln", sondern im Menschen „der Entwicklung seiner *Natur* den freyesten möglichen Spielraum" lassen[527]; es gebe keine Wahrheit, die nicht die Natur „in ihren schönen Hieroglyphen angedeutet hätte"[528]; „natürliche Philosophie" ist ihm die Losung, auch wenn sie „doch auch eine künstliche" sein müsse, das Philosophieren habe „notwendigen und *natürlichen* Charakter"[529]; ein ewig großes Thema dabei sei „die Göttlichkeit aller *natürlichen* Dinge"[530]. Alle diese Verwendungen belegen zweierlei: den hochgradig positiven Wertakzent von „natürlich" und die monistische, objektivierende Richtung dabei. Noch klarer vielleicht sagen es einige von den 1798 ebenfalls im „Athenaeum" gedruckten, berühmten „Fragmenten", z. B.:

> „Jämmerlich ist freilich jene praktische Philosophie der Franzosen und Engländer, von denen man meint, sie wüßten so gut, was der Mensch sei, unerachtet sie nicht darüber spekulierten, was er sein solle. *Jede organische Natur hat ihre Regel, ihr Sollen*; und wer darum nicht weiß, wie kann der sie kennen? ... Diese wissen nicht, daß der sittliche Mensch aus eigener Kraft sich um seine Axe frei bewegt. ... Um zu sagen, was der Mensch soll, muß man einer sein, und es nebenbei auch wissen". „Vollendet ist, was zugleich *natürlich und künstlich* ist". Der Mensch ... „stehe frei und bewege sich *seiner Natur gemäß*, ohne zu fragen, wer ihn ansieht und wie"[531].

„Natürlich" bezeichnet hier überall etwas, das gleich weit von bloß subjektivem Wollen und bloßem Faktum entfernt sein soll. Bloßes Faktum wird in diesen Texten zur „Gemeinheit"[532]:

> „Das reine Leben bloß um des Lebens willen ist der eigentliche Quell der *Gemeinheit*, und alles ist gemein, was gar nichts hat vom Weltgeiste der Philosophie und Poesie. Sie allein sind ganz, und können erst alle besonderen Wissenschaften und Künste zu einem Ganzen beseelen und vereinen".

Der nachmals durch Hegel berühmte „Weltgeist" wird keineswegs zufällig bereits beschworen. Wissenschaften und Künste berühren sich auch hier. Leben und Natur werden durch *Geist* geadelt. Sie haben Wert in sich, die

---

[526] Vgl. STOLL Nr. 3, soeben in Fn. 522.
[527] AaO., S. 7.
[528] AaO., S. 9.
[529] AaO., S. 31 f., auch 25, 29.
[530] AaO., S. 35.
[531] ATHENAEUM, I 2 (1798) S. 179-322: Fragmente, hieraus S. 280, 306, 272, vgl. auch S. 228 für Natur plus Ideal. Hervorhebungen hier von mir.
[532] Über die Philosophie, ATH. II 1 (1799) S. 17.

ihnen eigene, gegebene Regel gilt es zu erkennen. Dazu gehört dann „*wahre* Abstraction": Sie tut nichts anderes,

> „als die Vorstellungen von ihrem irdischen Antheile reinigen, sie erheben und unter die Götter versetzen"[533] –

dies wiederum hieß, im Gegebenen durch „Reinigung" das wahrhaft Wertvolle zu identifizieren. Auf diese Weise kommt man nach Schlegel zu „*natürlicher Philosophie*", die schließlich mit „Verstand" in neuem Sinne erklärt und folgendermaßen umschrieben wird[534]:

> „In diesem Sinne ist Verstand nichts anderes als die *natürliche* Philosophie selbst, und nicht viel weniger als das höchste Gut. Durch seine Allmacht wird der ganze Mensch innerlich heiter und klar. Er bildet alles was ihn umgibt und was er berührt. Seine Empfindungen werden ihm zu wirklichen Begebenheiten, und alles Äußerliche wird ihm unter der Hand zum Innerlichen. Auch die Widersprüche lösen sich in *Harmonie* auf; alles wird ihm bedeutend, er sieht alles *recht und wahr*, und die Natur, die Erde und das Leben stehen wieder in ihrer ursprünglichen Größe und Göttlichkeit freundlich vor ihm."

Diese Schlegelsche Vision entsprach in Wesentlichem Hölderlin[535] und leitete auch Savigny. Sprache, Worte und Wertungen bezeugen es, auch wenn es nicht gerade zu dieser Stelle den erwähnten ausdrücklichen Hinweis dafür gäbe, wie sehr Savigny diese Texte eingesogen haben muß, wie sie ihm der „kantischen Schule" seiner Freunde gegenüber wieder Mut gaben[536].

Prüft man mit so geschärftem Blick die frühen Briefe bei STOLL erneut, so findet sich schließlich auch dort einiges Weitere zu *natürlich und sub-*

---

[533] AaO., S. 24.
[534] AaO., S. 25.
[535] Vgl. HÖLDERLIN, Hyperion, I 2, S. 289 über Verstand, Vernunft und Philosophie: „Aus bloßem *Verstand* ist nie Verständiges, aus bloßer Vernunft ist nie Vernünftiges gekommen. Verstand ist ohne Geistesschönheit, wie ein dienstbarer Geselle, ... Notwerk ... *Vernunft* ist ohne Geistes-, ohne Herzensschönheit, wie ein Treiber, ... der weiß, so wenig, als die Knechte, was aus all der unendlichen Arbeit werden soll ...
Aus bloßem *Verstand* kommt keine *Philosophie*, denn Philosophie ist mehr, denn nur die beschränkte Erkenntnis des Verstandes.
Aus bloßer *Vernunft* kömmt keine *Philosophie*, denn Philosophie ist mehr, denn blinde Forderung eines nie zu endigenden Fortschritts in Vereinigung und Unterscheidung eines möglichen Stoffs." Hervorhebungen von mir.
[536] Mut gab ihm Schlegel nach dem Brief bei STOLL Nr. 23 vom 21. 6. 99/I 92, also gerade dem Einleitungsbrief zur philosophischen Beilage; die „kantische Schule" seiner Freunde (außer Fr. Creuzer) fürchtet er scherzhaft im folgenden Brief Nr. 24 v. 1. 7. 99/I 97. – Inwieweit Savigny auch schon SCHLEGELS programmatische Abhandlung „Über das Studium der griechischen Poesie" von 1796/97 verarbeitet hat, muß hier offen bleiben. Entgegen dem heutigen Titelverständnis schrieb sie Schlegel jedenfalls auch in praktischer Absicht, so daß man „Poesie" fast nur durch „Recht" zu ersetzen bräuchte, um sich in Savignys Thesen versetzt zu fühlen, vgl. dazu immerhin unten 297 f.

jektiv. Schon gegenüber der Revolution plädierte Savigny dort für einen „Standpunkt ..., unabhängig von dem positiven und conventionellen in uns", aber nicht rationalistisch-kritisch gegen dieses bloß Positive, sondern wie Schlegel, „um dieses selbst zu sich hinauf zu heben und zu veredeln"[537]. Das Positive wird idealisiert im Blick auf „sich selbst"! Darum will Savigny keine Advokaten in der Politik hören wie Gentz, sondern nur den,

> „der mit gleicher Liebe und gleicher Wärme alle Nationen umfaßt, dem es genügt, ein *Mensch* zu sein, und der alle richtet nach den heiligen Gesetzen der Humanität"[538].

Darum findet Savigny die Wahrheit „nicht als etwas von außen Gegebenes". Es kommt vielmehr darauf an, ob ich etwas

> „an das rechte in mir gehalten habe, also darauf, ob ich dieses von dem zufälligen in mir abgesondert oder kurz, ob ich mich selbst gehörig erkannt habe"[539].

Konsequent drückt Savigny hier die Doppelung des Ich in Wert und Wirklichkeit aus, die zu dieser Position gehört[540].

Natürlich ist es Savigny dann „recht frappant", als er im April 1800 im

> „jüngsten Athenaeum ... las: die Forderungen und Spuren einer Moral, die mehr wäre als der practische Teil der Philosophie, werden immer lauter und deutlicher — — Es ist Zeit, den Schleyer zu zerreißen und das Geheime zu offenbaren — — Die Pflicht der Kantianer verhält sich zu dem Gebot der Ehre, der Stimme des Berufs und der Gottheit in uns, wie die getrocknete Pflanze zur frischen Blume am lebenden Stamm"[541].

---

[537] STOLL, Nr. 9/I 70; vgl. etwa ATHENAEUM II 1, S. 4 f., 17, 25, 35, auch Novalis, oben 94.

[538] Bei STOLL Nr. 16 v. 27. 4. 99/I 82 an Fr. Creuzer; die Parallele auch hier zu ATHENAEUM liegt auf der Hand, vgl. dort die Ausfälle gegen die traditionelle „Politik" und Ökonomie, etwa in III 1 (1800) unter den „Ideen"-Fragmenten (S. 22): „Wo Politik ist oder Ökonomie, da ist keine Moral" und „Nicht in die politische Welt verschleudere Du Glauben und Liebe, aber in der göttlichen Welt der Wissenschaft opfere Dein Innerstes in den heiligen Feuerstrom ewiger Bildung," vgl. auch schon aus 1798 soeben bei Fn. 531 die Stelle gegen die Engländer und Franzosen. Zu Schlegels Entwicklung in Sachen politisch gut schon W. METZGER, Idealismus, S. 224-227, weiter SCHANZE, Die andere Romantik, Frankfurt 1967, weitere Nwe. jetzt bei NAUMANN, Lit.theorie, S. 70.
Ebenso deutlich gibt hier *Hölderlin* Beispiele, vgl. oben die Nwe. bei Fn. 503, Stichwort: der Mensch als *Mensch*, sowie *Goethe*, s. oben Fn. 234, 472a.

[539] SAVIGNY bei STOLL, Nr. 20 v. 18. 5. 99/I 87; parallel also wie I 95 (hier bei Fn. 484); wiederum parallel dann in Nr. 44 v. 14. 3. 1800/I 149: „in uns ist doch objectives, d. h. notwendiges und wahres, mit subjectivem auf unendlich mannigfache Weise gemischt und eben in dem Abtrennen dieser beiden Stücke voneinander liegt das Finden jenes zu Suchenden", „was gut sey".

[540] Dazu als generell kennzeichnend oben 240.

[541] Hier aus dem Brief bei STOLL Nr. 46 v. 26. 4. 1800/I 152 nach Savignys Wiedergabe; die Originalstellen in ATHENAEUM III 1, Ideen: S. 4 und 10, das erste bei Savigny leicht gekürzt.

Er schrieb es gleich ab, es waren seine eigenen Gedanken, die er hier fortgesetzt fand. Gegen Weinrich hielt er sie im Juli 1800 nochmals fest. Er bekräftigte den schon erläuterten Gegensatz von Stimmung und Gesinnung, die Ablehnung Kants dabei und positiv „das lebendige Erschaffen der Handlung aus dem Innern des Geistes heraus"[542]. 1809 kommt er dann in einem bereits benutzten und hier wieder wichtigen, großen Bekenntnisbrief an Bang auf diese Themen teilweise zurück und beschwört erneut „reine Menschlichkeit", Geist gegen Buchstabe, Innerlichkeit, mit einem Wort, die Methode der „Offenbarung"[543]. Auch J. Grimm schreibt er in diesem Sinne, und damit schließt sich der Kreis. Denn es handelt sich um den zu Beginn dieses Abschnitts „Idealismus" bezüglich der Wahrheitsvorstellung interpretierten Brief[544]. *Zentrale Worte* wie Geist, Offenbarung, Innerlichkeit, Menschlichkeit, Gott in uns, Leben, Humanität, Gesinnung, organische Natur usw. kehren immer wieder, konstituieren Zusammenhang, stehen aber auch selbst unauflöslich im beschriebenen Kontext objektiv-idealistischer Prämissen.

Die Briefe zwischen Savigny und Fries von 1802 stellten die Aufgabe, seine Differenz zu Savigny näher zu erfassen. Vor allem, so zeigte sich, war Savignys Berufung auf ein ganz „natürliches" Vorgehen aufzuklären. Darin lag nicht etwa bloß ein naiver Abschied von der Fachdiskussion mit Fries, sondern eine ganze *Philosophie des Natürlichen* ebenso wie eine *„natürliche Philosophie"*. Athenaeum, Friedrich Schlegel und Hölderlin erwiesen sich als die Quellen und das tragende Band in diesen knappen Bemerkungen Savignys. Vor der Folie dieser Gewährsleute ließ sich eine reichhaltige Palette ihres Denkens auch bei Savigny ermitteln. Sie macht klar, daß seine kurzen Bemerkungen gegenüber Fries durchaus gezielt und durchdacht waren. Fries selbst nahm sie denn auch sehr ernst[545]. Die Zeugnisse für Savignys zwar nicht „eigentlich"-philosophisch, d. h. fachphilosophisch durchgeführte, aber sehr wohl den ganzen Anspruch einer Philosophie erhebende Haltung, ließen sich in aller Deutlichkeit bis 1809 nachweisen. Das Nichtprofessionelle daran war gerade Programm einer ganzen Richtung wie bei Hölderlin, Goethe, Jacobi, Schlegel u. a. Man philosophierte als *Mensch*.

Die knappen direkten Texte Savignys von Anfang 1802 über Methode und Naturrecht korrespondieren also nicht nur unmittelbar Gleichzeiti-

---

[542] Bei STOLL Nr. 51 v. 6. 7. 1800/I 161 f.; zu Stimmung/Gesinnung oben 251.
[543] Vgl. das volle Zitat oben 198 bei Fn. 238.
[544] Vgl. oben 237 bei Fn. 418 mit Zitat.
[545] Dies zeigen seine Briefe, Nwe. oben 242 Fn 434, und die Aufnahme von Argumenten in seine *Philos. Rechtslehre* 1803, dazu oben 248 bei Fn. 465.

gem. Sie bilden nur einen Ausschnitt aus *dauerhaften*, vorher und nachher vertretenen Überzeugungen. Überall umschreibt Savigny den gleichen grundlegenden Standpunkt, den er an zentralen Stellen als *natürlich* kennzeichnete, sonst auch als eigentümlich, gesund, lebendig, rein menschlich oder ähnlich. Noch der Wortschatz des „Beruf"[546] las sich tatsächlich nicht besonders neu. Auch abgesehen von den Nachlaßtexten entspricht er seiner Sprache seit 1798, wie sie hier näher untersucht wurde. Gerade das Signal „natürlich" steht ja im *Beruf*: An prominenter Stelle bezeichnet es das *eigentliche* Recht und mit dem offenbar noch immer empfehlenswerten Zusatz, er, Savigny, verwende „natürlich" in „einem anderen Sinne als unser Naturrecht"[547]. Alle diese Texte kreisen um Probleme der praktischen Philosophie, fordern sie aber zugleich vor die Aufgabe „Wissenschaft". Nirgends in allen diesen Texten lobt Savigny die bloße, unmittelbare Freiheit, das bloß Subjektive, die kantische Vernunft, das rationale System, eine bloß nüchtern empirische Haltung. Diese Elemente fehlen nicht. Aber immer treten sie eingebunden und relativiert auf. Savignys Weg zur allgemeinen Freiheit und zum sittlichen Subjekt soll über die Notwendigkeit *im* Subjekt zum objektiv Notwendigen führen. Um ein letztes Mal mit Schlegel zu sprechen und wieder aus „Über die Philosophie": *Bestimmung des Menschen* ist hier nicht – und dies in klarer Anspielung auf Fichtes berühmten Titel[548] –, den Weg zu gehen, „den wir von selbst gehen oder gehen möchten, sondern den, auf welchen die Stimme des Gottes in uns deutet"[549]. *Gott* stand hier wie in Savignys philosophischer Korrespondenz und, wie gezeigt, nicht für ein äußeres, höheres Wollen, sondern für ein höheres Element im Menschen selbst. Diese Vermenschlichung Gottes, d. h. des Ewigen, korrespondiert genau dem Stichwort „rein menschlich". Dieser Gedanke benannte ebenso wie *Natur, objektiv* usw. Chiffren für den gesuchten Anteil am Absoluten abseits des bloß Subjektiven. Die genaue positive Explikation dieser Chiffren ersparte sich nicht nur Savigny[549a]. Auch philosophisch-systematischere Zeitgenossen

---

[546] Dazu MEINE eingehenden Untersuchungen in Reyscher, S. 206-213.
[547] SAVIGNY, Beruf, S. 13 (STERN 78).
[548] FICHTE, Die Bestimmung des Menschen, zuerst 1800; vgl. dazu COPLESTON, History 7, S. 34 f. (populäre Schrift, *gegen* die Romantiker); ÖSTERREICH, Grundriß 4, S. 29, HARTMANN, Idealismus 1, S. 80, 118 (bes. von religionsphilos. Bedeutung).
[549] SCHLEGEL, Athenaeum II 1 (1799) S. 4; vgl. schon näher oben 253 f.
[549a] Vgl. aber schon soeben 249 in und bei Fn. 472a zur Hauptstoßrichtung von „natürlich" gegen aufgedrängte Religion und für humane Harmonie. Diese Grundtendenz prägt auch noch Savignys spätere Grundsatzbriefe an Bettine mit der Betonung der inneren Erfahrung und des „Christus in uns" (Zeile 120, 245, 496 u. ö.), jetzt bei ERLER 1981.

taten dies. Man darf diese Explikation auch nicht eigentlich erwarten. Denn die Funktion dieser Signale war es eben gerade, das Disparate zu vereinigen, die konkrete Einheit von Wert und Wirklichkeit trotz aller Einwände zu wahren, sie systematisch denkbar zu machen, das Unsichtbare bewußt zu machen – und dies bedingte Unschärfe. Positiv: eine neue Logik. Man gewann ihr die Tugenden der *Vereinigung* und der *Offenheit* ab für die geschichtliche Entwicklung und das Höhere und Bessere auch der Vergangenheit, Tugenden, die man gegenüber den politisch-sozialen Herausforderungen dieser Zeit so sehr benötigte. Unschärfe verlor hier also ihren traditionell schlechten Ruf und wurde zur weltanschaulichen Lösung und Tugend. Auch Fries, der dagegen heftig opponierte[550], hielt Savigny nicht mehr in seinem objektiv-idealistischen Ansatz auf. Vielmehr erfährt man aus ihrem Briefwechsel, daß Savigny nicht nur die Moral, sondern auch die Rechtslehre in Richtung „natürlich" überhöhte und sich mit dem Kantianer Fries nicht einig werden konnte.

Dieser längere Gang durch weder sehr juristische noch „eigentlich" philosophische Texte führte in ein Zentrum der philosophischen, weltanschaulichen, aber auch der juristischen Überzeugungen Savignys. Es gehört einer Phase an, deren zentrale Motive sich als genügend konkret und dauerhaft erwiesen, um sie als tragenden Zusammenhang auszeichnen zu können. Bezeichnenderweise wiesen Texte den Weg, die nicht gerade zu den naheliegendsten zu zählen scheinen, wenn es um Philosophie und Jurisprudenz gehen soll. Aber Savignys eigene vielfache Hinweise und schon Schlegels und anderer Titel „Über Philosophie" belehren darüber, daß hier anderes nahe lag als von Ferne zu vermuten ist. Genaue Beachtung der Sprache der Zeit eröffnet diesen Zugang, wie es in den methodischen Überlegungen dazu hervorgehoben wurde[551].

In diesem Abschnitt geht es darum, Savignys objektiv-idealistischen Ansatz, wie er sich an seiner Wahrheitsvorstellung an einem, wenn auch zentralen Punkt erwies, wie er sich als Grundmodell und in bestimmten Kennzeichen fassen läßt, an möglichst direkten Zeugnissen *systematisch* nachzuweisen. Wesentliche Beweisstücke dafür wurden mit den Fries-Briefen und ihrer Einordnung vorgelegt. An einigen weiteren Stellungnahmen Savignys hat sich die Interpretationslinie zu bewähren.

---

[550] Vgl. seine dauerhafte Kritik an Hegels Sprache und Logik (Nwe. bei RÜCKERT, Reyscher, S. 307 in A. 829) Hd. Jbb. 1815, S. 385-93 u. ö.; vgl. auch WESTERMANN, Argumentationen, S. 91 in A. 25.
[551] Siehe oben 120.

Dazu gehört zunächst Savignys schon erwähntes, differenzierendes *Fichte-Lob* gegenüber Fries[552]: Negativ zum metaphysischen Ansatzpunkt, positiv zum Gesunden und Eigentümlichen bei Fichte. Freilich soll die Einordnung dieses Fichte-Lobs nicht darauf hinauslaufen, Savigny und Fichte generell zu vergleichen. Dafür bedarf es einer eigenen Untersuchung[553]. Hier soll nur vermerkt werden, daß Savigny sein Urteil zu Fichtes Rechtslehre auch sonst wiederholt und daß er sich dabei eher in Nachbarschaft zu Schelling, Schlegel und Hegel befindet, als in der von Fries und Hugo. Die Wiederholung steht in der *Anleitung* aus dem gleichen Jahre 1802[554]:

> „Seit Fichte ist für die philosophische Bearbeitung der Rechtswissenschaft nicht viel geschehen" (S. 49)

— das war positiv gemeint, gegen die ältere Richtung, die *vor* Fichte, also vor 1796/97, bloß „von einer Summe praktischer, *a priori* schon aufgefundener Sätze" (S. 49) ausgegangen sei. Gelobt wird Fichte also für die

> „bedeutende Änderung (sc., daß er) nicht von einer Summe praktischer, a priori schon aufgefundener Sätze, sondern davon ausgeht, den Gesichtspunkt der Gesetzgebung, also der Jurisprudenz überhaupt philosophisch zu ergründen." (S. 49)

Negativ wird dies lediglich an Grotius (1625), nach Savigny dem Begründer der alten Methode und „Hauptansicht", und an dem damals letzten Beispiel, dem ‚kantianischen' Naturrecht von von Gros (1802) verdeutlicht (S. 48 f.). Gemeinsamer Fehler der ganzen Tradition ist Savigny, daß man praktische Sätze „a priori schon aufgefunden" haben will, statt sie erst systematisch zu begründen. Daraus ergebe sich auch der verfehlte Anspruch des sog. Naturrechts, „Subsidiarquelle der positiven Sätze" zu sein. Parallel hält Savigny in seiner eigenen Ausarbeitung fest:

> „*Grotius* — auf *Veranlassung* seines Buchs später: *Naturrecht*, eigene Wissenschaft. Abstrahiert von dem Römischen Recht, also betrachtet als ein ähnliches *System practischer Sätze*: 1. philosophische, 2. juristische, die ersten leerer und magerer, die zweiten willkührlicher und positiver — beide nach jener Ansicht" (S. 33).

Auch das Fichte-Lob findet sich dort:

> „*Fichte* — in seinen Schriften immer mehr Entfernung von jener Ansicht (Beytrag — Naturrecht — Handelsstaat) — Hinneigung zu der ursprünglichen und nothwendigen Verbindung mit *Politik*, ohne daß er selbst sich das gesteht." (S. 34)

Etwa gleichzeitig betont er gegenüber Fries:

---

[552] Vgl. oben 248 bei Fn. 467.
[553] Vgl. vorläufig die Nwe. oben 123, 106 in Fn. 565 (Lit.) u. 513 (Quellen).
[554] Die Seitenzahlen nach WESENBERG und in SAVIGNYS eigener Ausarbeitung im folg. Absatz im Text.

„Die Scheidung des Rechts von der Moral scheint mir kaum so großer Anstalten zu bedürfen, als man bisher darauf verwendet hat; weit nöthiger ist eine gründliche Darstellung des Verhältnisses zur Politik. Den Mangel dieser Darstellung halte ich für das eigentlich unkritische Princip in Fichtes Naturrecht"[555].

Die Interpretation dieser Stellungnahmen und Andeutungen führt in das Verhältnis der Trias Moral – Philosophie – Politik zum positiven Recht. Eine besondere Vorstellung ihrer Zuordnung leitet offenbar Savignys Urteile. Im Lob für Fichtes „bedeutende Änderung" verwirft er das „a priori-schon-aufgefunden-Haben" der Naturrechtstradition, die ihm freilich hier von Grotius bis zu Kantianern wie von Gros (1802) reicht[556]. Verworfen wird auch die Folgerung, das Naturrecht müsse „Subsidiarquelle" sein. Strenge Trennung von positivem Recht und Philosophie, früher „Moral" wird also vertreten. Das entspricht Savignys schon vermerkter Abwehr kritischer, bewertender Philosophie *innerhalb* der positiven Rechtswissenschaft[557]. Der so ausgewiesenen kritisch-„philosophischen Bearbeitung" stellt er dann die Aufgabe, *nicht* einfach praktische Sätze a priori hinzustellen, sondern den „Gesichtspunkt der Gesetzgebung" erst einmal „zu ergründen." Darin liegt seine *positive* Andeutung. Deutlicher lautet sie: Verbindung mit der „Politik". In der *Anleitung* heißt es:

> „In diesen Fichtischen Werken hat es sich gezeigt, wie notwendig bei einer philosophischen Bearbeitung der Jurisprudenz die Verbindung mit Politik ist" (S. 49).

In der eigenen *Ausarbeitung* nennt er dies stark positiv besetzt eine „ursprüngliche und notwendige Verbindung" (S. 34). Die parallele Äußerung an Fries wurde soeben schon verwendet. Praktische Philosophie und Politik ...? Was für eine „Politik" meint Savigny, die klassische Kunst des Möglichen, Staatsklugheitslehre?

Wie für Savignys Kritik findet sich auch im positiven eine klärende *Parallele in Hugos „Naturrecht"* von 1798/99[557a]. Denn Hugo nennt seine

---

[555] Bei HENKE, Nr. 1 v. 3. 2. 02/S. 295.

[556] Vgl. soeben die Erwähnung von *Gros*', aber auch im Brief bei HENKE (aaO.) die Kritik zu Hufeland, Schmalz, Feuerbach und Kant selbst.

[557] Anleitung (WESENBERG), S. 16 f., 33 vgl. schon oben 97 bei u. in Fn. 473. Parallel u. klarer HUGO, Enzyklopädie² (1799) § 9/S. 8: „Kein positives Recht kann ja ganz vollständig seyn. Die unentschiedenen Fragen werden nach der Analogie desselben positiven Rechts, wenn dieses nicht gar zu wenig consequent ist, zum Theil wohl auch nach der Analogie ähnlicher u. benachbarter Rechte beantwortet, *niemahls* aber nach dem bloßen sonst so genannten Naturrechte d. h. nach der bloßen Metaphysik der Rechtslehre überhaupt, welche schlechterdings bey jedem positiven Rechte dieselbe seyn muß"; parallel *Naturrecht*¹ (1798) § 11, ²(1799) § 50.

[557a] Vgl. die Savigny 1802/03 vorliegenden Auflagen von HUGO, Naturrecht¹ (1798) §§ 8-11/S. 7-10, dass. ²(1799) §§ 45 ff./S. 48-50. Auch HUGOS Rez. zu v. Gros (1802), in GGA 1802, S. 1985-92. Bewußt beiseite bleibt hier Kant selbst, etwa „Ewiger Frieden" u. „Streit der Fakultäten", da Hugo und Fries (s. sogleich) direktere Zeugnisse mit

sog. „Philosophie des positiven Rechts" auch synonym „Politik" und 1809 stellt er dazu klar:

> „Die *Politik* im wahren ursprünglichen Sinn des Worts¹ (sc. Anm. 1: civilis scientia) wäre ganz dasselbe, wie Philosophie des positiven Rechts",

während der deutsche Sprachgebrauch sie enger, nur als Klugheitslehre fasse⁵⁵⁷ᵇ. Aber Hugo umschreibt dann die Aufgabe dieses politischen „Philosophierens" unmetaphysisch. Man solle

> „Ursachen und Wirkungen aufsuchen und Möglichkeiten (sc. von positiven Rechten) vergleichen" oder, es seien „Möglichkeiten kennenzulernen, und diese in ihrer Zweckmäßigkeit zu vergleichen", und „der Beweis der Möglichkeit des positiven Privat-Rechts und die Vergleichung dieser Möglichkeiten untereinander (sc. vorzunehmen), um daraus die beste, oder die Umstände, unter welchen jede die beste seyn kann, zu erkennen"⁵⁵⁷ᶜ.

Savigny dagegen beharrt für seine philosophische Bearbeitung auf einer „unendlichen Aufgabe" bzw. einer „metaphysischen Rechtsbegründung"⁵⁵⁷ᵈ. „Politik" ist ihm offenbar auf andere Weise „philosophisch". Hugo fand bei von Gros als „Philosophie" nur Metaphysik a priori, „Politik" war daher dort nur eine empirische Kunstlehre⁵⁵⁸. *Hugo* selbst plädierte für eine unmetaphysische Philosophie, d. h. zugleich, eine wissenschaftliche Politik. *Savigny* wiederum suchte eine eigene Version der Verbindung von Philosophie und Politik/Empirie, die weder bloß metaphysisch-abstrakt, noch bloß empirisch-endlich war, also eine *philosophischere Politik*. Das würde auch zu seiner allgemeinen methodischen Forderung, „philosophisch" und „historisch" zu „eigentlich historisch" zu verbinden, stimmen.

Die Deutung der etwas komplizierten Meinungslage zu Philosophie-Politik-Moral und positivem Recht läßt sich aus der Perspektive von *Fries*, dem Diskussionspartner Savignys, weiter absichern, da dieser sich zugleich auch zu Hugo äußerte. Fries teilte zwar nicht Hugos Ansicht „im Ganzen", aber doch gefiel ihm „etwas in seiner Ansicht der Sache sehr",

---

Bezug auf Savigny liefern und Kant immer schon in ausgelegter Form verwendet wird, also eigenen Vergleich erfordert.

⁵⁵⁷ᵇ HUGO, Naturrecht³ (1809) § 5/S. 5; zuvor spricht er ohne bes. Erläuterung von „Politik", s. Naturrecht¹ (1798) § 12 u. ²(1799) § 52; typisch v. GROS, Naturr., § 53.

⁵⁵⁷ᶜ In der Reihenfolge der Zitate: HUGO, Naturrecht¹ § 12, ²§ 48, DERS., Enzyklopädie ²(1799) § 115. Dort in § 116 Anm. wird beides auch umschrieben als: Erkennen der Möglichkeit nach der praktischen Vernunft u. der Zweckmäßigkeit nach der Urteilskraft, bzw. „Moral über positive Rechtssätze und Politik".

⁵⁵⁷ᵈ Bei HENKE, an Fries, wie oben bei Fn. 444 u. laut *Leonhardi*, 19. 3. 1799, bei STOLL, I 54.

⁵⁵⁸ HUGO, Gros-Rez. 1802, S. 1986; vgl. v. GROS, Naturr., § 53.

wie er an Savigny schrieb[558a]. Die explizite Fassung dazu gibt Fries in seinen beiden Grundschriften von 1803. *Lobenswert* nennt er in *Reinhold, Fichte und Schelling* Hugos Scharfblick für Kants Rechtslehre und ihre Konsequenzen:

> „Hugo vereinigte sich mit Kant in seiner Grundmaxime des Naturrechtes, daß alle Philosophie des Rechts *nur die Form* einer allgemeinen Gesetzgebung und das Princip einer Kritik aller positiven Gesetzgebung geben könne, und sah mit bewunderungswürdigem Scharfblick, daß bey der Leerheit des Kantischen kategorischen Imperativs (s. Hugos Phil. d. R. § 48 (sc. der 2. A. 1799)) nothwendig jede konsequent Kantische philosophische Rechtslehre durchaus *politisch* ausfallen, d. h. in Kritik des positiven verwandelt werden müsse. Denn in der That sind Kants Axiome der persönlichen Freyheit und der rechtlichen Gleichheit, oder sein Princip der Kriminalgesetzgebung, das Recht der Wiedervergeltung, in Richtung der ursprünglichen Formel seines kategorischen Imperativs Inkonsequenzen" (S. 319, Hervorhebungen hinzugefügt).

Kritisch sieht Fries dagegen Hugos Bereitschaft, die Philosophie des Rechts tatsächlich und konsequenter als Kant in wissenschaftliche Politik zu verwandeln. In der „Vorrede" seiner *Philosophischen Rechtslehre* nennt er zwar nicht Hugos Namen, aber zur Sache heißt es:

> „Die neuerdings aufgestellte Meinung, daß alle philosophische Rechtslehre *eigentlich nur erfahrungsmäßige Politik* sey, mag oft ihren Ursprung eigentlich von einigen unbestimmten Urteilen über den Unterschied der ethischen und juridischen Gesetzgebung der Vernunft hernehmen. Die politische und philosophische Idee der Rechtslehre unterscheiden sich eigentlich *nur darin*, daß die *letztere* zur Idee der ersteren noch die praktische *Nothwendigkeit* hinzufügt. Die *Politik* beantwortet *hier* die Frage: *Wenn* Menschen friedlich, d. h. zuletzt nach dem Princip der Gleichheit zusammen leben wollen, wie sollen sie dies veranstalten? Die philosophische Rechtslehre hingegen sagt: ihr sollt nach dem Princip der Gleichheit zusammenleben und eure Gesellschaft dem gemäß einrichten. Die konsequente Ausführung müßte also auf beyden Seiten ganz gleich ausfallen, nur daß der *Philosoph* überall sein *nothwendiges* Gebot mit in Anschlag bringt." (S. XVIII, Hervorhebungen hinzugefügt).

Hier finden sich alle Abgrenzungen: Nicht so empirisch wie Hugo und dessen formal-skeptische Kantauslegung, vielmehr „philosophischer" im Sinne von „nothwendig", d. h. metaphysisch, materiell nach dem vernünftigen „Princip der Gleichheit". „Politik" wird hier philosophiegebunden im „Princip". *Fries* hat damit das Verhältnis seines „Naturrechts" zur „Politik" deutlich ausgesprochen, gemäß Savignys Forderung. Freilich hat er damit auch nur seinen anderen Ansatz bei der „Vernunft" bekräftigt[558b]. Die Verwendung von „Politik" erweist sich als sensibler Indikator,

---

[558a] Zitiert oben 243 in Fn. 442.
[558b] *Savignys* Forderung bei Fn. 555; zu *Fries'* Dissens näher bereits oben 243 ff.

der Savigny zwischen Hugo und Fries stellt[558c]. Vier Politiken konkurrieren: Empirisch-wissenschaftlich-kritische (Hugo), empirisch-pragmatische (v. Gros), vernünftig-philosophische (Fries) und natürlich-philosophische (Savigny).

Kantianer wie Fries, von dem hier ausgegangen wurde, hatten daher auch sofort Schwierigkeiten, Savignys eigentümliches Fichte-Lob überhaupt zu begreifen[559]. Dagegen hatte schon *Schlegel*, wiederum in *Über die Philosophie*, Fichte unter dem Stichwort der populären Humanität gelobt[560]. *Schelling* meinte 1803 am Ende seiner Vorlesung „Über das Studium der Historie und der Jurisprudenz":

> „Das erste Unternehmen, den Staat wieder als reale Organisation zu construiren, war Fichtes Naturrecht"[561].

Auch Fichte habe aber den Staat noch nicht wahrhaft unabhängig, absolut konstruiert[562]. Dieses halbe Lob für einen Schritt zu der objektivistischen Lösung der positiven Bewertung und Konstruktion des Staats aus sich selbst findet sich erwartungsgemäß auch bei *Hegel*. In seinem Naturrechtsaufsatz von 1802 gesteht er Fichte die noch am wenigsten „formale" Darstellung eines „Systems der Legalität"[563] zu. Nimmt man noch *Hugos* massive Fichte-Kritik hinzu − er deducire Data der Erfahrung a priori[564] −, so wird Savignys Ort in dieser Palette klar: Er befand sich auch hier in nächster Nähe zu objektiv-idealistischen Urteilen, sah die Verbindung der Philosophie mit den politischen „Data" positiv und erwartete von diesem nicht-formalen Vorgehen die ‚Lösung' der „unendlichen Aufgabe".

Schwerer fällt es dagegen, das Urteil zu verstehen, das Savigny an sein differenzierendes Fichte-Lob anschließt. Seit Fichte sei für das Naturrecht nicht viel geschehen,

> „indessen ist zu erwarten, daß aus dem neuen, von den bisherigen Arbeiten ganz verschiedenen Streben neue Ansichten hervorgeholt werden"[565].

[558c] Näheres zur *positiven* Umsetzung von Savignys „Politik" unten 277 f., 396 ff. Für die Bestätigung bei COLLMANN/MOLITOR unten 278.
[559] FRIES schreibt, MS Marburg 725/312 v. 18. 3. 02: „Ihr Urteil über Fichte habe ich oft wiederlesen müssen, ehe es mir verständlich wurde." Er gibt „Lebendigkeit der Ansicht" zu, kann darin aber nichts Besonderes finden (alles S. 1).
[560] ATHENAEUM, II 1 (1799) S. 31.
[561] SCHELLING, Werke 1801 ff., S. 550 (= SW I 5, 316).
[562] SCHELLING, ebda.
[563] HEGEL, Werke 2, S. 470 f.
[564] HUGO, Naturrecht[1] (1798) § 9/S. 7 f.: Fichte „fing an, das Recht anders als vom Pflichtgesetze (sc. d. h. von der Moral her) zu deduciren, und ihm Data der Erfahrung unterzulegen, die er aber ebenfalls a priori deducirte"; in der Sache ebenso DERS., Naturrecht[2] (1799) § 46/S. 50.
[565] SAVIGNY, Anleitung (WESENBERG), S. 49.

Man könnte meinen, diese 1802 in der Methodologie ausgesprochene Hoffnung richte sich auf die soeben erwähnten Stellungnahmen Schellings und Hegels. Jedenfalls gab Savigny diesen Hinweis auf neue Bestrebungen erst im letzten Drittel seiner Vorlesung, also sicher erst Anfang 1803[566], als Hegels Beitrag weitgehend erschienen und Schellings Vorlesungen schon bekannt geworden waren[567]. Aber Savigny meint konkretes anderes, da er fortfährt:

> „so ist kürzlich eine ‚*Zeitschrift für Rechtswissenschaft*' (von Molitor und Kollmann) zu Frankfurt erschienen, die ohne Streit das beste Urteil über das fichtische Naturrecht enthält"[568]

Im Fichte-Urteil stimmt er also zu — das muß nach obigem bedeuten, daß hier ein objektiv-idealistischer Ansatz verfolgt wird. In der Tat — seit ein Exemplar dieser Zeitschrift in Savignys eigener Bibliothek ermittelt werden konnte[569], läßt sich nicht nur an ihrem Titel und ihren Verfassern dieser Ansatz belegen, sondern auch an der konkreten Durchführung.

Für den einen Herausgeber, *F. J. Molitor*, einen Altersgenossen Savignys[570], läßt sich ein objektiv-idealistischer Ansatz leicht nachweisen. Nach dem Studium in Jurisprudenz, Geschichte und Philosophie begeisterte er sich für Schellings Identitätsphilosophie, auch Schlegel-Kenntnis spielt mit[570]. Die Zeitschrift mit Collmann gilt als die erste Frucht dieser Begeisterung, die dann ab 1805 deutlichere Früchte zeitigte mit einer größeren Arbeit unter dem Titel „Ideen zu einer künftigen Dynamik der

---

[566] Die Vorlesung begann laut Grimm (WESENBERG, Titel) am 7. 11. 02, der Passus kam laut Ausarbeitung (Marburg M 14) S. 34 in der 17. von 26 Stunden vor.

[567] *Schellings* Methodenvorlesung war im Sommer 1802 gehalten worden, *Hegels* Aufsatz erschien ebenfalls 1802/03. SAVIGNY kannte beides, unklar ist aber noch, seit wann, vgl. oben 132 Fn. 627.

[568] SAVIGNY, Anleitung, ebda. (S. 49).

[569] Von KIEFNER. Erschienen Frankfurt 1802, erstes und einziges Heft, 100 S. (s. J. KIRCHNER, Bibliographie der Zeitschriften ... Bd. 1., Stuttgart 1969, Nr. 2635). Dazu jetzt KIEFNER, Junger Sav. (1979), anhand von Savignys eigenem Exemplar aus der UB Bonn. Frühere Fernleihversuche meinerseits blieben ohne Erfolg.

[570] KIEFNER, Junger Sav. (1979), erwähnt bereits, es handle sich um einen Schellingianer. Genaueres über ihn in ADB 22 (1885) S. 108-110 von PRANTL. M. lebte 1779-1860, geboren bei Frankfurt, später stets in Frankfurt, als Erzieher, freier Philosoph, Gelehrter. Näher vor allem FRANKENSTEIN, F. J. Molitors metaphysische Geschichtsphilosophie (1928), der auch S. 106 ff. weiteres zu Leben und Entwicklung beibringt, schließlich SANDKÜHLER, Freiheit und Wirklichkeit (1968), der in dieser ausführlichen Schellingmonographie auch Molitor einbezieht und im Anhang Briefe abdruckt (S. 201 ff.). *Schelling* sah in M. einen Täufling Fr. Schlegels (S. 204). STOLL I 209 erwähnt einiges nach PRANTL. Vgl. jüngst MEIST, Identität u. Entzweiung (1981, s. Nachtrag), mit Nwn., aber ohne Erwähnung der Zeitschrift. Die Studie versucht genauere Einordnung Molitors im Rahmen der hier sog. obj.-idealistischen Diskussionen. Ein genauer Vergleich wäre wiederum lohnend, muß hier aber unterbleiben.

Geschichte"[571]. Diese Anhaltspunkte können hier genügen. Übrigens studierte Molitor 1799 in Marburg, verfügte über Kontakte zu Sinclair, Hölderlin, Hegel und Bettina v. Arnim und wird „Freund" von Clemens Brentano genannt[572]. Persönliche Bekanntschaft mit Savigny kam aber damals offenbar nicht zustande[573].

Der bisher ganz unbekannte[574] *Carl Christian Collmann* lebte 1779-1860, war also wie Molitor Altersgenosse Savignys. Er starb als Advokat in Cleve/Niederrhein[575] und schrieb noch etliche juristisch-rechtspolitische Beiträge[576], in denen er auch auf die Zeitschrift von 1802 Bezug nahm[577]. Es würde zu weit führen, hier seine Schriften voll oder auch nur in ihrem ganzen Zusammenhang mit der Zeitschrift von 1802 zu untersuchen[578]. Jedenfalls will *Collmann* sich weder der philosophischen, noch der späteren historischen Schule anschließen, die er als ganz unphilosophisch ansieht[579]. Er kritisiert Fichte auch später noch[580], weiter Stef-

---

[571] Vgl. FRANKENSTEIN, S. 106. Dort wird auch die Zeitschrift von 1802 erwähnt, aber nicht weiter erläutert, da sie schon F. nicht vorlag. Nach MEUSELS Angaben, Das gelehrte Teutschland, 5. A., Lemgo 1796 ff., hier XIV (1810), S. 588 f., XVIII (1821) S. 722, handelt es sich 1802 wohl um Molitors Erstling.
[572] FRANKENSTEIN, S. 108 mit Anm. 223, S. 110.
[573] Darauf deuten zwei kurze Briefe an Cl. Brentano, wo Savigny erst um Nachrichten über Molitor bittet (bei STOLL Nr. 66/I 209, undatiert, aber vor 9. 4. 02) und diese nochmal anmahnt (ebd. v. 10. 4. 02/I 210). *Brentano* hatte ihm offenbar auch erst die Zeitschrift vermittelt und empfohlen (s. ebda.). In den vorläufigen Marburger Briefverzeichnissen erscheint *Molitor* nicht.
[574] Vgl. noch KIEFNER, Junger Savigny (1979). MEUSEL (Fn. 571) verzeichnet ihn richtig in Bd. XXII 1 (1829) S. 523. Damit erweisen sich die Angaben der Bibliotheca Iuridica, Bd. 1, S. 66 als unglücklich irreführend, da sie für den Vornamen falsch „C. Th." statt C. Chr. angibt.
[575] Eine seiner späteren Schriften von 1822 unterzeichnet er „Advocat in Cleve". Für Ermittlungen und wertvolle Auskunft danke ich sehr Herrn *Dellmann*/Standesamt Cleve. Der Lebenslauf des in Schwebda/Hessen geborenen *Collmann* ließ sich noch nicht rekonstruieren. Die üblichen biographischen Hilfsmittel u. mehrere spezielle Anfragen versagen alle.
[576] Insbes.: Theorie des Beweises (1822) „nebst einer Einleitung über das Prinzip und den Organismus der Rechtswissenschaft"; Die Lehre vom Strafrecht ... nebst einer Kritik der bisherigen Strafrechtsdoktrinen (1824); Grundlinien der Wissenschaft des bestehenden Rechts, nebst einer Kritik der philosophischen und historischen Schule (1836); eine ausf. Rez. zu HEGELS Rechtsphilosophie, in: J.A.L.Z. 1828, EB Nr. 2-7, S. 9-53; dto. zu GERSTÄCKER, Systematische Darstellung der Gesetzgebungskunst (1838), in: J.A.L.Z. 1840, Nr. 134, Sp. 105-121.
[577] So in *Beweis*, S. 2 f. der unpaginierten Vorrede, S. VIII; *Strafrecht*, S. 49.
[578] Der Verf. bereitet dazu eine eigene Untersuchung vor. Von bes. Interesse ist dabei, daß *Collmann* 1800-1803 (Okt.) in Marburg studierte.
[579] COLLMANN, Beweis, S. V f.; Wissenschaft, S. 138 ff.; Strafrecht S. VI, 53.
[580] COLLMANN, Beweis, S. VII; Wissenschaft, S. 14 ff.

fens[581], Hegel[582], Hugo[583] und Fries[584]. Seine eigene Aufgabe sieht er darin, Schellings Idee einer „objektiven Ansicht von Geschichte" (im „System" von 1800) erstmals in der Rechtswissenschaft durchzuführen[585]. Nur in einer Darstellung der „Freiheit *in* der Notwendigkeit" ließen sich die bisherigen Widersprüche vermeiden[586]. Daraus ergibt sich wie für Molitor jedenfalls wiederum ein objektiv-idealistischer Ansatz. Daß Collmanns Kritik an der späteren Historischen Schule Elemente dieses gleichen Ansatzes weitgehend übersieht, hängt mit seiner Einstellung auf die eigene Ausprägung zusammen, vor der ihm die Historische Schule als völlig unphilosophisch erschien, reflektiert aber auch Einseitigkeiten der Selbstdarstellung als „geschichtliche Schule". Zu Savignys *System* liegt mir keine Äußerung Collmanns vor.

Collmann und Molitor bekennen sich schon im Nebentitel der Zeitschrift von 1802 zu ihrem Ansatz. Sie firmieren als „Zeitschrift für eine künftig aufzustellende Rechtswissenschaft *nach dem Prinzip eines transzendentalen Realismus*" – dieser überbordende Nebentitel enthält den Bezug auf *Schelling* und propagiert vor allem entschiedene Abkehr von jedem bloß formalen Idealismus. Dieses erste und einzige Heft ihrer Zeitschrift verrät seinen Standort nicht nur durch die ungewöhnliche Form, mit der sie sich zugleich an *Schlegels Athenaeum* anlehnten. Denn einer kurzen „Vorerinnerung" und Einleitungsabhandlung folgen nicht weniger als 204 Fragmente, wie dort *Ideen* überschrieben[587], dann erst die längere „Kritik der Fichtischen Theorie des Rechts"[588]. Die Vorerinnerung dankt ausdrücklich „dem großen Erfinder der Naturphilosophie" für „gütige Beurteilung der Hauptmomente"[589] – also niemand anders als Schelling. Die *Ideen* bieten dann ein buntes Florilegium in dieser Luft liegender Topoi, in vieler Hinsicht sehr anregend als seltene Quelle für eine juristische Verarbeitung dieser philosophischen Anregungen. Das Stichwort „transzendentaler *Realismus*" bildeten die beiden Herausgeber offenbar

---

[581] COLLMANN, Beweis, S. VIII ff.
[582] COLLMANN, Rezension 1828; Beweis, S. XIII f.; Wissenschaft, S. 37 Fn, 103 Fn.
[583] COLLMANN, Wissenschaft, S. 143 ff.
[584] COLLMANN, Wissenschaft, S. 21 ff.
[585] COLLMANN, Beweis, S. XVIII; Strafrecht, S. 33 in der Anm.
[586] COLLMANN, Beweis, S. LI.
[587] ZEITSCHRIFT, S. 19-66; vgl. FR. SCHLEGEL, Athenaeum III (1800), S. 4-33: Ideen.
[588] AaO., S. 67-100; die „Vorerinnerung" auf fol. 1 (unpaginiert), danach die Abhandlung: Negative Ansicht des Organismus einer Rechtswissenschaft, als Einleitung zur künftigen Form derselben (S. 1-18).
[589] AaO., fol. 1r. Es muß also direkte Kontakte gegeben haben, analoge Belege für *Molitor* bei SANDKÜHLER, und jetzt MEIST (s. Fn. 570).

als Gegensatz zu „transzendentaler *Idealismus*", ihrer Bezeichnung für Schelling[590]. Es lehnte sich an Schellings naturphilosophische Terminologie an[591].

Unter diesen Voraussetzungen verwundert es nicht, daß ihr Fichte-Urteil dem Savignys entspricht. Ihre Gesprächigkeit dabei bildet zwar einen scharfen, nicht nur vorteilhaften Kontrast zu Savignys knappen Bemerkungen. Hier hilft sie aber, Savignys Stenogrammen von einer neuen Seite her näher zu kommen, das bisher Erarbeitete zu ergänzen und zu überprüfen. So wie Savigny Fichtes „bedeutende Änderung" weg vom a-priorischen Verfahren mit praktisch-juristischen Sätzen lobend hervorhob[592], unterstreichen Collmann/Molitor immer wieder:

> „*Fichte* war der erste, der mehr als Naturrecht aufstellte. Er brach zuerst die Bahn, und mit seinem Genius fängt erst das Zeitalter der Wissenschaften an" – oder „Will man die Natur des Rechtsbegriffs denken, so fange man nicht an am Naturrecht, sondern erhebe sich zu dem Gedanken der äußern Welt und ihres Verhältnisses zum Universum. *Fichte's* genialischer Geist erhob die Spekulation auf diesen Punkt, und dies ist das Centrum seines Systems"[593].

Offenbar erhebt man auch hier etwas lobend zum „Centrum" des fichtischen Systems, was gerade nicht seinem von Savigny sog. verfehlten „metaphysischem Ausgangspunkt" entsprach[594]. In diesem Sinne heißt es hier dann noch:

> „*Fichte's* vielfältige Übergänge von der reellen Konstruktion des Staats auf das Bedingte, sind mißlungene Versuche, die bedingte Begrenzung zu konstruiren, bei der er aber bis zur Bewunderung witzig ist" – und „*Fichte* stellte einen endlichen Staat auf, denn er war konsequent. Aber in der Fülle seines Genius lag die Idee einer harmonischen Welt. Er irrte im Buchstaben, den Geist aber hatte er schon längst gefunden."[595]

---

[590] Vgl. ZEITSCHRIFT, Ideen, S. 28, auch 24 (oben). „*Transzendentaler Realismus*" soll offenbar den Akzent auch auf die Fortbildung Schellingscher Ansätze legen, deutlicher als Schelling selbst noch 1800. SCHELLING selbst vermeidet in seiner der *Zeitschrift* nächstliegenden „Darstellung" (1801) eingehend und bewußt ein solches Etikett, vgl. Werke 1801 ff., S. 3-9 (= SW I 4, 107-113), auch seine Klarstellungen 1802 in „Über das Verhältnis der Naturphilosophie zur Philosophie überhaupt", Werke 1801 ff., S. 422 ff., bes. 428 (= SW I 5, 106 ff.) und „Vorlesungen", aaO., S. 449 (SW I 5, 215).

[591] Deutlich einsetzend mit „Ideen zu einer Philosophie der Natur" (1797), dann den Schriften „Von der Weltseele" (1798), „Erster Entwurf eines Systems der Naturphilosophie" (1799), „System des transzendentalen Idealismus" (1800), „Darstellung meines Systems" und „Fernere Darstellung ..." (1801). Freilich vermeidet SCHELLING die Akzentuierung „Realismus", obgleich er die Sache beansprucht (vgl. soeben Fn. 590).

[592] Vgl. soeben bei Fn. 555.

[593] ZEITSCHRIFT, S. 33 und 38 f., auch S. 46, 58 f., 61, 62.

[594] Vgl. für SAVIGNY oben 248 bei Fn. 467, an Fries.

[595] ZEITSCHRIFT, S. 59 f. u. 61.

Neben der Abkehr vom alten Naturrecht bezieht sich die lobende Seite ihres Urteils also auf Fichtes Tendenzen, die Grenzen der kantischen Rechtsableitung zu überschreiten in Richtung einer Einbettung in die ganze „äußere Welt" und das „Universum". Im gleichen Sinn verfährt dann die genaue, recht komplizierte, längere „Kritik der Fichtischen Theorie des Rechts" am Ende der Zeitschrift. Auch danach hatte Fichte zwar den höchsten der „Standpunkte der Begrenzung" erreicht, diesen selbst aber nicht überwunden. Er bleibe letztlich doch stehen bei Freiheit gegen Freiheit, bei Recht bloß als Grenze, bei Vertragskonstruktionen[596]. Das Recht sei bei ihm daher nicht rein objektiv verankert, den Standpunkt „des Rechts, als solchen" habe er nicht erreicht[597]. Als „Grund des alles zernichtenden Widerspruchs" bei Fichte wird zuspitzend festgehalten:

> „oberstes Prinzip des Fichtischen Systems: *das Recht ist bedingt*"[598].

Der Sache nach geben Collmann/Molitor wie so oft in solchen „Diskussionen" nicht viel mehr als eine Paraphrase ihrer Prämissen: Die Idee des Rechts fordere ein „Recht als solches". Wenn Savigny dieses Fichte-Urteil als unstreitig „bestes" weitergibt, mußte er auch die Prämissen dieses Urteils im Prinzip billigen. Die Rede vom „Recht als solchen" war noch diffus genug, um Raum auch für Kritik zu lassen. Daß Savigny aber im Prinzip in die gleiche Richtung dachte und aus ihr urteilte, zeigte sich auch gegenüber Fries, dem er seinen Ansatzpunkt beim bloßen Subjekt — einen *bedingten* also — nicht abnahm[599]. Savignys Collmann/Molitor-Urteil paßt also in die hier verfolgte These von einem objektiv-idealistischen Ansatz Savignys. Konsequent findet man übrigens später bei Collmann ebenfalls Fries-Kritik[600].

Savignys Billigung für Collmann/Molitor wird hier also nicht nur dahin verstanden, er lobe darin nur *Scharfsinn, sondern auch auf den Inhalt der Fichte-Kritik* bezogen. Eine Einschränkung auf den Scharfsinn könnte man seiner Äußerung an Brentano entnehmen wollen:

> „Die Zeitschrift von Collmann und Molitor habe ich gelesen, und, nachdem ich sie ganz gelesen habe, muß ich sagen: sie denken wirklich und nicht ohne Scharfsinn, das beweist der letzte Aufsatz, der die Kritik von Fichte enthält"[601].

---

[596] ZEITSCHRIFT, S. 67 ff., Begrenzung (67, 69, 97), Vertrag (70 f., 77 ff.), Freiheit gegen Freiheit (86, 89 ff., 91).
[597] ZEITSCHRIFT, S. 67, 90, 97 f.
[598] ZEITSCHRIFT, S. 97.
[599] Dazu eingehend oben 242 ff. und zus.fassend 247 f.
[600] COLLMANN, Beweis (1822), S. 21 ff.
[601] SAVIGNY an Clemens Br., bei STOLL Nr. 66 (a), undatiert aber vor dem 9. 4. 02/ I 209. Hierzu und zum Folgenden jetzt auch NÖRR, Geist (1983, s. Nachtrag).

Solches Lob bedeutete bei Savigny sicher schon viel[602]. Aber auch die Art seiner Kritik, die nicht fehlt, zeigt, daß er nicht bloß Scharfsinn als solchen lobte. Denn seine Kritik geht bloß auf die Form, nicht auch auf den Inhalt: so in der *Anleitung* nach Grimm:

> „Ungeachtet sie mit vielem Geist geschrieben ist (sc. die ganze Zeitschrift), so lassen doch manche Sätze einen unangenehmen Eindruck zurück, man glaubt immer, etwas Vortreffliches profaniert zu hören, man fühlt, daß sie ein Produkt der Zeit sind."[603] –

in summa, hier werde schon Geist beansprucht, wo es noch am Buchstaben fehle.

Damit spielte Savigny weniger auf die Jugend der Verfasser an, denn sie waren nicht jünger als er, sondern auf ihr noch unfertiges Stadium als Studenten[604]. Sicherlich störte ihn auch, wie sonst, der hochfliegende Ton[605]. Beides deutet ebenso auf bloß formale Kritik wie „profaniert" und „Produkt der Zeit", einer Zeit, die offenbar solch jugendlich forschen Versuchen entgegenkam. „Profaniert" meinte wahrscheinlich die Anpassung an die hier nicht angebrachte Fragment-Form des *Athenaeum*[606]. Gegenüber Brentano nannte Savigny das: „an fremde Form verkauft"[607]. Auch Brentano fand die Zeitschrift daraufhin, „kraß, das ist außer dem Scharfsinn schartig"[608]. Daß die Kritik Savignys offenbar schon geäußert war, bevor er die Zeitschrift „ganz gelesen" hatte[609], unterstützt noch die Auffassung, sie beziehe sich auf den *Ideen*-Teil, der am Anfang lag und beim ersten Blättern auffallen mußte. Savignys eigene Ausarbeitung der Methodologie von 1802 bleibt schließlich auf dieser Linie:

> „Neueste Zeit – Verirrung, die daraus hervorgehen kann – *Zeitschrift für Rechtswissenschaft*.
> nicht ohne Geist – widriger Eindruck erregt durch das Gefühl, daß das was hier gesagt ist, nicht aus eigenem Wesen hervorgeht, sondern aus der Zeit"[610].

---

[602] Vgl. oben 201 ff. seine scharfen Urteile.
[603] SAVIGNY, Anleitung (Wesenberg), S. 49; das ist die Fortsetzung des Zitats bei Fn. 568. Es folgt das Goethezitat zu Geist-Buchstabe aus *Wilhelm Meister*.
[604] Dazu oben 271 bei Fn. 572 und in Fn. 578.
[605] Dazu als generelle Linie oben 246 bei Fn. 453 die Nwe.
[606] Zur Übernahme soeben Fn. 587.
[607] Bei STOLL Nr. 66 (a)/I 209: „Daß sie sich an fremde Form verkauft haben ist schlimm, daß dieses sogar mehrere verschiedene Formen sind, ist noch schlimmer, die Idee zu solchen *Ideen* ist das schlimmste ... Alles kommt nun auf das persönliche an und deswegen wäre es mir sehr lieb, wenn Sie Gelegenheit hätten, sie kennen zu lernen und sie mir zu beschreiben."
[608] Clemens Br., in seiner Antwort, bei SCHELLBERG-FUCHS I, Nr. 110, ca. 15. 4. 1800/ S. 260.
[609] Vgl. den Brief bei Fn. 601.
[610] Nachlaß Marburg 1977, bei M 14, S. 34.

Auch daraus ergibt sich keine inhaltliche Kritik. Grimms Nachschrift erweist sich als nur leicht gemildertes, zuverlässiges Echo. Trotz aller Abwehr, ein wenig „Geist" und „Vortreffliches" mußte er einräumen.

Savignys Lob bezog sich also nicht nur auf den Geist und Scharfsinn der Verfasser als solchen, sondern auf mehr, auf ihre *sachliche Position*. Er will die Verfasser immerhin auch kennenlernen[611]. Seine gewisse Gereiztheit könnte freilich noch einen Grund neben dem formellen Mißfallen gehabt haben, der Licht auf ihn wie Collmann/Molitor wirft. Im Rahmen eines objektiv-idealistischen Ansatzes lagen, wie gesagt und am Beispiel Hegel-Schelling usw. leicht zu demonstrieren, durchaus Kontroversen bereit. Collmann/Molitor benutzen nun die Gelegenheit ihrer *Ideen* zu Abgrenzungen, die möglicherweise auf Savigny gemünzt waren, jedenfalls aber er auf sich bezogen haben könnte. Wie früher und später berühmter Gewordene versuchen Collmann/Molitor eine Charakteristik der *Juristentypen* ihrer Zeit[612]:

> „Es giebt heut zu Tage hauptsächlich drei Arten von Juristen: ganz positive, künstliche und natürliche. – Die ersteren sind im Abnehmen. Sie haben für jetzt ausgedient. Die von der zweiten Klasse sind die häufigsten. Sie sind verschroben durch irgend eins der beiden neuen Systeme und wollen, da sie sich zum ächten Punkt nicht erheben können, entweder die Gesetze der Philosophie oder die Philosophie den Gesetzen anpassen. Die letzteren sind jene, welche indifferent gegen Philosophie sind, oder wenigstens keinem Systeme anhängen. Haben sie von Natur Sinn, so können sie noch am ersten einen Punkt fassen."

Jede Weltanschauung produziert offenbar ihre Juristentypen, abweisend wie fordernd. Objektiv-idealistisch gedacht schieden natürlich die „ganz positiven" Handwerker aus, ebenso die bloß „künstlichen" Rechtserfinder — einfach als nicht „ächt", da man eigentlich kein grundsätzliches Argument dagegen weiß und ja selbst diese bewertende Seite nicht ganz aufgibt, sondern nur ihren kritischen Aspekt. Die „Natürlichen" ließen sich hier am ehesten tolerieren und zu Bundesgenossen machen. Nun lebte neben den Marburger Studenten Collmann und Molitor in Savigny ein solcher „Natürlicher", philosophisch und doch nicht eigentlich-philosophisch, ohne Zweifel *mit Sinn*, der dort in Marburg gerade die Professorenlaufbahn betreten hatte. Vermutlich gefiel diesem der gönnerhafte Ton der rechtsphilosophischen Heißsporne, gerade so alt wie er, gar nicht. Collmann/Molitor haben also Savignys Gereiztheit sicher nicht gerade vermieden. Diese persönliche Frage birgt dann einen wesentlichen Sach-

---

[611] Dazu der Brief in Fn. 607, a. E.
[612] Dazu, für J. G. Schlosser (1790), Feuerbach (1804) u. a. RÜCKERT, Reyscher, S. 365 ff.: Juristenrollen; das Zitat i. f. aus COLLMANN/MOLITOR, Zeitschrift, S. 39.

kern. Der Typ eines *natürlich-philosophischen* Juristen wird hier als existent bezeugt. In der Tat läßt sich nach den bereits erreichten Ergebnissen Savignys Differenz zu Collmann/Molitor etwa in dieser Weise fassen. Er hängt „keinem System an", er ist indifferent, jedenfalls gegen „eigentliche Philosophie", er steht näher bei Schlegel und Hölderlin als bei Schelling oder Hegel, ist bei alledem aber Anhänger der objektiv-idealistischen Gesamtrichtung.

Ein letzter, bereits angesprochener Punkt verdient noch eine Beleuchtung aus der Perspektive Collmann/Molitor[613]: Savignys Forderung nach einer *Verbindung der Rechtsphilosophie mit der Politik*. Diese Forderung wurde hier als Aufruf zu einer „philosophischeren Politik" verstanden, nicht zu einer „politischeren Philosophie"[614]. Das Wortspiel zielt auf den Unterschied zwischen einer Bearbeitung der Politik im idealistisch-wissenschaftlichen Sinne, auf ein Absolutes hin, und einer umgekehrt mehr empirischen Auffassung[614a]. Beide diametral entgegengesetzten Auffassungen waren aktuell und das Verständnis von Savignys wiederum sehr knappen Bemerkungen dazu läßt sich vor dem Hintergrund der zahlreichen *Ideen* der Collmann/Molitor zu dieser Frage absichern. Hier heißt es zunächst rein negativ:

> „*Fichte's* geschlossener Handelsstaat ist eine vortreffliche Idee; doch wird sie sich als politischer Entwurf nicht geltend machen, da es ihr nach allen Richtungen an synthetischen Mittelgliedern gebricht, deren Konstruktion doch den wahren Karakter der Politik ausmacht. Wir haben noch keinen ächt politischen Versuch aufzuweisen" –

dann aber klärend zum „ächten", zum „wahren Karakter":

> „Es giebt keine konsequente formale Politik: denn wo ist die Gränze der Einschränkung? Von den französischen Patentbürgern bis zu Fichte's Handelsstaatsbürgern ist eine bloße Verschiedenheit nach Graden. Wer nicht vom Absoluten ausgeht und dahin wieder zurückkehrt, hat keine Gränze, und ist nicht gesichert in seiner Konsequenz"[615].

In Schatten des *Absoluten* ordnet sich auch die „Politik". Fichtes bloß „formale" Durchführung erscheint als ungenügend. Eben dies deutet auch *Savigny* an, wenn er den Grimms vortrug, in Fichtes „Handelsstaat" herrsche „*im ganzen* eine politische Ansicht", es fehle aber eine „gründliche" Verbindung dieses Politisierens mit der Philosophie[616]. Formale

---

[613] Ausschöpfen läßt sich diese eminente Quelle hier ohnehin nicht.
[614] Vgl. oben 265 f., mit Zitat der Quelle bei Fn. 555.
[614a] Beide Male ist negativ eine strikte Trennung vom positiven, „praktisch" gültigen Recht vorausgesetzt.
[615] ZEITSCHRIFT, S. 58 und 26.
[616] SAVIGNY, Anleitung (WESENBERG), S. 49 u. Ausarbeitung, zitiert oben 266.

Philosophie konnte hier nicht gemeint sein, nur eine irgendwie material verstandene mochte hier mehr hergeben.

Collmann/Molitor liefern nun Einblick in Muster, die auch Savigny leiteten. In Sachen Philosophie – Politik betonen sie immer wieder die Notwendigkeit, „seinen Sinn ... am Absoluten" zu bilden[616a]. Anders als *Fries'* vernünftig-philosophische, *Hugos* empirisch-wissenschaftliche und *von Gros'* empirisch-pragmatische Politik[616b], suchen sie eine ähnliche Kongruenz von reell und ideell, historisch und ewig usw. wie Savigny, und sie bezeichnen die Richtung so:

> „Durch *historische* Form allein ist eine reelle Rechtswissenschaft möglich: nur durch sie kann Theorie der Geseßkunde *und* Theorie der Politik gebildet werden. Ohne sie müssen die einzelnen Äste der Politik: Polizei, Oekonomie, Industrie, die sog. Staatshaushaltungskunst, ewig empirische Skizzen bleiben, ohne strenge Verbindung untereinander sowohl, als auch ohne Berührung mit einem höhern Punkte" –

Absolut, ächt, wahr, höher, streng versus bloß formal, empirisch, unächt und *historisch* als Richtung, das entspricht Savigny, und erneut bestätigt es gemeinsame Maßstäbe, wenn auch hier „historische Form ... allerdings von Historie sehr verschieden ist", wie es Savigny mit historisch und eigentlich-historisch aussprach[616c]. So begriffen, leuchtet Savignys kryptische Forderung vom gleichen Jahre 1802, besonders nötig sei eine „gründliche Darstellung des Verhältnisses der Rechtsphilosophie zur Politik"[617], vollkommen ein, und sein Standort zwischen Hugo, Gros, Fries, Fichte u. a. wird deutlich. Auch hier hielt es Savigny weder mit Fries' relativer noch mit Hugos radikaler Bescheidenheit in der Einmischung von „Metaphysischem"[618], sondern er erhoffte sich etwas Notwendig-Philosophisches im Politischen-Konkreten, wesentlich nüchterner zwar als Collmann/Molitor es – noch ohne rechte Beherrschung des „Buchstabens" – ausdrückten, aber doch in der gleichen Richtung:

[616a] ZEITSCHRIFT, S. 22, vgl. 25, 28, 31, (Wenn die Politik nicht Prophetin ist, so ist sie keine eigentliche Politik, sondern nur eine Kenntnis von dem, was geschehen *sollte*. Diese nähert sich mehr oder weniger der Politik, je nachdem sie sich mehr oder weniger der Nothwendigkeit nähert), usw.

[616b] Dazu oben 266 f.

[616c] Dazu oben 97 ff. Das Zitat soeben aus ZEITSCHRIFT, S. 23, vgl. ebd. S. 32 u. ö. über „spekulative Historie".

[617] An Fries bei HENKE, Nr. 1 v. 3. 2. 02/S. 295; ebenso in: Anleitung (WESENBERG), S. 49 und Ausarbeitung, S. 34, s. bei Fn. 557.

[618] Vgl. HUGO, Encyklopädie² (1799) § 16/S. 15: Unterscheidung: was ist rechtens?; ist es vernünftig, daß es so sey?; Philosophie des Rechts als empirisch genommene Politik; DERS., Naturrecht² (1799) §§ 48 f./S. 51 f., § 52/S. 57 f.

"Der ächte Politiker ist ein Seher, der in himmlischer Begeisterung Göttliches redet, und im Irdischen der Zukunft das Heilige erkennt"[619].

Das war kein bloßes Schwärmen, sondern ein ganzes Konzept[620], von dem auch Savigny keineswegs unberührt geblieben war. Viel nüchterner hatte *Kant* die Problemstellung erst 1795 dahin formuliert, die „Politik" müsse mit der philosophischen „Moral" „zusammen bestehen können", also müsse von „moralischen Politikern" beides verbunden werden, „um in beständiger Annäherung zu dem Zwecke (der nach Rechtsgesetzen besten Verfassung) zu bleiben"[620a]. Darin lag zwar ein Prinzip der permanenten Reform, aber nur als Aufgabe, *vernunft*gegebene Ideen zu realisieren, nicht als Herausarbeitung eines schon „Natürlichen".

Damit hat sich der Kreis zu den Anliegen Savignys in der Methodologie von 1802/03 geschlossen. Die Perspektive eines „Rechts als solchen" im gegebenen Recht, eines unbedingten Rechts, das waren nur andere Worte für Savignys Anliegen von einem Recht als „etwas völlig Objektives, ganz Unabhängiges, von jeder individuellen Überzeugung Entferntes". Savigny fand dies Objektive im „Gesetz", nicht im „Staat" als solchen, aber doch wieder nur im „Gesetz", wie es „seinem ursprünglichen Zweck" nach aufzufassen sei[621], also in einer *bestimmten* Vorstellung von „Gesetz". Fries-Briefe, Fichte-Lob und Collmann/Molitor-Urteil bekräftigen also die schon im Vergleich und Kontext der Landshuter Vorlesungen mit der Marburger Methodologie gewonnene Überzeugung, in dieser Ableitung eines völlig „objektiven" Rechts stecke ein entscheidender Punkt ebenso wie in der Ausrufung einer „eigentlich"-historischen Perspektive[622]. Hier manifestiert sich Savignys juristischer Idealismus — eine juristische *Meta-*

---

[619] Dies als Beispiel einer extremen Jargon-Stelle, ZEITSCHRIFT, S. 28; vgl. aber zum Thema etliche weitere der *Ideen*-Stücke, vgl. Fn. 616 u. ZEITSCHRIFT, S. 47 (Unter den Händen unserer heutigen Politiker wird das Allerheiligste besudelt. Man braucht die Ehe zur Bevölkerung (sc. ALR 1794), die religiöse Kraft zu ökonomischen Zwecken. Aber die Zeit ist nicht fern, wo der *ächte Politiker* wahrhaft gottselig seyn wird), 58 (Wenn der Politiker am Technischen hängt, und Technik ihm Alles ist, so verdient er diesen Namen nicht. Er soll die Unendlichkeit umfassen, und in ihr mit Freiheit einen Punkt begrenzen. Nur dann wird er Politiker seyn, und wenn er auch Technik produziert, so wird es mehr seyn, als *bloße* Technik), 62 (Es ist sehr leicht, Projekte zu machen für Anstalten, aber genialische Kraft erfordert es, in den geheimen Zusammenhang des unendlichen Werdens einzudringen, und wie es dem Politiker zukommt, die *Idee zur Natur* zu schaffen) usw., Hervorhebungen von mir.

[620] Dazu näher unten 376 ff.: Idealismus und Politik.

[620a] KANT, Zum ewigen Frieden (1795), Anhang, A 72 = Werke XI 233. Zur Reformaufgabe explizit dort A 74 (XI 234) in der Anm., auch 1798 in: Streit der Fak., II 10/ A 159 (= Werke XI 367).

[621] Alles in: Anleitung 1802 (WESENBERG) S. 14.

[622] Vgl. dazu oben 97 ff., 99 f. zur Rechtsableitung, 100 f. zu obj.-historisch., 109 f. zus.fassend.

physik des Positiven, des Gegebenen. In den Fries-Briefen geschieht das Gleiche unter dem Vorzeichen „natürlich"[623]. Fries-Briefe und Methodologie von 1802/03 bieten nach dieser Interpretation einen bewußten und im Ansatz entschiedenen objektiven Idealismus, der freilich „keinem Systeme" anhing. Die Größe, die Savigny für das Absolute, das Allgemeine usw. einsetzt, nennt er das *objektiv Gegebene* oder auch das *Natürliche* und *Eigentlich-Historische*. Savigny vollzieht damit wie Hölderlin, Schlegel, Schelling, Hegel und andere zeitgemäß eine *doppelte Abkehr und Kritik*: gegen bloßen Empirismus *ohne* Absolutes und zugleich gegen falsches Absolutes wie irgendwelche „Standpunkte der Begrenzung" (Collmann/Molitor zu Fichte), die immer noch Individuelles, Bedingtes einmischen, aber auch gegen ein Ausgehen von „Vernunft" als innerer Erfahrung, wie es Fries versucht hatte. Savigny hatte gemeint, diese „Vernunft" in seinem „Bewußtsein" nicht objektiv vorfinden zu können[624]. Fries wies ihn aber zu Recht darauf hin, daß er eine Forderung wie „Vernunft" oder eine ähnliche „Notwendigkeit" selbst aufgestellt habe mit dem Ausruf[625]:

> „so gleichgültig sollte sie (sc. die Philosophie) ihrem Rechte auf Unendlichkeit entsagen?" Denn, so Fries, „so zeigen sie ja eben hiermit den Grundsatz der besten Welt in ihrer eigenen inneren Erfahrung auf und somit auch jene Notwendigkeit"[626].

Dem hatte Savigny in seiner Antwort nicht widersprochen — nach seinen hier entwickelten Voraussetzungen war dies auch nicht zu erwarten. Das generelle Pendant zu seiner juristischen Metaphysik des Positiven fand sich schließlich in Savignys Rückgriffen auf Fr. Schlegels und Hölderlins *„natürliche Philosophie"*[627]. Savigny selbst huldigte also dem „neuen, von den bisherigen Arbeiten ganz verschiedenen Streben", das er in der Methodologie angesprochen hatte[628].

Der systematische Nachweis dieser Voraussetzungen und Denkhaltung Savignys ist auch damit noch nicht zu Ende geführt, denn er hat sich noch an zwei *Quellen des späten Savigny* zu bewähren und damit als Gesamtlinie. Im *System* nahm Savigny 1840 nicht nur alte Themen wieder auf, sondern er faßte sie auch wieder etwas umfassender an als zwischenzeitlich. Kaum zufällig kehren die alten doppelten Fronten wieder: Die „Natur des Rechts" werde verkannt von denen,

---

[623] Vgl. oben 249 bei Fn. 470.
[624] An Fries, bei HENKE, Nr. 2 v. 3. 4. 02/S. 296.
[625] So SAVIGNY ebda.; FRIES' Antwort in Marburg Ms 725/312 v. 19. 3. 02.
[626] FRIES, ebda., S. 5.
[627] Vgl. oben 262 bei Fn. 545.
[628] Zitiert oben 269 bei Fn. 565.

„welche die Idee desselben als etwas für sich Bestehendes behandelten, unbekümmert um deren Gestaltung in dem vorhandenen realen Zustand, und um den Einfluß ihrer Gedanken auf diesen Zustand"[629] –

dies geht auf die alte ganz apriorische Methode[630].

„Allein auch Diejenigen, welche ihrer wissenschaftlichen Arbeit ein bestimmtes Verhältnis zu dem realen Rechtszustand zu geben trachteten, sind dabei häufig ... zu einer einseitigen Behandlung des Rechts geführt worden: die Einen, indem sie den Inhalt des Rechts als einen zufälligen und gleichgültigen auffaßten, und sich mit der Wahrnehmung der Tatsache als solcher begnügten; die Anderen durch Aufstellung eines über allen positiven Rechten schwebenden Normalrechts ... Diese letzte Einseitigkeit entzieht dem Recht alles Leben überhaupt, während die erste allen höheren Beruf in ihm verkennt"[631].

Das war die immer noch aktuelle *doppelte Abwehr*[632]. Weder bloßer Empirismus, noch abstrakte „normalrechtliche" Ideen von Recht lautet also weiterhin die Devise, und vor allem Wahrung von „Leben" *und* „höherem Beruf". Das klare Ziel dieser etwas dunklen Formeln besteht wieder und immer noch darin, in Wirklichem Höheres zu verankern. Savignys vorsichtige Konkretisierung verdeutlicht dies:

„Beide Abwege werden wir vermeiden, wenn wir eine allgemeine Aufgabe annehmen, welche auf ihre besondere Weise zu lösen die geschichtliche Aufgabe der einzelnen Völker ist ... Jene allgemeine Aufgabe alles Rechts nun läßt sich einfach (!) auf die sittliche Bestimmung der menschlichen Natur zurückführen, so wie dieselbe sich in der christlichen Lebensansicht darstellt, denn das Christentum ist nicht nur von uns als Regel des Lebens anzuerkennen, sondern es hat auch in der Tat die Welt umgewandelt ..."[633]

Nach dem hier bereits Ermittelten kann diese Lösung nicht mehr überraschen: *Das* Recht wird zerlegt in eine allgemeine und eine besondere Aufgabe. Mit diesem Kunstgriff wird beides bewahrt, es bleibt qualitativ notwendig und enthält doch auch das Zufällige. Ideales und reales Recht werden in dieser Doppelung als Einheit gedacht. Die Absolutheit ist gerettet, und nicht bloß abstrakt. Dieses Absolute gilt als objektiv gegeben. Wert und Wirklichkeit vereinen sich in dieser Konstruktion. Und leise Zweifel werden souverän verdrängt:

„Durch diese Anerkennung eines allgemeinen Zieles wird keineswegs das Recht in ein weiteres Gebiet aufgelöst und seines selbständigen Daseyns beraubt: es erscheint vielmehr als ein ganz *eigenthümliches* Element in der Reihe der Bedingungen jener allgemeinen Aufgabe, in seinem Gebiet herrscht es unumschränkt, und es erhält nur seine höhere Wahrheit durch jene Verknüpfung mit dem Ganzen"[634]

---

[629] *System* 1 (1840) § 15/S. 52; parallel schon *Anleitung* 1802/03 (WESENBERG) S. 47.
[630] Vgl. oben 265 bei Fn. 554 f.: alle *vor* Fichte bloß apriorisch.
[631] SAVIGNY, System 1, S. 52, in der Fortsetzung.
[632] Vgl. bei Fn. 624 zu 1802/03.
[633] SAVIGNY, System 1 (1840) § 15/S. 53; die Wiederaufnahme und Anwendung etwa in *System* 8 (1849) S. 17, 27 u. ö. zeigt, daß hier keine bloßen Formeln vorliegen.
[634] SAVIGNY, System 1 (1840) S. 54; Hervorhebung hier von mir.

Das Recht hat für Savigny in diesen zentralen Sätzen seines Alterswerkes die schon 1802 erstrebte „Eigenthümlichkeit" gefunden[635]. Zuteil wird ihm damit auch die Weihe der „höheren Wahrheit" — wie gezeigt eine Chiffre für Anteil am Absoluten[636]. Ungelöst blieb mit dieser idealistischen Konstruktion mindestens eines: Wo fing das Rechtsgebiet an, das hier in der Rolle des Zufälligen dem Allgemeinen und Notwendigen gegenübersteht und in dem zugleich dieses Allgemeine erscheint? Nach den Maßstäben Kants war hier eine Vermittlung eben nicht geleistet[637]. Nach objektiv-idealistischen Begriffen dagegen konnten „Natur" und „Geist" durchaus zusammenfallen — wenigstens letztlich[638]. Auch 1840 bleibt Savigny also bei aller Vorsicht, sich allzu genau festzulegen, doch klar bei der alten Problemstellung und Lösungsrichtung.

Eine letzte halbwegs direkte Aussage über Savignys Philosophie steckt in seinem *Urteil über Stahls Buch* „Die Philosophie des Rechts nach geschichtlicher Ansicht". Dieses Werk war 1830, 1833 und 1837 erschienen und hatte nach einer treffenden Feststellung Masurs die gegen Ende der 20er Jahre infolge des „Mangels an philosophischer Bestimmtheit" eingetretene Krise der sog. Historischen Schule abgefangen „durch ein spekulativ dogmatisches Tragwerk"[639]. Die Hauptstützen Stahls waren Schelling und ein christlicher Offenbarungsglaube[640]. Bei diesem Werk findet nun Savigny 1838 „die Einmischung des religiösen Elements … nicht sowohl zu groß als zu roh"[641]. Nicht gegen Einmischung überhaupt

---

[635] „Ganz eigenthümlich" zielt unscharf auf „völlig objektiv" (1802) und beinhaltet Savignys Lösung des Verhältnisses von Recht-Politik, wie er sie 1802 gefordert hatte (siehe oben 267 u. 277 ff.); im Zusammenhang dazu noch unten 396 ff.

[636] Oben 237 ff.

[637] Vgl. auch COLLMANN/MOLITOR zu Fichte, die ebenfalls ein Hauptproblem in dieser Vermittlung sehen (Zeitschrift, S. 67 ff.). Für Kant jetzt KIEFNER, Junger Sav. (1979), S. 34, auch schon BOHNERT, Puchta, S. 168 f.; vgl. auch RÜCKERT, Reyscher, S. 302, 331 f., 360 u. ö.; früher schon, aber mehr als Detailproblem, gesehen von ZWILGMEYER, S. 37. Diese Zusammenhänge verkennt STÜHLER, S. 38 ff., 44 f., eigentlich durchweg bei seinen Ausführungen zu Savigny.

[638] Vgl. nur ZELTNER, Idealismus, HistWB 4, Sp. 32 f.; DERS., Idealismus, objektiver, aaO., Sp. 42; BRÄMSWIG, Idealismus, aaO., Sp. 44-46.

[639] MASUR, Stahl (1930), S. 100.

[640] Grundlegend MASURS unvollendete Biographie; zur juristischen Seite gut HEINRICHS, Rechtslehre Stahls (1967).

[641] SAVIGNY an Bluntschli, bei OECHSLI, Nr. 18 v. 19. 4. 38/S. 47. Skeptischer war BLUNTSCHLI (aaO., S. 45), übrigens entgegen Savignys Behauptung, man sei in allem einig; ebenso PUCHTA v. 4. 8. 35 (BOHNERT Nr. 8/S. 48): „In der That, da ist Christus unbedingt anerkannt, und das wollen wir ehrend anerkennen, und nachher ist vom Recht die Rede, aber wie Christus und das Recht zusammenkommen, das erfahren wir doch nicht, und das war es eigentlich, was wir von dem Philosophen erwarten. Darum hat der dritte Band (sc. Bd. II 2, 1837) eigentlich niemanden befriedigt …". Die Datie-

wendete er sich also. Seine eigene, soeben erwähnte, schwebende Einführung des Christlichen als „allgemeines Element" des Rechts illustriert dies. Und als Stahl 1840 Savigny für den ersten Band von *System* dankte und „einen Teil meines Buchs", wie Savigny berichtet[642], „als Philosophie gelten lassen" will, ziert sich Savigny zwar etwas, läßt es sich aber doch „gern gefallen". Angeregt durch den Rechtsphilosophen bemerkt er in seinem Dankschreiben:

> „Eigentlich habe ich so wenig daran gedacht, Philosophie zu treiben, als sie zu vermeiden, mein Streben ging dahin, in der Erkenntnis des Gegenstandes, den ich als meinen Lebensberuf anerkenne, so weit vorzudringen, als es mir durch meine Natur vergönnt war ..."[643]

Savignys bescheidene Formulierung ändert nichts daran, daß ihn seine „Natur" doch sehr „weit" geführt hatte, wie es eben Stahl richtig bemerkte. „Natur" hat hier erneut philosophische Aura. „Natürlich" sollten ja 1802 schon sein Naturrecht und seine Philosophie sein[644]. Savigny bietet also das nicht seltene Bild desjenigen, der in seiner erklärten Unphilosophie philosophischen Fesseln um so mehr verfällt, da er eben nicht auf Einsicht in das Ganze verzichten will. Savigny, der einmal gegen jegliches „sermocinari e vinculis" aufgerufen hatte[645], gerät hier selbst in diese Lage.

Aus kritischer Warte meldete sich dafür 1840 noch einmal ein alter, fast schon vergessener Zeuge aus philosophisch überholten Tagen, *Gustav Hugo*[646]. Er bestritt für die zentrale Vorstellung „Gewohnheitsrecht" schlicht die von Savigny behauptete „Unabhängigkeit vom Zufall"[647]. Damit traf er genau Savignys metaphysisch-idealistische Überhöhung eines juristischen Grundbegriffs. Seine lapidare Bemerkung läßt noch einmal den einst gefürchteten Kritiker und Kantianer aufleuchten. Hugo nahm mit diesem treffenden Hinweis der allgemeinen Rechtslehre Sa-

---

rung des Briefes auf 1835 kann nicht stimmen, da Puchta Bezug auf Bücher von 1837 (Stahl II 2; Gewohnheitsr. II) nimmt.

[642] Bei SALZER, Nr. 1/S. 347, v. 24. 7. 40 in seiner Antwort auf Stahls Brief. Savigny hatte bereits 1838 sich bei Stahl bedankt und „Befriedigung" gezeigt, s. jetzt Stahls Brief bei KOGLIN, Briefe Stahls, Nr. 69/S. 189 f.

[643] SAVIGNY, bei SALZER, aaO.

[644] Dazu oben 262 zus.fassend, vgl. auch das Register.

[645] SAVIGNY, Beruf (1814), S. 24 u. ö.

[646] HUGO, System 1 – Rez., GGA 1840, hier v. 25. 6. 40, S. 1011-1042; nach einer Anmerkung im Göttinger Handexemplar hatte er *System* 1 am 17. 3. erhalten, am 11. 4. die Rez. an Savigny geschickt (dies Verfahren hier offenbar erstmals, s. S. 1042, wohl wegen der vielen Kritik) und am 19. 5. zurückerhalten. Beachte auch die Rez. zu Bd. 2-4, GGA 1841, S. 809 ff. und zu Bd. 5, GGA 1842, S. 1-6.

[647] HUGO, Rez. 1840, S. 1018.

vignys sozusagen ihr Rückgrat – die Verankerung in einer idealistischen Rechtsquellenlehre. Savigny benutzt die kennzeichnende Technik der Doppelung ohne Trennung[648] und findet in der konkreten Einheit „Gewohnheit" ein Wesen (die Überzeugung) und eine bloße Erscheinung (die Übung). Das Wesen erklärt er zur „eigentlichen" Grundlage[649]. Es handelte sich mit Creuzer dabei sicher nicht um „eigentliche Philosophie", aber jedenfalls um die objektiv-idealistische Konstruktion eines juristischen Grundbegriffs. Als Hugo einmal nicht so persönlich verwickelt war wie gegenüber Savigny, sprach er seinen Dissens auch allgemeiner und klarer aus. In seiner Beurteilung der von Savigny soeben gelobten „Philosophie des Rechts nach geschichtlicher Ansicht" von Stahl stellt er klar, das Wort „geschichtlich" habe in *Stahls* Titel eine *besondere* Bedeutung. „Geschichtlich" sei hier christlich-metaphysisch gemeint. Und Hugo zählt sich zu denen, die „nicht die Ansichten des Verfassers zu teilen im Stande sind"[650]. Damit hatte Hugo ausgesprochen, wohin auch Savigny tendierte, und er war gewiß kein dilettantischer Zeuge in diesen Fragen.

Wollte man Savigny trotz alledem doch für eher „unphilosophisch" halten, so läßt sich dem schließlich ein spätes Zeugnis aus dem Nachlaß entgegenhalten, das die hier ausgearbeitete Deutung abschließen kann. Schon 1829/30 sah Savigny danach Anlaß, die genuin philosophische Seite seiner Auffassungen zu betonen. In einer Überarbeitung der *Pandektenausarbeitung* aus dieser Zeit[651] verwahrt er sich dagegen, die Entscheidung über Gesetz als Rechtsquelle, also die Kodifikationsfrage, gleichzustellen mit der über den „allgemeinen (oder philosophischen) ... Charakter des Rechts"[652]. Seine

> „Ansicht vom Volksrecht als erstem Grund alles positiven Rechts" sei „keineswegs so zu verstehen, als ob eine rein zufällige ... Individualität die Völker unterschiede, vielmehr (sc. ist) das Bedürfnis des Rechts ... in der menschlichen Natur allgemein und gleichförmig gegründet und insoferne ein *philosophischer Bestandteil* der Rechtswissenschaft unleugbar. Nur in der *Lösung* jener allgemeinen Aufgabe sehr weiter Spielraum der Völkerindividualität, dieses der geschichtliche Boden des Rechts, dessen Unabhängigkeit häufig durch unrichtige Ausdehnung des philosophischen Bestandteils gefährdet und verletzt wird"[653].

---

[648] Dazu eingehend oben 240 f.
[649] Vgl. SAVIGNY, System 1, § 12/S. 34-38: „dem bloßen Zufall entgegengesetzte Wurzel", „fester Kern", „eigentliche Grundlage" (S. 35). Eingehend dazu unten 304 ff.
[650] HUGO, Stahl-Rez., GGA 1831, S. 236-239.
[651] Dazu oben 143.
[652] Übrigens hier einig mit THIBAUT, vgl. dazu oben 182 bei Fn. 171.
[653] Alles *Pandekten Marburg*, fol. 4a (r und v). Hervorh. in Z. 4 von mir, Abk. aufgelöst.

In diesen Notizen beansprucht er also, nicht ohne herausgefordert worden zu sein durch Hegel, Gans u. a., offen *Philosophie im Recht*. Vermutlich vertrat er dies auch in der Vorlesung selbst[654]. Diese Notizen für die Vorlesung versuchen vergeblich, die Diskrepanz seiner Voraussetzungen zu überwinden durch suggestive Distinktionen[655]. Gerade in dieser Bemühung beweist sich, daß diese Voraussetzungen festgehalten werden. Der Text enthält denn auch die charakteristische Zerlegung *des* Rechts in zwei Bestandteile, hier in „allgemein" bzw. „philosophisch" und in „individuell" bzw. „geschichtlich". Das Allgemeine gilt als nicht zufällig und damit auch *das* Recht überhaupt. Wieder einmal sieht man Savigny mit der konkreten Abgrenzung der beiden auseinanderstrebenden Teile ringen[656]. Der Rückzug auf „unrichtige Ausdehnung" suggeriert bloß eine Vorstellung von richtiger Ausdehnung. Der Übergang vom Notwendigen zum Zufälligen im Recht wird auch hier nicht erläutert. Zu prüfen bleibt, ob dieser Text, der im Rahmen der Überarbeitung 1829/30 „mit Rücksicht auf Puchta's Gewohnheitsrecht"[657] neugefaßt wurde, auch sachlich erst von Puchta angeregt worden war. Immerhin hatte Savigny schon gegenüber *Gönner 1815* ausgesprochen, es gebe ein „*eigentlich historisches* Verfahren", bei dem „das Gegebene aufwärts durch alle seine Verwandlungen hindurch bis zu seiner Entstehung aus des Volkes Natur, Schicksal und Bedürfnis" verfolgt werde. Und diese hier nun schon bekannte objektividealistische Perspektive[658], hatte er dort nebenbei auch so formuliert, daß er keineswegs verkenne,

„daß in jenem Individuellen und Verschiedenen (sc. der Völker und Zeiten) gewisse allgemein menschliche und gleichförmige *Richtungen* angetroffen werden, welche man das *philosophische* Element alles positiven Rechts nennen kann"[659].

Und auch zu *Feuerbach 1804* hatte er das Philosophische eben in der Geschichte selbst gefunden, also keineswegs verneint[660]. Puchta bedeu-

---

[654] Dies ist nach seinen Gepflogenheiten bezgl. der Ausarbeitungen sehr wahrscheinlich, wäre aber anhand von Nachschriften zu verifizieren.
[655] Dazu auch schon in Fn. 635.
[656] Dazu schon bei Fn. 636; sehr deutlich dies auch bei STAHL im Brief bei Fn. 642: „ein Teil ... Philosophie" — welcher?
[657] So *Pandekten*, fol 1 neu.
[658] Siehe zu eigentlich-historisch 1802 eingehend oben 96 ff.
[659] SAVIGNY, Gönner-Rez., Verm. Schr. 5, S. 141 f. Parallel, wenn auch ohne die Vokabel „philosophisch", in den *Kronprinzenvorträgen* 1814/15/16 zum Zivilrecht, s. die Notizen in Marburg, Nachlaß 1977 M 11, fol. 1v: „wie ihre (sc. der menschlichen Individuen) Natur aus allgemeinem und besonderem gemischt ist, so auch die Natur des Staats und des Rechts — also auch im Recht allgemein menschliche Richtung, allgemeine Gründe, aber besondere, individuelle Gestalt."
[660] Dazu mit Zitat oben 204 f. bei Fn. 271 f.

tete also eher nur eine Ermunterung, dies wieder etwas deutlicher zu machen. Puchtas Eintreten für die Philosophie bei der Historischen Schule[661] zeigte ja in der Tat ein besonderes, neues Selbstbewußtsein – und es stützte sich auf die bekannten objektiv-idealistischen Mittel, diesmal die eher „natürliche" Variante Schellings, nicht die eher künstliche Hegels. Jedenfalls war das Bedürfnis unverkennbar, hier gegenüber den Hegelianern Terrain gut zu machen[662]. Das lockte auch Savigny wieder aus der Reserve.

Bei aller Vorsicht Savignys mit allgemeinen oder gar „eigentlich" philosophischen Bekenntnissen im Druck, läßt sich also doch ermitteln und bekräftigen, daß sein *Grundansatz objektiv-idealistischer* Metaphysik verpflichtet war. Charakteristische Annahmen dieser zeitgenössischen Denkhaltung, in denen Fichte, Schlegel, Hölderlin, Schelling, Hegel u. a. sich darin einig waren, die von Kant noch formulierten und etwa von Hugo und Fries festgehaltenen Grenzen zu überwinden, kehren bei Savigny immer dann wieder, wenn er die Alltagsjurisprudenz verläßt und einen höheren Ton anstimmt. In der gesamten Beweisführung wurde bisher bewußt abgesehen von Quellen wie dem *Beruf* mit ihrer offensichtlichen Geschichtsmetaphysik und dies, obwohl diese Vorstellungen bereits für 1808 und früher nachgewiesen werden konnten[663]. Denn die Diskussion um den Stellenwert dieser Quelle – zentral oder peripher[664] – sollte hier nicht wiederholt werden. Mit dem Nachweis objektiv-idealistischer Voraussetzungen und Verfahrensweisen quer durch andere Zeugnisse Savignys erledigt sie sich nämlich. Der *Beruf* bildet vor diesem Hintergrund nichts als die etwas einseitige, schneidige Ausformulierung einer bestimm-

---

[661] Dazu wertvoll BOHNERT, Puchta, S. 167, 16, vgl. auch das Zitat und die Nwe. in MEINER Rezension, hier S. 499 f., auch 497. Siehe für PUCHTA, Gewohnheitsrecht Bd. 1, Erlangen 1828, etwa S. 78-81 (Doppelung; hier auch die Rolle klar benannt), S. 214 (gegen philosophische Schule). Die ganze Schrift ist durchsetzt von idealistisch-metaphysischen Denkfiguren, vgl. auch sogleich HUGOS Urteil (bei Fn. III/27); jetzt sehr instruktiv auch BRAUN zu Gans (1979) und zu Puchta, Gans, Savigny am Beispiel „Besitz" (1981).

[662] Siehe zur Hegelschen Kritik und Charakteristik der HS als „unphilosophisch" etwa RÜCKERT, Reyscher, S. 346, 332 (Hegel, Gans, Stein, Ruge); instruktiv hier auch ein Blick auf STAHL, Philosophie 1 (1830); dazu treffend MASUR, Stahl, S. 100, über das dringende Bedürfnis spekulativer Stützung der HS, geschehen von zwei Seiten, Stahl und Puchta. 1840-42 wurden diese Dienste gewissermaßen offenkundig mit der Berufung aller dieser Erlanger nach Berlin: *Stahl* 1840, *Schelling* 1841, *Puchta* 1842. Damit offenbart sich auch ein roter Faden zwischen Philosophie, Politik und Preußens „Erneuerung" 1840.

[663] Dazu eingehend oben 111 ff., zus.fassend 118. Vgl. auch *Hölderlins* und *Schlegels* Ursprünglichkeitsdogma, dazu oben 256 bei Fn. 507 und 141 bei Fn. 646, sowie 260 Fn. 534.

[664] Dazu die Nwe. oben 124 in Fn. 574 f.

ten Variante dieses bleibenden Ansatzes. Ohne Zweifel gibt es Schwankungen Savignys *innerhalb* dieses grundlegenden Rahmens. Eine zunächst mehr pantheistisch-historische, „natürliche" Variante wurde mehr und mehr abgelöst von einer christlich-historischen. Savigny befindet sich damit nur in völligem Einklang mit dem Zeitgeist der aristokratisch-gebildeten Elite, zu der er sich zählte, zumal in Preußen. Die volle Durchführung dieser Perspektive muß und kann einer späteren Gelegenheit vorbehalten bleiben.

5. *Ergebnisse und Präzisierungen*

Die Zusammenfassung der Untersuchungen dieses zweiten Hauptteils sei mit einer klärenden Zuspitzung eingeleitet. Denn nur angedeutet wurde hier stets, *in welcher Richtung* Savigny diesen sog. objektiv-idealistischen Rahmen ausfüllte. Aufgeschoben blieb also die vielerwogene Frage, welcher *systematischen* Entfaltung in der Fachphilosophie er zuzuordnen wäre — Fichte, Schelling, Hegel usw.[665]. Ohnehin wird diese Zuordungsfrage teils unter-, teils überschätzt[666]. Unterschätzt, weil es nicht so leicht sein kann, bloß implizite und unsystematische Anwendungen philosophischer Annahmen mit systematischen Philosophen zu korrelieren. BETHMANN-HOLLWEGS (und RUDORFFS) deutliche Bemerkung, „daß keines der seit Kant aufgestellten großen Systeme ihm ein vollkommen befriedigendes, abschließendes zu sein schien" blieb folgenlos[666a]. Überschätzt, weil dabei leicht Wichtigeres in den Hintergrund tritt. Wichtiger scheint mir nämlich zunächst der hier unternommene Nachweis, *daß* Savigny idealistischen Annahmen folgte, *daß* diese im Ansatz nicht subjektividealistisch mit Kant oder auch dieser Seite Fichtes gedacht waren, sondern *objektiv-idealistisch*, mit Hölderlin, Schlegel, mit Collmann/Molitor, daß er in diesem *Startpunkt* daher mit Schelling *und* Hegel von 1800/1802 eine Bahn ging, und daß er *nicht* grundsätzlich empiristisch wie Hugo und partiell auch Fries argumentierte. Das schließt kantische Elemente und auch Fichtesches schon deswegen nicht ganz aus, weil metaphysische

---

[665] Vgl. dazu die vielen, dennoch keineswegs erschöpfenden, Nwe. oben 123 in Fn. 561-566.
[666] Vgl. dazu bereits die methodischen Bemerkungen zur „Einfluß"-Fragestellung und zum Kontext-Problem oben 120 f. bei Fn. 554 und 558.
[666a] BETHMANN-HOLLWEG, Savigny, S. 67; parallel RUDORFF, Savigny, S. 41 f.; betont schon von ZWILGMEYER, S. 53. Dennoch schien man aus diesen Sätzen geradezu auf Savigny-unphilosophisch schließen zu wollen.

Grundbegriffe auch in deren Philosophien vorlagen, weil darin selbst objektivierende Elemente gefunden und aktualisiert werden konnten und weil der objektiv-idealistische Ansatz sich selbst als Vollendung des kantischen Idealismus verstand und zu präsentieren suchte. Mit alledem ist auch bei Savigny zu rechnen. Es läßt sich nur in speziellen Untersuchungen abklären. Man hat jüngst aus stupender philosophiegeschichtlicher Quellenkenntnis die Lage treffend so charakterisiert:

> „Die entstehende Vereinigungsphilosophie (sc. Hölderlins, Schellings und Hegels) gestaltet sich zum großen Teil aus der Umbildung und Uminterpretation von Fragestellungen und Grundbegriffen, welche loci communes und Stichworte in damaligen geistigen Kontroversen waren"[667].

Eben dies ist das Bild, das aus Savignys allgemeinen und juristischen Anstrengungen in Sachen „Philosophie" aus den Quellen entgegentrat und zu entschlüsseln unternommen wurde.

Wenigstens eine *Präzisierung* wurde dabei aber gewonnen: Savignys überlieferte, aber selten wirklich interpretierte Kälte gegen die „eigentliche Philosophie"[668] bedeutete nicht nur Unlust gegenüber philosophischer Fachliteratur[669]. Sie war vielmehr das genaue Ergänzungsstück zu seiner positiven Liebe − einer *natürlichen* Philosophie und Rechtsphilosophie. Diese Nuance vor allem war und blieb *seine Nuance* seit der ersten Begeisterung für Hölderlin, Goethe und Friedrich Schlegel. Daß man bis heute sich immer wieder an diesem „natürlichen" Philosophieren Savignys begeisterte oder auch rieb, war also zugleich Kompliment für die dauerhafte Strahlkraft dieser Höhepunkte deutscher „philosophischer" Dichtung, aber auch ein Zeichen kontinuierlicher Abneigung gegen die „eigentliche" Philosophie.

Dem Creuzerschen Dictum von 1804, oft als Beleg gegen Philosophie bei Savigny überhaupt verwendet[670], läßt sich noch eine willkommene Präzisierung abgewinnen, wenn man nicht die verstümmelten Fassungen

---

[667] KONDYLIS, Dialektik (1979), S. 280 in der Anm.
[668] So FR. CREUZER, Nwe. oben 241 in Fn. 431.
[669] Wie er sie gegenüber *Fries* als „natürlich" vorschlug, vgl. oben 249 bei Fn. 470 und die Fortsetzung „vielleicht besser, in Gesprächen über Philosophie so wenig als möglich von bestehenden Philosophien und ihren Namen Notiz zu nehmen", bei HENKE, Nr. 3 v. 9. 5. 02/S. 298 (im letzten Brief sinnigerweise an den Fachphilosophen Fries). Zum Hintergrund dieser Vorschläge bei Hemsterhuis, Hölderlin, Schlegel, oben 253 in Fn. 492.
[670] Vgl. die Nachweise oben 123 Fn. 560, dagegen schon TEGETHOFF und SCHULTE, aaO. Die Interpretation TEGETHOFFS, S. 15 auf Ablehnung des „rein spekulativen Denkens", d. h. des theoretisch-philosophischen, trifft dagegen nicht.

dieses Textes, sondern die volle benutzt[671]. Dann erweist sich, daß Creuzer Savigny „*Kälte gegen die eigentliche Philosophie* als der Wissenschaft des Ewigen" in einem besonderen Zusammenhang zuschreibt. Die „eigentliche Philosophie", die er bei Savigny etwas kalt aufgenommen findet, ist nämlich die, „wie wir sie durch Schelling erkennen", „jener große Geist, der in den Werken Schellings weht — in Spinoza und einigen alten Philosophen", Ewiges, das gar „nicht dargestellt werden kann (sc. außer in) *Andeutung* zur *Symbolisierung des Ewigen*"[672]. Creuzer urteilt also aus einem besonderen Philosophieverständnis. Ein Blick in Hauptzeugnisse dieser Phase Creuzers wie seine „Studien" mit Daub[673], deren erster Band 1805 in Heidelberg erschien, in weitere Briefe mit der Günderrode[674] und

---

[671] Stark verstümmelt zuerst bei ROHDE, Creuzer (1896), S. 21, danach dann bei STOLL 1, S. 5 in Anm. 3 eine ganz verkürzte Wiedergabe (1929). Besser schon bei PREISENDANZ, Günderode (1912), S. 33-37, hier mit genauerer Datierung auf 7. 11. 1804, statt wie bei ROHDE auf 1. 11. 04, vgl. für die Bedeutung des Datums sogleich in Fn. 676.

[672] Alles nach PREISENDANZ, hier S. 35.

[673] STUDIEN, hg. von Carl Daub und Friedrich Creuzer, Frankfurt und Heidelberg, 1. 1805, zuletzt 6. 1811, darin bes. CREUZER, Das Studium der Alten als Vorbereitung zur Philosophie (1-22), gegen die Gleichgültigkeit einer berechnenden Praxis, basierend auf empirischer Naturforschung, für absoluten Wert der „Alten", Idee einer würdigen, göttlichen Menschheit, als ideale Richtung aller Bestrebungen der „Alten", bes. in ihren natürlich-notwendigen Dichtungen, Produkte heiliger Trunkenheit, am Anschauen der ewigen Schönheit; die Idee einer höheren Weltordnung gebe bei den Griechen dem Menschlichen religiösen Sinn und der *Historie* Einheit (6). „Diese *unräsonnirte Objektivität* und diese göttliche Sinnesart, sobald sie mit Klarheit angeschauet und aufgenommen wird in ein reines Gemüth, ist gerade dasjenige, was fähig macht, vom Endlichen und Zufälligen zum Unendlichen und Nothwendigen hinaufzusteigen und den Muth gibt, das Zeitliche in dem Ewigen zu zernichten" (6 f.) usw., in diesem Sinne für Philosophie als Wissenschaft des Absoluten (15), als Erhebung zum Anschauen des Ganzen in der Natur (16), das einen Zustand voraussetze, einen Ton des inneren Lebens ... (17) usw., bes. wiederzufinden bei Plotin (21 f.) und DERS., Plotinos von der Natur ... (23-103). Ebd. auch zwei philosophische Dichtungen der GÜNDERRODE, S. 363-401, 403-461.

[674] Bei PREISENDANZ, S. 109 f. v. 29. 5. 05: „Alles kommt doch darauf an, ob man fähig sei, jenen Einen Blick in die Natur zu thun — der fähig macht, alle Gegensätze der Erscheinung aufzuheben. Diese Natursicht aber darzustellen, gehört der mystischen Poesie an"; S. 171 v. 31. 10. 05: Philosophie müsse Ausdruck einer „inneren Offenbarung" sein, „so mag er philosophischen Vortrag allein leiden"; — zu Schelling: S. 38 v. 11. 4. 04: Liest *Schelling*, um sich zu erheben, auch Schwarz (sc. an sich kantisch) habe sich ergetzt ... „wir wollen deswegen ja nicht zu seinem (sc. Schellings) System *schwören*", S. 101 v. 19. 5. 05: Sieht gegen Daub eine gemeinsame Suche nach dem Göttlichen im Kritizismus (Kants) als Tendenz, dann „großartig" bei Schelling, dessen „Naturphilosophie mußte erst die Mysterien offenbaren ... alle Geheimnisse des *Seyns*" usw.; S. 120 v. 6. 6. 05: Gegen Kritik von Fries an Schellings Mysticismus; S. 167 v. 11. 7. 05: Berichtet über ein Lob Schellings für die „Studien"; S. 216 v. 23. 7. 05: Er und Daub wollen alles für einen Ruf an Schelling tun, obwohl Savigny abgeraten hat; S. 225 f. v. 6. 2. 06: Für Schelling wegen dessen Grundsatz einer Verbindung des Realen mit dem Idealen, nur noch zu begrifflicher, „demonstrativer Zuschnitt" usw.

besonders auch die der Günderrode mit ihren philosophischen Gesprächspartnern Nees van Esenbeck[675], zeigt drastisch, welch abgehoben-emphatisch-vage Ewigkeitssuche hier vorherrschte. Dieser philosophische Habitus war Savigny offenbar zu wenig „reell", vielleicht sogar „leer und eitel"[676]. Die *Studien* und gerade Creuzers Philosophie-Aufsatz fanden denn auch nicht seine Unterstützung[677]. Und einen „relativ idealen" Zug hatte selbst der derart befangene Creuzer Savigny nicht abgesprochen, ja Interesse Savignys für „einige Elemente" der Philosophie zugegeben[678]. Eine so irrational-vage Entfaltung der objektiv-idealistischen Motive wie in Creuzers und der Günderrode Schelling-Verständnis, diese, mit Creuzer, *„unräsonnirte Objektivität"*[679], war danach Savignys Sache nicht. Er

---

[675] Bei PREITZ, Günderrode I. (1962); die Freunde Nees van Esenbeck, Lisette u. Christian, gelten als Schellingianer. Vgl. dort die Briefe Nr. 12 v. 25. 5. 04/S. 234: Nees über Freiheit u. Notwendigkeit, vermählt im urbildlichen Schauen und Schaffen Gottes, aus Anlaß des „Mahomed" (1805) der G.; – Nr. 16 v. 2. 7. 04/S. 247: N. freut sich, daß die G. Schellings Schriften lese und gibt weitere Empfehlungen dazu. Er schätze „diese Philosophie wo möglich noch höher als Werkzeug oder Organ denn als System des Wissens selbst. Sie gibt uns die zweite Seite des Sinns, und diesem dadurch sich selbst zum Objekt" (vgl. vorige Fn. Creuzer, a. E.); N. empfiehlt auch Fr. Schlegel.

[676] Vgl. *Savignys* Rat für Fries, berichtet von Robinson, am 5. 10. 04, „ein starkes Wort gegen die neue eitele und leere idealistische Philosophie" könne ihn in Karlsruhe nur empfehlen. Savigny meint damit Schellingianer in Heidelberg, s. schon näher in Fn. 450. *Creuzer* selbst schien um diese Zeit noch kritischer gegen Befangenheiten im Schellingschen System bei *Daub* (s. ebda. sein Brief v. 25. 6. 04); wichtig daher die Datierung seines Briefes über Savignys Kälte bei PREISENDANZ auf 7. 11. 04 (vgl. Fn. 671), denn in diese Zeit seit August 1804 fällt gerade die neue Beziehung Creuzer-Günderrode, die Creuzer offenbar in eine andere Akzentuierung seines philosophischen Interesses bringt.

[677] Vgl. seine Kritik, berichtet bei PREISENDANZ, Anm. 5 der Einleitung u. bei DAHLMANN-SCHNACK, S. 164 in Anm. 7 aus Brentanos Bericht, bei AMELUNG, Brentano-Mereau, II 189 von Mitte Oktober 1805: „Im Vertrauen sage ich Dir, daß er die *Studien* für sehr schlecht hält und besonders *Kreuzers* und *Heises* Aufsatz und wie natürlich die Poeten." Savigny distanziert sich also gerade von Creuzers hier wichtigem Aufsatz (vgl. Fn. 673), da der Plotin-Aufsatz im gleichen Band als bloße Ausführung des zuvor Begründeten anzusehen ist.

[678] CREUZER an die Günderrode, bei PREISENDANZ, S. 35, im gleichen Brief wie Fn. 671 f.; außerdem der berühmte Brief an S. von Heyden, v. 25. 12. 04, also aus der gleichen Zeit, bei STOLL 1, S. 52 (im Text), dort nach ROHDE, Günderode, S. 26-28; nach STOLL zuletzt auch bei KIEFNER, Savigny 1983 (s. Nachtrag); besser aber, ohne Auslassungen am Anfang, Ende und an zwei freilich nicht entscheidenden Stellen, bei KANTOROWICZ, Savignybriefe (1925), Anhang, S. 112-114. Dort a. E. darüber, daß Savigny „einige Elemente der Kunst, Philosophie und Poesie gar nicht berühren" – also einige andere sehr wohl. Passend auch die Trias, in der Philosophie bei Creuzer hier erscheint. Ebda. in der Mitte zu „relativ ideal" für Savignys literarisches Streben, d. h. nicht bloß „historisch (sc. empirisch)".

[679] Zitiert in Fn. 673 aus STUDIEN 1, 1805. Dort passende Prägung für den Wunsch nach direktem Zugang zum Absoluten, und zugleich durch „unräsonnirt" treffend abgesetzt gegen die hier für Savigny entwickelte Neigung zum „Objektiven" via Gegebenes und dessen Erforschung.

vertraute weder einer rein abstrakt rationalen, vernünftigen, noch einer vage-irrational-emotionalen, sondern eben einer „natürlichen" Erkennbarkeit auch des Ewigen.

Savignys spezifischer, objektiv-idealistischer Ansatz wurde in seinem Verhältnis zu Politik und Praxis spürbar (Teil 2, Kapitel I)[680], ließ sich hinter seinem selbstgewissen „friedlichen Streit" mit Thibaut finden (II), wurde deutlicher und greifbarer in seiner Faszination für Harmonie, Unparteilichkeit, Symphilosophie, Liebe und Freundschaft als Bildungsmittel und philosophierende Dichtung (III). Er wurde dann in diesem eigenen Abschnitt als Hypothese präzisiert (IV 1), am Muster seiner Wahrheitsvorstellung eingehend vorgestellt (IV 2), als Gesamtmodell erläutert und auf charakteristische Kennzeichen von Savignys Sprache und Logik bezogen (IV 3), sowie schließlich systematisch nachgewiesen an und aus zentralen Quellen wie Fries-Briefe, Athenaeum, Hölderlin, frühen Briefen überhaupt, Fichte-Urteil, Collmann/Molitor-Urteil, Stahl-Urteil 1838, System 1840, Pandekten 1829/30, Gönner-Rez. 1815, Kronprinzenvorträgen 1814/15 und anderen Quellen (IV 4), stets in Verbindung mit den Ergebnissen zur Landshuter Zeit und den Methodologien (Teil 1, I 6). Auf Savignys Zuordnung zu einer der systematischen, fachphilosophischen Entfaltungen dieses Ansatzes wurde verzichtet. Doch konnte geklärt werden, daß er mit seiner „natürlichen" Variante zugleich gegen bloß abstraktes, wie schlicht „unräsonnirtes" Streben ins „Objektive" eingestellt war (IV 5).

Mit diesen Klärungen gegen mannigfach abweichende oder gar nicht erst präzisierte Deutungen wurde zugleich die unentbehrliche Basis geschaffen für den nun folgenden dritten Hauptteil: „Idealismus als Schlüssel" zu Savigny. Die These von der objektiv-idealistischen Denkhaltung hat sich hier an Savignys konkreter Jurisprudenz und politischer Theorie zu bewähren, sie soll diese also in wesentlichen Stücken erklären. Daß auch auf seinem eigensten Felde des „heutigen Römischen Rechts" keineswegs traute Einsicht und Klarheit über Savigny herrschen, bedarf kaum der Wiederholung. Auch hier *sucht* man noch ihn zu verstehen[681]. Zuvor aber noch ein nicht bloß terminologisches Problem.

---

[680] Vgl. im übrigen die separaten Zusammenfassungen in I a. E., II 4 und III 4.
[681] Vgl. zu einigen Streitfragen dabei oben 124 die Nwe. in Fn. 577 f. zu Volksgeistlehre und Rechtsverhältnis.

6. „*Ein Wort*" oder: Terminologisches

1801, in der Zeit terminologischer Gärungen in Sachen Idealismus, Realismus, Transzendental-, Natur- und Identitätsphilosophie schrieb *Schelling* von dem, was dabei „angenehm" wäre:

> „Den meisten, welchen ein philosophisches System zur Einsicht vorgelegt wird, kann nichts Angenehmeres begegnen, als daß Ihnen sogleich *ein Wort* gegeben wird, durch das sie seinen Geist fesseln und nach Belieben bannen zu können glaubten" . . ., daß man aber, „was . . . mein System der Philosophie sey, aus dem Folgenden allein erfahren wolle"[682].

Wie läßt sich nun das Angenehme mit dem Richtigen verbinden, wie läßt sich bei der Notwendigkeit, im folgenden Abschnitt über eine Kurzbezeichnung für Savignys Ansatz zu verfügen, die Gefahr vermeiden, in eine Verkürzung der sachlichen Ergebnisse der Untersuchungen zu Idealismus bei Savigny zurückzufallen. Und welche Kurzbezeichnung wäre zu wählen? Dieses schon in der Einleitung und zu Beginn dieses Kapitels angesprochene Problem muß jetzt gelöst werden[683].

Das Schlüsselelement bei Savigny in eine Kurzformel zu fassen, läßt sich kaum umgehen und dient auch nicht dem von Schelling verworfenen Zweck, Savignys „philosophisches System" erst zur „Einsicht" zu bringen. Die Beweisführung dafür wurde im bisherigen abgeschlossen. Die größere Gefahr birgt nicht der praktische Zweck, sondern die Entscheidung für eine bestimmte Formel. Einem kritischen Hinweis von STEN GAGNÉR verdanke ich ein geschärftes Bewußtsein dafür und den Anstoß, die Lösung genauer zu überprüfen und zu begründen. Das Schlüsselelement „Idealismus" bei Savigny mußte spezifischer benannt werden. „Idealismus" allein hätte ohnehin erreichte und notwendige Klärungen ungenutzt gelassen. Damit stand man vor der wenig erfreulichen Wahl zwischen Kennzeichnungen, die entweder ausnahmslos durch eine wechselvolle Wirkungsgeschichte umgeprägt wurden[684] oder von vornherein sachlich irre geführt hätten[685] oder als zu farblos ausscheiden mußten[686]. Nicht ganz uncharakteristisch, aber doch undeutlicher als seine Denkweise sich immerhin fassen ließ, wäre auch ein Adjektiv, das Savigny selbst an kritischen Stellen

---

[682] SCHELLING, Darstellung (1801), Werke, 1801 ff., S. 4, 6 (= SW I 4, 108, 110).
[683] Vgl. oben Einleitung 6 und 234 bei Fn. 412a.
[684] Vgl. subjektiv, objektiv, absolut, transzendental, organisch.
[685] Vgl. theologisch, ontologisch, ethisch, freiheitlich, kritisch, morphologisch, ästhetisch, analytisch.
[686] Vgl. metaphysisch, spekulativ, romantisch, auch idealrealistisch (s. HIST.WB 4 (1976), s. v. Idealrealismus). Für „romantisch" insbes. SOLARI, aber auch für „objektiv", s. S. 293 f.

mehrfach als positive Formel einer richtigen Denkweise verwendet: „*natürlich*"[687]. Deutlicher spricht noch heute eine andere Bestimmung, die Savigny ebenfalls in exponierten Kontexten mehrfach benutzt: „*objektiv*"[688]. Gerade die Verbindung *objektiv-idealistisch* geriet aber besonders gründlich in eine philosophische Wirkungsgeschichte. Dilthey, Rothacker u. a. erhoben sie in geschichtsphilosophischer Absicht zu einem Weltanschauungstyp[689]. Noch strenger sah die bedeutende hegelianische und neuhegelianische Philosophiegeschichtsschreibung von Michelet bis zu Kroner u. a.[690] in einem „objektiven" Idealismus nur eine, wenn auch notwendige, Durchgangsstufe vom subjektiven zur Erfüllung im absoluten Idealismus[691]. Beide Verwendungen belasten den Wert der Bezeichnung für die historisch-beschreibende Kennzeichnung der breiten Abwendung

---

[687] Dazu oben 249, 251, 260 f., 277, 288. Auch „absolut" kommt zwar vor, aber noch blasser, vgl. oben 93 f.; dort im Sinne von „vollendet".

[688] Dazu oben 100 ff., 105, u. a. aus der sog. Methodenlehre von 1802/03 und den Briefen.

[689] Siehe dafür nur ZELTNER, HistWB 4 (1976), s. v. Idealismus, objektiver; DILTHEY, Weltanschauungslehre. Abh. zur Philos. d. Philosophie (1911), Ges. Schr. 8 (1931), hier S. 112 ff.; weiter ROTHACKER, Logik (1927), S. 52 ff.; COING, Grundzüge ³1976, S. 88 verwendet sie primär als Beurteilungsraster für rechtsphilos. Systeme, aber auch historisch-beschreibend.

[690] Vgl. ZELTNER, Idealismus, Deutscher, HistWB 4 (1976); bes. aber C. MICHELET, Geschichte der letzten Systeme der Philosophie in Deutschland von Kant bis Hegel, hier Bd. 2, 1838; später R. KRONER, Von Kant bis Hegel, Bd. 1 und 2, 1921 und 1924; von jur. Seite bes. LARENZ, 1933; vgl. zu den wissenschaftsgeschichtlichen Zusammenhängen etwa GELDSETZER, Philosophiegeschichte (1968).

[691] Siehe ZELTNER (wie Fn. 690) und bes. MICHELET, Geschichte, Bd. 2 (1838): 1. Buch: Subj. Idealismus, 2. Buch: Objektiver (d. h. hier Schelling u. Solger), 3. Buch: Absoluter (d. h. Hegel), zum Terminus S. 207: „Bei *Fichte* kommt die Individualität in dem unendlichen Prozeß immer wieder zum Vorschein, und ist *auch* erhalten; erst *Schelling* läßt sie gänzlich in ihre *objektive* Substanz absorbiren, und zu einer ruhenden Gestalt derselben werden. Und da diese Substanz selber die aus dem Grundstein des Gedankens sich erhebende Intellectualwelt ist, so kann seine Philosophie *objectiver Idealismus* genannt werden. Mit dieser Ansicht wendet er sich nun besonders gegen das Fichte'sche System ..." (Hervorhebungen von mir). Weiter KRONER, Kant bis Hegel (Neudruck 1961 mit bes. Vorwort). Er ist dort „nach wie vor überzeugt, daß die Entwicklung von Kant bis Hegel einer inneren, logischen Notwendigkeit folgte" (S. V), ebenso in II 504 u. ö. Terminologisch bleibt KRONER schwankender und verwendet keine Hauptkategorien, vgl. Titel zu I: Von der Vernunftkritik zur Naturphilosophie, zu II: Von der Naturphilosophie zur Philosophie des Geistes. In II 210 ff. trennt er grundlegend zwischen *ethischem* und *absolutem* Idealismus (= vor Hegel; Hegel); ähnlich I 541, wo er von einer grundlegenden Wendung Schellings zum *eig.* spekulativen spricht, sowie I 530, daß dieser „in das höchste Prinzip unversehens die Farbe der *Objektivität* stärker mischt als die der Subjektivität". In der gleichen Linie u. a. LARENZ 1933, der S. 146 zu Hegel die Überschrift „objektiver Idealismus" wählt, dies aber nicht erläutert; vgl. S. 186 zur immanenten Folgerichtigkeit der Entwicklung.

vom kantischen Dualismus, in deren Kontext Savigny zu stellen ist und in der er seine Nuance entwickelt, erheblich.

Wenn dennoch „objektiv-idealistisch" auch hier verwendet werden wird, so sind *weder* der generalisierend-typologische Nebensinn Diltheys, *noch* die hegelianisch-neuhegelianische Durchgangsstufe gemeint, sondern nur die erwähnte Abwendung und Savignys Akzent dabei. Auch „objektiv" wäre verworfen worden, wenn passenderer Ersatz sichtbar gewesen wäre und wenn nicht gewichtige positive Gründe für den Versuch vorlägen, den Ausdruck nüchterner zu verwenden und die spekulativen Assoziationen dabei von seinem eigenständigen historischen Felde zu verdrängen. *„Organisch"* oder *„organologisch"* wäre nach Savignys hier nachgewiesener Denkweise zu eng[692]. Ebensowenig überzeugten Neuprägungsversuche nach Maßgabe der „Sache", etwa syn-idealistisch, mystisch[693], monistisch[694]. Verloren ginge dabei nämlich der Akzent Savignys, der zur monistischen Haltung hinzutritt. Er ergibt sich aus dem, was positiv für „objektiv" anzuführen ist.

Savigny selbst hat *objektiv* mehrfach, zu wichtiger Zeit und an wichtiger Stelle verwendet[695]. Es bezeichnet dort und allgemein die wesentliche Abgrenzung gegen bloß subjektive, freiheitliche, ethische, individuelle Ansätze im Bereich des praktischen Philosophierens, also bei Religion, Moral, Sittlichkeit, Recht, Politik und nicht zuletzt Ästhetik. Seine Abgrenzung in diesem Bereich verdient Akzentuierung, weil sie über den *Juristen* Savigny mehr sagt als Termini der theoretischen Philosophie. *„Objektiv"* weist ihn der weitgestreuten Wende im zeitgenössischen deutschen Denken zu, die in verschiedenen Ausprägungen sehr viele erfaßte und „über Kant hinaus" wohlwollend dem „neuen" Philosophieren näher

---

[692] Die Kennzeichnung verwendet vor allem TROELTSCH, Die Organologie der deutschen historischen Schule (1922), und zwar zur Abgrenzung von Hegel u. anhand des Entwicklungsbegriffs. Darin liegt eine weitere Problematik, vgl. sogleich bei Fn. 697. Vgl. für *organisch* bei Savigny selbst die Nwe. zum *Beruf* (1814) bei RÜCKERT, Reyscher, S. 205 f., mit Häufigkeitsverteilung.

[693] Vgl. CASSIRER, Freiheit (1916, ND 1961 u. ö.), S. 154: bei Kant: „Mystik entsteht überall dort, wo man versucht, Gewißheiten, die uns nicht anders als in der Form des Willens zugänglich sind, in die Form der gegenständlichen Anschauung zu kleiden ..."; vgl. hier Fn. 674 Fries zu Schelling.

[694] Vgl. neuerdings die Ausdrucksweise bei KONDYLIS, Dialektik, etwa S. 180, 232 u. ö., als Beiwort für die besondere Philosophie seit Hölderlin. Parallel DERS., Aufklärung (1981), S. 576 ff.: Der monistische Ansatz der dt. Spätaufklärung, und S. 637 zu den Nachkantianern. Ähnlich auch HENRICH, Jacob Zwillings Nachlaß (1981), S. 247 ff. Der Ausdruck ist außerdem „besetzt" für REININGERS Metaphysik, vgl. HISTWB. s. v. Id., monistischer.

[695] Dazu oben 100 f. und 105 mit Zitat; die Belege stammen von 1802 und 1800, aus der sog. Methodenlehre und einem Brief.

treten ließ⁶⁹⁶. Unentschieden bleibt damit weiterhin⁶⁹⁷, wo Savignys Ort in den fachphilosophischen Anstrengungen, die kantischen Kautelen abzuwerfen und neue metaphysische „Systeme" zu errichten, wäre. Denn daran nahm er weniger Anteil als an der Umorientierung selbst und einigen ihrer durchgehenden Motive und Denkweisen. *Objektiv* läßt auch für diese Zuordnung, sollte sie denn gelingen, entgegen einigem Anschein noch hinreichend Spielraum. Schelling und Hegel nehmen „objektiv" nicht schon als positive Festlegung ihrer Richtung oder einer ihrer Richtungen in Anspruch, sondern wiederum negativ gegen bloß „subjektiv"⁶⁹⁸. Positiv verstanden deutet „objektiv" dann zweckmäßig auf die *gemeinsame neue Annahme* hin, *im* Wirklichen walte irgendwie etwas Absolutes, Notwendiges, Gesetzmäßiges – und wie die fast unerschöpflichen Tautologien dafür lauten. Einige typische Folgen für die Sicht praktisch-philosophischer Probleme läßt gerade „objektiv" passend assoziieren: vor allem die *Aufwertung des Gegebenen*, hier des geltenden Rechts, allgemeiner der Geschichte, dann seine gleichzeitige *Idealisierung*/Vergeistigung, die ihm den Rang neben dem Vernunftrecht wahrt, sei sie auch nur „historisch" zu fassen; allgemeiner die Verwendung einer mehrbödigen *Logik (Doppelung)*, die vom Gegebenen ausgehend auch dessen „Geist", „Natur", „höhere" Qualität erfaßt, und *triadischer Ableitungen* bzw. Harmonisierungen ohne grundsätzlich scharfe Trennung von Sollens- und Seinsüberlegungen, von Geschichte und Philosophie, Geltendem und in höherem Sinne Geltendem, weiter das konsequente *Zusammenrücken* von Philosophie und Kunst und Wissenschaft, ja eigentlich alles Menschlichen, sichtbar wenigstens in einer neuen populären Fachsprache bei Savigny – um einiges zu nennen, während ein kaum gebändigter Drang aufs *Ganze*, zum Allgemeingültigen und Wesen auch schon *Kants* kritischen Idealismus kennzeichnete⁶⁹⁹.

---

⁶⁹⁶ Dazu näher mit Nwn 236 Fn. 416a., Ob man eher von Wende, oder bloß von Umorientierung oder von Vollendung des kantischen Idealismus spricht, hängt von der Kant-Interpretation selbst ab, ändert aber nichts an der historisch unstreitigen Tatsache eines Wandels, der nicht nur die Fachphilosophie betraf. Wichtig für die Verbindung zur Aufklärung jetzt KONDYLIS, Aufklärung (1981, s. Nachtrag), S. 576 ff.

⁶⁹⁷ Vgl. näher dazu oben 287 ff.

⁶⁹⁸ Vgl. oben Fn. 414 zu ZELTNERS Belegen in HISTWB, s. v. Idealismus, objektiver. Auch die beiden Belege aus HEGELS Ästhetikvorlesungen (1820 ff., WW 13, S. 166 u. 168), die im ausf. Register der Suhrkampausgabe (1979), s. v. Idealismus, nachgewiesen sind, sind unergiebig. HEGEL wie SCHELLING steuern vielmehr im Positiven auf „absolut" als Vereinigung von subjektiv und objektiv zu, vgl. SCHELLING, Darstellung (1801), S. 9, 235, 266 (= SW I 4, S. 113, 339, 370) u. ö.; Siehe zu ihrem Selbstverständnis noch Fn. 701 f. und gegenüber *Kant* oben 235 Fn. 415.

⁶⁹⁹ Vgl. zur Kant-Deutung dabei schon oben 235 Fn. 413, 415.

Für *objektiv* als beschreibende Kurzfassung wesentlicher Motive der gemeinsamen neuen Annahmen und gerade im „Praktischen" sprechen schließlich auch eine Reihe von *zeitgenössischen Belegen*. Kant schon spricht durchweg von „objektiv", wenn er Allgemeingültigkeit aussagen will. In der Rechtslehre heißt ihm objektiv das, „was an sich selbst recht ist"[700]. Freilich wäre die Zusammenstellung „objektiv-idealistisch" für Kant unpassend gewesen, da er kritisch die Grenzen der Erkenntnis und die bloß subjektive, praktische, postulierende Natur der nicht theoretischen Sätze betonte. *Objektiv* als Leitwort zeigt daher eben den Neueinsatz im Idealismus an, den auch *Schelling*[701] und *Hegel*[702] so markieren, obgleich sie sich in den genauen Konsequenzen für ein „System der Philosophie" nicht einig sind, geschweige denn in dessen Bezeichnung mit „einem Wort"[703], der aber als solcher bis hin zu einem Savigny wirkte.

Besonders charakteristisch für die Strahlkraft von „objektiv" in diesem noch nicht fachphilosophischen Sinne ist eine verbreitete Abhandlung Friedrich *Schlegels* von 1796/97, die wie andere seiner Texte für Savigny

---

[700] KANT, MdS (1797), A 142 (= Werke 8, S. 413). Deutlich schon in der Grundlegung (1785), BA 62 ff. (= Werke 7, S. 58 ff.), über den Gegensatz von objektiv-praktischen Gesetzen, Zwecken u. Prinzipien und bloß subjektiven; tragend dann kaum zufällig die Verwendung in der KdU (1790), bes. A XLVIII, 263 ff., 292, 309, 312, 315, 323 ff., 335 f., 451 f., auch schon die Überschriften der §§ 8, 22, 34 f., 61, 75 (= Werke 9, S. 268; 10, S. 469 ff., 488, 499, 502, 504, 509 ff., 517 ff., 599 f.); „objektiv" erscheint durchweg als Glied einer Dichotomie von notwendig, allgemeingültig, absolut, unbedingt, gesetzmäßig, theoretisch, (tw. auch) real, *gegen* zufällig, praktisch-notwendig, relativ, bedingt, praktisch, formal. Kants Gebrauch bestätigt HEGEL, Gesch. d. Phil., Werke 20, 350: „Das Allgemeine und Notwendige heißt bei Kant das Objektive".

[701] 1801 betont SCHELLING, Wahrer Begriff, Werke 1799 ff., S. 643, 646 (= SW I 4, 87, 90), das „*Objektive*, von welchem die Naturphilosophie ausgehen sollte" sei nicht einfach mit „real gleichbedeutend", sondern „ein zugleich Ideelles und Reelles" (87); das nennt er dann „*das rein-Objektive* ..., das reine Subjekt-Objekt" (90), Schelling betont etwas Neues daran, das schon auf „absolut" vorausweist. Davor lag also der sprachliche Akzent auf „objektiv" statt subjektiv. Parallel bezeichnet er auch in seinen philosophiegeschichtlichen sog. Münchener Vorlesungen (1827 ff.?), S. 85 (= SW I 10, S. 95) sein erstes Bemühen gegenüber Fichte als den Versuch, gegen dessen subjektiven Idealismus „meinerseits wieder ins *Objektive* zu kommen". Vgl. noch oben Fn. 415.

[702] HEGEL, Gesch. d. Phil. (ediert 1833 aus Vorlesungen), Werke 20, kennzeichnet *Fichtes* Prinzip als „von Haus aus subjektiv" (S. 388), findet bei *Schlegel* einen begriffslosen Versuch, über die Subjektivität hinauszugehen" (S. 415) u. bei *Schelling* „das bedeutendste oder in philosophischer Rücksicht einzig bedeutende Hinausgehen über die Fichtesche Philosophie" (420) in Richtung „Einheit". Mit einem Stichwort („absoluter I.", S. 438), versieht er aber erst spätere Stufen. Die Gesamtbemühungen „des Geistes durch fast 2500 Jahre bringt Hegel dann abschließend auf die Formel „sich selbst *objektiv* zu werden" (S. 455). Immerhin erscheint in dieser Andeutung wiederum „*objektiv*" für die richtige Richtung. Vgl. auch oben Fn. 415.

[703] Vgl. das Eingangszitat von SCHELLING, bei Fn. 682.

besondere Aufmerksamkeit verdient[704]. Schlegel selbst hat sie leicht kritisch aber auch verkürzend als einen *„manierierten Hymnus in Prosa auf das Objektive in der Poesie"* bezeichnet[705]; es war sein grundlegender Aufsatz „Über das Studium der griechischen Poesie", der separat und als gewichtigstes Stück seines großangelegten ersten Bandes von „Die Griechen und Römer. Historische und kritische Versuche über das klassische Altertum" 1797 erschienen und sofort sehr beachtet worden war[706]. Im Rahmen von Poesie, aber nicht nur Poesie, beschwört er dort das Objektive in der Geschichte, die „Objektivität" als das Reine, Unbedingte, Allgemeingültige, Gesetzmäßige, Vollendete, Heilige, die unbedingteste Wahrheit[707]. Sie sei zu entwickeln aus dem „Gange der ästhetischen Cultur", aus ihrer Geschichte, aber – und hierin zukunftsweisend – der „höheren, welche in dem Veränderlichen das Notwendige aufsucht"[708]. Hier sieht er *die* noch offene Aufgabe der Zeit, und er weiß schon: „Nur das Allgemeingültige, Beharrliche und Notwendige kann diese große Lücke ausfüllen"[709]. Von Kant und Fichte ausgehend wird der Neueinsatz beim „Objektiven" hier kurzerhand und emphatisch zur Signatur der Zeit erklärt:

> „Es ist wahrhaft wunderbar, wie in unserem Zeitalter das Bedürfnis des Objektiven sich allenthalben regt"[710].

Geradezu ominös für Savigny kann man Schlegels „Beweis" dafür nennen: *Goethes Poesie*:

> „Seine Werke sind eine unwiderlegliche Beglaubigung, daß das Objektive möglich und die Hoffnung des Schönen kein leerer Wahn der Vernunft sei."[711] –

---

[704] Vgl. oben 195 f. u. 252 ff.

[705] SCHLEGEL, Lyceums-Fragment 7, hier nach BEHLER, Einleitung zu SCHLEGEL, KA I 1 (1979), S. 158; auch bei HAYM, Romantische Schule, S. 190 in der Anm. Ebda. in Fragment 66 (KA I 2, S. 155) spricht SCHLEGEL drastisch von der „revolutionären *Objektivitätswut* meiner früheren philosophischen Musikalien".

[706] Eingehend zur verwickelten Entstehungsgeschichte und Drucklegung BEHLER, aaO., S. 155 ff. Zur Beachtung durch Wolf, Schiller, Heeren, Nicolai, Humboldt, Böttiger, Heyne, Goethe, BEHLER, ebda.

[707] FR. SCHLEGEL, Über das Studium der griechischen Poesie, im folg. nicht nach Krit. Ausg. I 1, sondern der leichter greifbaren Ausgabe RASCH, S. 113-230, vgl. hier bes. S. 115, 117, 119, 137, 147, 154 usw.

[708] SCHLEGEL, aaO., S. 131; auch 127 über die typische Absicht, „aus dem Geist ihrer bisherigen Geschichte zugleich auch den Sinn ihres jetzigen Strebens, die Richtung ihrer ferneren Laufbahn und ihr künftiges Ziel aufzufinden. Wären wir erst über das Prinzipium ihrer Bildung aufs reine ...".

[709] SCHLEGEL, aaO., S. 148.

[710] SCHLEGEL, aaO., S. 161.

[711] SCHLEGEL, aaO., S. 155. „Werke" bezieht sich auf „Goethes Poesie ... die Morgenröte echter Kunst und reiner Schönheit" (153).

ominös für Savigny, weil auch für ihn Goethe Wesentliches beglaubigte, etwa in der „Philosophie"[712]; ominös aber auch, weil ein entschieden geschichtspekulativer, mit Savigny „eigentlich-historischer"[713], Ton angeschlagen war und gerade für die Verbindung des Altertums mit der Neuzeit, eben auch ein Problem des Römischen in der Jurisprudenz; ominös schließlich, weil Schlegel gerade nicht nur zur Poesie schrieb, sondern selbst die Brücke zum Praktischen schlug, mindestens andeutete. Er schrieb die Abhandlung in durchaus „praktischer" Absicht, nicht als bloßer Literat und Philologe, sondern als „Beitrag zur Geschichtsphilosophie" (Haym)[714], und er selbst kündigt die fällige Anwendung auf die Politik an[715]. Es gehe um die „Würde der Kunst *und* der Menschheit"[716]. Für *beides* also ist ihm das „Objektive" der Zauberschlüssel.

Dieser Sprachgebrauch bestimmte nun nicht nur Schlegel, sondern auch bei dem Savigny-Freund *Creuzer* wird man in seinem Drang zu „unräsonnirter Objektivität"[717] einen Nachklang finden dürfen. Auch *Collmann/ Molitor* setzen 1802 auf „objektiv": „daß man das Subjektive in ein Objektives verwandelte ... daß die Notwendigkeit, da sie sich in subjektiver Hinsicht nicht dartun läßt, als objektiv erkannt würde ..."[718]. Das „Positive überhaupt" hat für sie

> „keine Realität, wenn es nicht in der Sinnenwelt objektiv gemacht wird". Und: „Dieses *Objektivisiren*, das Schaffen dessen in die Wirklichkeit, was bloß ideelle Regel ist, das Realisiren dieses Ideals – ist Tendenz der Gattung"[719].

Der geschichtsspekulative Standpunkt der „Gattung", auch schon „Volk"[720], betrifft auch die Gesetzkunde:

> „In der Epoche ihrer Vollendung wird die Gesezkunde in Kompendien sich objektivisiren", nicht etwa in Gesetzgebung[721], und zwar: „Ein solches Kompendium der

---

[712] Vgl. zu Goethe – Savigny näher oben 197, 199, 202; weiteres im Register.
[713] Dazu oben 97 ff., 100 u. ö., auch unten 331 ff. (Methode).
[714] HAYM, Romant. Schule, S. 187 im Rahmen seines sehr instruktiven Kapitels dazu; parallel auch BEHLER, Einleitung zu SCHLEGEL, KA I 1 (1979), S. 153: „Emanzipation des Historischen".
[715] SCHLEGEL, aaO., S. 121. Er leistete sie freilich nur noch „fragmentarisch", s. ATHENAEUM usw. Für „praktisch" ebda., S. 115, wo er „die innige Wechselwirkung der Geschichte der Menschheit und der praktischen Philosophie" als Problem seiner Abhandlung betont.
[716] SCHLEGEL, aaO., S. 150.
[717] Zitiert oben Fn. 673, aus STUDIEN 1, 1805.
[718] ZEITSCHRIFT 1802, S. 6, im Aufsatz über Rechtswissenschaft überhaupt.
[719] Ebda., S. 17.
[720] Ebda., S. 44, 46, 51.
[721] Ebda., S. 55 u. 43 f.: „Viele Juristen erwarten von einer neuen Gesetzgebung Heil für ihr Fach; ein Beweis, wie wenig sie ihr Fach kennen. Reißt euch los vom Stoffe und schafft euch jene Welt, und ihr werdet im größten Chaos hell sehen"; auch S. 53.

Geseze muß ein Karaktergemählde, ein organisches Gebilde einer in sich begränzten Welt seyn, dessen Vollendung selbst darin besteht, daß es das Ganze durch rein historische Form in negativer Beziehung auf das Ideal als bedingt darstellt — Diese Einheit der Form ist die höchste Tendenz der Gesezkunde ..."[722]

Das *Objektivisieren* galt also auch in der Rechtswissenschaft, in einem Text, dessen Maßstäbe Savigny in Wesentlichem teilte[723] und der zugleich auf vieles in seinem „Beruf" vorausweist, als Leitwort. Eine eigenständige Verwendung neben der mehr fachphilosophischen ist aufgedeckt, die gleichwohl den Vorgängen in der Philosophensprache parallel geht[724].

Damit ist begründet und zugleich inhaltlich umschrieben, wie und warum hier „objektiv-idealistisch" als Chiffre für die schwer zu fassende „family likeness"[725] im nachkantischen Philosophieren, Dichten und Forschen gebraucht werden wird. Weder ein Diltheyscher allgemeiner Weltanschauungstyp, noch eine fachphilosophische Spielart von Schellingianismus oder Hegelianismus sind also gemeint. Vielmehr bestätigt die genauere Überprüfung einiger zeitgenössischer Texte, besonders auch aus Savignys vermutlichen Lesefeldern, daß „objektiv" für den gemeinten Neueinsatz überhaupt und besonders im praktischen, auch historischen Fach herangezogen wurde, um die eigene Richtung zu bezeichnen. Dies geschieht daher auch hier.

---

[722] Ebda., S. 55 f.
[723] Siehe oben 274.
[724] Vgl. für KANT, SCHELLING, HEGEL oben Fn. 700, 701, 702, 415.
[725] Vgl. wie COPLESTON, History of Philosophy, Bd. 7, S. 8 das Problem umschreibt: „But though it is easily understood, that post-Kantian idealism did not involve subjective idealism in either of the senses alluded to in the last paragraph, it is not so easy to give a general description of the movement which will apply to all the leading idealist systems. For they differ in important respects. Moreover, the thought of *Schelling* in particular moved through successive phases. At the same time there is, *of course a family likeness* between the different systems. And this fact justifies one in venturing on some generalizations". Einbezogen wird dabei in der Sache auch „the romantic movement", d. h. *Schlegel* und *Novalis*, wegen seiner „spiritual affinity" (S. 13 ff.). — Da es *hier* nicht um eine generelle Beschreibung der fachphilosophischen Systeme geht, sondern nur um die Kennzeichnung eines gemeinsamen Startpunktes und einiger typischer Folgeannahmen, beansprucht meine Kennzeichnung sogar weniger als C. ausführt und in einzelnen Punkten klärt. Gleichwohl ergeben seine Punkte Wirklichkeitsbegriff, Implikation statt Kausalität, Systemdrang, Selbstentfaltung eines Unendlichen, Vertrauen auf die absolute Kraft der Metaphysik (S. 8 f.) und die Auffassung der Geschichte als Entfaltung einer Idee oder eines Zwecks, Hochschätzung des Unendlichen, (dialektische) Logik der Bewegung (S. 13 ff.), Bestätigungen für die hier umschriebene, etwas engere Kennzeichnung. C.s Formel „metaphysical idealism" (S. 4 u. ö.) will Kant ausschließen, wie auch „objektiv" gegenüber „subjektiv", aber sie erscheint im Deutschen zugleich zu weit und zu wenig quellengemäß, um auch hier zu genügen, ganz abgesehen von der bes. Strömung um *Schlegel*, die hier betont werden mußte.

> Es ist gerade jetzt kaum möglich, auch nur die gewöhnlichen Journale zu lesen, wenn man von der herrschenden Philosophie gar nichts weiß. Und in welchem Fache wird die Kunstsprache derselben nicht schon von mehr als einem Schriftsteller vorausgesetzt?
>
> *Gustav Hugo* 1799

DRITTER TEIL

IDEALISMUS ALS SCHLÜSSEL

1. KAPITEL

IDEALISMUS UND JURISPRUDENZ

> Die ... metaphysischen Elemente geben dieser Rechtslehre ihren besonderen Charakter ...
>
> *Gagnér* 1967

Savignys objektiv-idealistische Annahmen wurden im vorigen Abschnitt an möglichst direkten Zeugnissen nachgewiesen. Ihre Hauptrolle spielt diese Denkhaltung aber in einer ständigen Anwendung dazugehöriger Denkfiguren in allen möglichen konkreteren Fragen. Metaphysik in action könnte man dies nennen. Diese Rolle von Savignys Philosophie kann freilich so leicht nicht erschöpfend gezeigt werden. Im folgenden soll sie soweit verdeutlicht werden, daß die Einheit von philosophischem Ansatz und juristischem Grundlagendenken konkret faßbar wird. Eine wichtige Hilfe bieten dabei die bereits festgestellten Kennzeichen dieser Denkhaltung: der Ganzheitsdrang, die Doppelungen und die Vorbehaltsadjektiva der Sprache der Erscheinung[1]. Wenn dabei die einzelnen juristischen Begriffsbildungen, die auf Savignys Philosophie hin überprüft werden, sehr unterschiedlich eingehend behandelt werden, ist damit keine Aussage über deren „Wichtigkeit" verbunden. Es handelt sich lediglich um eine Gewichtung, die praktischen Gründen folgt. Je verschütteter und komplizierter sich die philosophischen Voraussetzungen der Sache oder der Erforschung nach darstellen, desto genauer müssen sie herausgearbeitet werden. Wenn dagegen schon Hinweise oder Analysen vorliegen, können diese zum Ausgangspunkt genommen und mehr die Ergebnisse unterstrichen und akzentuiert werden. Auf diese Weise wird der Zweck erreicht werden, eine nicht zu kleine Palette juristischer Begriffsbildungen zu untersuchen, aber dabei doch einen überschaubaren Rahmen nicht zu überschreiten.

---

[1] Dazu näher oben 240 f.

1. *Gewohnheitsrecht*

Diesen ersten und immer wieder überprüften Anwendungsfall[2] von Savignys Philosophie fixierte schon Gustav Hugo. Zum ersten Buch des *Systems*, „Quellen des heutigen Römischen Rechts"[3], gibt er in seiner Rezension ein sehr kurzes, sehr gezieltes Referat und eine ebensolche Stellungnahme. Das Referat lautet:

> „Bey dem Gewohnheitsrechte legt der Verf. Gewicht darauf, S. 15 u. 34, es sey dabey, wie bey Sitte und Sprache, *Unabhängigkeit vom Zufall*, die Gewohnheit beruhe auf dem in allen Einzelnen gemeinsam wirkenden Volksgeiste, auf dem Volksbewußtseyn"[4].

Diesen vollkommen zutreffend hervorgehobenen Anspruch auf eine besondere Notwendigkeit widerlegt Hugo nicht ohne, vielleicht ungewollte, Ironie so:

> „Da möchte aber, was unser Verfasser als einen wahren Bestandtheil des entgegengesetzten Irrtums anführt, *doch wohl eben so oft vorkommen*, wie könnte der Verf. sonst so viel von Fortbildung sprechen? z. B. die Sitte, die Halsbinde so nachlässig umzuwerfen, wie in der Schlacht bei Steenkerken die jungen Herren getan hatten, das Wort fronde für Tadel, waren gewiß nicht *vor* der Schlacht oder *ehe* Jemand die Gegner von Mazarin mit schleudernden Knaben verglich, *im* Volksbewußtseyn vorhanden"[5].

Hugo scheint hier nur mißzuverstehen, am Kern vorbeizugehen, gar zu scherzen. In Wirklichkeit gab er eine lediglich etwas skurrile, aber treffende Falsifizierung der Savignyschen These von der immanenten Notwendigkeit und unumstößlichen Kontinuität des Gewohnten. Die Summe seiner empirisch belegten Ansicht war also gerade nicht, „daß *alles* Recht auf die Weise entsteht, welche der herrschende, nicht ganz passende, Sprachgebrauch als *Gewohnheitsrecht* bezeichnet, d. h. erst durch Sitte und Volksglaube, dann durch Jurisprudenz erzeugt wird, überall also durch stillwirkende Kräfte, nicht durch die Willkür eines Gesetzgebers" —

---

[2] Vgl. dazu die umfangreichen Nwe. bei ENNECCERUS-NIPPERDEY, AT, 15. A. 1959, § 38 A. 1 und dazu ergänzend aus jüngerer Zeit STAUDINGER-COING, 12. A. 1978, bei Rz. 234; sehr instruktiv zur Lage vor dem BGB der Redaktor GEBHARD, jetzt gut zugänglich bei SCHUBERT, Die Vorlagen der Redaktoren ..., hier: AT 1 (1981), S. 77-92, von 1881; und ZITELMANN, Gew.r. (1883), S. 361-412; ein nützlicher Gesamtüberblick bei OTTE, Gewohnheitsrecht, in: HISTWB 3 (1974) Sp. 617-619; immer noch bes. eindringlich u. umfassend ROSS, Rechtsquellen (1929), S. 425 ff. u. 435 f. (Bibliogr.) und SOLARI, S. 200 ff.

[3] SAVIGNY, System 1 (1840) S. 1-330; Buch 1 enthält aber auch die Auslegungslehre; eigentlich zu Rechtsquellen S. 6-205.

[4] HUGO, Rez. zu System 1, GGA 1840, hier S. 1019.

[5] HUGO, ebda. Hervorhebungen hier von mir. Hugos Differenz zu Savigny wird auch hier unterschätzt, z. B. bei WEBER, Hugo, S. 27 f.; vgl. auch oben 283 f.; im übrigen das Register.

so Savigny prägnant im *Beruf*[6] und sachlich nicht abweichend vom *System*. Dort wie hier lag die Spitze der Savignyschen Theorie darin, diese höhere Qualität von Recht, eine „Notwendigkeit", wenn auch nur innere, zu behaupten. *Solche Notwendigkeit* war freilich nirgends ganz „sichtbar" und schlicht wirklich. Daher konnte nur die „eigentliche Grundlage", der „feste Kern" eines jeden positiven Rechts Träger dieser Qualität sein[7]. Völlig logische Konsequenz war dann das Bedürfnis, eine Doppelung im Begriff vorzunehmen, um die „notwendigen" und die unvermeidlichen weniger „notwendigen", aber sehr wirklichen Elemente der Gewohnheiten im Recht unter einen Begriff zu bringen. Das forderte der Anspruch auf Wissenschaft und System. So wird ihm also „die Gewohnheit das Kennzeichen des positiven Rechts, nicht (sc. mehr) dessen Entstehungsgrund"[8]. Oder mit einer anderen Doppelung: Die innere Notwendigkeit „offenbart" sich in äußeren Handlungen[9]. Oder juristischer: Die Übung kann hier nur „Kennzeichen" sein, aber nicht Wesenselement[10]. Es gibt also zufällige und notwendige Gewohnheiten. In immer wiederholten Metaphern wird Savigny nicht müde, diesen Unterschied zu beschwören. In der Sache wiederholt er lediglich die erste und durchgehaltene Bewertung. Deren Begründung verliert sich dagegen im Dunkel der Geschichte, im „Gefühl", in vagen „Analogien"[11], in Bekräftigungen immer allgemeinerer Vorstellungen über die ganze Wirklichkeit und Geschichte[12]. Savigny und ganz parallel Puchta[13] versetzten damit die alte Lehre vom usus

---

[6] *Beruf*, S. 13 f. (STERN 79).

[7] So SAVIGNY, System 1, S. 34 f., 14 u. ö. ähnlich; vgl. auch soeben das Zitat aus *Beruf*: innere stillwirkende Kräfte.

[8] SAVIGNY, aaO., S. 35, 37 u. ö., etwa 146.

[9] SAVIGNY, aaO., S. 35 u. ö., etwa 175, 178.

[10] SAVIGNY, aaO., S. 35, 175, 178.

[11] Zur Begründung der Bewertung bes. SAVIGNY, System 1, § 7/S. 15, aber auch schon *Beruf*, S. 8 ff. (STERN 75 ff.), beides zu „Allgemeine Entstehung des Rechts" bzw. „Entstehung des positiven Rechts". Im *System* bemerkenswert ein Bemühen, seine Bewertungen deutlicher zu „beweisen" (aaO.).

[12] Diese infinite Kreisbewegung erkannte als prinzipiellen Punkt bereits BERGBOHM, Jurisprudenz (1892), S. 505 in der Anm.; in diesem Sinne grundsätzlich auch BOHNERT, Puchta, S. 71 f. (Selbstgründung); davon zu unterscheiden die bloße Kritik als unbestimmt, vgl. etwa LANDSBERG, T. 445 f., auch ZITELMANN, Gew.r. (1883), S. 385, 402, grundsätzlicher aber S. 404, 419 f. Vgl. zur Methode dabei oben 250 f., 113 f.

[13] PUCHTA, Gewohnheitsrecht, Bd. 1.2, 1828.1837, – das „tiefe und dunkle Buch" (REHFELDT, Einführung, 1962, S. 136). Dazu immer noch ZITELMANN, Gew.r. (1883) S. 400 ff., 464 f. (ausf.); kurz und prägnant bes. REHFELDT, Einführung, S. 136-38; in eingehendem Nachvollzug bes. der philosophischen Seite jetzt BOHNERT, Puchta (1975), S. 66-73; instruktiv wegen einiger Vergleiche zum Kontext auch SCHEUERMANN, Einflüsse, S. 75-85. Zur Doktrin des 19. Jh. *nach* Puchta sehr eingehend ZITELMANN, Gew.r., S. 361 ff., knapper, aber sehr klarer Überblick bei WINDSCHEID, Pandekten, §§ 15-19.

und der opinio necessitatis[14] in einen völlig neuen Bezugsrahmen, übrigens unter dem Beifall Eichhorns[15]. Aus zwei empirisch faßbaren Kriterien für die juristische Relevanz von Gewohnheiten machten sie die nur durch den irrationalen Rückgriff auf eine „innere Notwendigkeit", eine „gemeinsame Rechtsüberzeugung" o. ä. zu entscheidende Frage, welche Übung die wahre Übung ausdrücke. Ein konkret faßbares Kriterium dafür gaben sie nicht an. Jedenfalls kam es nicht mehr auf die opinio necessitatis der die Gewohnheit Ausübenden an[16] – und ohnehin nicht mehr auf einen tacitus consensus des Gesetzgebers[17]. Vielfach blieb diese neue subtile Begriffsbildung unverstanden und als Theorie folgenlos. Ihre Vagheit erkannten jedoch die Gerichte schnell. Sie bedienten sich gern der leeren Formeln, die ihnen Gelegenheit gaben, kaum kontrollierbar das erwünschte Ergebnis zu erreichen und anzuerkennen, was sie an Gewohnheit anerkennen wollten[18]. Ein Beweis des usus oder der opinio necessitatis als *Tatsache* – so die lange Tradition[19] – mußte nun freilich „von

---

[14] Dazu bes. SCHEUERMANN, Einflüsse, S. 75 ff.; stark gerafft, aber mit wichtigen Akzenten auch SAVIGNY selbst: System 1, S. 168 ff. (Ansichten der Neueren); zur wesentlichen prozessualen Seite jetzt grundlegend WIEGAND, Rechtsanwendungslehre der Rezeptionszeit (1977).

[15] Meist übersehen, vgl. EICHHORN, Einleitung² (1825), § 26: „Die Bedingungen ihrer Gültigkeit und die Art ihres Beweises müssen ohne Zweifel jetzt nach den Grundsätzen der fremden Rechte beurteilt werden", dabei gg. HUFELANDS „unphilosophische (!) Ansicht von der Bedeutung des positiven Rechts".

[16] Dieser wesentliche Punkt wird oft nicht klar genug gesehen, obwohl er die theoretisch-politische Spitze der ganzen HS-Überzeugungstheorie ausmacht, vgl. etwa SCHEUERMANN, Einflüsse, S. 76, der in A. 10 eine Nähe zu *Thibaut* finden will, während dieser gerade die Überzeugung der ausübenden „Classe von Personen" als maßgebend erklärt, s. SCHEUERMANNS eigenes Zitat und THIBAUT, Pandecten 1 (6. A. 1823) §§ 17-20, hier S. 13. Ganz klar dagegen WINDSCHEID, Pandecten, § 15 bei A. 1; vgl. als klärenden Kontrast auch die eindringlichen Überlegungen bei AUSTIN, Lectures (1861) S. 539 ff.; klar auch schon SOLARI, S. 210.

[17] So vor allem die Lehren in absolutistischer Zeit, aber auch parlamentarische und „republikanische" Varianten, dazu erhellend SAVIGNY, System 1, S. 168; für das 19. Jh. Nwe. bei WINDSCHEID, aaO. (dafür z. B. Maurenbrecher, Kierulff, R. Schmid, Bruns, Binding, Rümelin u. a.), bemerkenswerterweise dort mit verfassungsrechtlichen Gegenargumenten WINDSCHEIDS; Darstellung bei ZITELMANN, Gew.r. (1883) S. 361-364.

[18] Dazu bes. die Analyse der Rspr. bei SCHEUERMANN, Einflüsse, S. 85 ff., 90: die Lehre der hist. Rechtsschule in der Praxis zur herrsch. Ansicht geworden, und ebda., S. 92 zu den Gründen: nur sie (die HS-Lehre) wurde dem Richteramt gerecht. Kaum zufällig tritt Savigny dann 1846 auch für freie Beweiswürdigung im *Strafprozeß* ein, dazu näher KÜPER, Richteridee, S. 235 ff. Die ZPO von 1877 verankerte die freie Beweiswürdigung in § 259.

[19] Dazu jetzt umfassend WIEGAND, Rechtsanwendungslehre (1977): consuetudo est facti, bes. S. 97 ff.

Grund aus verworfen werden"[20]. Eine „innere Notwendigkeit" oder „*gemeinsame* Rechtsüberzeugung" des Volkes zu beweisen, mußte absurd erscheinen. Aus einer justizpolitischen Entscheidung über Parteimacht, Richteramt und Gesetzesmacht im Prozeß[21] wurde damit eine Wesensfrage. Die alten Lehren ließen sich als schlichte „Verwechslung" der wahren Begriffe erledigen[22]. So einfach und effektiv ließ sich durch „Idealisierung" eines Grundbegriffs die juristische Welt verwandeln. Das Verfahren war idealistisch nach Ganzheitsdrang, Absolutheitsanspruch und Doppelung ohne Trennung. Zugleich zeigt sich hier am konkreten Beispiel eine weitere typische Folge: der Verlust empirisch-rationaler Kriterien für die Kontrolle und Überprüfbarkeit eines so gebildeten Begriffs[23]. Seine „Anwendung" wird daher eine Frage des Selbstverständnisses des anwendenden Standes und der jeweiligen Einflüsse auf diesen Stand[24]. Savignys „spiritualistischer" Begriff[25] von Gewohnheitsrecht blieb weder juristisch, noch in seinen Prämissen ganz undurchschaut. Er wurde niemals herrschende Meinung, und das BGB hat ihm ein kühles Urteil gesprochen[26]. Die idealistisch-philosophische Basis dagegen hatte wiederum *Hugo* schon benannt, als ihm zu Puchtas „Gewohnheitsrecht" (1828) auffiel, der Verfasser

> „verbinde, wie nicht leicht ein Anderer, die Bildung in der *Hegel*schen Schule noch von der Zeit her, da Herr Professor Hegel nicht auf der Universität lebte, mit dem,

---

[20] SAVIGNY, System 1 (1840) S. 186 f.; PUCHTA, Gewohnheitsr. 2, S. 167 ff.; zur Praxis SCHEUERMANN, Einflüsse, S. 88.

[21] Diese meist vernachlässigte Seite der Sache schimmert bei SAVIGNY immerhin durch. Zum Vorschein kommt sie auch in der vehementen Polemik PUCHTAS gegen die „Autonomie"-Lehre und den Volksbegriff mancher Germanisten, dazu RÜCKERT, Reyscher, S. 386 f., 328 f. Für die Zeit davor jetzt sehr plastisch WIEGAND, Rechtsanwendungslehre, S. 75, 85, 109, 112, 121, auch 11, wo die ständige Neuauflage der Funktionsverteilungsfrage immer im Blick ist.

[22] SAVIGNY, System 1, S. 187.

[23] Vgl. noch einmal bes. SAVIGNY, System 1, S. 171 ff., wo er die einzelnen, traditionellen Bedingungen für Gew.r. erörtert und sie immer wieder relativiert mit dem Hinweis, es komme nur darauf an, das „Individuelle und Zufällige" abzusondern von der wirklich gemeinsamen Rechtsüberzeugung — ohne ein Wort zum Wie.

[24] Dazu auch völlig konsequent die Juristenrechts–Lehre, bes. bei PUCHTA, vgl. die späte, prägnante Fassung der Vorlesungen (1842), § 12: wird sich „im Großen und Ganzen ... in dem Stand der Juristen und Geschäftsmänner" konzentrieren. Vgl. zum Kontext und Streit darum RÜCKERT, Reyscher, S. 365 ff. mit eingehenden Vergleichen.

[25] So wohl zuerst und treffend UNGER 1856 (vgl. SCHEUERMANN, Einflüsse, S. 84), dann auch GEBHARD, Vorentwurf 1, S. 86, WINDSCHEID, Pandekten, § 15 in A. 2.

[26] Vgl. GEBHARD, Vorentwurf 1, S. 78, 83 ff., teilw. eingegangen in MOTIVE 1, S. 3 ff. Die Abschwächung des gegen Gew.r. gerichteten § 2 E I in der 2. Kommission bedeutete keine Begünstigung der HS-Lehre.

was wenigstens der Unterzeichnete für das civilistische Fach noch weit höher stellt"[27].

Damit hatte Hugo einen wesentlichen Punkt ausgesprochen. Denn die Technik und die Voraussetzungen der idealisierenden, doppelnden Begriffsbildung waren eine gemeinsame Erbschaft des objektiv-idealistischen Denkens, ob es nun spät über Hegel als Nürnberger Rektor[28] oder in der Startphase bei Savigny rezipiert worden war. Hugos Hinweise gelten damit einem Faktor, auf den es hier ankam. *Dieses Gewohnheitsrecht* erweist sich als Produkt einer spezifischen, im Ansatz objektiv-idealistischen Logik. Als *Theorie* muß dieser Begriff von hier aus begriffen und überwunden werden[29]. LANDSBERGS Versuch, einen philosophischen, „verschwommenen" Puchta hier von einem „positiven", klaren Puchta zu trennen, enthält ein berechtigtes Kompliment für Puchtas Scharfsinn, verstellt aber den Blick auf Einheit und Fundament seines Denkens[30]. Für Savigny gilt Gleiches und nicht minder.

---

[27] HUGO, Gew.r.-Rez., GGA 1828, S. 1731-35, hier 1731.
[28] Puchta war dort Hegels Schüler, 1811-1816.
[29] Daher im Ansatz richtig ZITELMANN, Gewohnheitsrecht, AcP 66 (1883) S. 404 u. bes. S. 419 f. (allerdings mit dem etwas schematischen Hinweis: „eine Art naturrechtlicher Methode"), ähnlich dann BERGBOHM, Jurisprudenz (1892), S. 502: sieht einen „Kern spiritualistischer Naturrechtsphilosophie monistischer Form unter Offenhaltung nationaler Eigentümlichkeiten; zugespitzter Ross, Rechtsquellen (1930) S. 427. Treffend betont jetzt DUFOUR, Theorie des sources (1982, s. Nachtrag), deren Dimension „transhistorique" als wesentlich (S. 100 u. ö.), auf der Basis eingehender Textanalyse, u. zeigt die Offenheit der Grundlegung (S. 104 ff., 118). Die Philosophie dabei versucht soeben JAKOBS (s. Nachtrag) S. 63 ff. abzuschütteln, wobei zu fragen bleibt, was die „Realität" sein soll, mit der sich der Jurist begnügen soll, außer daß der Blick auf sie berechtigte Skepsis gegen hypertrophe Gesetzgebung fundiert.
[30] LANDSBERG, T. 446 f.; ähnlich zu Savigny sein Versuch, den der Rechtsentstehungslehre (T. 247) zu trennen von dem streng logischen in seinen Schriften (T. 244) oder dem streng historischen (T. 251), während er daneben ein metaphysisches Bedürfnis nach Wissenschaftlichkeit als „innerstes Wesen" hervorhebt (T. 248). Vgl. für PUCHTA ähnlich schwankend FIKENTSCHER, Methoden 3, S. 700: „Verarmung der modernen Gewohnheitsrechtsdoktrin gegenüber Puchta", verglichen mit der Kritik ebd. S. 696; deutlicher etwa REHFELDT, Einführung, S. 136 ff. und umfassend jetzt BOHNERT, Puchta.

2. *Natur des Rechts – Rechtsbegriff*

Auch Savignys Aufstellungen zur „Natur des Rechts" lassen sich als Anwendungsfall seiner spezifischen Logik erklären. 1815 und 1829/30 postulierte er wie auch 1840 ein *allgemeines* und ein *individuelles* Element im Recht[31], in geschichtlicher Perspektive ein *ursprüngliches* und *abgeleitetes*[32], *unsichtbares* und *sichtbares*[33]. *Ursprünglich* und *abgeleitet* diente ihm auch schon 1808 in Landshut und 1814 im „Beruf" als Kategorie[34]. Daneben unterscheidet er Recht und *wirkliches Recht*[35], 1816 Recht und *Recht selbst*[36]. Diese nicht einmal erschöpfende Wiedergabe zeigt, daß Recht für Savigny in zwei Elemente zerfiel, in zwei Schichten sozusagen[37]. Und wenn nach einer berühmt gewordenen Wendung, das Recht kein „Daseyn für sich" haben soll[38], so gibt Savigny damit nur eine weitere Formel für das Wirken eines allgemeinen Elements im gegebenen Recht: „sein Wesen ... ist das Leben der Menschen selbst, von einer besonderen Seite angesehen"[39]. Dieses Wesen entspricht dem „allgemeinen" Element. Denn alle diese Unterscheidungen führen zurück auf die von *notwendig* und *zufällig*[40], auf die Unterscheidung und Vereinigung einer

---

[31] Vgl. für 1815 oben 285, für 1829/30 oben 284; für 1840 *System* 1, S. 52 ff., S. 21, 29.
[32] Vgl. etwa *System* 1, S. 50, 14, 18, 45 f.
[33] Vgl. etwa *System* 1, S. 50, 14, 21 f. (Volk), 34 f., 41; vgl. *Beruf*, S. 43 (STERN 96).
[34] Vgl. für Landshut oben 112; für *Beruf*, Kap. 2 der Schrift; für 1815/1816 285.
[35] *Beruf*, S. 10 (STERN 81) auch S. 23 (84 f.): „wahre Rechtsquelle"; vgl. *System* 1, 20 f. (positives o. wirkliches Recht), 51 (wahrer Entstehungsgrund von Recht); ZWILGMEYER, S. 33 sieht in diesen *Beruf*-Stellen mit Recht Wertungen ausgedrückt, er erfaßt aber nicht die Denkfigur mit ihren Voraussetzungen; ähnlich STRAUCH, Savigny, S. 78-80.
[36] SAVIGNY, Stimmen (1816), S. 226 (bei STERN).
[37] Von „zwei Schichten" spricht COING, Rechtsphilosophie, 2. A. 1969, S. 305; fast noch präziser DERS., Savigny (1955), S. 339, jüngst DERS., Einleitung – Staudinger, Rz. 165 f., 176. Weiter WILHELM, Überpositive Systematik (1969), S. 133 f., DERS., Das Recht (1970) durchweg; vgl. auch RÜCKERT, Reyscher (1974), S. 356 mNwn., 209 (hier auch kritisch); ähnlich betont einen Kontrast von diritto-istituzione und diritto-strumento jetzt FIORAVANTI, Quad. fior. 9 (1981), S. 319 ff., 327 ff. Klar zum Thema schon SOLARI, S. 184 ff.
[38] SAVIGNY, Beruf, S. 30 (STERN 88 f.); parallel *System* 1, S. 54 (allgemeines Ziel des Rechts, eigentümliches Element, selbständig – aber nicht „für sich").
[39] SAVIGNY, Beruf, ebda.; parallel *System* 1, S. 17 (Element des Gesammtlebens der Völker).
[40] Besonders betont in *Beruf*, S. 8 (STERN 76): „das gleiche Gefühl innerer Notwendigkeit, welches allen Gedanken an zufällige und willkürliche Entstehung ausschließt", ebenso 14 (STERN 79): „überall also durch innere stillwirkende Kräfte, nicht durch die Willkür eines Gesetzgebers" u. ö., vgl. 37, 42 f. (STERN 93, 95 f.); ebenso *ZgeschRw* 1 (1815) S. 4 u. ö.; dann *System* 1 (1840), 14 f., 17, 18, 24 (Staat), 35 (Gew.r.), 43 (Gesetzgebung); weniger deutlich S. 52 f., da er individuelles Volk und allgemeine menschliche

bewerteten, allgemeinen, ja ewigen Seite und einer anzuerkennenden, aber bedingten, zeitlichen Seite.

Der Sinn der vielen verschiedenen Formulierungen ist *tautologisch*. Sie deuten lediglich verschiedene Richtungen an, in denen sich das Allgemeine und Notwendige konkretisiert. Auch wenn Savigny 1802 und 1809 einen *„eigentlich* historischen" Zusammenhang von einem schlicht historischen unterscheidet[41], meint er diese Doppelung. Das Eigentliche wird denn auch als *rein objektiv* und *notwendig* aufgefaßt[42]. Die Richtung auf einen Zusammenhang, hier einen Entwicklungszusammenhang höherer Art im Recht, hat Savigny schon hier eingeschlagen. Savigny konstruiert die Natur des Rechts also genetisch-metaphysisch. Seine Denkweise bleibt erstaunlich konstant objektiv-idealistischen Techniken und Voraussetzungen treu. Ganzheitsdrang und Universalitätsanspruch, Doppelung in zwei Elemente, aber ohne scharfe Trennung, verschiedene Bewertung beider Elemente, Fehlen einer klaren Verhältnisbestimmung und Abgrenzung, Fehlen eines empirisch-faßbaren Anhalts für die Unterscheidung — das sind die durchgehenden Kennzeichen auch dieser Begriffsbildung. Der Zusammenhang reicht zurück bis 1799. Wenn er im *Beruf* 1814 das Recht im Volke auf ungewohnte Weise „*natürliches Recht*" nannte, und hinzusetzte, „in einem anderen Sinne als unser Naturrecht", hatte er damit die Brücke zu 1802 und 1799 geschlagen, wo „natürlich" ebenfalls sein Signal für etwas überzeitlich Wertvolles im Gegebenen, in Moral und Recht bezeichnet hatte[43]. Zugleich verriet er damit, daß die Funktion dieses Merkmals den überpositiven Ansprüchen des bisherigen Naturrechts parallel lief; ein neues Mittel zum alten Zweck war gefunden.

Inhalt lag darin vor allem *negativ*[43a]. Indem Savigny auf einem „allgemeinen", Notwendigkeit repräsentierenden Element im Recht und der Wirklichkeit überhaupt bestand, wehrte er die Ansprüche aller bloß „zufälligen" Mächte darauf ab. „Natürlich", „allgemein", „ursprünglich", „unsichtbar", „wirklich" versus bloß gegeben, „Recht selbst" gegen Recht — das schuf alles eine Barriere, etwas unübersteigbar Unbedingtes, etwas nicht aus bloßem irdischen Willen zu Beseitigendes. Savigny machte damit

---

Natur nicht so scharf kontrastieren will, siehe aber doch S. 53: „wahrhafter Fortschritt" in „innerer Annäherung", S. 55: „höhere Einheit" erwünscht, besonderes Element eher „bloßer Buchstabe des Rechts".

[41] Dazu näher oben 97 u. 107.

[42] Dazu oben 100, 105.

[43] *Beruf*, S. 13 (STERN 78); für 1802 und 1799 oben bei Fn. II 545 ff. zusammenfassend; vgl. auch „natürlich" im *System* 1, S. 20, 31, 45, 93 u. ö.

[43] BERGBOHMS, Jurisprudenz, S. 503 ff. intensive Suche nach klarer positiver Begrifflichkeit u. Festlegung ergibt daher eindrucksvolle Fehlanzeige.

Front gegen alle rationalistisch-volitiven oder empirisch-politischen Lehren von Recht und Sitte. Und die Barriere lag im Gegebenen selbst, war selbst unvermeidlich gegeben[44]. Denn im „natürlichen" Recht fließen die Doppelungen zusammen zur Einheit von Wert und Wirklichkeit, von Sinn und Sein, von Idealität und Realität. Recht als Wille bleibt somit stets im „Objektiven" gebunden und hat ohne diese Bindung keinen Wert. Mit dieser Begriffsbildung zur Natur des Rechts brachte Savigny eine objektiv-idealistische Variante in die traditionelle Lehre vom Rechtsbegriff[45]. Die Doppelung schon an der Basis bedingte Verständnisschwierigkeiten, sobald man diesen Rahmen nicht mehr beherrschte. „Wille" erschien dann wieder in ganz anderer Bedeutung. Zugleich machte sie aber auch argumentativ immun − es sei denn, man griff gleich die erste Setzung an, von der alles abhing, die selbst aber sich im Dunkel der Geschichte und vagen Analogien verlor[46].

Für die einzelnen dogmatischen Folgen dieser Sicht des Rechts sei noch ein hier immer virulentes Beispiel vorgestellt, das *Völkerrecht*. Es erscheint bei Savigny mühelos als Recht. Die alte Frage des Zwangs verschwindet in seiner neuen Fassung des Staatsproblems, die den Staat bloß als „leibliche Gestalt" des immanenten Rechts begreift[47]. Das Fehlen dieses Zwangs nennt er zwar einen Mangel an „realer Grundlage", es läßt ihn aber dieses Recht doch als immerhin „unvollendet"-positiv begreifen[48]. Erscheint dieses Zugeständnis noch als nicht übermäßig signifikant, obgleich die Leichtigkeit auffällt, mit der es Savigny angesichts seines doppelten Rechtsbegriffs machen kann, so eröffnet Savignys *Begründung* eine ganz neue Welt. Fundament des Völkerrechts ist ihm eine geistige, „christ-

---

[44] So SAVIGNY, denn auch in der Zuspitzung, s. *ZgeschRw* 1 (1815) S. 4: „Verwerfen des Gegebenen der Strenge nach ganz unmöglich".

[45] *Eine* Variante, nicht *die*, da mehrere Entfaltungen nach diesem Schema möglich sind, vgl. Hegel, Schelling, Collmann, Stahl − je nachdem wie man den Ansatz wählt und welche Elemente man mischt mit dem Gegebenen. Siehe als Überblick zur Lehre vom Rechtsbegriff den nützlichen Sammelband mit Bibliogr. *Begriff und Wesen des Rechts*, Darmstadt 1973, der allerdings erst mit Feuerbach, Savigny einsetzt und sich auf deutsche Quellen beschränkt und dessen Rubriken nicht zu ernst genommen werden dürfen; für die Zeit davor zu ergänzen (fehlt in der Bibliogr. dort) BÖCKENFÖRDE, Der Rechtsbegriff in seiner geschichtlichen Entwicklung. Aufriß eines Problems, in: ArchfBegriffsgesch. 12 (1968) S. 145-165 und GAGNÉR, Gesetzgebung (1960) durchweg, sowie BERGBOHM, Jurisprudenz, durchweg, vgl. 502 mit A. 27.

[46] Vgl. zur Begründung vor allem SAVIGNY, Beruf, Kap. 2 und *System* 1, § 7/S. 14 f., (vgl. schon oben 305 bei Fn. 11).

[47] SAVIGNY, System 1, § 9/S. 22: Staat ist „leibliche Gestalt der geistigen Volksgemeinschaft"; dazu näher sogleich im Text, Abschnitt 3.

[48] SAVIGNY, System 1, § 11: Völkerrecht, S. 33.

lich-europäische Gemeinschaft des Rechtsbewußtseins" unter den „christlich-europäischen Staaten"[49]. Folgerecht fand er mit „völlig fremden Völkern" allenfalls eine „rein sittliche" Verbindung, nicht die „Natur eines positiven Rechts"[50].

Die Idealisierung des positiven Rechts als Erscheinungsform allgemeiner Elemente eröffnete diese und andere Konstruktionsmöglichkeiten für wissenschaftliche Systeme, die dann das empirisch Gegebene je nach höherer Dignität eines Gegebenen begreifen und ordnen können. Dank der systemimmanenten Möglichkeit, die Grenze von „Zufälligem" und „Notwendigem" je nach dem Stand der geschichtlichen Entwicklung *und* Einsicht neu zu bestimmen, ergab sich so eine Art juristisches perpetuum mobile. Was heute notwendig Sitte war, konnte morgen ebenso notwendig Recht sein und umgekehrt. Diese ohne Zweifel verführerische Erfindung objektiv-idealistischen Denkens übte auch auf Savigny ihren magnetischen Zauber aus und nicht nur beim Rechtsbegriff.

3. *Staat, Recht und Volk*

Auch die Art, wie sich Savigny das Verhältnis von Staat, Recht und Volk denkt, erklärt sich besser, wenn man die idealistischen Annahmen dabei berücksichtigt. Savigny denkt sich den Staat als die *„leibliche Gestalt der geistigen Volksgemeinschaft"*[51]. In ihm wird diese „unsichtbare Einheit" sichtbar[52]. Dies betrifft auch das Recht: Während es in der geistigen Volksgemeinschaft nur in „lebendiger Anschauung" und ohne „bewußte logische Form" existiere, erhalte es im „Staat, durch Aufstellung des Richteramts, Leben und Wirklichkeit"[53]. Wie das Volk und sein gemeinsames

---

[49] SAVIGNY, ebda.; vgl. zum Kontrast etwa KLÜBER, Öffentl. Recht⁴ (1840) § 8; JELLINEK, Allg. Staatslehre (1914), S. 375-79; HUGO, Naturrecht⁴ (1819), § 6: kein positives Recht, weil keine Obrigkeit da, allenfalls sofern „eine einzelne Obrigkeit ihre Untergebenen dazu anhielt"; KANT, MdS (Werke 8, S. 466 ff.), §§ 53 ff./A 215 ff.: Vertragskonstruktion (§ 54/A 217); wieder anders HEGEL, Philos. d. Rechts (Werke 7, S. 497 ff.) §§ 330 ff.; vgl. zu den jurist. Schriften immer noch bemerkenswert in Information und Einordnung MOHL, Gesch./Lit. 1 (1855), Kap. 6, S. 337-472; vgl. für Savigny, der bei MOHL fehlt, sein allgemeines Urteil zu *Stahl*, S. 255: „ganze Theorie gerade in ihrer Grundlage unerwiesen und unbegreiflich".

[50] SAVIGNY, aaO., S. 34.

[51] So in *System* 1 (1840) S. 22; parallel *System* 8 (1849) S. 14, in der Anwendung beim internationalen Privatrecht.

[52] Ebda. *System* 1, S. 22; parallel 1, S. 23: „in ihm zuerst erhält das Volk wahre Persönlichkeit, also die Fähigkeit zu handeln"; auch Bd. 8, S. 14: „da eben nur in dem Staat das Volk wahre Realität hat."

[53] *System* 1, S. 16 mit S. 23.

Bewußtsein kommt also auch dessen Element und Produkt *Recht* im Staat zu „sichtbarer und organischer *Erscheinung*"[54].

Bei allen Schwankungen seiner Terminologie (leibliche Gestalt, Erscheinung, Leben, Wirklichkeit, Dasein, bewußte logische Form) fixiert Savigny den sichtbaren Staat immer als etwas *Relatives*: Er ist bezogen auf etwas Höheres, ein Wesen, hier ein „Naturganzes", ein Geistiges[55]. Der Staat ist nur „Gestalt". Er allein garantiert also noch nicht die Richtigkeit des Rechts[56]. Zugleich wird damit doch außerstaatliches Recht verworfen, da das Recht nur *im* Staat seine volle Gestalt findet[57]. Gesetzesrecht *und* Naturrecht sind relativiert bzw. desavouiert. Die doppelte Front kehrt wieder[58]. Auch den naheliegenden Einwand, die wirkliche Vielzahl der Staaten und des Rechts widerspreche der Annahme einer durchgehenden höheren Notwendigkeit dabei, hat Savigny mit dieser Deutung erledigt. Denn die Vielheit enthält nach ihm in Wahrheit eine Einheit: die unsichtbare geistige Volksgemeinschaft selbst und das ebenso unsichtbar in dieser ruhende Recht im Stadium lebendiger Anschauung. Auch daß man das Recht nur im Staat sieht und dort nicht unmittelbar als Einheit, indiziert nach diesem Denken nicht „Zufälligkeit" und den Schluß, dabei stehen zu bleiben. Denn diese Wirklichkeit des Rechts enthält jedenfalls eine unsichtbare Einheit. Diese unsichtbare Einheit kann und soll als bewußte logische Regel sichtbar gemacht werden. Das Recht existiert also nicht erst durch den Staat, sondern erscheint nur erst in ihm – Existenz wird eine zweistufige Sache. Savignys Konstruktion macht den „Staat" immun gegen „Zufälligkeit". Die naheliegendsten und klarsten Einwände gegen seine grundlegende Annahme, Recht habe die Qualität der Notwendigkeit, Unverfügbarkeit, Einheit, sind durch die ganze Konstruktion verworfen. Zugleich legt er damit seinen Gegnern eine enorme *philosophische* Beweislast auf. Sie wurde auch im Vormärz meist akzeptiert[59].

---

[54] *System* 1, S. 22 u. ö. Parallel *System* 3, S. 311: „die Erscheinung des Volks in bestimmter Rechtsform".
[55] Naturganzes: *System* 1, S. 19, 20 (natürliche Einheit), 21, 29; 8, S. 14.
[56] Dies auch ausdrücklich, etwa *System* 1; S. 25: „würde es irrig sein ... den Einfluß des Staates ... gar als ausschließenden Bestimmungsgrund zu denken".
[57] Laut *System* 1, S. 23 erscheint „jedes Volk, sobald es als solches erscheint, zugleich als Staat". Einen Naturzustand gibt es bloß gedanklich; parallel 1, S. 29 gegen die Vertragstheorien; vgl. *System* 8, S. 14 (s. Fn. 52).
[58] Dazu oben 281.
[59] Etwa bei Reyscher, Welcker, Gans, Lorenz v. Stein, R. Schmid u. a., dazu RÜKKERT, Reyscher, S. 326 f., 332, 334, 210 in A. 139, u. ö.; anders dann MOHL, Gesch./Lit. 1 (1855) S. 258, auch 255 (s. Fn. 49 a. E.).

Das ganze Gebäude ruht wiederum auf durchgehender Anwendung objektiv-idealistischer Techniken: Staat und Volk, und parallel dazu Staat und Recht, stehen im Verhältnis von sichtbar-unsichtbar, Geist-Gestalt, Wesen-Erscheinung, werden also idealisierend verdoppelt. Dieses Verhältnis wird nicht weiter bestimmt. Einkalkuliert werden „Anomalien" in den Erscheinungen, die aber wieder nichts am Vorhandensein von Wesen ändern[60]. Unbestimmt wie das Verhältnis läßt Savigny auch das Wesen selbst. Vor allem enthält es selbst wieder eine Spannung wie die von Wesen und Erscheinung, da im einzelnen Volk und Volksgeist auch ein „allgemeiner Menschengeist" wirken soll[61]. Das Verhältnis dieses „allgemeinen Elements" zum individuellen Volksgeist läßt Savigny wieder offen[62]. Schließlich behauptet er eine weitere Spannung. Nicht nur synchron, sondern auch diachron gehe durch die individuelle Erscheinung eines Volks in einer bestimmten Zeit eine „Einheit durch die einander ablösenden Geschlechter hindurch"[63].

Savignys bildhafte Formeln bestechen durch ihre kühne Schlichtheit und entschiedene Universalität. Sehr suggestiv, auch für seine philosophisch verwöhnten Zeitgenossen, versöhnte er drei reale, stoßende Gegensätze: die einzelnen Völker mit der Menschheit (synchron), die einzelnen Volksglieder mit Vergangenheit und Zukunft ihres Volkes (diachron), die Notwendigkeit des Rechts im Geist (Volksgeist, Menschengeist) mit seiner Zufälligkeit, selbst Anomalität in der Erscheinung (individuelle Völker und Staaten). Dreimal unterscheidet Savigny, ohne zu trennen. Es kommt dabei weniger auf die jeweilige Formel an, wie allgemein/individuell, Geist/Gestalt, Einheit/Vielheit, Wesen/Erscheinung usw. Entscheidend ist vielmehr deren *gemeinsame Eignung*, Gegebenes plausibel zu zerlegen in zwei Teile und damit die prima facie zufällige „Wirklichkeit", oder auch Geschichte, Recht usw., zugleich als „notwendig" denkbar zu machen. Genau dies leisten alle diese Formeln. Welche dabei gerade zum Zuge kommt, ergibt sich aus der Plausibilität im Kontext und ist nicht zu ernst zu nehmen. Unübersehbar sind der objektiv-idealistische Rahmen und die dazugehörige Technik des Unterscheidens ohne zu trennen.

---

[60] *System* 1, S. 31, für „fremdartige Elemente" in den wirklichen Staaten.
[61] *System* 1, S. 20 f.
[62] Ebda.; vgl. bereits oben 282.
[63] *System* 1, S. 20, auch S. 146 (ideale, durch alle Generationen fortdauernde, Römische Nation); ebenso *Zweck* (1815) S. 3 u. ö.

Savigny realisiert auf diese Weise folgende Prämissen:

Recht soll nur im Staat anerkannt werden, soll aber zugleich nicht nur Sache des Staates sein.

Recht soll nicht nur im nationalen Staat anerkannt werden, sondern auch als universales, als Weltrecht, denkbar sein.

Recht soll nicht eine Sache des Zufalles und menschlicher freier Gestaltung (Willkür) sein, sondern prinzipiell unverfügbar (notwendig).

Recht soll zwar unverfügbar sein, aber doch nicht endlich und abgeschlossen, sondern für notwendige Entwicklung offen.

Recht soll als Einheit erscheinen, aber nicht bloß als abstrakte, erfundene, sondern als konkrete, gegebene, als reale, nicht ideale Einheit.

Diese Sätze übertragen lediglich die Kernthesen Savignys zu Staat und Recht aus seiner philosophischen Sprache der Erscheinung in eine offen juristisch-politische Sprache. Das verdeutlicht, daß Savigny *universal* spricht, wo man heute teils juristisch, teils politisch, teils hypothetisch formulieren würde. Es verdeutlicht zugleich, daß Savignys Sätze entschiedene Absagen an *mehrere* abweichende Positionen *und* nicht nur solche auf der rein juristischen Ebene beinhalten. Auf diese Grenzüberschreitung *aus Prinzip* ist zurückzukommen[64]. Versucht man, Savignys Tendenz auf eine Formel zu bringen, so kann man sagen, er erfülle sich die Postulate Notwendigkeit/höhere Richtigkeit, Wirklichkeit/Realität und Wissenschaft/Universalität/System. Seine Durchführung besteht darin, den tragenden Gedanken einer Identität von Wert und Wirklichkeit zu entfalten.

Savignys Konstruktion ist bei allen Schattierungen im einzelnen umfassend, absolut nach Ort und Zeit, nach Inhalt und Form, aber ohne abstrakt oder inhaltlich abgeschlossen zu sein. Die Einlösung seiner Postulate war durch die Anwendung eben der idealistischen Konstruktionsmittel bedingt. Seine Vorstellungen von Volk-Recht-Staat sind gemäß diesen Prämissen konstruiert. Eine solche Konstruktion enthält freilich nie einen Beweis ihrer selbst. Dieser bleibt vorausgesetzt. Bei Savigny liegt er in seiner Geschichtsmetaphysik. Geschichtsmetaphysik und juristische Grundbegriffe verhalten sich hier zueinander wie Beweis und Anwendung bestimmter Prämissen. Volk-Recht-Staat sind damit universal erklärt und zugeordnet. Je nach Bedarf läßt sich der Spielraum dabei benutzen und hier die allgemeine Seite, dort die individuelle aktualisieren. Nur am Gegebenen ist nicht vorbeizukommen. Diese Aufwertung des Gegebenen verankerte Savigny ebenso allgemeingültig wie seine

---

[64] Dazu unten 408.

gleichzeitige Relativierung als bloße Erscheinung eines Wesens. Sein ständiger Verweis auf etwas Höheres enthält die Weigerung, *bestimmtes Gegebenes als solches* zu akzeptieren, in seinem Wert an sich. Sein metaphysischer Ganzheitsdrang war nicht damit vereinbar, sich mit dem für ihn stets partiellen, bestimmten Gegebenen zu begnügen. Savigny fordert dem allen daher wie gezeigt die höhere Qualität „Notwendigkeit" ab. Was als Glaube oder Hypothese unproblematisch wäre, will er in die feste Form allgemeingültiger Wissenschaft bringen. Um dies einem nicht mehr naiv-gläubigen Publikum einleuchtend zu machen, bedient er sich ohne allzu wählerisch und pedantisch zu sein, derjenigen zeitgenössischen Denkannahmen, Sprache und Technik, die dieses leisten. Die „eigentliche Philosophie" über die Grundannahmen betreibt er dagegen nicht selbst, zumindest nicht in seinen Texten[65]. Auch der Komplex Volk-Recht-Staat bietet also einen Anwendungsfall von Savignys Metaphysik des Positiven, wie sie bereits festgestellt wurde[66].

Diese *genauere Festlegung für den Faktor Staat* scheint übrigens späten Datums zu sein. Jedenfalls enthalten die Nachschriften, wenn Stichproben nicht trügen, bis 1827 lediglich einen recht eng und bloß an die römischen Quellen angelehnten Vortrag über „Quellen des Rechts". Grundsätzlicher gefaßt sind die Einleitungen, aber dort fehlt der Punkt Staat[67]. Auch die Umarbeitung seiner Vorlesung nach Puchta von 1829/30 übergeht den Faktor Staat[68]. Die einschlägigen Bemerkungen im „Beruf" und im Pro-

---

[65] Vgl. dazu schon oben 241 f., 288 f.
[66] Dazu oben 280, 100 u. ö. Ähnliche Interpretationstendenz, wenn auch viel allgemeiner, etwa bei REXIUS 1911, KÖHLER, Widerstandsrecht, S. 112 ff. (dort freilich in unrichtiger Heranziehung Hugos). Dagegen vermag ich dabei eine wesentliche Beeinflussung durch Kant, so TEGETHOFF, S. 51 f., nicht zu sehen, da dafür das gemeinsame Ausgehen von einem rechtl. Zustand noch nicht genügt — wer geht davon damals nicht aus? KAWAKAMI (s. Nachtrag), S. 333 ff., betont jetzt, wie er meint gegen Fehldeutungen, die auch bei Savigny mögliche aktive Rolle von Staat als Gesetzgeber. Sie ist durchaus bekannt, aber von seiner Rückbindung an „das" Recht völlig abhängig, daher nicht zentral. Treffend zu „Staat" schon SOLARI, S. 193 f.
[67] Vgl. aus der Liste (oben 63 f.) Pandekten Blume (1818/19), Deiters (1822/23), Bonn (1824/25), Göttingen (1826/27).
[68] Dazu oben 284. Bei PUCHTA findet sich in Gewohnheitsrecht, Bd. 2, 1837, § 2 ein Abschnitt zum Staatsrecht, der zwar in Savignys Richtung deutet, aber noch sehr unausgebildet bleibt, ebenso die Passage in Bd. 1 (1828), S. 135, wo Staat „durch den Willen" entsteht, wenn auch einen nationalen, aber nicht durch innere Notwendigkeit und nicht als „leibliche Gestalt", vgl. jetzt zu Staat bei Puchta, Savigny, auch Hegel, BOHNERT, Puchta S. 73 ff.; sein Hinweis auf Gew.r. 1, S. 135 f. für Staat als „Erscheinung des Volkes" trifft aber nicht zu (S. 75 A. 127).

grammaufsatz „Über den Zweck" von 1815 geben keine genaue Bestimmung, obgleich sie die objektivistische Linie erkennen lassen[69].

Auch in den *Texten von 1802* finden sich einige fragmentarische Bemerkungen über Staat. Im Lichte der späteren, entschieden idealistischen Version und der bereits belegten objektivistischen Wertungen der Methodologie von 1802[70], muß man erneut zweifeln, ob sie zutreffend als „gesetzespositivistisch" gedeutet werden[71]. Anders als 1840 faßt sich Savigny allerdings hier derart knapp, daß nur eine genauere Analyse weiterführen kann. Sie wird im folgenden unternommen.

In der *Nachschrift Jakob Grimms* spricht Savigny zweimal von „Staat" und beide Male im Abschnitt „Darstellung der Gesetze der absoluten Bearbeitung der Rechtswissenschaft"[72]. Dieser Abschnitt beginnt sogleich mit der Unterscheidung „Staat — historisch als handelndes Wesen" und „Staat nur als existierend"[73]. Mit dieser Gegenstandsbestimmung zielt Savigny auf den Ausschluß des „Staatsrechts" aus der „eigentlichen Gesetzgebung" und damit der eigentlichen Rechtswissenschaft, die er „Gesetzgebungswissenschaft" nennt. Eine positivistische Begrenzung des Rechts auf Gesetzesrecht soll darin aber nicht liegen. Denn der Ausschluß des „Staatsrechts" soll weder dieses, noch gar das übrige, das Recht der „eigentlichen Gesetzgebung", als etwas Zufälliges oder Willkürliches

---

[69] Siehe *Zweck*, ZgeschRw 1 (1815) S. 3; *Beruf*, S. 8 f. (STERN 76 f.) für „Verfassung", S. 42 (95) für Staat als „organisches Wesen"; unergiebig *Gönner-Rez.* 1815 und *Stimmen* 1816. Hierherzuziehen ist auch die Ablehnung der Staatsvertragskonstruktionen 1817 und 1840, dazu oben 214 und 222.

[70] Dazu eingehend oben 100 ff. u. 107.

[71] Vgl. dazu schon die Ablehnung oben 108 mit Fn. 521 (Nwe.) aus dem Aspekt „Gesetz"; unter dem Aspekt „Staat" vor allem SCHULTE (1954), S. 87 mit 59-62; offenbar ihm folgend und zuspitzend dann LARENZ, Meth.lehre, S. 12: „,gesetzespositivistischer' Zug", hier mit Recht in Anführungszeichen, dagegen S. 17 doch: „strenger Gesetzespositivismus der Frühzeit"; dies übernimmt in grober Schematisierung M. MARX, bei KAUFMANN/HASSEMER, Einführung in Rechtsphilos. u. Rechtstheorie (1977), S. 89-92: Das Frühwerk: Gesetzespositivismus; Das Spätwerk: Abkehr vom strengen Gesetzespositivismus. M. hebt dafür die Auffassung vom Gesetz als rein objektiv (dazu aber oben 100 ff.) und die beschränkte Stellung des Richters hervor; DILCHER, Positivismus (1975), S. 518 mit 502 findet im Ausschluß des Staatsrechts 1802 eine *„rechts*positivistische Grundentscheidung", da die „Isolierung von Problembereichen" etwas „positivistisches" sei (502). MARINI, 1966, S. 65 sieht in der Gleichsetzung von Gesetz und Recht ein Vorspiel von Gesetzespositivismus und einen wesentlichen Unterschied zum *Beruf* (S. 68). FIORAVANTI, Giuristi (1979), S. 26 ff., betont die Reduktion auf Rechtswissenschaft, aber auch die unpolitische, nichtinstrumentale Sicht von Gesetz (27 f.), sowie das Vertrauen zum Staat 1802 (29 f.), das 1814 wegfalle (33). Vgl. zur Stellungnahme hier insgesamt schon oben 108 und unten 322.

[72] SAVIGNY, Anleitung (WESENBERG), S. 13 ff.

[73] SAVIGNY, aaO., S. 13.

hinstellen[74]. Die Differenz liegt nicht hierin. Savigny hält ebendort eine „systematische Darstellung der Staatskonstitution" sowohl für möglich als von „großem Interesse". Aus seiner *Prämisse*, „Zweck der Rechtswissenschaft" sei *nur*, „die gesetzgebenden Funktionen eines Staates historisch darzustellen", ergab sich aber, daß dazu die Darstellung des Staatsrechts selbst nicht zählen konnte, da darin der Staat noch nicht handele, d. h. gesetzgebend auftrete. In der Annahme „nicht handelnd" beim Staatsrecht steckte eine *zweite Prämisse*. Entscheidend war ihm offenbar, daß sich beide Bereiche nicht unter „*einen* Begriff fassen"[75] ließen — also ein wissenschaftlich-systematischer Grund, der eine Wesensbestimmung voraussetzte, aber nichts über die Qualität der Objekte implizierte. Das Staats*recht* folgt also zwar einem anderen Ideal und Begriff als Privat- und Kriminalrecht, es schützt nach Savigny weder die einzelnen Bürger (Privatrecht), noch die Gesetze (Kriminalrecht). Aber Savigny gibt keinerlei Hinweis, daß es hier weniger „absolut" zugehen solle als in der „Gesetzgebungswissenschaft". Während der Grund dieses Ausschlusses nicht ohne weiteres einleuchtet, mehrere Deutungen aufwirft[76] und für sich genommen eine vergleichende Analyse der Einordnung und Behandlung des Staats*rechts* erfordern würde[77], verfolgt Savignys zweite Aussagengruppe über „Staat" ein klares Ziel. Sie soll den Satz begründen: „Die Gesetzgebungswissenschaft ist *historisch*"[78]. Dieser Satz leitet den entsprechenden Unterabschnitt ein, und die Beweisführung schließt auch mit dem Fazit: „folglich muß der ganze Charakter der Gesetzgebungswissenschaft historisch sein"[79]. Diesen historischen Charakter leitet Savigny aus der „historischen" Natur des Gegenstandes ab. „Historisch" hieß ihm dabei nicht einfach nur „gegeben", sondern „objektiv" gegeben, „völlig objektiv", von keiner Willkür abhängig, von aller individuellen Überzeugung entfernt[80]. Dazu wurde bereits geklärt, daß Savigny damit auf eine

---

[74] Eben dies wäre aber erst ein gesetzespositivistischer Zug, wobei der Positivist darin nichts Herabwürdigendes sieht. Unrichtig daher insoweit LARENZ, MARX und MARINI (wie Fn. 71).

[75] Alles SAVIGNY, aaO., S. 13.

[76] Vgl. HENNIS, Politik und praktische Philosophie (1963), S. 126, der Savignys Abwehr darin motiviert sieht, daß er noch auf traditionelle Weise das Staatsrecht der *Politik* zuordne. Diese Deutung verkennt die spezifisch idealistischen Gehalte bei Savignys Politik-Vorstellung (dazu oben bei Fn. II/614 ff.) und wird auch nicht weiter begründet. Sonst wird der Ausschluß nicht erklärt.

[77] Eine solche Untersuchung fehlt, soweit ich sehe; vgl. JELLINEK, Allg. Staatslehre (1914), S. 60 ff. Unergiebig REHM 1896, REXIUS 1911, auch GRIMM, Öffentliches Recht II, in: HRG, 21. Lieferg. 1982, Sp. 1201 ff.

[78] SAVIGNY, aaO., S. 14.

[79] Ebda.

[80] Ebda.

besondere Qualität des historisch Gegebenen als *notwendig* hinauswollte[81]. Seine Sätze über Staat und dessen Produkt Gesetz haben demgemäß die Funktion, diesen Gedanken eines völlig objektiven juristischen Gegenstandes zu verdeutlichen:

> „Die Notwendigkeit des Staates selbst beruht darauf, daß etwas zwischen die Einzelnen hingestellt werde, das die Herrschaft der Willkür Einzelner gegenseitig beschränke. Dies tut nun der Staat überhaupt schon, er selbst ist ein solches Dazwischenstellen..."[82]

Es kommt darauf an, daß *Staat* hier *nicht aus Willkür* stammt, ihr vielmehr gegenüber tritt. Dies macht ihn für Savigny wie gewünscht „notwendig" im Sinne von objektiv, historisch im „eigentlichen" Sinne. Schon als „Staat *überhaupt*" ist er objektiv. Savigny nimmt damit seine Unterscheidung in „existierend" und „handelnd" wieder auf. Wenn der Staat dann durch Gesetze handelt und den „Grad der Beschränkung des Einzelnen"[83] festlegt, verliert er diese Qualität als objektiv nicht. Wie ihr Subjekt denkt sich Savigny auch diese Gesetze als völlig objektiv, jedenfalls ihrem „ursprünglichen Zweck" nach. Und nur auf diesen kommt es offenbar bei der „absoluten Bearbeitung" an, da Savigny den angedeuteten Einwand nicht weiter ausführt. Am Beispiel Staat und Gesetz demonstriert Savigny also, daß der Gegenstand der Jurisprudenz rein objektiv und historisch in höherem Sinne zu denken ist, folglich auch die Gesetzgebungs- bzw. Rechtswissenschaft eine derart historische zu sein habe. Die wertende Antithese willkürlich/zufällig gegen notwendig/objektiv usw. prägt also Savignys Staats- und Gesetzesbegriff in diesem Text[84]. Man wird nicht annehmen können, er betrachte das Staats*recht* grundsätzlich anders. Die Parallele zu 1840 erscheint nicht zu kühn: Er begreift dort nicht nur Staat und Recht ebenso als notwendig, nicht willkürlich, sondern trennt gleichzeitig Staatsrecht und Privatrecht ebenso grundsätzlich. Wie er nun bei aller Verbindung in der Basis Volk „zwischen beiden Gebieten ein(en) fest bestimmten Gegensatz" findet, hatte er auch 1802/03 beides nicht unter „einen Begriff" bringen können[85]. Freilich fehlt 1802 die überhöhende Lösung

---

[81] Dazu eingehend oben 100 ff., auch mit Nw. zu Parallelen im *System* 1840.
[82] SAVIGNY, aaO., S. 14.
[83] Ebda.
[84] Diese Wertschätzung bemerkt treffend bereits MARINI 1966, S. 64, auch 62, aber mit der unrichtigen Folgerung „positivistisch" (S. 65). Ebenso jetzt FIORAVANTI, Giuristi, S. 29 f. Die Umwertung im Staatsdenken um ca. 1800 betont allg. zu Recht schon REXIUS, Studien zur Staatslehre der historischen Schule, HZ 107 (1911), S. 496-539, hier 504 f.; näher J. DROZ, Romantisme, S. 44 ff.; umfassend dazu HÄFELIN, Staat (1959), mit Epocheneinschnitt nach Kant, vgl. S. 66, 72, 99.
[85] SAVIGNY, System 1 (1840) § 9/S. 21-27, hier 22 f., verglichen mit DERS., Anleitung 02/03 (WESENBERG), S. 13.

durch den Rückgriff auf „Volk". Doch ändert dies nichts an den übrigen Parallelen.

Bei der Deutung von Staat-Staatsrecht-Gesetz in der Grimmschen Methodologie von 1802 muß schließlich auch der schon erwähnte Argumentationszusammenhang beachtet werden, in dem Savigny seine Bemerkungen zu Staatsrecht und Staat macht. Sie fallen beide, und vor allem auch der Hinweis auf Möglichkeit und Bedürfnis einer „systematischen Darstellung der Staatskonstitution", im *Zusammenhang des Abschnitts* „Darstellung der Gesetze der absoluten Bearbeitung der Rechtswissenschaft". Savigny umschreibt dieses Vorhaben zuvor auf eine Weise, die seinen Idealismus dabei etwas deutlicher hervortreten läßt als in der Durchführung. „Absolute Bearbeitung" heißt da: „ohne alle Hinsicht auf das zufällige Hilfsmittel der Literatur, bloß reines System zugrunde gelegt"[86]. Außerdem hatte er „System" wiederum kurz zuvor so erläutert:

> Methode werde „in ein System dadurch gebracht, daß wir uns eine Wissenschaft nach den eigenen Gesetzen ihrer Natur vollendet denken, oder ein Ideal von ihr. Seine Anschauung allein führt uns zu einer richtigen Methode"[87].

Damit bekräftigte er schon in den ersten Sätzen der Vorlesung seinen *„absoluten" Ansatz* und versetzte die Zuhörer in die passende Atmosphäre: Es ging auf nicht genauer bestimmte Weise um ein „Ideal" und dessen „Anschauung". Auch ohne gerade letzterem lohnenden Stichwort genauer nachzugehen[88], kann man ihnen entnehmen, daß hier kein empirischer oder bloß rationalistischer Weg der Ordnung von außen her[89] eingeschlagen werden sollte, sondern ein irgendwie anderer. Man sollte sich der „Literaturgeschichte" bedienen, aber nur als „Hilfsmittel"[90]. Auch Vergleichungen sollten vorgenommen werden[90a].

Dies alles zielte auf ein *Ideal*, das im Prinzip nirgends voll zur Erscheinung kam und nicht bloß empirisch zu fassen war, aber doch in der Sache liegen sollte. Denn *Ideal* hieß hier, wie soeben zitiert: eine *Wissenschaft*

---

[86] SAVIGNY, Anleitung 02/03 (WESENBERG), S. 12.

[87] SAVIGNY, aaO., S. 11.

[88] Zu „Anschauung" demnächst die eindringende Untersuchung von D. NÖRR auf der Grundlage des Augsburger Vortrags (1980); jetzt in FS COING 1982 (s. Nachtrag). Der monistische Charakter dieses Topos wird dort ausgearbeitet. Er steht damit als Benennung für die angestrebte „Vereinigung" auf verschiedenen Ebenen, Theorie-Praxis (vgl. unten 346), Rechtsverhältnis-Rechtsinstitut, Sicherheit der Methode (unten 375), Auslegung usw.

[89] Vgl. die bereits zur Methodologie herangezogenen Erklärungen bei SEIDENSTIKKER, Geist (1797), oben 104.

[90] SAVIGNY, aaO., S. 11.

[90a] Vgl. die parallele Haltung zu Büchern in der Philosophie, oben 253 Fn. 292.

nach den eigenen Gesetzen ihrer Natur – nicht ein Fach nach allgemeinen Gesetzen von Wissenschaft, sondern *eine Wissenschaft*, d. h. eine Fachkenntnis, wie Jurisprudenz, *nach ihrer Natur*. Hier setzt sich nicht nur die Jurisprudenz als Fach autonom, sondern dies wird als „absolute Bearbeitung" eines Fachs denkbar[91] und als philosophisch notwendig erklärt. Auf irgendeine Weise soll die Notwendigkeit eben in der Sache selbst liegen. Die Begründung dafür bleibt Savigny schuldig, er folgte damit ohne Bedenken dem objektiv-idealistischen Zug dieser Zeit – wie auch sonst[92]. Daß *Ideal* sich hier aus Gesetzen der Natur einer bestimmten Sache ergeben sollte, verdeutlicht einen Neuansatz gegenüber Kant, dem ein Ideal ein durch die „Idee allein bestimmbares oder gar bestimmtes Ding" war[93]. Etwas „nach den Gesetzen seiner Natur vollendet denken", das bedeutete eine Anpassung des Denkens an die *Natur*, nicht eine Erfassung aus einer *Idee*[94]. In diese Linie gehört und paßt auch Savignys Hölderlin-Exzerpt[95]; es war die von Kant platonisch genannte[96].

---

[91] Die Parallele zu COLLMANN/MOLITOR Zeitschrift, S. 2, die „eine Welt durch sich selbst bedingt und vollendet" suchen, eine „absolute", ähnlich S. 16, 28 f. (über abs. und historisch), ist wiederum kaum zufällig, ebensowenig die zu SCHELLING, Fernere Darstellungen (1802), Werke 1801 ff., S. 295 ff. (= SW I 4, 399 ff.) über absolute Methode, d. h. Konstruktion, Beispiel Geometrie-Dreieck (wie im *Beruf*!), S. 304: *Konstruktion* überhaupt Darstellung des Besonderen in absoluter Form (vgl. zu Konstruktion wiederum SAVIGNY, Anleitung, S. 32 unten; Glück-Rez. 1804 (oben vor Fn. I/264 im Zitat); Methodologie 1809; Beruf, S. 128 u. ö.; System 1, S. 8 u. ö.), sowie SCHELLING, Vorlesungen 1802, Werke 1801 ff., 1. und 2. Vorlesung, etwa S. 450 f., 462 f. (Behandlung aller Wissenschaften im Geist eines Allgemeinen und eines absoluten Wissens), 466, 468.
Diese Frage von Nähe und Distanz bedarf und verdient jedoch eigene Untersuchungen. Bemerkenswert der selbstbezogene Maßstab, der auf „natürlich" zurückweist, dazu oben 249 f., 259 ff.

[92] Vgl. vorige Anm. und näher oben 287 f., zus.fassend.

[93] KANT, KrV, B 595 f.: Von dem Ideal überhaupt (Werke 4, S. 512 f.); außerdem zum Kontext EISLER, Kant-Lexikon, s. v. Ideal und AXELOS, Ideal, in HistWB 4 (1976) – beide allerdings unter Vernachlässigung des hier festgehaltenen Unterschiedes. Das volle Zitat: „Aber noch weiter, als die Idee, scheint dasjenige von der objektiven Realität entfernt zu sein, was ich das *Ideal* nenne, und worunter ich die Idee, nicht bloß in concreto, sondern in individuo d. i. als einzelnes, durch die Idee allein bestimmbares oder gar bestimmtes Ding verstehe."

[94] Gerade KANT ließ Idee und Ideal nur regulativ, nicht als objektiv zu; folglich kam auch keinem Gegebenen die Würde von Notwendigem zu.

[95] Zitiert oben 141, vgl. näher zur Hölderlin-Linie bei Savigny oben 253 ff. Bestätigt finde ich mich bei KONDYLIS, Dialektik, S. 350 mit der Anm. und mit S. 330, 317, der dort die Hyperion-Stelle „Ideal wird ..." einordnet und „negative Übereinstimmung" zu Kant findet, d. h. ihm: Projektion Kantischer erkenntnistheoretischer Strukturen ins Ontologische (317, 330).

[96] KANT, KrV, aaO. (Fn. 93), Fortsetzung: „Was nur ein Ideal ist, war dem *Plato* eine *Idee des göttlichen Verstandes*, ein einzelner Gegenstand in der reinen Anschauung des-

Es entspricht nur diesen Voraussetzungen, wenn Savigny dann seine entscheidenden Sätze über Gegenstand und Charakter der Jurisprudenz ganz apodiktisch entwickelt, ohne jede Theorie und Geschichte. Aus der *Natur*, d. h. den *eigenen Gesetzen*, des Gegenstandes schließt er auf die richtige Methode: „Dieser Grundsatz", so heißt es rückblickend auch beim zweiten Aspekt, dem philologischen Charakter, „muß wieder aus der Natur der Sache überhaupt hergeleitet werden"[97]. Dies klingt nun allerdings geradezu „naturrechtlich" und war jedenfalls der sprachlichen Vorliebe seiner Zeit für „Natur der Sache" gemäß[98]. In der Tat verfährt Savigny zirkulär, soweit die Methode aus dem angenommenen Gegenstand folgen soll, während die eigentliche Prämisse „notwendig" nicht eigens begründet wird. Es ist also nicht wahrscheinlich, daß Savigny mit „systematischer Darstellung der Staatskonstitution" an ein grundsätzlich anderes Verfahren dachte. Wenn nicht unter dem nach ihm unpassenden Begriff einer „Gesetzgebungswissenschaft", die den Staat als handelnd betrachtete, so war eben unter einem anderen Begriff, aber ebenso nach den „eigenen Gesetzen der Natur dieses Gegenstandes", vorzugehen. Freilich mußte es 1802 schwer fallen, dazu für Staats*recht* Exakteres zu sagen, und man spürt Savignys Suchen, wenn er anschließend meint, „ein Teil" des Staatsrechts falle heute aber doch unter die Behandlungsweise des Privatrechts, früher sei das Staatsrecht „reiner" gewesen. Aber daraus ergibt sich gerade keine Skepsis, ob sich auch diesem Gegenstand irgendein *Gesetz* ablocken lasse, sondern vielmehr schon der Anfang einer Ausführung dieses Ablockens.

Auf diesem Fundament läßt sich nun Stellung nehmen. Wenn man für 1802 eine „rein rationale Sicht" des Staates feststellt, Staat bloß als „Instrument der Willkürbeschränkung" vorfinden will, die Begrenzung auf „Gesetzesrecht" und die „Gleichsetzung von Rechtswissenschaft und Gesetzgebungswissenschaft im Sinne des Positivismus" oder wenigstens eine „rechtspositivistische Grundentscheidung" betont, oder die Wendung vom Staat als „handelndes" Wesen isoliert nimmt und im „Dazwischenstellen" „kantisch-rationalistische" Formulierungen entdeckt[99], läßt

---

selben, das Vollkommenste einer jeden Art möglicher Wesen und der Urgrund aller Nachbilder in der Erscheinung" − dieses Denken und diese Sprache der Erscheinung wollte Kant, wie hier sehr deutlich, gerade begrenzen.

[97] SAVIGNY, Anleitung (WESENBERG), S. 14.

[98] Zum Kontext ausführlich mit Nwn. RÜCKERT, Reyscher, S. 351 f., dort auch Nwe. zu NEUSÜSS und MARX.

[99] So u. a. SCHULTE, S. 60, E. WOLF, Rechtsdenker, S. 484, MARINI, 1966, S. 63; vgl. noch in Fn. 71 die Nwe. für DILCHER, LARENZ; bloß beschreibend STRAUCH, Savigny, S. 20 f.; WIEACKER, Privatrechtsgesch., S. 386 „kantischer Rechtsbegriff", auch S. 353, 375,

man die dargelegten Zusammenhänge unbeachtet. Savigny nimmt zwar Staat und Gesetz schlicht als gegeben und ohne sich zur Begründung näher festzulegen. Aber in dieser schlichten Vorstellung, die an seine „natürliche" Rechtsphilosophie erinnert[100], steckt doch schon das wertende Merkmal willkürunabhängig, *notwendig* – und damit ein wesentlicher Unterschied zu der Art von Gesetzespositivismus, die man peiorativ darin zu finden meint. Danach wäre das Gesetz zwar wie bei Savigny einziger Gegenstand, aber anders als bei ihm nicht „notwendig", sondern prinzipiell beliebig und dies nicht negativ bewertet. Savigny beschränkt Rechtswissenschaft schon deswegen nicht in *diesem* Sinne auf Gesetzgebungswissenschaft, weil sein Gesetzesbegriff eben anderes impliziert. Außerdem bedeutet sein Ausschluß des Staatsrechts wie erwähnt keine Abwertung als unwissenschaftlich. Daß für ihn bloß „eigentliche Gesetzgebung" Gegenstand der Jurisprudenz sein soll, kann man also höchstens den Worten nach „positivistisch" nennen[100a].

Auch daß der Staat bloß Instrument sei, steht bei Savigny nicht. Nach ihm beschränkt der Staat die Willkür und *ist* „ein Dazwischenstellen"[101] – ob aktiv oder passiv als *Sich*-Dazwischenstellen ist damit nicht festgelegt. Dies liefe auf die Frage des Staatszwecks hinaus, der er sich dann 1840 stellt[102].

Inwieweit Savigny bei alledem „kantianischen Formulierungen" folgt, bedürfte erst näherer Belege[103]. Von „Dazwischenstellen" jedenfalls spricht Kant nicht; auch nicht von „eigentlicher Gesetzgebung", „handelndem Wesen", „gegenseitig beschränken"[104]. Die Kernfrage der Philosophen, wie man sich die Notwendigkeit zu denken habe, bleibt ja auch bei Savigny gerade unklar[105]. Erinnert man sich, wie global er dazu im glei-

---

397; KIEFNERS grundlegende Untersuchung über: Der Einfluß Kants, geht auf die Methodologie von 1802 nicht ein. Bloß wie schon STRAUCH jetzt wieder KAWAKAMI (s. Nachtrag), S. 328 ff.

[100] Dazu zusammenfassend oben 262; vgl. Register.

[100a] Zum Ganzen schon oben 317 und allgemeiner unten 406 ff. (Abschnitt II 11).

[101] SAVIGNY, Anleitung 02/03 (WESENBERG), S. 14.

[102] SAVIGNY, System 1, S. 54; dazu unten 328, auch 398.

[103] Die Anhänger dieser Ansicht für 1802 verzichten auf Nachweise für Kant; TEGETHOFF behandelt die Methodologie nicht; eingehend dagegen KIEFNER, Einfluß Kants, aber nicht für 1802; dazu jetzt differenzierend DERS., Junger Sav. (1979), S. 37 f., 48.

[104] Vgl. die einschlägigen Passagen der Rechtslehre bei KANT, Metaphysik der Sitten. 1. Teil ... (1797), Werke 8, S. 337 ff./§§ C, D, E/AB 33 ff. zum Prinzip des Rechts, S. 365/§ 8/AB 73 zum rechtl. Zustand, S. 422 f./§ 41/AB 154 f.

[105] Eine regelrechte Ableitung der Notwendigkeit gibt Savigny nicht; der Idealismus bot dafür sehr verschiedene Lösungen; ein immer noch nützlicher Überblick dazu bei LARENZ, Rechts- und Staatsphilosophie des deutschen Idealismus (1933), S. 89-188; außerdem METZGER, Idealismus (1917), und HARTMANN, Dt. Idealismus (1923.1929);

chen Jahr gegenüber Fries argumentiert hatte, so verwundert dies nicht[106].

Wenn schließlich der Kontrast zu 1840 in der Vorstellung vom *Staat als handelndes Wesen* gesehen wird[107], so trifft auch dies nicht den Kern. Diese Personalisierung deutet schon 1802 in die organologische Richtung, nicht eine rationalistische. Auch fehlt der gemeinte Kontrast schon deswegen, weil Savigny auch 1840 den Staat als handelnd kennt: „In ihm zuerst erhält das Volk wahre Persönlichkeit, also die Fähigkeit zu handeln"[108]. Es wäre irreführend, diese beiden Positionen in der Weise gegeneinander zu setzen, daß 1802 der Staat, 1840 nicht der Staat, sondern das Volk handele. Vielmehr zeigt sich an dieser kritischen Stelle das *Verhältnis der Texte von 1802 und 1840* in aller Präzision: 1802 wie 1840 handelt ein positiv bewertetes, qualitativ „notwendiges", rein „objektives" Subjekt. 1802 bleibt dessen nähere Natur unbestimmt. In der Funktion, die Willkür einzelner absolut zu überwinden, wird aber etwas Gemeinschaftliches angedeutet. 1840 ist diese Schwierigkeit behoben. Im Staat und durch den Staat handelt nun das „Volk". Der objektivistische Ansatz besteht also 1802 wie 1840. Eine Gegenprobe bestätigt dies: Staatsvertragskonstruktionen passen in keinen der beiden Texte; es sind die Theorien der Gegner. 1840 wurde demnach nur *die Art* der Objektivität näher bezeichnet. Und nicht zufällig kommt auch 1802 schon die Doppelung vor, die später für Recht allgemein gilt[109]. Denn „Gesetz" ist völlig objektiv „seinem ursprünglichen Zweck nach"[110], man muß ergänzen: nicht in jeder seiner Erscheinungsformen, aber dem Wesen nach. In beiden Texten begründet Savigny seine Grundbegriffe nicht empirisch, sondern aus dem Ideal. Das Prinzip seines Verfahrens bleibt. Er wechselt nur die nähere Ausgestaltung. Aus einer Metaphysik eines Ideals, die sich noch in der schlichten Behauptung eines völlig objektiv Gegebenen erschöpft, wird eine facettenreich ausgestaltete, geschichtsmetaphysisch verankerte Sammlung von juristischen Grundbegriffen. Denn die „historische" Begründung für die Qualität

---

aus der Perspektive Staatsformproblem gut SCHRAMM, Staatsform (1938); nützlich jetzt HÄFELIN, Staat (1959).

[106] Dazu oben 242 ff.
[107] So vor allem STRAUCH, Savigny, S. 174 f.: hier „wohl die auffälligste Entwicklung der Ansichten Savignys". Mit ihm jetzt KAWAKAMI (s. Nachtrag).
[108] SAVIGNY, System 1, S. 23; vgl. auch STRAUCH selbst, aaO., S. 100-102 mit weiteren Belegen.
[109] Dazu oben 309.
[110] SAVIGNY, Anleitung (WESENBERG), S. 14.

„notwendig", die Savigny später gab, benutzte die Geschichte über ihre Grenzen hinaus als Mittel der Dogmatisierung[111].

Unbestritten bleibt bei alledem, daß die spezifische Ausformung seines objektivistischen Ansatzes mit *Volk* und *Volksgeist* 1802 in der Grimmschen Methodologie noch nicht klar zu erkennen ist. Dennoch läßt sich das Verhältnis der Methodologie zu Späterem auch hier in eine Formel bringen: Sie steht zum Späteren wie ein *Rohentwurf zur Ausführung*. Die Motive, Wertungen und Grundgedanken bleiben konstant, die nähere Ausformung ergibt sich erst im Laufe der Zeit. Dabei kommt es auch zu Modifikationen wie *Volk*, die aber lediglich die Antwort auf neue Umstände geben, besonders nach 1806[112]. Sie bedeuten keine Abkehr von den ursprünglichen Motiven und Denkhaltungen. Denn das Vertrauen zum „Gesetz" bezog sich 1802 nicht etwa auf einen konkreten Staat, sondern ebenso wie später auf die Tradition des gemeinen Rechts[113].

Diese neue Sicht der Methodologie stimmt zwar ganz zu den bereits erarbeiteten Grundlagen seines Denkens und Fühlens[114], muß sich aber doch noch einer Prüfung an drei Texten Savignys unterziehen: seiner *eigenen* Ausarbeitung der Methodologie von 1802 und 1809 und der Institutionen von 1803/04.

Savignys *eigene Ausarbeitung der Methodologie*[115] enthält hier wie fast durchweg lediglich ein Skelett der vier Seiten bei Grimm. Es lautet[116]:

„Juristische Methodologie. [Randvermerk: „1.", für erste Stunde]

Wichtigkeit der Methode, d. h. der Richtung der geistigen Kraft, zu allem Gelingen in wissenschaftlichen Arbeiten. — Begriff des Ideals.
Mittel, Methode zu finden: Literärgeschichte, Studium der individuellen Methode einzelner Gelehrter oder ganzer Schulen und Vergleichung dieser Methode mit dem Erfolg. Vollendete Litterärgeschichte durch Methodik bedingt und umgekehrt.
Hier sollen literarische Charakteristiken zu dem Zweck gebraucht werden, meist aus der neuesten Zeit — Vorzug der neueren Literatur in dieser Hinsicht: die Gründe ihrer eigentümlichen Fehler gehen auch uns an.

---

[111] Besonders deutlich 1808 und im *Beruf* 1814, vgl. oben 113 f., für 1814 näher RÜKKERT, Reyscher, S. 203 ff.
[112] In den Texten von 1808/09 erscheint wie gezeigt bereits „Volk" und „Volksbewußtsein" bei der Rechtsentstehung, siehe oben 112 bei Fn. 533 und 115 f. Eine „romantische Wendung" anzunehmen, erscheint mir daher nicht notwendig. Wie die Motive lagen auch die Worte schon bereit, etwa 1798 bei NOVALIS, dazu oben 186 Fn. 186.
[113] Dieses Vertrauen betonen zu Recht MARINI u. FIORAVANTI (wie Fn. 71).
[114] Dazu zus.fassend oben 279.
[115] Eine erste Vorstellung dieses Textes jetzt bei MAZZACANE, Metodologia, und KADEL, beide in Quaderni fiorentini 9, 1980 (1981).
[116] *Meth. 1802*, Nachlaß 1977, in M 14, hier fol. 1r u. v.

Plan der Vorlesungen:
1. Absolute Methodik der Jurisprudenz.
2. Litterarisches Studium.
3. Academisches Studium. [fol. 1v:]

1. *Absolute Methodik der Jurisprudenz.*
Begriff der Jurisprudenz oder Gesetzgebungswissenschaft: historische Darstellung der gesetzgebenden Function eines bestimmten Staates in einer gegebenen Zeit. – das Staatsrecht gehört nicht dahin. – Privatrecht, Criminalrecht.

Erster Grundsatz: die Jurisprudenz ist eine historische Wissenschaft:
a) historisch im eigentlichen Sinn (s. u.)
b) philologisch – davon hier. [Randvermerk: „2.", für zweite Stunde]

Begriff des Staats – Notwendigkeit eines äußern Factums, wodurch die Rechte der Bürger bestimmt werden. – Gesetz (Civilgesetz, Criminalgesetz) – Behandlung des Gesetzes? rein logisch, reine Interpretation, Ergründung des einzelnen als solchen.
Diese Behandlung also für den Juristen und Richter (was hier einerlei ist) eben so wesentlich, als der Staat selbst und sein Gesetz notwendig ist – historische Bemerkung darüber [fol. 2:] ..."

Es folgen die S. 15 bei Grimm entsprechenden Notizen über neuere Praxis. Auch dieses Skelett wahrt also den Zusammenhang von Grimms längerer Fassung: absolut – historisch dabei – Notwendigkeit der Gegenstände Staat und Gesetz – also historischer Charakter der Wissenschaft davon. „Staat" nennt er hier einfach „Notwendigkeit eines äußern Factums". Vielleicht deutet sich darin die spätere Doppelung in innere Kraft und äußere leibliche Gestalt an. Die Notizen sind insgesamt zurückhaltender als die Vorlesung selbst. Prinzipielle Abweichungen möchte ich ihnen nicht entnehmen, obwohl die Wendung vom „äußern Factum" vielleicht störend wirken könnte. Staat und Gesetz werden deswegen aber doch nichts Willkürliches, denn: „Staat selbst und sein Gesetz notwendig" heißt es doch am Ende.

In der *Ausarbeitung von 1809* hat Savigny auf die hier interessanten Passagen verzichtet. Diese zweite Methodologie fiel, wie bereits erwähnt wurde[117], um einiges nüchterner aus. Hält man sie aber mit dem Institutionentext von 1808 zusammen, in den diese Thematik übergegangen war, so bestätigt sich doch die auch im Punkte „Staat" bestehende objektivistische Entwicklungslinie[118].

Die *Institutionenausarbeitung für 1803/04*[119] bietet auf einem eingelegten Blatt vor Blatt 4 genau zwei Worte zum Thema: „Staatszweck – Gesetzgebung". Das Blatt ist nicht datiert, der Zusammenhang nicht beson-

---

[117] Oben 94.
[118] Vgl. oben 111 ff.
[119] Marburg Nachlaß 1977, in M 14.

ders erläutert. Die *Grimmsche Nachschrift* auch dieser Vorlesung[120] ergibt aber, daß Savigny vor dem Übergang in den Besonderen Teil mit Aktionen-, Familien-, Sachen-, Obligationen- und Erbrecht einen kurzen Überblick zur Natur der Rechtsverhältnisse gegeben hatte. Dabei stellte er nach Grimm den Satz an den Anfang:

> „Der Staat muß die Sphäre der äußeren Freiheit bestimmen, die Gesetze aber müssen sie aussprechen"[121].

Der Satz und sein Kontext beweisen, daß dies die Ausführung der beiden Stichworte in Savignys Notizen war. Auch hier geht Savigny also einfach vom Staat aus, ohne ihn näher zu bestimmen. Wiederum versteht er ihn nicht als etwas Willkürliches, das etwa auch fehlen oder durch Vertrag zustande kommen könnte. Weitere Interpretationen möchte ich Savignys kurzen Bemerkungen nicht entnehmen. Doch wahrt er auch hier seinen objektivistischen Ansatz.

Im Punkte Staat, Recht und Volk läßt sich also eine objektiv-idealistische Begriffsbildung nicht nur, wie es eingangs dargelegt wurde, im *System* von 1840 feststellen. Die entscheidenden Wertungen, der „absolute Ansatz", finden sich bereits in der Methodologie von 1802/03 und ihrer Umgebung. Unter dem Eindruck der Zeit nach 1806 und der Landshuter Fronten erscheint auch das „Volk" in juristischer Rolle. Es handelt sich um eine durchgehaltene objektiv-idealistische Linie, *in deren Rahmen* der Rückgriff auf „Volk" nur Modifikation und Ausbau bedeutet. Auch wenn man 1840 in Savignys Staatsbegriff eine wesentliche Differenz zur objektiv-idealistischen Konkurrenz, d. h. Hegel, finden könnte[122], handelt es sich doch nur um Varianten aus den wesentlich gemeinsamen Voraussetzungen eines objektiv-idealistischen Ansatzes[123].

---

[120] Staatsbibl. Preuß. Kulturbesitz (Berlin) Ms. germ. 4° 963.
[121] AaO., S. 17.
[122] So BOHNERT, Puchta, S. 74 f. mit Anm. 127 gegen SCHÖNFELD, Puchta u. Hegel (1930), S. 40. Vgl. aber zu Staat als Objektivierung, Erscheinung, Gestalt des Volkes HEGEL, Philos. des Rechts (1821), §§ 349, 257, 260 (Werke 7, S. 507, 398, 406). BOHNERTS Hinweis auf § 258 Anfang, Staat als „Wirklichkeit des substantiellen Willens", beweist nichts, da bei Hegels doppeltem Wirklichkeitsbegriff daneben eine Unterscheidung Staat-Volk nicht ausgeschlossen war, wie er sie ja auch vornahm. Der Unterschied liegt im Willens- und Geist-Begriff selbst. Starke Parallelen zeigt auch ein Blick zu Hegel seit 1800 in die detaillierten Analysen von ROSENZWEIG, Hegel, S. 88, 111 f., 169, u. ö.; für Paralleles bei Schelling ausf. HOLLERBACH, Schelling, S. 152 ff.; im Kontext jetzt gut BÖCKENFÖRDE, Organ usw. VIII. 2., in Gesch. Grundbegr. 4 (1978) S. 602 ff., der treffend betont, daß der Staat hier nicht nur Organismus ist, sondern als *Erscheinung* eines Organismus gefaßt ist. Umfassende Information schließlich bei HÄFELIN, Staat (1959), S. 90 ff. zu Hegel, 98 ff. zu Schelling, usw., der treffend und mvNwn. den Willensbegriff herausstellt.
[123] Vgl. dazu oben 235, zus.fassend 287 f.

Der Nachlaß 1977 enthält schließlich den naheliegenden Anhaltspunkt für den sprachlichen Übergang zu Staat als *leibliche Gestalt*. In den ersten Kronprinzenvorträgen von 1814/15 leitet Savigny mit einigen allgemeinen Thesen über allgemein-menschliches und rechtliches Leben ein und geht dann sogleich über zum Problem der „Bestimmung seiner Aufgabe und seines Gegenstandes" – das hieß des „bürgerlichen Rechts"[123a]. Der „herrschenden Ansicht neuerer Juristen" – „Naturrecht" setzt er entgegen die „Idee des *Volks* als eines höheren, eigenthümlichen Organismus" und die „Idee des *Staates* als Leibes für diesen Organismus". Die „nähere Bestimmung" gibt er bloß antithetisch, „durch Gegensatz gewöhnlicher Ansichten". Staat ist ihm *nicht* „äußeres Mittel zu beschränkten Zwecken, am häufigsten: Sicherheit ...", sondern zu vergleichen „mit dem menschlichen Leibe". Der Übergang erfolgte also auch hier parallel mit den politischen Herausforderungen wie schon 1808 in Landshut und weit vor Puchtas oder Stahls Einfluß.

4. *Rolle der Juristen*

Einen weiteren Anwendungsfall seiner spezifischen Begriffsbildung, ebenfalls aus dem Bereich der Rechtsquellenlehre, bildet Savignys Theorie der Rolle der Juristen im Recht. Auf ähnliche Weise wie beim Gewohnheitsrecht will Savigny bei der Tätigkeit der Juristen *den Zufall ausschalten*. Ihnen fällt laut „Beruf" zwar das Recht weitgehend anheim, aber der legitimatorische Zusammenhang mit dem „Volksbewußtsein" löst sich dadurch doch nicht. Denn das Recht höre nicht auf, Teil des ganzen Volkslebens zu sein, es stehe jetzt nur unter einem „doppelten Lebensprinzip". Eine scharfe Grenze sei dabei nicht zu ziehen[124]. Grundsätzlicher aber werden beide Verwirklichungen zurückgeführt auf ein einheitliches Prinzip. Wie im Naturstand das Recht am Gesamtgefühl innerer Notwendigkeit teil habe, hätten auch im Kulturstand alle Rechtsformen daran teil: Die Erscheinungsformen sind geschieden, zunächst die von Recht und Sprache usw., dann auch noch diese in sich. Das *Wesen* aber bleibt gleich, immer innerlich *notwendig*. Ohne wesentliche Unterschiede

---

[123a] Nachlaß 1977, Marburg M 11; vgl. zu den Daten Stoll II S. 125; die Zitate alle aus fol. 1, 1v. Parallel auch 1816 im *Criminalrecht* vor dem Kronprinzen, Marburg M 7c, fol. 2r, 2v, (Staat „äußere Erscheinung des Volkes", dieses „organisches Wesen höherer Art").

[124] Alles bei Savigny, Beruf, S. 12 f. (Stern 78 f.).

führt er diese Lehre im *System* fort[125]. Prägnant heißt es dort in § 14 über den „natürlichen Entwicklungsgang der Völker":

> „Das Recht ist im besondern Bewußtseyn dieses Standes nur eine Fortsetzung und eigenthümliche Entwicklung des Volksrechts. Es führt daher nunmehr ein *zwiefaches* Leben: seinen *Grundzügen* nach lebt es fort im gemeinsamen Bewußtseyn des Volks, die *genauere* Ausbildung und Anwendung im Einzelnen ist der besondere Beruf des Juristenstandes" (S. 45).

Diese schwebend-salomonischen Erklärungen bedienen sich erneut der idealistischen Konstruktionstechnik, nach der differente Form noch nicht Differenz im Wesen bedeutet. Auf diese Weise verliert der historische Verlauf seine vielgestaltige Zufälligkeit, ohne daß zugleich alles Einzelne identisch würde. Das Recht erhält durch die Bindung an den Gesamtverlauf Anteil an dessen Qualität „notwendig". Mit *dem* Recht gewinnt auch seine Erscheinungsform in den Juristen höhere Weihe. Auch diese verkörpern es nämlich in seinem Wesen. Lebensfremde Juristen und lebensfremde Dogmatik entfallen daher ebenso als Gegenargument wie das *Leben selbst*, das ja bereits verkörpert ist – es ist einkonstruiert. Ob es wirklich Berücksichtigung fand, war eine ganz andere Frage. So gesehen ließ sich leicht über Mißverständnisse und Verwechslungen klagen, wenn jemand das einkonstruierte Leben nicht ausreichen wollte und er Defizite konstatierte[126]. Theorie und Praxis waren hier eben immer schon eins[127]. Defizite boten nicht Anlaß zu Korrekturen, sondern nur zu Akzentverlagerungen in der momentanen Arbeit. Dieses erhabene Selbstverständnis war jeder Kritik immer schon voraus und doch erinnert das Spiel an den bekannten Wettlauf von Hase und Igel. *Ein* Stück der objektiv-idealistischen Doppelung paßte immer – ein Igel war immer schon da.

Die Pointe dieser Konstruktion liegt demnach weniger im stets beklagten „Anheim-Fallen" des Rechts an die Juristen[128], sondern in der *fort-*

---

[125] SAVIGNY, System 1 (1840) § 7/S. 17 f., § 14/S. 45 ff., § 15/S. 50 f., §§ 19, 20/S. 83 ff., 90 ff., § 28/S. 167 f.; vgl. auch die berühmte Sentenz vom Juristenstand und seinem Geist als entscheidend in *Stimmen* 1816 (als Fazit), zitiert oben 152 Fn. 9.

[126] Vgl. über diese vielen Klagen im Vormärz die eingehenden Nwe. oben 184 zu Fn. 178.

[127] Vgl. dazu schon oben 152, 157 und 237 f., dann auch unten 346.

[128] Vgl. schon vorletzte Fn. für die Nwe.; der instruktive Aufsatz zur Geschichte dieser These von J. SCHRÖDER, Savignys Spezialistendogma und die „soziologische" Jurisprudenz (1976), auch mit reichhaltigen Nwn. aus der Lit. dazu, stilisiert diese Lehre zu einseitig als bloße Lehre von der reinen Dogmatik. Einen wesentlichen Teil ihres Erfolgs und der Schärfe der Kritik daran machte aber gerade ihre Doppelbödigkeit und ihr hier hervorgehobener Anspruch auf „Notwendigkeit" aus. Den Faktor Idealismus hier nicht berücksichtigen, bedeutet, daß die ganze Geschichte dieses Dogmas schief wird, um seine eigentlichen, legitimatorischen Fundamente verkürzt.

dauernden Notwendigkeit, die den Juristen hier zukommt, komme welche Rechtsform auch immer. Denn Rückkehr in die „natürliche" Einheit wäre ja „Barbarey" gewesen[129]. Die Unentbehrlichkeit des wissenschaftlichen Juristen wurde hier metaphysisch-philosophisch konstruiert und legitimiert. Auf diese Weise ließ sich allerdings manches konstruieren. Die für den Naturstand vielleicht noch plausible „Notwendigkeit" – von „innerer" einmal abgesehen – konnte man so „unendlich" fortschreiben. Auch hier erlaubt die objektiv-idealistische Unterscheidungstechnik die gewünschte, höhere und universale Erklärung. Ebenso sichert sie wieder gegen störende Empirie. Auch wenn Savigny nicht die unvorsichtige Emphase eines Collmann besaß, der 1802 ausrief, „Es ist Zeit, daß einmal wahre Juristen auferstehen und ächte Priester der Göttin werden"[130], und auch wenn er sich hier nicht ausdrücklich auf den Elitarismus eines Schlegel[131], Schelling und Hölderlin bezog[132] – auch er konstruierte aus ähnlichen Voraussetzungen ähnliche Dogmen. Daß derartige Thesen hier die Form und den Anspruch von Philosophie tragen, war zu betonen[133]. Erst wenn dieser Zug als maßgebend beachtet wird, lassen sich die Gesichtspunkte der langen Diskussion im Vormärz und bis heute nach Kontinuität und Diskontinuität klar fassen. Die Philosophie dabei tritt mehr und mehr zurück, kehrt aber oft in neuen „Notwendigkeiten" unvermerkt wieder.

---

[129] Vgl. die Erklärungen Savignys von 1808/09, oben 112 f. Die „Natur" ist nicht einfach wiederholbar. Erkannt auch bei SOLARI, S. 242.

[130] So COLLMANN/MOLITOR, Zeitschrift (1802), S. 21, vgl. 28, 36, 39, 50, 61, 63: stets für einen Juristen als Wesenskünder; vgl. schon oben 276 zu den Juristentypen als Kontext.

[131] So aber früher, dazu näher oben 200.

[132] SCHELLING, Vorlesungen 1802, Werke 1801 ff., S. 471 f. (SW I 5, 237 f.): „Das Reich der Wissenschaften ist keine Demokratie, noch weniger Ochlokratie, sondern Aristokratie im edelsten Sinne. Die Besten sollen herrschen...", aus der 2. Vorlesung; vgl. für HÖLDERLIN Savignys Hyperion-Abschrift und dazu jetzt KIEFNER (oben 141).

[133] Vgl. nochmals zu SCHRÖDER (wie Fn. 128); zutreffend akzentuiert dagegen BOHNERT, Puchta (1975), S. 111-125 diese Seiten bei Puchta. Etwas grob, aber nicht ganz ohne Einsicht, meint daher GÖNNER, Gesetzgebung (1815), S. 6: „Vortrefflich! Mit solchen Phrasen läßt sich alles beweisen: Wozu z. B. eine Konstitution? Das jugendliche und das sinkende Volk kann keine gute Konstitution machen, die mittlere Zeit braucht keine... dem Greisenalter ist ohnehin nicht zu helfen..." – Fazit: Wissenschaft. Immer noch wertvoll die Analysen bei BERGBOHM, Jurisprudenz (1892), S. 521 ff., wobei freilich das, was er als „Widersprüche" kritisiert, ein Konstruktionsmerkmal positiv ausmacht. Soeben diskutiert JAKOBS (s. Nachtrag) ebenso eindringlich wie eingehend, aus aktuellem Anlaß von BGB-Reform, die Rolle der Wissenschaft gerade auch bei Savigny und betont treffend ihre grundsätzliche Eigenständigkeit gegenüber Gesetzgebung. Freilich hält er dies für bloß „historisch" begründet, dazu kurz oben 250 in Fn. 480, und gewinnt so eine fast bruchlose Apologie auch für heute. Dazu kann hier nur auf den Text quasi durchweg verwiesen werden.

5. Methode

Schon in der Methodologie von 1802 bedingte die Natur des Gegenstandes für Savigny die Natur der Methode[134]. Auch seine *Sätze über Methode* müssen daher auf idealistische Voraussetzungen überprüft werden. Die bereits beschriebene Doppelung des Objekts „Recht" führt konsequent zur *Doppelung in der Methode*. Denn sie muß das Element des Allgemeinen und Notwendigen ebenso zur Geltung bringen können wie das Individuelle, Konkrete und Zufällige einer juristischen Erscheinung. Auf diese Weise stehen Savignys „historisch-philosophisch/systematische"[135], dann „historisch-systematische"[136] Methode und sein „zweyfacher Sinn"[137], in einem idealistischen Rahmen[138]. Ganz deutlich kommt dieser in bekannten Sätzen zum Vorschein, mit denen Savigny das Wesen seiner Methode kennzeichnet: 1802 spricht er von „eigentlich historisch"[139], wenig später von historisch als identisch mit philosophisch[140], 1806 dann von „höherer Idee" von Rechtsgeschichte[141], 1814/15 von „geschichtlichem Sinn", das hieß „herausfühlen" der leitenden Grundsätze, „streng historisch ... organisches Princip entdecken"[142], oder von „wahrhaft historisch ..., das Gegebene aufwärts durch alle seine Verwandlungen (!) hindurch bis zu seiner Entstehung aus des Volkes Natur (!) ... zu verfolgen", von „zurückzuführen ... auf inwohnende Einheit" und dadurch das ursprüngliche Gegebene „verwandeln und vergeistigen"[143]. Man kann nicht sagen, daß *diese Teile* der meist wohlbekannten Sätze, aus denen sie stammen, beson-

---

[134] Vgl. oben 321 f. und sogleich Fn. 151.
[135] So mit Schwankungen 1802, dazu näher oben 97 f.
[136] So 1809 und später, dazu oben 94 bei und in Fn. I/454; 1815 gegenüber Gönner, *Gönner-Rez.*, Verm. Schr. 5, S. 140 f.; für 1814 *Beruf*, s. sogleich.
[137] SAVIGNY, Beruf 48 (STERN 99).
[138] Dieser Aspekt der Methode klingt bei WILHELM, Meth.lehre, an, vgl. S. 28 ff., 55 f., 82 f., ist aber nicht deutlich akzentuiert; STRAUCH, Savigny, erkennt vage eine „gewisse Dialektik" (S. 28, auch 52) und dann letzte „metaphysische Überzeugungen" (S. 164); am meisten dazu, immer noch sehr nützlich trotz der gewissen Breite, bei ROTHACKER, Einleitung (1920), S. 37-82, bes. S. 56 ff.; vgl. auch schon MEINE Andeutungen, Reyscher, S. 236 ff., 274 u. ö. im Vergleich mit Reyscher.
[139] SAVIGNY, Anleitung 02/03 (WESENBERG) S. 14 u. ö. (näher oben Fn. I/469 ff.); parallel die Äußerung von Creuzer 1804: „im Einzelnen durchaus historisch bedingt (empirisch), doch in seiner Ganzheit *relativ ideal*" (nähere Analyse oben 290).
[140] So in der Feuerbach-Beurteilung zu 1804; zitiert oben 205.
[141] *Hugo-Rez.*, Verm. Schr. 5, S. 2.
[142] Alles in *Beruf*: S. 5, 22, 117 (STERN 74, 84, 140); zum politischen Kontext von „geschichtlicher Sinn" RÜCKERT, Reyscher, S. 274.
[143] SAVIGNY, Gönner-Rez. 1815, Verm. Schr. 5, S. 141.

ders betont würden[144]. Und doch sprechen sie gewissermaßen deren „Prinzip" aus, nämlich das objektiv-idealistische Ziel, Vielfalt auf eine höhere, in der Vielheit gegebene Einheit zurückzuführen. Originär idealistisch-metaphysisch und anders gar nicht begründbar sind auch die Vorstellung, mit der Entdeckung des organischen Prinzips ergebe sich „von selbst das, was noch Leben hat", das Richtige also[145] und die Zuspitzung des historischen Weges zum „einzigen" Weg[146]. Diese Thesen stehen und fallen mit der Annahme, Wert und Wirklichkeit müßten letztlich eine Einheit bilden und so erkennbar sein. Die Regelmäßigkeit, mit der Savigny dem schlichten „historisch" Beiworte wie „wahrhaft", „eigentlich", „streng" o. ä. hinzusetzt, bestätigt noch einmal die dazugehörige *Doppelung*. Er verwendet sie auch deswegen, weil dieser idealistische Sinn von „historisch" auch damals weder besonders selbstverständlich, noch besonders leicht verständlich war[146a]. Auch der charakteristische *Ganzheitsdrang* kommt zum Tragen in Savignys Streben nach wirklicher „Vollständigkeit" als Ziel der Methode[147].

Ein Brief von 1812 gibt schließlich noch entschiedener als die Klarstellung von 1815 gegenüber Gönner Aufschluß über *Zweck und Bestimmung* „der Geschichte" nach Savigny. Gegenüber Problemen der Gebrüder Grimm mit empirischen Zügen an Niebuhr, betonte er „Zweck und Bestimmung" der Geschichte, wie er sie auch bei Niebuhr finden zu kön-

---

[144] Vgl. etwa STRAUCH u. WILHELM (wie Fn. 138), auch WIEACKER, Priv.r.gesch., S. 353 ff., 367 f., 370; hier ganz parallel die hegelianisch-marxistische Kritik, vgl. nur H. SCHRÖDER, Hist. Methode Savignys (1979). Bemerkenswert dagegen, wie selbstverständlich in einer zwar sehr apolegetischen, aber doch nützlichen Idealismusdarstellung wie der von WILLMANN, Geschichte des Idealismus, Bd. 3, 1897, § 114/S. 706 ff., Savigny als Idealist einbezogen wird, gerade auch anhand der Stelle vom „zweifachen Sinn" (S. 710); anders auch schon SOLARI, S. 229 ff. und ROTHACKER (wie Fn. 138), die aber nicht hinreichend verarbeitet wurden. Sehr bezeichnend die Schwierigkeiten des Zeitgenossen GÖNNER, Gesetzgebung, S. 140 ff. Die alten und bis jüngst (JAKOBS) bekräftigten Mißverständnisse zu „historisch" bei Savigny wären anzufügen, dazu näher oben 250 (für 1814) und 97 (für 1802). Einseitig hier jüngst auch LUIGS Zusammenfassung (s. Nachtrag), Sp. 1427 f.

[145] *Beruf*, S. 117 (STERN 140) und zwar bei der Kennzeichnung der „streng historischen" Methode; vgl. dazu kritisch RÜCKERT, Reyscher, S. 230 ff., 233 (bes. zur politischen Bedeutung); eine kleine Abschwächung scheint durch in den parallelen Bemerkungen 1840, s. *System* 1 (1840) § 20/S. 94, obwohl er auch dort letztlich bloß „Wahrheitssinn" entscheiden läßt, also bloßes Erkennen; vgl. oben 237 ff. zum Idealismus der Wahrheitsvorstellung bei Savigny.

[146] SAVIGNY, Zweck, ZgeschRw 1 (1815) S. 4.

[146a] Dazu schon oben 103 f. (Hufeland u. a.) u. 250 (Fries, Gönner, Feuerbach).

[147] Vgl. nur SAVIGNY, Beruf, S. 21 (STERN 83) u. ö., zur politischen Seite dabei RÜCKERT, Reyscher, S. 242 f., auch zu 1802. Siehe auch die Kritik an THIBAUT, zitiert oben 204.

nen meinte und sie ihm selbst entscheidend waren, nicht ohne belehrende Betonung:

> „Es ist mir überhaupt, als ob Ihr Euch in diesen Dingen, worüber Ihr so viel treffliches denkt und sagt, doch nicht mit Euch selbst ins Klare gesezt hättet. Sehr schön ist, was Ihr über die sehr einseitige und mangelhafte Wahrheit der neuen, urkundlichen Geschichte sagt. Aber mehr müßte anerkannt werden der wesentliche Unterschied zwischen Zweck und Bestimmung der Geschichte bey den Alten und bey uns.
> Dort hatte sie den Zweck klarer, weiser Anschauung (!) und Belehrung, uns soll sie den Zusammenhang mit dem göttlichen Ursprung unsres Geschlechts bewahren, durch dessen Vergessen wir in schnöder Dumpfheit vergehen müßten, einen Zusammenhang, der den Alten noch viel näher in unmittelbarem Gefühle lag. *Darum hat sie bey uns ein heiligeres Amt ...*"[148].

Die Formel vom *„heiligen Amt"* der Geschichte steht auch im „Beruf" und in der Tat direkt vor der Erläuterung der „streng historischen" Methode[149]. Wie das Bisherige beweist, steht sie dieser Erläuterung nicht zufällig so nahe. Deutlicher konnte man die werthaften, idealistischen Prämissen kaum benennen. Geschichte hat den Anteil am Absoluten zu wahren, Geschichte treiben ist Amt, heiliges Amt, Berufung... Die Metapher vom Juristen-Priester stellt sich ein[150]. Anschauung und unmittelbares Gefühl konstituierten „Geschichte" früher, bewußter Nachvollzug des Absoluten darin muß sie heute sein. Savignys Folgerung, je nach

---

[148] Bei STOLL Nr. 246/II 85 f. v. 27. 10. 12; für die Grimms bes. Nr. 57 v. 26. 12. (wohl 1811) bei SCHOOF, Briefe: „Es scheint mir also hart, wenn zugegeben wird, daß der Geschichtschreiber, um zum Positiven zu gelangen, das *wahrscheinlichste* zusammen setzen muß ..." (S. 128). Savignys Niebuhr-Deutung drängt auf bemerkenswerte Weise die kritischen Elemente, die die Grimms spüren und beunruhigen, zurück; offenbar war hier bei aller Nähe in Berlin dennoch eine bewußte oder unbewußte Distanz möglich; vgl. hier zu Niebuhr bes. GAGNÉR, P. ROTH, S. 357 f. mit Hinweisen und Klärung gerade in diesem Punkt; bester Überblick jüngst bei CHRIST, Dt. Historiker 6 (1980); völlig passend findet sich die auffallende Formel vom „Heiligen" in der Geschichte auch bei SCHELLING (1802, zit. oben bei Fn. I/495, s. schon GAGNÉR, Gesetzgebung, S. 37) und ganz Paralleles durchweg bei COLLMANN/MOLITOR 1802; vgl. für HEGEL dabei immer noch bei ROSENZWEIG, Hegel, I S. 80 ff., 97 f. Generell zur Aufwertung der Geschichte um 1800 oben 97 f.

[149] SAVIGNY, Beruf, S. 117 (STERN 140). WIEACKER, Priv.r.gesch.², S. 394 mit A. 58 findet in dieser Passage, die er ohne Nw. verwendet, „priesterliche Beschwörungen ..., deren Sinn sich schwer erschließt", sowie einen Widerspruch zu Savignys sonstigem Traditionsbegriff — die Schwierigkeiten lösen sich, wenn man nicht die „Geschichtsmetaphysik" zwar erwähnt (S. 367, 390, 393), aber zugleich entschieden von einem sog. „Kern" bei Savigny fernhält (S. 367 f., 372, 376, 384). Die Deutung als „verräterisches Zeugnis" politischer Besorgnis macht es sich mit dem „Politischen" daran zu leicht, dazu näher unten Kap. 2 (376 ff.).

[150] Nicht zufällig vergleicht J. GRIMM Savignys Juristen mit Priestern und Sängern, s. Nr. 71 v. 29. 10. 14 bei SCHOOF, Briefe, S. 177, Nr. 72 v. 12. 12. 14/S. 184; ebenso schon COLLMANN/MOLITOR, Zeitschrift 1802, zitiert soeben bei Fn. 130.

den Annahmen über die Natur des Gegenstands Recht werde „besonders die wissenschaftliche Behandlung ... von Grund aus anders"[151], ist also nur zu wahr.

Der enge Zusammenhang dieser seiner Thesen mit ähnlichen Gedankengängen liegt auf der Hand. Nachvollzug der verlorenen *Natur* ist auch Hölderlins Aufruf zum *Ideal*, den sich Savigny abgeschrieben hatte[152]. In anderer Anwendung und Formulierung kehrt der Gedanke 1808/09 wieder im Ursprünglichkeits- und Wissenschaftsdogma, das er der Geschichte überhaupt entnimmt[153]. Bevor zu diesem Thema im Zusammenhang übergegangen wird, noch eine klarstellende Bemerkung: Der Nachweis idealistischer Voraussetzungen in Savignys Sätzen über Methode schließt keineswegs aus, daß er ein gründlicher, ja genialer Historiker des Rechts war. Sinn und Absicht des objektiv-idealistischen Ansatzes lagen ja auch in einer neuen Zuwendung zur Wirklichkeit. Doch sollte man ihn besser einen *gründlichen Idealisten* nennen, gründlich, aber doch Idealist[154]. Denn das Charakteristische an Savignys Methode muß gerade in dieser *prekären Doppelung* gesehen werden, die jeder einseitigen Akzentuierung bewußt entgegengesetzt ist. Freilich verfällt sie in idealistisch weniger begabten Händen sofort einer ihrer zwei Seiten: historische Mikrologie oder Schwärmerei, dogmatisches Kleben am Stoff oder begriffsrealistisches Eingehen in den juristischen Himmel − beide Varianten traten auf[155]. Die Entwicklung läuft hier ganz parallel zur Geschichte der Philosophie. Dem Niedergang der spekulativen Systeme Hegels und Schellings,

---

[151] SAVIGNY, Zweck, in: ZgeschRw 1 (1815) S. 7; vgl. schon eingangs, bei Fn. 134.
[152] Wiedergegeben oben 141.
[153] Dazu näher bereits oben 112.
[154] Diese Spannung vermitteln z. B. seine Worte über HUGOS Rechtsgeschichte, *Hugo-Rez.* 1806, Verm. Schr. 5, S. 2 f.: „... eben diese Verbindung des freien unbeschränkten Überblickes mit durchdringender Kenntnis des Stoffs ist das Erfreulichste, was einer Wissenschaft begegnen kann ..."; ebenso die Bemerkungen Creuzers 1804 (in Fn. 139). An Savignys konkretem „philologischem" Umgang mit den romanistischen Quellen zeigt sie sich in der aufschlußreichen Überprüfung durch DE MARINI, Quad. fior. 9 (1981), S. 245 ff. Treffend auch hier schon SOLARI, S. 229 ff.
[155] Man denke schon bei *Savigny* an die letzten Bände der „Geschichte", dann an *Rudorff*, dagegen wieder *Puchta*. Vgl. SAVIGNYS Warnung (System 7, 1848, S. VIII): „Die Beschäftigung mit dem Recht unterliegt, ihrer Natur nach, einer zweifachen Gefahr: durch Theorie sich zu verflüchtigen in die hohlen Abstractionen eines vermeintlichen Naturrechts, durch die Praxis herabzusinken zu einem geistlosen, unbefriedigendem Handwerk." Die mannigfaltigen Versuche, Savignys Ansatz mit modernem Verständnis als entweder „wirklich" historisch oder noch „unhistorisch", konsequent/inkonsequent usw. fassen, verfehlen gerade das Charakteristische und vermischen sich zudem oft mit nicht immer klaren Voraussetzungen bei den Kritikern selbst. Natürlich lassen sich in Savignys Durchführungen unterschiedliche Akzente finden.

in deren Schoß sich bereits die politischen Gladiatorenkämpfe abspielen[156], folgen die methodischen Kämpfe der 50er Jahre[157]. Savignys geschichtlicher Ort war in dieser Sicht ganz treffend der der spekulativen Systeme.

6. *Geschichtsstufen und Natur-Kunst-Schema des Rechts*

Eine objektiv-idealistische Begriffsbildung steckt auch in diesem zentralen Konzept Savignys zur *Geschichte des Rechts* überhaupt, seiner „*Entstehung*", wie er sagt[158]. Das Rückgrat seiner Vorstellung davon liegt *nicht* in der Volksgeistlehre oder der Vorstellung einer „Arbeitsteilung", die zum Juristenrecht führe, oder der Bevorzugung des Römischen Rechts. Diese Konkretisierungen könnten auch anders ausgefallen sein. Unverzichtbar aber war die Zerlegung des Geschichtsablaufs in zwei deutlich geschiedene, wenn auch nicht scharf getrennte Stufen nach dem *Natur-Kunst-Schema*. Savigny notierte sich gerade die maßgebende Passage dazu aus *Hölderlins* Hyperion (1797), „Ideal wird, was Natur war..."[159]. Er las parallele Bemerkungen *Fr. Schlegels* von 1798 mit Begeisterung[160]. 1802/03 wollte er Recht vor allem als fortschreitendes, als sukzessives System sehen[161]. 1808 unterschied er dann prägnant und zugespitzt ursprüngliches und abgeleitetes Recht in parallelem, zugleich wertendem Sinne[162]. 1812 machte er diese Unterscheidung im eben verwendeten Brief an die Grimms über Niebuhr zur Grundlage von Folgerungen für die Methode. Auch nahm er an den Grundsatzdiskussionen Arnims und der Grimms über parallele literaturgeschichtliche Probleme lebhaft Anteil[163]. Savigny entfaltete diese Stufen-Lehre voll im zweiten Kapitel

---

[156] Philosophisch: Links- und Rechtshegelianer, juristisch: Germanisten und Romanisten (vgl. ausf., mit Korrekturen, RÜCKERT, Reyscher, S. 129 ff.).

[157] Philosophisch: Zurück zu Kant (Liebmann 1865); juristisch: Jhering-Gerber-Kuntze u. a. versus Windscheid, Roth, u. a. Dazu demnächst LOSANO, Studien zu Jhering und Gerber (1984 = Teil 2 der grundlegenden Briefwechseledition).

[158] SAVIGNY, Überschrift zu Beruf, Kap. 2 und System § 7, vgl. § 14: „natürlicher Entwicklungsgang".

[159] Wiedergegeben oben 141.

[160] Wiedergegeben oben 260 (a. E.).

[161] Verschiedene Stellen, wiedergegeben oben 97 f., auch 107 zu 1809.

[162] Wiedergegeben oben 112.

[163] Siehe die Briefe der *Grimms* bei SCHOOF, Briefe, Nr. 49 ff. ab 22. 3. 11/S. 95 ff., die *Savignys* bei STOLL 2, Nr. 233, 238, 240, auch 284 (wo Sav. selbst die Positionen parallelisiert); zu *Arnim* dabei H. BECKER, Achim v. Arnim in den wissenschaftlichen und politischen Strömungen seiner Zeit, Berlin 1912, hier s. 38 f. mit Nwn. zu STEIGS Briefsammlung. Zum Ganzen DÜNNINGER, Geschichte der dt. Philologie, in: Dt. Philologie im Aufriß, 1 (1957), Sp. 150 ff.; DENECKE, J. Grimm (1971), S. 57 u. 51 f.; näher H. MOSER,

des *Beruf*[164] und bewahrte sie im wesentlichen auch 1840 im *System*[165].

Die Natur-Kunst-Theorie zählt zu den geschichtsphilosophischen *Lehrstücken transzendentaler Romantik*[166] wie des sich ausbildenden *objektiven Idealismus*. Ein Blick in ihre Funktion dort erhellt, in welchem Sinne diese Vorstellung geradezu unverzichtbar war.

Bei *Hölderlin* heißt das Modell vor allem Natur-Ideal[167], bei *Schelling* Natur-Kunst[168], bei *Hegel* Dialektik[169]. Überall bedeutet es ein Dreier-

---

Volks- und Kunstdichtung in der Auffassung der Romantiker, in: Rhein. Jb. für Volkskunde, 4 (1953) S. 69-89, hier 74 f. Eingehend zu diesen Debatten jetzt GINSCHEL, Der junge J. Grimm (1967), hier S. 71-152. Dabei wird klar, daß sich die Überlegungen zum Thema Naturpoesie-Kunstpoesie mit der Frage des Übersetzens durchkreuzen (vgl. S. 90 in A. 1). Die philosophischen Implikationen stecken bes. im ersten Thema und kommen bei G. trotz anderer Erklärungen in der Einleitung zu kurz bzw. bleiben unklar. Besser dazu schon TONNELAT, Les frères Grimm (1912), hier Kap. 5, S. 63-88, der ihren a-priori-Ansatz pro Naturpoesie, kollektiv verstanden, sehr klar zeigt. Über diesen Punkt hinaus dann gut zum Thema GASS, s. sogleich in Fn. 166. Daß diese Fragen auch für die Juristen relevant waren und blieben, beweist auch PUCHTA, Gew.recht 1 (1828), S. 153, wo er sich mit Grimms und gegen A. W. Schlegel für seinen kollektiven Volksbegriff auf diesen Streit beruft; kritisch dazu LANDSBERG, T. 446 f.

[164] SAVIGNY, Beruf, S. 8-16: Entstehung des Rechts. Gerade dieses Kapitel zog wieder die Grimms besonders an, siehe Nr. 71 und 72 bei SCHOOF; ein kurzer, aber treffender Hinweis für „Beruf" schon bei SCHNABEL, Dt. Gesch. 3 (1954), S. 55 und 75, offenbar nach ROTHACKER, Einleitung, S. 51 f. Viel diskutiert wird dabei die Einflußfrage Savigny-Grimm; dazu jetzt vor allem auch GINSCHEL, Junger J. Grimm, S. 16 ff. mit vielen Nwn. und dem Ergebnis: unabhängige parallele Ausformung. Wie das Ergebnis auch sei, es gelten noch die methodischen Vorbehalte oben 120 f. Dabei fällt auf, daß von literarhistorischer Seite Savigny mehr als der kritische Historiker gesehen wird und Grimm als romantisch-metaphysisch, von rechtshistorischer dagegen nicht selten umgekehrt gedeutet wird. Die Frage bedarf weiterer Untersuchung im Kontext der Zeit und aus dem hier nachgewiesenen obj.-ideal. Ansatz heraus. Für *beide* gilt vermutlich das soeben bei Fn. 134 ff. analysierte Verständnis von „historisch". Vgl. zum Thema im „Beruf" jetzt KIEFNER, Ideal (1981), oben 141.

[165] SAVIGNY, System 1 (1840) § 7/S. 13-18: Allgemeine Entstehung des Rechts mit § 14/ S. 45-50: Wissenschaftliches Recht.

[166] Dafür bereits kurz und prägnant ROTHACKER, Einleitung S. 214 ff. Sehr eindringlich dann, gerade für die philosophischen Implikationen, GASS, Die Idee der Volksdichtung und die Geschichtsphilosophie der Romantik (Zur Interpretation des Briefwechsels zwischen den Brüdern Grimm und A. v. Arnim), 1940, wo nur von einigen teilweise überholten Bemerkungen zu Savigny dabei abzusehen ist (vgl. S. 32 f., 40). Eher am Rande dazu NAUMANN, Literaturtheorie, vgl. S. 64, 101, 108, 125, 131, aber doch mit viel Kontext. Differenzierungen von Herder über Schlegel und Schelling zu Grimm erläutert knapp TONNELAT, Frères Grimm, S. 63-67.

[167] Vgl. dazu die Hyperion-Abschrift Savignys (oben 141) und KONDYLIS, Dialektik, S. 280 f., 350 f. u. ö.

[168] Vgl. zu Natur-Kunst etwa SCHELLING, Fernere Darstellungen (1802), Werke 1801 ff., S. 318 f. (= Sämtl. Werke I 4, S. 422 f.) und dazu allg. KONDYLIS, Dialektik, S. 660 ff., hier S. 674 (Triadik allg.).

[169] Dazu näher KONDYLIS, Dialektik, S. 461, 492 ff., 494, zu den Frankfurter Schriften 1797-1800.

Schema von ungeahnter Vielseitigkeit der Verwendung[170]. Hölderlin zuerst[171], dann Schelling und Hegel, daneben aber auch Frühromantiker wie *Fr. Schlegel*[172] und *Novalis*[173] haben es propagiert: Als systematischer Gedankengang enthält es die ontologische, idealisierende Prämisse, *„alles ist gut"* oder *„alles ist vernünftig"*[174]. Politisch bedeutet es zunächst die konservativ hoffnungsfrohe Versöhnung mit der Moderne[175], historisch folgen daraus die Versöhnung mit den alten Mustern ebenso wie ihre bewußte Fortführung[176], wissenschaftlich liegt hier der Startpunkt für „absolut"-systematische Systeme in den *Einzel*wissenschaften[177], psychologisch gewinnen die Zeitgenossen aus diesem Glauben einen ungeheuren Antrieb, ihre Zeit und ihr Wissen im Lichte dieses Absoluten und Wertvollen durchzuarbeiten[178] – ganz so Savigny.

Einheit – Entzweiung – Wiedervereinigung, dieses *triadische Schema* erscheint damals in vielen Variationen und Anwendungen. Wesentlich ist dabei die metaphysische Annahme eines durchgehenden Prinzips, eines Allgemeinen, Absoluten, eines Lebens, usw., dessen Präsenz auch nach

---

[170] Man vgl. die umfassenden Folgerungen bei HÖLDERLIN, wiedergegeben oben 255 bei Fn. 501 ff., oder KONDYLIS, aaO., S. 493 zu Hegel: „strebt der junge Hegel, begeistert von den sich allmählich offenbarenden unerschöpflichen Verwendungsmöglichkeiten seiner neuen Denkweise, danach, die Grundidee der lebendigen Vereinigung auf jedem Gebiet und zugleich im Ganzen geltend zu machen".

[171] Dazu jetzt umfassend aus den Quellen KONDYLIS, Dialektik, hier S. 280 f., schon für 1794.

[172] Vgl. dessen oben wiedergegebene Fragmente (259), notiert mit Begeisterung von Savigny; weiter das 297 ff. Herangezogene. Vgl. zum Kontext bei Schlegel NAUMANN, Literaturtheorie, S. 54 ff.

[173] NOVALIS, Neue Fragmente (aus dem Nachlaß, von 1798/99), Nr. 84 a. E.: Natur soll Kunst und Kunst zweite Natur werden (Werke, S. 423). Zum Kontext bei Novalis ebenfalls NAUMANN, aaO., S. 82 ff.

[174] Dazu für Hölderlin eingehend KONDYLIS, aaO., S. 268 ff., 325, 710 (auch für Schelling); 595, 661 für Schelling; 477, 487, 503, 508 f. u. ö. für Hegel (vgl. Register unter Theodizee).

[175] Vgl. dazu KONDYLIS, Dialektik, S. 355 in der Anm. und SAVIGNY an Neurath 1798/99 (oben 208). Die Erklärungen hierzu aus der langen Diskussion um Gewalt und Fortschritt, die sich aufdrängen, müssen hier vorbehalten bleiben, Materialien bei KONDYLIS, aaO., S. 357 f. (Hyperion) u. ö. Vgl. aber oben 227 ff. zu reformkonservativ.

[176] Wiederentdeckung des Griechentums oder auch Römertums und neuhumanistische, klassische und idealistische Fortführung.

[177] Vgl. für SAVIGNYS „absolute" Methodik oben 321 und 333. Sein System-Begriff war demgemäß ebenso absolut, oder auch wie man sagt „material" vgl. schon oben 110 und 99.

[178] In diesem Sinne hielt SCHELLING seine Methodenvorlesungen 1802 über das gesamte Spektrum. Vgl. nochmals für HÖLDERLINS umfassende Folgerungen und für HEGEL die Nwe. soeben Fn. 170. Für SCHELLING und seine „Fernere Darstellungen" (Anfang 1802) eingehend auch KONDYLIS, aaO., S. 662 ff.

dem und im Stadium der Entzweiung eine Art „Vereinigung" erlaube. Die lebhaft empfundene Entzweiung von Sinn und Sein schien hier einholbar. Die ersehnte Rückkehr oder auch Ankunft in einer nicht bloß formellen, abstrakten, dem Absoluten entfremdeten Dichtung, Wissenschaft, Geschichte, Moral, Politik, Philosophie usw. — denn in allen diesen Bereichen verwendete man aus parallelen Motiven dieses Denkschema — wurde denkbar. Savigny mußte sich dieser Konstruktion geradezu bedienen, wenn es darum ging, seine Abwehr aller rationalistisch-entfremdeten Rechtslehre, Moral und Politik zeitgemäß zu begründen. Während die Methoden-Texte von 1802 noch die gewisse Unschuld des Fachromanisten spiegeln, den ein ALR allein noch nicht übermäßig beunruhigt hatte, brachte, wie gezeigt[179], die napoleonische Herausforderung im Zivilrecht des Code Napoléon, unterstützt von den energischen Anstrengungen der Rheinbundstaaten und ersten juristischen Köpfen der Zeit, Savigny in Gang. 1808/09 in Landshut trägt er die Stufenlehre in ihrer Anwendung auf Recht und seine Geschichte vor[180]. Die geschlossene Durchbildung, in der Savigny sie präsentiert, läßt längere und frühere Beschäftigung damit vermuten. Auch seine Hyperion-Abschrift gibt dafür einen Anhalt, das Natur-Kunst-Thema steht leicht variiert auch hier im Zentrum[181]. Daß die Abschrift undatiert ist, spricht jedenfalls nicht gegen eine Anfertigung *vor* 1808. Die bereits entwickelten Übereinstimmungen Savignys mit den frühen objektiv-idealistischen Ansätzen lassen ohnehin einen so späten Zeitpunkt der Abschrift unwahrscheinlich erscheinen, da sie eben aus der Zeit der größten Begeisterung für diese Ansätze stammen dürfte, also den Jahren 1798 ff. Anderes wurde bereits angeführt[182].

Die Erläuterung dieser grundlegenden Vorstellungen philosophierender Zeitgenossen und einiger äußerer Verbindungen mit Savigny enthält nun keine Abschweifung von der Analyse seiner juristischen Grundbegriffe, sondern bringt erst die sonst kaum verständliche oder aufgesetzt erscheinende *ontologische Prämisse* bei Savigny zur Geltung, die da lautet: Es gibt *ein* Recht im Recht, wenigstens seit Rom und „gedanklich" seit je[183]. Seine Rede vom „einheitlichen Lebensprinzip" alles Rechts[184], sei es

---

[179] Zum ALR war Savigny noch ganz gelassen, vgl. oben 110 und 112 im Zitat von 1808: noch vor wenig Jahren ruhige Sicherheit in unserer Wissenschaft.
[180] Dazu eingehend oben 111 ff.
[181] Vgl. oben 335.
[182] Soeben 335.
[183] So *System* 1 (1840) S. 23 f.: kein Naturzustand im Sinne des Naturrechts, Privatrecht immer „vollkommen".
[184] Dazu bereits mit Nwn. aus *Beruf* und *System* oben 328 f., am Beispiel Juristenrecht.

unmittelbares Volksrecht oder abgeleitetes Recht, also modernes Gewohnheitsrecht, Juristenrecht oder Gesetzesrecht, hebt auf eben diese Wesenseinheit ab. Mag auch kritisch betrachtet dieses Lebensprinzip leer laufen[185], es gehört unverzichtbar zu Savignys Konstruktion. Mit dieser Einheit steht und fällt seine Überhöhung des gegebenen Rechts, sei es in historischer Perspektive, sei es in aktueller. Denn hier haben ihren Sitz die Einheit, das materiale System und die „Notwendigkeit" des Ganzen. Das Geschichtsbild von den Stufen erweist sich also als Anwendung eines *allgemeinen Konstruktionsprinzips* des objektiv-idealistischen Ansatzes. In die juristische Gegenwart gewendet, bedeutete er die Zerlegung des Rechts in *das* Recht. Die Entzweiung in Gesetz und andere Erscheinungsformen wurde hier anerkannt, aber mit der Aufforderung zu ihrer Wiedervereinigung in Rechtswissenschaft verbunden. Man sagt kaum zu viel, wenn man in diesem Denkschema und seiner ontologischen Qualität die *innerste Logik* auch der Savignyschen Theorien und Durchführungen sieht. Auch er hatte also seine Dialektik. Damit verkenne ich keineswegs die Unterschiede, ja erhebliche Unterschiede, zu Hegels rationaler, willensbetonter Ausformung dieser Denkweise – aber eben nur zu seiner Ausformung. Das Schema selbst und seine gegen Kant stehenden philosophischen Prämissen gaben die gemeinsame Plattform aller objektiv-idealistischen Ausformungen.

Mit diesem Schema und seinen Anwendungen waren die Konstruktionstechniken und Metaphern gefunden, die in nahezu populärer Form verständlich machen, daß es zwar offensichtlich einfache und kulturell wesentlich kompliziertere Zustände gab, daß aber doch *in beiden* die gleiche *höhere* Notwendigkeit walten konnte. Diese neue Denkweise, die auch in naturrechtlichen Systemversuchen kein vergleichbares Vorbild hatte, da dort eben die metaphysische Auflading auch des Positiven fehlte[186], trat nun auch in der Jurisprudenz einen Siegeszug an und verwirrte die hervorragendsten Köpfe, wie man z. B. den Kämpfen eines Jhering entnehmen kann. Freilich hatte man sie auch als lediglich „natürlich" gelehrt und dem Philosophischen dabei die Schüler ausgeliefert. Ihre eigentliche Suggestion zog sie nicht nur aus ihrer universalen Erhabenheit, nicht nur aus ihrer immanenten Unfehlbarkeit gegenüber allem bloß empirischen Recht[187], und nicht nur aus ihrer generellen zeitgenössischen

---

[185] Vgl. oben 329 mit Fn. 128.
[186] Vgl. dazu MEINE Rezensionsabhandlung zu BOHNERT, Puchta, der das Gegenteil ausführt, hier S. 502 ff.
[187] Vgl. dazu oben vor Fn. 59 für den Staatsbegriff; s. auch die Bemerkungen bei KONDYLIS, Dialektik, zu Hegel (S. 494) und Schelling (S. 594 Fn.).

Dominanz oder ihrer besonderen Eignung für das nachrevolutionäre politische Kampffeld – die Suggestion lag vielmehr in der Schlichtheit ihrer ontologischen Prämisse. Der Glaube „alles ist gut" oder „alles ist vernünftig" genügte. Alles andere war Entfaltung dieses Prinzips, die freilich Scharfsinn und Geschick forderte. Aber der erste und zugleich entscheidende Schritt war, einmal vorgedacht, leicht nachzudenken, zudem wie „Gott" nicht eigentlich beweisbar[188] und nur schwer „widerlegbar". Für einen hochbegabten „Reformator der Jurisprudenz" mit einer entschiedenen Vorliebe für eine einfache, „natürliche" Philosophie ließ sich dieser Verführung kaum etwas entgegensetzen, und er widerstand ihr nicht.

In diesem Denkmodell mußte dann *Wissenschaft*, und das hieß „der Geist und die Bildung des Juristenstandes", wichtiger werden als alle Vorschriften[188a]. Denn dieser „Geist" erst sicherte in der historisch erreichten Phase der Kultur die Einsicht in das Ideal, d. h. diejenige Art von Anteil am Absoluten, die in der Kulturphase allein noch möglich war. Die Naturphase hielt man einhellig für unwiederbringlich verloren. Man fiel nicht in sie zurück, wenn der „Geist" fehlte, sondern hinein in bewußtloses Handeln und Forschen „e vinculis"[188b], in Barbarei. Nicht zuletzt diese Antithese beweist erneut die metaphysischen Annahmen dabei. Sie bedeutet eine Übertragung der falschen Erpressung mit dem Gegensatz Metaphysik-Skepsis, Glaube oder Chaos, in der Erkenntnistheorie auf die Geschichtskonzeption[189]. Für Skepsis steht hier Barbarei, für Chaos des Wissens Chaos der Kultur. Zur Kultur braucht man daher Metaphysik. *Jurisprudenz steht also parallel zur „Kunst"* in diesem Sinne. Gefordert ist nicht etwa schlicht freie Schöpfung, sondern „freies" Nacherfinden mit Blick auf das Absolute, Herausfühlen des Ideals im getrübten, nicht mehr „natürlich" reinen Zustand. Konkret war deswegen also den alten, römischen Juristen

---

[188] Vgl. für die Philosophen jetzt KONDYLIS, aaO., S. 302 (Selbstgründung), 496 Fn., 665 u. ö., für Savigny 1802 oben bei Fn. 92 (zur Methodologie), für Gewohnheitsrecht oben mit Fn. 11.

[188a] SAVIGNY, Stimmen 1816, bei STERN, S. 225: „wichtiger als alle Vorschriften seyn können, ist der Geist und die Bildung des Juristenstandes", vgl. weiteres oben 152 mit Fn. 9.

[188b] SAVIGNY, Beruf, S. 62, 113 (STERN 107, 137). Parallel läuft das häufige Bild von „Geist und Buchstabe", s. ebda. und vor allem schon: Anleitung 02/03 (WESENBERG), S. 50 das Goethezitat. Parallel über „Dumpfheit" ohne Geschichte soeben bei Fn. 148.

[189] Dazu RÜCKERT, Erkenntnisproblematik, bes. S. 260; dieses typische Vorurteil in schöner Klarheit WILLMANN, Idealismus 3, S. 704 f.: „Wer sich vor metaphysischen Begriffen fürchtet, auf welche die Analyse führt, und gegen sie die Skepsis herbeiruft, verzichtet darauf, der Erkenntnis Regeln für das Handeln und Gestalten abzugewinnen."

„ihre Weise abzulernen: und so dahin zu kommen, in ihrer Art und von ihrem Standpunkt aus selbst zu erfinden und so ihre unterbrochene Arbeit in gewissem Sinne fortzusetzen. Daß dieses möglich ist, gehört zu meinen *lebendigsten* Überzeugungen"[190].

In diesen engagierten Sätzen des *Beruf* übertrug Savigny in der Tat das Natur-Kunst-Modell auf das Recht und die Wissenschaft davon[191]. Auf diese Weise erscheinen Recht und Rechtsgeschichte als Einheit, sind aber doch klar geschieden in Natur- und Kulturstudium. Rechtswissenschaft erhebt sich zur „Kunst". Frei erkennend/wertend schöpft der Jurist die organische Rechtswirklichkeit nach. Er hat sich voll emanzipiert von minderen, bloß handwerklich-pragmatischen Rollen. Das triadische Natur-Kunst-Schema hatte mitsamt seinen Folgerungen seinen vollen Widerhall in der Savignyschen Jurisprudenz gefunden. Besonders rein schlägt sich hier die objektiv-idealistische Logik, deren triadisches Schema sie reproduziert, in der Rechtslehre nieder. Savigny selbst hat diesen Punkt stets als Herzstück betont. Er stellte seine Ausführungen dazu immer an einen hervorgehobenen Ort: An den Anfang der ersten Vorlesung in Landshut[192], an die Spitze der Sachkapitel des *Beruf*[193] und auch des *System*[194] – ein weiterer Beweis für den Vorrang der Gegenstandsbestimmung, aus der hier so viel folgte[195]. Und 1815, bei der Gründung seiner „Schule", betonte

---

[190] SAVIGNY, Beruf, S. 120 (STERN 141), Hervorhebung hier von mir. Man hat darin eine Winckelmann-Rezeption gesehen (dazu mit Nw. RÜCKERT, Reyscher, S. 219 A. 193), zu betonen ist aber die metaphysische Zutat, die hier deutlicher hinzukommt. Vgl. noch die konsequent passenden Stellen über „Herausfühlen" als Methode im *Beruf*, oben 331 bei Fn. 142.

[191] Man hat diese Übertragung durchaus bereits bemerkt, vgl. ROTHACKER u. SCHNABEL (wie Fn. 164); gestreift haben sie auch WÜRTENBERGER, J. G. Herder und die Rechtsgeschichte, in: JZ 12 (1957) hier S. 140 l. Sp., VONESSEN, Savigny und J. Grimm (1958), hier S. 95; ZWILGMEYER, S. 48 f. (Entwicklungsstufen), MARINI, Il paragone tra diritto e linguaggio nella giurisprudenza romantica (1975), hier S. 243, eingehender auch DERS., J. Grimm (1972) S. 33, 149-151, 162, 168, auch KANTOROWICZ 1937, hier S. 338; DUFOUR, Droit et Langage, ArchphilDroit, NS 19 (1974) S. 151-180, hier S. 163, 166; unergiebig hierfür EHRENBERG, Herders Bedeutung für die Rechtswissenschaft (1903). Kaum bemerkt wurde dabei die hier herausgearbeitete und wesentliche, metaphysisch-notwendige Verankerung bei Savigny, die auf einen Ursprung weniger bei Winckelmann oder Herder u. a., als eben bei Hölderlin, Schlegel, Schelling u. a. verweist, die dem alten Topos diese neue Farbe gaben. Vgl. aber SOLARI, S. 253 ff.; zum Kontext hier NAUMANN, Literaturtheorie, S. 131 für „lernen", 124 u. ö. für Hölderlin, zu Winckelmann und Herder S. 1 ff., 16 ff.

[192] Dazu oben 111 ff.

[193] *Beruf*, Kap. 2: Entstehung des positiven Rechts; Kap. 1 enthält die Einleitung.

[194] *System* § 7/S. 13 ff.: Allgemeine Entstehung des Rechts, fällt schon durch seinen universalen Titel auf, enthält aber gegenüber den §§ 1-6, die im wes. Begriffsklärung bringen, ebenfalls das erste entschiedene Sachkapitel.

[195] Vgl. dazu soeben 331 (oben).

er selbst ausdrücklich, daß es sich um eine Frage „ganz allgemeiner Natur" handele, „mehr oder weniger in allen menschlichen Dingen", ja um das Verhältnis der Vergangenheit zur Gegenwart schlechthin, das des „Werden zum Seyn"[196]. Er hatte sie beantwortet, und es war eine *philosophische* Frage, genauer noch: eine *metaphysische* Frage nach „allem". Im Zeichen dieser Philosophie begründete er 1815 eine Schule. Diese Position hielt er einer aufwendigen Vereinigung und mancher lästigen Geschäfte für wert.

7. *Rechtsverhältnis und Rechtsinstitut*

Auf speziellerer Ebene bedient sich Savigny seiner Logik der Erscheinung auch in der vielbesprochenen Frage *Rechtsverhältnis-Rechtsinstitut*[197]. Das „Rechtsverhältnis" besitzt dem einzelnen „Recht" gegenüber die höhere Qualität der Allgemeinheit. Ein einzelnes „Recht" darf daher nie bloß aus sich beurteilt werden, sozusagen formalistisch. Ein wahres Urteil erlaubt erst der kontrollierende Blick auf das Einzelrecht in seiner Allgemeinheit, das Savigny als „Rechtsverhältnis" bezeichnet. Dessen Allgemeinheit ist nun wieder nicht abstrakt, sondern „lebendig", „organisch". Von höherer Qualität könnte sonst nicht die Rede sein, da dieser Wert bei Savigny Abstraktem nicht zukommt. Ihre konkrete Erscheinung im einzelnen Fall ist jeweils neu zu erschließen: „lebendige Construction ... in jedem gegebenen Fall" (S. 8) lautet der Appell. Dabei sind einfach alle wichtigen „Elemente" zu beachten. Mehr als einen sicher richtigen, aber sehr unbestimmten Appell, nichts isoliert zu sehen, enthält diese Lehre vom Rechtsverhältnis nicht. Ihre eindrucksvolle Universalität erkauft Savigny mit der doppelt ungenauen Annahme von einem konkreten, subjektiven Recht, das irgendwie zu bestimmen sei aus einem „Rechtsverhältnis", das wiederum selbst nicht bestimmt auftritt, sondern organisch, also abhängig von einem besonderen Zusammenhang.

Man sollte in diesen sprachlichen Verknüpfungen wie „tiefer", „organisch", „lebendig", besondere Seite" usw. nicht mehr sehen, als tatsächlich damit gesagt ist und wohl auch gesagt sein sollte. Die lockere Fügung

---

[196] Alles in *Über den Zweck*..., ZgeschRw 1 (1815) S. 2 f.
[197] SAVIGNY, System 1 (1840) § 4/S. 6-8 und § 5/S. 9-11. Die reiche Literatur nennt gründlich und wohl zuletzt BUCHHOLZ 1979, S. 151 f.; zu ergänzen: BOHNERT, Puchta, S. 142 f.; RÜTHERS, Auslegung (1968), S. 279-293; STÜHLER, S. 33-35; SIMON, Unabhängigkeit, S. 102, 83 f. Die Seitenzahlen aus *System* 1 im folgenden Absatz im Text. Vgl. jüngst auch FIORAVANTI, Quad. fior. 9 (1981), S. 330 f.; COING, Einleitung-Staudinger, Rz. 165 f.

dieser Sätze bewahrt darin eine Illusion von System und notwendigem Zusammenhang, während sich beides recht unsystematisch erst in der konkreten Entscheidung wirklich macht. Ein bestimmtes Verhältnis der Entscheidungselemente wird nicht angegeben. Der Hauptsinn liegt vielmehr schon in der entschiedenen Relativierung des subjektiven Rechts, im bloßen Postulat eines untrennbaren Zusammenhangs und dem unbestimmten Appell, ihn zu beachten. Die Bewertung dieses Appells wäre eine eigene Frage. Man sollte ihn jedenfalls *nicht überbewerten*, indem man mehr an System darin sucht, als er gibt. Das Logische an der Logik der Erscheinung verflüchtigt sich eben bei genauerer Anwendung in einzelnen Fragen in der Regel in eben diese schwebende Art von Appellen. Sie rufen dazu auf, an die ontologische Prämisse „notwendig", „organisch" usw. zu glauben.

Die gleiche Unterscheidungstechnik wendet Savigny für die *Geist-Seite* des Rechts an: die Rechtsinstitute. Auf sie gerät er selbst erst durch die Vorstellung, das Recht zerfalle in den „Rechtszustand ... im wirklichen Leben" und die „allgemeine Regel ..." (S. 7, 9). In der Tat paßt das Bild von Natur und Geist des Rechts. Denn ebenso wie dem objektiven Idealisten die Wirklichkeit in Natur und Geist zerfällt, ohne daß er damit ihre Einheit aufgibt, zerlegt Savigny die Teilwirklichkeit „Recht" in eine Natur- und eine Geist-Seite. Ganz selbstverständlich *wiederholt* sich daher auf der Geist-Seite „Rechtsinstitut" die Unterscheidungsfolge der Natur-Seite „Rechtsverhältnis", da sich beide Seiten entsprechen müssen, um die rechtsontologische Einheit nicht zu sprengen: Einzelnes *Recht* entspricht *Rechtsregel*; *Rechtsverhältnis* entspricht so *Rechtsinstitut*. Ebenso entsprechen sich die Qualitäten. Das Allgemeine ist das Höhere. Ebenso entspricht sich der Hauptsinn: Savigny gibt auch hier einen vagen Appell, immer auf das „Rechtsinstitut" zurückzugehen. Er gerät hier wie dort sogar in die Formulierung „Anschauung" (S. 7, 9), die doch sonst den Blick auf ein *lebendiges* Ganze bezeichnet. Savigny kann den Ausdruck übertragen, weil er Rechtsverhältnis und Rechtsinstitut als zwei Formen von organischem Ganzen innerhalb der Teilwirklichkeit Recht ansieht.

Zum *Verhältnis* der beiden Rechtsseiten meint Savigny vage, das „Rechtsverhältnis" stehe *unter* seinem „Rechtsinstitut". Die jeweilige Natur-Seite hat man sich als von der Geist-Seite gesteuert vorzustellen. Damit wahrt Savigny zuletzt den Vorrang der bewußten rechtlichen *Regel*, der zu entgleiten drohte. Die Natur-Seite wird zur „Erscheinung", wie er sich wörtlich ausdrückt, des Geistigen darin (S. 9).

Dieses Unterscheidungsspiel läßt sich steigern durch die Vorstellung, alle einzelnen Geist-Seiten seien zu einem „System" verbunden: *System der Rechtsinstitute*. Denn „Wahrheit" oder das „Wesen" erreicht auch nicht das einzelne Institut für sich. Es ist wieder zurückzuführen auf etwas Höheres. In der Tat entsteht nun zwischen der Natur-Seite, hier das einzelne „Rechtsverhältnis" und dem System der Institute auf der Geist-Seite ein „unermeßlicher Abstand" (S. 10) „organisch" verschachtelter Art. Wesentlich ist bei alledem aber nur relativ wenig von dem, wonach es uns klingt: System, Zusammenhang u. ä. Denn gerade die *Art der Verbindung* läßt Savigny vollkommen diffus. Man wird in „organisch" keine präzise Verbindung sehen wollen, zumal wenn die leitende Idee dabei selbst so offen bleibt, wie oben zum allgemeinen und besonderen Element des Rechts klar wurde[198]. Es geht ja auch vor allem darum, die durchgehende Qualität „notwendig" festzuhalten, die bereits den Ganzheitsdrang legitimiert und weitgehend befriedigt. In der Anordnung des Systems kann man daher großzügig sein[199].

Inwiefern läßt sich in diesen Entwicklungen *Idealismus* finden? Da es hier nur um die *Teilwirklichkeit* Recht geht und ihre internen Verhältnisse, bezeichnet dieser Text über Rechtsverhältnis und Rechtsinstitut in der Tat keinen *unmittelbaren* Lebensbezug wie das modernere Bild der Institution[200]. Dies Problem sollte erst beim Rechtsbegriff selbst geklärt werden, und zwar im metaphysischen Sinne der Doppelnatur. Man erhielt damit allerdings gewissermaßen Steine statt Brot, eine unaufgelöste *Spannung*, eine doppelte Wirklichkeit[201]. Savignys Ausführungen über Rechtsverhältnis und Rechtsinstitut erläutern, daß Recht konkret *und* abstrakt gesehen werden könne, daß in beiden Beziehungen eine isolierte Betrachtung nicht genüge und daß der zu beachtende Zusammenhang „organisch" sei. All dies könnten einleuchtende Ausführungen sein, die allenfalls einen recht schlichten Sachverhalt etwas kompliziert darstellen. Weniger

---

[198] Vgl. oben 282.
[199] Vgl. SAVIGNYS Anlehnung an Heise, trotz Divergenzen; bes. aber *System* 1 (1840) Vorrede XXXVII f. über eine „gewisse Duldsamkeit" hierbei.
[200] Dazu treffend KIEFNER, Lex frater a fratre. Institution und Rechtsinstitut bei Savigny, Rechtstheorie 10 (1979), S. 129-141, mit Kritik an RÜTHERS u. a.; vgl. auch WILHELM, Meth.lehre, S. 50 für die Differenz zu STAHL, die er aber S. 51 wieder etwas verwischt.
[201] Dazu oben 309 ff. Diese beiden Aspekte, Lebensbezug beim Rechtsinstitut und beim Rechtsbegriff, werden bei RÜTHERS u. a. vermischt. WILHELM, Meth.lehre, S. 51 f. möchte in den Formulierungen zu Rechtsinstitut einen Schritt zu *Formalismus* finden. Dieser liegt aber allenfalls in der Unbestimmtheit von „organisch" und der Unklarheit des Rechtsbegriffs selbst, nicht in dieser rechtsinternen Unterscheidung. Sobald die postulierte idealistische Spannung erlosch, zerfiel die Position freilich in Formalismus und Mikrologie (vgl. oben 334). Vgl. für *1814* noch *Beruf*, S. 30 f. (STERN 89), wo Savigny die Einheit von Theorie und Anwendung in Rom als Vorbild für Realismus dient und die hier erörterte Lehre bereits sachlich und terminologisch teilweise entworfen ist.

verständlich wirkt aber, wieso erst in diesem Zusammenhang das „Wesen der Sache" (S. 7) erfaßt werden können soll. Einzelnes, ob konkretes Recht oder abstrakte Einzelregel, spielt also lediglich die Rolle einer Erscheinungsform von Allgemeinerem. In dieser Relativierung kehrt innerhalb der Rechtswelt die idealistische Doppelung wieder, die in allem Einzelnen zugleich einen höheren Wert verkörpert sieht. Auf merkwürdige Weise ist daher der Jurist unvermeidlich darauf verwiesen, stets einen Regreß vorzunehmen. Ob sein Ergebnis dann richtig ausfällt, hängt von der Erfassung dessen ab, was Savigny „organisch" nennt. Ein Kriterium dafür, wann etwas „organisch" sei, gibt er nicht an. Dabei hilft die Deutung, organisch sei so viel wie systemgerecht, nicht weiter, da sich für systemgerecht wiederum fragt, wann dies der Fall ist, und Savigny auch dies in der Schwebe läßt[202]. Die Elastizität dieses Kriteriums muß vielmehr als Konstruktionsmerkmal und -bedingung hingenommen werden, die gerade Savignys objektiv-idealistische Denkweise spiegelt. Denn die Entscheidung über „organisch" oder „systemgerecht" kann und darf hier nicht bestimmt universal festgeschrieben werden, sondern bloß unbestimmt universal. Seinen treffenden Hinweis auf eine Kontextbindung einzelner, ob konkret oder abstrakt gestellter Rechtsfragen, dogmatisiert Savigny in diesem Sinne zu einem „organischen Zusammenhang", der so universal gar nicht mehr faßbar ist, aber dennoch eine unvermeidliche Realität in der Rechtswelt ausmachen soll. Diese Dogmatisierung ist metaphysisch-idealistisch. Das Recht erhält damit die perfekte Form eines universalen Ganzen ohne Widersprüche. Jede Erkenntnis, die dieses Wesen der Sache bewahrt, wird unwidersprechlich. Die Richtigkeit der Rechtserkenntnis wird an diesem nicht existierenden organischen Wesen gemessen. Savignys Text gibt sich hier so zuversichtlich, aber auch streng, daß eine mildere Deutung ihn verfehlen würde. Organischer Zusammenhang ist ihm nicht nur ein regulatives Prinzip[203], ein Als-ob, eine stets zu

---

[202] Insoweit abweichend KIEFNER, Lex frater, S. 139 f. Soweit er S. 139 in der „Einheit des Zwecks" Festigkeit findet, ist doch zu bemerken, daß dieser Zweck viel zu abstrakt bleibt und vor allem selbst nicht einheitlich ist. Denn die Zweckbestimmung für das Recht im Ganzen und das bloße Privatrecht divergieren (vgl. *System* 1, S. 54 mit 331 f., KIEFNER liest diese Texte als Einheit) und das Verhältnis bleibt diffus, bloß verbal gelöst. Dazu jetzt anschaulich die Entstehung des § 52 des *System*, geschildert bei KIEFNER 1982 (s. Nachtrag).

[203] Anders KIEFNER, Lex frater, S. 138. Sein Argument „tatsächliche Ausführung des System" ist mir unklar. Wenn er weiter „organisch" als nicht willkürlich, sondern „notwendig" faßt, so führt auch diese Antithetik auf einen metaphysischen Gebrauch von „organisch" als „gegeben" auch bei Nichtnatürlichem. Neben „organisch" als ‚organisiert' und ‚wachsend' kommt hier eine Verwendung zum Tragen, die Geistesorganismen

machende Forderung, eine stets erst werdende, nicht schon gegebene Sache. sondern eine Struktur des Rechts selbst. Das Recht *hat* eine organische *Natur*[204], man gibt sie ihm nicht erst als Jurist. In diesem Sinne entwirft Savigny eine metaphysische Sicht der „Natur der Rechtsquellen" (S. 7), die mehr als existierend und wirklich annimmt, als am wirklichen Recht sichtbar ist. Das Verfahren des Juristen gewinnt daher einen eigentümlich gebundenen Charakter: Nicht ans Wirkliche, sondern ans „Organische" im wirklichen Recht ist er gebunden, an den Geist des Rechts. Das hieß aber auch: *nur* an seinen Geist. Nicht zuletzt erscheint damit ein Verfahren als wissenschaftlich und demgemäß exakt und sicher, das gerade dies nicht ist. In der Sache mündet dieses Modell von Recht in eine besondere, freie Stellung der Juristen als Sachwalter des Organischen, deren Besonderheit aber nicht zum Ausdruck kommt[205]. Schließlich verschwindet auch der Unterschied zwischen *theoretischer und praktischer Jurisprudenz*, zwischen Rechtserkenntnis und Rechtsanwendung, konsequent in einem gemeinsamen Verfahren von „Erkenntnis":

> „Das Verfahren des Geistes, welches zur Erkenntnis des einen und des anderen führt, ist wesentlich dasselbe"[205a].

Savignys Lehre von Rechtsverhältnis und Rechtsinstitut muß daher primär als Versuch verstanden werden, diese Motive an einem zentralen Punkt in eine „wissenschaftliche" Form zu bringen, wie sie die Zeit und sein eigener Anspruch verlangten. Und er dachte dabei nicht etwa an

---

nicht erstellt, sondern findet; vgl. zu „gegeben" oben 100. Zu „organisch" im Sinne von ‚organisiert und gegeben' die „organische Ergänzung" in der Lückenlehre (dazu unten 350 und 356 für 1802), das Organische an der Rechtsentwicklung (*System* I 16, Entwicklung schließt hier ‚gegeben' nicht aus), die „organische Erscheinung" des Volkes im Staat (*System* I 22), weiter die Belege aus *Beruf* (RÜCKERT, Reyscher, S. 205, auch S. 302 zu Kant-Herder); für die Veränderung der Verwendung von Kant zu Schelling z. B. HOLLERBACH, Schelling, S. 141 f., 144, wo aber die Frage gegeben/erstellt nicht genügend beachtet wird; nützlich zu alledem ROTHACKER, Logik (1927), S. 85-91: Der Organismusgedanke, und jetzt KONDYLIS, Dialektik, s. Register s. v. „Organisches" und „Ganzes".

[204] So SAVIGNY, System 1, S. 10, 7; zu dieser Vorgegebenheit vor allem schon WILHELM, Methodenl., S. 46 f.

[205] Vgl. für Kritik z. B. RÜCKERT, Reyscher, S. 208 ff., 221 f., 225, 232 f.; RÜTHERS, Auslegung, S. 288-293 und weiter ausgreifend DERS., Institutionelles Rechtsdenken (1970), wo er S. 293 f. diesen rechtstranszendenten Institutsbegriff mit BONNECASE zuspitzend als methodische „Wunderwaffe" bezeichnet; vgl. aber soeben Fn. 201 zur nicht ganz treffenden Begründung dieses Ergebnisses.

[205a] *System* 1, S. 10 f. Die grundsätzliche Einheit von Theorie u. Praxis bei Savigny kam auch schon oben 150 ff. u. 237 f. zur Sprache, dort auch Nwe. Treffend für den Monismus dabei zitiert SOLARI, S. 253 aus *Beruf*, S. 127 (STERN 146): „Denn man muß das klare lebendige Bewußtseyn des Ganzen stets gegenwärtig haben, um von dem individuellen Fall wirklich lernen zu können...". Für „Anschauung" dabei jetzt NÖRR, s. Nachtrag.

Fries[205b]. Man sollte diese einleitenden Begriffserklärungen Savignys daher vor allem im Lichte der aufgezeigten *Prämissen* lesen und weniger die lockere, teilweise dunkle Durchführung beachten[206]. Eine ganz andere Frage ist, ob er sich an dieses „System" gehalten hat. Diese Frage entspringt einem Mißverständnis Savignys, wenn man in diesen Verweisungen auf „Leben" usw. schon soziologisch-empirische Aufforderungen finden will[207]. Ein Blick in die Bücher, in denen dies wirklich betrieben wird, etwa in *Hugos* Naturrecht und seine „Juristische Anthropologie" oder in Handbüchern, die sich um das wirkliche Recht der Zeit bemühten wie *Thibauts* System, *Wächters* Handbuch oder reiner dann *Windscheids* Pandekten und vor allem *Paul Roths* System des deutschen Privatrechts[208], belehrt darüber, daß sich unter dem Gleichklang der Berufungen auf „Leben"[209] tiefgreifende, ja diametrale Unterschiede verbergen. Gewissermaßen konnte man sich an ein solches „organisches" System wie das Savignys gar nicht „halten", da es als „fortschreitend" (1802) konzipiert war und eben die einkonstruierte Dynamik des unbestimmten, organischen Elements enthielt. In diesem metaphysischen Sinne enthielt es dann

---

[205b] Vgl. dazu oben 243 ff., 247 f.
[206] Noch genauer differenziert die Lehren BOHNERT, Puchta, S. 143 f.; in anderer Richtung auch WILHELM, Überpositive Systematik (1969), S. 123-137; LARENZ, Meth.-lehre S. 13 ff., nimmt Savignys Parallelismus nicht ernst genug. Sein Privatr. mag eher abstrakt als organisch aufgebaut sein, aber wenigstens die schwebende Bindung an „das" Recht (s. unten 364 ff. u. soeben Fn. 202), relativiert es entscheidend, ähnlich wie bei Hegel u. a. Demgemäß treffen m. E. weder die Kritik, noch der Hinweis auf Hegels konkret-allgemeinen Begriff (15), der vielmehr von *gleichen Voraussetzungen* wie Savignys „Anschauung" ausgeht, sie nur anders, begrifflicher, entfaltet. *Puchtas* Begriffsjurisprudenz und die Späterer stammt ebensosehr von Schelling *wie von* Hegel, nämlich aus dem sicheren, transzendentalen Glauben an die Wirklichkeit *im* Begriff (und umgekehrt), die die Epigonen eben leicht der ‚wirklichen Wirklichkeit' gegenüber zu sicher werden ließ; bloß Andeutungen einer Erklärung gibt hier z. B. STÜHLER, S. 33-35. Die metaphysischen Motive betont jetzt auch FIORAVANTI, Quad. fior. 9 (1981) S. 329 ff. u. ö., ähnlich COING, Einleitung (wie Fn. 197).
[207] Vgl. für diese Perspektive bei J. SCHRÖDER, Spezialistendogma, etwa S. 25 u. ö., der aber selbst ihr nicht zustimmt, wiewohl aus dem nicht zentralen Grund „Spezialistendogma" (S. 25). Andererseits verführt die Kritik als „ungeklärtes Wirklichkeitsverhältnis", etwa bei WIEACKER, Priv.r.gesch.², S. 398, zur Unterschätzung der philosophischen Konsequenz.
[208] Dabei werden diese Juristen nicht etwa als soziologische Juristen verstanden, sondern als der Absicht nach Bearbeiter des tatsächlich geltenden Rechts, soweit es bestimmt faßbar war. Für *Paul Roth* die wesentlichen Klarstellungen bei GAGNÉR, P. Roth, S. 400 f., 439 f., 448 u. ö., schon für „Kurhessisches Privatrecht" (1858) und gegen viele Mißverständnisse aus anderen Maßstäben (S. 278, 281, 286).
[209] Vgl. dazu in breitem Vergleich für den Vormärz RÜCKERT, Reyscher, die ausf. Nwe. im Register s. v. Lebensbezug, und bes. S. 387, 247 ff.; weitere Belege im Register u. bes. oben 84 (Gönner 1808/1809). Der Satz im Text gilt für diese u. ä. Formeln mutatis mutandis fort bis heute.

freilich wieder Lebensnähe. Wer dabei dann dem „Leben" wirklich nahe war, der juristische Empiriker oder der juristische Idealist, diese Frage ist präzise gestellt. Die generelle Antwort hat die Geschichte gegeben. Die konkrete Antwort erforderte eine Überprüfung der Dogmatik Savignys und ihrer juristischen Schlußsätze *im Vergleich* mit ihrer Zeit, die im wesentlichen noch aussteht[210] und vor allem auch sein konstruierendes Vereinigungsdenken berücksichtigen muß. Das triadische Schema winkt auch hier. Wenn man schließlich auf den politisch-rechtspolitischen Gehalt der Savignyschen Metatheorie des Rechts blickt, die darauf hinausläuft, vor allem den in *seinem* Sinne wissenschaftlichen Juristen Kompetenzen zu sichern, nicht aber eine bestimmte Ausführung festlegen wollte, so verliert diese Frage an Bedeutung.

Wichtig bleibt jedoch, daß Savigny auch hier eine objektiv-idealistische Begriffsbildungstechnik und Prämisse verwendet, daß er auf diese Weise Natur und Geist des Rechts vermittelte, daß er also die Spannung nicht auflöste und seiner Logik treu blieb. Auf andere Weise war auch der Anspruch auf ein „absolutes" System (1802), der 1840 nicht wörtlich ausgesprochen, aber eingelöst wurde, und den universalen Ganzheitsdrang dieses Denkens zur Geltung brachte, nicht plausibel.

8. *Auslegung*

Wenn Recht als Gegenstand und Jurisprudenz als Methode diesen idealistischen Voraussetzungen unterliegen, wird man auch die *Auslegungslehre* auf solche Zusammenhänge kritisch zu betrachten haben. In der Tat erklärt sie Savigny im *System*[211] mehrfach für abhängig von seiner Gegenstandsbestimmung, z. B. wenn es heißt,

> „diese Regel beruht auf der Voraussetzung der organischen Einheit der Römischen Gesetzgebung, welche wiederum in der allgemeinen Natur des positiven Rechts überhaupt (§ 5) ihre tiefere Begründung findet" (S. 286).

Bei diesem Satz ging es um Regeln für die Lösung von Widersprüchen der Quellen. „Einheit und Vollständigkeit" betont Savigny aber nicht nur hier als Prämisse[212] und nicht nur als Arbeitshypothese. Im soeben von Savigny angeführten § 5 des „System" stand die Lehre vom Rechtsinstitut, deren

---

[210] Dazu näher oben 182 ff.
[211] Einschlägig sind *System* 1 (1840) 4. Kap.: Auslegung der Gesetze §§ 32-51/S. 206-330. Die Seitenzahlen aus *System* 1 stehen i. f. im Text, für die Auslegung von Willenserklärungen läßt er in Bd. 3, S. 244 wesentlich gleiches gelten, ebenso *Obligationenrecht* 2 (1853) S. 189.
[212] So auch *System* 1, S. 262, 290, 212.

idealistische Bezüge soeben entwickelt wurden. Einem auf den ersten Blick alles andere als vollständigen und einheitlichen positiven Recht konnte man allerdings nur auf besondere Weise Einheit verschaffen, z. B. eben durch die Rechtsinstitutslehre, nach der jede einzelne Regel „ihre tiefere Grundlage in der Anschauung des Rechtsinstituts" findet (S. 9). Durch Doppelung der Rechtswelt läßt sich also ihre Einheit in einer besonderen Rechtsschicht erhalten. Savigny gibt damit dauerhaft fruchtbare Hinweise für Auslegung. Aber seine Vorstellung, solche „Institute" existierten irgendwo und irgendwie objektiv und seien anschaubar, beherrschten sogar die einzelnen Regeln und bildeten schließlich einen Gesamtzusammenhang als System der Institute, so besagter § 5, geht über den Bereich des empirisch oder auch nur mit konkreter Bestimmtheit Nachvollziehbaren weit hinaus. Aus der richtigen Beobachtung, Auslegung lasse sich nicht als reine Willkür auffassen, entsteht die grundsätzliche Behauptung, sie sei so objektiv wie ihr Gegenstand, und daraus die komplizierte Frage: Wie sieht „das Wesen der Sache" (S. 9) aus, wie sieht die Gesamtheit der Wesen der Sache aus? Durch organische Doppelung des Objekts in einzelnes Recht und Rechtsinstitut erscheint das Recht als einheitlich und vollständig. Erst aus dieser Sicht stellt sich dann auch die Frage nach Widersprüchen und Lücken im Recht mit grundsätzlicher Schärfe und verliert ihren bis dahin pragmatischen, handwerklichen Charakter. Sie wird nun langer grundsätzlicher Ausführungen in einem „System" des Rechts würdig[213].

Savignys Annahmen über das Wesen des positiven Rechts machen Auslegung also zu einer komplizierten grundsätzlichen Aufgabe. Doch haben sie den Vorteil, die Werkzeuge zu ihrer Lösung gleich mitzuliefern. Mit dem Blick auf das (vorausgesetzte) Ganze werden eine aktuelle „systematische" und eine sukzessive „historische" Vereinigung möglich[214]. Idealistisch daran sind wiederum weniger Savignys anschauliche Ausführungen über diese konkreten Techniken, sondern sein Anspruch dabei, aus dem Bezug auf ein Ganzes wieder in ein Ganzes zu kommen. Die Entzweiung des Rechts in den Quellen wird so überwunden in Wiedervereinigung. Das triadische Schema leitet. Besonders deutlich wird dies, wenn trotz systematischer und historischer Technik „ein *Widerspruch* durchaus eingeräumt werden muß", wenn sich also das Positive als unumgehbar widersetzlich erweist: Dann

---

[213] In dieser Linie müßte man m. E. auch JHERINGS „begriffsjuristische" Anstrengungen in Geist III 1 vor allem sehen.
[214] SAVIGNY, System 1, § 44/S. 274 u. ö.

> „bleibt nichts übrig, als unter beiden widersprechenden Stellen diejenige vorzuziehen, welche den übrigen unzweifelhaften Grundsätzen der Justinianischen Gesetzgebung am meisten entspricht"[215].

Diesem wiederum völlig berechtigten Rat eines reifen juristischen Takts gibt Savigny den Rang einer endgültigen Regel, die immer noch aus dem Gesamtbild von Recht folge. Selbst in diesem eklatanten Fall bleibt es für ihn bei der idealistischen Objektivität des Gegenstands, Verfahrens und Ergebnisses.

Nicht anders verfährt er bei den *„Lücken"*. Denn

> „*überall* ist es Herstellung der Einheit, was wir suchen: der negativen durch Entfernung von Widersprüchen, der positiven, durch die Ausfüllung von Lücken"[216].

Nach der richtigen Meinung, die schon aus der Natur des Rechts folge[217],

> „wird unser positives Recht aus sich selbst ergänzt, indem wir in demselben eine organisch bildende Kraft annehmen" (S. 290).

Er nennt dies „Rechtsfindung durch Analogie" (S. 291):

> „Dieses Verfahren müssen wir nach unserer Grundansicht des positiven Rechts (§ 5) als das richtige und nothwendige anerkennen, und es ist *wesentlich dasselbe*, welches auch schon zur Herstellung der Einheit durch Beseitigung von Widersprüchen angewendet worden ist"[218].

Auch hier stilisiert er eine alte juristische Technik wie Analogie objektiv-idealistisch um. Savignys meisterliche Zielstrebigkeit und Energie in der Durchführung seiner Grundannahmen erleichtern die Erkenntnis, daß auch bei der Lückenfüllung „wesentlich dasselbe" an Grundannahmen mitspielt wie soeben für die „Widersprüche" gezeigt. Ohne Zweifel wird man bei Lückenproblemen auf vorhandene Regeln mit Gewinn zurückgreifen, indem man danach „neu gestaltet" (S. 291). Aber dieses „neu gestalten" bleibt für Savigny so „notwendig" und „objektiv" wie die ganze Jurisprudenz in der Kultur- bzw. Kunstphase[219]. Wieder erlaubt erst die Doppelung des Rechts in Verbindung mit der Annahme einer „organisch bildenden Kraft", eine Ergänzung „aus sich selbst" zu denken[220]. Dieses gemeinhin Münchhausensche Verfahren erhält einen Schein von Plausibilität — ebenso stark oder schwach wie der Glaube an die rechtsontologische Prämisse, die ihn trägt. Außerdem scheint es auf diese Weise eine

---

[215] SAVIGNY, System 1, § 45/S. 286, vgl. auch nach Fn. 211 den Anschlußsatz.
[216] So zusammenfassend schon in *System* 1, § 42/S. 263 f., erneut z. B. § 46 (Lücken, Analogie)/S. 290; Hervorhebung hier von mir.
[217] So er selbst ebda.; hier auch das folgende Zitat.
[218] Dazu soeben 348. Hervorhebung hier von mir.
[219] Siehe dazu oben 341 f.
[220] Dazu vergleichend für den Vormärz eingehend RÜCKERT, Reyscher, S. 355 f., 243, 33 (zu Schrader). Ähnlich u. mit weiterem Kontext schon SOLARI, S. 246 f.

feste Grenze zum ‚Nicht-aus-sich-selbst' zu geben. Eine Hauptklippe universaler, positiver Rechtstheorie wird so elegant genommen: Wenn Recht zugleich Einheit und Vielheit in organischer, aktueller wie sukzessiver Verbindung enthält, kann es eben auch „Lücken" haben und doch einheitlich sein. Die metaphysischen Prämissen erlauben verblüffende Konstruktionen. Der lückenfüllende Jurist ist zwar „frei" und gestaltet auch neu, aber er handelt dennoch „notwendig": Frei vom Gesetz, aber treu *dem* Recht. Wiederum kennzeichnet dies die reale, juristische Arbeitssituation durchaus. Doch Universalität, Eindeutigkeit und Objektivität in Savignys hohem Sinn kommen erst durch den idealistischen Rahmen hinein.

Eine kaum minder bedeutsame Rolle spielen die idealistischen Annahmen über Recht im anderen Hauptteil der Savignyschen Auslegungslehre, der *„Auslegung der einzelnen Gesetze für sich betrachtet"*[221]. Auch sie hat Savigny universal angelegt und die bis dahin verbreitete handwerklich-pragmatische Anknüpfung an die „dunklen Stellen" verabschiedet[222]. Für ihn ist jede gesetzliche Einzelregel in *prinzipieller* Weise defizient. *Alle* müssen erst „ins Leben übergehen", „zu bestimmtem Bewußtsein" gebracht werden, in ihrer Wahrheit erkannt werden[223]: Dies ist „bey jedem Gesetze, wenn es in das Leben eingreifen soll, nothwendig" (S. 207 u. ö.). Auslegung hat daher zwar die dunklen Gesetze zu erhellen, aber ihre

> „edelste und fruchtbarste Anwendung ... (sc. liegt darin), bey nicht mangelhaften ... Stellen den ganzen Reichtum ihres Inhalts und ihrer Beziehungen zu enthüllen ..." (S. 319).

In der Tat nimmt die handwerkliche Lehre keine Rücksicht auf das Bedürfnis, die Juristentätigkeit als objektiv und von notwendiger Qualität zu begründen, während Savigny gerade dies ein Hauptanliegen war. Es gelingt ihm wieder durch die Technik der *Doppelung*, hier der gegebenen Einheit „Gesetz", dieses Anliegen auch in der Auslegung der einzelnen Gesetze festzuhalten. *„Jedes* Gesetz", heißt es,

> „ist dazu bestimmt, die Natur eines Rechtsverhältnisses festzustellen, also (!) irgendeinen Gedanken ... auszusprechen, wodurch das Daseyn jenes Rechtsverhältnisses gegen Irrthum und Willkühr gesichert werde" (S. 212).

---

[221] SAVIGNY, System 1, § 32/S. 212, dort auch zur Einteilung der Lehren.
[222] *System* 1, § 32/S. S. 207 „nicht etwa, wie Viele annehmen, bedingt durch den ganz zufälligen Umstand der Dunkelheit eines Gesetzes"; ausführliche Kritik dann in § 50/S. 318 ff.: Ansichten der Neueren von der Auslegung.
[223] Vgl. diese u. ä. Wendungen in *System* 1, S. 206, 207, 209, alles im einleitenden § 32 zu Auslegung.

Jedes Gesetz zerfällt demnach in *Gedanke und Ausdruck*[224], ganz parallel zur beliebten Wendung Geist und Buchstabe. Seine Auslegung wird zur *"Reconstruction des dem Gesetze inwohnenden Gedankens"* (S. 213). Der Ausdruck des Gedankens wird abgewertet zum bloßen Buchstaben[225], obgleich Fälle wie die Legalauslegung zugestanden werden, wo der Gesetzgeber auf seinem Buchstaben besteht (S. 209). Das rekonstruierende Verfahren erhebt sich dadurch insgesamt zur „freyen Tätigkeit", zur „geistigen Tätigkeit", wird „wissenschaftlich", „Kunst", ist nicht mehr „mechanisches" Handwerk[226]. Konsequent liegt zwischen dieser Wissenschaft und Kunst in Savignys Sinn[227] kein Gegensatz mehr. Beide schöpfen eine verlorene Schöpfung nach. Es geht nicht mehr bloß um Texte.

Die *Ergebnisse dieses Verfahrens* erhalten denn auch die Würde einer ganz anderen, *besseren Gewißheit* als das frühere Deuten dunkler Stellen. Sie haben Teil an der notwendigen und objektiven Qualität des Gegenstandes Recht. Schwierigkeiten werden als subjektive oder bloß positive Hindernisse gedeutet, die an der prinzipiellen Eindeutigkeit und Gewißheit nichts ändern. Daß feste Regeln *nicht* gegeben werden, garantiert gerade den Zugang zum Ganzen im Einzelnen, zum Gedanken im Ausdruck, zum Recht im einzelnen Gesetz, wird also keineswegs negativ vermerkt[228]. Der gleiche Gedankengang erklärt, daß in dieser Auslegungslehre bekanntlich feste *Rangregeln* für die einzelnen „Elemente" wie „grammatisch", „logisch", „historisch" und „systematisch" fehlen, genau genommen aber gar nicht denkbar sind:

> „Es sind also nicht vier Arten der Auslegung, unter denen man nach Geschmack und Belieben wählen könnte, sondern es sind verschiedene Thätigkeiten, die vereinigt wirken müssen, wenn die Auslegung gelingen soll" (S. 215).

Denn Savignys Auslegung geht aufs Ganze. Sie unterscheidet nicht nach Textarten und deren politischer Legitimität, sondern sucht hinter allen einzelnen Texten die einheitliche Schöpfung und den einheitlichen Gegenstand. Dessen Einheitlichkeit würde aber gerade gefährdet, ja gar nicht

---

[224] SAVIGNY, System 1, §§ 35, 36, 37: dort durchgehend verwendet als grundlegende Vorstellung; auch in § 38/S. 243.
[225] So z. B. *System* 1, S. 322, dem Sinne nach durchweg, obwohl bisweilen der „Ausdruck" doch letzte Autorität sein mußte, vgl. im Text.
[226] Vgl. diese u. a. Wendungen durchweg S. 206-212, *System* 1, § 32: wissenschaftlich S. 206, Kunst S. 211 u. ö., mechanisch S. 305 u. ö.
[227] Dazu oben 340 f.
[228] Vgl. *System* 1, S. 211.

erst greifbar, wenn feste Rangregeln, die nur an Textarten entwickelt werden könnten, die Unterschiede der Texte festschreiben würden[229].

Auch Savignys Auslegungslehre setzt also schließlich einige Hauptanliegen fort: die objektivierende Tendenz, die idealistisch-werthafte Fassung des Rechts und seiner Methoden, die Absicherung gegen Willkür, die jedenfalls verbale Wahrung der Freiheit dabei, den universalen Anspruch, die Preisgabe empirischer, d. h. hier philologischer Kriterien. Ja sie erstreckt sich ohne weiteres nicht nur auf Gesetze, sondern auch auf die Auslegung von Willenserklärungen. Auslegung ist hier also *universale Rechtshermeneutik*. Er selbst hält dies fest, wenn er das Kapitel „Auslegung" einleitet:

> „Bis hierher wurde der Inhalt der Rechtsquellen als die selbständige Regel des Rechts, mithin als ein Gegebenes betrachtet (sc. also im Kap. 1-3: Quellen des Rechts). Soll diese Regel in das Leben übergehen, so ist es nötig, daß wir von unserer Seite etwas dazu tun, daß wir sie auf bestimmte Weise in uns aufnehmen. Diese Aufnahme kann zu den *verschiedensten Anwendungen* führen: in dem Gelehrten zur Ausbildung der Wissenschaft in vielartigen Formen; in dem Richter zu Urteilen und deren Ausführung; in den Einzelnen zur Einrichtung ihrer Lebensverhältnisse in bestimmter Gestalt"[230].

Auslegung heißt also ganz grundsätzlich und hier wie dort, das Recht ins Leben übergehen zu lassen, es in die Bestimmtheit hinein zu entfalten. Und Savigny verdeutlicht es noch: Diesem allen

> „liegt als Gemeinsames zum Grunde eine bestimmte Weise, den Inhalt der Rechtsquellen aufzunehmen, und dieses Gemeinsame soll in dem gegenwärtigen Abschnitte dargestellt werden" (S. 206).

Auslegung wird hier also in einen ganz weiten rechtsontologischen Rahmen eingefügt. Hermeneutik des Rechts erhält die Rolle des generellen Weges zur Fixierung von Recht. Diese universale Rechtshermeneutik gibt sich mit alledem entschieden als ein *Exemplar jener grundlegenden Wende der Hermeneutiken* zu erkennen, die etwa seit 1800 zum Signum geworden war. Namen wie Ast, Wolf und Schleiermacher stehen dafür; Tendenzen wie Universalität, Gewißheit, Idealismus in den Voraussetzungen,

---

[229] Dieser Begründungszusammenhang wird im allg. nicht vermerkt oder erkannt, s. selbst LARENZ, Meth.lehre, S. 16 f. und COING, Rechtsphilos., S. 319; weiter etwa SCHULTE, Savigny, S. 88-96, hier zu „System"; STRAUCH, Savigny S. 91; ENGISCH, Einführung (4. A. 1968), S. 82; PAWLOWSKI, Studium der Rechtswissenschaft (1969), S. 174 im Savigny-Abschnitt; mehr bloß berichtend BONNET 1913, S. 262 ff.; anders und treffend dagegen RYFFEL, Rechtsphilos. (1969), S. 384; ohne Erklärung wiederum jüngst FROMMEL, Rezeption d. Hermeneutik, S. 23 f., 30; HONSELL, Histor. Argumente (s. Nachtrag), S. 33 f.

[230] SAVIGNY, System 1, § 32/S. 206, vgl. noch S. 213 (wie Philologie); zu Willenserklärung bereits Fn. 211.

bezeichnen die Wende sachlich[231]. Savignys Auslegungslehre kann demnach *weder subjektiv, noch objektiv*[232] genannt werden[233]. Wie wenig diese Einteilung ihr gerecht wird, zeigt schon ein Blick in die Hauptrepräsentanten einer subjektiven und objektiven Theorie, *C. G. Wächter* und *A. Wach*[234]. Savigny zielt gerade mit aller sprachlichen Kraft darauf, diese Spannung hinter sich zu lassen und die Ganzheit zu fassen. Der Blick auf den Willen des Gesetzes und den Willen des Gesetzgebers sollen sich vereinigen zur Erkenntnis *des* Rechts im Recht. Diese spezifische Art juristisch zu schauen, ist weder objektiv, noch subjektiv, sondern eben idea-

---

[231] Dazu vor allem SZONDI, Einführung in die literarische Hermeneutik (1975), S. 135 ff. zu F. Ast, 155 ff. zu Schleiermacher, bes. S. 142, 152, 157 f., 164, 167, in sehr genauer, eingehender Interpretation; daneben die klassische Darstellung bei GADAMER, Wahrheit und Methode (2. A. 1965), S. 166 f., 168, 172, 174 zur Wende allg. und bes. bei Schleiermacher. Nur sehr allg. DERS., Hermeneutik, in: HistWB 3 (1974), Sp. 1061-73, hier 1064. Außerdem jetzt auch die Neuausgabe zu Schleiermacher von M. FRANK (Frankfurt 1977) und dort die Einleitung.

[232] Vgl. als Überblick zur bisherigen Diskussion um die Auslegung jüngst souverän COING, Einleitung zu STAUDINGER (12. A. 1978), Rz 132 f. mNwen, dem ich auch bei der Auswahl von WÄCHTER und WACH (sogleich im Text) folge. Ausf. jüngst HASSOLD, Wille des Gesetzgebers..., in: ZZP 94 (1981) S. 192-210, aber mit mehr aktueller Absicht; ebenso FIKENTSCHER, Methoden 3 (1976) S. 657-690, hier S. 662-68, aber auch S. 97 zu Binding, Wach, Kohler; zur *obj.* Theorie näher LARENZ, Meth.lehre, S. 34-38 und SIMON, Unabhängigkeit, S. 74 ff.; neuestens eine kritische Bestandsaufnahme bei FROMMEL, Rezeption der Hermeneutik (1981), S. 22-40 zum 19. Jh.

[233] Dazu treffend LARENZ, Meth.lehre, S. 16 in der Anm., im Vergleich zu Hegel; ebenso deutlich wird dies schon bei Ross, Rechtsquellen (1930), S. 334 ff., weil er die Gemeinsamkeiten von obj. und subj. Theorie zeigt, und obwohl er auf Savigny selbst dabei nicht eingeht; ohne rechte Erklärung z. B. STÜHLER (1978), S. 47, 51 in A. 146 trotz des eigenen Abschnitts dazu; grob rubrizierend („subjektiv") M. MARX in: Einführung, S. 90 und zu Unrecht gg. LARENZ; zu global auch HASSOLD, aaO., S. 193 (Sav. subjektiv); STÜHLER, S. 51 (objektiv); die Deutung von SCHMIDLIN, Das Problem des Gesetzeszwecks in der Auslegungslehre Savignys (Festschrift Dorett, 1976), S. 79-90, vernachlässigt das hier Gezeigte ebenfalls; FLUME, Rechtsgeschäft (2. A. 1975), S. 291 ff. spricht salomonisch von „normativer Auslegung", verwischt dann aber Wesentliches mit einer Charakteristik als offenes Problemdenken; wie LARENZ jetzt auch FROMMEL, aaO., S. 36 u. ebda. 34 f. treffend zum Abstand etwa zu Thibaut.

[234] WÄCHTER, Württ. Privatrecht II 1 (1842) § 23: Gesetz ist hier immer konkret gemeint, nie doppelnd, die philosophische Seite wird gemieden. WACH, Handbuch des deutschen Zivilprozeßrechts 1 (1885) §§ 20 ff.: Das Gesetz habe fortdauernde lebendige Kraft... Hier sind idealistische Reminiszenzen nicht zu übersehen, und doch erscheinen sie nicht so tragend, die Ganzheit Gesetz/Recht ist mehr empirisch gemeint; etwas irreführend kann die Akzentuierung als „positivistisch" bei FIKENTSCHER, Meth. 3, S. 97 werden, vgl. aber auch seine Abschwächung zu pos. „Element"; anders auch LARENZ, Meth.lehre S. 35 f., der Wach u. a. Positivismus geradezu entgegensetzt. Offenbar führt die Kategorie ‚Positivismus' hier zu Problemen, vgl. dazu unten 409 ff. Übersehen wird auch, daß erst die Konjunktur des modernen Gesetzes das Problem obj.-subj. ernstlich stellte, dazu implizit treffend SIMON, Unabhängigkeit, S. 68 ff.

listisch-metaphysisch. Man kann nicht sagen, daß dieses Fundament seiner Theorienbildung deutlich erkannt oder gar betont würde[235]. Umgekehrt läßt sich bekräftigen, daß es vermutlich weniger zeitgenössischen Hermeneutiken entnommen wurde[236], als vielmehr eine selbständige Entfaltung seines objektiv-idealistischen Ansatzes darstellen wird. Hilfestellung dazu gaben auch schon Hölderlin, Fr. Schlegel, Schelling und Hegel hinreichend[237]. Schon 1808 in Landshut und gerade in spekulativem Zusammenhang hatte sich auch bei ihm die berühmte idealistisch-hermeneutische Formel vom etwas ‚besser verstehen als der Autor' eingestellt[238].

Weniger universal, aber doch klar genug befindet sich Savigny entgegen einer einhelligen Meinung *auch schon 1802/03* auf diesem Wege. Die Grimmsche Methodologie berichtet bereits davon, daß die alte enge Her-

---

[235] Vgl. dazu die in Fn. 233 Genannten: auch den kurzen Bericht bei FIKENTSCHER, Methoden 3, S. 67 zu Savigny; außerdem KRIELE, Urteilsgründe (1965), S. 108 f.; DERS., Rechtsgewinnung (1967, uvä. hier in 2. A. 1976) S. 67-84, obwohl an sich eindringlich zu Savigny; auch SCHULTE, Savigny S. 88 ff. kommt über den Hinweis auf die Relevanz von „organisch" nicht hinaus; PAWLOWSKI, aaO., S. 173-75 kommt daher zu der ganz schiefen Sicht, Savigny verfahre „wertfrei".
Zutreffend in der Richtung dagegen die Andeutungen bei GADAMER, Wahrheit, S. 175 (ohne alles Nähere), 309 (Verbindung zu Schleiermachers Idealismus dabei; vgl. aber sogleich in der nächsten Fn.); LARENZ, aaO. u. vor allem schon SOLARI, S. 246 f. Täuschen über Savignys durchaus *allg.*-hermeneutische Absichten läßt sich jetzt auch noch FROMMEL aaO., S. 32 f., 36, 38, wodurch die Linienführung zum 19. Jh. nicht überzeugt (S. 22 ff.).

[236] GADAMER, Wahrheit, S. 309, erwägt aus den Daten SAVIGNY, System 1 (1840) und SCHLEIERMACHER, Hermeneutik, zuerst 1838 aus dem Nachlaß, die Möglichkeit einer direkten Rezeption. Jedoch schrieb Savigny seine Arbeit bereits seit 1835 und wird das Kapitel Auslegung ohnehin schon fertiggestellt haben, vgl. seine Angaben in der Vorrede, *System* 1, S. XLIX. Skeptisch auch FROMMEL, S. 32. Einer genaueren Prüfung soll damit keineswegs vorgegriffen sein, doch scheint mir die Möglichkeit einer relativ selbständigen Entwicklung bei Savigny ernstzunehmen. In Landshut war er auch Kollege von AST.

[237] Vgl. dazu die Materialien bei KONDYLIS, Dialektik, S. 389 für Hölderlins Dichtungstheorie (Reproduktion des entfalteten Absoluten); auch SCHELLINGS „Konstruktion" als bewußte Entfaltung des Allgemeinen und Besonderen der Sache paßt hierher (vgl. Fernere Darstellungen, Werke 1801 ff., S. 241 ff., 287 ff., 303 f. (= SW I 4, S. 345, 391, 407)). Vgl. für Schlegel die Bemerkungen bei FRANK, aaO., S. 7, 55. Dies können hier nur erste Hinweise sein.

[238] SAVIGNY, Institutionen Landshut: „man kann ohne Übertreibung von unseren neuen Gesetzbüchern sagen, daß nur der sie recht kennt, der sie besser kennt als ihre Verfasser" (dazu, mit vollem Zitat, oben 113). Vgl. zu dieser Formel näher GADAMER, Wahrheit, S. 180 mit Nw. und Deutung für Schleiermacher, und jetzt FRANK, Schleiermacher, in der Einl. seiner Neuausgabe der Hermeneutik, S. 55, dort treffend als Formel für „höchste Vollkommenheit der Auslegung" (Schleiermacher 1829) bezeichnet und mit Hinweis auf die Verbindung zu Novalis und Schlegel; kaum unbekannt waren diese beiden auch insofern für Savigny.

meneutik nicht tauge, daß vielmehr „jedes Gesetz ... einen Gedanken so ausspreche, daß er als Regel gelten könne", daß man den „Inhalt des Gesetzes nachfinden" müsse, daß Interpretation „Rekonstruktion des Gedankens" sei, daß der Blick auf die Absicht des Gesetzgebers nur halb wahr sei, daß *alle* Notwendigkeit und Gewißheit daraus resultiere, daß der Begriff eines organischen Ganzen angenommen werde, daß die Interpretation in untrennbare Bestandteile innerhalb der einheitlichen Behandlung zerfalle usw.[239]. Deutlich genug verfolgt Savigny auch hier den Gedanken einer *allgemeinen* idealistisch-juristischen Hermeneutik. Wenn die positiven Formeln noch traditionell sein mögen, die scharfe Kritik der alten Hermeneutik stellt ihren Anspruch klar. Das Kardinalstück vom *Gedanken und Ausdruck* liegt bereits ausgebildet vor[240].

Savignys Gesetzesvorstellung in diesem Bereich bestätigt in genauer Konsequenz, die bereits zum Rechtsbegriff entwickelte Deutung vom Gesetz als spezifisch „objektiv", jenseits von gesetzespositivistischen Mißverständnissen[241]. Wenn er 1802 sagt,

„Das Gesetz selbst soll aber objektiv sein, d. h. sich selbst unmittelbar aussprechen",

so ändert das nichts an seiner Zerlegung des Gesetzes in Gedanke und Ausdruck, sondern setzt diese vielmehr voraus[242]. Und wenn die Bindung an die Texte 1802 etwas mehr betont wird, entspricht dies nur der 1802 noch wesentlich unschuldigeren Stellung des überlieferten römischen Rechts, das hier als „Gesetz" figuriert, und dem Bemühen Savignys, die aktuellen Tendenzen zu freierer, „philosophischer" Verbesserung, d. h. Kritik der Gesetze zu beschränken[243]. Unter den neuen Umständen der 30er Jahre, dieses „Jahrzehnts der Bewegung", war es konsequent, im *System* den Gesetzestext deutlicher auf den „Gedanken" und damit gegen

---

[239] Alles Savigny, Anleitung 02/03 (Wesenberg), S. 18-21.

[240] Dies übersehen oder mißverstehen z. B. Schulte, Savigny, S. 62 ff.; Larenz, Meth.lehre, S. 13 (leicht unsicher, „doch wohl ..."); Stühler, S. 46 ff.

[241] Dazu näher oben 108 für Gesetz und Recht und bei Fn. 71 u. 99 ff. für „Staat" mit Nachweisen. Speziell für die Auslegungslehre geht davon auch die an sich eindringliche Deutung zu Unrecht aus bei Kriele, Rechtsgewinnung, S. 67-84, ebenso F. Müller, Juristische Methodik (1976), hier S. 67; klar dagegen, aber nur für 1840, Flume, Rechtsgeschäft, S. 294; wieder anders Pawlowski, Rechtswiss., S. 175: nicht positivistisch, weil wertfrei (dazu Fn. 235); vgl. zur schwierigen Kategorie „positivistisch" unten 409 ff.

[242] Anleitung (Wesenberg), S. 19: Dem Zitat soeben folgt verdeutlichend und zusammenfassend die Formel von der Rekonstruktion des Gedankens.

[243] Dazu näher oben 96 f., auch 107 und 112 über das Fehlen des kritisch-philos. Aspekts. Insofern gibt es eine gewisse „Akzentverlagerung" (Larenz, Meth.lehre, S. 16), aber keinen grds. Positionswechsel.

den Gesetzgeber dieser Jahre zu relativieren[244], sowie die Ausleger der „Rechtsquellen im Ganzen" voll in ihre Rechte auf rechtverstandene, eigentlich-historische, „freiere" Tätigkeit einzusetzen[245]. „Verbessernde" Juristen wie 1802 waren kaum abzusehen[246]. Jedenfalls konnte sie Savigny nach allen seinen breiten Erfahrungen als politisch, nicht rechtsmethodisch zu lösendes *und lösbares* Problem ansehen. Die Schwierigkeiten für derart „verbessernde" Juristen im Vormärz sind bekannt und bedürfen hier keiner genauen Illustration. Die Namen Feuerbach, Gönner, Almendingen, Seidensticker, Gans, Rotteck, Welcker, Struve, Beseler, Reyscher, Koch, v. d. Pfordten, u. v. a. genügen. Eine Tendenzwende bei Savigny liegt in diesen Verschiebungen seiner Auslegungstheorie nicht[247]. „Methodologie" und „System" verhalten sich vielmehr auch in diesem Punkt wie *Rohentwurf und Durchführung* des Konzepts[248]. Die Elastizität

---

[244] *System* 1 u. 2 waren *vor* dem Thronwechsel in Preußen geschrieben, der unter dem neuen König und Savigny-Schüler das Gesetze-Geben in anderem Lichte erscheinen lassen mußte, als unter der Ägide eines *v. Kamptz*. Andererseits waren die 30er Jahre, bes. nach der frz. Julirevolution sicher geeignet, den aufkommenden „liberalen" Gesetzgebern erneut wie 1814 wissenschaftliche Hindernisse entgegen zu setzen, vgl. dazu MEINE Zusammenstellung „Einige Bedingungen", Reyscher, S. 149 ff.; vgl. auch SAVIGNYS politische Urteile, die sich wieder verschärfen (oben 216 ff., 223 zus.fassend).

[245] Diese politische Seite bei Savignys Begriffsbildungen wurde bereits betont, vgl. etwa oben 112 u. ö. zu 1806/08 (zus.fassend 118), nach Fn. 210 allg. zur Juristenrolle; sehr unterstrichen nun bei HAVERKATE, S. 55 ff. zu Savigny durchweg und ihm folgend FROMMEL, S. 24 für die Auslegungslehre. Nach MEINEN schon zu Reyscher (und dabei auch zu Savigny, s. S. 203 ff., 240 ff.) unternommenen Versuchen, dieser Fragestellung Konkretes abzugewinnen, kann ich dem nur zustimmen. Die Überprüfung der Ergebnisse zu Savigny ‚politisch' (oben 57 u. 226 f.) und zu Thibaut-Savigny (oben 191 ff.) wirkt jedoch gegenüber den beliebten Konstruktionen dazu einigermaßen ernüchternd zum präzisen Umgang mit dem politischen Faktor.

[246] Der germanistische „Ansturm" (LANDSBERG) war bei realistischer wissenschaftspolitischer Betrachtung kaum ein Grund zur ernsthaften Beunruhigung innerhalb der Jurisprudenz, allenfalls in der *politisch* gelösten Phase 1847-50.

[247] Am eingehendsten vertritt die Deutung vom Bruch SCHULTE, Savigny, S. 63-73 und 88-96, vgl. auch LARENZ, Methodenl., S. 12 f., 16 f.; im einzelnen ist zu sagen, daß Savigny auch im *System* restriktive und extensive Auslegung entschieden beschränkt (siehe I 321 ff., bei SCH. offenbar nicht verwendet) und nur die Einteilungen etwas kompliziert; daß L. 17 de leg. (1.3) nicht unterschiedlich interpretiert wird (so aber SCHULTE, S. 89); daß die Nichtrespektierung des Gesetzesgrunds in der ML nicht einer absoluten Treue zum Text/Buchstaben entspringt, sondern dem Bedürfnis, eine Grenze zur *offenen* Fortbildung/Umbildung zu ziehen, wie auch im *System*, nur etwas verklausulierter (vgl. I 323); daß er 1802 (S. 42) wie 1840 (zit. bei Fn. 217) das Recht *aus sich selbst* ergänzt, nur 1802 bloß negativ begründet, gegen zu freies Fortbilden, 1840 dann auch positiv mit *organisch bildender Kraft* im Recht. In der Sache war trotz aller Erklärungen eine objektiv-idealistische Auslegungslehre wie 1802 und 1840 gegen ihre eigene *doppelte* Struktur und *deren* Mißbrauchsgefahren ohnehin nicht gefeit. Kontinuität sieht auch STÜHLER, S. 48, 50 f. in dem Grundgedanken der Rekonstruktion des Gesetzesgedankens, aber ohne Vertiefung.

[248] So parallel zum Staatsbegriff 1802 ff., 1840 (oben 325).

des objektiv-idealistischen Ansatzes genügte für gewisse *Akzentverlagerungen* völlig – so auch Savignys eigene allgemeine Darstellung in der Vorrede zu „System".

Savignys Auslegungslehre entspricht also seit 1802 seinen ebenso kontinuierlichen objektiv-idealistischen Prämissen. Freilich entfaltet er sie erst im „System" in ganzer Fülle und Beredsamkeit. Ganzheitsdrang führt zu einer allgemeinen Rechtshermeneutik. Diese bildet wieder nur einen Teil der ganz allgemeinen Aufgabe, das „Notwendige" zu fixieren in der „Anwendung" – von der Stimmung zur Gesinnung war erneut die Aufgabe[249]. Organische Einheit wird vorausgesetzt im Sinne eines höheren, nicht bloß empirischen Zusammenhangs. Doppelungen vermitteln den Bezug zur Realität. Elastizität bleibt Konstruktionsmerkmal. So wenig wie andere Begriffsbildungen Savignys oder anderer objektiver Idealisten läßt sich dies als „subjektiv" oder „objektiv" (im heutigen Sinne) einordnen. Darüber hatte man gerade gegen Kant, Fichte und die bloßen Empiristen hinauskommen wollen. Diese „philosophische" Einordnung nimmt Savignys Bemerkungen nichts von ihrem fruchtbaren juristischen Takt. Freilich soll sie bewußter machen, mit welchem nicht unproblematischen Instrument man hantiert, wenn man sich so gerne auf ihn beruft.

9. *Privatrecht und öffentliches Recht*

Für die Begriffsbildung *Privatrecht-Öffentliches Recht* kann man sich auf einen Hinweis beschränken, da hier weitgehende, sichere Ergebnisse bereits vorliegen[250]. Savigny vertritt hier eine universale Dichotomielehre. Alles Recht zerfällt *notwendig* in öffentliches und privates Recht. Er eröffnete gerade mit dieser Ableitung eine neue juristische Ära, die sich deutlich von vorherigen und späteren Konzeptionen abhebt[251]. Auch auf Zivilistik und Prozeßlehre erstrecken sich die Folgen seiner idealistischen Gesamtkonzeption[252]: Privatautonomie, Rechtsgeschäftslehre, Autonomie, Irrtumslehre, Auslegungslehre, Rechtsschutzanspruch und Klagarten sind betroffen, nicht zuletzt die Einordnung des Kirchenrechts[253].

---

[249] Dazu oben 251 bei Fn. 484 (Savigny 1799).
[250] GAGNÉR, Öff. Recht (1966): Teil II: Metaphysik und Dichotomie bei Savigny, S. 29-36, die Quellen bei Savigny sind *System* 1, §§ 9, 15, 52 und *Anleitung 1802*, S. 13.
[251] So GAGNÉR, aaO., S. 35 auf der Basis eines eingehenden Vergleichs zu Konzeptionen vorher und nachher.
[252] Dazu GAGNÉR, aaO., Teil III: Die Savignysche Dichotomie in Zivilistik und Prozeßlehre, S. 36-40.
[253] GAGNÉR, ebd., u. zum Kirchenrecht, aaO., S. 56 f.

Für die Auslegungslehre wurde dem Zusammenhang mit Savignys Gesamtkonzeption in diesem Kapitel eingehend nachgegangen. Auch der zunächst irritierende Ausschluß des Staatsrechts aus der „Gesetzgebungswissenschaft" der Methodologie von 1802 erwies sich als nicht anders begründet[254]. Öffentliches Recht und Privatrecht bilden hier wie im „System" zwei *gleichmäßig wichtige Teile* des Rechts überhaupt. In der allgemeinen Grundlage Volk-Volksgeist finden sie ihre gemeinsame, höhere Quelle. Auf diese Weise schuf Savigny eine universale Rechtslehre, die sich an der durchaus gesehenen Wesensverschiedenheit ihrer beiden Hauptteile nicht störte. Er konnte das, da dieses Vorgehen gerade die hier nun schon bekannte Unterscheidungs- und Vereinigungstechnik benutzte, die seinem objektiv-idealistischen Ansatz entsprach. Die Dichotomie steht also *nicht absolut*, obgleich sie „notwendig" ist (für sich gesehen), sondern sie geht auf in Vereinigung unter *dem* Recht. Es gab daher in dieser Dichotomie keine scharfe Grenze, ganz im Gegensatz zu naturrechtlich-liberalen, ähnlich lautenden Begriffsbildungen. Privatrechtsbegriff und Gesamtrechtsbegriff stehen daher in einem labilen Verhältnis[255]. Und Savignys suggestive Formel, die „Freiheit" werde hier wie dort gewahrt, versteht sich nur vor dem Hintergrund seines Freiheitsbegriffs, dem der Teil im Ganzen so frei war, per definitionem, wie ein selbständiges Individuum[256]. Auf diese Weise war die Entzweiung des Rechts in Öffentliches und Privates aufgehoben im Dunkel des organischen Zusammenhangs. Darin, in diesem Dunkel, läßt sich dann auch die spezifische politische Bedeutung *seiner* Dichotomie finden[257]. Er folgte zwar den Tendenzen zur Trennung von Staat und Gesellschaft, entzog aber die Grenzziehung selbst dem erobernden Zugriff derer, die diese Grenze gern in

---

[254] Dazu eingehender oben 317 ff.
[255] Vgl. die Spannung von § 15 und § 52 des *System*; auch der vage Hinweis auf „Übergänge und Verwandtschaften" (Bsp.: Familienrecht), *System* 1 § 9/S. 22 f. Dazu jetzt anschauliche Bestätigung bei KIEFNER, § 52 (s. Nachtrag). Klar gesehen schon bei SOLARI, S. 197 ff.
[256] Dazu *System* 1, § 9/S. 24: Gesamtwille; Auflehnung des Einzelnen möglich, aber „Unrecht"; klarer noch in *Zweck*, ZgeschRw 1 (1815) S. 3 f.: wahre Freiheit nur als Glied = „höhere gemeinsame Freiheit". Im Zus.hang dazu unten 367 ff.
[257] Vgl. schon oben 185 mit Fn. 181 (Thibaut-Savigny) mNwn. zu GRIMM 1978. Savigny trennt wie Thibaut, aber in unverbindlicher Vagheit. *System* 1, S. 23, benennt er zwar zunächst einen „fest bestimmten Gegensatz", aber zugleich sind doch Staat und Staatsrecht „die höchste Stufe der Rechtserzeugung" (22), haben „entschiedensten Einfluß auf die Rechtserzeugung im Privatrecht" (24) und sind rückgebunden an die „allgemeine Aufgabe" allen Rechts, die „christliche Lebensansicht" (53 f.). Die Anwendung des Modells Trennung Staat-Gesellschaft wird daher leicht zu schematisch (dazu schon oben 166 Fn. 86). Vgl. weiter unten 366 ff.

Richtung einer freiheitlichen Konstitution fixiert und verschoben hätten. In der Tat verhehlte Savigny nicht, daß bei aller Freiheit doch stets das Allgemeine zu beachten bleibe, die „christliche Lebensansicht"[258], in der das Recht überhaupt erst „höhere Wahrheit" erhalte. In dieser *unausgetragenen Spannung* zu seinen Formeln für bloßes Privatrecht[259] ließ sich demnach bei Mißbräuchen der Freiheit das „allgemeine" Element jederzeit aktivieren. Die fruchtbarere erzieherische Wirkung versprach er sich allerdings stets vom freien, „natürlichen" Wuchs[260]. Dies könnte auch für das Recht gegolten haben, und darin lag bei Savigny selbst eine gewisse Barriere für unterdrückendes Recht unter dem Namen eines höheren Allgemeinen, die aber in der Konstruktion selbst undeutlich blieb.

10. *Recht des Besitzes*

Savignys dogmatisches Meisterwerk, das *Recht des Besitzes* (1803), zeigt ebenfalls klare Spuren von Idealismus. Schon die Unsicherheit über kantische Elemente darin indiziert dies[261]. Erst jüngst wurde eindringlich der Blick dafür geschärft, daß Savigny mit einer Ortsbestimmung des Besitzes im Gesamtsystem des Rechts beginnt, daß er mit dem Besitzwillen ein dazu passendes einheitliches Kriterium konstituiert, daß er in diesem Sinn dann die Quellen sorgsam auswählt und ordnet, auch gegen ihren erheblichen Widerstand[262]. Sein idealistischer Ganzheitsdrang führt ihn also von Anfang an den Weg über den Ort des Besitzes im System. Seine Glück-Rezension und Thibaut-Beurteilung bestätigen dieses Vorgehen als Methode[263]. Die Kühnheit, mit der er den disparaten Quellen ein nirgends ausdrücklich erwähntes Kriterium wie den *animus possidendi* als einheitsstiftendes Moment abgewinnt[264], verrät idealistische Doppelungstechnik. Der an sich unsichtbare und nirgends ausdrücklich ausgesprochene *animus* stiftet die Einheit in der Vielheit der Texte zu Besitz auf die gleiche Weise, wie das Wesen die Einheit in den Erscheinungen garantiert. Gänz-

---

[258] *System* 1 (1840) S. 53 f.
[259] *System* 1 (1840) § 52/S. 331. Anschaulich dazu jetzt KIEFNER, § 52 (s. Nachtrag). Vgl. auch 364.
[260] Vgl. oben 203, näher dazu unten 404.
[261] Gute Nachweise dazu bei MARINI 1966, S. 34 in Anm. 48; außerdem jüngst KIEFNER, Junger Sav. (1979), S. 46. Bes. eingehend TEGETHOFF, vgl. oben 28.
[262] Dazu jetzt vor allem KIEFNER, aaO., S. 39-46.
[263] Siehe dazu bereits oben 59 ff. und 204 (zu Thibaut).
[264] Eindrucksvoll KIEFNER, Junger Sav., S. 43; vgl. auch schon TEGETHOFF, S. 35 ff. und immer noch JHERING, Scherz u. Ernst (1860/1880), S. 68 f., 282 ff.

lich Gegenläufiges wird abgewertet zur „Anomalie"[265]. Nicht zuletzt faßt Savigny diese Einheit als dem Gegebenen, hier dem Römischen Recht, immanent auf. Ein Kriterium dafür liegt in seiner Bewertung dieses Gegebenen: Sie ist so positiv, daß sie ihm den Mut gibt, es fraglos als „System" anzusehen und die Widerstände der Texte scharfsinnig oder auch energisch zu überwinden. Nicht etwa antiquarisch gelehrtes Vergnügen und auch nicht nur das Bedürfnis, einer an sich zufälligen Sache wie einem „datum" eine Form zu geben, leiten ihn. Ihn beflügelt der Glaube an eine höhere Wahrheit *im* Gegebenen, an *das* Recht im römischen Recht. Dieser Glaube gibt Savigny seine spezifische Richtung: die Quellen zugleich ins Zentrum zu stellen *und* mit „Geist" zu erfüllen, eine Richtung, die ihn von eleganten, kantianischen, bloß praktischen und empirisch-nüchternen Juristen gleichermaßen abhebt. Auch im *Recht des Besitzes* verfährt er daher nicht philosophisch-historisch im klassischen Sinne, sondern „eigentlich-historisch" und damit zugleich „philosophisch"[266]. Und dieser Geist kennzeichnet noch sein *System*[267].

Auch in anderen dogmatischen Zusammenhängen, die Savigny besonders engagiert anging, erscheint es nicht zu gewagt zu prophezeien, daß hier ähnliche Konstruktionsprinzipien aufgedeckt werden könnten. Zu denken wäre etwa an die Lehre vom Schuldverhältnis, vom Familienrecht, vom Erbrecht, vom IPR, von der Correalschuld usw.[267a]

Die spezifische Begriffsbildungstechnik Savignys erlaubte ihm den Schritt zu einem äußerst suggestiven System dieses Rechtsinstituts,

---

[265] Vgl. KIEFNER, aaO., S. 44.

[266] In diesem Sinne ziehe ich andere Schlüsse aus KIEFNERS Analyse als dieser selbst (S. 39 f.), der durch „Recht des Besitzes" seine Deutung von „philosophisch-historisch" für 1802 bestätigt findet und insofern Kontinuität zu 1840 sieht. Vgl. dazu näher meine abweichende Interpretation zu 1802 und den dort doppeldeutigen Termini oben 96 ff., die hier Konsequenzen zeitigt. „Philosophisch" ist Savigny also in anderem Sinne als Kiefner annimmt. Ebensowenig kann ich mit TEGETHOFF, S. 35 ff. im Abstellen auf den subjektiven *animus* Kantianismus sehen. Zwar mag hier Kant verwendet sein, aber eben in charakteristischer Umdeutung des Subjektiven ins Objektive, Gegebene hinein. Und gerade in Letzterem liegt das Erfolgsgeheimnis damals wie heute, vgl. dazu schon LANDSBERG, T. 194 f. Differenzierend auch schon SOLARI, S. 86 ff.

[267] Die Kontinuität ist nicht kantianisch, wie KIEFNER andeutet (S. 46), sondern objektiv-idealistisch, im Sinne von Rohentwurf und Ausführung, dazu soeben 357, vgl. speziell zur methodischen Linie eingehend oben 331 ff.

[267a] Vgl. etwa GIGER, Erbfolge (1973) S. 110 ff., GUTZWILLER, IPR, S. 43 f.: früher schon ROSSHIRT, Dogmengeschichte (1853), S. 222: Die Meinung Puchtas, „das Eigentum lasse sich materiell auflösen, die Servitut sei also nur ein abgelöster Teil des Eigentums ... entspricht der modernen Philosophie der Ideal-Begriffe, welche eine Möglichkeit ohne Wirklichkeit darbietet." Zur Correalschuld JÖRS-KUNKEL, Röm. Priv.R., S. 210 in A. 3 mNwn. Zum IPR jetzt bes. SAKURADA, s. Nachtrag.

beschwor aber auch die Schwierigkeiten der späteren unübersehbaren Diskussionen mit herauf[268]. Denn *dieser animus* war quellenmäßig-philologisch gar nicht zu widerlegen.

11. Körperschaft. Personbegriff

Für Savignys *Körperschaftsbegriff* wurde die Abhängigkeit der juristischen Begriffsbildung von einem metajuristischen allgemeinen *Person*-Begriff jüngst nachgewiesen[269]. Ähnliche Gegensätze wie bei der Dichotomie Privatrecht-Öffentliches Recht wirken bestimmend[270]. Die Zuversichtlichkeit, mit der Savigny die Spannung zwischen einem mehr individualistischen Personbegriff im Privatrecht und einem organologischen im öffentlichen Recht *nicht* als Systembruch begreift, muß Anlaß sein, wiederum nach spezifisch idealistischen Konstruktionsprinzipien für diese nicht unmittelbar einleuchtende Vermittlung zu suchen[271]. Es liegt nahe, an die mehrfach aufgefallene Doppelungstechnik zu denken. Ein gutes Stück einer solchen Erklärung findet sich schon 1840 bei *Bethmann-Hollweg*, als er sich bemüht, *System 1* paraphrasierend und ergänzend möglichst kongenial vorzustellen[272]: „System" sei der „wissenschaftliche Mittelpunkt des Werkes"; dies jedoch nicht „abstrakt" oder bloß „klassifizierend" verstanden, sondern als gegebener innerer Zusammenhang. Recht sei also als „objektive Einheit" vorausgesetzt. Die Art dieser Einheit erläutert er so:

> „Hiernach müßten aber auch die einzelnen Begriffe und Sätze eines positiven Rechts von Einem höchsten Begriffe, dem des Rechts abgeleitet werden, und dies scheint bedenklich. Ist dieser höchste Begriff ein geschichtlicher? oder ist es möglich von einem ganz abstracten Begriffe geschichtliche Sätze abzuleiten? *Allerdings beides*, insofern dieser Begriff selbst von höheren abgeleitet *gegensätzlich ist und Gegensätze in sich schließt*"[273].

---

[268] Dazu allerjüngst eindringlich J. BRAUN, Besitzrechtsstreit, Quad. fiorentini 9/1980 (1981) S. 457-505, der der Doppelung „Recht-Faktum" nachgeht (460 ff.) und den Streit treffend als „Grundlagenstreit" behandelt (494 ff.).

[269] SCHIKORSKI 1978, vgl. etwa S. 96 f. die Zusammenfassung, zu Savigny S. 42-57, 68 f. im Gegensatz zu Puchta; daneben vor allem TEGETHOFF, S. 62-68.

[270] Dazu SCHIKORSKI, aaO., S. 53 ff.

[271] SCHIKORSKI betont hier, mehr einen gedanklichen und logischen Bruch (S. 56 u. ö.). TEGETHOFF, aaO., sieht dieses Problem nicht. Klar vermerkt die Diskrepanz auch schon COING, Person (1950), S. 72 f.; mit dem Modell Staat-Gesellschaft will VORMBAUM, Rez. Schikorski, ZSGerm 97 (1980), S. 445 den „Systembruch" erklären, vgl. aber dazu oben 166 Fn. 86 a.E. Ich sehe darin eine externe kritische Perspektive, die im Sinne des Textes um eine immanente Erklärung zu ergänzen und von ihr zu trennen ist.

[272] BETHMANN-HOLLWEG, Rez. zu System I, GGA 1840, S. 1573-1620, hier S. 1576 ff.

[273] AaO., S. 1579. Hervorhebungen hier von mir.

Bei dieser salomonischen Auskunft wird jedenfalls klar, daß eine besondere Art von „Einheit" vorliegt, die nicht nur eines, sondern mehreres und sogar Gegensätzliches enthalten kann. Gegebenes wird in einem nicht festgelegten Mischungsverhältnis vorgestellt, und diese Vorstellung ermöglicht es, mehrere und vor allem auch gegenläufige Kriterien als Einheit aufzufassen und zu vertreten. Hollweg spricht also einmal das logische Prinzip der Doppelung ohne Trennung aus und erklärt es auch am Beispiel:

> „So z. B. steht dem Rechte die Sittlichkeit gegenüber, und je nachdem dieser Gegensatz mehr als solcher oder mehr in seiner Einheit aufgefaßt wird (jenes z. B. bei den Römern, dies bey den Germanen), hat das Recht einen verschiedenen Charakter, der sich auch als geschichtlicher Begriff muß fassen lassen. Andererseits schließt das Recht Gegensätze in sich, vor allem den des öffentlichen und des Privatrechts, und auch deren verschiedene Stellung zueinander wird ihm einen *eigentümlichen* Gesamtcharakter verleihen, d. h. alle Einzelheiten mehr oder weniger bestimmen. So ist das Recht der Griechen überwiegend öffentliches, das der Germanen überwiegend Privatrecht, bei den Römern dürfte beides mehr im Gleichgewicht stehen"[274].

Damit ist der Boden bereitet, um die Geschichte des Rechts als Entfaltung der ursprünglichen Einheit Recht-Sitte zu erfassen oder auch als einer ursprünglichen Einheit öffentliches Recht – privates Recht: als Modifikationen dieser Einheit als Geschichte *des* Rechts. So hält *Hollweg* dann auch fest:

> „ein positives Recht ist nichts Anderes als das Recht überhaupt, wie *dieses Volk* auf seiner Stufe menschlicher Entwicklung es gedacht"[275].

Das Prinzip der Doppelung wird erläutert als abstrakte Einheit von Gegensätzen in einem Begriff und geschichtliche Einheit in der Form differenter Entwicklung.

Eine immanente Erklärung Savignys muß auch bei diesem Thema also nicht einen Bruch betonen, sondern erneut das objektiv-idealistische Konstruktionsprinzip: die Vorstellung einer Einheit von etwas Gegebenem im Wesen und seiner Differenz bloß in Abstraktion oder Entwicklung, das triadische Schema einer im Wesen aufgehobenen Entzweiung. In diesem Sinne enthält Savignys Körperschaftsbegriff *keinen Bruch* zur Konzeption von „selbständigen" Privatrechtssubjekten. Die bloße Behauptung einer „wissenschaftlichen und moralischen Doppelbödigkeit" wird ihr nicht gerecht[276]. Schwerwiegender bleibt bei dieser „Ver-

---

[274] Ebda. im Anschluß. Hervorhebung von mir.
[275] AaO., S. 1578.
[276] SCHIKORSKIS Meinung, man müsse sich für einen der beiden Wege entscheiden (S. 55), enthält eine ebenso unbegründete Prämisse u. petitio wie SAVIGNYS Gegenmeinung,

einigung" wieder das Fehlen klarer Abgrenzungskriterien für die unstreitig gegensätzlichen Bereiche. Die kurze Erörterung zu Körperschaft und Personbegriff leitet über zu einem Fundament beider.

12. *Recht. Sittlichkeit. Freiheit*

Objektiv-idealistische Züge prägen auch Savignys Vorstellungen von *Recht und Moral bzw. Sittlichkeit*. Obgleich Savigny das Privatrecht, und nur dieses, äußerlich und grundsätzlich moralfrei als „unsichtbare Grenze" bestimmt[277], will und kann er es doch und ohne immanenten Widerspruch einer Gesamtkonzeption einbinden, in der das Recht die Sittlichkeit ermöglicht und ihr damit „dient"[278]. Nach seiner bekannten Prägung dient es der Sittlichkeit,

> „indem es die freie Entfaltung ihrer, jedem einzelnen Willen inwohnenden, Kraft sichert"[279]

— also nicht durch unbedingten Vollzug des Sittlichen. Ohne Klauseln: Das Recht dient der freien Entfaltung der sittlichen Kraft. Recht ist also von Sittlichkeit different, ihr aber im gemeinsamen Ziel verbunden.

Diese Sätze bieten zunächst einige *Parallelen zu Kant*. So stehen Sittlichkeit und Recht in einem Verhältnis wie „Aufgabe" oder Ziel und selbständige „Bedingung" der Verwirklichung der Aufgabe. Freilich war dies eine sehr verbreitete Vorstellung[280]. Parallel wirkt auch die Tatsache der Trennung beider Bereiche, die Kennzeichnung des Rechtlichen als „selbständig" und insofern „eigentümliches Element" beim Vollzug der allge-

---

der freilich seine ganze „natürliche" Philosophie anführen kann. Zu KIEFNER § 52 (s. Nachtrag) und seiner Neigung, Bethmann-Hollweg eine andere Philosophie zuzuschreiben, Savigny aber doch mehr einen Individualismus mit gewissen Einbrüchen sogleich in Fn. 292. Bemerkenswert BAUMS (1981) zu Savignys Voten zum Aktiengesetz, s. oben 185 Fn. 182. Eher kritisch zu Sav. soeben auch DIESSELHORST (s. Nachtrag).

[277] SAVIGNY, System 1 (1840), S. 331; nur zum Privatrecht laut ebda. eingangs des § 52: „Die allgemeine Natur der Rechtsverhältnisse überhaupt, und wie sich dieselben in Verhältnisse des Staatsrechts und des Privatrechts gliedern, ist oben dargelegt worden (§ 4.9). Das Wesen der dem *Privatrecht* angehörenden soll nunmehr weiter entwickelt werden; sie allein liegen in unserer Aufgabe, und sie werden daher von nun an als Rechtsverhältnisse schlechthin, ohne beschränkenden Zusatz, von uns bezeichnet werden". Vgl. bei Fn. 255 f. zur Spannung dabei.

[278] SAVIGNY, System 1, S. 332.

[279] Ebda.

[280] Dazu bes. NEF, Recht und Moral in der deutschen Rechtsphilosophie seit Kant (1937), hier S. 70-81: Das Recht als Bedingung der Moral. Bedingung ist freilich mehrdeutig.

meinen Aufgabe²⁸¹. Beide leiten auch das Recht nicht mehr direkt aus einem bestimmten sittlichen Prinzip ab, wie es noch viele Zeitgenossen und besonders die vorkantische Tradition versuchten²⁸².

Dennoch tragen die Parallelen nicht. Savigny bezieht Recht *und* Sittlichkeit inhaltlich auf ein *anderes Gesamtziel* und gibt damit der Trennungsformel eine ganz andere Richtung. Er verankert Recht und Moral nicht wie Kant subjektiv in der Vernunft und ihrem praktischen Postulat der Freiheit nach allgemeinen Gesetzen²⁸³. Savigny nennt das Recht zunächst nur „unsichtbare Grenze". Er läßt seine Natur offen, läßt offen, wer denn diese Grenze ziehe und wo sie verlaufen solle. Negativ schließt er aber „verständige Übereinkunft" und bloße „äußere Zwangsanstalt" als Kennzeichen aus²⁸⁴. Recht soll also nicht

> „hervorgebracht werden ... durch verständige Übereinkunft, indem Jeder ein Stück seiner Freyheit aufgebe, um das Übrige sicher zu retten" (S. 332).

Diese *negative Festlegung* genügt. Sie war die notwendige Konsequenz seines allgemeinen Staats-, Volks- und Wirklichkeitsbegriffs, nach dem es nirgends auf den Willen als solchen und die Vermittlung durch Anerkennung ankam. Auch Recht als „unsichtbare Grenze" hat also weder bloß subjekt-bezogenen, noch bloß zufälligen Charakter. Sie enthält die Entscheidung Savignys gegen Kant. Die Objektivität des Rechts entwickelt Savigny nicht aus der Verallgemeinerung eines subjektiven, vernünftig-autonomen Ansatzes, sondern „historisch" in seinem spezifischen Sinne. Denn *wer* die unsichtbare Grenze zieht, erklärt er in den allgemeinen Ausführungen über Volk, Recht und Staat, die bereits interpretiert wurden²⁸⁵. Sie schließen die Lücke in den Aussagen des ausdrücklich darauf aufbauenden zweiten Buches von *System*²⁸⁶. Man erfährt in diesen allgemeinen Ausführungen viel über ursprüngliche und abgeleitete „Subjekte" der Rechtserzeugung, und es wurde dargelegt, daß sie vor allem dadurch qualifiziert sind, stets objektiv Gegebenes auszudrücken²⁸⁷.

---

[281] SAVIGNY, System 1, S. 54 mit 332.
[282] Dazu NEF, aaO., S. 9-12; aus der Zeit guter Einblick bei FALCK, Juristische Enzyklopädie, 2. A. 1825, § 50/S. 88-90 und WARNKÖNIG, Rechtsphilosophie (1839), S. 129 ff. (historisch), 260 ff. (systematisch). Für *Welcker* 1813 die gute Darstellung bei GALL, Welcker (1972), S. 36-39.
[283] Vgl. speziell zu Kant F. KAULBACH, Moral und Recht in der Philosophie Kants, in: Recht u. Ethik (1970), S. 43-58; NEF, aaO., S. 17-20; auch WARNKÖNIG, aaO., S. 129 ff.; WELZEL, S. 170 f.
[284] SAVIGNY, System 1, S. 332.
[285] Siehe oben 312 ff. (Abschnitt 3).
[286] *System* 1, S. 331 im Anfang von § 52 (zitiert soeben in Fn. 277).
[287] Vgl. oben 312 ff. zu Staat, Recht, Volk; 328 ff. zu Juristen.

Ein Hinweis auf Savignys objektive Konzeption steckt schließlich selbst in der vagen *Formel vom Dienen* durch Entfaltung-Sichern. Ein Kennzeichen des Rechts war danach seine „Verwandtschaft" mit der Sittlichkeit im Ziel, wie übrigens bei aller Trennung auch Kant beide am Freiheitspostulat ausrichtet. Der Sittlichkeit dienen hieß nun bei Savigny „am reinsten und unmittelbarsten": „Anerkennung der überall gleichen sittlichen Würde und Freiheit des Menschen"[288]. Und diese ohnehin verklausulierte Formel[289] erläutert er endlich dahin, daß die „sittliche Bestimmung der menschlichen Natur" in der „christlichen Lebensansicht" bestehe[290]. In ihr fand er also zuletzt und positiv die „sittliche Würde und Freiheit" des Menschen verankert. Auch diese Festlegung ist wieder keine Frage der Wahl, sie ist nicht zufällig, sondern historisch objektiviert. Denn das Christentum

> „hat auch in der Tat die Welt umgewandelt, so daß alle unsre Gedanken, so fremd, ja feindlich sie demselben scheinen mögen, dennoch von ihm beherrscht und durchdrungen sind"[291].

Darin liegt also seine *letzte, „objektive" Verankerung des Rechts*. Daß Savigny mit „Sittlichkeit" in § 52 diese Passagen in Bezug nimmt, läßt sich kaum bestreiten. Mit dem Rückgriff darauf wird auch nicht verkannt, daß er Recht und Sittlichkeit trennt. Aber er bleibt dabei ebensowenig wie andere stehen. Und soweit er dann die „Verwandtschaft" festhält, wählt er diesen „objektiven", heteronomen Bezugspunkt, nicht einen kantianischen[292]. Auch in Stahls Rechtslehre hatte er 1838 „die Einmischung des

---

[288] SAVIGNY, System 1, S. 55.
[289] Dies war nur die „reinste" Gestalt, die aber keineswegs zu erzwingen war oder praktischen Vorrang hatte.
[290] SAVIGNY, System 1, S. 53; auf diese Passagen greift mit Recht auch BETHMANN-HOLLWEG, Rez.-System I, S. 1589 zurück.
[291] SAVIGNY, System 1, S. 54.
[292] Anders vor allem KIEFNER, Einfluß Kants (1969), S. 8, der zwar die Differenz vermerkt, aber doch vernachlässigt; dagegen auch SCHIKORSKI, Körperschaft, S. 49 mit weiterer Begründung. Zumeist betont man zutreffend, aber zu partiell, nur die Trennung Moral-Recht als Parallele zu Kant, vgl. zuletzt etwa STÜHLER, S. 40-42, auch COING, Das Verhältnis der positiven Rechtswissenschaft zur Ethik im 19. Jh. in: Recht und Ethik (1970), S. 11-28, hier S. 19. TEGETHOFF, S. 49 f. meint, wenigstens das „Prinzip als solches, daß das Recht dem Zweck diene, die Freiheit des Einzelnen anzuerkennen", werde auch von Savigny anerkannt. Klarer zum Problem schon SOLARI, S. 190 f., 297. Aus den spannenden Untersuchungen KIEFNERS zur Entstehung des § 52 des System (s. Nachtrag), wird jetzt deutlich, daß HOLLWEG nicht zufällig auf § 15 verweist in GGA (s. Fn. 290), denn er selbst war an einer gründlichen Diskussion dieses § beteiligt, zu der auch *Puchta* und *Rudorff* beigezogen wurden. Daß KIEFNER eben in diesem § 15 nur einen „zeitweiligen" Versuch religiöser Fundierung des Rechts sehen will (S. 170), heißt, den nun einmal gegebenen Text zu stilisieren, wie auch mit den Vermutungen S. 167 f. Dagegen paßt Savignys gedruckte Lösung in ihrer *Gesamtheit* in die hier ent-

„religiösen Elements" durchaus nicht verworfen, nur „zu roh" gefunden[293]. Er selbst hielt nun dieses Element inhaltlich sehr offen – denn die inhaltliche Ausrichtung auf „sittliche Würde und Freiheit" ließ weitesten Raum –, bestand aber umso mehr auf der Verbindlichkeit des einmal in der Wirklichkeit erschienenen Christentums. In dieser Konstruktion enthielt das religiöse Element die höhere Vereinigung von Recht, mehr noch Privatrecht und Sitte, die sich in sittliche Würde und rechtliche Freiheit entfaltet hatten. Rechtliche Freiheit blieb also voll rückbezogen und eingebunden in dieses Höhere.

An einem weiteren zentralen Punkt läßt sich dies überprüfen und bestätigen: seiner Auffassung von der *„Freiheit des Menschen"*[294]. Auch sie stand ja bei der sittlichen und rechtlichen Bestimmung des Menschen nach Savigny mit in Frage. Es gibt dafür einen sehr grundsätzlichen Text von 1815, der sich konsequent in die bisher erkennbare Konzeption fügt. Im Programmaufsatz für die Zeitschrift kontrastierte Savigny geschichtliche und ungeschichtliche Ansicht. Richtigerweise, schreibt er,

> „gibt es kein vollkommen einzelnes und abgesondertes menschliches Daseyn: vielmehr, was als einzeln angesehen werden kann, ist, von einer anderen Seite betrachtet, *Glied eines höheren Ganzen.* So ist jeder einzelne Mensch *notwendig* zugleich zu denken als Glied einer Familie, eines Volkes, eines Staates: jedes Zeitalter eines

---

wickelte Deutungslinie vom objektiv-idealistischen Ansatz mit seiner Vereinigung disparater Motive und dem schon frühen „Gott in uns", der freilich im Alter orthodoxer wird, vgl. dazu oben 287, 263 u. sogleich im Text. RUDORFFS Linie wich ebenfalls nicht von dem vereinigenden Ansatz ab, vgl. seinen Zusatz zu PUCHTA, Pandekten, 9. A. 1863, S. 34 unter Berufung eben auf SAVIGNY, System 1, 53 f. Differenzierend soeben auch DIESSELHORST (s. Nachtrag), S. 319, der aber den Bezug zu § 15 nicht erörtert.

[293] Dazu oben 282; vgl. auch 1832 an Perthes (Fn. II/355), 1821 gg. Goethes „historische Religionslehre" (Fn. II/261) u. ö.; allg. zur religiösen Seite bei Savigny bes. STRAUCH, Savigny; RAUB-DOMNICK; allerjüngst ausf. KADEL, Ringseis (1981), für 1816; die enge, grundsätzliche Verbindung von christlicher Ansicht und geschichtlich-objektivem Rechtskonzept betont schon WARNKÖNIG, Rechtsphilosophie (1839), S. 160 f. treffend. „Natürliches" Christentum leitet auch den jungen Savigny, vgl. oben 249, 263, 287 und abgeschwächt auch den von 1821, vgl. die Grundsatzbriefe an Bettine bei ERLER, 1981.

[294] Zum philosophischen Freiheitsbegriff der Zeit ein Überblick bei R. SPAEMANN, Freiheit V. 4, in: Gesch. Grundbegriffe, 2 (1975), S. 464-469, daneben KLIPPEL, Freiheitsrechte, S. 485 zum Ausweichen in metaphysische Freiheit; hilfreich für die notwendigen konkreteren Vergleiche ROSENZWEIG I, S. 116 f., 139, 164 zu Hegel; HEINRICHS, Stahl, S. 42 f., 47 ff., 74 f., 213 ff. zu Stahl; BOHNERT, Puchta, S. 157 ff. für Puchta; W. METZGER, Idealismus, S. 263 für A. Müller, S. 340 für Hegel; H. J. SANDKÜHLER, Freiheit (1968), zu Schelling, vgl. S. 71 ff., 178 ff.; vgl. auch MEINE Bemerkungen, Reyscher, S. 327 f., 330 ff., 218 f., 335 (zu Puchta). Wichtig jetzt KONDYLIS, Dialektik, S. 480 zur Preisgabe des kantischen Freiheitsbegriffs schon bei Hölderlin, dann Hegel, vgl. auch S. 488, 501, 185 f., 248 f.: Nach der ontologischen Prämisse des triadischen Schemas erscheint Freiheit stets als schon gebunden (in Sitte, Geschichte, obj. Vernunft usw. ...), obgleich nicht vernichtet.

Volkes als die Fortsetzung und Entwicklung aller vergangenen Zeiten; und eine andere als diese Ansicht ist eben deshalb einseitig, und, wenn sie sich allein geltend machen will, falsch und verderblich"[295].

Der historisch-empirische Befund Familie, Volk, Staat, wird mit der Wertung „notwendig" verbunden. Der Einzelne steht in einem universalen, unvermeidlichen und zu akzeptierenden Zusammenhang, den nicht seine Vernunft konstituiert. Seine *wahre* Freiheit liegt nicht in der Auflehnung dagegen, sondern darin, diese Notwendigkeit einzusehen und mitzuvollziehen. Alles andere sei Täuschung:

> „Wer sich so täuscht, und seine besondere Willkür auszuüben meint, wo nur jene *höhere gemeinsame Freiheit* möglich ist, gibt seine edelsten Ansprüche selbst auf: ein Knecht, der sich einen König wähnt, da er ein freier Mann sein könnte"[296].

Zuversichtlich und bestimmt setzt Savigny hier die Wertakzente: Edel handelt, wer der höheren gemeinsamen Freiheit folgt. Alle suggestive Kraft und partielle Wahrheit dieser Worte kann nicht verdecken und hat nie verdeckt, daß hier richtige Einsichten zu einem Geschichts- und Weltbild dogmatisiert werden und aus eben dieser Erhöhung ihren „höheren" Wert und Anspruch zirkelhaft entnehmen, wie dies an der Landshuter Institutionen-Vorlesung im einzelnen gezeigt wurde[297]. Zu eben dieser Zeit, 1809, legte er auch in einem großen Bekenntnisbrief an Bang die *universale Geltung dieser Sicht* für „wahren Staat", „wahre Kirche" und wahre Wissenschaft dar. Er nannte dieses überall erscheinende und zu suchende „Vortreffliche" ganz generell *„Offenbarung"*[298]. Erst das Objektivierte, nicht die bloße Vernunft, erhält also die positive Bewertung als gut und darüberhinaus allein gut („notwendig"). Objektiv-idealistische Logik und Weltanschauung dokumentieren sich wieder.

In aller Deutlichkeit demonstriert Savigny in diesen Texten wie ganz anders man von „freier Mann" reden konnte und daß ihm *Freiheit und Notwendigkeit* in *dieser* Weise zusammenfallen[299]. Er hat seine Grundsatzäußerung von 1809 und 1815, die auch schon im „objektiven" Ansatz der

---

[295] SAVIGNY, ZgeschRw 1 (1815) S. 3. Hervorhebung von mir.
[296] SAVIGNY, aaO., S. 4. Hervorhebung von mir.
[297] Dazu oben 113 f.
[298] Zitiert oben 198.
[299] SAVIGNY, ZgeschRw 1 (1815) S. 3: „notwendig und frei zugleich"; zu dieser Frage als Zentralproblem der Zeit und vergleichend zu einigen Lösungen RÜCKERT, Reyscher, S. 218 f., 327-335 u. ö. (s. Register); für Savigny einiges auch bei SCHIKORSKI, S. 44 ff. (heteronom), kurz zum Ergebnis auch HATTENHAUER, Einleitung, S. 49 f.; weiter RÜCKERT, Reyscher, S. 330 f., 131 in A. 319 für WELCKER, 1829; kurz gegen kantianisch dabei auch BOHNERT, Puchta, S. 158; die Nähe zu Schelling und Hegel liegt auf der Hand. Zu COLLMANN oben 272. Selbst TEGETHOFF, S. 27 findet hier nur „teilweise" Kantisches — gerade die Verteilung wäre aber wesentlich.

Methodologie von 1802 steckte, auch 1840 nicht korrigiert. Wenn Recht dort aber der Sittlichkeit dient, „indem es die freie Entfaltung ihrer, jedem einzelnen Willen inwohnenden, Kraft sichert"[300], so setzt er dabei Freisetzung von Sittlichkeit voraus, nicht von Willkür. Die sittliche Kraft kann „frei" mißachtet werden, und dennoch zielt ihre Sicherung auf ihre Entfaltung ohne Rücksicht auf solche Störungen. Die Mißachtung ist hier so wenig wesentlich, wie eine unmoralische Rechtsausübung bei Kant die grundsätzliche Verankerung des Rechts wie der Moral in der Vernunft trifft. Unter der sittlichen „Kraft", deren unbestimmte Allgemeinheit an dieser Stelle über ihr Verhältnis zur „Freiheit" täuschen könnte, verbirgt sich im Ergebnis die *heteronome* Festlegung auf diejenige rechtliche, moralische, politische und religiöse Freiheit *in dem* Ganzen, in das man eben hineingeboren war. Freilich war dieses Ganze als „Offenbarung" zu nehmen, als Wirklichkeit eines Höheren, aber der Effekt blieb gering[301]. Möglicherweise handelte es sich bei Savigny, wenigstens anfangs, um ein ähnliches „produktives Mißverständnis" Kants, wie es jüngst für die Tübinger „Stiftler", die Begründer der objektiv-idealistischen Vereinigungsphilosophie also, gerade auch zum Freiheitsbegriff nachgewiesen wurde. Aus einer antiskeptischen Grundhaltung, die auf Metaphysik treibt[302], rezipiert man hier die erkenntnistheoretischen Finessen und Einschränkungen Kants wenig, dafür aber umso entschiedener das Ideal der Freiheit. Indem man sie im unbestimmten Sinne der Entfaltung aller guten Kräfte im Menschen auffaßt, in tendenziell ontologischer Absicht und im Glauben an den göttlichen Funken im Menschen, glaubt man sich mit Kants bloß praktisch-postuliertem Freiheitspathos philosophisch einig[303]. Eine ähnliche Rezeption kennt man aus der juristisch-politischen Naturrechtskonjunktur der Zeit[304]. Hugo sprach hier nur von den „Ultra-Kantianern", die sich von Kant selbst nicht belehren ließen (MdS 1797) und immer das Argument vom Menschen als Selbstzweck im Munde führten[305]. Für Savigny bedürfte diese Phase einer selbständigen Untersuchung vor allem am Verhältnis zur „kantischen Schule" seiner älteren

---

[300] SAVIGNY, System 1, S. 332. Eine hier nicht wesentliche Nuance läge darin, daß die Notwendigkeit 1815 noch ohne kirchlich-christliche Züge auskommt.
[301] Dazu noch unten 400 ff.
[302] Dazu oben 287.
[303] Dazu jetzt sehr instruktiv KONDYLIS, Dialektik, S. 179-185, mit instruktiven Belegen auch zur kompliziert-verworrenen Kant-Rezeption.
[304] Dazu einige Information bei RÜCKERT, Reyscher, S. 297 ff., 306 ff.: Doppelte Kant-Verwendung.
[305] HUGO, Naturrecht³ (1809), § 29/S. 29; Selbstanzeige zum 2. Naturrecht (1799) in GGA, erneut in: Beiträge 1, S. 433; u. ö.

Freunde, besonders Leonhard Creuzers, des Marburger Philosophieprofessors[306]. Schon 1799 zielte Savigny jedenfalls nicht auf „unsere Freiheit unmittelbar", sondern auf Höheres[307].

Mit Recht konnte man also zu Savignys Lösung in § 52 des Systems festhalten, daß solche „Lösungen eines einzelnen Problems (sc. wie die Formel, das Recht ermögliche die Moral u. ä.) ... von den allgemeinen Grundansichten der Philosophen weitgehend unabhängig" sein konnten[308]. In der Tat ließen sich diese Bausteine in ganz verschiedenen Gebäuden verwenden und im Stellenwert ganz erheblich variieren. Bei Savigny sind Recht und Sitte wie gezeigt in einer triadisch-dialektischen Konstruktion einander zugeordnet. Die *Übergänge* dabei sind sämtlich *prinzipiell fließend*, da der Bereich des reinen Rechts nicht stabil ist[309], sondern „historisch" fixiert wird. Bethmann-Hollweg gab dazu bereits eine Erläuterung aus kongenialem Geist[310]. Ebensowenig werden die Grenzen zur „allgemeinen Aufgabe" (S. 53) konkret fixiert. Auch sie bleiben in der Schwebe der Vermittlung als allgemein und besonders, die erst in der historischen Besonderung Bestimmtheit erhält. Dies entsprach der Gesamtkonzeption. Denn wenn *Freiheit und Notwendigkeit* in der geschichtlichen Objektivierung untrennbar zusammenfielen, wenn das Recht mithin nur eine „Seite" des „Lebens" selbst war, wenn Staat nur die „leibliche Gestalt" des rechtserzeugenden Volkes, wenn positives Recht nur Ausdruck eines „wirklichen" Rechts war, wenn derart überall ein höheres objektives Moment mitspielte, dann konnte die systematische Verbindung zu einem vollständig „reinen", autonomen Recht nicht gelingen. Wirklich „freier Raum"[311] bildete einen gegenläufigen Faktor in der dennoch behaupteten Einheit. In allen diesen Punkten bestätigen sich objektiv-idealistische Prinzipien. „Freiheit" und „reines Recht" werden nicht aufgegeben, aber in einen *nichtautonomen Gesamtbau* eingebunden und dies bei unklaren, unstabilen Abgrenzungen. Der Ganzheitsdrang führt zur vagen Einordnung des Rechts als „eigentümliches Element" in eine „allgemeine Aufgabe" metarechtlicher Art, wichtiger noch: zum Festhalten an einer Ganzheit trotz und mit gegenläufigen Elementen,

---

[306] 1768-1844, vgl. die biogr. Angaben bei DAHLMANN, Briefe, S. 381. Er fehlt in ADB, NDB, Überweg, u. ä. Hilfsmitteln.
[307] Vgl. oben 251 (bei Fn. 484) zu dieser Äußerung, sowie 260 u. ö. zu seiner „natürlichen" Philosophie überhaupt, gegen die „kantische Schule" seiner Freunde.
[308] NEF, aaO., S. 74; gemeint ist die Abweichung von rationalistischen Grundansichten wie bei Kant und Epigonen. Vgl. soeben DIESSELHORST (s. Nachtrag), S. 320.
[309] Vgl. SAVIGNY, System 1, S. 22 f.; vgl. auch zum Vermögensrecht S. 370 f.
[310] Vgl. das Zitat oben 363.
[311] SAVIGNY, System 1, S. 331 f.

die eben „Gegensätze in sich schließen" (Hollweg). Organische Logik läßt die Konstruktion dennoch als „systematisch" erscheinen.

Aus der Sicht des Philosophen *Jacob Fr. Fries* läßt sich eine abschließende Klärung zu Recht, Moral/Sittlichkeit bei Savigny gewinnen. Der kurze Briefwechsel im Jahre 1802 mit ihm bildete schon bei der Ermittlung von Savignys früher „natürlicher" Philosophie eine ergiebige Quelle. Damals gingen die Kontakte von Savigny aus. Im Jahre 1840 nimmt *Fries* noch einmal den Faden auf. Er schrieb eine Rezension zu Band 1 des *System* und begründete dies so:

> „Der berühmte Führer der historischen Schule geht nun in diesem System ... genau auf die Grundbegriffe der Philosophie des positiven Rechts ein, und dies reizt auch den Rec. in dieser Sache mitzusprechen"[312].

Fries meldete sich als Philosoph. In der Form sehr verbindlich sucht er nicht die Gegensätze. Dennoch trägt er wesentliche Einwände vor. Sie bestätigen die für 1802 bereits ermittelte Distanz zu Savigny.

Fries *wendet ein*, Volksgeist sei sehr anzuerkennen – „Aber warum nimmt der Verf. diese rechtsgründende Macht des Volksgeistes so geheimnisvoll als eine unsichtbare Kraft an?" (Sp. 359). Er bemängelt auch die vielen „bloßen Namenserklärungen" und vermißt genauere Begründungen. Auch er sieht in § 15 des Systems über „Die Rechtsquellen in ihrem Zusammenhang" und das christliche Prinzip im Recht einen zentralen Text. Seine Kritik dazu bekräftigt die hier entwickelte Deutung. Er schreibt:

> „Am meisten stören mich diese bloßen Namenserklärungen da, wo § 15 von den Rechtsquellen im Zusammenhang gesprochen wird. Hier wird die allgemeine Aufgabe des Rechts ein sittliches Prinzip genannt, welches sich einfach auf die sittliche Bestimmung der menschlichen Natur zurückführen lasse ... Darin sind *viel zu leere allgemeine Begriffsbestimmungen* aufgenommen. Was ist denn diese christliche Lebensansicht? Was uns in den eigentümlichen Lebensordnungen des neueuropäischen Völkerlebens gefällt, das loben wir mit dem Namen des christlichen! *Darin ist gar kein Prinzip.* Unser Verfasser stellt nun dies mit dem sittlichen Prinzip gleich, aber welch schwankender Begriff, wenn alle staatswirtschaftlichen Interessen mit unter den sittlichen begriffen werden"[313].

Hier belehrt nicht der Philosoph den Historiker, sondern der Philosoph den Philosophen im Gewande des Historikers. Fries kritisiert treffend. Er hätte sich dabei sogar auf die ihm sonst suspekte Zustimmung der Hegelianer berufen können, die immer schon das „Prinzip" bei Savigny vermißt hatten und dies für sein *System* eigens präzisierten:

---

[312] FRIES, Rez. zu System I, in: J.A.L.Z. 1840, Nr. 165 v. Sept., Sp. 353-366, hier Sp. 353; die Spaltenangaben im folgenden Absatz im Text. Siehe zu Fries-Savigny 1802 oben 242 ff.
[313] FRIES, aaO., Sp. 362. Hervorhebungen von mir.

> „Ein *System* ist es seiner ganzen Anlage nach nicht; es fehlt dazu die principielle Einheit; sowohl die Präcision, wie die logische Gliederung der Begriffe läßt Manches zu wünschen übrig; der Mangel speculativer Begabung ist auch hier unverkennbar"[314].

Die philosophisch gebildeten Zeitgenossen kamen also völlig darin überein, daß Savignys Werk Philosophie enthalte, wenn auch vielleicht nicht die richtige, nicht die wahre „spekulative". Fries vermied eine genaue philosophische Zuordnung Savignys. Die Hegelianer hatten ihn einst zu Schelling gestellt[315]. Die Juristen dabei wurden hier hervorgehoben[316]. Fries' Perspektive führte aber doch zu einem Satz, der das Thema Idealismus und Jurisprudenz abschließen kann:

> „Bei dieser Erörterung giebt er (sc., Savigny) nach der Gewohnheit der Lehrer des positiven Rechts die allgemeinen Begriffe nur durch Namenserklärungen, setzt die philosophischen Principien, die in der Lehre walten, nur als bekannt voraus, ohne sie selbst zu entwickeln, und ordnet die Lehre nirgends nach ihnen" (Sp. 354).

Diese Fries noch ganz „bekannten ... philosophischen Prinzipien" aufzuhellen, war eben das Anliegen des vorstehenden Kapitels[317].

---

[314] So ein anonymer Hegelianer (wohl HAYM) in dem ausf. Gedenkartikel Savigny, Preuß. Jbb. 9 (1862) S. 166; vgl. für die früheren Stellungnahmen von Gans, L. Stein u. a. RÜCKERT, Reyscher, S. 346; für die eigene Spielart von obj. Idealismus war man sich ja in „Vernunft" und „Dialektik" des Prinzips sicher.

[315] Dazu RÜCKERT, Reyscher, S. 332 für *Gans* 1823.

[316] Siehe oben 123.

[317] Daß die Aufgabe durchaus gesehen wurde, möchte ich in Anschluß an die laufenden Nwe. zu diesem Kapitel zusammenfassend betonen. Vgl., abgesehen von den ständigen Erörterungen über die Einflußfrage (dazu die Nwe. oben 121), BONNET 1913, S. 145 ff., 161, 176; BINDER, Über kritische und metaphysische Rechtsphilosophie, ARWP 9 (1915/16) S. 18-29 u. ö.; früher bes. BERGBOHM 1892 und dann vor allem SOLARI 1915/1940 und Ross 1929; nur passim dagegen ZWILGMEYER 1929, trotz wesentlicher Anstöße bei seinen Vorbildern ROTHACKER, Einleitung (1920) und Logik (1927) und genauer noch TROELTSCH (1922, bes. zur allgemeinen Abgrenzung Schelling/Hegel), sowie WACH, Das Verstehen (1926/29/33), hier 1, S. 170, 173 in der A.; 2, S. 39; 3, S. 105 f.; etwas mehr dann wieder bei SCHÖNFELD 1943, TEGETHOFF 1952, SCHULTE 1954, WILHELM 1958, bes. aber 1969 und 1970, BRETONE 1976, SCHIKORSKI 1978, J. SCHRÖDER 1979, ERNST WOLF 1976 u. 1981; COING betonte die idealistischen Aspekte bes. 1951 in: JZ 1951, S. 481-485. Die klarste Durchführung bis in Details findet sich wie erwähnt 1966 bei GAGNÉR, Öff. Recht (vgl. oben 358), und, wie nachzutragen ist, bei SOLARI 1915/1940.

13. *Ergebnis*

Es galt, Savignys Idealismus in seiner konkreten Jurisprudenz nachzuweisen. Die Einheit von philosophischem Ansatz und juristischen Begriffsbildungen stand zur Prüfung. Die Analyse einiger wesentlicher Prüfstücke hielt, was die Hypothese versprach. Die Untersuchung geriet fast in die Monotonie des immer „Wiederkehrenden", da die Analyseinstrumente derart bei jedem Einsatz ansprachen. In der Tat liegt eine epochale Leistung Savignys darin, wie er durchaus *gegen* den Strom der Zeit und wohl auch der Sache Jurisprudenz in dauerhafter Anstrengung seine besondere Denkweise auf die traditionellen Fragen der allgemeinen Rechtslehre, aber auch die Konstruktion einzelner Rechtsinstitute anwendet. Objektiv-idealistische Ansätze machten sonst kaum Glück[318]. Und die europäische Rechtstradition war der neuen Logik der organischen Trennung bzw. Doppelung nicht günstig. Sie bevorzugte entschieden die klassische Logik des Satzes vom Widerspruch, die auch der rechtspolitischen Entwicklung zum Rechtsstaat entgegenkam.

Savignys Weg in dieser Geschichte verläuft nicht ohne Ironie. Er, der an den römischen Juristen so sehr ihre Kunst der scharfen Begriffsbildung bewunderte, daß er „ohne Übertreibung" aussprach, sie würden „mit ihren Begriffen rechnen"[319], führt die dem Rechnen so fremde Kunst des idealistischen, triadisch-dialektischen Schemas in die Jurisprudenz ein. Allerdings konnten Umfang und Reichweite seiner Durchführung hier nicht voll bestimmt werden und sicher lohnte nicht jede alltagsjuristische Frage diese konstruktive Aufladung. In systematisch bedeutsamen Punkten wird man sie jedoch erwarten müssen. In einigen wesentlichen Lehrstücken wurde die Funktionsweise seiner neuen Logik eingehend gezeigt: Die Rechtsquellenlehre beim Gewohnheits- und Juristenrecht, Natur des Rechts und Rechtsbegriff, auch die Anwendung auf das Völkerrecht, Rechtsverhältnis- und Rechtsinstitutsbegriff, Staatsbegriff und Volk, seine historisch-juristische Methode und damit seine sog. geschichtliche Dogmatik, sein System- und Philosophiebegriff, seine Geschichtskonzeption für Recht und damit seine Gegenwartskonzeption des Rechts, seine Lehre von der Auslegung als allgemeine Rechtshermeneutik, seine Haupteinteilung des Rechts in öffentliches und privates Recht, seine Konstruktion des Rechtsinstituts Besitz, seine juristischen Personbegriffe,

---

[318] Vgl. die Angaben bei WARNKÖNIG, Rechtsphilosophie (1839), S. 148 ff., in seiner recht ausführlichen Darstellung. Jedenfalls gilt dies für konkrete Durchführungen der Grundlehren des Privatrechts.
[319] SAVIGNY, Beruf 29 (STERN 88). Näher dazu sogleich im Text.

schließlich seine Lösung für das Verhältnis von Recht und Sittlichkeit und sein Freiheitsbegriff – alle diese juristischen Begriffsbildungen funktionierten nach den objektiv-idealistischen Prinzipien, die zuvor aus seinen allgemeinen „philosophischen" Äußerungen entwickelt worden waren. Kennzeichnend und konstitutiv war demnach die *Technik des Doppelns*, das Vereinigen von Gegensätzen unter einem Begriff. Diese Begriffe waren stets wieder von „höheren" abgeleitet und trugen ein Element des Höheren in sich. Sie erschienen daher in doppeltem Licht, je nachdem in welches man sie hielt. Man war z. B. „historisch". Aber das Gegebene war stets als nicht nur schlicht gegeben, sondern auch als Verkörperung eines Höheren in ihm zu erfassen. Es hatte also eine „eigentlich-historische" Komponente, die sich mit der empirisch-historischen nicht deckte. Denn das Ideal existierte nicht. Darin zeigte sich als korrespondierendes Prinzip dieses Denkens sein *Ganzheitsdrang*. Die „eigentliche" Seite war nicht endlich. Auf ihr ließ sich ein *System* errichten, eine *Universalität* erreichen, die den System-Alltag, die Aggregate der Praktiker, weit unter sich ließ. Schließlich entsprach dieser Universalität des Denkens und Konstruierens eine außerordentliche *Elastizität*. In der Doppelung war Wandel eingebaut. Denn das „Eigentliche" war je nach seiner historischen Objektivierung neu zu bestimmen. Man hütete sich, es inhaltlich festzulegen. Auch die *Übergänge* zwischen den Stufen und gegenläufigen Begriffen sind demnach durchweg fließend. Der Schlußstein bleibt variabel, zumal das „Volk".

Kritisch gewendet könnte man dies alles andere als klar nennen wollen. Doch hat es seine eigene Logik und ist darin konsequent, wenn auch nicht inhaltlich konstant. Diese Konsequenz beflügelt die derart dialektisch operierenden Theoretiker auch dazu, ihren Gebäuden „Notwendigkeit" zuzusprechen und eine erhabene Würde und Sicherheit an den Tag zu legen. Es war nicht die Sicherheit der bestimmten Präzision, die sie dabei in Anspruch nahmen, sondern die der „herausgefühlten" *Übereinstimmung mit dem Sinn im Sein*. Daher drängt sich eine Rückbesinnung auf Savignys Meinung über die „Größe der Römischen Juristen" auf. In deren Rechnen mit Begriffen pries er nämlich nicht die Präzision der bestimmten Relationen und der klassisch-logischen Schärfe[319a]. Er staunt vielmehr

---

[319a] In diese Richtung deutet man aber überwiegend, etwa HATTENHAUER, Grundlagen², S. 191 f.; mit erheblichen kritischen Folgerungen, repräsentativ für eine ganze Linie, H. SCHRÖDER, Hist. Methode Savignys (1979), S. 77; bes. dezidiert, aber ganz unrichtig, im Sinne von „formallogisch", KÜPER, Die Richteridee der STPO und ihre geschichtlichen Grundlagen, Berlin 1967, S. 154 f.

über die „Sicherheit" des Verfahrens, er hebt hervor, die Begriffe und Sätze der römischen Juristen trügen keinerlei Zeichen von *Willkür*, er unterstreicht diese *Qualität* eines Wissens, „wie sie sich sonst außer der Mathematik nicht" finde[320]. Entscheidend war ihm also nicht etwa die naive Hoffnung, wirklich mit juristischen Begriffen zu rechnen, sondern eine *Sicherheit* des Verfahrens *wie* in der Mathematik. In der Tat sahen die Zeitgenossen in der Mathematik seit Kant die einzige a priori sichere Wissenschaft[321]. Eben dieses a priori versprachen sich die objektiv-idealistisch ansetzenden Denker auch für die Bereiche außerhalb der Mathematik. In diesem Sinne konnte Savigny also ganz stimmig mit juristischen Begriffen „rechnen", zugleich eine ganz unklassische Logik zum Prinzip erheben und das innere Band bei allem in „natürlicher" Philosophie finden, in summa: auch in der Jurisprudenz bestimmt ihn ein objektiv-idealistisches Denken.

Eine Nebenfrucht dieser Untersuchungen ergab sich für die Frage nach der *Kontinuität seines juristischen Denkens*. Man sah bisher ganz allgemein in der frühen *Methodologie* von 1802/03 einen anderen Savigny als in *System* oder *Beruf*. Eines der drei Stücke erwies sich immer als sperrig, je nachdem, wie man die Deutung akzentuierte. Eine *allgemeine* Kontinuität zwischen Methodologie und Beruf ergab sich hier dagegen bereits über die Zwischenstufe Landshut und die Neubestimmung des sog. historischen und philosophischen Elements für 1802. Die *spezifische* Kontinuität auch in der juristischen Begriffsbildung erwies sich bei den eingehenden Analysen dieses Kapitels zu Staat, Recht und Gesetz, Staatsrecht und Auslegung. Sie wurde auf die Formel Rohentwurf — Ausführung gebracht: Die späten Texte verhalten sich zu den frühen wie die Blüte zur Knospe, wie die Skizze zur ausgearbeiteten Darstellung, wie der Grundstein zum Haus. Die Motive und Hauptentscheidungen bleiben konstant, in ihrer Konsequenz ergeben sich Modifikationen und vor allen Dingen entschiedener Ausbau, nicht aber Bruch. Die Neubestimmung von Savignys „Philosophie" ergibt also wesentliche Korrekturen auch in diesem hoch umstrittenen Komplex.

---

[320] SAVIGNY, ebda. Darauf verweist jetzt auch NÖRR 1982 (s. Nachtrag), S. 622.
[321] Vgl. dazu s. v. a priori/a posteriori in HistWB 1 (1971) hier Sp. 469 f. und maßgebend KANT, KrV, B 737 ff.: Transzendentale Methodenlehre (Werke IV, 610 ff.). Die Mathematik, „konstruiert", und bei Kant *nur* sie.

2. KAPITEL

IDEALISMUS UND POLITIK

> Wie die historische Schule kein materielles rechtsphilosophisches Princip hat, so hat sie auch kein politisches System. Aber einen politischen Charakter hat sie dessen ungeachtet ...
>
> *Stahl* 1847

> Savignys Widerstand gegen die Gesetzgebung scheint mir somit ein Ausfluß seiner Geschichtsmetaphysik zu sein ...
>
> *Gagnér* 1960

Schon längst war die Rede von einer „weiteren Dimension" des Politischen bei Savigny, einer Dimension neben seinen konkreten politischen Handlungen, Urteilen und Standorten[322]. Denn *daß* Savigny politisches Interesse, konkrete Stellungnahmen und praktische Aktivität auf diesem Felde reichlich entwickelte, wurde bereits geklärt[323]. Auch inhaltlich konnte sein politischer Standort im Vergleich mit Thibaut und anhand seiner entschiedenen politischen Urteile präzisiert werden[324]. Die weitere Dimension meint also seine *Theorie von Politik*. Elemente davon kamen schon zur Sprache, etwa ihre gemeinsame Wurzel mit Recht und Moral[325] in einer „natürlichen" Philosophie des Praktischen. Savignys politische Theorie bildet ein wesentliches, komplementäres Stück seiner allgemeinen und juristischen Überzeugungen und Denkweisen. Wenigstens in einigen Grundzügen sollen daher ihre enge Verknüpfung und parallele Struktur vorgestellt werden. Ohne Einsicht in das komplementäre Verhältnis dieser Seite zu den übrigen bliebe ein Stück unbegriffen, das für das „Ganze" bedeutsam ist. Mit dieser Untersuchung sind dann auch die Be-

---

[322] Siehe oben 158.
[323] Siehe ebda. die Zusammenfassung des Abschnitts „Der Unpolitische und Unpraktische"; eine Fortführung dann oben 230 anhand der politischen Urteile.
[324] Dazu oben 224 ff. und 227 f.
[325] Dazu oben 252 (gegenüber Fries), 267 f. und 277 f. (im Fichte-Urteil).

dingungen geschaffen, um die Kennzeichnungen Savignys als „unpolitisch" im Sinne von rein wissenschaftlich abschließend zu überprüfen[326].

Auch für den Bereich der politischen Theorie fehlen freilich Sätze Savignys wie „Politik heißt für mich soviel wie ...". Ähnlich wie schon bei seiner Philosophie müssen seine Vorstellungen von Politik also aus Texten erschlossen werden, die sie nicht selbst aussprechen, aber anwenden und voraussetzen.

1. *Wahrheit und Politik*

Unter den vielen politisierenden Texten Savignys bildet eine relativ knappe *Briefpassage an W. Grimm* ein Kernstück. Es ging gewiß um Politik, als Savigny am 29. 4. 1814, also nicht lange vor dem Entschluß zum „Beruf"[327], an W. Grimm schrieb:

> „Was Sie von Einem Deutschland und Einem Haupt schreiben, ist gewiß die Empfindung jedes redlichen unverdorbenen Herzens. Aber, wie Sie selbst sagen, die Hauptsache ist, wahr zu sein, d. h. nichts mit Willkür machen zu wollen, sondern das wahrhaft Seyende zu enthüllen und von Hemmungen zu befreyen"[328].

Diese offenbar voraussetzungsreiche Sentenz aus einer besonderen geistigen Welt blieb schon bisher nicht unbeachtet[329]. Fragt man nach der Theorie dabei, so gehört dazu vor allem auch Grimms auslösender Satz:

---

[326] Bes. seitens THIEME und WOLF, dazu oben 49 bei Fn. 205 und 45 bei Fn. 179. Die Untersuchung von Savignys Politik *als Theorie* kam bisher ganz besonders kurz, selbst bei Autoren wie SOLARI.

[327] Der Anfangstermin für den „Beruf" läßt sich bisher nicht exakt ermitteln. Anders als SCHULER, S. 237 in A. 172 u. CARONI 1969, S. 129, annehmen, kann in dem Brief vom 4. 6. 1814 an Zimmer (bei HENNIG) auf Thibauts Schrift noch nicht angespielt sein, weil diese laut Unterschrift der Vorrede jedenfalls erst *nach* dem 19. 6. 14 erschienen war (vgl. auch STERN S. 8), wohl Ende Juni im Druck (so HENNIG, S. 397); richtig dazu WIEACKER, Priv.r.gesch., S. 371 in A. 80, dort aber versehentlich der Zimmer-Brief auf 4. 7. angegeben; ebenso S. 388.

Als weiterer Anhaltspunkt findet sich erst ein Brief an Arnim v. 20. 9. 14 bei STOLL Nr. 273 (seine kleine Schrift sei in zwei bis drei Wochen gedruckt); alle anderen gedruckten Quellen ergeben nichts Genaueres. Die erste Nachricht über Beendigung des „Beruf" im Brief vom 12. 10. 14 bei STOLL Nr. 279 an J. Grimm: fertig und gedruckt; am 4. 10. (ebda. Nr. 274) war der „Beruf" noch nicht fertig. An Unterholzner, bei VAHLEN, Nr. 14/ S. 31, hatte er dagegen schon am 19. 9. 14 berichtet, „kleines Buch geschrieben, was in diesen Tagen an Sie abgeht". An Heise, bei FELGENTRAEGER Nr. 28 v. 11. 10. 14 wird es wieder erst „in einigen Tagen fertig" (im Druck?). Thibaut, bei POLLEY Nr. 194/S. 291, bedankt sich am 18. 11. 14 mit seiner Antwort für den *Beruf*.

[328] Bei STOLL Nr. 258/II 103 f.

[329] Siehe HATTENHAUER, Einleitung, S. 50 für den Freiheits- und Geschichtsbegriff.

"Worauf ich vertraue ist, daß die Notwendigkeit, wenn man nur wahr bleibt, das rechte befördern und herbeiführen wird"[330].

Grimm und Savigny diskutieren die fällige Neuordnung Deutschlands also sehr ernsthaft in Kategorien wie „wahr", „notwendig", ohne „Willkür". „Notwendigkeit" sieht Grimm gar als das Subjekt der politischen Geschichte an, das man nicht stören darf, etwa durch Unwahrhaftigkeit. *Allein Wahrheit* wird hier als Weg zum politisch Richtigen anerkannt. Drängt sich schon hier der Gedanke an die objektiv-idealistischen Rahmenbedingungen, wie sie hier nun bereits bekannt sind, auf, so führt Savignys besondere Erklärung zu „wahr sein" noch genauer in diese Welt hinein. Wahr sein heißt nämlich, „das wahrhaft Seiende enthüllen und von Hemmungen befreien".

Savigny spricht damit *mehrere Kardinalpunkte* seiner ganzen Denkweise am Falle Politik 1814 einmal besonders knapp und prägnant aus: Es handle sich um einen quasi rein objektiven Vorgang, etwas Gegebenes sei lediglich zum Vorschein zu bringen, es bedürfe bloß eines fast passiven Erkennens. In aller Klarheit verwendet er auch die Doppelung der Wirklichkeit in wahrhaft − nicht wahrhaft, die dieses Denken benötigt. Im politischen Bereich zeigt sich der immer auch wertende Charakter dieser Unterscheidung besonders deutlich. Savignys Wahrheits-, Geschichts- und Freiheitsbegriff wurden hier bereits auf ihre philosophischen Voraussetzungen geprüft und als objektiv-idealistisch erklärt. Der nun einbezogene Text beweist, daß auch seine politische Theorie davon nicht unberührt blieb, im Gegenteil: Savigny demonstriert eine besonders straffe Anwendung dieser Konzeptionen in den in jedem Sinne hochpolitischen Fragen einer Neuordnung Deutschlands nach 1813.

Es bedarf keiner umständlichen Erläuterung, daß Savignys bereits analysierte *allgemeine* Wahrheitsvorstellung mit den Worten an Grimm von 1814 auch für seine politische Theorie aktuell wird. Die Übereinstimmung liegt auf der Hand und bestätigt die Analyse zu dem nicht so unmittelbar politischen, aber doch umfassend praktisch-normativ orientierten großen Brief an Bang von 1809[331]. In praktischen *und* wissenschaftlichen Fragen schien ihm dort *allein Wahrheit* entscheidendes *und* genügendes Kriterium[332]. Wie der Weg zu dieser Wahrheit aussieht, spricht er 1814 aus: „enthüllen". Ebenso hatte er aber schon 1800 an Schwarz geschrieben: Das Erkennen des Höchsten im Menschen ist es, das

---

[330] Bei SCHOOF, Briefe, Nr. 64 v. 1. 1. 14/S. 152-154, hier 152.
[331] Dazu eingehend oben 237 ff.: Teil 2, Abschnitt IV 2: Ein Muster: Savignys Wahrheitsvorstellung.
[332] Dazu näher oben 237.

„mir als eine *unendliche Aufgabe* und als das Wichtigste unter allem Erkennen überhaupt erscheint, und das in dem *Enthüllen* dessen was ganz in uns ist bestehen muß: mit einem Wort, das, was den Gegenstand der wahren Moral ausmacht"[333].

Wie gegenüber Fries 1802 sieht er in der „Moral" eine unendliche, also eine metaphysisch-philosophische Aufgabe[334], wie 1809 und hier, 1815, geht es daher um *das* Wahre, wie 1814 besteht die Lösung dafür im *Enthüllen*. Die zeitliche Distanz der Texte unterstreicht wieder die große sachliche Kontinuität dieser Denkweise Savignys. Der sachliche Zusammenhang liegt auf der Hand: Hier wie dort und in gegenseitiger Ergänzung praktiziert Savigny die gesuchten objektiv-idealistischen Annahmen. Sie gelten also allgemein (1809), besonders im Felde des Praktischen (1802) und insbesondere auch in der Politik (1814).

Die Verzahnung läßt sich sogar als noch weitreichender erweisen. Schon seine „philosophische Beilage" von 1799 operierte auf dem Felde der praktischen Urteile problemlos mit *Wahrheit*: „Darstellung des Wahren und Notwendigen mit Absonderung des Falschen und Zufälligen" gilt ihm dort als das entscheidende Verfahren und ist gemeinsame Voraussetzung der Freunde abseits aller sonstigen Kontroversen[335]. Wie gegenüber Grimm im April des Jahres spielte auch im *Beruf* 1814 „wahr zu sein" eine zentrale Rolle: Für ein „wahres Urteil über den überlieferten Stoff" müsse vor allem „der geschichtliche und politische Sinn mehr geschärft werden"[336] – und diese beiden „Sinne" verstehen sich ja nicht als ausschließlicher Gegensatz. Seine berühmte Passage über „jeden gegebenen Stoff bis zu seiner Wurzel zu verfolgen und so sein organisches Prinzip zu entdecken"[337], war vielmehr als Zusammenfassung für den Weg zu diesem „wahren Urteil" geschrieben[338]. Auch im *Zweck*-Aufsatz von 1815 nannte er ganz universal und aktuell die Geschichte den „einzigen Weg zur wahren Erkenntnis unsers eigenen Zustandes"[339]. Er zeichnete damit nicht nur diesen Weg als wertvollsten aus, sondern betrachtete den Erkenntnisvorgang eben auch als eine Frage bloß der Wahrheit. Wieder in einem langen Dezemberbrief, an J. Grimm vom 29. 12. 1817, benannte er noch unbefangener und allgemeiner das „Eine Schutzmittel" gegen die Versuchungen der Zeit:

---

[333] So am 3. 1. 1800 in einer Nachschrift an Schwarz zu einem Brief an beide Creuzer, bei KANTOROWICZ zu Nr. 2/S. 73 in A. 1; entspricht zunächst STOLL Nr. 41/I 144 a. E., *fehlt dort aber*; vgl. die parallelen Quellen oben 261 bei u. in Fn. 539.
[334] Dazu oben 243.
[335] Bei STOLL Nr. 23 Beilage/I 93.
[336] SAVIGNY, Beruf, S. 114 (STERN 138).
[337] SAVIGNY, Beruf, S. 117 (STERN 140).
[338] Vgl. den Beginn des Absatzes, ebda. S. 117: „Dasjenige also ...".
[339] SAVIGNY, ZgeschRw 1 (1815) S. 4.

> „Glauben Sie mir, wer auch nur in anderen Dingen, in Poesie, Geschichte, Wissenschaft aller Art der *Wahrheit* mit treuem, liebevollem Auge nachgeforscht hat, sich selbst und eitlen Schein vergessend, dem kommt diese Übung des inneren Sinnes auch hier im heiligsten (sc. d. h. in religiösen Fragen) zu gute, denn *hier und dort* ist es doch am Ende der einfältige Kindersinn, dem allein die *Wahrheit* offenbart wird"[340].

Neben einem bemerkenswert hohen Ethos belegen diese Worte sehr direkt die Universalität und den Wesensbezug („offenbaren") seiner Wahrheitsvorstellung. 1831 hob er dann für sein politisches Unternehmen mit Ranke, die Historisch-politische Zeitschrift, gegenüber Perthes hervor, es sei vor allem wichtig

> „Männer in Einem Brennpunkt zu sammeln, die dem innersten Wesen nach Einer *wahren* und guten Meinung zugetan sind"[341].

Parallel beklagte er 1832 am hochkonservativen Jarcke den doppelten politischen Fehler „leidenschaftlicher Unwahrheit" und fordert bloße, „parteilose, allen Extremen gleich abgeneigte Wahrheitsliebe"[342]. Auch im *System* kehrte 1840 das Kriterium Wahrheit für praktisch-normative Fragen wieder: Die Befürworter eines politischen Volksbegriffs zeiht er einfach der „Umkehrung aller Wahrheit"; Auslegung sei zuletzt, „das Gesetz in seiner Wahrheit erkennen"[343].

Hätte man Savignys Terminologie gegenüber Bang und Schwarz noch nicht so signifikant gefunden wie sie freilich doch war — *wie* Savigny hier im hochkontroversen Felde durch und durch politischer Fragen unbeirrbar auf Wahrheit und nur Wahrheit zurückkommt, auch *daß* er seinem steten Drang, die Probleme auf *ein* Kriterium zu reduzieren, auch hier fraglos nachgibt, dies muß als besondere Bekräftigung hervorgehoben werden. Er bekräftigt damit, wie *generell* ihn seine objektiv-idealistische Denkweise beherrscht. Gerade auch im hochkontroversen Felde der ehemals völlig pragmatischen oder vernünftigen Politik hält Savigny also das Kriterium „wahr" als gemeinsamen Nenner für richtiges Denken und Handeln fest. „Wahr und gut" stehen an Perthes nicht zufällig in einer Linie. Der Weg zum Richtigen erhält den gleichen sicheren Charakter, wie die Suche nach einem bloßen Faktum. Entdecken, enthüllen, herausfühlen — diese Wendungen drücken also keineswegs eine besondere philosophische oder allgemeine Zurückhaltung oder bloß einen besonderen Stil aus, im Gegenteil: Gerade hier erscheint seine „natürliche", objektiv-idealistisch verankerte Philosophie in vollem Ornat. Am Punkte Wahrheit erweist

---

[340] Bei STOLL, Nr. 338/II 239.
[341] Bei STOLL Nr. 459 v. 19. 12. 31/II 442; zur HPZ oben 37.
[342] Bei STOLL Nr. 471 v. 27. 10. 32/II 459.
[343] SAVIGNY, System 1 (1840) S. 30 (dazu näher oben 221 bei Fn. 358) u. 207.

sich also die durchschlagende Anziehungskraft dieses Denkens auf Savigny. Auch seine *politische* Theorie nahm die entsprechende Richtung. Sie hatte sich schon im Vergleich zu Collmann/Molitor 1802 anhand seiner Fichte-Beurteilungen herauskristallisiert[344]: die Richtung einer *politischen Metaphysik*.

2. Innere Notwendigkeit

Sucht man derart den Wert als Wahres im Wirklichen, so muß man dieser Wirklichkeit selbst eine gewisse Konstanz abfordern, um nicht doch von dieser Seite her in dem gefürchteten Wertchaos zu enden[345]. Auch im Bereich des Politischen verwendet Savigny daher den *Gedanken einer „Notwendigkeit"* gegen allen Anflug von „Zufälligkeit". Seine Formel vom „enthüllen" und „von Hemmungen befreien" korrespondiert schon an sich dieser Vorstellung einer irgendwie selbständigen Entwicklungskraft. Und sie nahm in der Tat nur Grimms Worte auf, der der Sache nach von „Notwendigkeit" der Entwicklung gesprochen hatte[346]. Das berühmte Stichwort des „Beruf" und des Zweck-Aufsatzes von der „inneren Notwendigkeit"[347] findet hier seine Entsprechung und Verallgemeinerung.

Weitere Belege verdeutlichen die Kontinuität und Universalität des Gedankens. So will er *1810* in Preußen etwas „sehr tröstliches" erkennen: Der „künstliche", militärische Charakter sei gebrochen, ein neues Wesen habe angefangen,

> „und siehe da, es kehrt *ohne* einzelner Menschen Wollen und Bewußtseyn die einfache, prunklose, häusliche Form wieder, die der Verwaltung guter deutscher Staaten von jeher etwas so gemütliches, edles, zutrauliches gegeben hat: ein schönes Zeichen, daß diese Form dem deutschen Sinn *natürlich und notwendig* ist"[348].

Die Form der Verwaltung ist ihm nichts Abstraktes, sondern Zeichen für Sinn. Das werthaft Positive setzt sich ohne individuelles Wollen und Bewußtsein durch. Er nennt das *„natürlich und notwendig"*. In vollkommener, passender Eintracht steht hier das immer wieder signifikant gewesene „natürlich"[349] zusammen mit „notwendig" – sich gegenseitig tra-

---

[344] Dazu näher oben 277 f.
[345] Vgl. zu dieser ontologischen Prämisse („alles ist gut" o. ä.) oben 337.
[346] Zitiert oben 378 bei Fn. 330.
[347] SAVIGNY, Beruf, S. 9, 11, 37 u. ö. (STERN 76, 78, 93), dazu näher RÜCKERT, Reyscher, S. 205 f.; SAVIGNY, ZgeschRw 1 (1815) S. 6; wieder in *System* 1, dazu sogleich im Text.
[348] An Fr. Creuzer bei STOLL Nr. 221 v. 24./25. 7. 1810/II 44.
[349] Dazu oben 262 zus.fassend.

gend, gegen bloßes Wollen und Willkür gerichtet, beides Hinweis auf etwas Konstantes und Positives in der politischen Wirklichkeit.

Ohne das Stichwort „notwendig", aber doch sinngemäß, bekräftigt er gegenüber Grimm *1814* seinen Glauben:

> „Der den Arm der Krieger gestärkt hat, wird durch den Sinn und Geist der Völker hervorbringen, was über den Verstand der Staatsmänner ist"[350].

Innere Notwendigkeit und Gott in den Dingen spielen in diesem Denken so ähnliche Rollen, daß die Übergänge zwischen politischer Weltanschauung und Religion sehr fließend werden. So verstand und akzeptierte er 1842 die Berufung zum Minister als Vorsehung[351]. So bildet das religiöse Element immer einen wichtigen Faktor, der bald mehr, bald weniger in seine juristischen und politischen Theorien hineinspielt[352]. Beide, innere Notwendigkeit und Gott, gehen über allen bloßen „Verstand", der das Instrument des bloßen Wollens verkörpert[353].

Parallel vermißte Savigny *1817* bei v. Haller wie erwähnt „allen tieferen, geheimnisvollen Zusammenhang der Völker und Staaten"[354].

1830 wieder kommt er in einem langen politischen Brief darauf zurück, und jetzt mit dem Stichwort selbst. Er betont vertrauensvoll

> „die innere Macht und Notwendigkeit der Dinge auch im Widerstreit mit vorgefaßter Meinung und einwurzelnder Neigung"[355].

Im *System* 1840 erneuert er diese lange bewährte Formel an entscheidenden Punkten, wenn er „ein Gefühl innerer Notwendigkeit"[356] für das positive Recht geltend macht, wenn auch die

> „Fortbildung (sc. des Rechts) unter demselben Gesetz der Erzeugung aus innerer Kraft und Notwendigkeit ... wie die ursprüngliche Entstehung"[357]

stehen soll, wenn bei dem falschen Staatsbegriff einfach „die innere Notwendigkeit übersehen" sein soll[358].

Grimms Satz vom „Enthüllen" und „von Hemmungen befreien"[359] eignet sich also als zentraler Beleg für mehrere untrennbar zusammenhän-

---

[350] An J. Grimm bei Stoll Nr. 282 v. 8. 11. 14/II 125.
[351] Dazu oben 155.
[352] Dazu oben 367 mwNwn.; für die Politik ganz entschieden 1832 an Perthes, oben 221; vgl. weiter bei Stoll Nr. 297/II 142, Nr. 338/II 239; auch gegen Thibaut (oben 190).
[353] Vgl. dazu oben 260 zu *Schlegels* u. *Hölderlins* paralleler Verwendung.
[354] Siehe oben 214.
[355] An J. Grimm bei Stoll Nr. 443 v. 18. 12. 30/II 420.
[356] Savigny, System 1, S. 15.
[357] AaO., S. 17.
[358] AaO., S. 29.
[359] Soeben bei Fn. 330.

gende Aspekte. In Gesellschaft des einheitlichen Wahrheitsbegriffs kehren der ganzheitliche, universale Drang nach Absolutem wieder, die Doppelung des Wirklichen, die Unbedingtheit der Scheidung in wahr und unwahr, die Annahme einer besonderen, werthaften inneren Konstanz der Wirklichkeit – der ganze objektiv-idealistische Vorstellungsapparat ist also auch in politicis präsent.

Allen *relativistischen Neigungen* ist so ein Riegel vorgeschoben. Nicht auf die konkrete Wertung kommt es an, sondern auf einen Bezug zum wahren Sein, nicht Wertungen sind zu diskutieren, sondern die Übereinstimmung mit diesem wahren Sein, nicht die Folgen von bestimmten Handlungen sind zu betrachten, sondern ihr Bezug zum wahren Sein.

Bild und Gegenbild dafür werden 1813/14 einmal besonders anschaulich greifbar. In einem *Brief an J. A. Eichhorn*[360], den vertrauten Altersgenossen und Politiker aus eben der Zeit, die auch den Eingangstext veranlaßt hatte, schreibt Savigny:

> „Ich weiß wenige Menschen in der Welt, lieber Eichhorn, auf die ich in jedem Sinn ein so festes Zutrauen habe wie auf Sie. Sehr edle Menschen lassen sich im Leben über ihre Vorsätze und Überzeugungen betäuben: Sie aber, das weiß ich, werden stets fest daran festhalten. Vor allem werden Sie gewiß immer die alten geschichtlichen Wurzeln in den Völkern und ihren Verfassungen ehren und pflegen, und Sie werden nie das *Materielle der Tat und Wirkung* über den *Geist und die Gesinnung* setzen, woraus die Tat hervorgeht"[361].

Daß Savignys Wertungen pro „geschichtlich" und dies wiederum „in den Völkern" schon Ende 1813 so deutlich zutagetreten, kann nach den Untersuchungen hier zur Landshuter Zeit nicht mehr erstaunen, ebensowenig wie sein Faible gerade für das Geschichtliche auch an „Verfassungen"[362]. Hier interessiert an seiner suggestiven Beschwörung mit Eichhorn gemeinsamer Überzeugungen, wie deutlich es dabei um Politik geht und wie klar Savigny dabei durchgehende Voraussetzungen formuliert. Nicht das „Materielle und die Wirkung" einer Tat, sondern der genetische Blick auf Geist und Gesinnung soll das praktisch Richtige konstituieren. Die Parallele zu frühen Bekenntnissen wird damit wörtlich. Hatte er doch auch 1799 und davor wie danach diese „Gesinnung" beschworen oder auch den „Standpunkt in uns", den „Gott in uns"[363], schließlich im geliebten „Athenaeum" Ausfälle gegen die utilitären Franzosen und Engländer

---

[360] Vetter des Germanisten K. Fr. Eichhorn, lebte 1779-1856; vgl. nur STOLL 2, S. 94 in A. 1.
[361] Bei STOLL Nr. 252 v. 3. 12. 13/II 94, Hervorhebung von mir.
[362] Siehe zu Landshut zus.fassend oben Teil 1, I 7, 118; zu Verfassungen sein ständisches Verständnis oben 224 mNwn.
[363] Dazu oben 252, 254, 261 f., 263.

lesen können[364] und all dies gerade auch mit Blick auf praktische Philosophie. 1813 wendet er diese Sicht auf praktische Fragen an.

Innere Notwendigkeit gehört demnach zu den tragenden Stützen des Savignyschen Denkens. Auch an der kritischen Stelle Politik scheut er nicht vor dieser Konsequenz zurück. Die ontologische Prämisse „alles ist gut" steckt darin, und sie war in der Tat unumgänglich bei diesem objektiv-idealistischen Ansatz, der eben immer am Gegebenen bleiben und doch universal Wert in der Welt finden wollte.

3. *Geist und Gesinnung*

Der Bezug zum „wahren Sein" stellt sich also über *Geist und Gesinnung* her. Handelt es sich also doch um eine Theorie der Gesinnungspolitik, einen rein subjektiven Ansatz? Dagegen steht schon der Satz vom „enthüllen". „Enthüllen" und Gesinnung-Haben liegen in Spannung − dort eine mehr rezeptive Haltung, hier mehr ein Rückgang bloß aufs Individuum, dort mehr Wandel, hier mehr Festigkeit. Diese Spannung ist nicht erklärend aufzulösen, ist nicht Widerspruch oder Inkonsequenz, sondern *Baugesetz*. Eine immanente *Elastizität der Konzeption* erweist sich darin. Denn das Werthafte im Sein, das Wahre darin, läßt sich weder auf „Gesinnung" noch auf bloß Gegebenes reduzieren. Inhaltliche Konstanz muß hier prinzipiell fehlen. Denn das Sein steht selbst in Spannung, ebenso das Ich als Teil des Seins, und die Parallelität der Spannung konstituiert hier Erkenntnis. Um sie zu Bestimmtheit zu erheben, um zu „enthüllen", genügt daher nicht bloße Rezeption, sondern es kommt ein aktives, subjektives Element dazu, wie es in „enthüllen" trotz des objektivierenden Akzents mit angesprochen ist. Enthüllen kommt nicht ohne „Gesinnung" aus, weil „Gesinnung" das Werthafte im Sein markiert. Der Vorgang läßt sich aber auch nicht auf dieses Organ für Wert reduzieren, denn man braucht für bestimmte Erkenntnis auch Rezeptivität, Wissen. Beides muß zusammenkommen, obwohl Gesinnung das höhere Element ausmacht. Savigny befolgt also keine subjektive, gesinnungspolitische Theorie, sondern eine gemischte. Eben dies entspricht objektiv-idealistischem Ansatz, in Savignys Worten „eigentlich-historischer" Betrachtung.

Dazu gehört ein weiterer Aspekt: Je weniger ein Lebensbereich positiv oder wissenschaftlich verfestigt ist, desto mehr bedarf es des Rückgriffs auf „Geist" und „Gesinnung", oder: je weniger Halt schon im Wissen um

---

[364] Zitiert oben 259 bei Fn. 531 aus „Fragmente" 1798.

das Gegebene, desto mehr Rückzug auf Gesinnung und Geist. So als Jurist, wenn man zum wissenschaftlichen Recht, zum „Geist des Rechts", zum „Erfinden" greift[365], so in der Moral, so in der Politik. Gerade in politicis gerät ja die Voraussetzung eines wahren Seins besonders leicht ins Wanken über Streit, der nicht stets und leicht als schlicht „unwahr" abgetan werden kann. Das Absolute verhüllt sich dann besonders hartnäckig. Man ist dann dringend auf sein Ich verwiesen und hier eben auf „Gesinnung".

Dennoch kann dieser Rückzug als *systemgerechte* Lösung gelten. Denn „Gesinnung" sollte ja keineswegs etwas rein Subjektives sein, sondern das Dauerhafte im Vorübergehenden fixieren[366]. Dies meinte auch „Gott in uns"[367]. Selbst in dem manchmal vielleicht nicht ganz vermeidbaren völligen Rückzug auf „Gesinnung" liegt also kein Bruch des objektiv-idealistischen Ansatzes. Unter solchen Voraussetzungen kann daher durchaus einmal mehr das wahre Sein, dann mehr die Gesinnung oder auch bloß das Maßgebende der Gesinnung als höheres Element betont werden. Alles dies geschieht bei Savigny, und er bleibt dabei immanent und konsequent in seinem Denken. Auf diese spannungsreiche Weise ließ sich gegenläufiges politisch Nützliches und Wertvolles wissenschaftlich-notwendig verbinden: der Anspruch auf Sicherheit und Notwendigkeit der wahren Einsichten, die Möglichkeit, inhaltlich elastisch zu bleiben, die Vorsicht gegenüber inhaltlichen Festlegungen. So gesehen bot sich der objektiv-idealistische Ansatz als die vollkommene Ausdrucksform vorsichtig-konservativer Theorie an[368].

4. *Elastizität als Prinzip*

Ist politische Theorie in dieses ontologisch-metaphysische Modell eingebettet, so läßt sich kaum verkennen, daß sie in Wahrheit nur negativ und genetisch-rückschauend ein wenig präzisiert wird, positiv aber diffus

---

[365] SAVIGNY, Beruf, S. 120 (STERN 141); entsprechend noch 1840: System 1, S. XXXI; siehe für den grundsätzlichen Zusammenhang mit dem Natur-Kunst-Schema und weitere Belege oben 341, 352.
[366] Siehe oben 251 bei Fn. 484 mit Zitat.
[367] Siehe oben 251 u. ö. (Nwe. soeben in Fn. 363). Bestätigung ergeben jetzt seine religiösen Grundsatzbriefe an Bettine von 1821, bei ERLER 1981, vgl. dort Zeile 430, 420 f., zur parallelen Funktion von „Gesinnung".
[368] Der Linkshegelianismus ist kein Gegenbeispiel, weil hier das Absolute als Vernunft und erkennbar gedacht wurde, somit konkrete Ansprüche an die Wirklichkeit machen konnte. Vgl. dazu auch oben 230.

bleibt. Auch insofern nutzt man die soeben geschilderte *Elastizität, obwohl und indem* man zugleich Eindeutigkeit und innere Notwendigkeit prinzipiell beansprucht. Darin liegt ein wesentlicher Unterschied zu anderen Modellen, die in praktischen Fragen ja ebenfalls mal mehr mit Wissen auskommen, mal mehr Wertungen einfließen lassen müssen, aber nicht beides auf einen einheitlichen Punkt, ein Absolutes, zurückbeziehen und letztlich *daran* messen und von dort ableiten wollen. Dieser Unterschied begründet einen tiefen Graben. Objektive Idealisten wie Savigny nähern sich im *Ergebnis* oft anderen Positionen und machen gerade mit der Wissensgebundenheit und Elastizität ihres Absoluten einen manchmal fast empirischen Eindruck, vor allem je mehr sie sich auf eine konkrete Sache einlassen. Dennoch bleibt ihnen stets das Höhere in der Wirklichkeit präsent, aktualisierbar und vorgegeben. Stets leitet sich daraus auch ein überlegener Geltungsanspruch für die eigene Sicht ab.

Die dieser Position immanent notwendigen Hemmungen, disparate Realitäten allzu bestimmt zu fixieren, führen im Bereich des Politischen zu entsprechenden *Hemmungen, positive, inhaltlich bestimmte Grundsätze zu formulieren*. Daß diese Haltung kennzeichnend ist, beweist ein Blick in die gegnerischen Lager, den naturrechtlich beeinflußten politischen Liberalismus und die reaktionären Gruppen. Beider Mut zur Festlegung erscheint einem Denken wie dem Savignys als Verstoß gegen die Vielfalt des Wirklichen. Savignys harte Verdikte zu diesem Liberalismus als „trostloses ABC", „flache Begriffe", „ekelhaft abgedroschene Gemeinplätze", oberflächliche „Formeln"[369] und zur Aufklärung als „trostlos", „nivellierend", „seicht"[370], oder zu Reaktionärem als ‚romanhaft'[371], enthalten daher weniger die Rüge einer ohnehin so gar nicht vorhandenen Sterilität und auch nicht den Ausdruck eines konservativen bzw. auch wieder liberalen Interesses. Sie führen vielmehr einen grundsätzlichen, philosophisch weltanschaulich konsequenten Dissens gegen jedes instrumentale Verständnis der Wirklichkeit vor, das dieser mit inhaltlich bestimmten Wertungen entgegentritt. Als objektiver Idealist beschränkt man sich vielmehr zugunsten der oft schwer durchschaubaren „Notwendigkeit" möglichst auf inhaltlich unbestimmte Formeln; man empfiehlt Abwarten, Gründlichkeit, Mäßigung, man sucht „Willkür" zu vermeiden. Als transzendentale Politik bietet der objektiv-idealistische Ansatz eine psychologisch und werthaft bemerkenswerte Variante politischer Metaphysik: eine

---

[369] Zitiert oben 214 ff. (bei Fn. 327, 339, 346 f., 353).
[370] Zitate oben 209 ff. (bei Fn. 291, 301, 309, 326).
[371] Zitate oben 214 bei Fn. 326.

sich optimistisch gebende Art von Hilflosigkeit, positiv: vorsichtigem Bewahren. Im *Ergebnis* konnte sich so auch einiges Parallele zu *Hugos* empiristisch-skeptischer Zurückhaltung einstellen.

In diesem Zusammenhang gewinnen Savignys vielberufene[372] *Mäßigung und sein Harmoniestreben* gerade auch in politischen Fragen ebenso große Konsequenz wie seine *Unduldsamkeit*, wenn die „innere Notwendigkeit" selbst gestört zu werden scheint[373]. Weniger idealistisch denkenden Pragmatikern der Macht mußte er ob dieser Hemmungen als lästiger Sophist erscheinen – so A. Müller 1823[374] – oder als „heftiger Moderado" – so Gerlach 1842[375]. Gerlach nennt dieses Moderieren Savignys ganz treffend „auch eine Partei"[376]. Freilich bezeichnet er damit wortspielerisch eine Position, deren Anhänger zwar Stellung nehmen, aber gerade nicht als Vertreter einer organisierten *Partei* im schon damals verbreiteteren Sinne des Wortes. Savigny selbst predigt immer wieder „parteilose allen Extremen abgeneigte Wahrheitsliebe"[377] oder findet bei den Parteien bezeichnend ein „seelenloses Parteyreden"[378]. Freilich lag die unlösbare Schwierigkeit wieder einmal darin, das Notwendige im Wirklichen zu bestimmen. Diese Schwierigkeit anerkannte man implizit mit der Elastizität als Prinzip. Als politische Linie ergab sich daraus „Quietismus" für die Kritiker, „überparteiliches" Juristentum für die Apologeten – eine Alternative, die nicht zufällig auch für Schelling und Hegel nicht unpassend wäre[379]. Denn bei allen und mit allen dabei möglichen Schwankungen in der konkreten politischen Tat liegt in dieser Linie die politisch-theoretische Konsequenz des objektiv-idealistischen Ansatzes.

---

[372] Vgl. dazu oben 194 mit Fn. 215, 217.

[373] Vgl. zu dieser Legitimation für Härte allgemein oben 224, auch 232; zum Notwendigkeitsdogma soeben Abschnitt 2, 381 ff.

[374] Nach dem Abdruck bei J. BAXA, Adam Müllers Lebenszeugnisse, 2 (1966), Nr. 1292 v. 30. 1. 23/S. 587: „Ich fürchte die Debatten im Staatsrat über die neuen Provinzialverfassungsentwürfe und daß niemand um die Person des Königs und des Kronprinzen ist, der den Sophistereyen der Gegner, der Humboldt, der Savigny p. p. gründlich zu widerstehen im Stande sein wird."

[375] Nachweise oben 194 Fn. 216.

[376] Ebda.; Gerlach wandte gegen Savignys Mitarbeitsangebot 1842 ein „daß ich nicht zu derselben politischen Partei mit ihm gehöre, worauf er: er habe zeitlebens gestrebt, keiner *Partei* anzugehören – und ich: die Partei der Parteilosen sei auch eine Partei –, was bei ihm ganz besonders zutraf: er war ein heftiger Moderado."

[377] So an J. Grimm bei STOLL Nr. 471 v. 27. 10. 32/II 459.

[378] So an J. Grimm bei STOLL Nr. 458 v. 13. 12. 31/II 441, dazu sogleich bei Fn. 388.

[379] Vgl. für *Hegel* jüngst TAYLOR, Hegel, S. 490 f., 507, 589 ff. und den Bericht bei R. A. BEYER, Hegel als politischer Denker, in: NPL 1983, S. 141-164; für *Schelling* statt vieler ZELTNER, Schelling-Forschung, S. 29 ff.

5. *Willkürabwehr*

Savignys *permanente Willkürabwehr*, sein immer intensiver Kampf gegen alles bloß Künstliche, Gewollte, Abstrakte, Zufällige, gehört zu seinen bekannten Dauerthemen. Diese Antithetik bestimmt schon frühe Äußerungen[380], sie beherrscht die Methodologie von 1802 wesentlich entschiedener als man bisher annahm[381], ebenso die neu zugängliche von 1809[382]. Auch 1808/09 operiert er mit dem Menetekel der „Barbarei einer völlig gesetzlosen Willkür"[383]. Im „Beruf" und Zweck-Aufsatz dominiert die *Antithetik* der politischen Konjunktur gemäß völlig[384]. Im „System" hat Savigny sie gemildert, aber keineswegs aufgegeben[385]. Dazwischen liegen mannigfache Briefzeugnisse, die sie mindestens sinngemäß aussprechen oder anwenden. Ein Beispiel von vielen gibt der Brieftext eingangs dieses Kapitels über „wahr zu sein, d. h. *nichts mit Willkür* machen zu wollen"[386].

Diese zahlreichen Attacken entspringen nicht bloß einem konkreten politischen Interesse. Sie sind darüberhinaus und vor allem untrennbar verankert in dem Wesensglauben der objektiv-idealistischen politischen Theorie Savignys. Diese Theorie suchte und fand das Wahre im Wirklichen und erkannte daher in allen bloß subjektiven Begründungen ihren grundsätzlichen Feind. Der subjektive Ansatz verfehlt das Gegebene und wird daher stets mit Schärfe zurückverwiesen. Als politische Theorie birgt er die Möglichkeit der Revolution, dieser äußersten Verletzung des Gegebenen. Da Savignys politische Theorie höhere „Objektivität" beansprucht und daher wie gezeigt im Positiven elastisch und diffus bleiben muß, immer nur konkret sich festlegend, müssen alle subjektiv ansetzenden Forderungen mir ihren bestimmten politischen Inhalten als „ABC" eingestuft und mit prinzipieller Schärfe bekämpft werden. Savignys durchgehende Willkürabwehr gehört also zu den wesentlichen Stücken seiner politischen Theorie, die sich konsequent aus seinem objektiv-idealistischen Ansatz ergeben. Hier zeigt sich in polemischer Gestalt diejenige Annahme, die positiv seiner „inneren Notwendigkeit" zugrundeliegt: die ontologische Prämisse ‚alles ist gut'.

---

[380] Etwa gegenüber Fries, dazu oben 242 ff., 249.
[381] Dazu oben 96 ff., 100 f.
[382] Dazu oben 107.
[383] Zitiert aus fol. 7v der Ausarbeitung, s. oben 113.
[384] Dazu eingehend RÜCKERT, Reyscher, S. 203 ff.: Savignys Konzeption im „Beruf", im Vergleich mit der rechtspolitischen Konzeption Reyschers.
[385] Dazu die Nachweise ebda., S. 212.
[386] Zitiert oben 377. Hervorhebung von mir.

6. *Abneigung gegen Parteien*

Auch Savignys *Abneigung gegen das moderne Parteiwesen* gründet im gleichen objektiv-idealistischen Kontext wie die bereits erläuterten politischen Denkweisen. In organisierten politischen Parteien sieht er Produkte der Willkür. Sie hemmen oder verletzen das Natürliche und Notwendige, sie bemächtigen sich des Richtigen auf für ihn gewaltsame, zerstörerische Weise. Er bemängelt nicht nur die Leidenschaft oder bestimmte Richtung dabei, sondern dieses Parteibilden überhaupt. Er habe „zeitlebens gestrebt, *keiner* Partei anzugehören", kann er daher 1842 Gerlach entgegenhalten[387].

Den engen Zusammenhang dieser Kritik mit seinem Gesamtansatz bei „Geist", „Gesinnung", werthafter Wahrheit und innerer Notwendigkeit der Wirklichkeit benennt er selbst in einem Brief, der 1831 – übrigens erfolglos – J. Grimm zur Mitarbeit an der Historisch-Politischen Zeitschrift anspornen sollte:

> „Gewiß haben Sie schon oft mit eben so viel Schmerz als ich empfunden, daß über öffentliche Dinge immer weniger *rein menschliche*, einfältige aufrichtige *Gesinnung* kundgegeben wird, ja wir haben schon öfter unsre Klagen darüber ausgewechselt. Immer breiter macht sich das *seelenlose Parteireden*, das ebenso *unwahr*, als lieblos und verderblich ist, und worin mir die Verschiedenheit des Stoffs und der Richtung (Ultra oder liberal) als unwesentlich erscheint in Vergleichung mit der gemeinsamen Verkehrtheit"[388].

Vertraut klingen nun schon die Positivformeln rein menschlich[389], aufrichtig/wahrhaftig[390], Gesinnung[391] und das abwertende unwahr[392]. Die doppelte Frontstellung von 1817 und 1840 gegen Rousseau *und* Haller[393] hat hier ihre konkret politische Parallele. Sie schlägt durch bis auf die Theorie, z. B. den Rechtsbegriff[394]. Auch auf religiöser Ebene wirkt sie, wenn er Parteistreit und Sektengeist beklagt und Trost in dem Gedanken einer

---

[387] Wie Fn. 376 soeben. Die Bedenken BOHNERTS, Beiträge, S. 238 bei A. 2, hieraus Folgerungen für Savignys *inhaltliche* politische Position zu ziehen, sind sehr begründet, treffen aber nicht die hier wichtige politische Theorie darin.
[388] Wie soeben Fn. 378, Hervorhebungen hier von mir.
[389] Dazu allgemeiner 197 mit weiteren Belegen.
[390] Dazu soeben 377 ff., Abschnitt 1.
[391] Dazu soeben 384 ff., Abschnitt 3.
[392] Die Gleichstellung von wahr und wertpositiv war ja durchlaufendes Charakteristikum. Auch „einfältig" ist Formel, vgl. die Verwendung bei Fn. 340.
[393] Dazu oben 214 u. 222, auch 225 f.
[394] Dazu oben 281, 309 ff.

unsichtbaren Kirche sucht³⁹⁵. Wieder einmal im Dezember schließlich, am 24. 12. 1821, offenbart er seine tiefe Skepsis gegen jede Formation und Verfestigung. Wenn das ernste Einverständnis unter Menschen abnehme, so hänge dies zum Teil

> „wohl mit der vorherrschenden Parteisucht der Zeit zusammen, die durch den täuschenden *Schein der Gemeinschaft* den wirklichen Mangel derselben verdeckt, und die edelsten Gegenstände ihrer nährenden Kraft beraubt, indem sie dieselben in leblose *Formen* verwandelt"³⁹⁶.

Partei als täuschender Schein von Gemeinschaft – das bestätigt seine grundsätzliche Abneigung, aber es deutet auch seine eigene Lösung an, denn „Gemeinschaft" war ja wiederum eines seiner Schlüsselworte³⁹⁷.

Savignys Abneigung gegen organisiertes Parteiwesen entspringt also wiederum sehr konsequent seinem ersten Schritt, dem objektiv-idealistischen Ansatz. Dieser Ansatz begründet seine stete Befürchtung, die Form werde das Wesen behindern. Erhebt sich die Form gar zur Formation, so mißtraut er ihr zutiefst. Freilich: Bei aller Abneigung gegen feste Formen konnte die Sicherheit der Übereinstimmung mit dem Wesen (der Zeit, des Rechts usw.) einen Grad annehmen, der dazu ermutigte, die Scheu vor der Form hinter sich zu lassen, so Savigny 1815 mit seiner Schulgründung.

Savigny lag damit völlig auf der Linie anderer, ähnlich idealistisch ansetzender Zeitgenossen, die mehr oder weniger bewußt die gleichen Konsequenzen in Sachen Partei zogen. Es ist also kein Zufall, sondern Bestätigung meiner Einordnung, wenn hier die strukturelle Parallele zum organischen Liberalismus eines *Dahlmann* wiederkehrt, der 1835 sein Parteiideal in einer krassen Verzeichnung des englischen Parteiwesens aussprach:

> „eben weil *Wahrheit* sein Ziel ist, verwirft er (sc. der Engländer) die systematische Opposition, hilft keine Partei von Ja oder Nein bilden, sondern stimmt, wie die Sache es jedesmal von seiner Überzeugung fordert ‚measures not men', so lange nur irgend tunlich"³⁹⁸.

---

³⁹⁵ So die Briefe an Bang von 1809 (Zitat oben 198), an Perthes bei STOLL, Nr. 344 v. 24. 7. 18/II 248 und J. Grimm v. 29. 12. 17, bei STOLL Nr. 338/II 239; zu letzteren eingehend RAUB-DOMNICK, bes. S. 140 ff., mit weiteren Belegen aus PFÜLF und SCHIEL, die viele Parallelen seines Idealismus und seiner Religiosität nahelegen; vgl. jetzt auch KADEL, Ringseis (1981).

³⁹⁶ An J. Grimm bei STOLL Nr. 366 v. 24./27. 12. 21/II 283.

³⁹⁷ Vgl. den Brief an Bang von 1809, zitiert oben 198 und allg. zu „Geselligkeit" oben 195 f.

³⁹⁸ Aus DAHLMANN, Politik (1835) § 182, hier nach v. BEYME, Partei, in: Gesch. Grundbegr. 4 (1978), hier S. 713. BEYMES souveräner Überblick bildet der Einfachheit halber die Grundlage meiner kurzen Vergleiche hier. Bei BEYME selbst läßt sich die idealistische Gemeinsamkeit zwar ablesen an den Belegen und Zitaten, wird aber nicht besonders akzentuiert.

Wahrheit, Überzeugung und nur *die* Sache – die idealistische Nomenklatur verdeutlicht die Nähe zu Savigny, eine Nähe die über inhaltliche Abweichungen hinwegging und der gemeinsamen Denkweise entstammt. Gleiches gilt für Novalis (1799), Oken (1817), Fr. Schlegel (1821), Hegel (1821), Marx u. a.[399]. Die Wurzeln ließen sich hier bereits in den Analysen zur Ausbildung von Savignys natürlicher Philosophie in den Jahren nach 1798 fassen[400]. Überall wehrt man sich im Namen eines fest geglaubten Wesens im Gegebenen gegen eine plurale Auffassung von Wahrheit und deren Konsequenzen[401]. Nur als Glieder im werthaften Ganzen ließen sich hier Parteien denken. Das zeigt Savignys Ständebegriff ebenso wie eine ihm unmittelbar naheliegende Quelle, Rankes *Politisches Gespräch*[402]. Dort wird der Parteibegriff idealisiert und damit akzeptabel, indem man seine Zeit in drei Richtungen bringt:

> „Allenthalben sehe ich die drei Stände, ähnliche Formen, korrespondierende Parteien, die den wärmsten Anteil an Interessen nehmen, von denen sie unmittelbar gar nicht berührt werden"[403].

Aus dem engsten Umkreis Savignys wird damit dieses wesentliche Stück auch seiner politischen Theorie objektiv-idealistisch formuliert. Nur die Verpflichtung auf das nicht Unmittelbare, das hieß das Wesen, das alle angeht, macht Parteien akzeptabel[404].

7. *Gemeinschaft der Gesinnung. Volk und Nation*

Wie soeben erwähnt, gab es auch im Rahmen des objektiv-idealistischen Ansatzes politischer Theorie einen spezifischen Weg zur Gemeinschaft, die Gemeinschaft der Gesinnung. Auch innerhalb einer Konzeption mit „Notwendigkeit", „Wahrheit", letztlich „Gesinnung" und „Geist" fordern der Druck der oft gegenläufigen Realität oder die momentane völlige Unsichtbarkeit des „Notwendigen" eine Lösung heraus, die die dann drohende Subjektivität überschreiten hilft. „Gesinnung" war bereits als keineswegs bloß subjektive Sache erkannt worden. Den Durch-

---

[399] Dazu Belege u. Zitate bei BEYME, aaO., S. 697, 699, 702 f., 705.
[400] Siehe zum metaphysisch gedachten Politikbegriff dabei näher oben 277 f.
[401] Dazu für den Wahrheitsbegriff eingehend oben 232 f., 237 ff.
[402] Vgl. für Savignys Bezug dazu oben 37; zum Ständebegriff 220, 215.
[403] RANKE, Politisches Gespräch (1836) (SW 49/50, S. 322, nach BEYME, aaO., S. 708) = ed. ROTHACKER, S. 18 = HPZ 2, S. 785; vgl. auch S. 14 (ROTHACKER).
[404] Selbstverständlich ist damit diese Quelle nicht ausgeschöpft, dies könnte auch nur separat geschehen.

bruch zur Tat, in der die stete Scheu vor willkürlichen Eingriffen überwunden werden muß, motiviert in Savignys politischer Theorie die *Gemeinschaft der Gesinnung*. Und das heißt: Übereinstimmung im Bezug zum Absoluten.

Für diesen konstitutiven Zusammenhang von Gemeinschaftserlebnis und Mut zur politischen Tat ist schon an seine begeisterte Aufforderung zu „Geselligkeit" von 1799 zu erinnern, die zwar nicht politischer Tat galt, aber doch der Suche nach dem praktisch Richtigen[405]. Die intensiven Gemeinschaftserlebnisse von *1813* trugen dann durch und durch politischen Charakter. Savignys mehrfach enthusiastische Rückblicke darauf beweisen ihre entscheidende Rolle in seiner Konzeption. J. A. Eichhorn erinnert er im Dezember 1813 an die „kurze mir unvergeßliche Excursion ins praktische Leben", das hieß den Landwehrausschuß und Landsturm[406]. Fr. Creuzer gegenüber preist er sie am 5. 3. *1814* noch bezeichnender:

> „Vorigen ganzen Sommer wurde weder gelesen noch studirt, sondern exercirt und nach der Scheibe geschossen, besonders aber war ich ein geplagter Mensch, da ich den ganzen Tag und manchmal auch die Nacht Landwehr und Landsturm formiren helfen mußte. Doch möchte ich diese Erinnerungen um keinen Preis missen. Indessen war auch schon vor dieser schweren und herrlichen Zeit hier ein sehr *allgemeines und einstimmiges politisches Leben*, welches mir viel werth war, da es zu meinen eigensten Bedürfnissen gehört"[407].

Nicht Politik schlechthin war also sein Bedürfnis, sondern *einstimmiges Leben* dabei. Entsprechend nennt er die spätere Zeit zunehmender Gegensätze eine „kalte, anteillose Zeit"[408]. Die Erlebnisse von *1813/14* beflügelten Savigny dagegen zu mitreißenden, auch politischen Schriften wie „Beruf", Zweck-Aufsatz, Gönner-Rezension und Stimmen-Aufsatz[409]. Ähnlich versucht er *1831/32* frischen Mut zu gewinnen aus der Verbindung mit dem jungen Ranke und der Aussicht,

> „Männer in Einen Brennpunkt zu sammeln, die dem innersten Wesen nach Einer wahren und guten Meynung zugetan sind"[410].

Das Konzept der Historisch-Politischen Zeitschrift beruht ganz auf dieser Hoffnung auf Gemeinschaft der Gesinnung. Der durchgehende Rückgriff auf ein „innerstes Wesen", „wahr und gut" wurde bereits als prinzipiell

---

[405] Dazu näher oben 195 f. mit Belegen.
[406] So sein Brief (wie Fn. 361 oben 383), vgl. oben 35 zu den Daten dieser Tätigkeit.
[407] Bei STOLL Nr. 255/II 98.
[408] An J. Grimm bei STOLL Nr. 348 v. 4. 4. 19/II 254.
[409] Zu dieser Bewertung der Schriften auch oben 213 die Urteile von GRIMM und RANKE.
[410] STOLL II 442, vgl. zur HPZ oben 37, zum Zitat oben 380 bei Fn. 341.

elastisch erwiesen. Diese weite Verankerung in „Einem" ließ durchaus Meinungsunterschiede zu. Man konnte sogar das Preußische, Bayrische und Schwäbische in der Politik, realiter gerade 1831/32 ja recht disparat, auf bewährte Weise unter dieser höheren Sicht vereinigen und dann bloß als „besondere Formen" auffassen, „worin Gott deutsches Wesen hat offenbar werden lassen"[411]. In diesen Sätzen kehrt die typische Doppelungstechnik wieder.

Diese Sätze legen zugleich die Wurzeln der eminenten Rolle von *Volk und Nation* bei Savigny frei. Seine spezifische, objektiv-idealistische Gemeinschaftsvorstellung, die Übereinstimmung als gemeinsamen Anteil an einem Absoluten konstruiert, erreicht hier ihre allgemeinere Form. Es ist nicht so sehr die Kulturnation im modernen, nüchterner beschreibenden Sinne, sondern eben diese tiefer bzw. höher verankerte Gemeinschaft, an die Savigny denkt[412]. Andererseits galt dieser Anspruch nicht nur national, sondern stets: rein menschlich. Savigny versuchte sogar, ihn im preußischen Staatsrat zu realisieren. Als er für den 8. 12. 1847, kurz nach seiner Ernennung zum Präsidenten, eine offenbar einführende Grundsatzrede hielt, konzipierte er sich folgenden Appell:

> „höchste Unbefangenheit und Unparteilichkeit zu üben", das hieß, „daß in jeder Beratung die eigene, persönliche Meinung vergessen werde, um alles Bestreben darauf zu richten, daß aus den entgegengesetzten Meinungen der Einzelnen und aus dem Widerstreit dieser Meinungen ein möglichst gemeinsames höherstehendes Urteil der ganzen Versammlung hervorgehe"[413].

Auch dieser Appell setzt die Möglichkeit eines „höherstehenden Urteils" voraus. Diese Ausdrucksweise kann nicht die Vorstellung eines bloßen Kompromisses meinen, sondern impliziert die besondere Legitimation in etwas Höherem, die vielleicht sogar dieser Versammlung durch gemeinsames Streben gelingen könne. Gemeinschaft der Gesinnung bedeutete also politischen Auftrieb, Zerstrittenheit der Zeit scheute man als Kälte, als normativen Winter, als Rückzug Gottes aus der Welt.

Gemeinschaft der Gesinnung war also innerstes Bedürfnis dieses weltanschaulichen Ansatzes, der einzige Weg zum praktischen Absoluten. Savignys bewegte *Aufrufe zu Geselligkeit* schon seit 1798 zeigen also wesentlich mehr als nur die Neigung des Frühwaisen zu lebhaften Kontakten[414]. Sie zeigen bereits ein wesentliches Stück seiner durchgehenden

---

[411] Im Einladungsbrief an Grimm (wie Fn. 388), STOLL Nr. 458/II 441.
[412] Diesen Zusammenhang scheint z. B. WIEACKER, Priv.r.gesch., S. 385, 392, weniger zu betonen. Zur Nähe zu NOVALIS 1798 schon oben 186 Fn. 186 und 96 Fn. 465.
[413] Nachlaß Münster, in Kaps. 2, 14.
[414] Dazu näher oben 195 f., auch 198, 252, 255; vgl. dagegen etwa WIEACKER, Savigny (1954), S. 114. Parallel für „Gemeinschaft" auch *Polit. Gespräch*, S. 30 f. (ROTHACKER).

Weltanschauung, das auch und gerade seine Folgen als politische Theorie hat.

8. *Abneigung gegen „leblose Formen"*

Ein ständiger Topos im Zusammenhang seiner Grundkonzeption war auch Savignys *Skepsis gegen bloße Formen*[415]. Bei seiner Kritik an Parteien als „leblosen Formen" von Gemeinschaft wurde sie in politischem Zusammenhang sichtbar[416]. Bei dem alten Thema der Bedeutung von Staatsformen gibt Savigny eine detailliertere Anwendung seiner Ansicht. *Gegen Kant*, der Staatsformen problematisiert, aber festhält[417], mehr noch gegen *Fichte*, der sie im „Naturrecht" 1796/97 sehr unterstreicht[418], aber *mit Novalis*, der bloß auf Gesinnung abstellt[419], mit *Schlegel*, der sie relativiert[420], mit *Hegel*, der dies früh schon systematisch begründet[421], mit *A. Müller* schließlich, der sie schon leidenschaftlich verwirft[422], erklärt auch Savigny die Form von Regierungen für nicht wesentlich. Er teilt den romantischen Angriff auf die klassische Lehre von der Politik[423]. 1815 behauptet er gegen Gönner,

---

[415] Siehe oben 238 zum Formbegriff.
[416] Zitiert oben 390 bei Fn. 396. Vgl. auch die Quellen oben 99, 238, 381.
[417] Dazu KOSELLECK, Demokratie IV 1, in: Gesch. Grundbegr. 1 (1972), S. 850 f. anhand KANT, MdS (1797), § 52. Vgl. außerdem durchgehend für das Folgende die eindringliche Monographie von G. SCHRAMM, Das Problem der Staatsform in der dt. Staatstheorie des 19. Jh. (1938), hier S. 63 ff., 95 ff. und für moderne Folgerungen RYFFEL, Rechtsphilosophie, S. 430 ff. Allerdings schreibt SCHRAMM weniger unter dem Gesichtspunkt „idealistisch?" und steuert mehr auf die Frage zu, welche Staatsform jeweils bevorzugt werde; er muß daher kritisch verwendet werden. Zur Ergänzung daher wertvoll immer noch METZGER, Idealismus.
[418] FICHTE, Naturrecht (1796/97), S. 184, zum Staatsrecht: „Man meint es nicht gut mit der Menschheit, wenn man sie aller Formulare überheben will" (= a. E. von Teil I); ausf. zu Fichte SCHRAMM, Staatsform, S. 104 ff., 129 f., 139 f.
[419] Dazu METZGER, Idealismus, S. 229, vgl. SCHRAMM, Staatsform, S. 182-85.
[420] Dazu METZGER, Idealismus, S. 225 in der Anm.; SCHRAMM, Staatsform, S. 178 ff.
[421] Dazu COPLESTON, History 7, S. 215 über Hegels „general idea of political philosophy" mit Bezug auf Rechtsphilosophie (1821) § 273 Zusatz; weiter ROSENZWEIG, Hegel I, S. 145, (für 1800 und 1802), SCHRAMM, Staatsform, S. 207 ff., 239 ff.
[422] Elemente der Staatskunst (1809), 9. Vorlesung: Vom Staatsrecht und vom Adel, Bd. 1, S. 172 ff., hier S. 175 f., 180 u. ö.; siehe dort auch in II S. 318, 328, 343 die Hinweise BAXAS für Novalis dabei, II 318 f. für Burke, Novalis und Schlegel, jeweils mit Zitaten.
[423] Vgl. zum „romantischen Angriff" SCHRAMM, aaO., S. 155 ff., 161 (Schelling), 169 ff.; METZGER, Idealismus, S. 193 f.; auch HENNIS, Politik, S. 20 und S. 148 für Anstöße durch Kant; DROZ, Romantisme, S. 44-48; s. auch COLLMANN/MOLITOR, Zeitschrift (1802), durchweg.

„eine absolute Monarchie kann durch den Geist der Regierung im edelsten Sinne frei sein",

die „verschiedensten Formen der Verfassung" seien gegenüber der Legitimation des Regenten in Gott ganz überflüssig[424]. Anders als bei *Kant* fehlt auch die Bindung durch eine „Verbindlichkeit" zur permanenten Reform[424a]. „Geist" allein garantierte Savigny auch hier das Wahre im Wirklichen, das nicht in Formen eingesperrt werden dürfe. Schon *Rudorff* betonte treffend, wie diese Haltung 1832 in „Städteordnung" und „Universitäten" fortwirke und ins „System" ausmünde. Er sagt, „überall ist es in Savignys Sinne der sittlich-patriotische Geist ... welcher wahrhaft frei macht"[425]. Im „System" heißt es dann prägnant:

„Ob ein Fürst das Gesetz macht, oder ein Senat, oder eine größere etwa durch Wahlen gebildete Versammlung, ob vielleicht die Einstimmung mehrerer solcher Gewalten für die Gesetzgebung erfordert wird, das ändert Nichts in dem wesentlichen Verhältnis des Gesetzgebers zum Volksrecht, und es gehört wieder zu der schon oben gerügten Verwirrung der Begriffe, wenn Manche glauben, nur in dem von gewählten Repräsentanten gemachten Gesetz sei wahres Volksrecht enthalten"[426].

Die Verwirrung der Begriffe bezog sich auf den *Volksbegriff*, der hier bereits mehrfach Anhalt für verschiedene Aspekte geben konnte[427]. Sie war auch schon 1816 bei Pfeiffer gerügt worden[428].

Savigny *relativiert* also *die Verfassungsfragen* genauso grundsätzlich auf sein vages Volksrecht, wie schon Staat und Recht überhaupt[429], das Selbständige im Recht auf das Christliche und Allgemeine[430], ja die Wahrheit überhaupt[431]. Stoff und Form stehen sich gerade nicht dualistisch-selbständig oder gar mit Vorrang der Form gegenüber[432]. Vielmehr kehrt hier Savignys ständiger Rückverweis auf Absolutes wieder, der in den ver-

---

[424] Siehe zum Zusammenhang dieser Quellen oben 212.
[424a] TEGETHOFF, S. 53 ff. benennt mit Recht Parallelen zu KANT, MdS § 52 (Staatsformen nur Buchstabe, wesentlich Geist) und hätte noch anführen können DENS., Zum ewigen Frieden, Anhang I, A 73 (Werke XI 233). Aber eben Kants „Verbindlichkeit" zur *Reform* von oben gemäß dem „Geist jenes ursprünglichen Vertrags" (MdS, aaO.; Ew. Frieden, aaO.; zu diesem Prinzip näher oben 229) fehlt bei Savigny ganz, wie auch der Rückgang auf „Vertrag". TEGETHOFF, S. 55 macht daher Savigny ganz unrichtig „zwischen den Zeilen" zum Demokraten, eine Behauptung, die nur durch Kontextlücken in Quellen und Lit. zu erklären ist, dazu grds. oben 121 und konkret Fn. 417 die Nwe. zur Lit., sowie Sav. gegen Republik oben 224 Fn. 379.
[425] RUDORFF, Savigny (1861), S. 52 f. Parallel auch *Polit. Gespräch*, S. 19 (ROTH.).
[426] Ebda. SAVIGNY, System 1, S. 39 f./§ 13: Gesetzgebung.
[427] Siehe *System* 1, S. 30, und dazu oben 221, auch 324, 393.
[428] Zitiert oben 211.
[429] Dazu oben 312 ff. Abschnitt 3: Staat, Recht und Volk.
[430] Dazu oben 364 ff. Abschnitt 12: Recht. Sittlichkeit. Freiheit.
[431] Dazu oben 237 ff. Teil 2, IV, 2: Savignys Wahrheitsvorstellung.
[432] Dazu oben 99.

schiedensten Anwendungen und unter den verschiedensten Namen hier immer wieder aufgetreten war. Die Skepsis gegen bloße Formen folgt also ebenfalls aus einem grundlegenden Konzept Savignys. Es erfaßt auch dieses Stück von Savignys politischer Theorie und weist es als metaphysisch im Sinne eines objektiv-idealistischen Ansatzes aus, dem es immer mehr auf die Substanz als die Festigkeit der Erscheinung ankam.

9. *Recht, Moral und Politik*

Die Analyse mündet zwangsläufig in die Frage, wie sich Savigny bei so vielen Übereinstimmungen seiner Begriffsbildungen das Verhältnis von Recht, Moral und Politik denkt[433]. Die Antwort darauf besteht zu wesentlichen Teilen darin, Fäden zusammenzuführen, die sich in Teilen der Studie bereits ausmachen ließen.

Aus der Analyse seines Briefwechsels mit Fries im Jahre 1802, ergab sich, daß Savigny *Recht und Moral* im Ansatz parallel konzipierte, da er beide gegen Kant u. a. auf „natürlich" in seinem besonderen, metaphysischen Sinn zurückführen wollte[434]. Diese Verankerung in etwas „Natürlichem" wurde als tragender Gesichtspunkt seines gesamten Denkens in dieser Zeit erkannt[435]. Savignys objektivierende, parallele Verankerung von Recht und Sittlichkeit wurde später im Zusammenhang überprüft und bestätigt[436]. Auch das *positive Recht* fiel in dieses Schema, in dem Recht und Sittlichkeit als Entfaltungen eines durchgehenden objektiven Prinzips gedacht wurden. Denn positives Recht wird wieder als Erscheinungsform *des* Rechts, des „natürlichen", „wirklichen" Rechts verstanden[437]. Die Wesensverbindung bleibt, sie lockert sich allenfalls.

Ähnlich verhält es sich mit *Recht und Politik*. Vor allem aus Savignys Fichte-Beurteilungen von 1802/03 ließ sich zeigen, daß Savigny die Politik nicht als etwas völlig Fremdes auffaßte. Wenn er Fichte dafür *lobte*, mehr Stoff und Politik, das hieß mehr Natur und Wirklichkeit geliefert zu haben

---

[433] Siehe zum Kontext dieser Problematik bes. STOLLEIS, Staatsräson, Recht und Moral in philosophischen Texten des späten 18. Jhs. (1972), bes. S. 72 ff.; SELLIN, Politik, in: Gesch. Grundbegr. 4 (1978), hier S. 838 ff.; HABERMAS, Politik und Moral (1960), zu Kant u. Hegel; HENNIS, Politik u. prakt. Philosophie (1963); schließlich auch Kap. VI in dem eindringlichen Buch von WELDON, Kritik der politischen Sprache (engl. 1953, dt. 1962): Politik und Moral (für kritische Reflexionen).
[434] Näher dazu oben 252 mit 249, und 266.
[435] Zusammenfassend oben 280.
[436] Teil 3 I, Abschnitt 12, oben 364 ff.
[437] Dazu Teil 3 I, Abschnitt 2, oben 309 ff.

als die kantianischen Naturrechte, so geschah dies, weil Fichte damit Savignys Bedürfnis nach Verankerung des Idealen im Realen selbst entgegengekommen war[438]. Und wenn Savigny für das Naturrecht eine „gründliche Darstellung des Verhältnisses zur Politik" forderte, hatte er damit die gleiche Richtung im Sinn. Er wollte das Bedenken des Allgemeinen und Notwendigen im Recht mit Politik, das hieß Wirklichkeit, verbinden[439]. Die Wirklichkeit mußte dazu freilich als Erscheinung des Idealen gesehen werden, denn als solche wäre sie ganz ungeeignet gewesen, für die „unendliche Aufgabe" auch der Rechtsphilosophie etwas herzugeben. Savigny gab also das philosophische Recht nicht auf, sondern forderte eine realere, politischere Philosophie des Rechts und zugleich eine philosophischere Politik[440].

Mit diesen Sätzen über Rechtsphilosophie und Politik sollte also keineswegs das Einheit stiftende Absolute aufgegeben werden. Savigny suchte es nur in neuer, objektiver, natürlicher Richtung. In der Moral ging es daher gegen die starre Pflicht, im Recht gegen den starren Standpunkt der wechselseitigen Begrenzung von individuellen Freiheiten durch allgemeines Gesetz, in der Politik gegen starre Formen[441]. Recht, Moral und Politik finden sich also im Bezug auf das gleiche reale Absolute und sind damit sehr grundsätzlich und idealistisch vereinigt. Auch Politik denkt Savigny keineswegs als „Unterfall von Macht", aber auch nicht mehr als Folgerung aus rational erkannten Prinzipien der praktischen Philosophie[442].

Das *Verhältnis* von Recht und Politik läßt sich nur schwer präzisieren. Denn das Absolute realisiert sich in verschiedenen Formen. Es bestimmt sie alle, aber nicht vollständig. Es läßt also auch Spielraum. Es ist keine Kausal-, aber auch keine schlichte Zweck-Mittel-Relation, sondern eine innere Teleologie, es bleibt ein gewisser Spielraum für jedes Element. Eine scharfe allgemeine Abgrenzung zwischen Recht und Politik wie lex lata – lex ferenda kann hier nicht bestehen. Es fehlt an einem festen Normbegriff. Die Doppelung des Rechts läßt ihn prinzipiell offen. In der Auslegungslehre gibt es daher nur scheinbar eine feste Grenze zur Rechtsfortbildung[443]. Savignys Bemerkungen zur Abgrenzung fallen schon für Recht/Sitte außerordentlich vage aus. So nennt er im „System" das Recht gegenüber der Sittlichkeit ein „eigentümliches" Element mit Selbständig-

---

[438] Näher dazu oben 265 f., 277 f.
[439] Näher dazu oben 278. Parallel auch *Polit. Gespräch*, S. 21 (ROTHACKER).
[440] Näher dazu ebda.
[441] Dazu die Belege oben 197, 310 f., und soeben 394 f., Abschnitt 8.
[442] Vgl. HENNIS, Politik, S. 59 f., auch für die Prägung *Max Webers* vom „Unterfall".
[443] Dazu oben 356 f.

keit, ordnet es aber trotzdem seiner objektiv verstandenen Sittlichkeit als dienend zu[444]. Ähnliches könnte man als Abgrenzungsformel zur Politik vermuten. Savigny versuchte aber, das Problem strikter zu lösen: Er verneint einfach die Selbständigkeit des Politischen gegenüber dem Sittlichen. So jedenfalls wird man seine These im *System* deuten müssen:

> „Mit der Annahme jenes Einen Zieles (sc. der Sittlichkeit als allgemeiner Aufgabe des Rechts) aber genügt es völlig, und es ist keineswegs nötig, demselben ein ganz verschiedenes zweites, unter dem Namen des öffentlichen Wohles, an die Seite zu setzen: außer dem sittlichen Prinzip ein davon unabhängiges staatswirtschaftliches aufzunehmen. Denn indem dieses auf Erweiterung unserer Herrschaft über die Natur hinstrebt, kann es nur die Mittel vermehren und veredlen wollen, wodurch die sittlichen Zwecke der menschlichen Natur zu erreichen sind. Ein neues Ziel aber ist darin nicht enthalten"[445].

Im Rahmen seiner objektiv-idealistischen Position, die die Werte im Wirklichen findet, mußte es in der Tat schwer halten, in dieser wiederum sittliche, rechtliche und politische Werte scharf zu trennen. Diese systemgefährdende Aufgabe löst Savigny, indem er die Politik in der Sittlichkeit verschwinden läßt. Politik gelangt damit auch ins Recht, nämlich soweit dieses wieder der Sittlichkeit dient. Die Frage ist damit nicht gerade leicht verständlich „gelöst", da die schon komplizierte, labile Verbindung Recht-Sitte/Moral auch noch mit der Politik befrachtet wird. Als selbständige normative Frage geht Politik hier also verloren. Auch soweit sie nicht „Staatswirtschaftliches" meinte, sondern allgemeine Fragen des richtigen praktischen Verhaltens, lag es schon in der Linie ihrer latenten Reduktion auf „Gesinnung", die oben gezeigt wurde[446], sie einfach in der Moral aufgehen zu lassen. Das Verhältnis der Politik zum Recht bleibt also sehr diffus. Politische Erwägungen werden zwar nicht als unwissenschaftlich aufgegeben, sondern gerade anerkannt, aber dann auf Recht und Sittlichkeit verteilt, wo sie undeutlich dahinschweben.

Eine Bestätigung für diese Lage findet sich in der selbstverständlichen Art, mit der Savigny schlicht politische Fragen als juristisch-wissenschaftliche lösen will, etwa den Volksbegriff, das Gesetzes- und Verfassungsproblem, die Frage der Rechtsfortbildung u. a. m.[447]. Dies blieb Zeitgenossen mit einem schärferen Rechtsbegriff und dementsprechend anderen Poli-

---

[444] Dazu oben 364 ff.
[445] SAVIGNY, System 1, S. 54; auch Vorrede, S. XXI.
[446] Siehe Abschnitt 3, oben 384 f.
[447] Vgl. oben Fn. 427 die Nwe. zu Volk und Gesetz, 357 Fn. 247 zur Rechtsfortbildung.

tikbegriff wie Hugo oder Fries nicht verborgen[448]. Das „unkritische Prinzip" Fichtes in dieser Frage brachte demnach auch Savigny trotz seiner frühen Kritik daran nicht hinter sich.

Die Scheidung von Politik und Recht, entsprechend von öffentlichem Recht und Privatrecht, die man bei Savigny feststellt[449], liegt also einerseits durchaus vor. Indem Savigny beides aber trotzdem noch verbindet, ja über den Bezug auf ein einheitliches Absolutes den gesamten Bereich des Praktischen auf einen Nenner bringt, steht er doch mit beiden Beinen im Idealismus und hier im objektiven. Er ist gerade noch nicht „wertfrei" wissenschaftlicher „Positivist", der diese Überhöhung aufgibt. Recht ist für Savigny nicht etwa bloßes Sein. Einer derart positivistischen Haltung zum Recht steht er auch deswegen fern, weil er zwar bloß zu „erkennen" vorgibt, aber damit nicht einen empirischen Vorgang meint, sondern ein „enthüllen"[450]. Nicht nur ist ihm der gesamte Bereich des Praktischen also noch prinzipiell Einheit; sein Absolutes stiftet auch die Einheit mit Wissenschaft, mit dem Bereich des Theoretischen[451]. Denn in beiden Fällen geht es letztlich um den Geist im Wirklichen, um das Ideal in der Natur. Die Grenzen zwischen Recht, Politik und Moral zerfließen und auf spezifische, objektiv-idealistische Weise.

---

[448] Siehe für FRIES seine oben 371 behandelte Rez. zu *System* Bd. 1, hier bes. die Kritik an der Unsichtbarkeit des Volksgeistes, an der Rechtsquellenlehre, am Juristenrecht; für HUGO seine Rez. zu *System* Bd. 5, in GGA 1842 v. 1. 1. 42, S. 1: „Je weiter nämlich das Werk fortrückt, desto mehr sieht man, daß es mehr hält, als der Titel verspricht, indem es außer dem heutigen Rechte, der Dogmatik, auch lehrreiche Winke, was zu wünschen übrig wäre ..., die Politik, enthält, noch viel mehr, aber ... Geschichte". Wieviel deutlicher HUGO hier trennt, zeigt ausführlicher seine bekannte Zerlegung der Rechtswissenschaft in drei Fragen: Was ist Rechtens? Ist es vernünftig, daß es so sei? Wie ist es Rechtens geworden?, s. Encyclopädie ²1799, § 16 u. ö. (näher dazu oben 109). Passend parallel zu Savigny dagegen etwa STAHL, Philosophie 1 (1830) S. 209 f. (für Einheit).

[449] Sehr betont etwa bei DILCHER, Positivismus, S. 515 f.; näher mNwn. zu öffentl. Recht – Privatrecht oben 358 f., Abschnitt I 9.

[450] Zu diesem Konzept näher 377 ff., in Abschnitt 1.

[451] Siehe für Parallelen zu Hegel und Marx, RÜCKERT, Erkenntnisproblematik (1978), S. 262, 264 f.

10. *Politische Metaphysik als politische Richtung*

Einige wesentliche Stücke von Savignys politischer Theorie wurden faßbar, wenn man sie vor dem Hintergrund seiner objektiv-idealistischen allgemeinen Denkweise untersuchte. Freilich enthielten diese Stücke zunächst nur allgemeine Lehren. Es bleibt die gern gestellte Frage, wie weit seine Denkweise auch konkrete politische Inhalte implizierte oder begünstigte. Was gab also diese allgemeine Theorie an Inhalten her?

Die Frage verläßt den immanenten Weg der Theorieanalyse. Denn die Konkretheit einer metaphysischen Theorie besteht zunächst in der Anwendung ihrer allgemeinen Sätze auf Realität und nicht in ihr selbst, die ja nur das Allgemeine und Dauerhafte universal fixieren will[452]. Doch enthalten diese „reinen" Theorien bei kritisch-historischer Betrachtung meist schon einigen konkreten politischen Sinn, und nach diesem ist zu fragen. Dies gilt sicher auch für Savignys objektiv-idealistischen Ansatz, der in zirkulärer Weise den Wert *im* Wirklichen aufsuchen will und damit erste Festlegungen trifft. Dennoch müssen zwei Vorbehalte gemacht werden: Um die Antworten auf die Frage Theoriestruktur — Politik nicht völlig verschwimmen zu lassen, mußte die Fragestellung wie geschehen eingeschränkt werden. Selbst unter dieser Voraussetzung wird sich der Versuch, so allgemeine Strukturen wie Savignys Denkweise mit der ganzen Geschichte um sie herum zu verbinden — denn das ist hier „Politik" — nur in einigen wenigen Punkten plausibel durchführen lassen[453].

Die inhaltliche Bestimmtheit eines solchen metaphysisch-idealistischen Vorgehens hängt zuletzt davon ab, wie man das Absolute auslegt. Der spätere Hegel hatte sich hier bestimmter als Savigny für die Erkennbarkeit des Absoluten selbst ausgesprochen. Savignys Idealismus enthielt nur die *Maßgaben „natürlich", „objektiv", „innerlich notwendig"*. Wenn man derart den Wert *im* Wirklichen finden will, darf man dieses vor allem nicht verletzen. Diese Vorgabe enthielt also politischen Inhalt. Denn damit ließen sich immerhin *echte Revolution oder echte Reaktion* nur schwer begründen. Beides verletzt zu deutlich die „Wirklichkeit". Man müßte denn sich mehr Einsicht in das Notwendige zutrauen, als dieses momentan zu erkennen gibt, die „Wirklichkeit" mutig darüber belehren und danach

---

[452] Dazu treffend WIELAND, Praktische Philosophie und Wissenschaftstheorie, in: Rehabilitierung der prakt. Philosophie 1 (1972), S. 505-534, hier S. 529.
[453] Abgesehen von der Möglichkeit, mit entsprechender Phantasie weitere ergiebige Fragestellungen zu entdecken, liegt der Hauptweg zu Savignys Politik wie bereits betont oben (51 u. 120) in einer Analyse seiner politischen Taten.

richten. Hier scheiden sich Savigny und z. B. Hegel. Savignys mehr irrationale Variante von Idealismus, die eine gleichmäßige, unsichtbare, innere Notwendigkeit annimmt[454], verlegt den Weg zu revolutionären oder reaktionären Begründungen entschiedener als Hegels Lösung einer Vernunft im Wirklichen.

Savignys Ideal war *„Ebenmaß" der Entwicklung*[455], nicht zu schnell und nicht zu langsam. Die seiner Theorie immanente Scheu, sich auf positive Inhalte festzulegen, und seine ausgeprägte Willkürabwehr[456] sind allerdings geeignet, die Suche nach „Ebenmaß" in *Quietismus* münden zu lassen. Untätigkeit dieser Art darf dann zwar nicht mit Reaktion gleichgesetzt werden, unterscheidet sich aber in dieser Zeit im Ergebnis nicht leicht davon.

In die gleiche Richtung Quietismus könnte man deuten wollen, daß Savigny für politische Tat so stark auf *Übereinstimmung in der Gesinnung*[457] angewiesen ist. Denn diese Übereinstimmung stellt sich nicht leicht her und hindert so die Tat. Doch liegt auch hier die theoretische Schranke schon darin, daß „Gesinnung" als nicht rein subjektiv, sondern als etwas Objektives *im* Subjekt gefaßt wird[458]. Andererseits erklärt sich aus der Gemeinschaft der Gesinnung, kommt sie einmal zustande, eine gewisse, dann zunächst überraschende Entschiedenheit des Auftretens. Man gründet dann selbstbewußt eine *Schule* (1815) und schreibt zündende politische Streitschriften (*Beruf*) oder vernichtend sichere Abfertigungen der Gegner (*Gönner-Rez., Stimmen*). Auch Savignys bekanntlich recht entschiedene Personalpolitik gewinnt in diesem Zusammenhang weltanschaulichen Rückhalt.

Savignys *Abneigung gegen offenes Werten* führt zu einem ständigen, etwas mystischen Suchen und Beschwören von wahr, gut, notwendig, natürlich u. ä. Enthüllen, entdecken u. ä. lauten seine Methodenstichworte[459]. Doch enthalten alle diese volltönenden Worte an inhaltlich bestimmten Aussagen nur den stets wiederholten Verweis auf Ideales im Wirklichen. Neben dieser appellativen Rolle spielen sie die Rolle von vagen Hinweisen und Versicherungen, von *Leerformeln*. So erklären sich

---

[454] Dazu oben 381 ff., Abschnitt 2. Parallel *Polit. Gespräch*, S. 34 (ROTHACKER).
[455] Siehe nur *Beruf*, S. 32 (STERN 90), wo ihm Rom Vorbild ist mit seinem „richtigen Ebenmaß der beharrlichen und der fortbewegenden Kräfte"; vgl. RÜCKERT, Reyscher, S. 211 zum Kontext.
[456] Zu beidem oben 385 ff., Abschnitt 4 und 5.
[457] Dazu näher oben 391 ff., Abschnitt 7.
[458] Dazu näher oben 384 ff., Abschnitt 3.
[459] Dazu näher oben 377 ff., Abschnitt 1.

z. B. die Leichtigkeit, mit der man 1832, wenn man nur wollte, Preußisch, Bayrisch und Schwäbisch in der Politik unter eine Linie bringen zu können meinte[460], oder andererseits die Unbeholfenheit, mit der Savigny und die Grimms ihre Differenz in der Hannoverschen Sache diskutierten und auf keinen anderen Begriff zu bringen vermochten als objektive oder bloß subjektive Auffassung der Sache[461]. Dieses eigenartige *Verfahren zur Wertermittlung* läßt sich nicht ohne weiteres bestimmten politischen Inhalten zuordnen. Gerade weil es mit unbestimmten Formeln arbeitet, eignet es sich für *verschiedene* Richtungen. Man kann damit wirkliche Gegensätze verschleiern, z. B. Unfreiheit und Ungleichheit, man kann sie aber auch umgekehrt übertreibend dem „Notwendigen" entgegensetzen, je nachdem wie das maßgebende Absolute gefaßt ist[462]. Die Palette reicht von Fichte über Schlegel, Schelling, Hegel, A. Müller u. a. bis Marx. Die politischen Konversionen vieler dieser Vertreter politischer Metaphysik berührten die metaphysische Abhängigkeit von einem Absoluten nie und bestätigen nur den insoweit ebenso leeren wie offenen Charakter dieser Theorien[463].

Inhaltliche Bedeutung gewinnt dieses Verfahren dann vor allem durch seine Tendenz, *bestimmte Ausleger zu bevorzugen*. Die Wertermittlung durch Blick ins Absolute hat tendenziell *elitäre Züge*. Das Verständnis des Wahren im Wirklichen läuft hierauf hinaus, weil empirische Kriterien dafür fehlen, aber doch „erkannt" werden soll. Wahrheit bedarf daher einer besonderen Einsicht. Sie erfordert nicht nur Wissen, sondern richtiges Bewußtsein. Das politisch Wichtige und Kennzeichnende dieser Art von Elite liegt also darin, daß sie primär einen *Zusammenschluß im rechten Geiste* meint. Man knüpft hier nicht nur an besondere Wissensleistungen oder Geschick überhaupt an, sondern an Geschick bei der Verfolgung des gemeinsam geglaubten Absoluten. Dieser Zug kennzeichnet daher nicht zufällig die Gefolgschaften der spekulativen Philosophen ebenso wie ihre juristischen Nachdenker. Auch in diesem Punkt kam es daher immer

---

[460] Dazu oben 393.

[461] Vgl. für diesen Aspekt besonders Savignys Brief bei STOLL Nr. 508 v. 26. 6. 38/II 508.

[462] Sehr anschaulich zeigt dies die anhaltende Empörung über HUGOS Behauptung, Sklaverei sei *nicht* per se *rechts*widrig, s. Naturrecht[1] (1798), §§ 63-73, bes. 66, mit § 16, DASS., 4. A. 1819, §§ 186 ff. mNwn. für Garve, Kant u. a., auch § 31 A. 3 für einen Fall von ca. 1802; vgl. dann statt vieler WARNKÖNIG, Rechtsphilosophie (1839), S. 158, 285.

[463] Zur Leerheit finden sich treffende Analysen und Überlegungen bei WELDON, Polit. Sprache (1953), Kap. 2 § 2: Die Illusion der wahren Wesenheiten (S. 39 ff.), am Beispiel Hegel zeigt er es S. 130 f. Konversion, hier „Bekehrung", verwendet jetzt POLLEY (s. Nachtrag) als zentrales Deutungsmuster für Thibaut, S. MEINE Rez. ZSRom. 101.

auf Wissen *und* Wert an. Der Weg offener diskursiver Wertung, bei dem es nicht auf Einsicht in ein Absolutes ankäme, sondern darauf, eine Wertung normativ wie in ihren empirischen Folgen zu verdeutlichen und abzuwägen, wird in großartiger Einhelligkeit verworfen. Die Rezeptionsgeschichte der Hugoschen „Philosophie des positiven Rechts", in der solches diskursives Werten in voller Konsequenz durchgeführt wurde, bildet dafür ein schlagendes Beispiel. Kaum einmal versäumte man, seine Distanz dazu auszusprechen[464]. Savigny schwieg beredt[465]. In diesem höheren Sinne von Elite muß man Savignys entschiedene Beschwörungen von „Geist und Bildung" des Juristenstandes[466] politisch lesen. Man kann auch seine Bestimmung des wahren Universitätslehrers heranziehen, da in Savignys Konzeption der Sinn für Wissenschaft als pars pro toto seiner durchgehenden Wahrheitssuche steht. Für diese wissenschaftliche Idealperson nennt er konsequent „sittliche Würde und Haltung ... ebenso wichtig und unentbehrlich, als Kenntnis und Talent"[467]. Entscheidend ist dabei: Sittlichkeit wird nicht für sich verlangt, sondern als Teil „wissenschaftlicher" Haltung. Dieses Verfahren tendiert zur Bevormundung aus dem rechten Geiste und dies trotz aller pädagogischen Vorsicht[468].

Daneben wird maßgebend, wer und auf welche Weise *Zugang zu „Geist und Bildung"* erhält. Hier vertrat Savigny das Prinzip *Freiheit*. Es enthielt aber nach den ökonomischen und gesellschaftlichen Realitäten der Zeit eminente Zugangsschranken. Klagen Savignys über die Verhältnisse in Landshut, wo die Universität „meist von Leuten aus den untersten Ständen besucht ... fast aller Bildung, Freiheit und Irritabilität (entbehre), die *unsere* Universitäten so herrlich macht"[469] deuten an, daß er diese Schranken nicht ungerne sah. Nicht gesunder Menschenverstand und besondere Sachnähe konstituieren bei diesem idealistischen Wertermittlungsverfahren besondere Kompetenz, sondern eben anderes, weniger leicht Zugängliches. Denn daß *Jeder* „Geist und Bildung" erwerben könne und solle, war nicht ausgemacht und wurde nicht besonders ausgesprochen. Savigny hat es allerdings auch keineswegs ausdrücklich abgelehnt. Festzuhalten

---

[464] Vgl. dafür nur das späte Urteil LANDSBERGS, Naturrecht (1924/25), S. 367: „Wüstenei des reinen, Hugoschen Positivismus".
[465] 1838, dazu oben 444.
[466] SAVIGNY, Stimmen (1816), S. 225; dazu oben 328 ff., Abschnitt I 4 und 335 ff., I 6.
[467] SAVIGNY, Universitäten 1832, Verm. Schr. 4, S. 295.
[468] Dazu sogleich im Text.
[469] Bei STOLL Nr. 213 v. 12. 4. 10/II 412, vgl. zum Zusammenhang die Zitate oben bei Fn. II/301; ähnlich, wenn auch neutraler schon 1803 im Aufsatz „Universitäten", bei WELLEK, S. 534 f. bzw. MARQUARDT, Briefe, S. 322. Ähnlich *Polit. Gespräch*, S. 32 f. (ROTHACKER).

bleibt jedoch die Tendenz dieses besonderen Verfahrens, besondere Personen nach „idealen" Kriterien zur Ausführung zu privilegieren.

Bestimmte politische Inhalte führte auch Savignys schon theoretische *Abneigung gegen feste Formen* mit sich[470]. Damit stellt er sich gegen liberal-rechtsstaatliche Verfassungsbestrebungen[471]. Allgemeiner gesagt verkürzt er die emanzipierende Seite von Recht. Denn feste Formen schaffen wenigstens Klarheit, geben einen deutlichen Angriffspunkt. Sie dienten immer als bevorzugtes Mittel, reale Freiheit zu sichern, wo es am „Geiste" der Freiheit mangelt. Recht galt aber Savigny eben nicht als Instrument, sondern als Ausdruck von höherem Recht und Höherem überhaupt. Dafür bedarf es keiner festen Form, dabei stört sie geradezu.

Die Orientierung Savignys an „Geist und Gesinnung" enthielt aber auch ein konkret *freiheitliches Element*. Dies gilt nicht deswegen, weil Geist und Gesinnung etwas Subjektives wären, denn Savigny verstand sie ja gerade objektivierend[472]. Dennoch: Sucht man den „Geist" *im* Wirklichen, sei es der Natur oder dem Ich, und sieht man darin den letzten höchsten Anhalt, so kommt sehr viel darauf an, diesen „Geist" nicht durch menschliches Ungeschick zu verfälschen. Man muß ihn „natürlich" wachsen lassen. Auf diesem Wege kommt hier die Freiheit in die Wirklichkeit: Willkür ist zu vermeiden[473]. Zwar entscheidet sich nicht so klar, was „willkürlich" wäre. Aber Savigny wenigstens bleibt hier einige Antworten nicht schuldig. Er gibt sie z. B. mit seiner Stellungnahme zu *Erziehungsfragen*. Hier plädiert er ganz für milde Förderung, gegen jedes starre, strenge, bewußt steuernde Eingreifen[474]. Aus dieser Grundeinstellung heraus mahnt er auch den akademischen Lehrer, „die productive Energie des Schülers methodisch zu beleben und ihn die Wissenschaft selbst ausfinden zu lassen" und keinesfalls seine „Ideen unreifen Verstandeskräften" aufzuzwingen[475]. Man hat mit Recht die Bedeutung dieser Sätze unterstrichen und hierin den Ausdruck einer „geistigen Leidenschaft" gefunden[476]. Es war eine Leidenschaft für Autonomie, freilich auch für eine nicht positiv politische, ökonomische, universal gesellschaftliche, sondern eine maßvoll „natür-

---

[470] Dazu oben 394, Abschnitt 8.
[471] Vgl. die Ergebnisse zu seinen konkreten politischen Urteilen oben 224 ff.
[472] Dazu oben 384 f., Abschnitt 3.
[473] Dazu oben 388 ff. und 381 ff., Abschnitt 5 und 2.
[474] So schon 1799 mit Bezug auf Athenaeum II 1, bei STOLL Nr. 20/I 87; wieder 1803 gegenüber Crabb Robinson, bei STOLL Nr. 73/I 218; erneut 1821 gegen Goethe; Nwe. dazu oben 203, auch 255, 259.
[475] So gegenüber Robinson 1803, siehe oben 203 mit Blick auf Schelling.
[476] WIEACKER, Savigny (1954), S. 120.

liche", auf Bildung bezogene. Darin lag für Savigny ein Dauerthema[477]. Den Grundgedanken, „natürliche" Entwicklung nicht zu stören, hielt er fest. Diese Überzeugung trägt seine Zustimmung zur Beseitigung wirtschaftlicher Schranken beim Zollverein[478], seine Abneigung gegen Unterdrückung von Meinung auch in der Politik[479] und auch in der Presse[480]. Er verallgemeinerte ihn selbst zum generellen Grundsatz, als er 1832 in Zeiten der Anfechtung doch bekannte:

> „Finden sich in einem Zeitalter falsche, ja arge Tendenzen, so sind ihm diese von Gott als besondere Prüfung beschieden, der es sich nicht entziehen kann, sondern die es zu bestehen hat. In einem solchen Fall die geistigen Kräfte selbst zu zerstören oder zu schwächen, weil diese im Kampf zu dem Feind übergehen könnten, ist *unnatürlich und verderblich*. Diejenigen, welche für die Wahrheit zu streiten geneigt sind, versammeln, ermuntern, unterstützen, ist Alles, was in Zeiten solcher Kämpfe durch äußeres Ansehen bewirkt werden kann"[481].

Hier enthält Savignys Universitäts-Aufsatz und -gedanke allgemeine Theorie und politische Theorie. Sein Votum richtet sich an *„natürlich"* aus. Es bekräftigt erneut den hohen Stellenwert, der hier diesem Topos zugeschrieben wurde[482]. Savigny formuliert hier die freiheitlichen Elemente seiner Willkürabwehr ausnahmsweise deutlich. Das Böse läßt sich nicht verbieten, das Gute nicht erzwingen. Die natürlichen geistigen Kräfte tragen das Gute. Man muß sie fördern, darf sie auf keinen Fall behindern, auch auf die Gefahr des Mißbrauchs hin. In diesem Punkt und aus diesen Gründen enthalten schon seine allgemeine und politische Theorie einen Schutz der Autonomie und Freiheit. Man hat jeden positiven Eingriff zu vermeiden, auch Eingriffe pro Freiheit, soll aber die „natürliche" Freiheit schützen. Andererseits erweist sich darin Savignys politischer Freiheitsbegriff ebenfalls als unselbständig[483]. Er ist *rückbezo-*

---

[477] Vergleiche seine Äußerungen über Lehrvortrag und akad. Freiheit im Aufsatz über *Universitäten* von 1803 (wie Fn. 469); in der *Schleiermacher-Rez.* 1807, Verm. Schr. 4, S. 267; in der *Gönner-Rez.* 1815, Verm. Schr. 5, S. 158 gegen das französische Fachschulprinzip; in der *Universitätsschrift* 1832, VS 4, S. 286 u. ö.; auch 1821 gegenüber Creuzer als Rückzugsposition (zitiert oben 215 bei Fn. 333).
[478] Siehe oben 185.
[479] Vgl. den Brief an Bang bei STOLL Nr. 473 v. 2. 6. 33/II 462 über Kassel: „Dort rächt sich schwer die lange, knechtische, geistlose Unterdrückung freier öffentlicher Lebensäußerung". Über Grimms Einfluß dabei oben 217.
[480] Er war *gegen* Verbot der radikalen „Halleschen Jahrbücher", siehe STOLL II 375: „So abscheulich ich das Blatt finde, so kann ich das Verbot doch nur bedauern; denn die Gesinnungen sind vorhanden, und es ist besser, daß sie ausgesprochen und daß sie bekämpft werden, als daß sie im Stillen fortwuchern."
[481] SAVIGNY, Universitäten 1832, Verm. Schr. 4, S. 289 f.
[482] Siehe vor allem oben 262 zus.fassend, weitere Nwe. im Register; speziell für den politischen Bereich auch die Quellen oben 224 Fn. 381.

gen auf „Natur". Darin liegen seine Grenzen. Der objektivierende, natürlich-idealistische Ansatz bleibt gewahrt.

Idealismus bestimmt die Politik bei Savigny nicht nur in Denkfiguren und zentralen Konzepten. Auch als bloße Theorie führt diese politische Theorie also inhaltlich-bestimmte Aussagen mit sich. Wenn auch gewiß nicht erschöpfend und nicht mit der Absicht, allen dabei spannenden Fragen nachzugehen, sollte dies belegt und in einigen Punkten verdeutlicht werden.

Die Analyse der konkret-inhaltlichen Folgen der allgemeinen politischen Theorie, die Savigny bietet, liefert im Ergebnis eine willkommene Ergänzung zu dem Bild von Savignys politischer Position, wie es aus dem Kodifikationsstreit und seinen „politischen Grenzmarken" hier im Zusammenhang entwickelt wurde[484]. Dort ließ sich Savignys Position dahin präzisieren, er sei auf dem schmalen Grat zwischen deutschem Reformkonservativismus und organischem Liberalismus zu verorten[485]. Die Aufgabe bestehe also darin, durch vergleichende Analysen seiner konkreten politischen Taten in Ämtern und Schriften[486] zu ermitteln, *wie* er sich dann wirklich festlegte. Savignys allgemeine politische Theorie bestätigt, daß er die Freiheit *in* der Wirklichkeit suchte, sie also nicht abstrakt und vorrangig anpries, daß er sie dort aber auch respektierte und nicht abstrakt ganz unterordnete und untergehen ließ. Auf die Zwischenlösung einer „Verbindlichkeit" zur permanenten Reform in Richtung Freiheit (Kant) legt er sich nicht fest[486a]. Die Auflösung dieses typisch objektiv-idealistischen Sowohl-als auch erfolgte immer erst konkret.

11. *Politik und Wissenschaft. Positivismus*

Die Untersuchungen zu Savignys Denkweise und ihren Anwendungen in Jurisprudenz und Politik haben den Blick nun so weit geschärft, daß zuletzt zwei beliebte, bereits mehrfach gestreifte Fragen angegangen werden können: Befolgte Savigny ein reines Ethos des Erkennens (etwa im

---

[483] Vgl. parallel zur rechtlichen Freiheit oben bei Fn. 294 ff.
[484] Dazu oben Teil 2, Kapitel II und III 3 (oben 160 ff., 187 ff. u. 208 ff.).
[485] Dazu näher oben 227.
[486] Zu diesen Quellen oben Teil 1, Abschnitt I 3 oben 33 ff.
[486a] Dazu näher oben 395, 229.

Beruf) und ist er daher unpolitisch, voraussetzungslos wissenschaftlich zu nennen?[487]. War Savigny in irgendeinem Sinne Positivist?[488].

Offenbar stecken in der Deutung als „reines Ethos des Erkennens" Kategorien über Politik und Wissenschaft, die bei Savigny eine Art Max Webersche Tendenzen sehen wollen. Sicherlich kann man Savignys „Beruf" eine unpolitische Schrift nennen, insofern er sie selbst als „wissenschaftlich" betrachtete. Doch verstand Savigny „Wissenschaft" gerade nicht als voraussetzungslos. Alle hier vorgelegten Interpretationen und Beweisführungen zu seinem Idealismus laufen ja in gewisser Weise darauf hinaus, die eminenten Voraussetzungen seiner bloßen „Wissenschaft" zu erweisen. Stets fragte er nach einem Absoluten, einem Wert im Wirklichen. Der tiefe Wandel des Wissenschaftskonzepts seit Savigny würde daher übergangen, bezeichnete man Savignys Haltung schlicht als wissenschaftlich wie voraussetzungslos. Der Versuch, seine Position mit diesen Kategorien zu kennzeichnen, kann nicht glücken. Im Sinne dieser Dichotomie verhielt sich Savigny *weder „wissenschaftlich", noch „politisch"* bzw. zugleich „wissenschaftlich" und „politisch". Denn er hielt eben Wertfragen mit der Tradition der klassischen praktischen Philosophie fest als *Aufgabe*, suchte ihre *Lösung* aber entgegen der aristotelischen Tradition nicht topisch, diskursiv wertend, sondern „streng wissenschaftlich", das hieß konkret: im Erkennen eines Absoluten in der Wirklichkeit. Weit entfernt, die normativen Fragen als unwissenschaftlich zu betrachten, fordert Savigny auch ihnen so *absolute Antworten* ab, wie sie nach dem festen Glauben der Zeit Mathematik, Geometrie und Naturwissenschaft gaben[489]. Man kann auch seine politische Theorie daher als objektiv-idea-

---

[487] So bes. THIEME und ERIK WOLF, s. die Nwe. oben 377 Fn. 326, dort auch Klärungen zur Fragestellung, die hier vorausgesetzt werden. Jüngst in dieser Linie auch JAKOBS (s. Nachtrag), durchweg.

[488] Vgl. oben 108 und 322 f. zur Methodenlehre von 1802/03 und „Gesetzespositivismus".

[489] Zum zeitgenöss. Kontext vor allem KANT (wie Fn. 317) und im Hinblick auf die Geschichte der Fächer Politik, Naturrecht, praktische Philosophie HENNIS, Politik, durchweg u. bes. S. 32 ff., 40, 88 f., 111 (die Parallele zu Hegel); auch HABERMAS, Klass. Lehre von der Politik, bes. zum Fall Hobbes (S. 28 ff., 32 ff.); dazu auch SABINE, History, S. 457 ff. (scientific materialism bei Hobbes); aus rechtshistorischer Sicht bes. WIEAKKER, Priv.r.gesch., S. 252 ff., 270 ff., 303 ff. (Hobbes), WELZEL, Naturrecht, S. 112 ff.; jüngst wichtige Klärungen bei OTTE, Der sog. mos geometricus, Quad. fior. 8/1979 (1980), S. 179-96; in mehr systematischer Sicht zu alledem sehr erhellend WELDON, Polit. Sprache, Kap. II § 4: Die Illusion der geometrischen Methode, S. 51 ff. Vgl. für SAVIGNY seine „absolute" Bearbeitung der Rechtswissenschaft 1802/03, näher dazu oben 320.

listische politische Metaphysik kennzeichnen[490]. Eine philosophischere Politik hatte er ja auch 1802/03 im Sinne[491].

Gerade an Savignys bekanntem Wort vom „Rechnen mit Begriffen" hatte sich zeigen lassen, daß er damit *nicht* die Präzision bestimmter Relationen pries, sondern die Sicherheit des mathematischen Verfahrens als solche, die es „sonst nur" in der Mathematik gebe[492]. Diese höchste Art von Sicherheit meinten objektiv-idealistisch ansetzende Denker wie Schelling und Hegel auch für die Bereiche *außerhalb* der Mathematik erreichen zu können, freilich auf andere Weise als dort. Dazu ersann man das Grundmodell der Doppelung und die besondere Logik, die bereits im Zusammenhang beschrieben wurden[493].

Die Dichotomie politisch-wissenschaftlich wie sie bei Max Weber und allgemein heute geläufig ist, stammt dagegen aus ganz anderen Voraussetzungen. Sie eignet sich nicht, um das Spezifische an Savigny zu bezeichnen. Hier bilden ja nicht nur Philosophie und Wissenschaft, nicht nur Recht, Moral und Politik eine *prinzipielle Einheit*. Wissenschaft steht hier vielmehr direkt neben Kunst und Dichtung[494]. *Alles* Wissen *und* Handeln wird in die Suche nach dem Wert, dem Absoluten im Wirklichen eingebracht und darauf ausgerichtet. Der Jurist wird zum Berufenen, zum Künder[495], der Dichter gar zum wahren Philosophen[496]. Savigny hat diese Denkweise kunstvoll, gründlich und suggestiv auf die Jurisprudenz übertragen. Sie läuft durch seine wesentlichen Lehren hindurch. Ein prinzipieller Gegensatz von Politik und Wissenschaft ist ihm fremd.

Dieses Ergebnis bedeutet bereits einiges für die Frage ‚*Positivismus und Savigny*'. Sie soll unter dem Gesichtspunkt der wissenschaftsgeschichtlichen Einordnung Savignys und seiner Lehren beantwortet werden. Allzu allgemeine Versionen dieser Frage werden damit von vornherein vermieden. JAN SCHRÖDER und BOHNERT haben sich jüngst sehr anregend um eine solche Einordnung bemüht. Die Bemerkung, Savigny halte eine „eigenartige *Mittelstellung* zwischen metaphysischer und positivistischer Rechts-

---

[490] Eine besonders prägnante und geschlossene Analyse politischer Metaphysiken und ihrer Techniken gibt wiederum WELDON, Polit. Sprache; dies ist das Hauptthema seines Buches. Für Savigny läßt sich daraus besonders gut das Kapitel über Hegel vergleichend heranziehen, s. dort S. 121-137, mit vielen ausgezeichneten Bemerkungen.

[491] Dazu näher oben 277.

[492] Dazu näher oben 374 f.

[493] Oben 240 ff., Teil 2, Abschnitt IV 3.

[494] Dazu näher oben 256 f. (im Vergleich mit *Hölderlin*), 259 (vgl. mit *Schlegel*) u. 196, 237 (allg.), 239; siehe weiter die Differenz zu *Fries* 244.

[495] Dazu näher 328 ff., 339.

[496] Vgl. SAVIGNY zu Goethe, oben 197.

theorie", gibt eine salomonische Lösung[497]. Sie steht und fällt mit ihren Kategorien metaphysisch und positivistisch. Diese Kategorien müssen daher genauer expliziert und inhaltlich gefüllt werden.

Kaum bestritten dürfte eine erste Konkretisierung sein: Savigny gab keinen klassisch-metaphysischen Rechtsbegriff[498] und ebenso wenig einen modernen, empirisch-hypothetischen. Denn er behandelte das Gegebene idealisierend, als Jurist also das positive Recht. Er verstand es als Erscheinung eines Höheren, Werthaften, *des* Rechts. Unbestimmt blieb der Inhalt für dieses *„das* Recht"[499]. Das lief hinaus auf eine metaphysische Idealisierung des Gegebenen, da die unvermeidliche Bewertung als schon in der Sache selbst liegend dargestellt wird. Es lief hinaus auf eine *falsche Metaphysik*[500]. So gesehen war Savignys Denkweise „metaphysisch" und doch nicht. Er verwendete die Ansprüche der klassischen Metaphysik über ihren anerkannten Geltungsbereich hinaus, daher falsch[502]. Aber er verwendete sie[503]. Er befindet sich daher nicht in einer „Mittelstellung", sondern in der Stellung eines Erben, der die Erbschaft gerade nicht ausschlug, sondern zum Grundstock seines neuen Gebäudes machte.

---

[497] SCHRÖDER, Wiss.theorie, S. 165 Anm. 155; ähnlich BOHNERT, Puchta, S. 177-180. SCHRÖDER allerdings unter Voraussetzung seiner oben bei Fn. II/487 erwähnten eingeschränkten Auslegung von „historisch". Beide geben damit eine besonders elegante Lösung der Probleme mit Savignys Einordnung, die man anderwärts etwa mit der Unterscheidung in junger – alter (etwa KANTOROWICZ, THIEME, WIEACKER früher, KIEFNER bes. früher, STRAUCH, MARINI, LARENZ, FASSÒ, KADEL) anging, oder mit der Doppelung in historische und systematische Seite (SOLARI), oder mit der Feststellung von Inkonsequenz gegenüber dem Programm von 1814 (bes. WILHELM, WIEACKER, BÖCKENFÖRDE), die sich aber verbinden konnte mit der Annahme eines durchgehenden Formalismus (DIESS., VICÈN, MAZZACANE, FASSÒ) oder die man festhielt als Aporien (BRETONE) oder heterogene Elemente (FIKENTSCHER), vgl. auch soeben die Zusammenstellung bei MAZZACANE, Metodologia, S. 226 f.

[498] Vgl. SCHRÖDER, Wissenschaftstheorie, S. 168, 128 f. Man nahm davor die Notwendigkeit nicht aus dem Positiven selbst. Instruktiv dazu jetzt auch TAYLOR, Hegel, S. 13 ff.: Ziele einer neuen Epoche.

[499] Vgl. dazu oben 309 ff., Abschnitt I 2, und 364 ff. I 12.

[500] Vgl. dazu auch schon oben 114 für 1808, auch 280. Zum Kontext jetzt umfassend: Metaphysik, in: HistWB 5 (1980) Sp. 1186-1279, sowie für den neueren Sprachgebrauch ebda.: Metaphysikkritik, Sp. 1280-94.

[501] Entfällt.

[502] Diese Kritik basiert also auf einer differenzierenden Sicht, für die es nicht nur die Disjunktion „wenn nicht Metaphysik, so Skepsis" gibt, vgl. MEINE Abhandlung: Erkenntnisproblematik, S. 260 und jetzt klärend CLOEREN, Metaphysikkritik, HistWB 5 (1980) Sp. 1289 f., 1292 f. zum dort sog. logischen Positivismus.

[503] Darauf zielen wohl auch SCHRÖDER u. BOHNERT (wie Fn. 497); auch das Stichwort „naturrechtliches Erbe" der hist. Schule gehört hierher, dazu gut mNwn. SCHRÖDER, aaO., S. 128 f., vgl. auch eingehende Diskussion bei RÜCKERT, Bohnert-Rez., S. 502-508 ebenfalls mNwn.; außerdem ELLSCHEID, bei KAUFMANN, Einführung, S. 28, der treffend die sehr weiten Verwendungen von „naturrechtlich" dabei betont.

Solche falsche Metaphysik verwirft ein *kritischer* Positivismus. In diese Richtung tat Savigny also keinen Schritt, nicht zu ihm geriet er in „Mittelstellung". Savigny verhinderte dieses Denken vielmehr geradezu, indem er Verwirrung über die gerechten Ansprüche „notwendiger" Aussagen stiftete und Illusionen beförderte. Übrigens bedurfte das „Positive" dieser idealisierenden Aufwertung gar nicht, da es schon unter der klassischen Metaphysik in seinen Grenzen gut gefahren war[504] – im Ergebnis wohl sogar besser als bei Savignys trügerischer Fahrt durch „die" Geschichte, bei der sich dann „von selbst" ergeben sollte, was noch Leben hatte[505]. Denn hatte sich der Zauber dieser Beteuerungen erst einmal gelegt, im unermeßlichen Fundus des Wirklichen erschöpft und der „Geist" eines oder gar „des" Rechts doch nicht und auch nicht „eigentlich-historisch" festhalten lassen, so fiel die Mißgunst der Enttäuschten nicht nur auf *die* Geschichte, sondern auf Geschichte in jedem Sinn[505a]. Savigny hielt gegenüber einem *kritischen Positivismus* also keine Mittel-, sondern eine Gegenstellung.

In einem anderen Sinne von Positivismus könnte man ihn eher auf dem Wege dazu finden. Meint man mit positivistischer Rechtstheorie, wie meist im Deutschen, einige Vorstellungen, die in die Kernthese *Recht gleich Gesetz* und eine scharfe *Trennung von Recht, Moral und Politik* münden, oder (wie nicht selten) sogar eine Art Zerrbild davon, bei dem Moral und Politik nicht nur getrennt erwogen und verwirklicht, sondern einfach vergessen werden, dann findet man jedenfalls in den Deutungen der Methodologie von 1802/03 die verbreitete Ansicht, hier sei Savigny auf diese Weise positivistisch, gar gesetzespositivistisch. Diese Sicht hielt aber der Überprüfung an Quellen und Kontext nicht stand[506]. Sie beruht auf einer unzutreffenden Deutung einiger Schlüsselstellen und -worte. Für den „ganzen" Savigny war ihr ohnehin immer seine klare Verankerung des Rechts in einer gegebenen „christlichen Lebensansicht" entgegenzuhalten[507], auch die Abhängigkeit des Rechts von „Geist und Bildung" des Juristenstands[508]. Vor allem aber kommt zu diesen inhaltlichen Abweichungen die völlige *Unvereinbarkeit der Methoden*: Savignys idealisierende Rechtsbetrachtung, die das werthaft Wahre im Wirklichen sucht,

---

[504] Bekanntlich war das 18. Jh. der Geschichte durchaus günstiger, als es aus der Sicht des 19. Jh. scheinen könnte; vgl. einiges dazu bei RÜCKERT, Reyscher, S. 277 f. mNwn.
[505] Dazu oben 332 bei Fn. 145.
[505a] So daß es erst wieder einer Emanzipation, einer „Entdeckung" der Geschichte/ Rechtsgeschichte bedurfte, vgl. WIEACKER, Priv.r.gesch., S. 416 ff. und jetzt bes. GAGNÉR, P. Roth.
[506] Dazu oben 322 ff. u. ö. Bes. dezidiert THIEME 1942, S. 62: bloße Registrierung usw.
[507] Dazu näher oben 367 u. ö.
[508] Dazu näher oben 340.

verzichtet darauf, empirische oder sonst bestimmte Kriterien anzugeben. Dieser letzte Punkt bleibt stets verschwommen, offen. Er muß es bleiben, denn darin liegt der Tribut an seinen Anspruch auf Erkenntnis des „Notwendigen". Die Abgrenzung von juristischer, moralischer und politischer Welt wird daher nirgends präzise gefaßt – im Gegenteil, alles steht unter einer prinzipiellen höheren Einheit[509]. Die Rechtswelt bleibt offen für außerrechtliche Wertungen höherer Art. Eine Gleichsetzung von Gesetz und Recht im obigen Sinne lag Savigny also nach Inhalt und vor allem Methode fern. Sein methodischer Monismus dient gerade der Transzendierung des Gesetzes.

Einzelne Bausteine in Savignys Denkweise könnte man dennoch für „positivistisch" erklären wollen. So trug die „geschichtliche Ansicht" mit ihrer objektivierenden, aufwertenden Sicht des Gegebenen schon seit 1802 bei Savigny zur Würde des Positiven sehr bei. Erst in ihrer *entidealisierten* Form nach der Jahrhundertmitte förderte sie aber die „Entdeckung der Rechtsgeschichte" (Wieacker)[510] im modernen Sinn. Kontinuitätselemente zu einer positivistischen Rechtstheorie lassen sich auch in den Grunddogmen vom Recht als Wille (Forderung eines Normsubjekts), vom Recht als rein objektivem Willen (Forderung einer besonderen Konstanz) und der davon abhängigen Auslegungslehre finden. Doch wie bei dieser[511] handelt es sich um bloß *verbale Gleichklänge* zu einem juristischen Positivismus. Denn Savigny bezieht seine Aufwertung des Positiven im Recht nicht auf konkrete Gesetze oder Gewohnheiten, gar einen liberalen Verfassungsstaat, sondern auf eine vage Vorstellung von Recht als fortschreitendem System (1802), von „wirklichem Recht" hinter dem sichtbaren (1814) und noch allgemeiner von Recht als bloßer „Seite" der Wirklichkeit (1814, 1840). Er begründet seine Aufwertung, wie nur konsequent, objektiv-idealistisch im Sinne der ontologischen These „alles ist gut" und daher freilich nicht mehr klassisch naturrechtlich, aber auch gerade nicht empiristisch-unmetaphysisch. Stets zentral bleibt für ihn der Rückgriff auf immanente, innere, geistige, natürliche o. ä. Größen, z. B. Volksgeist, inneres System, Leben, christliche Aufgabe, sittliche Würde und Freiheit, Natur der Sache, Rechtsinstitut-Rechtsverhältnis, auch im Privatrecht. Wertungsfragen sind für ihn nicht etwa mit dem Blick auf ein konkretes empirisches Recht erledigt und/oder, je nach dessen Genauigkeit, in offener Politik auszutragen, sondern sie beantworten sich „wissenschaftlich" im Rückgriff auf die immanenten, werthaften Größen im ge-

---

[509] Dazu oben 364 ff. u. 396 ff., Abschnitt I 12 und II 9.
[510] WIEACKER, Priv.r.gesch., § 22/S. 416 ff., für etwa ab 1880 und jetzt bes. GAGNÉR, P. ROTH.
[511] Dazu oben 348 ff., Abschnitt I 8.

gebenen Recht, die dieses transzendieren. Seine Auslegungslehre mündet daher ganz grundsätzlich in eine allgemeine, metaphysisch begründete Hermeneutik. Diese Zusammenhänge konstituieren seine Rechtslehre so eminent, daß das Wort von einer „Mittelstellung" irreführend würde. Die im Ergebnis ähnliche Bevorzugung eines Gegebenen entspringt allzu verschiedenen Grundlagen. Man führt nicht das gleiche Gegebene im Sinn. Selbst „*wissenschaftlichen* Positivismus" im Sinne eines Verzichts auf eine metaphysische Rechtsbegründung (WIEACKER)[512] lehrt Savigny danach *nicht*. Der Verzicht auf eine klassisch-metaphysische Rechtsbegründung führte bei ihm wie der auf „eigentliche" Philosophie lediglich zu „natürlicher" Philosophie. Die ‚positivistischen Bausteine' bei Savigny haben in Wirklichkeit ganz anderen Sinn. Mit gleichem oder besserem Recht könnte man dann an Bausteine im usus modernus des 18. Jahrhunderts usw. denken. Diese Art von Kontinuitätsargumenten löst sich in ein „überall und nirgends" auf.

Auch die besonders beliebten sog. *formalistischen Züge* Savignys legen keine andere Zuordnung nahe. Sieht man sie mit WILHELM präzise und klar darin, daß Savigny sein Programm nach der Seite „Leben" unerfüllt gelassen habe[513], es also einseitig durchgeführt habe, so sollte diese kritische Feststellung nicht zum Wesen der Sache erklärt werden. Sieht man „Formalismus" grundsätzlicher in einer schon *theoretischen* Vernachlässigung der konkreten, aktuellen Rechtszwecke und -inhalte[514], so war dies

---

[512] Vgl. WIEACKERS wichtige Differenzierungen, Priv.r.gesch., S. 431 f.
[513] Vgl. WILHELM, Methodenl., S. 36 (auch 69, 118): rechtsgeschichtlicher Formalismus (mit KANTOROWICZ); wesentlich weiter dagegen WIEACKER, Priv.r.gesch., S. 432 u. ö., BOHNERT, Puchta, S. 177-180 (vgl. MEINE Rez., S. 511 f.), WIETHÖLTER, S. 72 f. u. v. a. Vermerkt mag sein, daß die wichtige Analyse von NEGRI, Formalismo (1962), für 1789 bis 1802 Savigny nicht eigens behandelt, sondern nur Hugo (S. 372 ff.) u. eine Gleichsetzung wäre auch hier nicht zutreffend.
[514] Vgl. bes. FIKENTSCHER, Methoden 3, S. 38 ff. mit 29, der darin das kantische Element sieht und unterstreicht, vgl. S. 27 f., 39 f. u. ö. Die dezidierte Behauptung von G. SCHNEIDER, „Der Ursprung des Positivismus in der Gestalt des Historismus", in: ARSP 58 (1972) S. 267-287, fällt mit seiner oberflächlichen Bestimmung von „historisch", zumal bei Savigny, und liefert daher bloß Wiederholungen zu „konservativ" bei Savigny und späteren, auch hierin pauschal, bes. zum „Wesen des Positivismus" (S. 275) als an und für sich rechtfertigend (dazu bei Fn. 520), er folgt insgesamt ganz der hegelianischen Polemik, wie so viele, u. ohne deren Kontext u. Prämissen einzubeziehen. Weiterführungen zu „formalistisch" jetzt bei GMÜR, Rechtswirkungsdenken (s. Nachtrag), S. 173 ff., 187 f., wo mit Recht der schwierigen Frage der Anwendung Kantischer Kategorien bei den Pandektisten nachgegangen wird, die freilich i. E. problematisch bleibt, da die Abstraktheit dieser Werkzeuge so groß ist, daß sie auch aus anderer Philosophie kommen können (vgl. nur Hegels Logik), gar aus natürlichem Menschverstand eines „normal" logisch gebildeten Juristen. In diesem Sinne „formalistisch" waren die Glossatoren und Naturrechtler dann wohl auch. Mit Recht kritisch außerdem GMÜR zu formal-lebensfremd als kantisch (S. 187).

kein positivistischer Zug. Denn dieser „unhistorische Formalismus" entspringt idealistischen Voraussetzungen, dem Blick auf das Wesen im Recht, auf das Recht im Recht, nicht etwa der ganz anderen methodischen und politischen Tendenz, sich auf das bloße Faktum eines gegebenen geltenden Rechts und seiner Geschichte zu beschränken und von allen insofern nichtjuristischen Erwägungen abzusehen. Savignys Denkweise scheint sich hier sogar mit der seiner „realistischen" Gegner zu berühren. Aber es begegnen sich nur die Extreme: Ein bis zu einem gewissen Realismus vorangetriebener Rechtsidealismus und ein methodisch bewußter Rechtsrealismus. Die Ähnlichkeit entspringt nicht einer „Mittelstellung". Es ist übrigens nicht ausgemacht, welcher Idealismus eigentlich juristisch „formal" *im Sinne von unpolitisch* wirkte oder war. Bei *Kant* half das Prinzip der permanenten Reform, beim *objektiven* Ansatz steckte die Politik eigentlich schon immer *im* Recht, war aber doch wieder davon zu trennen[514a]. Man sollte die Frage, wie möglich, konkret untersuchen und erst dann Epochen griffig bestimmen.

Schließlich könnte man mit „Positivismus" eine kontinentale Spielart eines allgemeinen *naturalistischen Positivismus* meinen, die im späten 19. Jahrhundert verbreitet war[515]. Hier wie dort gibt es eine besondere Aufwertung des Positiven. Hier wie dort mündet sie in die Tendenz, Kritik des Gegebenen methodisch abzuschneiden. Freilich bedeutete dies für die Jurisprudenz wesentlich mehr als für die Naturwissenschaft. Während diese damit ihre spezifische, fruchtbare Perspektive fand, verzichtete man auf die Politik und Moral in der Jurisprudenz, obwohl beides offensichtlich miteinander zu tun hatte. Wenn man dann darüberhinaus die Politik und Moral als „unwissenschaftlich" und „garstig Lied" dem Tagesgeschäft oder zufälligen Anstrengungen überließ, begnügte man sich mit ihrer *legimatorischen* Seite und akzeptierte auch als gegeben, was juristisch gegeben war. Diese Tendenz, die Rechtskritik abzuschneiden, verfolgt in der Tat schon Savigny. Sie bildet auch keinen isolierten Zug, sondern einen Grundzug seiner objektiv-idealistischen Denkweise. Das „objektiv" kommt dabei zum Tragen. So zwar noch nicht so klar, wenn er 1802/03 die philosophisch-kritische „Verbesserung der Jurisprudenz durch ihre Form" abwehrt[516] und bald darauf das bloße „systematisch" ins Zentrum

---

[514a] Siehe oben 395, 406. Bes. kompakt gegen Kant u. Savigny deutet dagegen WIETHÖLTER, S. 65 ff.

[515] Dazu bes.: Positivismus (1971), sowie Kap. 6 bei Ross, Rechtsquellen; nützlich jetzt gerade auch für die hier interessierende Perspektive HISTWB, Art. Metaphysikkritik (wie Fn. 502) und jüngst die Diskussion bei PLEISTER (s. Nachtrag), S. 1-27 zu Jhering.

[516] Dazu oben 97.

rückt, denn auch das Bestehen auf dem geltenden Recht konnte zu solchen Empfehlungen führen; anders aber wenn er 1814 den Kodifikationsstreit als Wahrheitsproblem formuliert[518] oder wenn er den Volksbegriff nur unpolitisch idealisiert „wahr" finden will[519] und bei alledem auch die „wissenschaftliche" Lösung als legitimer hinstellt, zugleich aber dieses legitimere „wahr" und „wissenschaftlich" zu einer Frage besonderer Einsicht macht[519a]. Bei Bentham u. a. hieß es dagegen bekanntlich, ‚Gehorche gewissenhaft, kritisiere freimütig'. Ein kritischeuer „Positivismus" unterscheidet sich durch seine einseitige Beschränkung auf bestimmtes Gegebenes von einem kritischen, methodischen Positivismus. Er enthält, nimmt man ihn allgemein, eine falsche Metaphysik des Positiven[519b]. In diesem Sinn enthält Savignys Denkweise und Rechtslehre einen konservativen Grundzug, der sich weiterentwickelte. Heute existiert dieser kritikscheue „Positivismus" in der Rechts*theorie* fast nur noch als Zerrbild, um es „Positivisten" entgegenzuhalten[520]. In diesem Sinne von positivistischer Rechtstheorie eine „Mittelstellung" Savignys zu unterstreichen, hätte konkreten, inhaltlichen Sinn. Aber ein tragender historischer Zusammenhang von Savignys Rechts- und Wissenschaftstheorie bis zu *aktuell* relevanten Strömungen kann darin nicht gefunden werden. Denn das Gemeinsame dieses „Positivismus" mit Grundzügen bei Savigny liegt in einer metaphysischen Hochschätzung des Gegebenen als immer schon „gut", also in der ontologischen Prämisse vom Wert als vorgegeben, die heute überwiegend nicht mehr vertreten wird[520a].

---

[517] Dazu oben 107.
[518] Dazu RÜCKERT, Reyscher, S. 203 f.
[519] Dazu oben 395 u. ö.
[519a] Dazu oben 402 f.
[519b] Dazu bes. HALDER, in: Positivismus, S. 161-74; für die juristische Spielart Ross, Rechtsquellen (1929), S. 182.
[520] Vgl. MEINE Abhandlung „Zur Erkenntnisproblematik", S. 266 f. mit Nwn.; das „Wesen des Positivismus" sieht hierin etwa G. SCHNEIDER (wie Fn. 514), mit dem konsequenten Ergebnis konservativer Kontinuität.
[520a] Überwiegend-methodische Kontinuitäten sind damit natürlich nicht abgewiesen und schon gar nicht für eine Art säkularisierter Legitimations- und Kritiktechniken, die den idealistischen Kontext offenbar leicht überleben konnten.

12. *Ergebnis*

Savignys politische Theorie bildet ein komplementäres Stück seiner Rechtslehre. Sie folgt denselben objektiv-idealistischen Annahmen wie diese. Wesentliche Grundbegriffe ließen sich im Hinblick auf diese Konstruktionsprinzipien erkennen und erklären. Auch inhaltlich-politisch ergeben sie Konsequenzen, so gegen echte Revolution und gegen echte Restauration, für „natürliche" Freiheit. Wissenschaftsgeschichtlich gehört Savigny ganz der Phase der deutschen spekulativen Metaphysik und ihrer großen „Systeme" an. Seine Wissenschaft hat nichts Voraussetzungsloses in ihrer Wissenschaftlichkeit. Bei Savigny werden nicht alle politischen Inhalte „gleichsam abgeschaltet, wenn er als Jurist entscheiden soll" (THIEME). Seine Wissenschaft hat vielmehr in der Tat so etwas wie einen „politischen Charakter" (STAHL)[520b], doch nicht gerade den eines bewußten Formalismus, sondern den etwas komplizierter konstruierten eines metaphysisch verankerten Idealismus in Jurisprudenz und Politik.

[520b] THIEME, Junger Sav., S. 63, in einseitiger Zuspitzung und dann schiefer Parallelisierung zu Windscheid 1884. Vgl. zu letzterem kurz RÜCKERT, ZfArbeitsr 1983, S. 13 mit A. 53. Da Savigny entgegen THIEME auch nicht die Rechtswissenschaft der „Rechtsidee" beraubte (so THIEME, S. 62), muß er auch anders überwunden werden, vgl. oben 49 f. Für STAHL, Phil. d. Rechts I² (1847), S. 580.

ZUSAMMENFASSUNG
DER WESENTLICHEN ERGEBNISSE

Die Sphinx Savigny – so hieß es einmal in der Einleitung dieser Studie. Das könnte irreführen. Die Vorstellung, es gehe um eine Aufgabe wie Rätsel-lösen, schwingt sogleich mit. Die Aufgabe dieser Studie bestand aber zum nicht geringen Teil darin, zu zeigen, daß man das Objekt Savigny zwar nicht selten nach Art eines Rätsels anging, daß aber die historische Aufgabe und Lösung sowohl einfacher als schwieriger sei: Einfacher, weil die Quellen reichlich sprechen, schwieriger, weil dieser Reichtum an Lösungshilfen in Sachen Savigny auch eine Last ist, die verarbeitet sein will. Savigny erscheint hier also weniger als Sphinx, denn schlichter, aber auch vielversprechender: Er ist einfach ziemlich unbekannt (Teil 1).

In drei Schritten wurde dieser Eindruck belegt (1 I. II. III.). Der gemeinsame Nenner dieser Beweisschritte lag darin, Forschungsstand und Quellenlage eingehend zu konfrontieren, nicht als Selbstzweck, sondern um den Grad der Savigny-Kenntnis näher zu ermitteln und dabei die Fundamente zu bestimmen.

In diesem Sinne wurden zunächst „offenbare Lücken" abgegrenzt und genauer ausgelotet (1 I). Einige weiße Flecken nahmen dabei deutlich Kontur und Farbe an. Die Ergebnisse und Folgerungen dazu wurden eigens resümiert (1 I 7).

Offenbare Lücken abzugrenzen, hieß zugleich schon, den Boden für weitere Überlegungen über „versteckte Unbekanntheit" zu bereiten (1 II). Dabei wurde dann der Frage nachgegangen, wieweit man den vorhandenen Kenntnisbestand als sicheren Schatz begreifen dürfe. Dies führte auf methodische Überlegungen zu den Fragestellungen und Antworten. Beweiszirkel und Kontextvernachlässigung erwiesen sich als einschneidende Hindernisse (1 II 2). Beides ließ sich mit einem Blick auf die Fülle der Savigny-Streitfragen (1 II 3) und die Quellenbasis einiger wichtiger Untersuchungen bekräftigen (1 II 4). Auch zu diesem Abschnitt wurden die Ergebnisse bereits resümiert (1 II 5) und hier kann darauf verwiesen werden.

Ein zusammenhängender erster Überblick zu den Savigny-Quellen und vor allem zum neu zugänglichen wissenschaftlichen Nachlaß beschließt den ersten Teil (1 III). Dieser Überblick läßt sich durch eine Zusammenfassung nicht ersetzen.

Inhaltlich ergibt der erste Hauptteil vor allem: Die Literatur ist gut erschlossen. Für die Quellen fehlt es dagegen in mehreren Richtungen selbst an ersten Bestandsaufnahmen und Übersichten (I 1). Die monographische und monographieähnliche Literatur zu Savigny widmet sich noch viel stärker als bekannt und vermutet der reizvollen Mischung von Jurisprudenz, Wissenschaft, Geschichte, Philosophie und Politik, die Savignys Grundlehren vermuten lassen. Dies gilt nicht nur für die sehr reichhaltige „Fest"-Literatur, sondern auch für die an sich breiter angelegten Darstellungen. Daraus ergibt sich eine offenbare Forschungslücke, deren Folgen allerdings eher unterschätzt werden (I 2).

Diese Kenntnislücke wurde für *vier Bereiche* näher ausgelotet. Das ergab den korrespondierenden Befund, daß hier ebenfalls teilweise sehr empfindliche Kenntnislücken bestehen.

Für den Bereich *Politik-Praxis-Ämter* ließ sich eine ganze Reihe von konkreten Aktivitäten ermitteln. Sie deuten alle auf sein beträchtliches Gewicht. Sie wurden bisher nicht im Zusammenhang bearbeitet und auch nur vereinzelt für spezielle Fragen untersucht. Die dazu kontrastierende Fülle der teilweise entschiedenen Stellungnahmen zu Savigny politicus läßt diese Lücken im Quellenfundament fast vergessen. Es ergaben sich zahlreiche Anhaltspunkte für neue, differenzierende Thesen (I 3).

Zu Savignys *Dogmatik* konnten ebenfalls eine Reihe von unentbehrlichen Quellen nachgewiesen werden. Ein Vergleich mit der Forschungslage ergibt eine drastische Lücke, die wegen Savignys bekannter Autorität und sehr wahrscheinlich eminenter Wirkung ebenfalls empfindlich genannt werden muß. Sein kennzeichnendes Dogmatik-Ideal ließ sich bereits früh und bemerkenswert präzise erfassen (I 4).

Die sog. *Strafrechtsepisode* erwies sich als kaum bloß episodisch. Gedruckte und ungedruckte Quellen beweisen Savignys große Intensität bei diesen seinen ersten Schritten in einem hochpolitischen und hochphilosophischen Bereich der zeitgenössischen Rechtswissenschaft. Vor allem für die Genese seiner Grundbegriffe muß man sehr fruchtbare Kontexte vermuten (I 5).

Die wohl empfindlichsten Ungewißheiten blieben bisher zur *Landshuter Zeit* zwischen Herbst 1808 und Frühjahr 1810. Schon aus den hier besonders ergiebigen gedruckten Briefen und der reichhaltigen zeitgenössischen Diskussion ergeben sich zahlreiche Indizien für entscheidende Schritte auf mehreren Ebenen: in der Dogmatik (Pandekten) ebenso wie in den allgemeinen Lehren und der Politik (Institutionen) und – wie bekannt – für Religion und Person. Die neuen Quellen bestätigen diese

Indizien vollauf. Eine erste Auswertung läßt die Richtung erkennen, in der sich Savignys Antworten bewegen. Er verkündet eine ‚positive', historische, klassisch gesprochen: falsche Metaphysik. Konkret erscheinen schon hier, 1808, zwei seiner entscheidenden Geschichtsdogmen: das Ursprünglichkeits- und das Wissenschaftsdogma. Er verkündet sie in der apodiktischen Form von Allsätzen und will sie doch aus ‚der' Geschichte gewonnen haben – daher die Kennzeichnung als ‚falsche' Metaphysik des Positiven. Es handelt sich dabei um *Antworten*, denn Savignys Äußerungen stehen in voller zeitlicher und inhaltlicher Abhängigkeit von der seit 1806 in Deutschland massiv einsetzenden napoleonischen Gesetzgebungspolitik im *Zivil*recht. Diese Herausforderung nahm Savigny an. Dieses Datum markiert daher den Zeitraum, von dem ab deutlichere und zusammenhängende Bekenntnisse zu den 1808 dann schon bestechend klar und umfassend vorgetragenen eigenen Dogmen sich ausbilden. Die *Berliner Zeit* erscheint trotz Freiheitskriegen und Kodifikationsstreit von hier aus wesentlich als Vollzug bereits in der ‚bayerischen Kur' gefestigter Überzeugungen. Die damit festzustellende äußere und tief ins Gesamtbild reichende Forschungslücke entspricht übrigens nur der Lage in der allgemeinen Geschichte, in der man ebenfalls erst jüngst diese „napoleonische" Inkubationsphase von weittragenden Entscheidungen und Positionen wiederentdeckte (I 6).

Im zweiten Hauptteil werden einige „*Wege zu Savigny*" erprobt, die sich als besonders wichtig und einigermaßen abschätzbar herauskristallisiert hatten. Die Untersuchung wird ganz ins Positive und Konstruktive gewendet. Vier Bereiche kamen in Frage: 1. War Savigny unpolitisch und unpraktisch? 2. War er der volle Antipode Thibauts? 3. War er der Harmonische und Unparteiliche, als der er allgemein gilt? 4. War er der philosophische Idealist, als der er nur selten gilt? Die ersten drei Antworten lauten „nein", die letzte „ja". Freilich genügen selbst in dieser Zusammenfassung diese Antworten schon deswegen nicht, weil dabei diejenigen Differenzierungen verloren gehen, die befriedigende Antworten überhaupt erst ermöglichen und die auch die Fragen relativierten.

Unpolitisch und unpraktisch, so ergab sich, war Savigny jedenfalls nicht in dem Sinne, daß er sich generell politischen und praktischen Aufgaben bloß widerwillig gestellt hätte. Im Gegenteil: Verschiedene und nicht geringe Aufgaben dieser Art nahm er bewußt und voll wahr (2 I).

Auch die verbreitete Gewohnheit, ihn für 1814/15 als den vollen *Antipoden Thibauts* zu kennzeichnen, erwies sich als zu undifferenziert und irreführend. Es gibt Nähe und Distanz in diesem Verhältnis. Anhand neuer Quellen auch für Thibaut war zu betonen, daß die deutlichste Grenzlinie *nicht* im Punkte politisches Volk, nicht bei privatrechtsliberal, nicht beim

Streben nach Einheit, nicht in der Kodifikationsfrage als solcher verlief. Es handelt sich vielmehr um Kontroversen *innerhalb* eines gemäßigten Lagers im nicht dualistischen, sondern mehrpoligen Spektrum der Zeit (2 II). Zwischen reformkonservativ und organisch-liberal läuft die schmale Grenzlinie. Da diese und weitere Ergebnisse nebst Folgerungen wiederum bereits resümiert wurden (II 4), kann darauf verwiesen werden.

Savignys *Harmoniestreben und Unparteilichkeit* gehören ebenso zum festen Repertoire der Rechtsgeschichte wie die Gegenüberstellung zu Thibaut. Hier wie dort meinen die Kennzeichnungen nicht nur peripher Tagespolitisches bzw. bloß individuelle Züge, sondern mehr. Man verallgemeinert sie zu grundsätzlichen Elementen in seiner Charakteristik. Eben deswegen wurde auch die Frage „Harmonisch-Unparteilich" überprüft (2 III). Dazu eignete sich aus zwei Gründen vor allem die heuristische Frage, wo Savignys Harmonie und Toleranz ihre Grenzen hatten: Die Antwort darauf führte erstens auf ein breites, bisher so nicht gesehenes Quellenmaterial zurück. Die zahlreichen entschiedenen Urteile Savignys über Personen und Schriften und die ebenso reichlich fließenden entschiedenen politischen Stellungnahmen boten eine tragfähige Basis, um die Kennzeichnung als harmonisch und unparteilich einschränkend zu präzisieren. Bei aller Mäßigung gibt es nämlich keinerlei Zeichen von Lebensfremdheit, alles duldender Toleranz oder gar Urteilslosigkeit, im Gegenteil. Zugleich bot dieses Material zweitens die Chance, über Savignys im positiven oft so schwer zu fassende, diffuse, idealisierende, oft nur programmatische Texte hinauszukommen und aus der Perspektive der Grenzen seine Haltungen inhaltlich genauer zu fassen. Die Ergebnisse und Folgerungen hierzu wurden wieder separat resümiert (III 4) und werden in Bezug genommen.

Bei der Untersuchung dieser drei Fragen verfestigte sich der Eindruck, es gebe dabei Implikationen, die nach geschlossener Erklärung verlangten. Denn in gewissem Sinne muß man Savigny allerdings als unpolitisch, unpraktisch, harmonisch und unparteilich verstehen. Dieser Widerspruch wird im letzten Abschnitt des zweiten Teils unter dem Titel „*Der Idealist*" angegangen (2 IV). Eine ganze Kette von Deutungsproblemen schloß sich an ihn an.

Bei der Frage „*Idealismus*" mußte zunächst die Hypothese genau entwickelt werden (IV 1.). Sie lautete, Savigny folge fast ohne Schwankungen objektiv-idealistischen Annahmen und Denkfiguren. Abgesehen von Alltagsarbeiten, in denen ein Absolutes nicht stets präsent zu sein brauchte, seien seine grundsätzlichen Texte so zu verstehen und zu erklären. Diese Hypothese wurde zunächst an dem zentralen Punkt seiner Wahrheitsvorstellung konkretisiert und bewährt (IV 2.). Der Befund wurde dann systematisch umschrieben, und dabei wurden Kennzeichen für solchen Idealismus entwickelt (IV 3.), um ihn genauer fassen zu können. Danach gehörten dazu vor allem ein universaler Ganzheitsdrang, die Technik des Unterscheidens ohne trennen zu wollen, hier Doppelung genannt, der Anspruch auf prinzipielle Eindeutigkeit, mit einer Formel dann: das Denken und die Sprache der Erscheinung. Da sich keine ausdrücklichen Zeugnisse für Savignys philosophische Position fanden, wurde die Beweisführung anhand einiger indirekter Quellen fortgeführt. An seiner Korrespondenz mit dem Jenenser Philosophen J. F. Fries, seiner Begeisterung für das *Athenaeum* gerade bei Fragen praktischer Philosophie, ähnlicher Aufnahme von Hölderlins philosophischem Roman *Hyperion*, an seinem Fichte-Urteil gegenüber Fries und in der sog. Methodenlehre, seiner Beurteilung der *Zeitschrift für Rechtswissenschaft* von Collmann und Molitor, schließlich Texten aus dem *System* von 1840, der Pandektenausarbeitung von 1829/30 und seinem Urteil zu Stahls *Philosophie des Rechts* wurde mit Hilfe eines breiten Kontextes nachgewiesen, daß Savigny in der Tat eine Metaphysik des Natürlichen befolgt (IV 4.). Er teilt damit, wie weiter zu klären war, den objektiv-idealistischen Ansatz des zeitgenössischen deutschen Idealismus, in dem sich Fichte, Schelling, Hegel u. a. vereint darum bemühten, die von Kant noch formulierten Grenzen zu überwinden. Hölderlins philosophischer Roman *Hyperion* und Fr. Schlegels *Athenaeum* spielten für Savigny eine maßgebende Rolle. Gegenüber diesem Ergebnis konnte eher nur angedeutet bleiben, welcher systematischen fachphilosophischen Entfaltung dieses Ansatzes Savignys Texte zuzuordnen wären (IV 5.). Die Fragen Savigny-Schelling, Savigny-Hegel usw. hatten also hinter dem wichtigeren Nachweis zurückzutreten, *daß* Savigny objektiv-idealistischen Annahmen folgte, daß diese im Ansatz *nicht* mit Kant und diesen Seiten Fichtes subjektiv-idealistisch zu nennen sind, sondern mit entsprechenden Tendenzen Fichtes, Hölderlins, Schlegels, Collmann/Molitors, auch Goethes, Jacobis u. a. objektiv-idealistisch, also der Verschiebung des Idealismus durch Hölderlin, Schelling *und* Hegel um 1795-1802 entsprechen, und daß er schließlich auch nicht grundsätzlich empiristisch wie Hugo und teilweise auch Fries dachte. Diese Zuordnung schließt manche Verwerfungen, kantische und fichtesche Elemente schon deswegen nicht aus, weil metaphysische Grundbegriffe und Denkfiguren auch bei diesen vorliegen, weil selbst objektiv-idealistische Elemente dort nicht ganz fehlen und weil auch nicht in jeder Folgefrage die Lösungen divergieren müssen. Savigny folgte demnach einem um 1800 ganz naheliegenden philosophischen Denken. Seine spezifische Nuance hieß *„natürliche" Philosophie*. Anhand einer späten Quelle von 1829/30 ließ sich belegen, daß er das Philosophische in seinen Lehren auch offen beansprucht. Die einzelnen Entwicklungen in der Philosophie nach 1804 scheint er dagegen weniger rezipiert zu haben. Umso wichtiger war es, seinen Ansatz herauszuarbeiten. Als Kurzformel für diesen Ansatz und Savignys Nuance dabei wurde anschließend „objektiv-idealistisch" in eigenständiger Bedeutung nachgewiesen und begründet (IV 7.).

Mit dieser Bestimmung von Savignys philosophischen Voraussetzungen waren die Instrumente gefunden, um sie in seiner Behandlung konkreter Probleme nachzuweisen. Dem gilt der dritte Hauptteil *„Idealismus als Schlüssel"* mit den Kapiteln „Idealismus und Jurisprudenz" (3 I) und „Idealismus und Politik" (3 II). In diesen konkreten Anwendungen spielen diese Annahmen eine Hauptrolle, als Metaphysik in action sozusagen.

Juristische Grundbegriffe wie Gewohnheitsrecht, Rechtsbegriff, Juristenrecht, Privatrecht, Besitz, Körperschaft usw. erweisen sich als *objektiv-idealistisch konstruiert*. Auch die Abgrenzungen der Jurisprudenz als Gegenstand und Wissenschaft gegenüber Moral und Sittlichkeit (I 12) folgen diesen Prämissen, ebenso die Anweisungen zu Methode (I 5) und Auslegung (I 8). Die Denkfiguren und Konstruktionen dabei wurden eingehend analysiert. Wie Savignys Denken dabei funktionierte, läßt sich hier nicht in wenige Worte bringen. Es kommt bei diesen Untersuchungen gerade darauf an, eine recht fremde Welt nachzuvollziehen und anschaulich zu machen. Ein solcher Vorgang läßt sich kaum reduzieren. Allenfalls im Symbol oder Zeugnis kann er sich verdichten. Ein solches Symbol ist Savignys Sprache − ihre Schönheit symbolisiert sein objektiv-idealistisches Denken, in dem das Ideal einer kunstvoll populären, schönen Schreibart nicht zufällig dominierte. Ein Blick in Hugo oder Thibaut unter den Juristen genügt, um diesen Symbolwert zu ermessen. Unter den Zeugnissen verdient ein besonders dichtes durch den Philosophen *Fries* hier wiederholt zu werden: Er entnimmt 1840 aus „System" Band 1 den Eindruck, Savigny setze dort in seinen zahlreichen bloßen Begriffserklärungen wie viele Lehrer des positiven Rechts die „philosophischen Prinzipien ... nur als bekannt voraus, ohne sie selbst zu entwickeln" (oben 372). Philosophie waltete so in Savignys Jurisprudenz.

Die Untersuchungen gaben mehrfach Anlaß, die *Methodologie von 1802/03* zu erklären. Geschichts- und Philosophiebegriff, Gesetzes- und Staatsbegriff, Positivismus darin, kamen zur Sprache. Savigny ging danach nicht erst 1814/15 zu einer evolutionistischen Anschauung über. Entscheidende Stützen des im *Beruf* Vorgetragenen stehen von Anfang an: Die Aufwertung des *objektiv* Gegebenen und sein *eigentlich*-historisches Verständnis als sukzessives Ganzes (oben 110). Von positivistischem Rechtsbegriff kann man daher auch 1802 nicht sprechen. Umgekehrt handelt es sich um eine Metaphysik des „Natürlichen" in der Jurisprudenz.

Die Interpretation der Methodologie von 1802 steht immer auch für die Frage nach *Kontinuität und Wandel* in Savigny. Diese wurde mit der Formel von Rohentwurf und Ausführung beantwortet (oben 325), das sollte heißen: Die Motive, Wertungen und Grundgedanken bleiben konstant, die nähere Ausführung und erst recht Akzentuierung nimmt Savigny im Laufe der Zeit und besonders nach 1806 vor. Elemente wie Volksgeistlehre, Sprachvergleich, Geschichtsmetaphysik wurden daher nicht als grundlegende Umorientierungen, sondern bloß als neue Stützen im vorhandenen Gebäude gedeutet. In diesem Sinne gibt es Kontinuität *und* Wandel.

Untersuchungen zu „*Idealismus und Politik*" bei Savigny schließen die Studie ab (3 II). Sie gelten den philosophischen Voraussetzungen in Savignys vielbesprochener politischer Seite. Dies mußte zunächst differenziert werden: Unterschieden werden Savignys politische Theorie, seine konkrete inhaltliche Position in politischen Fragen der Zeit und die Frage, wie intensiv sein politisches Wirken war. Die Hypothese, idealistische Annahmen seien dabei leitend, erwies sich erneut als fruchtbar. Es ließ sich zeigen, daß Savigny auch in seinem politischen Denken und Urteilen die Vorstellungen anwendet, es sei lediglich etwas Gegebenes zum Vorschein zu bringen, zu „enthüllen", Urteilen sei gleich Erkennen und ein quasi rein objektiver Vorgang, Trübungen dabei seien bloß eine individuelle Unvollkommenheit, Wert und Wirklichkeit fielen zusammen wie gut und wahr, ebenso Vergangenheit, Gegenwart und Zukunft (II 1), das Wirkliche enthalte eine immanente Struktur oder Kraft, „innere Notwendigkeit" (II 2), diese binde als „natürlich" und werde durch eine besondere innere Haltung erfaßt („Geist", „Gesinnung") (II 3). Dem entsprachen eine spezifische Elastizität dieser Position, negativ gesagt, Festlegungsscheu und Nebelhaftigkeit in konkreten Fragen (II 4), ebenso eine permanente Willkürabwehr zum Schutz des „Natürlichen" (II 5) und eine erklärte Abneigung gegen organisiertes, das hieß künstliches Parteiwesen (II 6). Mut zur Tat entsprang hier dann aus Gemeinschaft der Gesinnung. Sehr grundsätzlich wurzelt hier sein Volks- und Nationsbegriff (II 7). Abneigung gegen „leblose" Formen wie geschriebene Verfassungen und *bloß* positives Recht gehört ebenfalls zu dieser Theorie (II 8). Recht, Moral und Politik werden zwar getrennt. Sie fließen aber doch zusammen in der ständigen Suche nach dem Wert im Wirklichen. Konkret verkörpert diesen die christliche Lebensansicht (II 9). Unpolitisch wie wertfrei-wissenschaftlich sind daher Kategorien, mit denen sich Savignys Politik- wie Wissenschaftsbegriff nicht fassen lassen (II 11). Ebensowenig paßt die Kennzeichnung als irgendwie positivistisch (II 11).

Savignys politische Theorie enthält bei aller metaphysischen Allgemeinheit doch einige konkrete *inhaltliche Konsequenzen* (II 10). So bedeutete „objektiv" sein zu wollen, daß man keinesfalls die Wirklichkeit verletzen durfte, konkret: Nicht Revolution, noch echte Restauration ließen sich hier bei aller sonstigen Nebelhaftigkeit der Forderung „objektiv" begründen. Savignys politische Theorie legt sich weiter dadurch konkret fest, daß für ihre Leerformeln berufene Ausleger unentbehrlich sind. Sie kann nur elitär funktionieren, und zwar berufen-elitär, nicht leistungs-elitär. Denn der stets gesuchte Anteil am Absoluten ist nie abstrakt, sondern immer nur über konkrete Personen zu vermitteln, die über den rechten „Geist und Gesinnung" verfügen. Die Abneigung gegen feste Formen wirkt in seiner Zeit *konservativ* gegen liberal-rechtsstaatliche Festlegungsversuche. Sein Respekt, so ergab sich weiter, vor dem Natürlichen und Werthaften gab aber doch auch der Freiheit eine Chance: Man darf nämlich das „natürliche Wachsen" in seinem „Ebenmaß" nicht „willkürlich" stören. Freilich bleibt fraglich, was „willkürlich" wäre und was nicht. Welche Position Savigny in den politischen Fragen seiner Zeit dann im einzelnen einnahm, hängt also davon ab, wie er Willkür und Natur verteilt sah. Das läßt sich nicht abstrakt beantworten. Ein Anfang dafür wurde bei der Frage Thibaut-Savigny gemacht (2 II). Weitere Indizien liefern die politischen Urteile (2 III 3). Auf die Zusammenfassungen dazu sei hingewiesen (2 III 4).

Diese Studie zu Savigny mündete also in eingehende Untersuchungen zu seinem Idealismus. Diese Gewichtung kann auch inhaltlich genommen werden. Denn wie sich erweist, spielt dieser Faktor eine wesentliche Rolle in einer ganzen Kette von Deutungsfragen bei Savigny. Er wirkt in Jurisprudenz, Moral und Politik, auch Religiosität. Er durchzieht juristische Konstruktionen und politische Theorie. Er begründet seine kennzeichnende untrennbare Verknüpfung dieser Bereiche.

Seiner neuen Savigny-Deutung von 1967 legte Wieacker die treffende Beobachtung und feste Überzeugung von der „Beharrlichkeit der Arbeitsvorsätze" Savignys und einem „beständigen Festhalten an den früh gewonnenen geistigen und methodischen Positionen" zugrunde[521]. Diese *Kontinuität* bei Savigny kann bestätigt werden. Freilich handelt es sich um ein Festhalten objektiv-idealistischer, „natürlich"-philosophischer Annahmen und Denkweisen. *Diese* Art von Kontinuität wurde bisher allenfalls angedeutet.

---

[521] Wieacker, Privatrechtsgesch., S. 380.

Man hat in Savignys juristischem Idealismus einmal „die Grundlage einer *neuen juristischen Ära*" gesehen[522]. Dieses Urteil scheint mir eminent bestätigt. Auch wenn hier keine ausdrücklichen Vergleiche zur Lage vorher vorgenommen wurden, wie dort im Punkte Privatrecht-Öffentliches Recht, – Savignys Konstruktionen juristischer Grundbegriffe wie Auslegung, Methode, Besitz, Körperschaft usw., wie sie hier ermittelt wurden, weichen evident von der Tradition ab. Seine spezifische Nuance läßt sich vielleicht am treffendsten einfangen mit einer Kennzeichnung, die viel später für den Kontext, von dem er lebte, gefunden wurde. Savigny versetzte wie seine philosophischen Väter das Denken in eine *neue „Atmosphäre"* (Wittgenstein)[523]: Viele Steine blieben äußerlich auf dem andern, und doch änderten sich ihre Verhältnisse grundlegend. Das Wort von der neuen juristischen Ära kann daher hier den Schlußpunkt bilden. Ein sehr berufener Zeitgenosse hat es 1814 in die Worte gebracht:

„Man muß von jener Periode her, da einer dieser Gelehrten (sc. Gustav Hugo) seine Forschungen bekannt zu machen anfing, dem Gange der Bearbeitungen der Jurisprudenz haben folgen können, um sich recht lebhaft der allmählichen, schrittweise fortgehenden, aber alles durchdringenden, Umwandlung dieser Wissenschaft bewußt zu sein" – so *Hufeland* 1814[524], für Savigny einst der „herrliche Mann"[525]. Daß Savignys Anteil an dieser *vollständigen Umwandlung* mitgemeint war, ist zu vermuten. Jedenfalls begründete er etwas Neues, eine „natürlich"-philosophische Jurisprudenz im Geiste eines frühen, objektiv ansetzenden metaphysischen Idealismus. Wie, wo und warum diese neue Ära noch andauert – in diese spannende Untersuchung ist damit eingetreten.

---

[522] GAGNÉR, Öff. Recht, S. 35.
[523] WITTGENSTEIN, Philosophische Untersuchungen (1953), ed. Frankfurt 1967, Nr. 594, 608, und S. 217. Er verwendet diese Bezeichnung, um eine spezielle Sprachanwendung zu kennzeichnen: „Man kann zu allem eine Atmosphäre hinzukonstruieren. ‚Ein unbeschreiblicher Charakter'" (Nr. 608). Das Beispiel am Schluß hat keineswegs nur äußerlichen Bezug zu Savignys häufiger Rede von ‚unsichtbar' u. ä. Konkret historisch parallel COPLESTON, History 7, S. 2: „another world", für Idealismus nach Kant.
[524] HUFELAND, Über den eigentümlichen Geist des römischen Rechts (1815), hier in der ersten Abhandlung dieser Sammlung (insoweit 1814), gleichen Titels wie der Band, S. 49. Eine neuere Arbeit über diesen wichtigen Zeitgenossen fehlt; symptomatisch ist sein völliges Fehlen bei KLEINHEYER-SCHRÖDER, Dt. Juristen, anders jetzt in ²1983, S. 333. Hufeland lebte 1760-1817. Savigny kannte ihn aus Jena und stand mit ihm in Briefwechsel. Er war Nachfolger H.s in Landshut.
[525] Bei STOLL 1, S. 116, am 30. 7. 99, Eintrag im sog. Tagebuch aus Jena.

QUELLENANHANG

ANHANG 1

AUSARBEITUNG SAVIGNYS ZUR VORLESUNG INSTITUTIONEN

Landshut 1808/09

Die folgende Wiedergabe versteht sich noch nicht als kritische Edition. Sie erfolgt buchstäblich; evidente Abkürzungen sind stillschweigend aufgelöst, Streichungen nichtausgeführter oder geänderter Teile u. ä. weggelassen, Ergänzungen durch eckige Klammern angezeigt, fragliche Lesungen durch nachgesetztes Fragezeichen. Original in der UB Marburg, MS 925, Nachlaß 1977, in M 14, Blatt 1-12.

[fol. 1r] *„Institutionen, Winter 1808*
v. 24. Nov. an 5 mal wöchentlich

Bey dem ersten Eintritt in ein wissenschaftliches Studium ist keine Überlegung natürlicher und wichtiger als die, worauf man seine Aufmerksamkeit richten, wovon man sie abwenden müsse, um in der erwählten Wissenschaft wahrhaft einheimisch zu werden. Diese Frage ist in den meisten Fällen leicht und sicher zu beantworten, weil ein alter und steter Gebrauch so sicher darüber entschieden hat, daß nur selten ein Zweifel dagegen sich erhebt. Eines solchen Zustandes ruhiger Sicherheit hat auch unsere Wissenschaft noch vor wenig Jahren sich zu erfreuen gehabt. [1v] Was man lernen müsse, um ein gründlicher Jurist zu werden, war längst entschieden, und die Zweifel, welche zu Zeiten über Auswahl und Ordnung der Gegenstände erregt wurden, waren weder eingreifend noch von Dauer. Jetzt ist alles anders geworden. Neue Gesetzbücher sind aller Orten entstanden, und was vordem allein für nöthig und brauchbar galt, wird jetzt von Vielen für unnütz oder verderblich gehalten.

Zeiten wie diese haben das Gute, daß durch sie im Großen geschieden wird was inneres Leben hat und ächten Gehalt von dem, was nur [2r] den Schein des Daseyns an sich trug, und nur in einem Zustand träger Tradition sich erhalten konnte. Diese große und sichere Entscheidung der Zeit wird auch unsrer Wissenschaft nicht fehlen. – Aber dem, dessen erste Bildung in den gegenwärtigen Augenblick fällt, kann sie nicht zu gute kommen. Denn er bedarf einer schnelleren Antwort auf die Frage: was wissenswürdig sey in unsrer Wissenschaft? Und diese Frage wird ihn um so mehr beunruhigen, je ernstlicher er es meynt mit seinem ganzen Streben.

[2v] Zwar ist unsre Regierung schon längst durch ein Gesetz ins Mittel getreten. Sie hat die Studien bestimmt, welche von jedem Juristen gemacht werden müssen, und sie hat Vieles in Schutz genommen, was so häufig für veraltet und unnütz gehalten wird. Aber wie wenig vermag alle Vorschrift gegen die Gewalt der Meynung! Vorlesungen zu besuchen kann man Jeden leicht nötigen, aber was nicht aus innerer Überzeugung, nicht mit Ernst und Liebe geschieht, wird immer ohne Frucht bleiben. Soll also eigener Trieb und eigene Überzeugung das Studium beleben, so muß die Frage: was ist wissenswürdig in unserer Wissenschaft? aus inneren Gründen beantwortet seyn, und diese Aufgabe [3r] zu lösen, will ich jezt den Versuch machen.

Betrachten wir alle Gesetzgebungen überhaupt, von welchen die Geschichte Nachricht aufbewahrt hat, so finden wir unter ihnen einen merkwürdigen Unterschied. Einige nämlich sind unmittelbar in einem Volke entstanden, ohne Zuthun eines anderen Volkes oder früherer Geschichte: andere haben ihre Wurzel in der Gesetzgebung eines fremden Volkes. Jene kann man ursprüngliche [ergänzt: oder nationale], diese aber fremde oder nachgebildete Rechte nennen. Ich will es versuchen, die Natur eines ursprünglichen Rechts, worauf hier alles ankommt, durch ein Beyspiel [3v] anschaulich zu machen. Die Wechselbriefe sind entstanden durch das innere Bedürfnis des Welthandels. In jeder großen Handelsstadt sind alle Verhältnisse dieser sehr künstlichen Erfindung allgemein gekannt [!]. Darum gibt es in jeder Handelsstadt ein Wechselrecht, das nicht in geschriebenem Gesetz, auch nicht in den Schriften der Juristen gegründet ist, sondern in dem allgemeinen Bewußtseyn aller denkenden Kaufleute. Wenn nun in einem ganzen Volke Nationalgefühl und Bürgergesinnung eben so verbreitet und eben so entwickelt wäre, wie in jener Stadt die Kenntnis des Handels, so würden von dem Bewußtseyn dieses Volks alle Verhältnisse des Lebens eben [4r] so durchdrungen werden, wie dort die merkantilen Verhältnisse, und dieses Volk hätte ein ursprüngliches Recht. Ob es zugleich eine Rechtswissenschaft hätte oder nicht, das würde von dem allgemeinen Grade seiner Bildung abhängen. Ein ursprüngliches Recht kann bestehen ohne Rechtswissenschaft, aber in einem gebildeten Zustand muß Rechtswissenschaft hinzutreten oder das Recht selbst wird untergehen in flacher, characterloser Unbedeutenheit [!].

Ich gehe zur Anwendung über. Wenn wir die ganze Masse unserer juristischen Begriffe und Kenntnisse untersuchen, so werden wir auf zwey ursprüngliche Rechte als auf ihre Quelle hingewiesen: das römische nämlich und das germanische. [4v] Das Römische Recht ist entsprungen aus der freyen Verfassung der römischen Republik: es hat diese Verfassung lange überlebt, aber zu Justinians Zeit, wo der größte Theil unserer Nachrichten darüber gesammelt worden ist, war es völlig abgestorben. Ebenso für uns das germanische Recht, dessen Ursprung im Mittelalter zu suchen ist, und welches sich nicht bloß in Deutschland, sondern in allen germanischen Staaten entwickelt und ausgebildet hat.

Beide Gesetzgebungen sind an sich und ohne äußern Zweck einer ernsten Betrachtung in jedem Sinne würdig, und wer von einer großen und wahren Ansicht der Geschichte durchdrungen ist, dem muß ein Rangstreit [5r] unter ihnen völlig leer und nichtig erscheinen. Aber außer ihnen gibt es in dem ganzen Umfang unserer Jurisprudenz nichts ursprüngliches, und alle Jurisprudenz insofern sie eigenes, selbständiges Daseyn haben soll, ist demnach entweder römisch oder germanisch.

Zwar hat das 18te Jahrhundert den Anspruch gemacht, auch in der Gesetzgebung alles zu übertreffen, was ihm von früheren Zeiten überliefert worden war, und es ist in ihm das Preußische Gesetzbuch entstanden, welchen lange Zeit als neu und vollendet zugleich bewundert worden ist. Allein wer es unbefangen betrachtet, [5v] der muß es erkennen für das was es ist, für eine Compilation nämlich, wie sie nur bey einem sehr schlechten Zustand unsrer Wissenschaft möglich war. Auch wird von seinen eifrigsten Anhängern nichts so sehr gepriesen als die Natürlichkeit der Anordnung, die Deutlichkeit der Definitionen und ähnliche Dinge. Überall aber wo auf ein so untergeordnetes Verdienst ein unverhältnismäßiges Gewicht gelegt wird, kann man ziemlich sicher auf innere Leerheit und Mittelmäßigkeit schließen.

In ganz ähnlichem Falle ist das neue Französische Gesetzbuch, nur mit dem Unterschiede, daß es aus politischem [6r] Bedürfnis entstanden ist. Man hat in Frankreich ein Gesetzbuch gemacht, nicht weil man glaubte, etwas Neues und Treffliches machen zu können, sondern weil man es mußte, theils um die innere Verwirrung von Frankreich aufzuheben, theils um seiner Übermacht über Europa ein neues Gewicht zu geben. In ähnlichem Sinne sprechen überall die Verfasser des Gesetzbuchs selbst: überall ist von Compilation und nur von Compilation die Rede, und die Vorzüge, deren sie sich rühmen, beschränken sich wieder auf Auswahl, Ordnung und Ausdruck. Dennoch ist auch dieses Gesetzbuch häufig für neu und vollendet ausgegeben worden, eine Übertreibung, die sich bei allem, was mit so großer äußerer [6v] Gewalt auftritt, leicht einfindet.

Das neue Bairische Gesetzbuch endlich, dessen nahe Bekanntmachnung wir erwarten, wird durch die Bemühung eines der achtungswerthesten Juristen von vielen Mängeln des französischen befreyt seyn, aber im ganzen liegt ihm dieses zum Grunde, diese Grundlage war unvermeidlich, und die wissenschaftliche Ansicht desselben ist daher im Ganzen der des Französischen gleich.

Sie sehen aus dieser Zusammenstellung, daß nicht nur wir Deutsche mit allen anderen Europäischen Nationen uns in gleichem Falle befinden, indem wir wie diese kein eigenes, ursprüngliches Recht besitzen. In dieser Lage der Gesetzgebung nun, was ist zu thun für [7r] den Juristen? Diese Frage gewinnt hier eine neue Ansicht. Unsere Wissenschaft nämlich wird fast durchaus bearbeitet nicht um ihrer selbst willen, sondern für den äußeren Zweck der Rechtspflege. Wenn also auch wissenschaftlich betrachtet nur dem ursprünglichen Rechte ein eigener, unabhängiger Werth zugeschrieben werden kann, so scheint es, daß für den praktischen Zweck gerade umgekehrt nur das neue Gesetzbuch ein ernstliches Studium verdiene. Allein solche Entgegensetzung des praktischen und wissenschaftlichen Standpunctes ist nichtig und widersprechend. Denn [7v] alle Anwendung eines Gesetzes ist doch nur dem möglich, der es wahrhaft und gründlich kennt. Die gründliche Kenntnis eines abgeleiteten Rechts aber besteht in der historischen Zergliederung desselben, in der vollständigen Zurückführung auf seine Quelle, und man kann ohne Übertreibung von unsren neuen Gesetzbüchern sagen, daß nur der sie recht kennt, der sie besser kennt als ihre Verfasser.

Für jeden Staat also, der wie die unsrigen ohne ursprüngliches Recht ist, gibt es kein anderes Heil, als in der lebendigen Bearbeitung der Rechtswissenschaft, und sie erhält hier eine eigenthümliche Wichtigkeit, [8r] indem in ihr die einzige Rettung ist gegen die Barbarey einer völlig gesetzlosen Willkühr. Die eigentliche Gesetzgebung wird nicht gemacht, sie entsteht von selbst, und in einer Zeit, in welcher Niemand darum weiß noch wissen kann. Darum kann eine Nation, die ein fremdes Recht hat, diesen Zustand nicht aufheben, aber sie kann ihn unschädlich machen durch glückliche Bearbeitung der gelehrten Jurisprudenz, und diese ist nur um so nöthiger, wenn durch eigene [8v] Gesetzbücher die Täuschung veranlaßt wird, als habe man ein eigenes Recht.

Auch hat man dieses Bedürfnis einer gelehrten Jurisprudenz nie völlig verkannt. Selbst in Preußen war das Studium des Römischen Rechts vorgeschrieben, und in Frankreich ist es erst neuerlich wieder eingeführt worden. Allein in beiden Staaten wurde der Erfolg dieser Einrichtung durch ein großes Mißverständnis vereitelt. Man hatte die löbliche Absicht, den Geist des Römischen Rechts fassen zu lehren, und man glaubte dies dadurch zu erreichen, daß man [9r] eine allgemeine Übersicht seiner Grundsätze geben ließ. Allein der Geist eines Rechts kann nur aus seinen eigenthümlichen Seiten erkannt werden, und es giebt hier überhaupt keinen Mittelweg zwischen gründlichem Studium und völliger Unwissenheit, wie sich durch die merkwürdigsten Beyspiele darthun läßt. So war in dem alten Frankreich eine ähnliche oberflächliche Behandlung des römischen Rechts herrschend geworden. In diesen Schulen hatte Montesquieu sich gebildet. Und er, dessen ganzes Leben der historischen Forschung [9v] gewidmet war, giebt nirgends so viele Blößen, als da wo es auf gründliche Kenntnis des Römischen Rechts ankommt. Wie verderblich muß eine Methode seyn, wenn selbst Männer von so tiefem Geist und so ernstlichem Streben durch sie gefesselt werden!

Also gründliche Kenntnis des ursprünglichen Rechts, und namentlich des römischen, kann allein lehrreich seyn, jede andere ist so gut als keine. Was heißt aber das Römische Recht gründlich kennen? [10r]

Alte Methode, da wo man es ernstlich meynte:

1. Encyclopädie
2. Institutionen, 1-2 mal
3. Rechtsgeschichte
4. Antiquitäten
5. zwey bis dreymal Pandecten
6. einzelne Rechtsmaterien

Das dennoch ungründlich.

Das Römische Recht existiert überhaupt nur noch in den Schriften der alten Römischen Juristen. Gründlich kennt es also nur der, welcher von diesen, d. h. von den Quellen des Römischen Rechts eine anschauliche und umfassende Kenntnis hat.

Diese Schriften der alten Juristen selbst nur einzelne Elemente im ganzen Lauf der Geschichte jenes Rechts, darum die Bedingung jener anschaulichen Kenntnis die vollständige Einsicht in den historischen Zusammenhang des Römischen Rechts. [10v]

Falsche Ansichten der Gründlichkeit:

1. Große Masse des praktischen Details durch Combination einzelner Fälle und Aufgaben – hierin in Wahrheit kein Ziel – das mehr schädlich und verwirrend beim ersten Unterricht als lehrreich.

2. Verfolgung der historischen und antiquarischen Untersuchung bis in das feinste Detail – Beyspiel – daher besonders der Ruf der Pedanterey dem gelehrten Römischen Recht entstanden – nothwendig Auswahl dessen was in dem ganzen geschichtlich bedeutend ist – jener Fehler daraus entstanden, daß man sich gerade an dasjenige mit der Untersuchung heftete, was man zufällig bey alten Schriftstellern erwähnt [11r] fand – dies oft gerade das unbedeutendste – im Gegentheil oft das nicht erwähnte höchst wichtig – also hier wie in allem Vortrag zwei Hauptregeln:

1. vieles zu verschweigen, was man weiß
2. vieles zu berühren, was man nicht weiß, die Lücken der Wissenschaft bestimmt anzugeben.

Einrichtung des civilistischen Cursus.
Zwei Hauptkollegien:

1. Historische Übersicht des ganzen Römischen Rechts – des inneren und des äußeren
2. Synchronistische Darstellung desselben in einem Moment – juristische Dogmatik oder System des Römischen Rechts. – Pandekten – welcher Moment dazu wählen? (Justinian).

Zweck aller akademischen Vorträge:
gründliche Einleitung in das eigene Studium der Wissenschaft [11v] darum

3. Methodologie, d. h. Theorie der Erfindung in der Wissenschaft – Literargeschichte und Bibliographie
4. Institutionen – Übersicht des Ganzen – über den Namen Institutionen und Pandekten [12r]

[2. Stunde]
Erster Teil: Historische Übersicht des Röm. Rechts. [...]"

ANHANG 2

ZWEITES CODIZILL SAVIGNYS

Berlin, 27. 5. 1852, Original UB Münster, Nachlaß Savigny

„Zweites Codizill.
Meinen literarischen Nachlaß betreffend.
[...]

§ 2
Die von mir persönlich herrührenden wissenschaftlichen Aufzeichnungen sollen in meiner Familie stets aufbewahrt bleiben, wozu sich wohl Trages am besten eignen dürfte. Dahin sind zu rechnen:
1. Die Handschriften meiner gedruckten Bücher, die Materialien zu denselben, sowie die späteren Aufzeichnungen zu Nachträgen und Verbesserungen.
2. Die von mir gebrauchten Hand-Exemplare meiner gedruckten Bücher, die verschiedenen Ausgaben, so wie die Übersetzungen derselben.
Dagegen sind in dieser vorgeschriebenen Aufbewahrung nicht mit begriffen die vorräthigen rohen Exemplare einzelner Bände meines Systems. Über diese mögen meine Erben nach Gutdünken durch Schenkung oder Verkauf frei verfügen.
3. Die bei meinen Vorlesungen gebrauchten Hefte.
4. Mehrere von meiner Hand beschriebene Quartbände unter dem Titel: Adversaria.
5. Alle übrigen von mir herrührenden wissenschaftlichen Aufzeichnungen.
Es kann die Frage entstehen, ob vielleicht Einzelnes aus diesen Stücken, namentlich aus den Heften, zum Abdruck zu verarbeiten seyn möchte. Darüber haben meine Erben den Rath des Prof. Rudorff einzuholen, und in Übereinstimmung mit meiner geliebten Gattin zu entscheiden.
§ 3 [...]

Berlin den 27. Mai 1852,
Friedrich Carl von Savigny, Staatsminister a.D.

ANHANG 3

SOG. VERZEICHNIS DES SCHRANKES

nach 1860 angelegt

Die durchlaufenden Nummern sind hier hinzugefügt, Nr. 46 versehentlich übersprungen. Ab S. 2 ist eine andere Hand am Werk. Original in UB Münster, Nachlaß Savigny, Kaps. 1, 84.

[S. 1]   „Verzeichnis des Schrankes"

O b e r s t e s   F a c h :

1stes Paquet:
1. Bluntschli
2. Cramer
3. Eichhorn
4. Briegleb
5. Bunsen
6. Capei
7. Carmignani
8. Closius [!]
9. Blume
10. Bimbenet aus Orleans
11. Biener
12. Beseler
13. Beck
14. Bachofen
15. Conticini
16. Cooper
17. Dirksen
18. Erxleben
19. Fabricius
20. Falk [!]
21. Förster
22. Gaupp
23. Giraud
24. Göschen

2tes Paquet:
25. Grimm
26. Guenoux
27. Haenel
28. Hasse
29. Haubold
30. Heimbach
31. Hayward
32. Heise
33. Helfrich
34. Hollweg
35. Holtius
36. Hufeland

3tes Paquet:
37. Jaeck
38. Jourdan
39. Keller
40. Laboulays [!]
41. Lappenberg
42. Lerminier
43. Maassen
44. Marezoll
45. Maurer
47. Merkel

48. Mittermeyer [!]
49. Momsen [!]
50. Niebuhr
51. Briefe des seligen Vaters an Niebuhr
52. Papenkort
53. Pellat
54. Pertz
55. Puchta
56. Ranke
57. Ridolfi
58. Röstell
59. Rossi in Genf
60. Rossi in Neapel
61. Rudorff
62. Salvotti
63. Schelling
64. Schrader
65. Stahl
66. Theinser
67. Thibaut
68. Briefe des seligen Vaters an Professor Tiedemann in Marburg
69. Tonielli
70. Tiedemann

[S. 2]

Zweites Fach des Schrankes:

71. Unterholzner
72. Warnkönig
73. Weiß
74. Wenck
75. Wunderlich
76. Zachariä
77. Zajotti
78. Briefe von Gelehrten
79. Hefte mit Notizen des seligen Vaters auch über Thibaut
80. auch ein Heft von Professor Mittermeyer [!]
81. Gelehrte Notizen des sel. Vaters und Anderer zu seinen Werken
82. Materialien zur Rechtsgeschichte Band 5

In einem Pakete:

83. 1) Prinz August und Fürst Radziwill betreffend
84. 2) Anfang zum Dissert.katalog
85. 3) Prinz Wilhelm und Prinzessin Radziwill
86. 4) homöopathisches Tagebuch
87. 5) Stahl über den Erfolg der römischen Klagen
88. 6) Riforma-Compagnia di St. Maria della Misericordia di Firenze anno 1797

In einem Pakete:

- 89. 1) Notizen über Staatswissenschaft der Römer
- 90. 2) Verhandlungen über die Zeitschrift, Manuskript von Aufsätzen
- 91. 3) Materialien zum Aufsatz über die Städteordnung vom sel. Vater
- 92. 4) Materialien zur Prätoria und cura minorum, gelesene Abhandlung selbst vom sel. Vater
- 93. 5) Etwas über Armenverwaltung Berlins
- 94. 6) den alten römischen Prozeß betr.
- 95. 7) Göschen
- 96. 8) Über die baierischen Universitäten vom sel. Vater, Brief an Ringseis
- 97. 9) Breviarium Fuldense olim Weingartense. Notizen des sel. Vaters

Drittes Fach des Schrankes:

In einem Pakete:

- 98. 1) Projekt einer compendiarischen Bearbeitung von des sel. Vaters „System"
- 99. 2) Testament und Briefe der Eltern des sel. Vaters
- 100. 3) französische Assignaten
- 101. 4) ein Paket betitelt: Originalien
- 102. 5) Spruchkollegium Angelegenheit bezüglich der Abdication des Ordinarius Mackeldey

Viertes Fach des Schrankes:

- 103. Greifswalder Briefe, vermischte Briefe

In einem Pakete:

- 104. 1) Heft: Sicherung gegen Nachdruck und Verlagsverhältnis betreffend, Materialien zu einem künftigen Verlagscontract
- 105. 2) Heft: betitelt: Papyrus, welches Facsimiles enthält
- 106. 3) dickes Heft betitelt: Varia

In einem Pakete:

- 107. Buckowan [!]

In einem Pakete:

108. 1) Hypothekengeschäft mit Graf Itzenplitz
109. 2) Geschäftliches
110. 3) Materialien zu den Statuten der Berliner Universität
111. 4) abgemachte und niedergeschlagene Geldsachen
112. 5) Studentenunterstützung 1813
113. 6) Berechnung mit Jacob Riedel

In einem Pakete:

114. 1) Gans' Scholien zum Gaius betr., ferner dessen Professur betr., Correspondenz
115. 2) Zeitungsangriffe gegen den seligen Vater
116. 3) Raumers Vorlesung in der Academie 1847
117. 4) amtliche Verhandlungen über das Eherecht
118. 5) einige lose Blätter, Briefe, Notizen etc. und Verschiedenes über [den] Druck des „Systems"
119. 6) Übereinkunft mit Buchdrucker Unger, Preise anderer Buchdrucker
120. 7) Verhandlungen mit Papierhändler Nitsche, andere Papierproben
121. 8) Druckangelegenheiten des „Systems"
122. 9) Rechnungen und Quittungen
123. 10) Papiere betr. das Ausscheiden des seligen Vaters von der Universität und Antritt des Ministeriums 1842
124. 11) „An meine Zuhörer", gedruckte Bogen der Abschiedsworte des sel. Vaters beim Austritt aus dem Lehramt
    [gedruckt bei STOLL III 288, N° 24]

In einem Pakete:

125. 1) Wolgaster Schiffahrtsverein
126. 2) mehrere Bogen Abschriften und Schriften des Ministeriums der Justiz und die Universität betr.
127. 2) [!] des Vaters amtliche Tätigkeit von 1842 an betr. und einige Amte acta
128. 3) Frau von Bägen [?]-Drabitius
129. 4) Lieutnant Isert betr.
130. 5) Prozeß der Erben von Christiane Brentano
131. 6) Rector Ohly zu Vlotho bei Minden
132. 7) Geschäftsordnung (theilweise geheim) Anstellung bei dem Bundesschiedsgericht, Besetzung der Stelle von Puchta

133. 8) Secretair Gersdorf
134. 9) Verschiedene Bogen Abschriften, Briefe, Hefte, etc., auch die Berufung ins Herrenhaus und Vaters Ablehnung derselben
135. 10) Besetzung von Puchtas Stelle betr.
136. 11) Altenstein Gymnasien
137. 12) einzelne Bogen das Bundesschiedsgericht betr.
138. 13) Kirchliche Bewegung betr. und andere religiöse Fragen
139. 14) Reise Notizen
140. 15) Landtag 1847, Material zu eigenen Vorträgen und die Vorträge selbst, Mittags- und Abendgesellschaften Privatnotizen über die Sitzungen
141. 16) die russischen Rechtscandidaten betr.

Fünftes Fach des Schrankes:

In einem Pakete:

142. 1) Wissenschaftliches (in Pappendeckel gelegt)
143. 2) französische Renten, alte Papiere
144. 3) Rödersche Vormundschaft betreffend
145. 4) Unterstützung der Rheinländer
146. 5) Facultätsrelationen

In einem Pakete:

147. 1) Aufsätze, Recensionen in Journalen
148. 2) Heidelberg betreffend
149. 3) die privatisierenden Fürsten betreffend
150. 4) das Frankfurter Bürgerrecht betreffend
151. 5) Fontes. Reiseapparat vollständig eingetragen
152. 6) Glossatoren, Reiseapparat vollständig eingetragen

In einem Pakete:

153. Korrespondenz mit Professor Hugo [vgl. oben 21]

In einem Pakete:

154. 1) Dechargen und andere aus der Niebuhrschen Vormundschaft herrührende Papiere, welche bei dem bisherigen Vormunde J. M. v. Savigny zurückblieben
155. 2) Papiere die Arnimsche Vormundschaft und das Vermögen der Frau v. Arnim geborene Brentano betreffend
156. 3) Verzeichnisse der Zuhörer von 1810-1842

In einem Pakete:

157. 1) Dissertation von Gedicke
158. 2) Landshut betreffend
159. 3) Marburger Professur betreffend
160. 4) Clemens Brentano Rechnung für 1821
161. 5) Novissima von Savigny Capitalien, welche in Zweybrück ausstehen, betreffend 1801
162. 6) Landwehr und Landsturm betreffend
163. 7) Heinsdorffsche Separatkasse betreffend mit Documenten"

[Ende]

ANHANG 4

SAVIGNY AN TYDEMANN

Berlin, den 13. April 1811

Unterstreichungen von mir. *Tydemann*, oder *Tijdemann*, H. W., war Professor des Römischen Rechts in Franeker, seit 1811 in Leiden, lebte 1778-1863 (STOLL I S. 366 A. 3). Das Original liegt in der STB München, Autographen Savigny.

Savigny antwortet auf einen Brief vom November 1809, berichtet über den Abschied von Landshut, die Reise nach Berlin, dankt für drei seltene Dissertationen, die sehr gut seien, und schildert dann seine wissenschaftliche Tätigkeit. Rezensionen schreibe er nicht mehr. Er halte zwei Vorlesungen, Institutionen und Rechtsgeschichte. Der lateinisch geschriebene Brief fährt dann fort:

„Et principem quidem operam collocavi in libris iuris Romani, Digestis praesertim, ediscendis et sine recentiorum doctorum ope interpretandis, quae quidem iuris nostri tractandi ratio ita mihi recta certaque videtur, ut eadem etiam discipulos meos imbuere studeam. Duplicem enim, Romani iuris scholam instituere soleo: alteram qua iuris et historiae et summa praecepta s. institutiones contineat: pleniorem, alteram, qua singulae iuris regulae tradantur et explicentur. Qua quidem in re, neglectis recentiorum interpretum libris, *solos fontes adire soleo*: difficillima quaque et uberrima Digestorum fragmenta seliguntur, et aut in schola explicantur, aut ipsis auditoribus interpretanda traduntur. Solus ordo digestorum relinquendus mihi visus est, cuius loco *eum ordinem sequor*, quem delineavit Arnoldus *Heise*, Jctus Heidelbergensis acutissimus (Grundriß [...] 1807, 8°, 105 SS.). Utraeque lectiones uno anno binis horis quotidianis absolvuntur.

Haec est scholae meae ratio, de qua optime mereri poteris, si et tuam cum eam comparare et iudicium de ea ferre volueris: ideo singula tibi exposui, ut meliora, docendi occasionem tibi praeberem. Neque tamen prima haec inexperti doctoris commenta esse putes: Anno 1800 doctor creatus Marburgi Cattorum, ibidem statim scholam aperui, atque post triennium professoris nomine ornatus sum.

Collegas nunc habeo [...]".

ANHANG 5

NOTIZEN SAVIGNYS ZU „METHODIK"

Erläuterungen zum Text

Der Bogen umfaßt 4 Seiten und ist undatiert. Er liegt lose mit anderem in einem Umschlag, der von Savigny mit „Methodologie" beschriftet ist. Im Nachlaß 1977 liegt er bei M 14.
In diesem Umschlag liegt teils wiederum in Umschlägen mit Aufschriften Savignys Vereinigtes, teils Loses, und zwar folgendermaßen:

1. Umschlag: Nachträge zum zweiten Versuch der Methodologie, benutzt bei dem Pandektenvortrag, Berlin Sommer 1811; dito Einl. 1812, 1813/14, 1814/15.
2. Umschlag: *Methodologie.* / Zweiter Versuch / Sommer 1809 / (als Einleitung der Pandekten)
3. Umschlag: *Methodologie.* / Winter / 1802.
4. Umschlag: Institutionen Winter 1803.
5. Ohne Umschlag: Institutionen Winter 1808.
6. Ohne Umschlag: Bogen „Methodik" mit Einlagen.
7. Ohne Umschlag: Lose Blätter und Zettel mit Definitionen.

Daraus ergibt sich keine eindeutige Zuordnung des Bogens „Methodik", weder zeitlich noch inhaltlich, zu einer der Methodologien.

Zur Datierung

Die angeführten Schriften (Gönner, Schneider, Schelling, Hegel) stammen alle aus dem Jahre 1803; es findet sich ein Verweis auf „Vorlesung über Methodologie" (S. 4 Mitte).
Der Bogen stammt also aus der Zeit *nach* 1802/03, und liegt *nach* der 1. Methodologie vom Winter 1802.
Andererseits deutet das Fehlen späterer Beispiele auf eine Abfassung um 1803 und kaum später. Ebenso, daß die Einlagen in dem Bogen Notizen von 1804 enthalten. Dafür spricht auch, daß die Passage im zweiten Teil, „Schelling zum Beispiel rühmt Müller und führt selbst zur Superficiellität an" (S. 3) klar parallel läuft zu einer im Brief an Bang v. 23. 7. 03 (bei Stoll Nr. 79/I 222).
Unergiebig blieb bis jetzt die Zahl „6c" oben links auf S. 1. Sie läßt sich nicht zuordnen zu anderen Paginierungen, auch das Papier weicht ab von dem für die Ausarbeitungen.

Zum sachlichen Charakter

Wie gesagt ergibt die Paginierung nichts. Unklar bleibt, was vor S. „6c" gehören soll – ein Anfang vor dem Anfang? Erstaunlich wirkt die Bezeichnung „Vorrede" zu Beginn. In den Ausarbeitungen von 1802 und 1809 fehlt ähnliches, ebenso in Institutionen 1803, 1808, Rechtsgeschichten, Pandekten 1807. Er benennt dort den Anfang entweder gar nicht oder mit „Einleitung". Daraus ergibt sich die Vermutung, es handele sich um einen Entwurf für ein Druckwerk, wo man eher von „Vorrede" spricht. Dazu paßt allerdings wieder weniger der sachlich schon eingehende Inhalt. Andererseits spricht gegen eine Vorlesung, daß Savigny zwischen 1802/03 und 1809 keine solche gelesen hat, gegen einen Überarbeitungsentwurf, daß dann die Paginierung in die Vorlesung von 1802 passen sollte. Schon der erste Satz spricht auch von der Aufgabe eines „wissenschaftlichen Werks", schwerlich eine Frage für Studenten. Die Anfänge der Methodologien kommen dagegen sofort (1809) oder fast sofort (1802/03) auf die studentische Sicht. Schließlich deutet auch der Titel „Methodik" statt „Methodologie" wie für die Vorlesungen auf ein anderes Projekt. Man müßte dann annehmen, es sei schon vor dem Brief an Bang von 1810 (vgl. oben s. 108) wieder aufgegeben worden, da es dort fehlt. Die Frage muß vorläufig unentschieden bleiben.

Edition des Textes (vgl. zur Technik schon bei Anhang 1.):
[S. 1] „*Methodik*"
Vorrede.
Zwey Aufgaben jedes wissenschaftlichen Werks: *in der Zeit* zu seyn und doch *nicht durch sie beschränkt. Rechtes Eingreifen* in die Zeit. Die Methodik soll die Idee eines absoluten Werks aussprechen, absolut und im Verhältnis zu einer gegebenen Zeit.
Wissenschaftliche Aufgabe = absolutes Wissen. Wie ist das möglich von einem beschränkten Punct aus? Durch Anerkennen, Auffassung, Darstellen in seiner eigenthümlichen Beschränktheit. Anwendung auf Jurisprudenz. Hauptfehler unserer Modejuristen genau charakterisiert. Weber. Gönners Handbuch B. 4 (Besitz), Schneider vom Beweise. Thibaut: erst auch dieser Fehler, dann Verwechslung des Historischen mit rein Zufälligem.
Schelling (Methode) und Hegel (Journal). [S. 2] Liberale Ansicht der Geschichte und Jurisprudenz überhaupt. Vornehme Armseligkeit. Gänzliches Ignorieren alles organischen Zusammenhangs historischer Begriffe. Notwendige *Evolution* der neuern willkührlichen Systeme zum Römischen Recht hin, ähnlich der Evolution des Römischen Rechts zur absoluten Rechtswissenschaft.
Was muß überhaupt für Civilrecht geschehen? eigenthümlicher Charakter jeder Periode der Literatur, sehr wichtig, um den *Weg zum absoluten Weg* zu finden — gewöhnlich sehr roh mißverstanden, z. B. als wäre uns irgend etwas nicht möglich oder nicht nothwendig, was der Cujacischen Schule nothwendig und möglich war.
Absolute Geschichte des Rechts und der Gesetzgebung. Wie verhielt sich in jeder [S. 3] Zeit das Volk zu seinem Gesetz? Jurisprudenz, Behandlung des Gesetzes, Form, Sprache — Gerichtsgebrauch — Entstehung alles Rechts (Hugo).

Januskopf vieler Gelehrten. Schelling zum Beispiel rühmt Müller und führt selbst zur Superficiellitaet [!] an — Begriff ohne die Sache — Was ist jeder im *Gegensatz* zu seinen Zeitgenossen und Vorgängern, was *an sich*?
— *Dynamische* Ansicht alles reellen (nicht formellen) Wissens — Aufgabe: Die Kraft dieses Wissens zu erregen — „Goethe gleich dem Christusbild zu Wittenberg" — *Einfältiger* Styl, der jedem Leser als *seines gleich* [!] erscheine — wie gewisse Dinge durch*gelebt* seyn müssen (*Beispiel*: bloß gelernte Verachtung literarischen Rufs). „Es sind nicht alle frei, die ihrer Ketten spotten"[1].

[S. 4] *Realismus*, einziger objektiver Werth wissenschaftlicher Arbeiten positives *Weiterkommen*, Glied seyn in nothwendiger Kette. — Eigenthümliches *Talent* und *Bildung* des Juristen: historisch = intuitiver und wissenschaftlich logischer Sinn in gegenseitiger *Durchdringung* (Interpretation, Vorübung zur höchsten Interpretation, dem Anerkennen eines *Zeitmoments* — System, Vorübung zur aboluten Wissenschaft — vergleiche Vorlesung über Methodologie).

---

[1] Zitat aus LESSING, Nathan der Weise, IV 4: Tempelherr kritisch über Nathan, den er im Verdacht hat, nur ein „toleranter Schwätzer" zu sein, der anders handelt als er redet. Auch bei THIBAUT, Versuche II[2] (1817), S. 183, im Zusatz von 1817, zu Höpfner u. Koch.

Autodidactus, ausgezeichnet und zurückgesetzt durch *stückweises* Lernen (vergleiche Rezension von Gibbon in Göttinger Anzeigen) – entgegengesetzt die Fülle des Wissens, in sich und für sich selbst gerundet (Beyspiel: Cujaz – zu *ersetzen?* Bloß durch ein sehr eigenthümliches Talent der Selbstbeschränkung, Abstraction, Einsenkung – Hilfsmittel: Algebra – Beispiel: – vergleiche Spittler über Brandis).

Beschränktheit auf Moment und Gegenwart, Mangel an productiver Phantasie, in der Wissenschaft etwas zu erreichen fähig nur durch großen logischen Mechanismus, Selbstbeschränkung (siehe oben): Dadurch große Massen reducirt zur Möglichkeit momentaner Behandlung, dadurch der Moment expandiert in eine große historische Totalität. – Religion und Poesie, nothwendiger Gegensatz: wie ist beides modificiert in einer ungläubigen, bewußtvollen Zeit?

Schlechtigkeit der Preußischen Gesetzgebung, erklärt durch totalen Mangel des *Staats* und der *Sprache*. Größere Schlechtigkeit der *Juristen*, die nur solche Gesetze studieren: den Civilisten gibt theils das *gelehrte Studium* überhaupt, theils die *Anschauung der Romanität* Ersatz für jenen Mangel – über deutsche und lateinische *Bücher* im Civilrecht [Ende S. 4].

---

[2] Gemeint ist wohl G. Hugos Selbstanzeige, anonym in GGA 1789, St. 129, S. 1289 (= Beitr. I 133-35): Ed. Gibbons historische Übersicht des Römischen Rechts ... Aus dem Engl. übersetzt und mit Anm. begleitet vom Prof. Hugo in Göttingen, Göttingen 1789, 216 S., dort in der Tat einiges zu Laien und Nicht-Laien.

VERZEICHNIS DER QUELLEN UND LITERATUR

Um Mißverständnisse zu vermeiden, sei auch hier gesagt, daß es sich im folgenden keineswegs um vollständige Angaben zum „ganzen" Savigny handelt. Vgl. auch den Nachtrag, unten 473 f.

I. Ungedruckte Quellen

1. Nachlässe, Briefe, Amtliches usw.

Heidelberg UB
Hd. Hs. 777, 859, 2120, 2128, 2130, 2617, 2746, 3687, 3729: Briefe von und an Savigny, darunter die von Heise und vier an Mittermaier, erstere aber schon vollständig bei Lenel 1915.

Göttingen UB
Hugo-Schrank, Handexemplare seiner Werke.

Mainz UB
4° Ms 88-29, 84-20/22, 104-1.2.: Briefe, darunter bes. 3 an Dirksen.

München HSTA
MInn. 23510 Geh. Ratssachen: zur Professur in Landshut.

München Staatsbibliothek
Autographen Savigny: darunter bes. 10 Briefe an Tydemann.

München Universitätsarchiv
Fakultätsakten 1807-1811: in L I 11 und 12.
Senatsprotokolle 1807-1811.
Personalakt: E II 287.

Münster UB
Nachlaß Savigny, darunter besonders
— das sog. „Verzeichnis des Schrankes" (Kaps. 1, 84), s. hier im Anhang Nr. 3
— das Testament (Kaps. 1, 46), s. hier den Anhang Nr. 2
— Entwurf einer Rede im Staatsrat vom 8. 12. 1847 (Kaps. 2, 14).

Marburg UB
Korrespondenz Savigny 1949 ff.: Ms 725, 784, 830, 838, daneben 444:
Briefe an Savigny, tw. auch von ihm (vgl. dazu oben 16 ff.).
Nachlaß Savigny 1977: Ms 925. Vgl. dazu die Beschreibung oben 135 ff. und Nr. 1 im Anhang; im wesentlichen handelt es sich um wissenschaftliche Aufzeichnungen.
Siehe im übrigen für die einzelnen Stücke die Nachweise im Text und den Fußnoten dieser Arbeit.

2. Nachschriften zu Vorlesungen Savignys[1]

Berlin (West), Staatsbibliothek prß. Kulturbesitz:

Ms. germ. 4° 963.1.	Institutionen 1803/04, J. Grimm
Ms. germ. 4° 963.2.	Obligationenrecht 1803/04, J. Grimm (Torso)
Ms. germ. 4° 963a.1.	Institutionen 1803/04, W. Grimm
Ms. germ. 4° 963a.2.	Obligationenrecht 1803/04, W. Grimm
Ms. germ. 4° 1173	Pandekten 1814/15, Homeyer

Bonn UB:

S 786	Pandekten 1818/19, F. Blume
S 2659	Pandekten 1824/25, anonym
S 2917	ALR 1824, Deiters
S 2916 (1)	Institutionen 1823, Deiters
S 2916 (2)	Pandekten, 2. Teil, 1822/23, Deiters
	(Den ersten Teil besitzt die UB nicht)

Frankfurt am Main, Stadt- und UB:

Ms 4°4	Institutionen ca. 1836/38, Rothschild
Ms 4° 11	Institutionen 1838, Rothschild
Ms 4° 3	Pandekten 1837/38, Rothschild
Ms 4° 43e	Pandekten 1838/39, Rothschild (Torso)

Frankfurt am Main, Freies Dt. Hochstift:

Hs 88	Pandekten 1824/25, Potthoff

Göttingen UB:

Ms. 8° Jurid. 52e	Pandekten, 1826/27, Anonym
Ms. Jurid. 22h	Institutionen 1820/21, Kraut

Harvard College Library:

L Ms 2099	ALR 1819/20, von Kleist

Mainz UB:

Ms 54	Pandekten 1818/19, von Zschüschen
Ms 55	ALR 1819/20, von Zschüschen

Marburg UB: Nachlaß Savigny 1977, Ms 925

M 20	Institutionen 1840, von Gröning
M 21	Pandekten 1841/42, von Gröning

München Leopold-Wenger-Institut:

LW/A VII 156	Pandekten 1840/41, Kuckuck

München UB:

Cod. ms. 4° 891	Rechtsgeschichte 1808/1809, anonym

---

[1] Vgl. außerdem die weitergehende Tabelle oben 63 f.

II. Gedruckte Quellen zu Savigny

1. Briefe von ihm und an ihn enthaltend

Beseler, G.: Erlebtes und Erstrebtes. 1809-1859, Berlin 1884.
Betteridge, H. T.: Henry Crabb Robinson und Fr. C. von Savigny (sieben Briefe an Savigny) in: Die Sammlung. Zs. für Kultur und Erziehung, 7 (Göttingen 1952) S. 531-551.
Bippen, W. von: G. A. Heise. Mitteilungen aus dessen Leben, Halle 1852.
Bohnert, J.: Vierzehn Briefe Puchtas an Savigny, in: Nachrichten der Akademie der Wissenschaften in Göttingen, I. Philologisch-historische Klasse, Jg. 1979, Nr. 2, S. 23-65.
Braun, J.: „Schwan und Gans". Zur Geschichte des Zerwürfnisses zwischen Fr. C. von Savigny und Eduard Gans, in: JZ 1979, S. 769-775.

Dahlmann, H.: Briefe Friedrich Creuzers an Savigny (1799-1850) unter Mitarbeit v. I. Schnack, Berlin 1972, mit Rez. U. Bredehorn in: Zeitschrift für Bibliothekswesen, Jg. 20 (Frankfurt 1973), S. 475-484.

Eitner, K.: Ein Engländer über deutsches Geistesleben im ersten Drittel dieses Jahrhunderts. Aufzeichnungen Henry Crabb Robinson's, nebst Biographie und Einleitung, Weimar 1871.
Enneccerus, L.: F. C. Savigny und die Richtung der neueren Rechtswissenschaft. Nebst Auswahl ungedruckter Briefe, Marburg 1879.
Erler, A.: Zwei unbekannte Briefe Savignys an seine Tochter Bettine, in: Jb. des Freien Dt. Hochstifts, 1981 (Frankfurt 1981), S. 343-364.

Felgentraeger, W.: Briefe F. C. v. Savignys an P. F. Weis (1804-1807), in: ZSRom 48 (1928), S. 114-169.

Geiger, L.: Karoline von Günderode und ihre Freunde, Stuttgart u. a. 1895.

Härtl, H.: Briefe Friedrich Carl von Savignys an Bettina Brentano, in: Wiss. ZS. der Martin-Luther-Univ. Halle, Gesellschafts- u. sprachwiss. Reihe, 18 (1979) H. 2, S. 105-128.
Heinrici, C. F. G.: D. August Twesten nach Tagebüchern und Briefen, Berlin 1889.
Henke, E.: J. F. Fries in seinem handschriftlichen Nachlasse dargestellt, Leipzig 1867.
Hennig, J.: ‚Vom Beruf unserer Zeit' und ‚Geschichte des Römischen Rechts im Mittelalter', ihre Entstehung und ihr Verhältnis zueinander; mit einem unbekannten Briefe Savignys an Zimmer, in: ZSGerm 56 (1936), S. 394-398.
Herd, R.: Unbekannte Savigny-Briefe in Bamberg, in: Fränkische Blätter für Geschichtsforschung u. Heimatpflege, Wiss. Beilage zur Heimatzeitung „Fränkischer Tag", 11. Jg. (Bamberg 1959), S. 41-44 u. 48.

Idee und Wirklichkeit einer Universität. Dokumente zur Geschichte der Fr.-Wilhelm-Universität zu Berlin . . ., hg. von W. Weischedel, Berlin 1960.
Imbriani, V.: Tre lettere di Federigo Carlo di Savigny. Relazione letta alla Reale Accademia di scienze morali e politiche (di Napoli), Napoli 1885.

Kadel, H.: Johann Nepomuk Ringseis. Erlebnisse aus der bayerischen Erweckungsbewegung, hg. und eingeleitet von H. K., Marburg 1981 (= Schriften der UB Marburg 11) (Druck der UB).

Kantorowicz, H.: Savignybriefe (Briefe F. C. v. Savignys an F. H. Chr. Schwarz), in: Neues Archiv für die Geschichte der Stadt Heidelberg und der Kurpfalz, Bd. 13 (1924), S. 57-114.
Klinckowstroem, C.: Drei Briefe von Johann Wilhelm Ritter (an F. C. von Savigny (2) und G. H. Schubert), in: Der grundgescheute Antiquarius, Jg. 1 (1921), S. 121-130.
Koglin, O.: Die Briefe Julius Friedrich Stahls, Diss. iur. Kiel 1975.

Legendre, P.: Lettres de Savigny à Laboulaye, in: ZSRom 88 (1971), S. 322-328.
Leitzmann, A.: Briefe an Karl Lachmann aus den Jahren 1814-1850, Berlin 1915, (= Abh. der kgl. preuß. Akad. der Wissenschaften, Jg. 1915, philos.-hist. Klasse, Nr. 1).
Lenel, O.: Briefe Savignys an G. A. Heise, in: ZSRom 36 (Weimar 1915), S. 96-156.
Lenz, M.: Geschichte der königlichen Friedrich-Wilhelms-Universität zu Berlin, Bd. 4: Dokumente, Halle 1910.
Liebmann, O.: Die juristische Fakultät der Universität Berlin..., Berlin 1910.
Liermann, H. und Schoeps, H. J.: Materialien zur preußischen Eherechtsreform im Vormärz, in: Nachrichten d. Akad. der Wiss. in Göttingen, Philosoph.-hist. Kl., Jg. 1961, Nr. 14, Göttingen 1961, S. 489-536.
Loersch, H.: Briefe K. Fr. von Eichhorns und zwei an ihn gerichtete Schreiben..., Bonn 1881.

Maffei, D. und Nörr, K. W.: Lettere di Savigny a Capei e Conticini, in: ZSRom 97 (1980), S. 181-212.
Marquardt, H.: Ein unbekannter Aufsatz F. C. von Savignys... nebst vier ungedruckten Briefen Savignys an Henry Crabb Robinson, in: Die Sammlung. Zs. für Kultur und Erziehung, 6 (Göttingen 1951), S. 321-336.
Müller, J.: Bettina von Arnim, Werke und Briefe, Bd. 5: Briefe, Darmstadt 1961 (Auswahl aus Schellberg-Fuchs).

Nicolini, F.: Nicola Nicolini e gli studi giuridici nella prima metà del secolo XIX, Scritti e lettere raccolti ed illustrati, Napoli 1907.

Oechsli, W.: Briefwechsel J. K. Bluntschlis mit Savigny, Niebuhr, L. Ranke, J. Grimm und F. Meyer, Frauenfeld 1915.

Pfülf, O.: Friedrich Karl v. Savigny als Ireniker, in: Stimmen aus Maria Laach, Bd. 66 (Freiburg 1904), S. 33-46, 165-185, 307-322.
– Savigny und die Dinge in Bayern, aaO., Bd. 67 (1904), S. 188-206.
Preitz, M.: Karoline von Günderrode in ihrer Umwelt, II: K. v. G's Briefwechsel mit Fr. K. und Gunda von Savigny, in: Jb. d. Fr. dt. Hochstifts 1964 (Tübingen 1964), S. 158-235.

Raub-Domnick, A.: F. C. v. Savigny an seine Kinder Bettina und Leo. Zwei Dokumente aus den Jahren 1821 und 1836, in: Literaturwissenschaftliches Jahrbuch n. F. 11 (Berlin 1970), S. 121-187.
Rehm, Else: Unbekannte Briefe Johann Wilhelm Ritters an Arnim, Savigny, Frommann, Schelling und andere aus den Jahren 1800-1803, in: Jb. d. Fr. dt. Hochstifts 1971 (Tübingen 1971), S. 32-89.
Ringseis, J. M.: Erinnerungen, hg. von E. Ringseis, 4 Bde, Regensburg 1886-1889.
Rudorff, E.: Aus den Tagen der Romantik..., Leipzig 1938, hg. von Elis. Rudorff.

Sadler, Th. (ed.): Diary, Reminiscenses and Correspondence of Henry Crabb Robinson, Boston 1869.

Salzer, E.: Zwei Briefe Savignys an Stahl, in: Konservative Monatsschrift, 70. Jg. (Halle 1912/13), S. 346-349.
Schellberg, W. und Fuchs, Fr.: Das unsterbliche Leben. Unbekannte Briefe von Clemens Brentano (1792-1839), Jena 1930.
– Die Andacht zum Menschenbild. Unbekannte Briefe von Bettina Brentano (1796-1855), Jena 1942.
Schiel, H.: J. M. Sailer. Leben und Briefe, Bd. 1: Leben ..., Regensburg 1948.
– J. M. Sailer ..., Bd. 2: Briefe, Regensburg 1952.
Schoeps, H. J.: Neue Quellen zur Geschichte Preußens im 19. Jh., Berlin 1968.
Schoof, W.: Briefe der Brüder Grimm an Savigny. Aus dem Savignyschen Nachlaß herausgegeben in Verbindung mit I. Schnack, Berlin 1953.
Schulte, J. F. v.: K. Fr. Eichhorn. Sein Leben und sein Wirken nach seinen Aufzeichnungen, Briefen, Mitteilungen von Angehörigen, Schriften, Stuttgart 1884.
Schulze, J.: Kaiser Wilhelms I. Briefe an Politiker und Staatsmänner, Bd. 1, Berlin 1930.
Steig, R.: Achim von Arnim über Savignys Buch vom Beruf unserer Zeit für Gesetzgebung, in: ZSGerm 13 (1892), S. 228-234.
Stoll, A.: Friedrich Karl von Savignys sächsische Studienreise 1799 und 1800, Leipzig 1891 (= Programm des König-Friedrich-Gymnasiums in Kassel vom Jahre 1889/90, Kassel 1890).
– Friedrich Karl von Savigny. Ein Bild seines Lebens mit einer Sammlung seiner Briefe, 3 Bde, Berlin 1927. 1929. 1939.
Story, W.: Life and letters of Joseph Story, Bd. 2, London 1851.
Strauch, D.: Friedrich Carl von Savigny – Briefwechsel mit Friedrich Bluhme. 1820-1860, Bonn 1962.

Uhlendorff, F.: Zwei unbekannte Briefe Eichendorffs an Friedrich Karl von Savigny, in: Aurora. Eichendorff Almanach 18 (1958), S. 69-72.

Vahlen, A.: Savigny und Unterholzner. 24 Briefe Friedrich Carl von Savignys ... mit einem Lebensabriß Unterholzners, Berlin 1941 (= Abh. der Preuß. Akad. d. Wiss., Jg. 1941, Philos.-hist. Kl. Nr. 3).
Varrentrapp, C.: Briefe von Savigny an Ranke und Perthes, in: HZ 100 (1908), S. 330-351.

Wächter, O. v.: C. G. Wächter. Lebensbild eines deutschen Juristen, Leipzig 1881.

2. Amtliches

Vgl. dazu bereits die chronologischen Angaben oben 36. Hier wurde nach Herausgebern alphapetisch geordnet, soweit solche genannt sind. Selbstverständlich dürfte gerade hier noch weiteres existieren, doch kam es nicht auf einen systematischen Nachweis an.

Baums, Th. (Hg.): Gesetz über die Aktiengesellschaften für die königlich preußischen Staaten vom 9. November 1845. Text und Materialien. Hg. und mit einer Einleitung versehen, Aalen 1981 (enthält Voten Savignys).

Darstellung der in den preußischen Gesetzen über die Ehescheidung unternommenen Reform, Berlin 1844, erneut in Savigny, Verm. Schr. 5, S. 226-414.

Goldtammer, (Hg.): Über Schwurgerichte und Beweistheorie im Strafprozesse (Savigny 1846), in: GoldtArch. 6 (1858), S. 469-491.
– Über das Institut der Staatsanwaltschaft (Savigny 1846), in: GoldtArch. 7 (1859), S. 577-587.
[Beides enthalten in: Prinzipienfragen ..., unten sogleich].

Kamptz, von (Hg.): Aktenmäßige Darstellung der Preußischen Gesetz-Revision ..., in ders.: Jbb. für die prß. Gesetzgebung ..., Bd. 60 (Berlin 1842), S. I-308 (enthält in den Fn. S. 21 und 29 kurze Teile aus Stellungnahmen Savginys zur Gesetzrevision 1825).

Lenz, M. (Hg.): Votum Savignys (zu Fichtes Kämpfen als Rektor) v. 23. 3. 1812, in: Geschichte der ... Universität zu Berlin, Bd. 4: Dokumente, Halle 1910, Nr. 75/ S. 163-165.
– (Entwurf zu den Statuten der Universität Berlin von Schleiermacher, Savigny, Rudolphi und Böckh), ebda., Nr. 99/S. 219-23 (vgl. oben 39).

Meier, E. von (Hg.): Savigny, das gemeine Recht und der preußische Staat im Jahre 1818, in: ZSGerm 30 (1909), S. 318-326 (enthält ein Votum betr. das materielle Recht in den Rheinprovinzen v. 21. 6. 1818).

Otto, G. (Hg.): Die Preußische Staatsanwaltschaft aus Anlaß ihres 50-jährigen Bestehens, als historisch-kritische Studie nach amtlichen Quellen gearbeitet, Berlin 1889 (enthält Stellungnahmen über die Einführung von STA'n zwischen 1843 und 1847).

Planck, G. (Hg.) – Kommission ... BGB. Anlagen zu den Motiven des Entwurfs eines Familienrechts für das Deutsche Reich, Berlin 1880 (enthält in Anl. IX unter IV. eine Wiedergabe einer Denkschrift Savignys v. 24. 11. 1843 betr. eine Reform der Bestimmungen des ALR über das stuprum, hier S. 168-170).

Prinzipienfragen in Bezug auf eine neue Strafprozeßordnung, Berlin 1846, 217 S.

Savigny, Fr. C. von: Darstellung ... (wie soeben oben), in: Verm. Schriften 5 (1850), S. 226-414, mit einer Vorbemerkung S. 222-225.
Schneider, Fr.: Karl Fr. v. Savignys Denkschrift über die Reorganisation der Universität Heidelberg 1804, in: ZGO 67 (1913), S. 609-625.
Schubert, W.: Savigny und die rheinisch-französische Gerichtsverfassung, in: ZSGerm 95 (1978), S. 158-169 (enthält ein Votum betr. den 2. Abschnitt §§ 18 ff. des Gesetzentwurfs die Gerichtsverfassung betr., vom 17. 6. 1818).
Stölzel, A.: Brandenburg-Preußens Rechtsverwaltung und Rechtsverfassung ..., Bd. 2, Berlin 1888 (enthält S. 733-750 Savignys Vorschläge zu einer zweckmäßigen Einrichtung der Gesetzrevision vom 8. 1. 1842).
Stoll, A.: F. K. v. Savigny ..., Bd. 3, Berlin 1939 (enthält S. 40 ff. Stellungnahmen Savignys zu einer Pressegesetzgebung v. 19. 5. und 1. 6. 1843).

Votum des Justizministers von Savigny die Revision der Civil-Prozeß-Ordnung betr. v. 25. 2. 1844, Berlin 1844 (lt. Katalog des KG).
Votum des Justizministers von Savigny die Einführung des STGB in die Rheinprovinzen betr. v. 13. 3. 1847, Berlin 1847 (lt. Katalog des KG).
Votum des Ministers für Gesetz-Revision die Vermögens-Konfiskation betr. v. 11. 1. 1847, Berlin 1847 (lt. Katalog des KG).

3. Wissenschaftliche Druckschriften Savignys

Ein vollständiges Schriftenverzeichnis ist hier *nicht* beabsichtigt, dazu momentan bes. MARINI 1978, oben 11.

Dissertatio inauguralis iuridica de concursu delictorum formali ... Marburgi 1800, 125 S.
– dito, in Verm. Schr. 4, S. 76-168 mit Vorbemerkung.
Anleitung zu einem eigenen Studium der Jurisprudenz (1802/03), u. d. T. Juristische Methodenlehre, nach der Ausarbeitung des Jakob Grimm, hg. von G. Wesenberg, Stuttgart 1951.
Das Recht des Besitzes: Eine civilistische Abhandlung, Gießen 1803.
– dito, 3. verm. und verb. A. 1818.
Die deutschen Universitäten (Manuskript von 1803), bei Marquardt 1951, S. 321-324.
On the Present State of the German Universities, in: The Monthly Register, Bd. 3, London, Mai 1803, S. 3-6, in der Übs. durch H. C. Robinson, erneut gedruckt bei Wellek 1931.
Rez. zu Goujon: Tableau historique de la jurisprudence Romaine, depuis la fondation de Rome jusqu' au dix-huitième siècle ..., Paris An IX (1803), 396 S., in: J.A.L.Z. 1804, Nr. 86 v. 10. 4., Sp. 63-64 (vgl. zur Autorschaft oben 12).
Rez. zu Glück: Intestaterbfolge, 1803, in: J.A.L. Z. 1804, Nr. 185 v. 3. 8., Sp. 225-228 (vgl. zur Autorschaft oben 12).
Rez. zu Gambsjäger: Testamentum in genere ..., 1803, in: J.A.L.Z. 1805, Nr. 53 v. 4. 3., Sp. 423 (vgl. zur Autorschaft oben 13).
Rez. zu B. W. Pfeiffer: Diss. inaug. jurid. de praelegatis, 1798 und zu Nettelbladt, System. Entwicklung der Lehre von den Praelegaten ..., 1802, sowie zu ders., Abfertigung des Dr. Pfeiffer ..., 1803, in: J.A.L.Z. 1806, Nr. 53 v. 4. 3., Sp. 422-424 (zur Autorschaft oben 13).
Rez. zu G. Hugo: Lehrbuch der Geschichte des Röm. Rechts, [2]1799 und [3]1806, in: H.A.L.Z. 1806, Nr. 251 f., Sp. 129-144, erneut in: Verm. Schr. 5, S. 1-36.
Rez. zu F. G. van Lynden: Spec. jurid. inaugur. exhibens interpretationem jurisprudentiae Tullianae in Topicis expositae ..., 1805, in: H.A.L.Z. 1806, Nr. 265 v. 12. 11., Sp. 243-245 (zur Autorschaft oben 14).
Rez. zu Schleiermacher: Gelegentliche Gedanken über Universitäten in Deutschem Sinn, 1808, in: Hd. Jbb. 1 (1808), S. 296-305, erneut in: Verm. Schr. 4, S. 256-269.
Vom Beruf unserer Zeit für Gesetzgebung und Rechtswissenschaft, Heidelberg 1814, erneut bei Stern 1914 (mit der Originalpaginierung wie 1., 2. u. 3. A.) und bei Hattenhauer 1973.
Geschichte des Römischen Rechts im Mittelalter, 6 Bände, Heidelberg 1815-1831.
– dito, Bd. 1-6, 2. A. 1834.34.34.50.50.50.
Über den Zweck dieser Zeitschrift, in: ZgeschRw 1 (1815), S. 1-17, erneut in: Verm. Schr. 1, S. 105-126.
Rez. zu Gönner: Gesetzgebung, 1815, in: ZgeschRw 1 (1815), S. 373-423, erneut in: Verm. Schr. 5, S. 115-172.
Stimmen für und wider neue Gesetzbücher, in: ZgeschRw 3 (1816), S. 1–52, erneut in: Beruf[2] 1828 und danach bei Stern 1914, S. 206-228 und Hattenhauer 1973.
Die preußische Städteordnung in: Hist.-polit. Zeitschrift, Bd. 1 (Berlin 1832), S. 389-414, erneut in: Verm. Schr. 5, S. 183-221.
Über Wesen und Werth der Universitäten, in: Hist.-polit. Zeitschrift, Bd. 1 (Berlin 1832), S. 569-592, erneut in: Verm. Schr. 4, S. 271-308.
Beitrag zur Rechtsgeschichte des Adels im neueren Europa (1836), erneut in: Verm. Schr., 4, S. 1-73.

Der zehente Mai 1788, in: ZgeschRw 9 (1838), S. 421-432, erneut in: Verm. Schr. 4, S. 195-208 (Hugo-Glückwunsch).
System des heutigen Römischen Rechts, Bd. 1-8, Berlin 1840-1849.
Vermischte Schriften, 5 Bde, Berlin 1850 [ND Aalen 1968].
Das Obligationenrecht als Teil des heutigen Römischen Rechts, Bd. 1.2., Berlin 1851. 1853.

III. Periodika mit Quellencharakter

Vgl. für die neueren Periodika das Abkürzungsverzeichnis oben.

AcP	Archiv für die civilistische Praxis, hg. von Gensler, Mittermaier, Schweitzer, später Löhr, Thibaut u. a., Bd. 1 ff. (1818 ff.), Heidelberg, Mohr.
Athenaeum	Athenaeum. Eine Zeitschrift. Hg. von A. W. Schlegel und Fr. Schlegel. Bd. 1-3, Berlin 1798. 1799. 1800 [Nachdruck Darmstadt 1980].
Bln. Jbb.	Jahrbücher für wissenschaftliche Kritik. Hg. von der Societät für wissenschaftliche Kritik zu Berlin, Berlin 1827-1846.
B.L.Z.	(Berliner) Literarische Zeitung. Hg. von Karl Buchner, später E. Meyen und Brandes, 1834-1849, 1.-16. Jahrgang.
Civ. Mag.	Civilistisches Magazin vom Prof. Hugo in Göttingen, Bd. 1-6, Berlin 1790-1837, je 4 Hefte:

    I. 1790.1790.1791.1791.   IV. 1812.1812.1813.1813.
    II. 1792.1792.1796.1797.   V. 1814.1814.1817.1825.
    III. 1798.1803.1805.1812.   VI. 1827.1830.1832.1837.

Crit. Archiv	Critisches Archiv der neuesten juridischen Literatur und Rechtspflege in Deutschland (auch unter dem Kopftitel: Juridisches Archiv), hg. von W. Danz, Chr. Gmelin, W. Tafinger, seit 1804 auch N. Th. Gönner, Bd. 1-6, Tübingen 1801-1810, je 4 Hefte:

    I. alle 1801   IV. alle 1804
    II. alle 1802   V. 1805.1805.1806.1806.
    III. alle 1803   VI. 1807.1808.1809.1810.

G.G.A.	Göttingische Gelehrte Anzeigen, unter der Aufsicht der königl. Gesellschaft der Wissenschaften, Göttingen 1753 ff.
Gönners Archiv	Archiv für die Gesetzgebung und Reforme (!) des Juristischen Studiums, von N. Th. Gönner, Bd. 1-4, Landshut 1808-1814 (je 3 Hefte):

    I. 1808.1808.1808.   III. 1809.1809.1810.
    II. 1808.1808.1809.   IV. 1811.1812.1814.

H.A.L.Z.	(Hallische) Allgemeine Literatur-Zeitung, Halle und Leipzig, 1785-1849.

Hall. Jbb.	Hallische Jahrbücher für deutsche Wissenschaft und Kunst. Hg. von Th. Echtermeyer und A. Ruge, Leipzig, Wigand, 1838-Juli 1841. Fortges. als „Deutsche Jahrbücher (...)", August 1841-1843; nach Nr. 24 unterdrückt; fortgesetzt als „Deutsch-französische Jahrbücher (...)" von Ruge und K. Marx, Paris 1844, 1., 2. Lieferung.
Hd. Jbb.	Heidelbergische Jahrbücher der Literatur. Heidelberg 1808-1872.
HPZ	Historisch-politische Zeitschrift, hg. von L. Ranke, Bd. 1-2, Hamburg/Berlin 1832-1836.
J.A.L.Z.	Jenaische Allgemeine Literatur-Zeitung. Jena und Leipzig, 1804-1849.
Jher. Jbb.	Jahrbücher für die Dogmatik des heutigen römischen und deutschen Privatrechts. Hg. von Gerber und Jhering, seit Bd. 7 nur Jhering, seit Bd. 10 von Jhering und Unger usw., Bd. 1 ff. (1857 ff.).
ZDR	Zeitschrift für deutsches Recht und deutsche Rechtswissenschaft. 20 Bände, 1839-1861, Bd. 1-8 Leipzig, Wigand; Bd. 9-20 Tübingen, Fues. Hg. v. A. L. Reyscher (Bd. 1-20), W. E. Wilda (Bd. 1-16), G. Beseler (Bd. 9-20) und Otto Stobbe (Bd. 17-20). Die Jahrgänge sind:

1 (1839)	5 (1841)	9 (1845)	13 (1852)	17 (1857)
2 (1839)	6 (1841)	10 (1846)	14 (1853)	18 (1858)
3 (1840)	7 (1842)	11 (1847)	15 (1854)	19 (1859)
4 (1840)	8 (1843)	12 (1848)	16 (1856)	20 (1861)

ZgeschRw	Zeitschrift für geschichtliche Rechtswissenschaft, hg. von Savigny, Eichhorn und Göschen, später Klenze u. a., Bd. 1-20, 1815-1850.
ZRwiss	Zeitschrift für Rechtswissenschaft. (Innentitel:) Zeitschrift für eine künftig aufzustellende Rechtswissenschaft nach dem Princip eines transzendentalen Realismus, hg. von C. Chr. Collmann und Jos. Franz Molitor, Erster Band, Erstes Heft, Frankfurt a. M. 1802 [mehr nicht erschienen].

IV. Literatur

Dieser Abschnitt enthält *alle* gedruckten Materialien außer den gedruckten Briefen und Amtspapieren Savignys, sowie seinen Druckschriften (dazu II.) und älteren Periodika aus Savignys Zeit, also mit Quellenwert (dazu III.). *Literatur mit Quellenwert* wurde nicht separiert, da die zeitliche Abgrenzung schwer fällt und zu starke Gruppenbildung das Auffinden der Titel unnötig erschwert.

Anonyme *Rezensionen* erscheinen unter „Rez. zu ...", namentliche unter dem Namen des Verfassers der Rezension. *Neuere* Periodika finden sich im Abkürzungsverzeichnis erklärt. Um Mißverständnissen zuvorzukommen, sei auch hier hervorgehoben, daß dieser Abschnitt keine vollständige Savigny-Bibliographie geben soll.

Bei den Titeln enthalten gemäß philologischem Brauch *runde Klammern* Angaben, die anderen Stellen der jeweiligen Schrift als ihrem Titel entnommen werden konnten, *eckige* Klammern Angaben aus sonstigen zusätzlichen Hilfsmitteln, *Winkel*klammern entsprechen Klammern im Original selbst.

Innerhalb eines Verfassers wurden die Titel chronologisch geordnet.

Zitiert wird nach naheliegenden Kurztiteln, deren besondere Angabe sich daher erübrigt, z. B. KANT, MdS (= Metaphysik der Sitten).

Adorno, Th. W.: Jargon der Eigentlichkeit. Zur deutschen Ideologie, Frankfurt 1964.
Amelung, H. (Hg.): Briefwechsel zwischen Cl. Brentano und Sophie Mereau, 2 Bde, Leipzig 1908.
Aretin von, K. O. Freiherr: Vom Deutschen Reich zum Deutschen Bund (= Dt. Geschichte 7) Göttingen 1980.
Aster, E. von: Geschichte der Philosophie, 14. A. Stuttgart 1963.

Bake, U.: Die Entstehung des dualistischen Systems der Juristenausbildung in Preußen, Diss. iur. Kiel 1971.
Baums, Th.: Einführung, s. bei Quellen I 2.
Baxa, J.: Adam Müllers Lebenszeugnisse, Bd. 2, München u. a. 1966.
Beaulieu, von: A. F. J. Thibaut. Eine Charakteristik, in: Hall. Jbb. 1840, Sp. 1009-1032.
Beck, L.: German Philosophy, in: Encyclopedia of Philosophy, Bd. 3 (New York 1967), S. 291-309.
Becker, H.: Achim v. Arnim in den wissenschaftlichen und politischen Strömungen seiner Zeit, Diss. phil. Berlin 1912.
Beckenbauer, A.: Landshuter Universitätsprofessoren 1800-1826. Porträtstiche, Biographien und Würdigungen ihrer wissenschaftlichen Arbeit zus. mit einem Verzeichnis der von ihnen veröff. Werke (= SD aus der Beilage zum Amtl. Schulanzeiger für den Reg.bez. Niederbayern, H. 3/4, 1970) Landshut 1970.
Behler, E.: Athenaeum. Die Geschichte einer Zeitschrift. S. 1-63, am Ende des Bd. 3 des ND: Athenaeum ..., Darmstadt 1980.
Benöhr, H.: Die Kontroverse Thibaut-Savigny vor 160 Jahren, in: JuS 14 (1974) S. 681-684 (= Rez. zu Hattenhauer, Thibaut und Savigny).
Berding, H.: L. v. Ranke, in: Deutsche Historiker, hg. von H. U. Wehler, Bd. 1, Göttingen 1971, S. 7-24.
— Napoleonische Herrschafts- und Gesellschaftspolitik im Königreich Westfalen 1807-1813, Göttingen 1973.
— (Hg.), Napoleonische Herrschaft und Modernisierung, Göttingen 1980 (= Geschichte und Gesellschaft, Jg. 6, Heft 4).
Berendt, H.: Goethe und Schelling, in: Festschrift für H. Litzmann ..., Bonn 1920, S. 77-104.
Bergbohm, K.: Jurisprudenz und Rechtsphilosophie. Kritische Abhandlungen, 1. Bd.: Einleitung. 1. Abh.: Das Naturrecht der Gegenwart, Leipzig 1892 [mehr nicht erschienen].
Bergeron, L./Furet, Fr./Koselleck, R.: Das Zeitalter der europäischen Revolution 1780-1848, Frankfurt 1969 (Fischer-Weltgesch. 26).
Die berliner (!) Juristenfakultät, in: Hall. Jbb. 1841, I, S. 501-518 [A. Ruge].
Bethmann-Hollweg, M. A. von: Erinnerung an Fr. C. v. Savigny als Rechtslehrer, Staatsmann und Christ, in: ZfRgesch 5 (Weimar 1866), S. 42-81.
Beyerle, F.: Der andere Zugang zum Naturrecht, in: Dt. Rwiss. 4 (1939), S. 3-24.
Beyme, K. von: Partei, in: Gesch. Grundbegriffe 4 (1978), S. 677-733.
Bibliotheca Juridica, Bd. 1: 1750-1839, zuerst hg. Th. Enslin, 2. A. von W. Engelmann, Leipzig 1840.
Binder, J.: Über kritische und metaphysische Rechtsphilosophie, in: ARWP 9 (Berlin 1915/16), S. 18-29.
Bippen, W. von: G. A. Heise. Mitteilungen aus dessen Leben, Halle 1852.
Birtsch, G. (Hg.): Grund- und Freiheitsrechte im Wandel von Gesellschaft und Geschichte ..., Göttingen 1981.
Böckenförde, E. W.: Die deutsche verfassungsgeschichtliche Forschung im 19. Jahrhundert, Berlin 1961.
— Rez. zu W. Wilhelm 1958, in: ARSP 48 (1962), S. 249-254.
— Die Historische Schule und das Problem der Geschichtlichkeit des Rechts, in:

Collegium Philosophicum. Studien J. Ritter zum 60. Geb., Basel/Stuttgart 1965, S. 9-36.
- (Hg.), Moderne deutsche Verfassungsgeschichte, Köln 1972.
- (Hg.), Staat und Gesellschaft, Darmstadt 1976 (Sammelband mit Bibliogrphie).
- Organ VII-IX, in: Gesch. Grundbegriffe, 4 (1978), S. 561-622.

Blühdorn, J.: „Kantianer" und Kant. Die Wende von der Rechtsmetaphysik zur „Wissenschaft" vom positiven Recht, in: Kant-Studien 64 (1973), S. 363-394.

Bohnert, J.: Über die Rechtslehre G. F. Puchtas (1798-1846), Karlsruhe 1975.
- Beiträge zu einer Biographie G. F. Puchtas, in: ZSRom 96 (1979), S. 229-242.

Boldt, H.: Deutsche Staatslehre im Vormärz, Düsseldorf 1975.

Bomsdorf, F.: Prozeßmaximen und Rechtswirklichkeit, Berlin 1971.

Bonnet, G.: La philosophie du droit chez Savigny, in: Rev. int. de sociologie, 21. Jg. (Paris 1913), S. 145-177 u. 232-320.

Brandt, Hans: Rechtsgedanke und politische Wirklichkeit in der Geschichte der deutschen Rechtsanschauung, in: Z. f. dt. Kulturphilosophie (= n. F. von „Logos"), Bd. 5 (1939), S. 112-135 (= Rez. zu E. Wolf, Rechtsdenker).

Brandt, Hartwig: Landständische Repräsentation im deutschen Vormärz. Politisches Denken im Einflußfeld des monarchischen Prinzips, Neuwied 1968.
- Restauration und Frühliberalismus. 1814-1840, Darmstadt 1979 (= Quellen zum politischen Denken ..., 3).

Braun, J.: „Schwan und Gans", siehe bei Briefe (Quellen II. 1).
- Der Besitzrechtsstreit zwischen F. C. von Savigny und Eduard Gans. Idee und Wirklichkeit einer juristischen Kontroverse, in: Quad. fior. 9/1980 (1981), S. 457-506.

Braun, O.: Goethe und Schelling. Eine Studie, in: Jb. d. Goethe-Ges. 9 (Weimar 1922), S. 199-214.

Bretone, M.: Tradizione e unificazione giuridica in Savigny, in: Materiali 6 (Bologna 1976), S. 187-213.
- Il „Beruf" e la ricerca del „tempo classico", in: Quad. fior. 9/1980 (1981), S. 189-216.

Brutti, Massimo: L'intuizione della proprietà nel sistema di Savigny, in: Quaderni Fiorentini 5/6, T. 1, S. 41-103.

Buchholz, St.: Savignys Stellungnahme zum Ehe- und Familienrecht, in: Ius Commune 8 (1979), S. 148-191.

Bulling, K.: Die Rezensenten der Jenaischen Allgemeinen Literaturzeitung ..., 3 Bde, Weimar 1962.63.65. (= Claves Jenenses, Bd. 11-13).

Caroni, P.: Savigny und die Kodifikation. Versuch einer Neudeutung des „Berufes", in: ZSGerm 86 (1969), S. 97-176.
- Rez. zu Stühler, in: ZNR 2 (1980), S. 95-98.
- La cifra codificatoria nell'opera di Savigny, in: Quad. fior. 9/1980 (1981), S. 69-112.

Cassirer, E.: Das Erkenntnisproblem ..., Bd. 3: Die Nachkantischen Systeme (1920), ND Darmstadt 1974, Bd. 4: Von Hegels Tod bis zur Gegenwart (1832-1932), Stuttgart 1957.

Cattaneo, M. A.: Savigny e Feuerbach, in: Quad. fior. 9/1980 (1981), S. 307-317.

Christ, in: Jahresbericht der preußischen Staatsbibliothek 1937, Berlin/Leipzig 1938, S. 45 f. (Bericht zum Nachlaßerwerb 1937).

Christ, K., B. G. Niebuhr, in: Deutsche Historiker, hg. von H. U. Wehler, Bd. 6, Göttingen 1980, S. 23-36.

Claß, W.: Der Einfluß des Ministeriums von Savigny auf das preußische Strafgesetzbuch von 1851, Diss iur. Göttingen 1926, 79 S. (gekürzter Druck).

Coing, H.: System, Geschichte und Interesse in der Privatrechtswissenschaft, in: JZ 1951, S. 481-85.

- Savignys rechtspolitische und methodische Anschauungen in ihrer Bedeutung für die gegenwärtige deutsche Rechtswissenschaft, in: ZdBernJur Vereins 91 (1955), S. 329-343.
- Das Verhältnis der positiven Rechtswissenschaft zur Ethik im 19. Jh., in: Stud. Phil. 19. Jh., 9 (1970), S. 11-28.
- Grundzüge der Rechtsphilosophie, 2. A. Berlin 1969.
- dito: 3. überarb. Auflage, Berlin 1976.
- Einleitung zu J. v. Staudinger, Kommentar zum BGB, 12. Aufl. Berlin 1978.
- Fr. C. v. Savigny (1779-1861), in: JuS 19 (1979), S. 86-80.
- Savigny und die deutsche Privatrechtswissenschaft, in: Ius Commune 8 (1980), S. 9-23.
- Der Rechtsbegriff der menschlichen Person und die Theorie der Menschenrechte (1950), in: ders., Zur Geschichte des Privatrechtssystems, Frankfurt 1962, S. 56-76.

Collmann, C. Chr.: Grundlinien der Wissenschaft des bestehenden Rechts nebst einer Kritik der philosophischen und der historischen Schule, Berlin 1836.
- Grundlinien einer Theorie des Beweises im Civilprozeß ... nebst einer Einleitung über das Prinzip und den Organismus der Rechtswissenschaft, Braunschweig 1822.
- Die Lehre vom Strafrecht als Teil der Judicialie nebst einer Kritik der bisherigen Strafrechtsdoktrinen, Leipzig 1824.
- Rez. zu C. Gerstäcker, Gesetzgebungskunst (1838), in: J.A.L.Z. 1840, Nr. 134, Sp. 105-131.

Collmann, C. Chr./Molitor, F. J.: siehe unter Zeitschrift für Rechtswissenschaft ...
Copleston, F.: A History of Philosophy, Bd. 6: Wolff-Kant, Bd. 7: Fichte-Nietzsche, London 1960. 1963 u. ö.
Conze, W.: Adel, Aristokratie, in: Gesch. Grundbegriffe, Bd. 1 (1972), S. 1-48.
Critisches Archiv:
- 4 (1804), S. 58-81: Rez. zu Glück, Intestaterbfolge, 1803.
- 4 (1804), S. 150-155: Der Unterschied zwischen materialer und formaler Willkühr, ein Geschenk der neueren Philosophie.
- 4 (1804), S. 155-160: Zum Andenken unseres Mitarbeiters und Freundes des Herrn Regierungsraths Danz von Stuttgart.
- 4 (1804), S. 193-247: Die drey Perioden der Cultur der positiven Rechtslehre zur Wissenschaft, als Grundlage zu einer künftigen Litterargeschichte derselben.
- 4 (1804), S. 397-419: Rez. zu Savigny, Das Recht des Besitzes, 1803.
- 4 (1804), S. 567-624: Versuch einer wissenschaftlichen Begründung der Strafrechtslehre, zugleich als ein kleiner Beytrag zur großen Revision der neuesten Criminalrechtsliteratur.
- V 2 (1805), S. 230-236: Rez. zu F. A. Posse, Abhandlungen 1. H., 1802.
- VI 1 (1807), S. 54-61: Rez. zu G. Hugo (Hg.), Civ. Magazin III 2 u. 3, 1803.1805.

Croce, B.: Geschichte Europas im 19. Jh. (1932), dt. Übs. Frankfurt 1968.

Dahlmann, F. C.: Kleine Schriften, Stuttgart 1886.
Dawson, J. P.: The Oracles of the Law, Ann Arbor 1968.
Denecke, L.: J. Grimm und sein Bruder Wilhelm, Stuttgart 1971.
Deutsche Staatsbibliothek 1661-1961, Bd. 1, Leipzig 1961.
Diary, Reminiscenses and Correspondence of Henry Crabb Robinson, selected and edited by Th. Sadler (2 vol. in one), Boston 1869.
Dilcher, G.: Gesetzgebungswissenschaft und Naturrecht, in: JZ 24 (1969), S. 1-7.
- Der rechtswissenschaftliche Positivismus. Wissenschaftliche Methode. Sozialphilosophie. Gesellschaftspolitik, in: ARSP 61 (1975), S. 497-528 (Vortrag 1973).

Dölemeyer, B.: Einflüsse von ALR, Code civil und ABGB auf Kodifikationsdiskussionen und -projekte in Deutschland, in: Ius Commune 7 (1979), S. 179-225.

Dörner, H.: Industrialisierung und Familienrecht. Die Auswirkungen des sozialen Wandels dargestellt an den Familienmodellen des ALR, BGB und des französischen Code civil, Berlin 1974.
Dreitzel, H.: Idee, Ideologien, Wissenschaften: Zum politischen Denken in Deutschland in der Frühen Neuzeit, in: Neue Polit. Literatur 25 (Wiesbaden 1980), S. 1-25 (Forschungsbericht).
Droz, J.: Le Romantisme Allemand et l'Etat. Résistance et Collaboration dans l'Allemagne Napoléonienne, Paris 1966.
Dünninger, J.: Geschichte der dt. Philologie, in: Dt. Philologie im Aufriß, Bd. 1, Berlin 1957, Sp. 83-223.
Dufour, A.: Droit et Langage dans l'Ecole Historique du Droit, in: ArchPhilDroit, NS 19 (Paris 1974), S. 151-180.

Ehrenberg, V.: Herders Bedeutung für die Rechtswissenschaft (Kaisergeburtstagsrede), Göttingen 1903.
Ehrlich, E.: Grundlegung der Soziologie des Rechts (1913), ND München/Leipzig 1929.
Eisler, R.: Kant-Lexikon ... (1930), ND Heidelberg 1979.
Eitner, K.: Ein Engländer über deutsches Geistesleben im ersten Drittel dieses Jahrhunderts. Aufzeichnungen H. C. Robinson's; nebst Biographie und Einleitung, Weimar 1871.
Engel-Janosi, F.: The intellectual background of Savigny, in: Seminar, An Annual Extraordinary Number of The Jurist, publ. by the Catholic University of America, Bd. 5 (1947), S. 39-61.
Engeli, Chr./Haus, W.: Quellen zum modernen Gemeindeverfassungsrecht in Deutschland, Stuttgart 1975.
Engisch, K.: Einführung in das juristische Denken (1956), 4. A., Stuttgart 1968.
Epstein, K.: The genesis of German Conservatism, Princeton/New Jersey, U.P., 1966.

Faber, K.-G.: Recht und Verfassung. Die politische Funktion des rheinischen Rechts im 19. Jahrhundert, Köln 1970.
– Restauration und Revolution von 1815-1851, Handbuch d. dt. Geschichte, hg. von L. Just, Band 3 I b, Wiesbaden 1979.
Fassò, G.: Storia della filosofia del diritto, Bd. 3: Ottocento e Novecento, Bologna 1970.
Fehrenbach, E.: Traditionale Gesellschaft und revolutionäres Recht. Die Einführung des Code Napoléon in den Rheinbundstaaten (1974), 2. unveränderte A. Göttingen 1978.
– Vom Anciēn Régime zum Wiener Kongreß (= Grundriß d. Geschichte 12), München 1981.
Felgentraeger, W. F.: F. C. v. Savignys Einfluß auf die Übereignungslehre, Leipzig 1927 (zugleich Diss. iur. Göttingen).
Fenske, H.: Strukturprobleme der deutschen Parteiengeschichte, Frankfurt 1974.
Fichte, J. G.: Sämtliche Werke, hg. von I. H. Fichte, Berlin 1845 ff.
– Grundlage des Naturrechts ... (1796/97), Hamburg 1979 (Philos. Bibl. Bd. 256).
Fiedler, H.: Zur logischen Konzeption der Rechtsfindung aus dem Gesetz und ihren historischen Bedingungen, in: Gedächtnisschrift für J. Rödig, Berlin 1978, S. 129-139.
Fikentscher, W.: Methoden des Rechts in vergleichender Darstellung, Bd. 1-5, Tübingen 1975-1977.
Fioravanti, M.: Giuristi e costituzione politica nell'ottocento tedesco, Milano 1979.
– Savigny e la scienza di diritto pubblico del diciannovesimo secolo, in: Quad. fior. 9/1980 (1981), S. 319-338.
Flume, W.: Das Rechtsgeschäft, 2. A. Berlin 1975.
Frank, Ph.: Wahrheit – relativ oder absolut?, dt. Übs. Zürich 1952.

Frank, R.: siehe bei Schleiermacher.
Frankenstein, C.: F. J. Molitors metaphysische Geschichtsphilosophie, Diss. phil. Erlangen 1928.
Frenzel, H. u. A.: Daten deutscher Dichtung, Bd. 1, München 1964 (u. ö.).
Fries, J. F.: Reinbold, Fichte und Schelling, Leipzig 1803.
– Philosophische Rechtslehre und Kritik aller positiven Gesetzgebung, Jena 1803 (ND Leipzig 1914).
– Rez. zu Savigny, System Bd. 1, in: J.A.L.Z. 1840, Nr. 165 v. Sept., Sp. 353-366.
– Sämtliche Schriften, hg. von G. König und L. Geldsetzer, Aalen 1967 ff., bes. Bd. 9, 1971 (enthält „Vom Deutschen Bund ..." (1816, ²1831)).
Frommel, M.: Die Rezeption der Hermeneutik bei K. Larenz und J. Esser, Ebelsbach 1981 (= Münchener Univ.schr., 47).
Frühwald, W.: Der Regierungsrat J. v. Eichendorff, in: Int. Archiv f. Sozialgesch. der Literatur, Bd. 4 (Tübingen 1978), S. 37-67.
Funk, Ph.: Von der Aufklärung zur Romantik. Studien zur Vorgeschichte der Münchner Romantik, München 1925.
– Der geistesgeschichtliche Ort Fr. K. v. Savignys, in: Hist. Jb. 50 (Freiburg 1930), S. 189-204.

Gadamer, H. G.: Wahrheit und Methode. Grundzüge einer philosophischen Hermeneutik, 2. A. Tübingen 1965.
– Hermeneutik, in: HistWB, Bd. 3 (1974), Sp. 1061-1073.
Gagnér, S.: Studien zur Ideengeschichte der Gesetzgebung, Stockholm 1960.
– Über Voraussetzungen einer Verwendung der Sprachformel ‚Öffentliches Recht und Privatrecht' im kanonistischen Bereich, in: Dt. Landesreferate zum 7. internat. Kongreß für Rechtsvergleichung in Uppsala 1966, hg. von E. v. Caemmerer und K. Zweigert (= Rabels Zs, Sonderveröffentlichung), Berlin 1967, S. 23-57.
– Die Wissenschaft des gemeinen Rechts und der Codex Maximilianeus Bavaricus Civilis, in: WuK 1 (1974), S. 1-118.
– Zielsetzungen und Werkgestaltung in Paul Roths Wissenschaft (1820-92), in: Festschrift für H. Krause, Köln/Wien 1975, S. 276-450.
– Ørsteds vetenskap, de tyska kriminalisterna och naturrättsläran, in: Tidsskr. for Rettvitenskap, 93 (1980), S. 367-444.
Gall, B.: Die individuelle Anerkennungstheorie von Karl Theodor Welcker. Ein Beitrag zum Begriff der Rechtspflicht Bonn 1972.
Gall, L.: Das Problem der parlamentarischen Opposition im deutschen Frühliberalismus (1968), jetzt in: Die deutschen Parteien vor 1981, hg. von G. A. Ritter, Köln 1973, S. 192-207.
Gans, E.: Philosophische Schriften, hg. und eingeleitet von H. Schröder, Glashütten/Ts. 1971.
Garber, J.: Nachwort zu Valjarec (s. dort), Neudruck 1978, S. 543-592.
Gaß, K.-E.: Die Idee der Volksbildung und die Geschichtsphilosophie der Romantik, Wien 1940.
Geiger, L.: siehe bei Quellen II 1.
Geist der juristischen Literatur von dem Jahre 1796, Göttingen 1797 [Verf. ist Seidensticker].
Geldsetzer, L.: Einführung zu J. F. Fries, Philos. Rechtslehre (1803), in: Fries, Sämtliche Schriften, Bd. 9 (1971).
– Die Philosophie der Philosophiegeschichte im 19. Jh. – Zur Wissenschaftstheorie der Philosophiegeschichtsschreibung und -betrachtung, Meisenheim am Glan 1968.
Gerlach, E. L. v.: Aufzeichnungen aus meinem Leben und Wirken 1795-1877, hg. von Jakob v. Gerlach, 2 Bde, Schwerin 1903.

Germanistik und deutsche Nation 1806-1848, hg. von J. J. Müller, Stuttgart 1974 (= Lit. Wissenschaft und Sozialwiss., 2).

Geschichtliche Grundbegriffe: Historisches Lexikon zur politisch-sozialen Sprache in Deutschland, hg. von O. Brunner, W. Conze, R. Koselleck, Bd. 1 ff., Stuttgart 1972 ff.

Giger, H.: Das Schicksal des Rechts beim Subjektswechsel unter bes. Berücksichtigung der Erbfolgekonzeption, Bd. 1: ... bis zum 20. Jh., Zürich 1973.

Ginschel, G.: Der junge J. Grimm 1805-1809, Berlin 1967.

Gmür, R.: Savigny und die Entwicklung der Rechtswissenschaft, Münster 1962.

Gönner, N. Th.: Über die Notwendigkeit einer gründlichen Reform in Bearbeitung des in Deutschland geltenden Privatrechts, als Nachwort bei: F. L. Wirschinger, Versuch einer neuen Theorie über das Juramentum in litem ..., Landshut 1806, S. 161-188.

– (Hg.), Archiv für die Gesetzgebung und Reforme des juristischen Studiums. 4 Bde, Landshut 1808-14; erschienen Band I, Heft 1-3. 1808, II 1-2. 1808, 3. 1809; III 1-2. 1809, 3. 1810; IV 1. 1811, 2. 1812, 3. 1814.

– Rettung des Civilrechts gegen die Vorliebe für die Strafgesetzgebung, in: Gönners Archiv I 1 (1808), S. 16-32.

– Unparteiische Beantwortung der Frage: Hat das römisch-justinianische Recht im Code Napoléon subsidiäre Kraft?, in: Gönners Archiv I 1 (1808), S. 130-148.

– Miscelle zu Löhr, Theorie der Culpa (1807), in: Gönners Archiv III 1 (1809), S. 164-166.

– Über die Einführung des Code Napoléon in den Staaten der rheinischen Conföderation, in: Gönners Archiv I 2 (1808), S. 169-195.

– Über das vorige und das zukünftige Verhältnis der Doctrin zur Legislation, in: Gönners Archiv II 2 (1809), S. 238-252.

– Über Gesetzgebung und Rechtswissenschaft in unserer Zeit, Erlangen 1815.

Goldschmidt, L.: Savigny, in: Staatswörterbuch, hg. von Bluntschli und Brater, Bd. 9 (1865), S. 107 f.

Grimm, J.: Gesetz, in: Dt. Wörterbuch IV (Leipzig), Sp. 4071 ff.

Gundlach, Franz: Catalogus professorum academiae Marburgensis ..., Marburg 1927.

Gutzwiller, M.: Der Einfluß Savignys auf die Entwicklung des Internationalprivatrechts, Freiburg/Schweiz 1923.

Habermas, J.: Das Verhältnis von Politik und Moral (1960), in: Politik und Ethik, Darmstadt 1969, S. 61-90.

– Die klassische Lehre von der Politik in ihrem Verhältnis zur Sozialphilosophie (1961), in: ders., Theorie und Praxis, Neuwied 1963.

Häfelin, K.: Die Rechtspersönlichkeit des Staates, I: Dogmengeschichtliche Darstellung, Tübingen 1959.

Hagemeister, E. F.: Über die Redaction eines allgemeinen Gesetzbuchs für einzelne deutsche Reichsländer, in: Civilistisches Magazin hg. von G. Hugo, Bd. III 3 (Berlin 1805), S. 321-340.

Handbuch philosophischer Grundbegriffe, hg. von H. Krings, M. Baumgartner, Ch. Wild, Bd. 1-6, München 1973-1974 (Studienausgabe, durchpaginiert).

Handbuch der bayerischen Geschichte, hg. von M. Spindler, Bd. IV: Das Neue Bayern 1800-1970, München 1974.1975.

Handwörterbuch zur deutschen Rechtsgeschichte, hg. von A. Erler und E. Kaufmann, Lieferung 1 ff., Berlin 1964 ff.

Hansen, R.: F. C. Dahlmann, in: Deutsche Historiker, hg. von H.-U. Wehler, Bd. 5, Göttingen 1972, S. 27-53.

Hardtwig, W.: Konzeption und Begriff der Forschung in der deutschen Historie des 19. Jahrhunderts, in: Stud.wiss.th. 19. Jh., 12 (1978), S. 11-26.

Hartmann, N.: Die Philosophie des deutschen Idealismus, 2 Bde, Berlin 1923.1929.
Hassold, G.: Wille des Gesetzgebers oder objektiver Sinn des Gesetzes – subjektive oder objektive Theorie der Gesetzesauslegung, in: ZZP 94 (1981), S. 192-209.
Hattenhauer, H.: Einleitung zu ders. (Hg.): Thibaut und Savigny. Ihre programmatischen Schriften, München 1973, S. 9-58.
– Die geistesgeschichtlichen Grundlagen des Rechts, 2. A., Karlsruhe 1980.
Haverkate, G.: Gewißheitsverluste im juristischen Denken. Zur politischen Funktion der juristischen Methode, Berlin 1977.
Haym, R.: Wilhelm von Humboldt. Lebensbild und Charakteristik, Berlin 1856.
– Notizen, in: Preuß. Jbb. 9 (1862), S. 478-83 (Bruchstücke aus Savignys sog. sächsischem Tagebuch von 1799).
– Die romantische Schule. Ein Beitrag zur Geschichte des deutschen Geistes (1870), Neudruck Darmstadt 1972.
Heffter, H.: Die deutsche Selbstverwaltung im 19. Jh., Stuttgart 1950 (2. A. 1969 unveränd.).
Hegel, G. F. W.: Werke in 20 Bänden. Auf der Grundlage der Werke von 1832-45 neu edierte Ausgabe. Redaktion E. Moldenhauer und K. M. Michel. Frankfurt/M., Suhrkamp, 1969-71.
Heidelbergische Jbb.: 1 (1808), S. 267-275: Rez. zu Gönners Archiv I 1 und 2.
– 2 (1809), S. 79-91: Rez. zu Gönners Archiv I 3.
– 3 (1810), S. 25-30: Rez. zu Gönners Archiv II 1.
– 3 (1810), S. 65-81: Rez. zu Gönners Archiv II 2.3 und III 1.
– 3 (1810), S. 143-146: Rez. zu Unterholzner, Abhandlungen 1810.
– 6 (1813), S. 800-821: Rez. zu Welcker, Letzte Gründe 1813.
Heinrichs, H.: Die Rechtslehre F. J. Stahls, Diss. iur. Köln 1967.
Hennigsen, M.: W. v. Humboldt, in: Die Revolution des Geistes, hg. v. J. Gebhardt, München 1968, S. 131-153 (= Gesch. des politischen Denkens).
Hennis, W.: Politik und praktische Philosophie (1963), erneut Stuttgart 1977.
Herberger, M.: Die Staats- und Gesellschaftstheorie des Freiherrn vom Stein, in: Rechtsgeschichte als Kulturgeschichte, Festschrift für A. Erler, Aalen 1976, S. 611-648.
– Die Staats- und Gesellschaftstheorie des Freiherr vom Stein, in: Festschrift für A. Erler, Aalen 1976, S. 611-648.
– Dogmatik. Zur Geschichte von Begriff und Methode in Medizin und Jurisprudenz, Frankfurt 1981 (= Ius Commune, Sh 12).
Heydemann, L.: s. Savigny-Feier.
Historisches Wörterbuch der Philosophie. Unter Mitwirkung von mehr als 700 Fachgelehrten ... hg. von J. Ritter (†), dann K. Gründer, Bd. 1 ff., Darmstadt/Basel 1971 ff.
Hocks, R./Schmidt, P.: Literarische und politische Zeitschriften 1789-1805, Stuttgart 1975.
Höffding, H.: Geschichte der neueren Philosophie (aus dem Dänischen von F. Bendixen), Bd. 2, Leipzig 1921.
Hölderlin, Fr.: Sämtliche Werke, hg. von Fr. Beißner, Stuttgart 1946 ff.
Hoffmann, H. J.: Die Abstufung der Fahrlässigkeit in der Rechtsgeschichte..., Berlin 1968.
Hofmann, H.: Repräsentation. Studien zur Wort- und Begriffsgeschichte von der Antike bis ins 19. Jahrhundert, Berlin 1974.
Hollerbach, A.: Der Rechtsgedanke bei Schelling. Quellenstudien zu seiner Rechts- und Staatsphilosophie, Frankfurt/M. 1957 (= Philos. Abhandlungen, Band XIII).
– Rez. zu W. Wilhelm 1958, in: ZSGerm 77 (1960), S. 354-360.
Holzhauer, H.: N. Th. von Gönner, in: HRG, Bd. 1 (hier 1970), Sp. 1752-54.
Honsell, Th.: Rez. zu Stühler, in: ZSRom 96 (1979), S. 439-446.

Huber, E. R.: Deutsche Verfassungsgeschichte seit 1789, Bd. 2: Der Kampf um Einheit und Freiheit 1830 bis 1850, 2. verb. A., Stuttgart 1960.
Hufeland, G.: Abriß der Wissenschaftskunde und Methodologie der Rechtsgelehrsamkeit. Zu Vorlesungen, Jena 1797.
– Über den eigenthümlichen Geist des römischen Rechts im Allgemeinen und mit Beziehung auf neuere Gesetzgebungen 1814 (= 1. Abh. in DERS., Über den eigenthümlichen Geist (usw.). Eine Reihe von Abhandlungen, welche zugleich als erläuterndes Handbuch über die ungewöhnlichen Darstellungen in dem Lehrbuch des gemeinen Civilrechts dienen können, 1. Teil, Gießen 1815, 1-60).
Hugo, G.: Lehrbuch des Naturrechts, als einer Philosophie des positiven Rechts, Berlin 1798.
– dass., 2. ganz von neuem ausgearbeiteter Versuch, Berlin 1799.
– Lehrbuch ... der juristischen Encyclopädie, 2. ganz von neuem ausgearbeiteter Versuch, Berlin 1799 (Lb. eines civilistischen Cursus, Bd. 1).
– Rez. von Gros 1802, in: GGA 1802, S. 1985-1992.
– Lehrbuch des Naturrechts als einer Philosophie des positiven Rechts, 3., ganz von neuem ausgearbeiteter Versuch, Berlin 1809 (= Lehrbuch eines civilistischen Cursus, Bd. 2).
– Die Gesetze sind nicht die einzige Quelle juristischer Wahrheiten, in ders.: Civ. Mag. IV 1 (1812), S. 89-134.
– Über Herrn von Hallers Handbuch der allgemeinen Staatenkunde im Verhältnisse zu der Philosophie des positiven Rechts, in ders.: Civ. Mag. III 4 (1812), S. 462-484.
– Lehrbuch des Naturrechts als einer Philosophie des positiven Rechts, besonders des Privatrechts, 4. sehr veränderte Ausgabe, Berlin 1819 (ND Glashütten 1971).
– Rez. zu Puchta, Gewohnheitsrecht I, in: GGA 1828, S. 1731-1735.
– Beiträge zur civilistischen Bücherkenntnis, Bd. 1.2., Berlin 1828.1829 (gesammelte Rezensionen u. Anzeigen mit Originalseitenzahlen der GGA).
– Rez. zu F. J. Stahl, Philosophie des Rechts, in: GGA 1831, S. 236-239.
– Rez. zu Savigny, System I, in: GGA 1840, S. 1011-1042.
– Rez. zu Savigny, System II-IV, in: GGA 1841, S. 809-829.
– Rez. zu Savigny, System V, in: GGA 1842, S. 1-6.
Hütter, K. H.: Savignys Geldlehre, Diss. iur. Münster 1970.

Jaeger, H.: Note savignicienne I. La pauvre philosophie face a la toute puissante histoire de droit ..., in: ArchPhilosDroit 19 (1974), S. 407-424 (mehr nicht ersch.).
Jayme, E.: Pasquale Stanislao Mancini. Inernationales Privatrecht zwischen Risorgimento und praktischer Jurisprudenz, Ebelsbach 1980 (= Münchener Univ.schriften, 45).
Jäger, W.: Opposition, in: Gesch. Grundbegriffe 4 (1978), S. 469-517.
Jendreiek, H.: Hegel und J. Grimm. Ein Beitrag zur Geschichte der Wissenschaftstheorie, Berlin 1975.
Jhering, R. v.: Friedrich Karl von Savigny, in: Jh. Jbb. 5 (1861), S. 354-377.

Kadel, H.: (zu den Vorlesungsausarbeitungen Savignys über Methodologie), in: Quad. fiorentini, Bd. 9/1980 (1981), S. 397-400.
– Ringseis (1981), s. oben bei Quellen.
Kambartel, Fr.: „System" und „Begründung" als wissenschaftliche Ordnungsbegriffe bei und vor Kant, in: Stud. Phil. 19 Jh., 3 (1969), S. 99-114.
Kamptz, C. A. H. v.: Aktenmäßige Darstellung der Preußischen Gesetz-Revision, in: ders. (Hg.): Jbb. f. d. prß. Gesetzgebung, Bd. 60 (Berlin 1842), S. I-308.
Kant, I.: Werke in zwölf Bänden, hg. von W. Weischedel, Frankfurt/M. 1968/69 (textund seitenidentisch mit der Insel-Dünndruckausgabe in 6 Bänden).

Kantorowicz, H. U.: Was ist uns Savigny?, in: Recht u. Wirtschaft, Jg. 1 (Berlin 1912), S. 47-54 u. 76-79 (erschienen bereits 1911 u. sep.).
- Savignys Marburger Methodenlehre, in: ZSRom 53 (1933), S. 465-471.
- Rechtshistorische Schriften, hg. von H. Coing u. G. Immel, Karlsruhe 1970.

Kaufmann, A.: Savigny, in: Die Großen der Weltgeschichte, Bd. 7 (1976), S. 403-415.

Kaufmann, E.: Rez. zu W. Wilhelm 1958, in: HZ 188 (1959), S. 236.

Kaulbach, F.: Moral und Recht in der Philosophie Kants, in: Stud. Phil. 19. Jh., 9 (1970), S. 43-58.

Kiefner, H.: Geschichte und Philosophie des Rechts bei A. F. J. Thibaut. − Zugleich Versuch eines Beitrags über den beginnenden Einfluß Kants auf die deutsche Rechtswissenschaft, Diss. iur. masch., München 1959, IX/103 S.
- A. F. J. Thibaut, in: ZSRom 77 (1960), S. 304-344.
- Der Einfluß Kants auf Theorie und Praxis des Zivilrechts im 19. Jh., in: Stud. Phil. 19. Jh., 3 (1969), S. 3-25.
- Lex frater a fratre. Institution und Rechtsinstitut bei Savigny, in: Rechtstheorie 10 (1979), S. 129-141.
- Der junge Savigny, in: F. C. v. Savigny, Offsetdruck Marburg 1979, S. 15-49.
- Geld und Geldschuld in der Privatrechtsdogmatik des 19. Jahrhunderts, in: Wissenschaft und Kodifikation, 5 (1980), S. 27-54.
- Ideal wird, was Natur war, in: Quad. fior. 9/1980 (1981), S. 515-522.

Kirchner, J.: Bibliographie der Zeitschriften des deutschen Sprachgebietes bis 1900, 4 Bände, Stuttgart 1969 ff.

Klenner, H.: Anmerkungen zu „Savigny", in: Studien zu einer Geschichte der Gesellschaftswissenschaften, Band 6, Berlin 1977, S. 158-173.
- Savigny und das historische Denken in der Rechtswissenschaft, in: Savigny ... Anales (1978/79), S. 133-170.

Kleß, A.: Die Heidelberger Jahrbücher der Literatur in den Jahren 1806-1816, Leipzig 1916.

Klingelhöfer, J. G.: Die Marburger Juristenfakultät im 19. Jahrhundert, Marburg 1972.

Klippel, D.: Politische Freiheit und Freiheitsrechte im deutschen Naturrecht des 18. Jahrhunderts, Paderborn 1976.
- „Libertas commerciorum" und „Vermögens-Gesellschaft", in: Birtsch, Grund- und Freiheitsrechte (1981), S. 313-335.

Knemeyer, F.: Regierungs- und Verwaltungsreform in Deutschland zu Beginn des 19. Jahrhunderts, Köln/Berlin 1970.

Koglin, O.: Die Briefe F. J. Stahls, Diss. iur. Kiel 1975.

Kondylis, P.: Die Entstehung der Dialektik. Eine Analyse der geistigen Entwicklung von Hölderlin, Schelling und Hegel bis 1802, Stuttgart 1979.

Koselleck, R.: Preußen zwischen Reform und Revolution, Stuttgart 1967.

Krekler, J.: Briefe an Chr. G. Haubold und W. F. Clossius, in: Ius Commune 9 (Frankfurt 1980), S. 211-228.

Krieger, L.: The German Idea of Freedom, History of an political tradition. From The Reformation to 1871, Chicago 1957 (ND 1972).

Kriele, M.: Offene und verdeckte Urteilsgründe. Zum Verhältnis von Philosophie und Jurisprudenz heute, in: Collegium philosophicum. Studien J. Ritter zum 60. Geb., Basel 1965, S. 99-177.
- Theorie der Rechtsgewinnung, Berlin 1967.
- dito: 2. A. 1976.

Krings, H.: siehe unter Handbuch philosoph. Grundbegriffe.

Kuczynski, J.: Savigny − glanzvolle Jugend eines reaktionären Gelehrten von einstigem Weltruf, in: Studien zu einer Geschichte der Gesellschaftswissenschaften, Band 6, Berlin 1977, S. 125-157.

Kübler, Fr.: Privatrecht und Demokratie. Zur Aktualität gesellschaftstheoretischer

Vorstellungen in der Jurisprudenz, in: Funktionswandel der Privatrechtsinstitutionen, Festschrift für L. Raiser ..., Tübingen 1974, S. 697-725.
Kuhn, Axel: Der schwierige Weg zu den deutschen demokratischen Traditionen in: NPL 18 (1973), S. 430-452.
Kunkel, W.: Rez. zu F. Wieacker und G. Wesenberg, jeweils Privatrechtsgeschichte der Neuzeit, in: ZSRom 71 (1954), S. 509-539.
— Savignys Bedeutung für die deutsche Rechtswissenschaft und das deutsche Recht, in: JZ 1962, S. 457-463.

Landsberg, E.: F. K. von Savigny, in: ADB 30 (1980), S. 425-452.
— Geschichte der deutschen Rechtswissenschaft, 3. Abt., 2. Halbbd., München/Berlin 1910 (zitiert mit T = Textband o. N. = Notenband).
— Zur ewigen Wiederkehr des Naturrechts, in: ARWP 18 (Berlin 1924/25), S. 347-376.
Langemeijer, G. E.: Rez. zu W. Wilhelm 1958, in: TRG 28 (1960), S. 113-115.
Langewiesche, D.: Julius Hölder (1819-87). Zur Geschichte des württembergischen und deutschen Liberalismus im 19. Jahrhundert, in: ZWLG., 36. Jg. 1977 (Stuttgart 1979), S. 151-166.
Larenz, K.: Die Rechts- und Staatsphilosophie des deutschen Idealismus und ihre Gegenwartsbedeutung, in: Handbuch der Philosophie, Band IV: Staat und Geschichte, Teil D: Staatsphilosophie, München/Berlin o. J. [1933], S. 89-188.
— Methodenlehre der Rechtswissenschaft, 4. A. München 1979.
Lautenschlager, Fr.: Die Universität Heidelberg und der Fall Martin, in: ZGesch. Oberrhein 85 (Karlsruhe 1933), S. 636-663.
— Die Wiederbelebung der Heidelberger Juristenschule ..., in: Neue Hd. Jbb. 1936 (Heidelberg 1936), S. 68-81.
Legendre, P.: Méditation sur l'esprit libéral. La lecon d'Edouard de Laboulaye, Juriste-témoin, in: Rev. du Droit publique et de la science politique 87 (Paris 1970), S. 83-122.
Lenz, M.: Geschichte der königlichen Friedrich-Wilhelm-Universität zu Berlin, 4 Bde, Halle 1910.
Liermann, H./Schoeps, H. J.: Materialien zur preußischen Eherechtsreform im Vormärz, Göttingen 1961.
Lipp, M.: Die Bedeutung der Naturrechtslehre für die Ausbildung der Allgemeinen Lehren des deutschen Privatrechts, Berlin 1980.
Löhlein, G.: Die Volksanschauung F. C. v. Savignys, Diss. phil. masch., Heidelberg 1942, 114 S.
Loening, R.: Über geschichtliche und ungeschichtliche Behandlung des deutschen Strafrechts, in: ZStrW 3 (Berlin/Leipzig 1883), S. 219-373.
Lorenz, E.: Fr. C. v. Savigny und die preußische Strafrexhtsgesetzgebung, Diss. iur. masch. Münster 1957, XV/193 S.
Losano, M. G.: Savigny en la Correspondencia de Jhering e Gerber, in: Savigny y la ciencia ... (1978/79), S. 321-340.
— Bismarck parla di Savigny con Jhering, in: Quad. fior. 9/1980 (1981), S. 523-539.
Luig, K.: Die Theorie der Gestaltung eines nationalen Privatrechtssystems aus römisch-deutschem Stoff, in: WuK 1 (1974), S. 217-248.
— Bemerkungen zum Stand der Savigny-Forschung, in: Quad. fior. 9/1980 (1981), S. 317-326.
Luig, K./Dölemeyer, B.: Alphabetisches Verzeichnis der neuen Literatur über F. C. v. Savigny (1779-1861), in: Quad. fior. 8/1979 (1980), S. 501-558.

Maffei, D.: siehe bei Briefe, unter Quellen II/1.
Manigk, A.: Savigny und der Modernismus im Recht, Berlin 1914.

- Savigny und die Kritik der Rezeption, in: ZSRom 61 (1941), S. 187-229 (= Rez. zu Stoll III).
Mannheim, K.: Das konservative Denken. Soziologische Beiträge zum Werden des politisch-historischen Denkens in Deutschland (1927), jetzt in ders.: Wissenssoziologie, Auswahl ... hg. v. K. Wolf, 2. A. Neuwied 1970, S. 408-614.
Mantello, A.: ‚Die Elemente der Staatskunst' di Adam Müller: Una fonte per il ‚Beruf' di Savigny, in: Studi Senesi XCI (Siena 1979), S. 401-435.
Marini Avonzo, F. de: La filologia romanistica di Savigny, in: Quad. fior. 9/1980 (1981), S. 245-263.
Marini, G.: Savigny e il metodo della scienza giuridica, Milano 1966.
- Jacob Grimm, Napoli 1972.
- Il paragone tra diritto e linguaggio nella giurisprudenza romantica, in: Atti e Memorie dell'Academia Toscana di Scienze e Lettere „La Colombaria", XI (Firenze 1975), S. 231-256.
- La polemica con la scuola storica nella filosofia del diritto hegeliana, in: Rivista di filosofia, 1977, S. 169-204.
- Fr. C. v. Savigny, Napoli 1978.
- I rapporti Savigny-Hegel nella storiografia recente, in: Quad. fior. 9/1980 (1981), S. 113-164.
- Rez. zu Stühler 1978, in: Quad. fior. 10/1981 (1981), S. 308-315.
Marquardt, H.: siehe bei Briefe, unter Quellen II/1.
- Henry Crabb Robinson und seine deutschen Freunde ..., Bd. 1: Bis zum Frühjahr 1811, Göttingen 1964 [mehr nicht erschienen].
Marx, M.: Systeme des 19. Jahrhunderts, in: A. Kaufmann und W. Hassemer (Hg.), Einführung in Rechtsphilosophie und Rechtstheorie der Gegenwart, Karlsruhe 1977 (UTB 593), S. 89-97.
Marx, W.: Grundbegriffe der Geschichtsauffassung bei Schelling und Habermas, in: Philos. Jb. 81 (Freiburg 1974), S. 50-76.
Masur, G.: F. J. Stahl. Geschichte seines Lebens, Bd. 1: 1802-40, Berlin 1930 [mehr nicht erschienen].
Mazzacane, A.: Rez. zu W. Wilhelm, ital. Übs. 1974, in: Quad. fior. 3/4 (1974/75), S. 753-762.
- Savigny e la storiografia giuridica tra storia e sistema, in: Scritti in honore di S. Pugliatti, Bd. 4 (Milano 1978), S. 515-557 (= uvä. Abdruck des gleichen Titels Napoli 1976, S. 5-68).
- Prospettive savignyane vecchie e nuove − I corsi inediti di metodologia, in: Quad. fior. 9/1980 (1981), S. 217-244.
Meister, G. J. Fr.: Principia iuris Criminalis germanici communis, 5. A. Göttingen 1811.
Metzger, W.: Gesellschaft, Recht und Staat in der Ethik des deutschen Idealismus mit einer Einleitung: Prolegomena zu einer Theorie und Geschichte der sozialen Werte; aus dem Nachlaß hg. von E. Bergmann, Heidelberg 1917 (ND Aalen 1966).
Meusel, J. G.: Das gelehrte Teutschland ..., 5. A., Lemgo 1796 ff.
Mohnhaupt, H.: Richter und Rechtsprechung im Werk Savignys, in: Studien zur europäischen Rechtsgeschichte, hg. v. W. Wilhelm, Frankfurt 1972, S. 243-264.
Mommsen, W. A./Denecke, L.: Verzeichnis der schriftlichen Nachlässe in deutschen Archiven und Bibliotheken, 2 Bde, Boppard 1971, 1969.
Mommsen, W. J.: Der deutsche Liberalismus zwischen „klassenloser Bürgergesellschaft" und „organisiertem Kapitalismus". Zu einigen neueren Liberalismusinterpretationen, in: Geschichte und Gesellschaft, 4. Jg. (Göttingen 1978), S. 77-90.
Morley, Ed. J. (Hg.): Crabb Robinson in Germany. 1800-1805. Extracts from his correspondence, Oxford 1929.
Moser, H.: Volks- und Kunstdichtung in der Auffassung der Romantiker, in: Rhein. Jb. für Volkskunde, 4. Jg. (Bonn 1953), S. 69-89.

Motte, O.: Savigny. Un retour de Sources, in: Quad. fior. 9/1980 (1981), S. 555-563.
- A propos des manuscrits du ‚Savigny-Nachlaß' de la Bibliothéque universitaire de Marbourg, in: TRG 49 (1981), S. 171-173.

Müller, A.: Die Elemente der Staatskunst, hg. von J. Baxa, Wien 1922.

Müller, F.: Juristische Methodik, Berlin 1976.

Napoleonische Herrschaft und Modernisierung, siehe unter H. Berding.

Naucke, W.: P. J. A. von Feuerbach. Zur 200. Wiederkehr seines Geburtstages am 14. November 1975, in: ZStrW 87 (1975), S. 861-887.
- Die Dogmatisierung von Rechtsproblemen bei Kant, in: ZNR 1 (Wien 1979), S. 3-20.
- Über den Einfluß Kants auf Theorie und Praxis des Strafrechts im 19. Jh., in: Stud. Phil. 19. Jh., 3 (1969), S. 27-48.

Naumann, D.: Literaturtheorie und Geschichtsphilosophie, Teil I: Aufklärung, Romantik, Idealismus, Stuttgart 1979.

Nef, H.: Recht und Moral in der deutschen Rechtsphilosophie seit Kant, St. Gallen 1937 (Diss. iur. Zürich 1936, bei D. Schindler).

Negri, A.: Alle origine del formalismo giuridico. Studio sul problema della forma in Kant e nei giuristi kantiani tra il 1789 e il 1802, Padova 1962.

Nörr, D.: La intuicion viva de Savigny, in: Rev. jur. de Cataluna, Jg. 1981, S. 213-234.

Nörr, K. W.: Rudorff's Nachschrift der Pandektenvorlesung Savignys, in: ZSRom 96 (1979), S. 316.

Nolte, J.: B. W. Pfeiffer. Gedanken zur Reform des Zivilrechts. Ein Beitrag zur Geschichte der deutschen Zivilgesetzgebung, Göttingen u. a. 1969 (= Göttinger Studien zur Rechtsgeschichte, 1).

Novalis, (Fr. v. Hardenberg): Werke und Briefe, hg. von A. Kelletat, München, Winklerr, o. J. (ca. 1960).

Orestano, R.: Edificazione e conoscenze del'giuridico' in Savigny – Tre motivi di riflessione, in: Quad. fior. 9/1980 (1981), S. 21-68.

Otte, G.: Der sogenannte mos geometricus in der Jurisprudenz, in: Quad. fior. 8/1979 (1980), S. 179-196.

Pätzold, G.: Die Marburger Juristenfakultät als Spruchkollegium, Marburg 1966.

Pawlowski, K. M.: Das Studium der Rechtswissenschaft, Tübingen 1969.

Peters, H.-J.: Vertrag und Einigung bei den Spätpandektisten, Diss. iur. Köln 1967, XXI/112 S.

Philosophie und Rechtswissenschaft ..., s. bei Stud. Phil. 19. Jh., 3.

Pichler, J. W.: Rez. zu Stühler, in: ZSGerm 96 (1979), S. 403-405.

Positivismus im 19. Jh., s. bei Stud. Phil. 19. Jh., 16.

Prantl, J. Fr.: Molitor, in: ADB 22 (1885), S. 108-110.

Preisendanz, K.: Die Liebe der Günderrode. Friedrich Creuzers Briefe an Caroline von Günderode, München 1912.

Preitz, M.: Karoline von Günderrode in ihrer Umwelt I, und II, in: Jb. des Freien Dt. Hochstifts 1962, S. 209-306 und 1964, S. 152-235.

Puchta, G. F.: Das Gewohnheitsrecht, Bd. 1, Erlangen 1828.
- Pandekten, 10. verm. A., nach dem Tode des Verf. besorgt von A. Rudorff, Leipzig 1866.

Radbruch, G.: Grundzüge der Rechtsphilosophie, Leipzig 1914.
- dto., 3. A. Leipzig 1932.

Ranke, L.: Politisches Gespräch (1836), in: Hist. polit. Zs., Bd. 2 (Berlin 1833-36), S. 775-807, auch hgg. von E. Rothacker, Halle 1925.

Rasch, W.: siehe bei Schlegel.
- Goethes ‚Iphigenie auf Tauris' als Drama der Autonomie, München 1979.
Raub-Domnick, A.: siehe bei Quellen II/1.
Recht und Ethik: siehe unter Studien zur Philosophie 19. Jh., Bd. 9.
Rechtsgeschichte (= Sozialwissenschaften im Studium des Rechts, Bd. 4), hg. von G. Dilcher und N. Horn, München 1978.
Rehfeldt, B.: Einführung in die Rechtswissenschaft, Berlin 1962.
Rexius, G.: Studien zur Staatslehre der historischen Schule, in: HZ 107 (1911), S. 496-539.
Rezension zu Glück: Intestaterbfolge, s. bei Crit. Archiv 1804.
Rezension zu Gönners Archiv: siehe bei Heidelberger Jbb.
Rezension zu Hugo Civ. Magazin: siehe bei Crit. Archiv 1807.
Rezension zu Löhr, Culpa 1807: siehe bei Gönners Archiv 1809.
Rezension zu Posse, Abhandlungen 1802: siehe bei Crit. Archiv 1805.
Rezension zu Savigny, Recht des Besitzes 1803: siehe bei Crit. Archiv 1804.
Rezension zu Thibaut, Über die sog. historische und nicht-historische Rechtsschule, in: Hall. Jbb. 1839, Sp. 600-605, 609-620 von „E. J.".
Rezension zu Thibauts jur. Nachlaß, hg. von C. J. Guyet, in: H.A.L.Z. 1843, Nr. 42-44, Sp. 329-351 (mit Unterbrechungen).
Rezension zu K. A. Unterholzner, Jur. Abhandlungen 1810 mit Vorrede Feuerbachs, siehe bei Hd. Jbb. 1810.
Riedel, M.: Gesellschaft, Gemeinschaft, in: Geschichtl. Grundbegriffe, Bd. 2 (1975), S. 801-862.
- Gesellschaft, bürgerliche, in: Gesch. Grundbegriffe 2 (1975), S. 719-800.
- Einleitung zum ND F. C. Dahlmann, Politik, Frankfurt 1968, S. 7-31.
Rinken, A.: Einführung in das juristische Studium, München 1977.
Rohde, E. (Hg.): Friedrich Creuzer und Karoline von Günderode, Briefe und Dichtungen, Heidelberg 1896.
Rohde, F.: (Bericht zum Nachlaßerwerb 1950), in: Nachr. für wiss., Bibl., Jg. 3 (München 1950), S. 195 f.
- (Bericht zum Nachlaßerwerb 1950), in: Zf. Bibl.wesen, Jg. 65 (Leipzig 1951), S. 131 f.
Rosenzweig, F.: Hegel und der Staat (1920), ND Aalen 1962.
Ross, A.: Theorie der Rechtsquellen. Ein Beitrag zur Theorie des positiven Rechts auf Grundlage dogmenhistorischer Untersuchungen, Leipzig/Wien 1929.
Roßhirt, C. F.: Dogmengeschichte des gemeinen Civilrechts, Heidelberg 1853.
Rothacker, E.: Einleitung in die Geisteswissenschaften (1920), 2., durch eine ausführl. Vorrede ergänzte Auflage Tübingen 1930 (ND Darmstadt 1972).
- Logik und Systematik der Geisteswissenschaften, in: Handbuch der Philosophie, hg. v. A. Baeumler und M. Schröter, Abt. II, 1927 (ND Darmstadt 1970).
Rückert, J.: A. L. Reyschers Leben und Rechtstheorie. 1802-1800, Berlin 1974 (= Münchener Univ.Schr., 13).
- Rez. zu J. Bohnert, Die Rechtslehre G. F. Puchtas (1798-1846), in: ZSRom 93 (1976), S. 497-512.
- Rez. zu J. Rascher, Die Rechtslehre des Aloys von Brinz (1820-1887), in: ZSRom 94 (1977), S. 494-497.
- Zur Erkenntnisproblematik materialistischer Positionen in der rechtshistorischen Methodendiskussion, in: ZhistF 5 (Berlin 1978), S. 257-292.
- Rez. zu Dubischar 1978, in: ZSGerm 69 (1979), S. 426-430.
- Rez. zu W. Siemann, Die Frankfurter Nationalversammlung 1848/49 zwischen demokratischem Liberalismus und konservativer Reform ..., in: ZSGerm 96 (1979), S. 365-371.

- Der unbekannte Savigny. Offene und verdeckte Lücken unserer Savigny-Kenntnis, in: Quad. fior. 9/1980 (1981), S. 401-416.

Rudorff, A.: F. C. v. Savigny. Erinnerung an sein Wesen und Wirken, in: ZfRgesch. 2 (1863), S. 2-68.

Rudorff, E.: Aus den Tagen der Romantik. Bildnis einer deutschen Familie, aus dem Nachlaß hg. von Elisabeth Rudorff, Leipzig 1938.

Rüthers, B.: Die unbegrenzte Auslegung. Zum Wandel der Privatrechtsordnung im Nationalsozialismus, Tübingen 1968.

- Institutionelles Rechtsdenken im Wandel der Verfassungsepochen, Bad Homburg u. a. 1970.

Ryffel, H.: Grundprobleme der Rechts- und Staatsphilosophie, Philosophische Anthropologie des Politischen, Neuwied/Berlin 1969.

Sabine, G. H.: A History of political Theory, 3. A. London 1963.

Sandkühler, H. J.: Freiheit und Wirklichkeit. Zur Dialektik von Philosophie und Politik bei Schelling, Frankfurt 1969.

Sandmann, N.: Grundlagen und Einfluß der internationalprivatrechtlichen Lehre Carl Georg Wächters (1797-1880), Diss. iur. Münster 1979.

Savigny, E. von: Die Philosophie der normalen Sprache. Eine kritische Einführung in die „ordinary language philosophy", Frankfurt 1969.

Savigny e la ciencia juridica del siglo XIX (= Anales de la catedra Francisco Suarez 18/19, Jg. 1978/79), Granada 1979.

- y la ciencia del derecho, hg. von der Universidad de Chile Valparaiso, 2 Bde, Valparaiso 1979.

Savigny, Su Federico Carlo di: Quaderni fiorentini per la storia del pensiero giuridico moderno, Bd. 9/1980, Milano 1981 (s. im übrigen bei den einzelnen Autoren).

Savigny-Feier der Juristischen Gesellschaft zu Berlin. Protokoll über die außerord. Sitzung v. 29. Nov. 1861, in: Dt. Gerichtszeitung, Organ des Dt. Juristentages, hg. von Hiersemenzel, 3 (Berlin 1861), Nr. 90 v. 18. 12., S. 361-366.

Schaffstein, F.: F. C. v. Savigny und Wilhelm von Humboldt, in: ZSGerm 72 (1955), S. 154-176.

- Wilhelm von Humboldt. Ein Lebensbild, Frankfurt 1952.

Schanze, H.: Die andere Romantik, Frankfurt 1967.

Schelling, Fr. W. J.: Sämtliche Werke, Stuttgart und Augsburg 1856-1861 [benutzt nach dem chronologisch geordneten Neudruck, Darmstadt, Wiss. Buchgesellschaft].

Schelsky, H.: Einsamkeit und Freiheit. Idee und Gestalt der deutschen Universität und ihrer Reformen, Reinbek 1963.

Scheuermann, R.: Einflüsse der historischen Rechtsschule auf die oberstrichterliche Zivilrechtspraxis bis zum Jahre 1861, Berlin 1972.

Schiavone, A.: La nascita del pensiero giuridico borghese in Germania — Formalismo della legge e formalismo della liberta nella polemica di Hegel con Savigny, in: Quad. fior. 9/1980 (1981), S. 165-188.

Schikorski, F.: Die Auseinandersetzung um den Körperschaftsbegriff in der Rechtslehre des 19. Jahrhundert, Berlin 1978.

Schlangen, W. (Hg.): Die deutschen Parteien im Überblick, Königstein 1979.

Schlarmann, Fr.: Die Einflußnahme der preußischen Staatsrats auf die Gemeindegesetzgebung im 19. Jahrhundert, Diss. iur. Göttingen 1935, X/72 S.

Schlawe, F.: Die Briefsammlungen des 19. Jahrhunderts. Bibliographie der Briefausgaben und Gesamtregister der Briefschreiber und Briefempfänger, Stuttgart 1969.

Schlegel, F.: Athenaeum. Eine Zeitschrift. Hg. von A. W. Schlegel und ... Bd. 1.2.3, Berlin 1798.1799.1800, Neudruck Darmstadt 1980.

- Kritische Ausgabe, hg. von Ernst Behler u. a. Paderborn usw., 1967 ff.
- Kritische Schriften, hg. von W. Rasch, Darmstadt 1964.

Schleichert, H.: Über „Erscheinungen", in: ArchfPhilos. 10 (Stuttgart 1960), S. 290-310.
Schleiermacher, F. D. E.: Hermeneutik und Kritik. Mit einem Anhang sprachphilosophischer Texte Schleiermachers, hg. u. eingeleitet von M. Frank, Frankfurt 1977 stw. 211).
Schlumbohm, J.: Freiheit — Die Anfänge der bürgerlichen Emanzipationsbewegung in Deutschland im Spiegel ihres Leitwortes, Düsseldorf 1975.
Schmarje, M. L.: Savigny und das Strafrecht, Diss. iur. masch. Hamburg 1948, VII/90 S.
Schmidlin, B.: Das Problem des Gesetzeszwecks in der Auslegungslehre Savignys, in: Convivium untriusque iuris, A. Dorett zum 60. Geb., Wien 1976, S. 79-90.
Schnabel, F.: Deutsche Geschichte im 19. Jahrhundert, Bd. 4, 3. A., Freiburg 1955.
Schneider, Fr.: K. Fr. von Savignys Denkschrift über die Reorganisation der Universität Heidelberg 1804, in: ZGeschObrhein 67 (1913), S. 609-625.
Schneider, G. Der Ursprung des Positivismus in der Gestalt des Historismus, in: ARSP 58 (1972), S. 267-287.
Schneider, H.: Der preußische Staatsrat. 1817-1918. Ein Beitrag zur Verfassungs- und Rechtsgeschichte Preußens, München/Berlin 1952.
Schoeps, H.-J.: Deutsche Geistesgeschichte der Neuzeit, Bd. 4: Die Formung der politischen Ideen im 19. Jahrhundert, Mainz 1979.
Schönfeld, W.: Geschichte der Rechtswissenschaft im Spiegel der Metaphysik, Stuttgart 1943.
— dass., 2. A. u. d. T. Grundlegung der Rechtswissenschaft, Stuttgart 1951.
Schoof, W.: Ein Fehlurteil Jacob Grimms über Savigny, in: ZfdtPhilol. 73 (Berlin 1954), S. 432-436.
— Savigny und Jakob Grimm, in: Stimmen der Zeit, Bd. 169 (Freiburg 1961/62), S. 389-392.
Schopenhauer, A.: Werke in 2 Bänden, hg. von W. Brede, München, Hanser, 1977.
Schramm, G.: Das Problem der Staatsform in der deutschen Staatstheorie d. 19. Jh., insbes. in der Staatsphilosophie des Idealismus, Berlin 1938.
Schröder, H.: Über die Stellung und die Auffassungen F. C. v. Savignys zum Wesen und zu den Aufgaben der Universitäten seiner Zeit, in: Wiss. Zs. d. Humboldt-Univ. Berlin, Ges.- u. sprachwiss. Reihe, Jg. 17 (1968), S. 413-430.
— Zur historischen Methode F. K. v. Savignys, in: Sammelband zur Staats- und Rechtsgeschichte, Prag 1979, S. 71-103.
Schröder, Jan: Savigny, in: G. Kleinheyer/J. Schröder, Deutsche Juristen aus fünf Jahrhunderten, Karlsruhe 1976, S. 235 f. und 2. A. 1983.
— Savignys Spezialistendogma und die „soziologische" Jurisprudenz, in: Rechtstheorie 7 (1976), S. 23-52.
— Die juristische Methodendiskussion an der Wende zum 19. Jahrh., in: JuS 20 (1980), S. 617-620. (zugleich Rez. Stühler 1978).
— Wissenschaftstheorie und Lehre der „praktischen Jurisprudenz" auf deutschen Universitäten an der Wende zum 19. Jahrhundert, Frankfurt 1979.
Schröder, R.: Abschaffung oder Reform des Erbrechts. Die Begründung einer Entscheidung des BGB-Gesetzgebers im Kontext sozialer, ökonomischer und philosophischer Zeitströmungen, Ebelsbach 1981 (Münchener Univ.Schr., Bd. 46).
Schubert, W.: Französisches Recht in Deutschland zu Beginn des 19. Jahrhunderts, Köln/Wien 1977.
Schuler, Th.: J. Grimm und Savigny. Studien über Gemeinsamkeit und Abstand, in: ZSGerm 80 (1960), S. 197-305.
Schulte, E.: Die juristische Methodenlehre des jungen Savigny. Die Entwicklung des historischen Denkens von dem Methodenkolleg des Wintersemesters 1802/03 zur Methodologie des „System des heutigen Römischen Rechts", Diss. iur. masch. Kiel 1954, VIII/110 S.

Schulte, J. F. v.: K. F. Eichhorn. Sein Leben und Wirken nach seinen Aufzeichnungen, Briefen, Mitteilungen von Angehörigen, Schriften. Mit vielen ungedruckten Briefen von und an Eichhorn, Stuttgart 1884.

Schulze, R.: J. G. Schlosser und die Idee eines reinen Zivilrechts-Gesetzbuches ..., in: ZhistF 6 (1979), S. 317-344.

Schumann, H. G.: Konservatismus, Köln 1974 (Sammelband mit Bibliographie).

Seckel, E.: Geschichte der Berliner juristischen Fakultät als Spruchkollegium. Eine Skizze nach den Akten, in Lenz, Geschichte (1910), Bd. 3, S. 449-479.

Seidensticker: siehe unter Geist.

Sellin, V.: Politik, in: Gesch. Grundbegriffe 4 (1978), S. 789-874.

Sheehan, J. J.: German Liberalism in the 19th Century, Chicago 1978.

Siemann, W.: Die Frankfurter Nationalversammlung 1848/49 zwischen demokratischem Liberalismus und konservativer Reform, Frankfurt/Bern 1974.

– Wirtschaftsliberalismus 1848/49 zwischen Sozialverpflichtung und Konkurrenzprinzip, in: Festgabe für E. W. Zeeden ..., Münster 1976.

– Parteibildung 1838/49 als Kampf um's Recht. Zum Problem von ‚Liberalismus' und ‚Konservatismus' in der Paulskirche, in: Der Staat 18 (1979), S. 189-277.

Simon, D.: Die Unabhängigkeit des Richters, Darmstadt 1975.

Singer, H.: Zur Erinnerung an Gustav Hugo, in: ZsfdPrivuöffRdGegenwart 16 (Wien 1889), S. 273-319.

Sjöholm, E.: Rechtsgeschichte als Wissenschaft und Politik, Berlin 1972 (= Münchener Univ.schriften, Bd. 10).

Solari, G.: Filosofia del diritto privato II.: Storicismo e diritto privato (1915/16), Torino 1940.

Sourlas, P.: Kant kai Savigny, in: Afieroma ston Konstantin Tsatsos, Athen 1980, S. 791-811.

Spaemann, R.: Freiheit V. 4, in: Gesch. Grundbegriffe, Bd. 2 (1975), S. 464-469.

Sprenger, G.: Naturrecht und Natur der Sache, Berlin 1976.

Steffen, R.: (Bericht zum Nachlaßerwerb 1965), in: ZfBibl.wesen, Jg. 14 (Frankfurt 1967), S. 374 f.

– Aus Savignys Marburger Zeit, Manuskripte in der UB-Münster, in: alma mater philippina, WS 1969/70 (Marburg 1969/70), S. 38-40.

Steig, R.: Achim von Arnim über Savignys Buch „Vom Beruf unserer Zeit", in: ZSGerm 13 (1892), S. 228-34.

Stein, P.: Legal Evolution; The story of an idea, Cambridge U. P. 1980.

Stern, J. (Hg.): Thibaut und Savigny. Ein programmatischer Rechtsstreit auf Grund ihrer Schriften ... Mit den Nachträgen der Verfasser und den Urteilen der Zeitgenossen, Berlin 1914 (ND Darmstadt 1959).

Stoll, A.: siehe bei Quellen II/1.

Stölzel, A.: Brandenburg-Preußens Rechtsverwaltung und Rechtsverfassung dargestellt im Wirken seiner Landesfürsten und oberen Justizbeamten, 2 Bde, Berlin 1888.

Stolleis, M.: Staatsräson, Recht und Moral in philosophischen Texten des späten 18. Jhs., Meisenheim 1972.

– Untertan – Bürger – Staatsbürger. Bemerkungen zur juristischen Terminologie im späten 18. Jahrhundert, in: Bürger und Bürgerlichkeit im Zeitalter der Aufklärung, hg. von R. Vierhaus, Heidelberg 1981, S. 65-99.

Strauch, D.: Recht, Gesetz und Staat bei F. C. von Savigny, Bonn 1960 [Diss. iur. Köln 1959, 2. A. 1963 unverändert].

– F. C. von Savigny's Landrechtsvorlesung vom Sommer 1924, in: Staat-Recht-Kultur, Festgabe f. E. v. Hippel ..., Bonn 1965, S. 245-265.

Studien zur Philosophie und Literatur des 19. Jahrhunderts. Neunzehntes Jahrhundert, Forschungsunternehmen der Fritz-Thyssen-Stiftung, hg. von J. Blühdorn und J. Ritter, Bd. 1 ff., Frankfurt 1968 ff., daraus:

Bd. 3: Philosophie und Rechtswissenschaft. Zum Problem ihrer Beziehung im 19. Jahrhundert, 1969.
Bd. 9: Recht und Ethik. Zum Problem ihrer Beziehung im 19. Jahrhundert, 1970.
Bd. 16: Positivismus im 19. Jahrhundert. Beiträge zu seiner geschichtlichen und systematischen Bedeutung, 1971.
Studien zur Wissenschaftstheorie. Neunzehntes Jahrhundert. Forschungsunternehmen der Fritz-Thyssen-Stiftung, Bd. 1 ff., Meisenheim 1968 ff., hg. von A. Diemer, davon:
Bd. 1: Beiträge zur Entwicklung der Wissenschaftstheorie im 19. Jahrhundert, 1968.
Bd. 2: System und Klassifikation in Wissenschaft und Dokumentation, 1968.
Bd. 4: Der Wissenschaftsbegriff. Historische und systematische Untersuchungen, 1970.
Bd. 12: Konzeption und Begriff der Forschung in den Wissenschaften des 19. Jahrhunderts, 1978.
Stühler, H.-U.: Die Diskussion um die Erneuerung der Rechtswissenschaft von 1780-1815, Berlin 1978.
Stuke, H.: Aufklärung, in: Gesch. Grundbegriffe 1 (1972), S. 243-342.
Szondi, P.: Einführung in die literarische Hermeneutik, Frankfurt 1975.

Taylor, Charles: Hegel (1975), dt. Übs. Frankfurt 1978 u. 1983 (als TB).
Tegethoff, Wilhelm: Kant und Savigny. Der Einfluß des deutschen Idealismus, insbes. Kants auf Friedrich Carl von Savigny, Diss. iur. masch. Frankfurt 1952, VI/92 u. 29 S.
Thibaut, A. F. J.: (vgl. oben 167 Fn. II/94 wegen der Zuschreibungen).
— Über das Studium der römischen Rechtsgeschichte, in: Hd. Jbb. 1 (1808), S. 3-16 (gez. Thibaut).
— Rez. zu Rudhart, Studium der Rechtsgeschichte (1811), in: Hd. Jbb. 1811 II, S. 814-816 (gez. Thibaut).
— Rez. zu Rehberg, Über den Code Napoleon (1814), in: Hd. Jbb. 1814 I, S. 1-32 (anonym).
— Über die Notwendigkeit eines allgemeinen bürgerlichen Gesetzbuchs für Deutschland (1814); ND bei Stern, S. 37-68 und Hattenhauer 1973, S. 61-93 (beide mit der Originalpaginierung).
— Rez. zu Savignys Beruf (1814), in: Hd. Jbb. 1814, S. 929-944 (gez. Thibaut); hier nach dem Abdruck bei Stern, S. 174-184, erneut bei Hattenhauer 1973, S. 200-210.
— Zusätze zur 2. Auflage 1814 von „Über die Notwendigkeit...", bei Stern, S. 168-173, erneut bei Hattenhauer 1973, S. 193-199.
— Rez. zu Gönner, Gesetzgebung (1815), in: Hd. Jbb. 1815 II, S. 625-630 (gez. Thibaut).
— Rez. zu Savigny ZgeschRw Bd. 1, Einleitungsaufsatz (1815), in: Hd. Jbb. 1815 II, S. 657-661 (gez. Thibaut); jetzt auch bei Hattenhauer 1973, S. 269-273, gekürzt.
— Rez. zu Hasse, Culpa (1815), in: Hd. Jbb. 1815 II, S. 945-958 (gez. Thibaut).
— Rez. zu Kieler Blätter I (1815), in: Hd. Jbb. 1815 II, S. 1009-1018 (gez. Thibaut).
— Rez. zu B. Pfeiffer, Ideen (1815), in: Hd. Jbb. 1816, S. 193-201 (gez. Thibaut).
— Rez. zu Borst/Feuerbach, Beweislast (1816), in: Hd. Jbb. 1816, S. 732-736 (gez. Thibaut).
— Rez. zu Die Wünsche der neuen Preußen (1816), in Hd. Jbb. 1816, S. 993-1000 (gez. Thibaut).
— Rez. zu Savigny, Stimmen (ZgeschRw 3, 1816), in: Hd. Jbb. 1818 I, S. 40-41 (gez. Thibaut).
— Rez. zu Blick auf die juristische Praxis in Beziehung auf das künftige Gesetzbuch für Deutschland (1817), in: Hd. Jbb. 1817 I, S. 401-406 (gez. Thibaut).

- Rez. zu Wening, Jur. Lehrmethode (1820), in: Hd. Jbb. 1820 II, S. 221-227 (gez. Thibaut).
- Verteidigung der Praxis gegen manche neue Theorie, in: AcP 5 (1822), S. 313-354.
- Über den Beweis der Eigentumsklage, in: AcP 6 (1823), S. 311-337.
- System des Pandektenrechts, Bd. 1, 6. A. Jena 1823.
- Über die sogenannte historische und nicht-historische Rechtsschule, in: AcP 21 (1838), S. 391-419.
- Thibauts juristischer Nachlaß ... Bd. 2: Lehrbuch der Geschichte und Institutionen des römischen Rechts ..., hg. von C. J. Guyet, Berlin 1842.

Thieme, H.: Savigny und das Allgemeine Landrecht, in: DJZ 40 (1935), Sp. 220-222.
- Zwischen Naturrecht und Positivismus. Zur Methode des jungen Savigny, in: DJZ 41 (1936), Sp. 153-157.
- Die Zeit des späten Naturrechts, in: ZSGerm 56 (1936), S. 202-263.
- Die Preußische Kodifikation, in: ZSGerm 57 (1937), S. 355-428.
- Der junge Savigny, in: Dt. Rechtswissenschaft, Vjschrift der Ak.f.dt.Recht, Bd. 7 (Hamburg 1942), S. 53-64.
- Savigny und das deutsche Recht, in: ZSGerm 80 (1960), S. 1-26.
- Rechtsgeschichte und Rechtswissenschaft, in: Arbeiten zur Rechtsgeschichte ... Festschrift für Schmelzeisen, Stuttgart 1980, S. 274-291.

Thiesing, A.: Die Geschichte des preußischen Justizministeriums, in: 200 Jahre Dienst am Recht. Gedenkschrift aus Anlaß des 200-jährigen Gründugnstages des preußischen Justizministeriums, hg. vom Reichsminister der Justiz F. Gürtner, Berlin 1938, S. 11-173.

Tonnelat, E.: Les frères Grimm. Leurs oeuvres de jeunesse, Paris 1912.

Topitsch, E.: Vom Ursprung und Ende der Metaphysik. Eine Studie zur Weltanschauungskritik, Wien 1958.
- Die Voraussetzungen der Transzendentalphilosophie, Hamburg 1975.

Troeltsch, E.: Die Organologie der deutschen historischen Schule, in: Der Historismus und seine Probleme (1922), Ges. Schriften, Bd. 3, Tübingen 1922, S. 277-313.

Überweg, F./Österreich, T.: Grundriß der Geschichte der Philosophie, Bd. 4 (1923), ND Tübingen 1951.

Die Universität Heidelberg, in: Hall. Jbb. 1840, Nr. 68 v. 19. 3., Sp. 537-669 (mit Unterbrechungen).

Unterholzner, K. A. D.: Allgemeine Einleitung in das juristische Studium, Landshut 1812.

Valjavec, F.: Die Entstehung der politischen Strömungen in Deutschland (1951), Neudruck Kronberg/Düsseldorf 1978.

Varrentrapp, C.: Rankes Historisch-politische Zeitschrift und das Berliner Politische Wochenblatt, in: HZ 99 (1907), S. 35-119.

Vicén, G.: Sobre los origines y supuestos del formalismo en el pensiamento juridico contemporaneo, in: Anuario de filos del derecho 8 (Madrid 1961), S. 47-75.

Vogel, U.: Konservative Kritik an der bürgerlichen Revolution, A. W. Rehberg, Darmstadt/Neuwied 1972.

Vonessen, H.: F. K. v. Savigny und J. Grimm, Diss. phil. masch. München 1958, VIII/443 S.

Vormbaum, Th.: Rez. zu Schikorski, Körperschaftsbegriff, in: ZSGerm 97 (1980), S. 443-446.

Wach, J.: Das Verstehen. Grundzüge einer Geschichte der hermeneutischen Theorie im 19. Jh., 3 Bde, Tübingen 1926.1929.1933 (ND Hildesheim 1966).

Wächter, C. G.: siehe unter Savigny-Feier.

Walter, R.-E.: Die Kriminalpolitik König Jéromes im Königreich Westfalen 1807-1813, Diss. iur. Marburg 1971.
Warnkönig, L. A.: Rechtsphilosophie als Naturlehre des Rechts, Freiburg 1839.
Weber, H. P.: Die Bibliothek des Juristen F. C. v. Savigny in der Universitätsbibliothek Bonn, Bonn 1971.
Weis, E.: Die Begründung des modernen bayerischen Staats unter König Max I. (1799-1825), in: Handbuch der bayerischen Geschichte, hg. von M Spindler, Bd. IV/1 München 1974, S. 3-88.
— Die deutsche Reformzeit, in: K. Bosl und E. Weis, Die Gesellschaft in Deutschland, Bd. 1, München 1976, S. 237-257.
Welcker, C. Th.: Rez. zu Unterholzner 1812, in: Hd. Jbb. 1813 II, S. 897-912.
Weldon, T. D.: Kritik der politischen Sprache (1953), dt. Übs. Neuwied 1962.
Wellek, R.: Ein unbekannter Artikel Savignys über die deutschen Universitäten, in: ZSGerm 51 (1931), S. 529-537.
Welzel, H.: Naturrecht und materiale Gerechtigkeit, 4. A. Göttingen 1962.
Wende, P.: Radikalismus im Vormärz, Untersuchungen zur politischen Theorie der frühen deutschen Demokratie, Wiesbaden 1975.
Werres, J.: Die Rechtsquellenlehre der historischen Schule, insbes. die Lehre vom Juristenrecht. Diss. iur. Köln, Krefeld 1937.
Wesenberg, G.: Verträge zugunsten Dritter, Weimar 1949.
— Neuere deutsche Privatrechtsgeschichte im Rahmen der europäischen Rechtsentwicklung, 3. erw. Auflage von G. Wesener, Lahr 1976.
Westermann, Chr.: Argumentationen und Begründungen in der Ethik und Rechtslehre, Berlin 1977.
Wieacker, F.: Privatrechtsgeschichte der Neuzeit, Göttingen 1952.
— Privatrechtsgeschichte der Neuzeit, 2. A. Göttingen 1967.
— F. C. v. Savigny (Vortrag 1954), in: ZSRom 72 (1955), S. 1-38 [erneut in: Gründer und Bewahrer, S. 107-161].
— Gründer und Bewahrer, Rechtslehrer der deutschen Privatrechtsgeschichte, Göttingen 1959.
— Rez. zu W. Wilhelm 1958, in: ZSRom 76 (1959), S. 645-647.
— Der gegenwärtige Stand der Disziplin der neueren Privatrechtsgeschichte, in: Eranion Maridakis, Bd. 1, Athen 1963, S. 339-366.
— Wandlungen im Bilde der historischen Rechtsschule, Vortrag v. 19. 1. 67, Karlsruhe 1967.
— Diskussionsbeitrag, in: Stud. Phil. 19. Jh., 3 (1969), S. 144.
Wiegand, W.: Zur theoretischen Begründung der Bodenmobilisierung in der Rechtswissenschaft: der abstrakte Eigentumsbegriff, in: Wissenschaft und Kodifikation, 3 (1976), S. 118-155.
— Studien zur Rechtsanwendungslehre der Rezeptionszeit, Ebelsbach 1977 (= Münchener Univ.schr., 27).
Wieland, W.: Praktische Philosophie und Wissenschaftstheorie, in: Rehabilitierung der praktischen Philosophie, Bd. 1, Freiburg 1972, S. 505-534.
Wiethölter, R.: Rechtswissenschaft (Recht), Frankfurt 1968.
Wilhelm, W.: Zur juristischen Methodenlehre im 19. Jahrhundert. Die Herkunft der Methode P. Labands aus der Privatrechtswissenschaft, Frankfurt 1958.
— Savignys überpositive Systematik, in: Stud. Phil. 19. Jh. 3 (1969), S. 123-137.
— Das Recht im römischen Recht, in: Jherings-Erbe, Göttingen 1970, S. 228-239.
Willmann, O. Geschichte des Idealismus, Bd. 3: Der Idealismus der Neuzeit, Braunschweig 1897.
Willms, B.: Die politischen Ideen von Hobbes bis Ho Tschi Minh, Stuttgart 1971.
Winkler, H. A.: Liberalismus und Antiliberalismus, Göttingen 1979.

Winter, E.: Ethik und Rechtswissenschaft. Eine historisch-systematische Untersuchung zur Ethik-Konzeption des Marburger Neukantianismus im Werke Hermann Cohens, Berlin 1980.

Wissenschaft und Kodifikation des Privatrechts im 19. Jahrhundert, hg. von H. Coing und W. Wilhelm, Bd. 1 ff., Frankfurt 1974 ff. (= Studien zur Rechtswissenschaft des 19. Jahrhunderts. Forschungsunternehmen der Fritz-Thyssen-Stiftung, Bd. 1 ff.):

Bd. 1: Die Wissenschaft des gemeinen Rechts, die Partikulargesetzgebungen und die Partikularrechte, 1974.

Bd. 2: Die rechtl. Verselbständigung der Austauschverhältnisse vor dem Hintergrund der wirtschaftlichen Entwicklung und Doktrin, 1977.

Bd. 3: Die rechtliche und wissenschaftliche Entwicklung des Grundeigentums und Grundkredits, 1976.

Bd. 4: Eigentum und industrielle Entwickliung, Wettbewerbsordnung und Wettbewerbsrecht, 1979.

Bd. 5: Geld und Banken, 1980.

Wittgenstein, L.: Philosophische Untersuchungen (1953), Frankfurt 1967.

Wohlhaupter, E.: Geschichte der juristischen Fakultät, in: Festschrift zum 275-jährigen Bestehen der Chr.-Albrechts-Universität Kiel, Leipzig 1940, S. 48-108.

Wolf, A.: Savignys Beitrag zur Rechtsgeschichte des Adels im neueren Europa, in: Ius Commune 8 (Frankfurt 1980), S. 120-147.

Wolf, Erik: Große Rechtsdenker der deutschen Geistesgeschichte. Ein Entwicklungsbild unserer Rechtsanschauung, Tübingen 1939.

– Große Rechtsdenker der deutschen Geistesgeschichte, 4. A., Tübingen 1963.

Wolf, Ernst: Allgemeiner Teil des Bürgerlichen Rechts. Lehrbuch, Köln u. a. 2. A. 1976.

– Der Kampf gegen das BGB, in: Arbeitsleben und Rechtspflege, Festschrift für G. Müller, Berlin 1981, S. 863-882.

Wolff, K. A.: Kritik der Volksgeistlehre von Savigny, Würzburg 1937 (Diss. iur. Bonn 1937), X/54 S.

Wollschläger, Chr.: Die Entstehung der Unmöglichkeitslehre, Köln 1970.

Wrobel, H.: Die Kontroverse Thibaut-Savigny im Jahre 1814 und ihre Deutung in der Gegenwart, Diss. iur. Bremen 1975, 307 S.

Würtenberger, Th.: J. G. Herder und die Rechtsgeschichte, in: JZ 12 (1957), S. 137-141.

Wunder, B.: Privilegierung und Disziplinierung. Die Entstehung des Berufsbeamtentums in Bayern und Würtemberg (1780-1825), München/Wien 1978.

Zaunert, P.: Savigny und seine Zeit, in: Z.f.dt. Geisteswissenschaft, 4. Jg. (Jena 1942), S. 275-290 (= Rez. zu Stoll I-III).

Zeltner, H.: Schelling-Forschung seit 1954, Darmstadt 1975.

Zitelmann, E.: Gewohnheitsrecht und Irrtum, in: AcP 66 (1883), S. 323-486.

Zwilgmeyer, Fr.: Die Rechtslehre Savignys. Eine rechtsphilosophische und geistesgeschichtliche Untersuchung. Leipzig 1929 (= Leipziger rechtswiss. Studien, H. 37).

Nachtrag während der Drucklegung erschienener Quellen und Literatur

Bredehorn, K.: Zur Erwerbung des Savigny-Nachlasses durch die Universitätsbibliothek Marburg, in: alma mater philippina, SS 1983, (Marburg 1983), S. 13-16.

Diesselhorst, M.: Zur Theorie der Juristischen Person bei Carl Friedrich von Savigny, Quad. fior. 11/12 (1982/83), S. 319-337.
Dufour, A.: De l'Ecole du Droit naturel à l'Ecole du Droit historique, Etude critique à l'occasion du bicentenaire de la naissance de Savigny, in: ArchPhilDr 26 (Paris 1981), S. 303-329.
– Savigny y el pensiamento del Siglo XVIII, in: Persona y derecho, Revista de fundamentacion ... 8 (Pamplona 1981), S. 11-32.
– La Theorie des Sources du Droit dans l'Ecole du Droit historique, in: ArchPhilDr 27 (Paris 1982), S. 85-119.
– Nova et vetera Savigniana, in: ZNR 4 (1982), S. 174-193.

Gesetzesrevision: s. bei Schubert/Regge.
Gmür, R.: Rechtswirkungsdenken in der Privatrechtsgeschichte, Bern 1981.
Grimm, D.: Methode als Machtfaktor, in: Festschrift für H. Coing, München 1982, Bd. 1, S. 469-492.

Härtl, H. (Hg.): Arnims Briefe an Savigny 1803-1831, mit weiteren Quellen als Anhang, Weimar 1982.
Hall, W. von: Savigny als Praktiker – Die Staatsratsgutachten (1817-1842), Diss. iur. Kiel 1981, 281 S.
– Friedrich Carl von Savigny als Praktiker. Die Staatsratsgutachten (1817-1842), in: ZSGerm 99 (1982), S. 285-297.
Hammen, Horst: Die Bedeutung Friedrich Carl v. Savignys für die allgemeinen dogmatischen Grundlagen des Deutschen Bürgerlichen Gesetzbuchs, Berlin 1983.
Hassold, G.: Strukturen der Gesetzesauslegung, in: FS für K. Larenz, München 1983, S. 211-240.
Hattenhauer, Hans: Grundbegriffe des Bürgerlichen Rechts, München 1983.
Henrich, D.: Jacob Zwillings Nachlaß. Gedanken, Nachrichten und Dokumente aus Anlaß seines Verlustes, in: Homburg v. d. Höhe (1981), S. 245-266.
Hollerbach, A.: Savigny y la filosofia, in: H. Juretschke/A. Hollerbach/Jesus Hurrioz, Aspectos del humanismo aleman, Madrid 1981, S. 54-81.
Homburg vor der Höhe in der deutschen Geistesgeschichte. Studien zum Freundeskreis um Hegel und Hölderlin. (= Dt. Idealismus 4), hg. von Chr. Jamme u. O. Pöggeler, Stuttgart 1981.
Honsell, Th.: Historische Argumente im Zivilrecht. Ebelsbach 1982 (= Münchener Univ.schr. 50).

Jakobs, H. H.: Wissenschaft und Gesetzgebung im bürgerlichen Recht nach der Rechtsquellenlehre des 19. Jh. (= Görresgesellschaft, H. 38), Paderborn 1983.

Kadel, H.: Die Savigny-Forschung und der Savigny-Nachlaß der Universitätsbibliothek Marburg, in: alma mater philippina, WS 1982/83, (Marburg 1982), S. 26-28 (mit Bibliographie).
Kawakami, R.: Die Begründung des „neuen" gelehrten Rechts durch Savigny. Das Entstehen einer nationalen Rechtswissenschaft, in: ZSRom 98 (1981), S. 303-337.
Kern, B.-R.: Georg Beseler. Leben und Werk, Berlin 1982.

Kiefner, H.: Das Rechtsverhältnis. Zu Savignys System des heutigen Römischen Rechts: Die Entstehungsgeschichte des § 52 über das „Wesen der Rechtsverhältnisse", in: FS für Coing, München 1982, Bd. 1, S. 149-176.
– Friedrich Carl von Savigny, in: Frankfurt aber ist der Nabel dieser Erde (= Dt. Idealismus 8), Stuttgart 1983, S. 227-242.
– Thibaut und Savigny. Bemerkungen zum Kodifikationsstreit, in: FS für R. Gmür zum 70. Geburtstag, Bielefeld (demnächst).
Kondylis, P.: Die Aufklärung im Rahmen des neuzeitlichen Rationalismus, Stuttgart 1981.

Losano, M. G.: Der Briefwechsel zwischen Jhering und Gerber. Studien über Jhering und Gerber, Ebelsbach 1983 (Münchener Univ.schriften, Bd. 55/1-2).
Luig, K.: Pandektenwissenschaft, in: HRG, 22. Lieferung (Berlin 1983), Sp. 1422-1431.

Maffei, D.: Quattro lettere del Capei al Savigny a l'insegnamento del diritto romano a Siena nel 1834, in: FS für H. Coing, München 1982, Bd. 1, S. 203-224.
Mazzacane, A.: Pandettistica, in: Enciclopedia del Diritto, Bd. 31 (Milano 1981), S. 592-608.
Meist, K. R.: Identität und Entzweiung. Molitors Geschichtsphilosophie und der Homburger Kreis, in: Homburg vor der Höhe (1981), S. 267-299.

Neuhaus, P. H.: Abschied von Savigny?, in: RabelsZ 46 (1982), S. 4-25.
Nörr, D.: Zugänge zu Savigny, in: Genio huius loci, Dank an Leiva Petersen, hg. von D. Kuhn und B. Zeller, Weimar 1982, S. 303-322.
– Savignys Anschauung und Kants Urteilskraft, in: FS für H. Coing, München 1982, Bd. 1, S. 615-636.
– Fragmentarisches zu Goethe und Savigny, in: Festschrift für R. Gmür, Bielefeld 1983, S. 87-94.
– Geist und Buchstabe: ein Goethe-Zitat bei Savigny, ZSRom 100 (1983), S. 20-45.
Nörr, K. W.: Wissenschaft und Schrifttum zum deutschen Zivilprozeß im 19. Jh., in Ius Commune 10 (1983), S. 141-199.

Pleister, W.: Persönlichkeit, Wille und Freiheit im Werke Jherings, Ebelsbach 1982 (= Münchener Univ.schr. 51).
Polley, R.: Anton Friedrich Justus Thibaut (AD 1772-1840) in seinen Selbstzeugnissen und Briefen, Frankfurt/Bern 1982.

Real, W. (Hg.): Karl Friedrich von Savigny 1814-1875. Briefe, Akten, Aufzeichnungen aus dem Nachlaß eines preußischen Diplomaten der Reichsgründungszeit, 2 Bde., Boppard 1981.

Sakurada, Yoshiaki: Zur IPR-Theorie von Savigny – insbesondere über seinen Gedanken der völkerrechtlichen Gemeinschaft (Japanisch), in: Hokkaido Law Review 33 (1983), S. 589-670, 944-954, 1039-1107, 1463-1494 (S. 944 ff. enthält eine Edition aus Pandekten Kuckuck p. 21-25).
Schubert, W./Regge J. (Hg.): Gesetzrevision (1825-1848) (= Quellen zur prß. Gesetzgebung des 19. Jh.), Bd. 1 ff., Vaduz 1981 ff.

Vischer, Ed. (Hg.): Barthold Georg Niebuhr. Neue Folge. 1816-1830, Bd. 1.2., Bern u. München, 1981.1982 (= 1816-1825).

Wieacker, F.: Formalismus und Naturalismus in der neueren Rechtswissenschaft, in: Festschrift für H. Coing, München 1982, Bd. 1, S. 703-717.
Wilhelm, W.: Portalis et Savigny. Aspects de la restauration, in: Aspekte europäischer Rechtsgeschichte, Festgabe für H. Coing, Frankfurt 1982, S. 445-456.

NACHWEIS DER ZITATE AN KAPITELANFÄNGEN

S. 1   *F. Schlegel*, Über das Studium der griechischen Poesie, ed. Rasch, S. 161.

S. 150   *H. U. Kantorowicz*, Was ist uns Savigny?, S. 50 (= Rechtshist. Schriften, S. 402).

         H. Hattenhauer, Zwischen Hierarchie und Demokratie, S. 100 Rz. 243.

S. 160   *F. Wieacker*, Privatrechtsgeschichte der Neuzeit², S. 395.

S. 194   *F. Wieacker*, Friedrich Karl von Savigny (1954), ZSRom 72 (1955), hier nach Gründer u. Bewahrer, S. 115.

         A. Stoll, Friedrich Karl von Savigny, Bd. 3, S. 184.

S. 232   *F. J. Stahl*, Philosophie des Rechts, I² 1847, S. 579.

         K. Larenz, Die Rechts- und Staatsphilosophie des deutschen Idealismus und ihre Gegenwartsbedeutung, S. 145.

S. 301   *G. Hugo*, Lehrbuch der philosophischen Encyklopädie für Juristen, S. 8 Anm. *.

S. 303   *S. Gagnér*, Über Voraussetzungen einer Verwendung der Sprachformel „Öffentliches Recht – Privatrecht"..., S. 32.

S. 376   *F. J. Stahl*, Philosophie des Rechts, I² 1847, S. 580.

         S. Gagnér, Studien zur Ideengeschichte der Gesetzgebung, S. 40.

VERZEICHNIS DER PERSONEN, SACHEN UND TERMINOLOGIE

Das Verzeichnis der Personennamen enthält *alle* Erwähnungen im Text, aus den Fußnoten jedoch nur die mit irgendeinem inhaltlichen Bezug, also *nicht* bloße Belegstellenangaben.

Im Verzeichnis der Sachen ist ein Verzeichnis wichtiger Termini und Wendungen der Quellen mit eingearbeitet. Alle diese Belege sind kursiv gesetzt.

Alle Zahlen verweisen auf die Seiten, mit dem Zusatz „Fn" auf die Fußnoten der Seite. Bei mehr als einem Nachweis für Fußnoten sind diese zusammengefaßt: *Nach* den Verweisen auf die Stellen im Text folgt dann „; Fn: ", sodann die Seitenzahlen mit Fußnotenerwähnungen.

Die Abkürzung S. bedeutet Savigny.

1. Verzeichnis der Personen

Almendingen, L. H. von 75, 165, 357; 185 Fn.
Altenstein, K. von 19 (Briefe)
Aretin, K. O. 172 Fn.
Aris, R. 172 Fn.
Arndt, E. M. 187
Arnesberg, L. A. von 23
Arnim, Achim von 16, 19 f. (Briefe), 75, 156, 335 (Natur-Kunst), 377 Fn.
Arnold, R. F. Fn.: 78, 172
Ast, Fr. 353, 354 Fn.
Austin, J. 306 Fn.

Baco 4 Fn.
Bake, U. 130
Baums, Th. Fn.: 36, 185, 364
Beckenbauer, A. 78 Fn.
Behler, E. Fn.: 103 f., 297
Benöhr, H.-P. Fn.: 124, 163, 165 f., 170, 178, 182 f., 188, 208
Bergbohm, K. 23 f., 31 f., 127; Fn.: 305, 310, 330, 372
Beseler, G. 16 (Briefe), 19, 171, 187, 357, 370
Bethmann-Hollweg, M. A. von 23 f., 99, 121, 362, 213 Fn.
Beyerle, F. 44 Fn.
Beyme, K. von 390 Fn.
Binder, J. 372 Fn.

Bismarck, O. von Fn.: 16, 43
Blühdorn, J. Fn.: 97, 99, 101
Bluhme, Fr. 16, 19 (Briefe)
Bluntschli, J. C. 16, 19 (Briefe), 23, 230; Fn.: 43, 282
Böckenförde, E. W. Fn.: 124, 166, 171, 327, 409
Bohnert, J. 408; Fn.: 124 f., 194, 227, 282, 286, 305, 316, 327, 330, 339, 347, 368, 389, 409
Boldt, H. 173 f. Fn.
Bonnet, G. Fn.: 123 ff., 131, 252, 372
Brandes, E. 227 Fn.
Brandt, Hans 44
Brandt, Hartwig Fn.: 169, 171 ff., 215, 227
Braun, J. 23; Fn.: 286, 362
Bredehorn, U. 19 f. Fn.
Bredehorn, K. Fn.: 69, 71
Bremer (Prof.) 47, 125
Brentano, von
– Bettine 19, 72, 271
– Christian 242, 244 Fn.
– Clemens 19, 72, 271, 275
– Meline 19
Bretone, M. Fn.: 108, 141, 164, 186, 258, 372, 409
Brie, S. Fn.: 123 ff.
Brinz, A. von 23
Brugi, B. 23

Bruns, C. 23
Brutti, M. 182 Fn.
Bucher, K. Fr. 14, 138
Buchholz, St. 227 Fn.
Bulling, K. Fn.: 11, 168

Capei, P. 16 u. 18 (Briefe), 23
Carmignani, G. 16 (Briefe)
Caroni, P. Fn.: 68, 121, 123 ff., 182 ff., 186, 188, 192, 377
Claß, W. 26
Coing, H. 2, 5, 23, 29, 57 (S. dogmatisch), 134 (S. philos.); Fn.: 3, 30, 40, 62, 72, 101, 166, 186, 213, 214, 293, 309, 347, 353 f., 362, 366, 372
Collmann, C. Chr. 271 f., 298, 330, 321 Fn.
Conrad, H. 23
Conrat, M. (Cohn) 23
Conticini, P. 16 u. 18 (Briefe)
Conze, W. Fn.: 161, 166
Copleston, F. Fn.: 198, 235, 299
Creuzer, Fr. 13, 19, 86, 258, 298, 392, 245 Fn.
Creuzer, L. 369 f.
Czyhlarz, K. 23

Dahlmann, Fr. Chr. 170, 174, 177, 187, 191, 390
Daub, K. 289, 245 Fn.
Dickel, H. 23
Diesselhorst, M. Fn.: 364, 367, 370
Dilcher, G. Fn.: 50, 108, 124, 166, 186, 188, 317, 322, 399
Dilthey, W. 6, 23, 293 f.
Dirksen, H. E. 16 (Briefe)
Dölemeyer, B. 11, 23
Döllinger, I. 23
Donellus, H. 138
Dörner, H. 125 Fn.
Dreitzel, H. 172 Fn.
Droz, J. Fn.: 171, 319
Dubischar, R. 154 Fn.
Dufour, A. Fn.: 308, 341

Ehrenberg, V. 341 Fn.
Ehrlich, E. 25, 62 Fn.
Eichendorff, J. von 19, 161
Eichhorn, J. A. 383, 392
Eichhorn, K. Fr. 16, 156, 216 f., 306 (Gew. R.)
Ellscheid, G. 409 Fn.
Enneccerus, L. 23

Epstein, K. 229, Fn. 208, 227
Erler, A. Fn.: 262, 385
Esmarch, K. 23

Faber, K. G. Fn.: 52, 171 ff., 189, 227
Falck, N. N. 171
Fassò, G. Fn.: 95, 97, 123, 409
Fehr, H. 23
Fehrenbach, E. Fn.: 172, 185, 189
Felgentraeger, W. 27, 127 f.; Fn.: 21, 57
Feuerbach, P. J. A. 62 f., 73, 77, 79 (u. Gönner), 84, 103 f. (historisch), 107, 112 (Zivilgesetzbuch), 114, 166, 204 (Sav. 1804), 207 (Distanz), 242 (Natturrecht), 248 f., 357; Fn.: 162, 185, 276
Fichte, J. G. 71 (Strafr.), 106 (Lektüre), 123 (Lit.), 235 f., 242 (Naturr.), 252 (Schlegel), 263, 265 ff., 272 ff. (u. Collmann), 394, 397, 402; Fn.: 195, 246, 258, 293 (bei Michelet), 296 (bei Hegel u. Schelling)
Fikentscher, W. Fn.: 2, 72, 101, 308, 354, 409, 412
Fioravanti, M. Fn.: 101, 166, 309, 317, 325, 347
Fischer, K. 126
Fitting, H. 23
Flume, W. Fn.: 354, 356
Frank, M. 355 Fn.
Friedberg, E. 40
Friedrich Wilh. IV. von Preußen 19
Fries, J. F. 16 (Briefe), 130, 174 (zu Thibaut), 242 ff., 262, 267 (u. Hugo), 272 (u. Collmann), 347, 371 (zu System I); Fn.: 163 f., 289
Frommel, M. Fn.: 353 ff., 357
Frühwald, W. 161 Fn.
Fuchs, E. 25
Funk, Ph. 23, 78, 77 Fn.

Gadamer, H. Fn. 113, 354 f.
Gagnér S. 292, 303; Fn.: 66, 73, 77, 84, 102, 123, 131, 151 f., 156, 185, 200, 236, 333, 358, 372, 424
Gall, L. Fn.: 172, 215
Gambsjäger, F. W. 13
Gans, Ed. 16 f., 19 f., 138 (Obl.r.), 357, 372 Fn.
Garber, J. Fn.: 161, 172
Gaß, K. H. 336 Fn.
Gaudemet, J. 23
Gelbert, K. 44

Geldsetzer, L. Fn.: 100, 102, 247
Gentz, Fr. von 261
Gerlach, E. von 16 f., 194, 387, 389
Gerstäcker, C. F. W. 271 Fn.
Ginschel, G. 336 Fn.
Glück, Chr. Fr. 12, 59 f., 181
Gierke, O. von 121
Gmür, R. 23; Fn.: 29, 239, 412
Goethe, J. W. von 12 (J.A.L.Z.), 19 (Briefe), 84, 123 (Lit.), 197 (Qu.-nwe.), 199 (Philos.), 202 (Wanderjahre), 254, 297 (obj.); Fn.: 226, 258, 261, 367
Goldschmidt, L. 23
Gönner, N. Th. 72, 77, 78 ff., 86, 116, 165, 202, 357; Fn.: 163, 212, 250, 330, 332
Göschen, L. 153
Graßl, H. 78 Fn.
Grimm, D. Fn.: 108, 166, 185, 186
Grimm, J. 213 (zu v. Haller), 389, 218 Fn.
Grimm, J. u. W. 16 f., 19, 156, 332 f. (zu Geschichte), 377 (1814, politisch), 218 Fn. (Dissens 1837)
Grimm, L. E. 19
Gros, K. H. von 104, 242 f., 265
Grotius, H. 265
Günderrode, K. von 289 f.
Gutzwiller, M. 27

Habermas, J. 407 Fn.
Häfelin, U. Fn.: 95, 319
Hagemeister, E. F. 82
Hall, W. van 39; Fn.: 38, 124, 134, 152 ff., 158, 190
Haller, C. L. von 213, 222, 224 f., 389
Hammen, H. Fn.: 58, 61, 97, 99, 101, 108, 125
Härtl, H. 56 Fn.
Hartmann, N. 235 Fn.
Hasse, J. C. 138, 181, 180 Fn.
Hassold, G. Fn.: 14, 354
Hattenhauer, H. 51 ff., 160, 192; Fn.: 72, 78, 124, 134, 155, 158, 160 ff., 166, 169, 182 ff., 208, 368, 374
Haverkate, G. 56; Fn.: 160 f., 357
Haym, R. 126; Fn.: 298, 372
Hedemann, J. W. 23
Hegel, G. F. W. 98, 106 (Lektüre bei Sav.), 123 (Lit.), 132, 235 f., 257, 259 (Weltgeist), 269 (zu Fichte), 270 (u. 1802), 271 (u. Molitor), 272 (u. Collmann), 286 (u. HS), 296 (obj.), 307 ff. (u. Puchta), 327, 336 (Dialektik), 339,
354, 387 (quietistisch), 391, 394 (Formen), 401; Fn.: 103, 123, 239, 241, 246, 250, 264 (Fries-Kritik), 293, 408, 412
Heinrichs, H. Fn.: 108, 282
Heise, G. A. 16 f., 86, 115, 151, 156, 165 (1814); Fn.: 87, 168, 222, 290, 377
Hellersberg, C. S. H. von 202
Hemsterhuis, F. Fn.: 252, 288
Hennis, W. Fn.: 318, 397, 407
Henrich, D. 294 Fn.
Herberger, M. Fn.: 98, 99, 101, 230, 242, 244, 245 f.
Herder, J. G. 75, 101, 123 (Lit.), 201 (Metakritik)
Heydemann, L. 23
Heyden, S. von 290 Fn.
Heymann, E. 23
Hofacker, Chr. 61
Hoffmann, H.-J. 180 Fn.
Hölder, E. 23
Hölderlin, Fr. 141 (Abschrift), 235 f., 254 ff., 258, 260, 271, 321, 334 ff. (Natur-Kunst), 354; Fn.: 253, 261, 330 (elitär), 382
Hollerbach, A. 130 f.; Fn.: 123, 133, 327, 346
Huber, E. R. Fn.: 171 ff., 187, 210
Huch, R. 126 Fn.
Hufeland, G. 61, 73, 79 (u. Gönner), 90 (zu GeschMA), 103 f. (*Wiss.kunde*), 165 (1814), 242 (Naturr.), 424; Fn.: 164, 306
Hugo, G. 14 (zu Bucher), 21 (Briefe), 61, 73 f. (zu Hist. Schule), 80 ff. (u. Gönner), 104 (Geschichte), 108 f. (Gesetzgebungswiss.), 116 f., 157, 181 (Karikatur), 204 (Sav. 1804), 207, 209 (zum 18. Jh.), 242 f. (*Naturr.*), 266 ff., 269 (u. Fichte), 272 (u. Collmann), 278 (Politikbegriff), 283 f. (u. Stahl), 301, 304 (Gew.r.), 307 (zu Puchta), 347 (empirisch), 369 (u. Ultrakantianer), 399 (zu *System*), 403; Fn.: 4, 103, 138, 246, 334, 402 (Sklaverei)
Humboldt, W. von 46, 387 Fn.
Hütter, K. 31

Jacob, L. H. 104
Jacobi, Fr. H. 197 (Qu.nwe.), 235; Fn.: 195, 236, 258
Jarcke, K. E. 380

Jaeck, J. H. 16 f.
Jaeger, H. Fn.: 19, 121 f.
Jaeger, W. 215 Fn.
Jakobs, H. H. Fn.: 124, 250, 308, 330, 332, 407
Jhering, R. von 22 f., 43; Fn.: 346, 360
Jordan, S. 187, 220

Kadel, H. Fn.: 11, 65, 69, 71, 78, 93, 110, 114, 367, 390, 409
Kaltenbrunner, G. 23
Kamptz, C. A. H. von 35, 214, 357 Fn.
Kant, I. 60 (Prinzipien), 68 (Strafr.), 95, 98, 106, 123 (Lit.), 132 (u. Sav.), 186 (im Privatr.), 196 ff., 228 (Reform), 234, 242 (Naturr.), 249 (u. Sav.), 250 (Sav. dagg. 1799), 252 (Schlegel), 260 (Sav.freunde), 268 (Fries), 279 (Politikbegriff), 295 f. (obj.), 321 (Natur), 322 f. (Sav. 1802/03), 336, 364 f. (R. u. Sitte), 369, 394 (Formen), 413 (formal); Fn.: 3, 99, 103, 209, 236, 266, 321
Kaufmann, A. 150 Fn.
Kaufmann, E. 23
Kawakami, R. Fn.: 12, 101, 123, 161, 178, 184, 211, 316, 323 f.
Kiefner, H. 23, 116 (Handelsgeist); Fn.: 56, 94, 97, 99, 100, 116, 123, 125, 141 f., 164, 166 f., 182 ff., 188, 192, 209, 249, 270, 282, 290, 323, 344 f., 359 ff., 366, 409
Klenner, H. 56; Fn.: 124, 188
Klingelhöfer, J. G. Fn.: 15, 68
Klippel, D. Fn.: 166, 172, 367
Koch, Chr. Fr. 357
Köhler, M. 172 Fn.
Kondylis, P. Fn.: 98, 103, 120, 122, 132 f., 235, 253, 257, 288, 294, 321, 337, 367
Köppen, Fr. 203 Fn.
Koselleck, R. Fn.: 219, 227
Kretschmann, Th. C. 104
Krieger, L. Fn.: 171, 227
Kriele, M. 355 f. Fn.
Kroner, R. 6, 293
Krüll, Fr. X. 202
Kübler, Fr. Fn.: 160, 161, 166, 182
Kuczynski, J. 56; Fn.: 124, 184, 188
Kuhn, A. 162 Fn.
Kunisch, H. 78 Fn.
Kunkel, W. 23, 57, 134, 61 Fn.
Küper, W. 374 Fn.
Kurz, G. Fn.: 254, 257

Laboulaye, E. 16 f. (Briefe)
Lachmann, K. 16 f. (Briefe)
Landsberg, E. 24, 32 f., 42 f., 66, 72, 80, 121, 125 f., 181, 308; Fn.: 123, 156, 214, 217, 403
Larenz, K. 29 (u. Schulte 1954); Fn.: 68, 94, 97, 99, 108 u. 317 (S. 1802 gesetzespositivistisch?), 123 f., 293 (obj.-idealistisch), 322, 347, 353 ff., 356 f. (Vergleich S. 1802/1840), 409
Lautenschlager, Fr. 174 Fn.
Leonhardi, W. von 249 f.
Levy, J. 23
Lipp, M. 24 Fn.
Löhlein, G. 27, 44
Löhr, E. 81, 85, 180
Loening, R. 23; Fn.: 66, 125
Lorenz, E. 29, 134; Fn.: 40, 67 f., 155, 227
Losano, M. 43 Fn.
Ludwig I. von Bayern 19 (Briefe)
Luig, K. 11, 23, 52; Fn.: 58, 184, 332
Lynden, Fr. G. van 14 (Rez.)

Maassen, Fr. 23
Manigk, A. 23, 25, 31, 44, 121
Mannheim, K. 230, 227 Fn.
Mantello, A. 205 Fn.
Marini, F. de 334 Fn.
Marini, G. 11, 30, 31 f., 33, 131; Fn.: 25, 68, 106, 108, 123 f., 249, 317, 319, 322, 325, 341, 409
Martin, Chr. 174
Marx, K. 391, 402
Marx, M. Fn.: 317, 354
Masur, G. Fn.: 282, 286
Max II. von Bayern 19 (Briefe)
Mazzacane, A. Fn.: 93, 98 f., 101, 124, 166, 186, 409
Meist, K. R. 270 Fn.
Meister, G. Fr. 68 f.
Merkel, A. 23
Metzger, W. Fn.: 241, 261, 394
Michelet, C. 9, 293
Mignet 23
Mittermaier, C. J. A. 187
Mohl, R. von 187; Fn.: 222, 312
Mohnhaupt, H. Fn.: 151 f., 156
Molitor, F. 270 f.
Montgelas, M. von 211
Möser, J. 227 Fn.
Moshamm, F. X. von 202
Motte, O. Fn.: 15, 62
Mühlenbruch, Chr. Fr. 181

Müller, A. 202, 205, 384, 394, 402; Fn.: 241
Müller, F. 356 Fn.
Müller, J. von 201, 227 Fn.
Müller, K. 172 Fn.

Naucke, W. Fn.: 66, 166
Naumann, D. Fn.: 103, 198, 236, 261
Nees van Esenbeck, Chr. u. L. 290
Nef, H. 364 Fn.
Negri, A. Fn.: 93, 412
Neurath, C. von 156; Fn.: 197, 337
Niebuhr, B. G. 20, 332, 227 Fn.
Nipperdey, Th. 172 Fn.
Nolte, J. 57 Fn.
Nörr, D. 23; Fn.: 122 f., 197, 274, 320, 346, 375
Nörr, K. W. 64, 58 Fn.
Novalis (Fr. v. Hardenberg) 95 f. (*romantisieren*), 101, 186 (Volksgeist), 337, 391, 394 (Formen); Fn.: 299, 325 (Volksgeist), 393

Oken, L. 391
Otte, G. Fn.: 184, 304, 407
Otto, G. 126

Paul, J. (Fr. Richter) 196 Fn.
Pawlowski, H. M. Fn.: 353, 355 f.
Perthes, Fr. Chr. 16 f., 220 f., 380, 227 Fn.
Pestalozzi, J. H. 203 Fn.
Pfeiffer, B. W. 13, 20, 165, 395; Fn.: 212, 215
Polley, R. Fn.: 87, 101, 161, 167 ff., 176, 179, 183 f., 190, 402
Puchta, G. Fr. 19, 285 ff., 307; 227 (zu v. Haller), 282 (Religion), 286 (Philos.), 316, 334, 336, 347, 361, 367
Pütter, J. St. 104

Radbruch, G. 25, 193, 7 Fn.
Ranieri, F. 182 Fn.
Ranke, L. von 16 f., 37, 213, 380, 391 f.
Rasch, W. Fn.: 249, 254
Raub-Domnick, A. Fn.: 21, 78, 367
Rehberg, A. W. 166, 227 Fn.
Rehfeldt, B. 305 Fn.
Regge, J. 40 Fn.
Reyscher, A. L. 357
Rexius, G. 23; Fn.: 76, 95, 106, 319
Ringseis, J. N. 16 f., 19 f., 230, 221 Fn.
Rinken, A. 160 f. Fn.
Ritter, J. W. 19 (Briefe)

Robinson, H. C. 12, 16 f., 19; Fn.: 244 f., 290
Rosenzweig, F. Fn.: 103, 367
Ross, A. Fn.: 124, 304, 354, 372
Roßhirt, C. F. 361 Fn.
Roth, P. von 347
Rothacker, E. 6, 27, 29, 293; Fn.: 123, 241, 331, 336, 372
Rotteck, K. von 220, 215 Fn.
Rousseau, J. J. 224, 389, 253 Fn.
Rudhart, I. von 138 (Oblig.r.)
Rudorff, A. F. 16 f., 23, 42, 395; Fn.: 23 f., 213, 218 f., 334, 366 f.
Rüthers, B. Fn.: 344, 346
Ryffel, H. 353 Fn.

Sabine, G. H. 120 Fn.
Sailer, J. M. 16 f., 19, 23
Sakurada, Y. 16, 361 Fn.
Savigny
– Ämter 33 ff., 150 ff.
– in Berlin 35, 75 Fn. (Berufung)
– Briefe 15 ff., 20 ff. (ungedruckte)
– bürgerlich 161, 182 f.
– demokratisch 160 ff.
– dogmatisch 57 ff.
– evolutionistisch 110, 124 (Lit.)
– Gesetzrevision 35 f., 39
– harmonisch 194 ff.
– klassisch 124 (Lit.)
– konsequent 124 (Lit.), 334 Fn., vgl. Kontinuität
– konservativ 124 (Lit.), vgl. reformkonservativ
– in Landshut 34, 72 ff., 87 ff.
– liberal 124 (Lit.), vgl. Liberalismus
– Literaturangaben 138
– in Marburg 34
– Ministerzeit 40 f.
– parteiisch/unparteiisch 230, 233, 393
– philosophisch 123 f. (Lit.), 283 f. (Stahl), 287 ff. (Creuzer), 330
– philos. Interesse 106
– politisch 33 ff., 150 ff., 158, 208 ff., 230, 376 ff.
– positivistisch 124 (Lit.), vgl. Positivismus
– praktisch 33 ff., 150 ff., vgl. Theorie-Praxis, Praxisbegriff
– Quellenstudium 89, 182
– quietistisch 218
– reaktionär 400, vgl. reformkonservativ

- Rechtssubjekt 361 ff.
- Rezensionen zu ihm 21
- romantisch 124 (Lit.), vgl. Romantisches
- Spruchkollegium 39, 41, 151, 153
- Staatsrat 35 ff., 39, 153, 155
- Strafrechtliches 65 ff., s. Savignys Schriften, Criminalrecht
- Vorlesungen 22, 68 f. (Strafr.), 88 f. (Landshut), 110 f. 142 (Quellen)
- Vorlesungsnachschriften 22, 63 f.

Savignys Schriften 136 ff.
- Adel 42
- Abhandlungen über das röm. Staatsrecht 13
- Adversaria 136
- Beruf 77, 95, 124 (Lit.), 139 ff. (Quellen), 250 (Fries), 262 (Wortschatz), 286 (Deutung), 310 (*natürlich*), 336 (Stufenlehre), 379 (*wahr*), 407 (unpolitisch)
- Criminalrecht 41, 65 ff., 164 Fn.
- Denkschrift Heidelberg 34
- Dissertation 66, 69
- Geschichte d. R.Rechts 90 f., 202 (Rez.)
- Institutionen 1808 110 ff.
- Obligationenrecht 137 ff.
- Pandekten 58, 88 ff., 143
- Methodologie 1802 58, 65, 67 f., 92 ff., 262, 275, 310, 354 f., 388
- Methodologie 1809 58, 93 ff., 98 f., 310, 388
- Recht des Besitzes 81, 181, 360 ff.
- Rechtsgeschichte 1808 114
- Rez. Gambsjäger 1803 13
- Rez. Glück 1803 12, 57 ff., 98
- Rez. Gönner 1815 152, 177
- Rez. van Lynden 1805 14
- Rez. Pfeiffer 1806 13
- Rez. Schleiermacher 1808 34, 37
- Rez. Tableau 1803 12
- Städteordnung 42, 222 Fn.
- Stimmen 1816 152, 167, 211
- System 1840 ff. 89, 99, 206 (Politik darin), 336 (Stufenlehre)
- Universitäten 1803 u. ö. 12, 37
- ZgeschRw 1, 1815 74

Schaffstein, F. 23, 46 f.
Schelling, F. W. J. von 95 (Empirie 1799), 98, 101 f. (Geschichte), 106 (Lektüre), 123 (Lit.), 126 (nachLandsberg), 130 f. (nach Hollerbach), 132, 133 (*Fernere Darstellung* 1802), 235 f. (philos. Ansatz), 242 (Naturr.), 257, 269 (zu Fichte), 270 (*Methodenvorlesungen*; Molitor), 272 f. (u. Collmann/Molitor), 286, 289 (bei Creuzer), 292 ff. („ein Wort"), 296 (*objectiv*), 330 (elitär), 336 (Natur-Kunst), 354 (Auslegung), 372 (u. S. nach Hegelianern), 387 (quietistisch), 402; Fn.: 244 f., 246, 293 (bei Michelet), 321
Schelsky, H. Fn.: 130, 210
Scheuermann, R. 306 Fn.
Schiavone, P. 99 Fn.
Schikorski, F. 95; Fn.: 123, 362 f., 366, 372
Schiller, Fr. von 222 Fn. (Feiern 1859)
Schlawe, F. Fn.: 15, 16, 19
Schlegel, Fr. 1 (*objectiv*), 101, 106 (Lektüre), 195 f. (Begeisterung Sav's.), 235 f. (obj. Ansatz), 252 ff. (u. Philosophie bei S.), 258 ff. (dto.), 263 (Gott in uns), 296 ff. (Verwendung von *objectiv*), 335 ff. (Natur-Kunst-Schema), 355 (Hermeneutik), 391 (gg. Parteien), 394 (zu Staatsformen), 402 (Konversion); Fn.: 255, 299, 382
Schleiermacher, F. 353, 355 f. Fn.
Schlosser, J. G. 206; Fn.: 185, 276
Schmarje, M. 29
Schmalz, Th. 242
Schmid, R. 23
Schmidlin, B. 354 Fn.
Schnabel, F. Fn.: 78, 85, 188, 189, 227, 336
Schneider, G. Fn.: 250, 412
Schönfeld, W. 28, 31, 121, 372 Fn.
Schoeps, H. J. 124 Fn.
Schoeps, J. 171 Fn.
Schramm, G. 394 Fn.
Schröder, H. 23; Fn.: 42, 130, 332, 374
Schröder, J. 11, 95 (zu 1802/03), 408; Fn.: 55, 101, 110, 183, 205, 329, 347, 372, 409
Schubert, W. Fn.: 75 f., 78, 85, 167, 189
Schuler, Th. Fn.: 77, 123, 377
Schulin, E. 23
Schulte, E. 29, 31, 134; Fn.: 101, 106, 108, 116, 123, 199, 288, 317, 322, 353, 355, 356 f., 372
Schultz, Fr. 203 Fn.
Schulze, R. Fn.: 185, 205
Schwarz, F. H. Chr. 16 f. (Briefe); Fn.: 222, 289
Sclopis, F. 16 f. (Briefe)

Seckel, E. 39 Fn. (Spruchkollegium)
Seidensticker, J. A. L. 104 f., 357, 320 Fn.
Sheehan, J. J. 171 Fn.
Siemann, W. Fn.: 171, 172, 173, 187, 191
Simon, D. 354 Fn.
Singer, H. 123 Fn.
Solari, G. 25; Fn.: 123 f., 152, 199, 234, 236, 241, 250, 304, 306, 316, 334, 346, 355, 361, 366, 372, 377, 409
Sourlas, P. 123 Fn.
Stahl, J. F. 16 f., 366, 415; Fn.: 108, 242, 286, 399
Steffen, R. 21 Fn.
Stein, H. Fr. K. vom Fn.: 227, 230
Stein, L. von 372 Fn.
Stephan, I. 162 Fn.
Stern, J. 23
Stintzing, R. von 23
Stoll, A. 33 f., 41, 47, 203; Fn.: 189 (demokratisch), 213, 237 f.
Stoll jun. 44
Stolleis, M. Fn.: 162, 165, 166, 396
Stölzel, A. 33, 40, 47, 126
Story, J. 16 (Brief)
Strauch, D. 30, 121 (Einflußstudien), 129 (Quellen); Fn.: 68, 122 f., 309, 322, 324, 331, 353, 367, 409
Struve, G. von 206, 357
Stühler, H. 55; Fn.: 72 f., 95, 108, 121 f., 133, 188, 204, 208, 217, 282, 347, 354, 357, 366
Szondi, P. 354 Fn.

Taylor, Ch. Fn.: 236, 238, 241, 249, 257
Tegethoff, W. 28; Fn.: 123, 288, 316, 323, 360 f., 362, 366, 368, 372, 395
Teitge, H. 21 Fn.
Thibaut, A. F. J. 20 (Briefe), 51, 73, 86 f. (1808 ff.), 104 (bei Seidensticker), 160 ff., 167 (Quellen polit.), 182 f. (bürgerlich), 187 (Musik), 204 (bei Savigny um 1800), 230 (polit.), 258, 347; Fn.: 218, 306 (Gew.recht), 359, 377
Thieme, H. 23, 44 (1942), 49 f., 72 f. (zu Landshut), 407 ff. u. 415 (rein wissenschaftlich); Fn.: 62, 68, 377, 407, 409, 410
Thomasius, Chr. 209
Tieck, L. 197 Fn.
Tonnelat, E. 336 Fn.
Topitsch, E. Fn.: 235, 241

Troeltsch, E. 27, 29; Fn.: 294, 372
Twesten, K. 16 f. (Briefe)

Unterholzner, K. A. 16 f. 73 (Widmung 1812), 138 (Obligationenr.); Fn.: 222, 377

Valjavec, F. 23; Fn.: 52, 161, 227
Vangerow, K. A. 182
Varrentrapp, C. 213 Fn.
Vicén, G. Fn.: 93, 101, 409
Vogel, U. 173 Fn.
Volkmann, R. 23 Fn.
Vormbaum, Th. 362 Fn.

Wach, A. 354
Wach, J. 372 Fn.
Wächter, C. G. 16 f., 23, 347, 354
Wagener, H. 23, 121
Warnkönig, L. A. Fn.: 123, 124, 367, 402
Weber, Hch. 304 Fn.
Weber, H. P. 21 Fn.
Weber, M. 407
Weinlig 16 Fn.
Weinrich, A. 262; Fn.: 106, 196, 242
Weis, E. 78 Fn.
Weis, Ph. 67 (zu S. 1808), 88 Fn.
Welcker, C. Th. 171, 191, 220, 357; Fn.: 73, 365, 368
Weldon, T. D. Fn.: 396, 402, 407 f.
Wende, P. 171 Fn.
Werres, J. 27
Wesenberg, G. 28, 97 Fn.
Wieacker, F. 2 (zu Idealismus), 11 (Bibliogr.), 23, 28 (u. Schönfeld), 29 ff. (1967), 48 f. (zu S. polit.), 50 (u. Thieme), 121 (zu Einfluß-Studien), 130 (Quellen), 160 (zu Thibaut/Savigny), 192 (dto.), 423 (Kontinuität bei S.); Fn.: 3, 72, 93 f., 97, 99 (zu Form-Stoff), 101 (zu hist.-philosophisch), 121 f., 123 f., 161 (Thibaut nationaldemokratisch), 182, 186, 208 (zu S. polit.), 213 u. 217 (dto.), 322 (1802 kantisch), 332 (zu Methode), 347 (Wirklichkeitsbezug bei S.), 409 (Brüche bei S.), 412 (zu Positivismus)
Wiegand, W. Fn.: 306, 307
Wieland, W. 400 Fn.
Wiethölter, R. Fn.: 101, 166, 412 f.
Wilhelm, W. 30, 48 f. (zu S. polit.), 50 f., 128 f. (Quellen); Fn.: 93, 97, 99, 125, 160 f., 162, 184, 217, 309, 331, 344, 346 f., 372, 409, 412

Wilhelm I. von Preußen 16 f. (Briefe)
Willmann, O. Fn.: 332, 340
Willms, B. 227 Fn.
Winckelmann, J. J. 103, 341 Fn.
Windscheid, B. 171, 347, 306 Fn.
Winkler, H. A. 172 Fn.
Wittgenstein, L. 424
Wohlhaupter, E. 77 Fn.
Wolf, A. 42 Fn.
Wolf, F. G. 353
Wolf, Erik 11, 27 f., 31, 33 (Sav. polit.), 44 f. (1939), 45 f. (1963), 121, 128 (Quellen), 141 (zu Hölderlin), 230, 407 ff. (S. rein wissenschaftl.); Fn.: 68, 153, 156, 208, 213, 322, 377, 407
Wolf, Ernst 23, 372 Fn.

Wolff, K. A. 27
Wollschläger, Chr. 128; Fn.: 57, 61
Woltmann, K. L. 201
Wrangel, L. 242 Fn.
Wrobel, H. 52 ff.; Fn.: 124, 134, 161, 166, 181, 188

Zachariae, C. S. 104, 87 Fn.
Zaiotti, P. 16 f. (Briefe)
Zaunert, P. 44
Zeltner, H. Fn.: 6, 131, 235
Zimmer, J. G. 16 f., 77
Zitelmann, E. Fn.: 305, 308
Zwilgmeyer, F. 26, 29, 31, 121, 127 (Quellen); Fn.: 75, 121 f., 123, 199, 282, 287, 309, 372

2. Verzeichnis der Sachen und Terminologie*

absolute Methodik 93, 318, 320, 326
Absolutes 278, 395, 402, 408
Abstraction, wahre 259, vgl. 362
Adel 161
Aggregat 61
Aktiengesellschaften 185 Fn.
alles ist gut (vernünftig) 337, vgl. 348 (bei Auslegung), 381, 384, 388
Allg. Bürgerliches Gesetzbuch 1811 139
Allg. Landrecht 1794 109, 112, 139 f., 210 (Schulwesen), 279 Fn.
Analogie 350
Anmaßung (Sav. dagg.) 245 f., 275
Anschauung 94, 320, 333
Athenaeum (Zeitschrift) 196, 252 ff., 275
Aufklärung 85, 190, 209 (kritisch), 211, 214 (u. von Haller), 224, 386; vgl. 60
Ausbildung, s. Erziehung
Auslegung 348 ff., 352 (Rangregeln), 354 (obj.-subj.), 357 (Kontinuität bei S.)
Autonomie, s. Freiheit

Bayern 112 (Gesetzgebung), 210 f., 214
Belgien 219
Besitzrecht 360 ff.
bürgerlich 54, 162, 176, 179; vgl. 182 f., 188
Bürgerl. Gesetzbuch 1900 4
Bürgerliches Recht 162 f., 178 f., 182 f., 188

christliche Aufgabe 190, 281, 366, 371, 410; vgl. 311, 360
Code civil 1804 85, 109, 112, 117, 139 f., 185, 187, 212
Construction 59, 269, 277, 342, 321 Fn.
Correalschuld 361
Crtitisches Archiv 80
Culpatheorie 81, 143, 180, 183 Fn.

Demagogenverfolgungen 1819 ff. 214, 225
demokratisch 160 f., 189, 330 Fn.
Despotismus u. Freiheit 212, 256, 395
Deutsche Einheit 168 ff.
Dichtung u. Wissenschaft 256; vgl. Kunst u. Wiss.
Dogmatik 57 ff. vgl. Methode

Eherecht 212, 279 Fn.
eigenthümlich 113, 281 f., 363 f., 397 f.
Eigentum Fn.: 176, 179, 183
einfältig 380, 389
Einfluß-Studien 121
Einheit Deutschlands 168 ff.
Einheit in der Vielheit 257 Fn.
Elastizität als Prinzip 385 ff.
Elitarismus 190 f., 200, 330, 402
Empirie 95 (Schelling), 204 (Feuerbach), 256 (Hölderlin), 281, 347, 353
England 259 (Philos.), 383, 390

* Vgl. auch das Personenverzeichnis unter Savigny. Quellentermini kursiv.

enthüllen 351, 378 f., 399, 401
Entwicklung der Begriffe 59
Erbrecht 59, 361
Erziehung 202 f. (gg. Goethe), 210, 255 (bei Hölderlin), 257, 259 (bei Schlegel), 360 (u. Freiheit), 403 f. (natürliche)

Familienrecht 89, 361; vgl. Eherecht
Form und Stoff/Inhalt s. Stoff u. Form
Form und Wesen 237 f.
Formalismus 101, 132, 412 f.; Fn.: 93, 99, 186
Formen, politische 394 ff., 404
Frankreich 259 (Philos.), 383
Freiheit, politische 169 f., 176 (Thibaut), 218 (Frankreich), 255 (bei Hölderlin), 359, 395, 404 f.
Freiheitsbegriff 364 ff., 367 ff.
Fürsten und Volk 174, 177

Ganzheitsdrang 98, 107, 110, 239, 295, 310, 332, 345, 348, 352, 367, 370
geheimnisvoller Zusammenhang 214, 279 Fn.; vgl. 221, 226, 261, 382
Geist 141 (Hölderlin), 205 (A. Müller), 212 (d. Regierung), 259 (Schlegel), 314, 340, 343 (Rechtsverhältnis), 361 (Besitz), 382 f., 384 ff. (Politik), 395, 399, 403, 152 Fn. (wissenschaftl.); s. *Weltgeist*
Geist und Buchstabe 262, 273 (zu Fichte), 275 (Collmann), 352 (Auslegung), 395 Fn.
Geistesgeschichte 26 f., 121, 126
Geldlehre 31
Gemeines dt. Recht 80
Gemeinschaft 195, 198, 312 (der Völker, Volks-), 390, 391 ff., 401
Geschäftsmänner 175, 190, 307 Fn. (Puchta)
Geschichte einziger Weg 379
Geschichtsbegriff 97, 272 (Collmann), 298, 315, 331, 335 ff.
Geselligkeit 195, 252, 392 f.
Gesetzesbegriff 107 f., 319, 356, 411
Gesetzespositivismus 109, 317 f., 322 f., 356, 410 f.
Gesetzgebungsfrage 76, 81 f., 166, 182, 188, 164 Fn.
Gesetzgebungspolitik 85 (1808); s. Napoleonische Politik

Gesetzgebungswissenschaft 107 f., 298 f., 317, 326
Gesinnung 252, 383, 384 f. (u. Politik), 389, 391 ff., 404
Gewohnheitsrecht 304 ff.
Gleichheit 210 f., 218 f., 224, 268 (bei Fries)
Griechenbegeisterung 215
Gönners Archiv 82 f., 86
Gott in uns 252, 254, 261, 263, 383, 385, 367 Fn.; vgl. 259 (Schlegel)
Göttinger Sieben 1837 s. J. u. W. Grimm

Hallische Jahrbücher Fn.: 221, 405
heftiger Moderado (Savigny als) 195
Heidelbergische Jahrbücher 86
heiliges Amt (Geschichte) 333
Hermeneutik 353; vgl. Auslegung
historisch 84, 96 ff., 100 ff., 107, 132, 181 (Thibaut), 205 (Feuerbach), 249 ff. (Fries), 278 (Collmann), 284 (Stahl), 299 (Gesetzkunde), 318 (1802/03), 326, 331 (Methodologie), 349 (-e Vereinigung)
historische Schule 73 f., 82 ff., 86 (Hd. Jbb.), 115 (1810), 182; vgl. 390
Hypothekenrecht 176 Fn.

Ideal/Idee 320 f.
Ideal/Natur 141 (Hölderlin), 255, 334, 399
Idealismus 235 f. (Wandel), 240 (Kennzeichen), 292 ff. (Terminologie)
– transzendentaler 273
Idee eines Ganzen 98, 107, 110; vgl. Ganzheitsdrang
innere Notwendigkeit 202, 304 f., 307, 309, 328, 381 ff.; vgl. 94 (– Zusammenhang), 115 (– Bedürfnis)
Innerlichkeit 262
Innigkeit 237
Internationales Privatrecht 361
Irrtumslehre 358, 183 Fn.

jacobinisch 161
Judenemanzipation 212
Junghegelianer 221
Juristenrecht 328 ff.
Juristenrollen 328 ff.
Juristentypen 276, 333

Kant in der Rechtsgelehrsamkeit 249; vgl. 258
Karlsbader Beschlüsse 1819 215, 220, 225

Kieler Blätter 170, 173 f.
Kirchenrecht 358
Kodifikation, s. Gesetzgebungsfrage
konservativ, s. reformkonservativ
Konstruktion, s. *Construktion*
Kontinuität (bei Sav.) 287, 325, 327, 357 ff. (Auslegung), 375, 423, 409 Fn.
Körperschaftsbegriff 362 ff.
Kritik, literarische 207 f.
Kunst (und Wissenschaft) 196 (Schlegel), 237, 239, 255 f. (Hölderlin), 340 f., 352, 408; vgl. 315 (Grenzüberschreitung aus Prinzip)
künstlich 276

Landshut (Universität) 72 ff., 77 (Romantik), 201 f. 210 f.
Landstände, s. Stände
Landsturm 392
Leben, lebendig 84 (bei Gönner), 163, 198 (an Bang), 328 f. (-sprinzip), 342, 347, 355 (bei Auslegung), 370, 392 (politisches 1814)
leitende Grundsätze herausfühlen 239
lex 110
liberal (politisch) 173 Fn.
Liberalismus 171 f., 220, 225 ff., 229, 386
— organischer 171, 177 f., 191, 390, 406
— privatrechtlicher 116, 182 ff.
— wirtschaftlicher 182 f.
Liebe und Freundschaft 196, 198, 252 ff.
Literaturgeschichte 320 (als Hilfsmittel), 253 Fn. (Bücher)
Lücken im Recht 350 f.

Mathematiktopos 60, 164, 178, 373 ff., 407 f.; Fn.: 321
Menschenhände 190
Menschenrechte 224
menschlich, s. *rein menschlich*
Menschlichkeit 198, 261
Metaphysik 95 (— des Positiven im *Beruf*), 114 (bei S. 1802), 124 (Lit.), 189, 205, 213 (politisch), 233 (Begriff), 249, 267, 279 f., 303, 315 (historisch), 337 (triadisch), 340 f. (u. Skepsis), 345, 369, 384 (polit.), 400 ff. (polit.), 409 (falsche)
Methode 331 ff.; vgl. 92 ff.
Monographien, juristische 181
Moral, s. Recht/Sittlichkeit

Napoleonische Politik 76 ff., 87, 210
Nation, national 168 f. (1814), 393 ff.
nationaldemokratisch 160 f.
Naturalismus 413
Naturbegriff 249, 259, 321, 335 ff.
natürlich 219 (-e Bahn), 249 (Philos.), 257 (Religion), 259 f. (Philos., Schlegel), 263 (im *Beruf*), 276 (Juristen); vgl. 280, 283 (zu Stahl), 288 (als Nuance von S.), 293 (als Kennzeichnung; Nwe.), 310 (in *Beruf* u. *System*), 381 (Verwaltung), 405 (un- Unterdrückung)
Naturrecht 124 (Lit.), 127, 242, 265, 273, 281, 310 (bei S.), 313, 322 (bei S.), 397 (u. Politik), 410
Neuhumanismus 122 Fn.
Notwendigkeit 297 (Schlegel), 298 (Collmann), 304 (Gew.r.), 309 (Recht), 314, 316, 319 (Staat), 323 f., 326, 330, 339, 344, 358 f., 367, 370, 378, 381, 401 f., 261 Fn.; vgl. *innere* —

objectiv 1, 100, 102; vgl. 263 u. 280 u. 290, 292 ff., 318 f., 366; Fn.: 261
Offenbarung 198, 262, 368
Öffentliches Recht — Privatrecht 108 f., 184 f., 257, 318, 358 ff., 363
organisch 110, 212 (Volk, Staat), 259 (Natur), 294, 299, 313, 327 f. (Staat), 331 f., 342, 344 f., 347 f., 379 (Prinzip), 85 Fn.
Organologie 27, 124 (Lit.), 294, 324, 362, 371

Pädagogik, s. Erziehung
Parlamente 224, s. Stände
Parteien 195, 230, 387, 389 ff.
Parteilichkeit 233
Personbegriff 362 ff.
Philosophie
— praktische 243, 255, 259, 261, 263, 338, 383 f., 399, 408
— natürliche 259, 262, 280, 288
— politische 266 ff., 277 f., 397
— in Gesprächsform 253
— und Wissenschaft 256 f.
philosophisch 84, 86 (1810), 96 ff., 132, 205 (bei Feuerbach), 249, 285, 331
philosophische Schule 84
Politikbegriff 108, 140, 266 ff. (Verbindung mit Philosophie), 277 f., 337, 376 f., 396 ff.; Fn.: 261

Politik und Leben 176 (bei Thibaut)
politische Terminologie 121
Politisches Gespräch (1832) 37, 391
positiv 261, 276
positives Recht 108 f., 114, 266, 349, 363; Fn.: 277, 306
Positivismus 109, 121, 317, 322 f., 399, 408 ff.
praktisches System 60
Praxisbegriff 112 (1808), 150 ff., 183 f.; vgl. Theorie u. Praxis
preußische Reformen 85
Privatrecht – öffentliches Recht, s. Öffentl. Recht
Privatrechtsliberalismus 116, 182 ff., 359 f., 363
Prozeßrecht 358

Quietismus 218, 387, 401

Realismus, transzendentaler 273 Fn. (Collmann/Molitor)
Rechnen mit Begriffen, s. Mathematik-topos
Recht/Moral/Sittlichkeit 67 (Rudorff), 251, 253, 255 (Hölderlin), 265 f., 279 (u. Politik), 363 (Bethmann), 364 ff., 371 (Fries dazu), 396 ff. (u. Politik), 410
Rechtsbegriff 107 (1802), 247 (Fries), 279 ff., 309 ff., 364 ff., 396 ff.
Rechtsinstitut 342 ff.
Rechtsquellenfragen 109 f., 143, 249, 284, 304 f. (Gew.r.), 328 ff. (Juristen), 346, 371 (Fries)
Rechtssicherheit 60, 113 (1808), 176 (Thibaut), 180, 182
Rechtsverhältnis 342 ff.
Rechtswissenschaft 107 ff. (1802), 112 (1808), 328 ff., 331 ff., 407 ff. (u. Politik)
Reformkompetenz 229, 402
reformkonservativ 173, 177 f., 187, 191 f., 208, 227 ff., 385 f., 395, 406; Fn.: 208, 337
rein menschlich 197 f.; vgl. 253 f. u. 262 f., 389
Religion 190, 221, 255 (Hölderlin), 263, 282 (Stahl), 287 (Wandel dabei), 366 f. (*System* § 15), 382, 389 f. (*unsichtbare Kirche*), 282 Fn. (Puchta)
Republik 219, 224

Revolution 175 (Thibaut), 208 (u. S.), 212 (Fluch), 228, 400
Revolution des Geistes 120
Romantisches 95 f., 124 (Lit.), 126 (Landsberg), 198 (transzendental), 336 (Natur-Kunst)
Römisches Recht 83

Schule, s. historische, philosophische
Schuldverhältnisse 361
sermocinari tamquam e vinculis 4
Soziale Basis (bei Thibaut/Savigny) 190 f., 228
Sittlichkeit, s. Recht/Moral/Sittlichkeit
Sprache (und Recht) 170, 213 (Grimm/Ranke zu Savigny), 241 (– der Erscheinung), 257
Staat und Gesellschaft 166, 176, 213, 359
Staatsbegriff 269 (Fichte u. a.), 273, 312 ff., 316 ff., 327
Staatsrecht 317 ff., 327
Staatsvertragsdenken 224, 248, 274; vgl. 365
Staatszweck 323, 328; vgl. 398
Ständebegriff 214, 216, 219, 391, 163 Fn.
stillere Reform 208
Stimmung (u. Gesinnung) 252, 262
Stoff-Form-Topos 99, 238, 395
Stufen der Entwicklung (im Recht) 336 f.
Symphilosophie 195 f., 391 ff.
System 60 (praktisches), 94 ff. (bei Methode), 182 (strenger als Thibaut dabei), 337 (absolutes), 343 (der Rechtsinstitute), 347 (organisches), 362 (1840 wesentlich)
System 94 (1809), 98 (1802 u. 1809), 103 (historisches)
systematisch 97 f. (1802 u. ö.), 204 (zu Thibaut)

Technik 279 Fn.; vgl. Mathematik-Topos
tieferer, geheimnisvoller Zusammenhang 214; vgl. innere Notwendigkeit
Theorie und Praxis 150 ff., 157, 237 f. (beide *wahr*), 329 (u. Juristenrolle), 346 (grds. eins)
triadisches Schema 336 f.

unendliche Aufgabe (der Philosophie) 243, 267, 379
Universitäten 12, 37, 210, 215 (Lehrfreiheit), 220, 255 (bei Hölderlin), 257, 403 (polit.); s. Erziehung

unsichtbare Grenze (Recht als) 365
ursprünglich 112, 115, 141, 309; vgl. 310, 324
usus modernus 60 f., 85
Utilitarismus 383, 398; vgl. 259; s. Philosophie, praktische

Vereinigungsphilosophie 257, 288, u. ö.
Verfassungsformen 212, 394 ff.
Verfassungspolitik 169 f. (1814), 395 (allg.)
Vernunft 260, 280, 365, 239 Fn.
Verstand 260, 383
Vertragslehren, s. Staatsvertragsdenken
Volk 112 (1808), 115 (1808), 161 (bei Thibaut), 284 (Volksrecht 1829/30), 298 (bei Collmann/Molitor), 312 (im Völkerrecht), 325 (1802), 331 (bei Methode), 363 (bei Bethmann-H.), 367 (1815)
Völkerrecht 311 f.
Volksbegriff 175, 177 (unpolit.), 211, 220, 221 f. (1840), 312 ff. (Staat u. Recht), 319 f., 359 (höhere Quelle), 371 (Fries dazu), 380 (polit.), 393 ff. (als Gemeinschaft)
Volksgeist 75 (1808), 110 (1802), 113 u. 115 f. (1808), 124 f. (Deutungen), 186 (bei Novalis 1798), 189 (vgl. mit Thibaut), 314 (u. Staat u. Recht), 324 f. (dto.), 359 (höhere Quelle), 371 (Fries dazu)
— und Handelsgeist 115 f., 186
Vorlesungsnachschriften 22, 26 (Felgentraeger), 61 ff. (Tabelle), 127 f.

wahr 198, 237, 368, 378, 389
Wahrheitsbegriff 232 ff., 237 ff., 262, 377 f. (u. Politik), 391 (nicht plural), 332 Fn.
Wechselrecht 115
Weltgeist 259
Willkürabwehr 388 ff. (politisch)
wirkliches Recht 309
wirtschaftsliberal 182 f.
Wissenschaft 98, 112, 237, 244, 255 f., 257, 320, 340, 406 ff. (u. Politik), 253 Fn.
wissenschaftliches Recht 328 ff.
Wohl, öffentliches (Wohlfahrt) 371 (Fries zu S.), 398

Zeitschrift für Rechtswissenschaft 1802 270 ff.
Zensur 36, 405; vgl. 221
Zession 183 Fn.
Zollverein 185 f., 405
Zwang und Recht 365
zwey Schulen (1814/15) 87, 192
zweyfacher Sinn (in Jura) 351

Münchener Universitätsschriften · Juristische Fakultät
Abhandlungen zur rechtswissenschaftlichen Grundlagenforschung

herausgegeben im Auftrag der Juristischen Fakultät
von Sten Gagnér, Arthur Kaufmann, Dieter Nörr

Band 1-26 erschienen
im J. Schweitzer Verlag · Berlin
Ab Band 27
im Verlag Rolf Gremer GmbH + Co KG
Ebelsbach

Band 42: Harald Siems
Studien zur Lex Frisionum
XVI, 432 Seiten, 24 Tafeln. 1980
Leinen DM 162,−

Band 43: Jochen Schneider
*Information und Entscheidung
des Richters*
XVIII, 353 Seiten. 1980
Leinen DM 93,−

Band 44: Werner Schubert
Bayern und das Bürgerliche Gesetzbuch
XIV, 212 Seiten. 1980
Leinen DM 79,−

Band 45: Erik Jayme
Pasquale Stanislao Mancini
X, 69 Seiten, 1 Tafel. 1980
Leinen DM 40,−

Band 46: Rainer Schröder
Abschaffung oder Reform des Erbrechts
XI, 567 Seiten. 1981
Leinen DM 136,−

Band 47: Monika Frommel
*Die Rezeption der Hermeneutik
bei Karl Larenz und Josef Esser*
VIII, 254 Seiten. 1981
Leinen DM 89,−

Band 48: Michael Kunze
Der Prozeß Pappenheimer
XIII, 333 Seiten. 1981
Leinen DM 93,−

Band 49: Rudolf Streinz
*Meinungs- und Informationsfreiheit
zwischen Ost und West*
XXII, 290 Seiten. 1981
Leinen DM 89,−

Band 50: Thomas Honsell
Historische Argumente im Zivilrecht
XI, 235 Seiten. 1982
Leinen DM 79,−

Band 51: Wolfgang Pleister
*Persönlichkeit, Wille und Freiheit
im Werke Jherings*
XV, 437 Seiten. 1982
Leinen DM 118,−

Band 52: Peter Badura,
Eberhard Schmidt-Aßmann
Hafenentwicklung in Hamburg
XXII, 290 Seiten,
mit einer 2-farbigen Karte und einem
4-farbigen Hafenplan. 1983
Leinen DM 118,−

Band 53: Dagmar Coester-Waltjen
Internationales Beweisrecht
XXXI, 504 Seiten. 1983
Leinen DM 140,−

Band 54: Peter-Alexis Albrecht
*Perspektiven und Grenzen
polizeilicher Kriminalprävention*
XI, 298 Seiten. 1983
Leinen DM 128,−

Band 55: Mario G. Losano
Teil 1:
*Der Briefwechsel zwischen Jhering
und Gerber*
XXII, 693 Seiten. 1984

Teil 2:
Studien zu Jhering und Gerber
XVI, 432 Seiten. 1984

Teil 1 und 2 Leinen DM 430,−

Band 56: Bernd Joch
*Mitbestimmungsgesetz und
Gestaltungsfreiheit*
XXII, 359 Seiten. 1984
Leinen DM 98,−

Band 57: Thomas Michahelles
*Die Funktionsweise und die Rechtsnatur
der Skontration*
XXXVII, 345 Seiten. 1984
Leinen DM 98,−